D'accord! 2

LANGUE ET CULTURE DU MONDE FRANCOPHONE

VISTA®
HIGHER LEARNING

Boston, Massachusetts

On the cover: Staircase, Grand Palais, Paris, France

Publisher: José A. Blanco

Editorial Development: Megan Moran, Sharla Zwirek

Project Management: Brady Chin, Sally Giangrande, Rosemary Jaffe, Faith Ryan

Rights Management: Annie Pickert Fuller, Ashley Poreda

Technology Production: Kamila Caicedo, Jamie Kostecki, Reginald Millington, Paola Ríos Schaaf

Design: Radoslav Mateev, Gabriel Noreña, Andrés Vanegas

Production: Sergio Arias, Oscar Díez

Student Text ISBN: 978-1-68005-806-2
Library of Congress Control Number: 2017949781

3 4 5 6 7 8 9   TC   22 21 20 19

Printed in Canada

D'accord! ②

LANGUE ET CULTURE DU MONDE FRANCOPHONE

Table of Contents

Reprise

R.1

The verbs **être** and **avoir** 2

Expressions with **avoir** 2

Adjective agreement
and placement 3

Possessive and demonstrative
adjectives 3

R.2

The present tense of regular
-er, **-ir**, **-re** verbs 6

Irregular present-tense **-er**, **-ir**, and
-re verbs, including **aller**, **prendre**,
boire, **faire** 6

Spelling-change **-er** verbs 7

Unité préliminaire — Chez nous

Contextes | Roman-photo

Leçon PA

Contextes
  La maison 26
Les sons et les lettres
  s and **ss** 29

La visite surprise. 30

Leçon PB

Contextes
  Les tâches ménagères. 44
Les sons et les lettres
  Semi-vowels. 47

La vie sans Pascal 48

UNITÉ 1 — La nourriture

Leçon 1A

Contextes
  Quel appétit! 72
Les sons et les lettres
  e caduc and **e muet** 75

Au supermarché 76

Leçon 1B

Contextes
  À table! 90
Les sons et les lettres
  Stress and rhythm 93

Le dîner 94

UNITÉ 2 — La santé

Leçon 2A

Contextes
  La routine quotidienne 116
Les sons et les lettres
  ch, **qu**, **ph**, **th**, and **gn** 119

Drôle de surprise 120

Leçon 2B

Contextes
  J'ai mal! 134
Les sons et les lettres
  p, **t**, and **c** 137

L'accident. 138

Culture

Culture à la loupe

Les vacances scolaires 12

Portrait

Le lac Saint-Jean 13

R.3

The **passé composé** with **avoir** and **être** 14–15

The **imparfait** 15

R.4

Direct object pronouns 20

Indirect object pronouns 20–21

The **impératif** 21

Culture

Culture à la loupe

Le logement en France 32

Portrait

Le château Frontenac 33

Culture à la loupe

L'intérieur des logements français 50

Portrait

Le Vieux Carré 51

Culture à la loupe

Le Guide Michelin et la gastronomie 78

Portrait

Les fromages français 79

Culture à la loupe

Les repas en France 96

Portrait

La couscousmania des Français 97

Culture à la loupe

Les Français et la santé 122

Portrait

L'Occitane en Provence 123

Culture à la loupe

La Sécurité sociale 140

Portrait

Marie Curie 141

Structures

PA.1 The **passé composé** vs. the **imparfait** (Part 1) 34

PA.2 The **passé composé** vs. the **imparfait** (Part 2) and the verb **vivre** 38

PB.1 The **passé composé** vs. the **imparfait** (Summary) 52

PB.2 The verbs **savoir** and **connaître** 56

1A.1 The verb **venir**, the **passé récent**, and time expressions . . 80

1A.2 The verbs **devoir**, **vouloir**, and **pouvoir** 84

1B.1 Comparatives and superlatives of adjectives and adverbs 98

1B.2 Double object pronouns . . 102

2A.1 Reflexive verbs 124

2A.2 Reflexives: **Sens idiomatique** 128

2B.1 The **passé composé** and **imparfait** of reflexive verbs . . 142

2B.2 The pronouns **y** and **en** . . . 146

Synthèse

Révision 42

Le Zapping: *Créatrice de meubles en carton* 43

Révision 60

À l'écoute 61

Révision 88

Le Zapping: *Le far breton* 89

Révision 106

À l'écoute 107

Révision 132

Le Zapping: *S'aimer mieux* 133

Révision 150

À l'écoute 151

Savoir-faire

Panorama: *Paris et l'Île-de-France* 62

Lecture: *À visiter près de Paris: Le château de Versailles* 66

Écriture 68

Panorama: *La Normandie et la Bretagne* 108

Lecture: *Chez Michel* 110

À essayer: L'Huile d'Olive 111

Écriture 112

Panorama: *La Nouvelle-Aquitaine et l'Occitanie* 152

Lecture: *Non à la fatigue!* 154

Écriture 157

Table of Contents

		Contextes	**Roman-photo**

UNITÉ 3
La technologie

Leçon 3A

Contextes
Le son et l'image........... 160
Les sons et les lettres
Final consonants 163

C'est qui, Cyberhomme?..... 164

Leçon 3B

Contextes
En voiture! 178
Les sons et les lettres
The letter **x** 181

La panne 182

UNITÉ 4
En ville

Leçon 4A

Contextes
Les courses 204
Les sons et les lettres
The letter **h** 207

On fait des courses 208

Leçon 4B

Contextes
Où se trouve...?........... 222
Les sons et les lettres
Les majuscules et
les minuscules. 225

Chercher son chemin 226

UNITÉ 5
L'avenir et
les métiers

Leçon 5A

Contextes
Au bureau 248
Les sons et les lettres
La ponctuation française..... 251

Le bac 252

Leçon 5B

Contextes
Les professions 266
Les sons et les lettres
Les néologismes et
le franglais............... 269

Je démissionne! 270

Culture	Structures	Synthèse	Savoir-faire
Culture à la loupe La technologie et les Français . . . . 166 **Portrait** La fusée Ariane 167	3A.1 Prepositions with the infinitive . . . . 168 3A.2 Reciprocal verbs 172	Révision . . . . 176 Le Zapping: *L'iPad est là!* 177	Panorama: *Provence-Alpes-Côte d'Azur et la Corse* 196
Culture à la loupe Les voitures en France . . . . . . 184 **Portrait** Le constructeur automobile Citroën 185	3B.1 The verbs **ouvrir** and **offrir** . . . . 186 3B.2 **Le conditionnel** 190	Révision . . . . 194 À l'écoute 195	Lecture: *Les Technoblagues* . . . 198 Écriture 200
Culture à la loupe Les petits commerces . . . . . . 210 **Portrait** Le «Spiderman» français 211	4A.1 **Voir**, **croire**, **recevoir**, and **apercevoir** . . . . 212 4A.2 Negative/affirmative expressions 216	Révision . . . . 220 Le Zapping: *Rennes: capitale bretonne* 221	Panorama: *Les Pays de la Loire et le Centre-Val de Loire* 240
Culture à la loupe Villes et villages français . . . . 228 **Portrait** Le baron Haussmann. 229	4B.1 **Le futur simple** . . . . 230 4B.2 Irregular stems in the **futur simple** 234	Révision . . . . 238 À l'écoute 239	Lecture: *Suppositions* de Jacques Charpentreau . . . . . . 242 Écriture 244
Culture à la loupe Le téléphone en France . . . . . 254 **Portrait** Les artisans 255	5A.1 **Le futur simple** with **quand** and **dès que** . . . . 256 5A.2 The interrogative pronoun **lequel** 260	Révision . . . . 264 Le Zapping: *Éric Kayser, artisan boulanger* 265	Panorama: *La Bourgogne-Franche-Comté et l'Auvergne-Rhône-Alpes* . . 284
Culture à la loupe Syndicats et grèves en France . . . . 272 **Portrait** Les fonctionnaires 273	5B.1 **Si** clauses . . . . 274 5B.2 Relative pronouns **qui**, **que**, **dont**, and **où** 278	Révision . . . . 282 À l'écoute 283	Lecture: *La Cigale et la Fourmi* de Jean de La Fontaine . . . . . 286 Écriture 288

Table of Contents

Contextes

UNITÉ 6 · L'espace vert

Leçon 6A

Contextes
Sauvons la planète! 292
Les sons et les lettres
French and English spelling . . 295

Leçon 6B

Contextes
En pleine nature 310
Les sons et les lettres
Homophones 313

UNITÉ 7 · Les arts

Leçon 7A

Contextes
Que le spectacle
commence! 336
Les sons et les lettres
Les liaisons obligatoires et
les liaisons interdites 339

Leçon 7B

Contextes
Au festival d'art 356
Les sons et les lettres
Les abréviations 359

Roman-photo

Une idée de génie 296

La randonnée 314

Après le concert 340

Au revoir, David! 360

Appendices

Appendix A
The **impératif**; Glossary of Grammatical Terms A-2
Appendix B
Verb Conjugation Tables A-6
Vocabulary
French–English A-17
English–French A-38
Supplementary Vocabulary A-56

Culture	Structures	Synthèse	Savoir-faire
Culture à la loupe L'écologie . . . . 298 **Portrait** L'énergie nucléaire 299	6A.1 Demonstrative pronouns . . 300 6A.2 The subjunctive (Part 1) . . . 304	**Révision** . . . . 308 **Le Zapping:** *La BMCE* 309	**Panorama:** *Le Grand Est et les* *Hauts-de-France* 328
			Lecture: *Le Petit Prince* *d'Antoine de Saint-Exupéry* . . 330 **Écriture** 332
Culture à la loupe Les parcs nationaux . . . . 316 **Portrait** Madagascar 317	6B.1 The subjunctive (Part 2) . . . 318 6B.2 Comparatives and superlatives of nouns 322	**Révision** . . . . 326 **À l'écoute** 327	
Culture à la loupe Le théâtre, un art vivant et populaire . . . . 342 **Portrait** Molière 343	7A.1 The subjunctive (Part 3) . . . 344 7A.2 Possessive pronouns and **être à (quelqu'un)** 348	**Révision** . . . . 352 **Le Zapping:** *La Tartine* 353	**Panorama:** *La France* *d'outre-mer* 374
			Lecture: *Je suis lectrice* *de Maïssa Bey* . . . . 376 **Écriture** 378
Culture à la loupe La peinture haïtienne . . . . 362 **Portrait** Le Cirque du Soleil 363	7B.1 The subjunctive (Part 4) . . . 364 7B.2 Review of the subjunctive . 368	**Révision** . . . . 372 **À l'écoute** 373	

Index of AP® Themes & Contexts A-59
Grammar Index A-61
Credits A-63

Le monde francophone

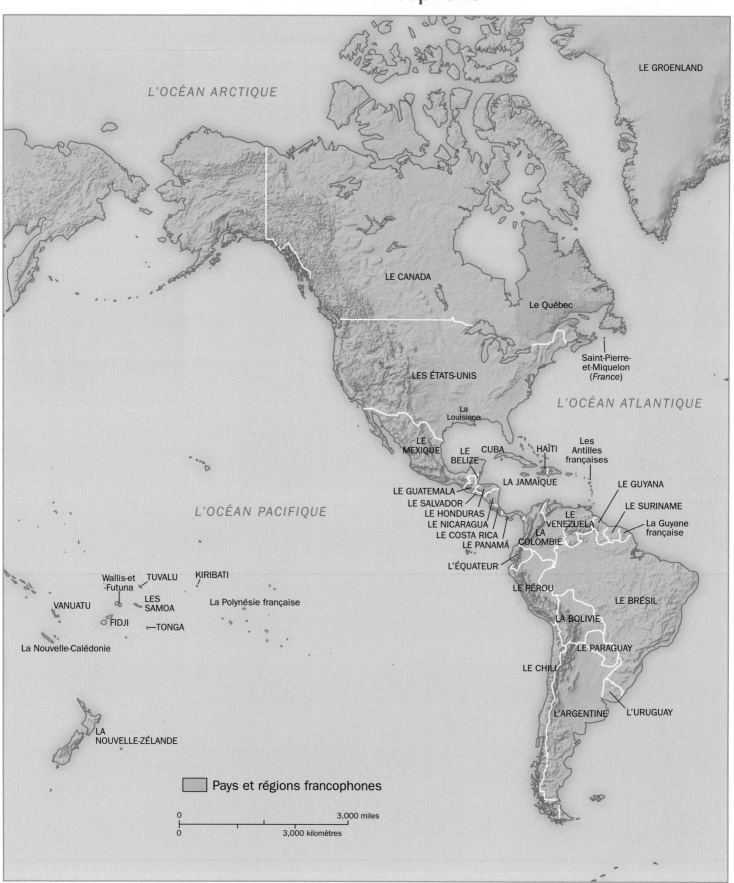

L'OCÉAN ARCTIQUE

LE GROENLAND

LE CANADA

Le Québec

Saint-Pierre-
et-Miquelon
(*France*)

LES ÉTATS-UNIS

L'OCÉAN ATLANTIQUE

La
Louisiane

LE
MEXIQUE

LE
BELIZE

CUBA

HAÏTI

Les
Antilles
françaises

L'OCÉAN PACIFIQUE

LA JAMAÏQUE

LE GUYANA

LE GUATEMALA

LE SURINAME

LE SALVADOR

LE HONDURAS

LE
VENEZUELA

La Guyane
française

LE NICARAGUA

LA
COLOMBIE

LE COSTA RICA

LE PANAMÁ

L'ÉQUATEUR

Wallis-et
-Futuna

TUVALU

KIRIBATI

LE PÉROU

LES
SAMOA

La Polynésie française

LE BRÉSIL

VANUATU

FIDJI

TONGA

LA BOLIVIE

La Nouvelle-Calédonie

LE PARAGUAY

LE CHILI

L'ARGENTINE

L'URUGUAY

LA
NOUVELLE-ZÉLANDE

Pays et régions francophones

0   3,000 miles

0   3,000 kilomètres

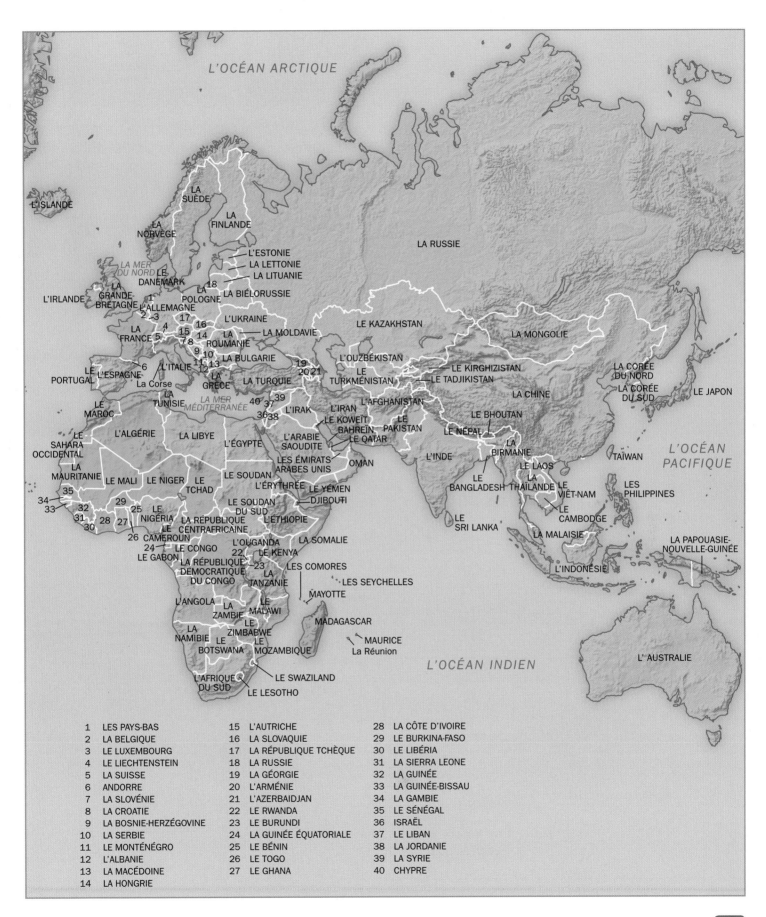

L'Amérique du Nord et du Sud

L'OCÉAN ARCTIQUE

LE GROENLAND

L'Alaska

Le Nunavut

Le Yukon

Les Territoires
du Nord-Ouest

La Colombie-
Britannique

LE CANADA

Le Manitoba

Terre-Neuve-
et-Labrador

L'Alberta

La
Saskatchewan

L'Ontario

Le Québec

Le Nouveau-
Brunswick

Québec

Montréal

Saint-Pierre-
et-Miquelon
(France)

Ottawa

La Nouvelle-
Écosse

L'Île-du-Prince-Édouard

LES ÉTATS-UNIS

Washington

L'OCÉAN
ATLANTIQUE

La
Louisiane

L'OCÉAN PACIFIQUE

LA JAMAÏQUE

HAÏTI

LE
MEXIQUE

LE
BELIZE

CUBA

Les Antilles
françaises

Belmopan

Tegucigalpa

Mexico

Guatemala

LE HONDURAS

LE GUATEMALA

San Salvador

LE NICARAGUA

LE SALVADOR

Managua

Panamá

Caracas

LE COSTA RICA

Georgetown

Paramaribo

LE PANAMÁ

LE
VENEZUELA

Cayenne

Bogotá

LA
COLOMBIE

La Guyane
française

Quito

LE
GUYANA

LE
SURINAME

L'ÉQUATEUR

LE
PÉROU

LE BRÉSIL

Lima

LA BOLIVIE

Brasília

La Paz

Sucre

LE
PARAGUAY

LE CHILI

Asunción

L'ARGENTINE

L'URUGUAY

Santiago

Buenos Aires

Montevideo

Régions francophones

0   2,000 miles

0   2,000 kilomètres

PORTO
RICO

HAÏTI

LA RÉPUBLIQUE
DOMINICAINE

San Juan

Port-au-Prince

Saint-
Domingue

LA MER DES ANTILLES

La Guadeloupe

Pointe-à-Pitre

DOMINIQUE

Fort-de-France

La Martinique

0   500 miles

0   500 kilomètres

SAINTE-LUCIE

La France

GUADELOUPE

0 — 10 miles
0 — 10 kilomètres

L'OCÉAN ATLANTIQUE

Pointe-à-Pitre

Basse-Terre

LA MER DES CARAÏBES

MARTINIQUE

0 — 10 miles
0 — 10 kilomètres

Montagne Pelée

Fort-de-France

LA MER DES CARAÏBES

LES PAYS-BAS

LA MANCHE

Lille

Arras

Amiens

Charleville-Mézières

Laon

Rouen

Beauvais

HAUTS-DE-FRANCE

LA BELGIQUE

L'ALLEMAGNE

LE LUXEMBOURG

Metz

Saint-Lô

Caen

Évreux

NORMANDIE

Pontoise

Paris

Châlons-en-Champagne

Bar-le-Duc

Nancy

Strasbourg

ÎLE-DE-FRANCE

Versailles

Chartres

Évry

Melun

GRAND EST

Troyes

Chaumont

Épinal

Colmar

St-Brieuc

Alençon

Quimper

BRETAGNE

Rennes

Laval

Le Mans

Orléans

Auxerre

Belfort

Vesoul

le Rhin

Vannes

Angers

PAYS DE LA LOIRE

Blois

Tours

CENTRE-VAL DE LOIRE

Bourges

Nevers

Dijon

Besançon

BOURGOGNE-FRANCHE-COMTÉ

LA SUISSE

Nantes

La-Roche-sur-Yon

Châteauroux

Moulins

Lons-le-Saunier

Poitiers

Mâcon

Bourg-en-Bresse

Annecy

GUYANE

0 — 40 miles
0 — 40 kilomètres

L'OCÉAN ATLANTIQUE

Cayenne

LE SURINAM

LE BRÉSIL

Niort

La Rochelle

Guéret

Limoges

Clermont-Ferrand

Lyon

Chambéry

Angoulême

NOUVELLE-AQUITAINE

Tulle

AUVERGNE-RHÔNE-ALPES

St-Étienne

Grenoble

L'ITALIE

Périgueux

Le Puy-en-Velay

Privas

Valence

Gap

Bordeaux

Cahors

Rodez

Mende

L'OCÉAN ATLANTIQUE

Agen

Montauban

Albi

Digne-les-Bains

Nîmes

Avignon

PROVENCE-ALPES-CÔTE D'AZUR

Mont-de-Marsan

Auch

Toulouse

Nice

MONACO

L'ESPAGNE

Pau

Tarbes

OCCITANIE

Montpellier

Marseille

Toulon

MAYOTTE

0 — 5 miles
0 — 5 kilomètres

Carcassonne

Foix

Perpignan

LA RÉUNION

0 — 10 miles
0 — 10 kilomètres

L'OCÉAN INDIEN

Saint-Denis

L'OCÉAN INDIEN

Mamoudzou

Dzaoudzi

ANDORRE

LA MER MÉDITERRANÉE

0 — 30 miles
0 — 30 kilomètres

Bastia

CORSE

Ajaccio

0 — 100 miles
0 — 100 kilomètres

L'Europe

Pays francophones

LA MER DE BARENTS

LA MER DE NORVÈGE

L'ISLANDE
Reykjavik

LA SUÈDE

LA FINLANDE

LA NORVÈGE

Helsinki

LA RUSSIE

Oslo

Stockholm

Tallinn

Moscou

L'ESTONIE

LA MER DU NORD

Riga

LA LETTONIE

LE DANEMARK

Copenhague

LA MER BALTIQUE

LA LITUANIE

Vilnius

Minsk

LA RUSSIE

Dublin

L'IRLANDE

LA GRANDE-BRETAGNE

LES PAYS-BAYS

Berlin

Varsovie

LA BIÉLORUSSIE

Londres

La Haye

Kiev

Bruxelles

L'ALLEMAGNE

LA POLOGNE

L'UKRAINE

LA BELGIQUE

Luxembourg

Prague

L'OCÉAN ATLANTIQUE

Paris

LA RÉPUBLIQUE TCHÈQUE

LA SLOVAQUIE

LA MOLDAVIE

LE LUXEMBOURG

LE LIECHTENSTEIN

Bratislava

Vienne

Budapest

Chisinau

Berne

L'AUTRICHE

LA HONGRIE

LA ROUMANIE

LA SUISSE

LA FRANCE

Ljubljana

Zagreb

Belgrade

Bucarest

LA MER NOIRE

LA SLOVÉNIE

LA CROATIE

LA BOSNIE-HERZÉGOVINE

LA SERBIE

Monte Carlo

Sarajevo

LA BULGARIE

Andorre-la-Vieille

MONACO

L'ITALIE

Podgorica

Sofia

LE PORTUGAL

ANDORRE

La Corse

LE MONTÉNÉGRO

Skopje

Rome

Tirana

LA MACÉDOINE

Madrid

L'ALBANIE

LA TURQUIE

Lisbonne

L'ESPAGNE

LA GRÈCE

La Sardaigne

La Sicile

Athènes

Nicosie

CHYPRE

MALTE

La Valette

LA MER MÉDITERRANÉE

LE MAROC

LA TUNISIE

L'ALGÉRIE

LA LIBYE

L'ÉGYPTE

0   500 miles
0   500 kilomètres

L'Afrique

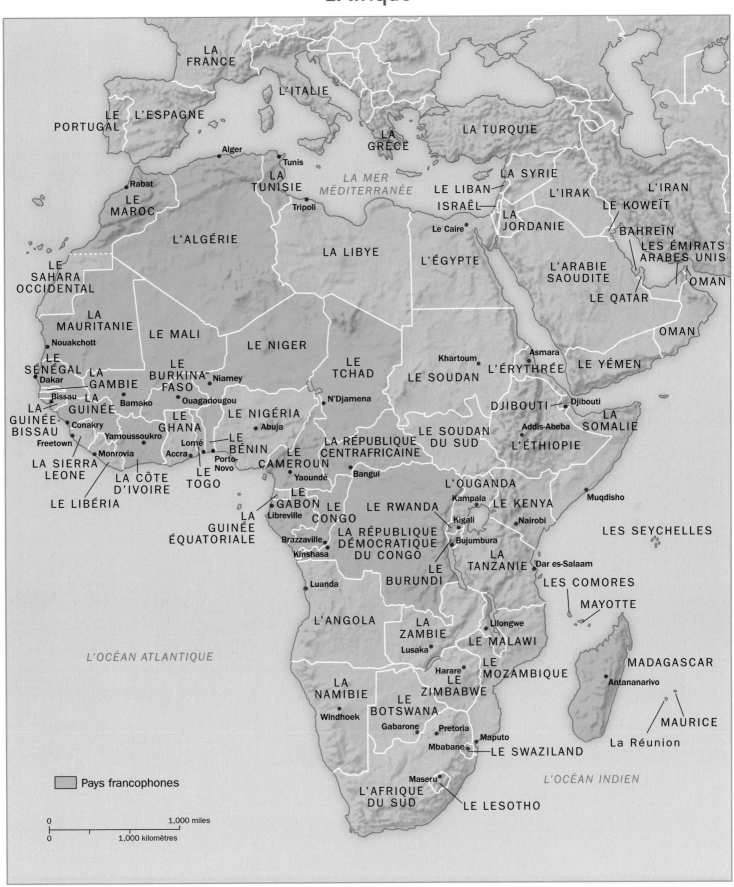

Maps

L'Asie et l'Océanie

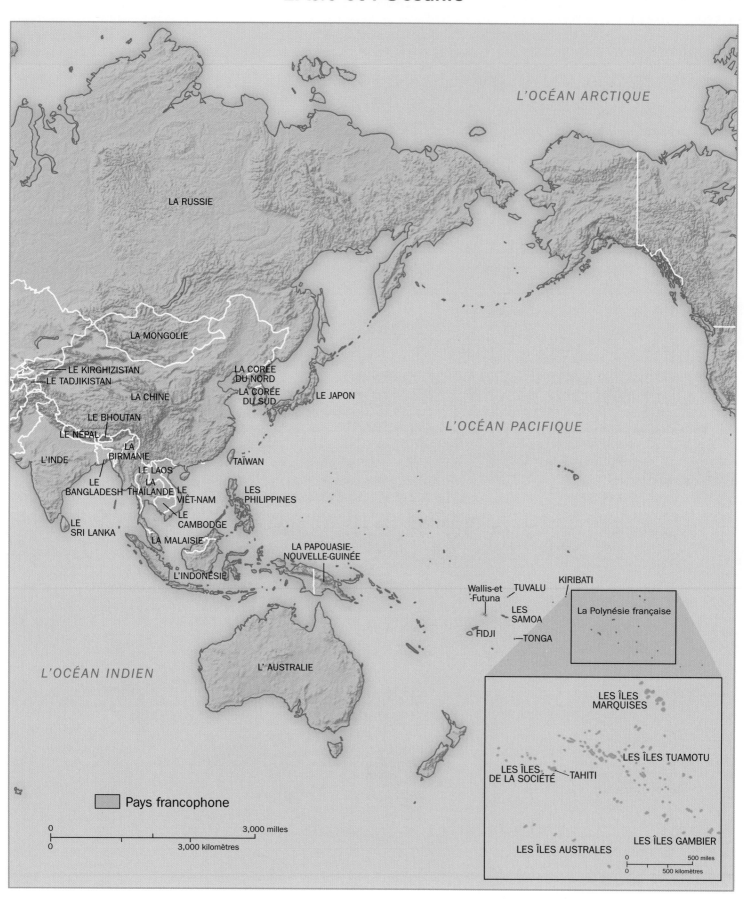

L'OCÉAN ARCTIQUE

LA RUSSIE

LA MONGOLIE

LE KIRGHIZISTAN
LE TADJIKISTAN

LA CORÉE DU NORD
LA CORÉE DU SUD

LA CHINE

LE JAPON

L'OCÉAN PACIFIQUE

LE BHOUTAN
LE NÉPAL

L'INDE
LA BIRMANIE

LE LAOS

LE BANGLADESH
LA THAÏLANDE
LE VIÊT-NAM

LES PHILIPPINES

LE CAMBODGE

LE SRI LANKA

LA MALAISIE

L'INDONÉSIE

LA PAPOUASIE-NOUVELLE-GUINÉE

TAÏWAN

Wallis-et-Futuna
TUVALU
KIRIBATI

LES SAMOA

FIDJI
TONGA

La Polynésie française

L'OCÉAN INDIEN

L'AUSTRALIE

LES ÎLES MARQUISES

LES ÎLES TUAMOTU

LES ÎLES DE LA SOCIÉTÉ
TAHITI

LES ÎLES AUSTRALES
LES ÎLES GAMBIER

Pays francophone

| 0 | | | 3,000 milles |
| 0 | | | 3,000 kilomètres |

| 0 | 500 miles |
| 0 | 500 kilomètres |

Roman-photo video program

Fully integrated with your textbook, the **Roman-photo** video series contains 36 dramatic episodes—one for each lesson in Levels 1 and 2, and 6 episodes in the **Reprise** lesson in Level 3. The episodes present the adventures of four college students who are studying in the south of France at the Université Aix-Marseille. They live in apartments above and near Le P'tit Bistrot, a café owned by Valérie Forestier. The videos tell their story and the story of Madame Forestier and her teenage son, Stéphane.

The **Roman-photo** dialogues in the printed textbook are an abbreviated version of the dramatic version of the video episodes. Therefore, each **Roman-photo** section in the text can used as a preparation before you view the corresponding video episode, as post-viewing reinforcement, or as a stand-alone section.

Each episode in Levels 1 and 2 features the characters using the vocabulary and grammar you are studying, as well as previously taught language. Each episode ends with a **Reprise** segment, which features the key language functions and grammar points used in the episode. The first four episodes in the Level 3 **Reprise** lesson review the topics and structures from Levels 1 and 2. The final two episodes bring you up-to-date on the lives of the characters.

The cast

Here are the main characters you will meet when you watch **Roman-photo**:

 Of Senegalese heritage
Amina Mbaye

 From Washington, D.C.
David Duchesne

 From Paris
Sandrine Aubry

 From Aix-en-Provence
Valérie Forestier

 Of Algerian heritage
Rachid Kahlid

 And, also from Aix-en-Provence
Stéphane Forestier

Flash culture video program

For one lesson in each unit, a **Flash culture** segment allows you to experience the sights and sounds of the French-speaking world and the daily life of French speakers. Each segment is from two-to-three minutes long and is correlated to your textbook in one **Culture** section in each unit.

Hosted by narrators Csilla and Benjamin, these segments of specially shot footage transport you to a variety of venues: schools, parks, public squares, cafés, stores, cinemas, outdoor markets, city streets, festivals, and more. They also incorporate mini-interviews with French speakers in various walks of life: for example, family members, friends, students, and people in different professions.

The footage was filmed taking special care to capture rich, vibrant images that will expand your cultural perspectives with information directly related to the content of your textbook. In addition, the narrations were carefully written to reflect the vocabulary and grammar covered in **D'accord!**

Le Zapping

Authentic TV clips from around the French-speaking world connect the vocabulary and theme of each unit. These clips include commercials, newscasts, short films, and TV shows.

The French-speaking World

Do you know someone who speaks French? Chances are you do! More than 2 million Americans speak French or one of its varieties at home, and it is the second most common language in some states. It is the official language of more than twenty-five countries and an official language of the European Union and United Nations. English and French are the only two languages that are spoken on every continent of the world.

The Growth of French

Have you ever heard someone say that French is a Romance language? This doesn't mean it's romantic—although some say it is the language of love!—but that it is derived from Latin, the language of the Romans. Gaul, a country largely made up of what is now France and Belgium, was absorbed into the Roman Empire after the Romans invaded Gaul in 58 B.C. Most Gauls began speaking Latin. In the third century, Germanic tribes including the Franks invaded the Roman territories of Western Europe. Their language also influenced the Gauls. As the Roman empire collapsed in the fifth century, people in outlying regions and frontiers were cut off from Rome. The Latin spoken by each group was modified more and more over time. Eventually, the language that was spoken in Paris became the standard for modern-day French.

The French-speaking World

Speakers of French
(approx. 228 million worldwide)

- America and the Caribbean 7%
- Asia and Oceania 1%
- Europe 47%
- North Africa and the Middle-East 12%
- Sub-Saharan Africa and the Indian Ocean 33%

Source: Organisation internationale de la Francophonie

French in the United States

1500   **1600**   **1700**

1534
Jacques Cartier claims territories for France as he explores the St. Lawrence river, and the French establish fur-trading posts.

1600s
French exploration continues in the Great Lakes and the Mississippi Valley. La Salle takes the colony of Louisiana for France in 1682.

1685–1755
The Huguenots (French Protestants) form communities in America. French Acadians leave Nova Scotia and settle in northern New England and Louisiana.

French in the United States

French came to North America in the 16th and 17th centuries when French explorers and fur traders traveled through what is now America's heartland. French-speaking communities grew rapidly when the French Acadians were forced out of their Canadian settlement in 1755 and settled in New England and Louisiana. Then, in 1803, France sold the Louisiana territory to the United States for 80 million francs, or about 15 million dollars. Overnight, thousands of French people became citizens of the United States, bringing with them their rich history, language, and traditions.

This heritage, combined with that of the other French populations that have immigrated to the United States over the years, as well as U.S. relations with France in World Wars I and II, has led to the remarkable growth of French around the country. It is one of the most commonly spoken languages in the U.S., and there are significant populations in Louisiana, Maine, New Hampshire, and Vermont who speak French or one of its varieties.

You've made a popular choice by choosing to take French in school; it is the second most commonly taught foreign language in classrooms throughout the country! Have you heard people speaking French in your community? Chances are that you've come across an advertisement, menu, or magazine that is in French. If you look around, you'll find that French can be found in some pretty common places. Depending on where you live, you may see French on grocery items such as juice cartons and cereal boxes. In some large cities, you can see French language television broadcasts on stations such as TV5Monde. When you listen to the radio or download music from the Internet, some of the most popular choices are French artists who perform in French. French and English are the only two official languages of the Olympic Games. More than 20,000 words in the English language are of French origin. Learning French can create opportunities within your everyday life.

1800   1900   2000

1803
The United States purchases Louisiana, where Cajun French is widely spoken.

1980s
Nearly all high schools, colleges, and universities in the United States offer courses in French as a foreign language. It is the second most commonly studied language.

2011
In the U.S., French is one of the languages most commonly spoken at home, with over 2 million speakers.

Why Study French?

Connect with the World

Learning French can change how you view the world. While you learn French, you will also explore and learn about the origins, customs, art, music, and literature of people all around the world. When you travel to a French-speaking country, you'll be able to converse freely with the people you meet. And whether here in the U.S. or abroad, you'll find that speaking to people in their native language is the best way to bridge any culture gap.

Learn an International Language

There are many reasons for learning French, a language that has spread to many parts of the world and has along the way embraced words and sounds of languages as diverse as Latin, Arabic, German, and Celtic. The French language, standardized and preserved by the Académie française since 1634, is now among the most commonly spoken languages in the world. It is the second language of choice among people who study languages other than English in North America.

Understand the World Around You

Knowing French can also open doors to communities within the United States, and it can broaden your understanding of the nation's history and geography. The very names Delaware, Oregon, and Vermont are French in origin. Just knowing their meanings can give you some insight into the history and landscapes for which the states are known. Oregon is derived from a word that means "hurricane," which tells you about the windy weather; and Vermont comes from a phrase

City Name	Meaning in French
Bel Air, California	"beautiful air"
Boise, Idaho	"wooded"
Des Moines, Iowa	"of the monks"
Montclair, New Jersey	"bright mountain"

meaning "green mountain," which is why its official nickname is The Green Mountain State. You've already been speaking French whenever you talk about these states!

Explore Your Future

How many of you are already planning your future careers? Employers in today's global economy look for workers who know different languages and understand other cultures. Your knowledge of French will make you a valuable candidate for careers abroad as well as in the United States. Doctors, nurses, social workers, hotel managers, journalists, businesspeople, pilots, flight attendants, and many other kinds of professionals need to know French or another foreign language to do their jobs well.

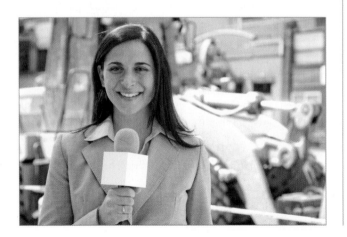

Expand Your Skills

Studying a foreign language can improve your ability to analyze and interpret information and help you succeed in many other subject areas. When you begin learning French, much of your studies will focus on reading, writing, grammar, listening, and speaking skills. You'll be amazed at how the skills involved with learning how a language works can help you succeed in other areas of study. Many people who study a foreign language claim that they gained a better understanding of English and the structures it uses. French can even help you understand the origins of many English words and expand your own vocabulary in English. Knowing French can also help you pick up other related languages, such as Portuguese, Spanish, and Italian. French can really open doors for learning many other skills in your school career.

How to Learn French

Start with the Basics!

As with anything you want to learn, start with the basics and remember that learning takes time!

Vocabulary Every new word you learn in French will expand your vocabulary and ability to communicate. The more words you know, the better you can express yourself. Focus on sounds and think about ways to remember words. Use your knowledge of English and other languages to figure out the meaning of and memorize words like **téléphone**, **l'orchestre**, and **mystérieux**.

Grammar Grammar helps you put your new vocabulary together. By learning the rules of grammar, you can use new words correctly and speak in complete sentences. As you learn verbs and tenses, you will be able to speak about the past, present, or future; express yourself with clarity; and be able to persuade others with your opinions. Pay attention to structures and use your knowledge of English grammar to make connections with French grammar.

Culture Culture provides you with a framework for what you may say or do. As you learn about the culture of French-speaking communities, you'll improve your knowledge of French. Think about a word like **cuisine** and how it relates to a type of food as well as the kitchen itself. Think about and explore customs observed at **le Réveillon de la Saint-Sylvestre** (New Year's Eve) or **le Carnaval** (or **Mardi Gras**, "fat Tuesday") and how they are similar to celebrations you are familiar with. Observe customs. Watch people greet each other or say good-bye. Listen for sayings that capture the spirit of what you want to communicate!

Listen, Speak, Read, and Write

Listening Listen for sounds and for words you can recognize. Listen for inflections and watch for key words that signal a question such as **comment** (*how*), **où** (*where*), or **qui** (*who*). Get used to the sound of French. Play French pop songs or watch French movies. Borrow books on CD from your local library, or try to attend a meeting with a French language group in your community. Download a podcast in French or watch a French newscast online. Don't worry if you don't understand every single word. If you focus on key words and phrases, you'll get the main idea. The more you listen, the more you'll understand!

Speaking Practice speaking French as often as you can. As you talk, work on your pronunciation, and read aloud texts so that words and sentences flow more easily. Don't worry if you don't sound like a native speaker, or if you make some mistakes. Time and practice will help you get there. Participate actively in French class. Try to speak French with classmates, especially native speakers (if you know any), as often as you can.

Reading Pick up a French-language newspaper or a magazine on your way to school, read the lyrics of a song as you listen to it, or read books you've already read in English translated into French. Use reading strategies that you know to understand the meaning of a text that looks unfamiliar. Look for cognates, or words that are related in English and French, to guess the meaning of some words. Read as often as you can, and remember to read for fun!

Writing It's easy to write in French if you put your mind to it. Memorize the basic rules of how letters and sounds are related, practice the use of diacritical marks, and soon you can probably become an expert speller in French! Write for fun—make up poems or songs, write e-mails or instant messages to friends, or start a journal or blog in French.

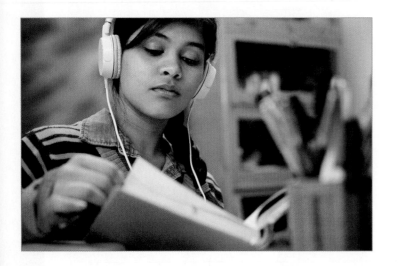

Tips for Learning French

- **Listen** to French radio shows, often available online. Write down words you can't recognize or don't know and look up the meaning.

- **Watch** French TV shows or movies. Read subtitles to help you grasp the content.

- **Read** French-language newspapers, magazines, websites, or blogs.

- **Listen** to French songs that you like—anything from a a jazzy pop song by Zaz to an old French ballad by Edith Piaf. Sing along and concentrate on your pronunciation.

- **Seek** out French speakers. Look for neighborhoods, markets, or cultural centers where French might be spoken in your community. Greet people, ask for directions, or order from a menu at a French restaurant in French.

- **Pursue** language exchange opportunities in your school or community. Try to join language clubs or cultural societies, and explore opportunities for studying abroad or hosting a student from a French-speaking country in your home or school.

Practice, practice, practice!

Seize every opportunity you find to listen, speak, read, or write French. Think of it like a sport or learning a musical instrument—the more you practice, the more you will become comfortable with the language and how it works. You'll marvel at how quickly you can begin speaking French and how the world that it transports you to can change your life forever!

- **Connect** your learning to everyday experiences. Think about naming the ingredients of your favorite dish in French. Think about the origins of French place names in the U.S., like Baton Rouge and Fond du Lac, or of common English words and phrases like **café**, **en route**, **fiancé**, **matinée**, **papier mâché**, **petite**, and **souvenir**.

- **Use** mnemonics, or a memorizing device, to help you remember words. Make up a saying in English to remember the order of the days of the week in French (L, M, M, J, V, S, D).

- **Visualize** words. Try to associate words with images to help you remember meanings. For example, think of a **pâté** or **terrine** as you learn the names of different types of meats and vegetables. Imagine a national park and create mental pictures of the landscape as you learn names of animals, plants, and habitats.

- **Enjoy** yourself! Try to have as much fun as you can learning French. Take your knowledge beyond the classroom and find ways to make your learning experience your very own.

Common Names

Get started learning French by using a French name in class. You can choose from the lists on these pages, or you can find one yourself. How about learning the French equivalent of your name? The most popular French names for girls are Emma, Léa, Chloé, Manon, and Inès. The most popular French names for boys are Nathan, Lucas, Enzo, Léo, and Louis. Is your name, or that of someone you know, in the French top five?

More Boys' Names	More Girls' Names
Thomas	Lola
Gabriel	Zoé
Théo	Alice
Hugo	Louise
Maxime	Camille
Alexandre	Océane
Antoine	Marie
Adam	Sarah
Quentin	Clara
Clément	Lilou
Nicolas	Laura
Alexis	Julie
Romain	Mathilde
Raphaël	Lucie
Valentin	Anaïs
Noah	Pauline
Julien	Margot
Paul	Lisa
Baptiste	Eva
Tom	Justine
Jules	Maéva
Arthur	Jade
Benjamin	Juliette
Mohamed	Charlotte
Mathis	Émilie

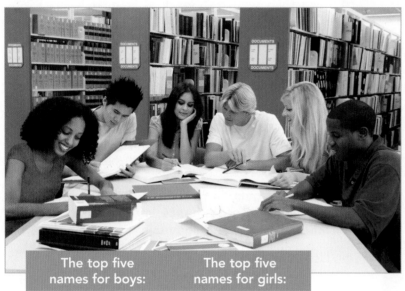

The top five names for boys:	The top five names for girls:
Nathan	Emma
Lucas	Léa
Enzo	Chloé
Léo	Manon
Louis	Inès

Useful French Expressions

The following expressions will be very useful in getting you started learning French. You can use them in class to check your understanding, and to ask and answer questions about the lessons. Learn these ahead of time to help you understand direction lines in French, as well as your teacher's instructions. Remember to practice your French as often as you can!

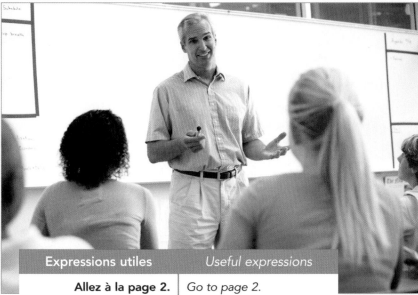

Expressions utiles	Useful expressions
Allez à la page 2.	Go to page 2.
Alternez les rôles.	Switch roles.
À tour de rôle…	Take turns…
À voix haute	Aloud
À votre/ton avis	In your opinion
Après une deuxième écoute…	After a second listen…
Articulez.	Enunciate.; Pronounce carefully.
Au sujet de, À propos de	Regarding/about
Avec un(e) partenaire/un(e) camarade de classe	With a partner/a classmate
Avez-vous/As-tu des questions?	Do you have any questions?
Avez-vous/As-tu fini/terminé?	Are you done?/Have you finished?
Chassez l'intrus.	Choose the item that doesn't belong.
Choisissez le bon mot.	Choose the right word.
Circulez dans la classe.	Walk around the classroom.
Comment dit-on ____ en français?	How do you say ____ in French?
Comment écrit-on ____ en français?	How do you spell ____ in French?

Expressions utiles	Useful expressions
Corrigez les phrases fausses.	Correct the false statements.
Créez/Formez des phrases…	Create/Form sentences…
D'après vous/Selon vous…	According to you…
Décrivez les images/dessins…	Describe the images/drawings…
Désolé(e), j'ai oublié.	I'm sorry, I forgot.
Déterminez si…	Decide whether…
Dites si vous êtes/Dis si tu es d'accord ou non.	Say if you agree or not.
Écrivez une lettre/une phrase.	Write a letter/a sentence.
Employez les verbes de la liste.	Use the verbs from the list.
En utilisant…	Using…
Est-ce que vous pouvez/tu peux choisir un(e) autre partenaire/quelqu'un d'autre?	Can you please choose… another partner/someone else?
Êtes vous prêt(e)?/Es-tu prêt(e)?	Are you ready?
Excusez-moi, je suis en retard.	Excuse me for being late.
Faites correspondre…	Match…
Faites les accords nécessaires.	Make the necessary agreements.

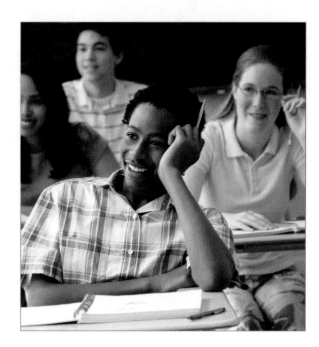

Expressions utiles	Useful expressions
Félicitations!	Congratulations!
Indiquez le mot qui ne va pas avec les autres.	Indicate the word that doesn't belong.
Indiquez qui a dit...	Indicate who said...
J'ai gagné!/Nous avons gagné!	I won!/We won!
Je n'ai pas/Nous n'avons pas encore fini.	I/We have not finished yet.
Je ne comprends pas.	I don't understand.
Je ne sais pas.	I don't know.
Je ne serai pas là demain.	I won't be here tomorrow.
Je peux continuer?	May I continue?
Jouez le rôle de.../ la scène...	Play the role of.../ the scene...
Lentement, s'il vous plaît.	Slowly, please.
Lisez...	Read...
Mettez dans l'ordre...	Put in order...
Ouvrez/Fermez votre livre.	Open/Close your books.
Par groupes de trois/ quatre...	In groups of three/four...
Partagez vos résultats...	Share your results...
Posez-vous les questions suivantes.	Ask each other the following questions.
Pour demain, faites...	For tomorrow, do...

Expressions utiles	Useful expressions
Pour demain, vous allez/tu vas faire...	For tomorrow you are going to do...
Prononcez.	Pronounce.
Qu'est-ce que ____ veut dire?	What does ____ mean?
Que pensez-vous/ penses-tu de...	What do you think about...
Qui a gagné?	Who won?
...qui convient le mieux.	...that best completes/is the most appropriate.
Rejoignez un autre groupe.	Get together with another group.
Remplissez les espaces.	Fill in the blanks.
Répondez aux questions suivantes.	Answer the following questions.
Soyez prêt(e)s à...	Be ready to...
Venez/Viens au tableau.	Come to the board.
Vous comprenez?/ Tu comprends?	Do you understand?
Vous pouvez nous expliquer/m'expliquer encore une fois, s'il vous plaît?	Could you explain again, please?
Vous pouvez répéter, s'il vous plaît?	Could you repeat that, please?
Vrai ou faux?	True or false?

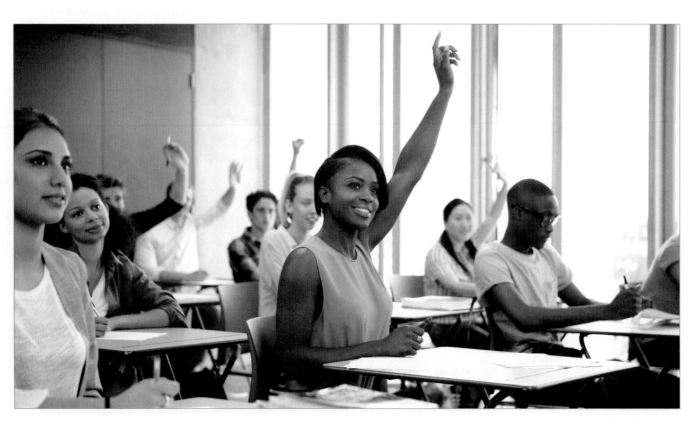

Acknowledgments

On behalf of its authors and editors, Vista Higher Learning expresses its sincere appreciation to the many educators nationwide who reviewed materials from **D'accord!** Their input and suggestions were vitally helpful in forming and shaping the program in its final, published form.

We also extend a special thank you to Mayanne Wright, Stephen Adamson, and Séverine Champeny, whose hard work was central to bringing **D'accord!** to fruition.

We are especially grateful to Norah Jones, for her continued support and feedback regarding all aspects of the text.

Reviewers

Rachel Safier Albino
Saint Francis High School
Mountain View, CA

Erin Austin
Poudre High School
Fort Collins, CO

Rebecca Barck
The Bryn Mawr School
Baltimore, MD

Jennifer Barnhill
The Archer School for Girls
Los Angeles, CA

Michael Battle
Saint Francis High School
Mountain View, CA

Mary Bell
St Mary's Episcopal School
Memphis, TN

Morgan Benz
Drew School
San Francisco, CA

Marie France Bernard
Carrollton School of the Sacred Heart
Miami, FL

Joyce Besserer
Brookfield Academy
Brookfield, WI

Cree Bol
Polaris Expeditionary School
Fort Collins, CO

Greta Brewer
West Boca High School
Boca Raton, FL

Kari Bridenbaugh
Rocky Mountain High School
Fort Collins, CO

Bradey Bulk
Wilmington Friends School
Wilmington, DE

Chantal Cassan
St Andrew's Episcopal School
Potomac, MD

Christi Castenson
West Aurora High School
Aurora, IL

Anna Maria Cherubin
Eleanor Roosevelt High School
Greenbelt, MD

Ines du Cos de La Hitte
Sierra Canyon School
Chatsworth, CA

Amaris Cuchanski
Falmouth Academy
Falmouth, MA

Isabelle Daly
Ranney School
Tinton Falls, NJ

Silvana Dessi-Olive
The Blake School
Minneapolis, MN

Michele Diament
Collins Hill High School
Suwanee, GA

Catherine Douglas
Xaverian Brothers High School
Westwood, MA

Parthena Draggett
Community School of Naples
Naples, FL

Jillian Eilert
Avon High School
Avon, IN

Erin Feltman
Timberline High School
Olympia, WA

Kristine Finnegan
Kempsville High School
Virginia Beach, VA

Mary Beth Fischer
Kinard Core Knowledge Middle School
Fort Collins, CO

Kimberly Fogelson
Dominion High School
Sterling, VA

Acknowledgments

Kevin Giggy
  Mitchell High School
  Mitchell, IN

Lee Holcomb
  Inspire School of Arts & Sciences
  Chico, CA

Anne Jackson
  Holy Innocents Episcopal School
  Atlanta, GA

Debra Jukich
  Mead High School
  Longmont, CO

Kimberley Jurawan
  The Benjamin School
  Palm Beach Gardens, FL

Catalina Keilhauer
  The Madeira School
  McLean, VA

Benjamin Lizotte
  St. John's High School
  Shrewsbury, MA

Jean Mari Hernandez Lopez
  Westtown School
  West Chester, PA

Sabrina Maggio
  Marist High School
  Chicago, IL

Miranda Markland
  Preston Middle School
  Fort Collins, CO

Michelle Martin
  Brebeuf Jesuit Preparatory School
  Indianapolis, IN

Patricia Massey
  Potomac Falls High School
  Potomac Falls, VA

Thomas Michaud
  Nichols School
  Buffalo, NY

Caron Morton
  Suncoast Community High School
  Riviera Beach, FL

Nadine Paulsen
  Archbishop Mitty High School
  San Jose, CA

Marilyn Payton
  St. John XXIII College Preparatory
  Katy, TX

Rebecca Philippone
  Greene High School
  Greene, NY

Sarah du Plessis
  Hopkins School
  New Haven, CT

Tom Pozen
  Saint Ignatius College Prep
  Chicago, IL

Meghan Primm
  Mill Creek High School
  Hoschton, GA

Carolyn Quinby
  Terra Linda High School
  San Rafael, CA

Philippe Radelet
  Benjamin Franklin High School
  New Orleans, LA

Caroline Ridenour
  Heritage Christian School
  North Hills, CA

Donna Romanick
  Pope John XXIII High School
  Sparta, NJ

Tracy Rucker
  Louisville Collegiate School
  Louisville, KY

Katherine Saxby
  Orinda Academy
  Orinda, CA

Sarah Sexton
  Fossil Ridge High School
  Fort Collins, CO

Ellen Spence
  Beavercreek High School
  Beavercreek, OH

Suzanne Stluka
  The New School of Northern Virginia
  Fairfax, VA

Maggie Strahl
  Bishop Fenwick High School
  Franklin, OH

Cammie Williams
  William Byrd High School
  Vinton, VA

Pachao Yajcherthao
  The Blake School
  Minneapolis, MN

Valerie Yoshimura
  The Archer School for Girls
  Los Angeles, CA

Reprise

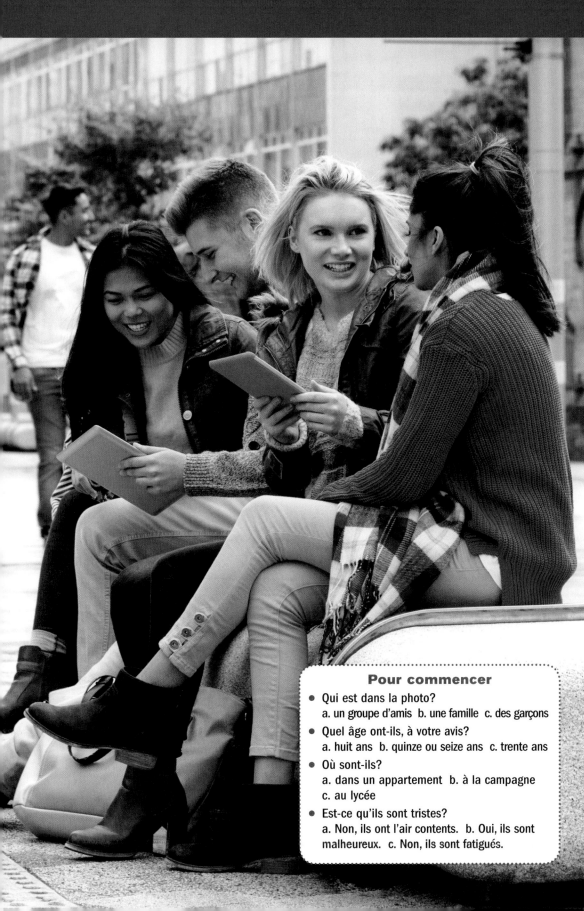

YOU WILL REVIEW HOW TO...
- Describe people and things
- Discuss everyday activities
- Tell what happened in the past
- Use pronouns to avoid repetition
- Give commands or directions

STRUCTURES R.1 . . . . .pages 2–5
- The verbs **être** and **avoir**
- Expressions with **avoir**
- Adjective agreement and placement
- Possessive and demonstrative adjectives

STRUCTURES R.2 . . . pages 6–11
- The present tense of regular **-er**, **-ir**, **-re** verbs
- Irregular present-tense **-er**, **-ir** and **-re** verbs, including **aller**, **prendre**, **boire**, **faire**
- Spelling-change **-er** verbs

CULTURE . . . . pages 12–13
- Summer vacation activities

STRUCTURES R.3 . . pages 14–19
- The **passé composé** with **avoir** and **être**
- The **imparfait**

STRUCTURES R.4 . . pages 20–24
- Direct object pronouns
- Indirect object pronouns
- The **impératif**

Pour commencer
- Qui est dans la photo?
  a. un groupe d'amis b. une famille c. des garçons
- Quel âge ont-ils, à votre avis?
  a. huit ans b. quinze ou seize ans c. trente ans
- Où sont-ils?
  a. dans un appartement b. à la campagne
  c. au lycée
- Est-ce qu'ils sont tristes?
  a. Non, ils ont l'air contents. b. Oui, ils sont malheureux. c. Non, ils sont fatigués.

The verbs *être* and *avoir* vhlcentral

Je suis américain.

Cette année, nous avons le bac.

- The verb **être** (*to be*) is an irregular verb. Its conjugation (set of forms for different subjects) does not follow a pattern.

Present tense of *être*			
je suis	*I am*	nous sommes	*we are*
tu es	*you are*	vous êtes	*you are*
il/elle/on est	*he/she/it/one is*	ils/elles sont	*they are*

- The verb **avoir** (*to have*) is also an irregular verb.

Present tense of *avoir*			
j'ai	*I have*	nous avons	*we have*
tu as	*you have*	vous avez	*you have*
il/elle/on a	*he/she/it/one has*	ils/elles ont	*they have*

- The verb **avoir** is used in certain idiomatic or set expressions where English generally uses *to be* or *to feel*.

Nicolas **a sommeil.**
Nicolas is sleepy.

Vous **avez froid**?
Are you cold?

Il **a envie de** se coucher.
He feels like going to bed.

Avez-vous **envie de** soupe?
Do you want some soup?

Expressions with *avoir*			
avoir... ans	*to be... years old*	avoir froid	*to be cold*
		avoir honte (de)	*to be ashamed (of)*
avoir besoin (de)	*to need*	avoir l'air (de)	*to seem/look (like)*
avoir de la chance	*to be lucky*	avoir peur (de)	*to be afraid (of)*
		avoir raison	*to be right*
avoir chaud	*to be hot*	avoir sommeil	*to be sleepy*
avoir envie (de)	*to feel like/to want*	avoir tort	*to be wrong*

 Vérifiez

Adjectives

- In French, all nouns have a number (singular or plural) and gender (masculine or feminine). Most adjectives take different forms according to the gender and number of the nouns they describe.

- To make many adjectives feminine, add **-e** to the masculine form, unless it already ends in an unaccented **e**. To make most adjectives plural, add **-s**, unless it already ends in **-s**.

MASCULINE SINGULAR MASCULINE SINGULAR	FEMININE SINGULAR FEMININE SINGULAR
Henri est **élégant.**	**Patricia** est **élégante.**

MASCULINE PLURAL MASCULINE PLURAL	FEMININE PLURAL FEMININE PLURAL
Henri et Jérôme sont **élégants.**	**Patricia et Marie** sont **élégantes.**

- French adjectives are usually placed after the noun they modify when they don't directly follow a form of **être.**

  Ce sont des **étudiantes brillantes**   Bernard est un homme **agréable et poli.**

   Vérifiez

- However, some adjectives, such as possessive and demonstrative adjectives, come before the noun.

C'est ta soeur?
Ce sont tes parents?

Combien coûte
cette montre?

Possessive and demonstrative adjectives

masculine singular	feminine singular	plural	
mon	ma	mes	*my*
ton	ta	tes	*your* (fam. and sing.)
son	sa	ses	*his, her, its*
notre	notre	nos	*our*
votre	votre	vos	*your* (form. or pl.)
leur	leur	leurs	*their*
ce	cette	ces	*this, these*
cet (before vowel sound)			*this*

   Boîte à outils

The possessive adjectives **mon**, **ton**, and **son** are also used before feminine nouns beginning with a vowel sound.

Anne est mon amie.
Anne is my friend.

Ton école est grande.
Your school is big.

   Vérifiez

- Use **-ci** and **-là** to refer to something near versus something far, and to contrast similar items in the same sentence.

  Ce livre**-ci** est long, mais ce livre**-là** est court.
  This book is long, but that book is short.

Mise en pratique

1 **Où sommes-nous?** Complete each sentence with the correct form of the verb **être**.

1. Édouard et Nathalie _____ à l'hôtel.
2. Jean-François _____ à l'école.
3. Ils _____ en vacances.
4. Julie et moi, nous _____ au match de foot.
5. Vous _____ en retard.
6. Tu _____ végétarien?
7. Je _____ de Bordeaux.
8. Il _____ deux heures et demie.
9. Daniel et Thomas _____ à l'hôpital.
10. Elle _____ chez elle.

2 **Correspondance** Sandra is presenting her family to you. Complete her e-mail with the correct forms of **avoir**.

«J'(1) _____ une grande famille avec quatre frères et sœurs. Nous (2) _____ aussi beaucoup d'oncles et de tantes. Ils sont mariés et (3) _____ des enfants. Ce sont tous mes cousins et cousines. Mon grand frère Pierrot (4) _____ déjà une petite fille, et elle est adorable. Dans les grandes familles, il y (5) _____ toujours un petit préféré... eh bien, chez nous, c'est elle! Voilà, comme ça, tu (6) _____ une idée de ma vie ici!»

3 **Expressions** Using the photos, complete each sentence using an expression with **avoir**.

1. Il _____.
2. Elle _____.
3. Nous _____.
4. J' _____.

4 **Opinions** Victoire has opinions about everything. Complete her statements, following the model.

MODÈLE
restaurant / cher / bon
Le restaurant est cher, mais bon.

1. prof / désorganisé / brillant
2. voisines / vieux / charmant
3. maison / petit / joli
4. fiancés / inquiet / heureux
5. plage / grand / laid
6. matchs / long / génial
7. fille / timide / intelligent
8. garçons / gros / sportif

Coup de main

The following adjectives are irregular.

génial(-aux)	géniale(s)
heureux	heureuse(s)
long(s)	longue(s)
sportif(s)	sportive(s)
vieil/vieux	vieille(s)

5 **C'est à qui?** Using possessive adjectives, identify the owner(s) of each object.

▶ **MODÈLE**

mon copain
Ce sont ses cahiers.

toi et moi   **les vendeuses**   **Léo et toi**   **Josie**

1. _____   2. _____   3. _____   4. _____

6 **Comparez** With a partner, discuss the differences in each illustration. Use demonstrative adjectives.

▶ **MODÈLE**

Élève 1: *Comment sont ces hommes?*
Élève 2: *Cet homme-ci est petit et cet homme-là est grand.*

1. _____   2. _____   3. _____   4. _____

7 **Quelle fête!** Vous êtes à la fête d'un ami et il y a des personnes célèbres (*famous*). Avec un(e) partenaire, faites une liste des célébrités présentes, puis décrivez-les. Utilisez des adjectifs.

MODÈLE

Élève 1: *Qui est cette femme-ci?*
Élève 2: *C'est Natalie Portman. Elle est jolie, mais cette femme-là est vraiment élégante!*
Élève 1: *Oui, c'est...*

Present tense of regular and irregular verbs; spelling-change -er verbs

vhlcentral

Regular verbs

- To create the present-tense forms of regular verbs, drop the infinitive ending (**-er**, **-ir**, **-re**) and add the corresponding endings for the different subject pronouns.

Demain, je **finis** mes cours à deux heures et demi.
Tomorrow I finish class at 2:30.

Et quand est-ce que tu **arrives** chez toi?
And when do you get home?

Vérifiez

	parler	finir	vendre
Regular verbs			
je	parle	finis	vends
tu	parles	finis	vends
il/elle/on	parle	finit	vend
nous	parlons	finissons	vendons
vous	parlez	finissez	vendez
ils/elles	parlent	finissent	vendent

Irregular verbs

- Like **être** and **avoir**, some other commonly used verbs are irregular.

	aller	faire	prendre	boire
Common irregular verbs				
je	vais	fais	prends	bois
tu	vas	fais	prends	bois
il/elle/on	va	fait	prend	boit
nous	allons	faisons	prenons	buvons
vous	allez	faites	prenez	buvez
ils/elles	vont	font	prennent	boivent

- The verbs **comprendre** and **apprendre** are conjugated like **prendre**.

Je ne comprends pas non plus.

Je ne bois pas de limonade.

Irregular *-ir* verbs

	sortir	dormir	courir
je	sors	dors	cours
tu	sors	dors	cours
il/elle/on	sort	dort	court
nous	sortons	dormons	courons
vous	sortez	dormez	courez
ils/elles	sortent	dorment	courent

- The verbs **partir**, **sentir**, and **servir** follow the same pattern as **sortir** and **dormir**.

Irregular *-re* verbs

	conduire	mettre	dire	rire
je	conduis	mets	dis	ris
tu	conduis	mets	dis	ris
il/elle/on	conduit	met	dit	rit
nous	conduisons	mettons	disons	rions
vous	conduisez	mettez	dites	riez
ils/elles	conduisent	mettent	disent	rient

- The following verbs are conjugated like **conduire**: **construire**, **détruire**, **produire**, **réduire**, **traduire**.
- The following verbs are conjugated like **mettre**: **permettre**, **promettre**.
- The verb **sourire** is conjugated like **rire**.

Spelling-change *-er* verbs

- Some **-er** verbs, though regular with respect to their verb endings, have spelling changes that occur in the verb stem (what remains after the **-er** is dropped).

Spelling-change *-er* verbs

	acheter	espérer	envoyer
j'	achète	espère	envoie
tu	achètes	espères	envoies
il/elle/on	achète	espère	envoie
nous	achetons	espérons	envoyons
vous	achetez	espérez	envoyez
ils/elles	achètent	espèrent	envoient

- The following verbs are conjugated like **acheter**: **amener**, **emmener**.
- The following verbs are conjugated like **espérer**: **célébrer**, **considérer**, **posséder**, **préférer**, **protéger**, **répéter**.
- The following verbs are conjugated like **envoyer**: **employer**, **essayer**, **nettoyer**, **payer**.

 Vérifiez

Mise en pratique

1 Des questions Your friend Antoine is asking you a lot of questions. Complete each of his questions with the correct form of the verb in parentheses.

1. On _____ (partager) ce sandwich?
2. Tu _____ (réfléchir) à quoi maintenant?
3. Maxime et toi, vous _____ (finir) votre match de tennis vers quelle heure?
4. Cet après-midi, nous _____ (retrouver) bien Elsa et Vivi à la bibliothèque, n'est-ce pas?
5. Est-ce que j' _____ (inviter) Édouard aussi?
6. Pourquoi est-ce qu'Elsa sourit quand je la _____ (regarder)?
7. Pourquoi est-ce que les filles _____ (rougir) tout le temps?
8. Nous _____ (choisir) le restaurant pour ce soir, non?
9. Est-ce que tu _____ (aimer) la cuisine japonaise?
10. Les copains _____ (organiser) aussi une fête ce week-end?

2 Complétez Complete each sentence with the correct form of a verb from the list.

attendre	entendre	répondre
descendre	perdre	vendre

1. Chez moi, après huit heures du soir, nous ne _____ pas au téléphone.
2. Où sont mes lunettes? Aujourd'hui, je _____ tout!
3. Est-ce qu'ils _____ des billets de train ici?
4. Papi, tu n' _____ pas très bien quand on parle.
5. Delphine ne _____ jamais en ville sans son sac.
6. Monsieur, vous _____ le bus 114?
7. Nous _____ très mal au téléphone parce que la connection est toujours mauvaise.
8. Vous _____ l'escalier, et les toilettes sont à votre droite.

3 Le bon verbe Conjugate a verb from the list to complete each sentence.

aller	boire	faire	prendre

1. Nous adorons le sport. Nous _____ du jogging presque tous les matins.
2. Attention! Tu _____ trop vite!
3. Quand vous avez envie de sortir, vous _____ au cinéma?
4. Yvan _____ le train pour rentrer chez lui le soir.
5. Les enfants _____ des cours de tennis le dimanche.
6. Je _____ mes frites moi-même, à la maison!
7. Est-ce que cette ceinture _____ avec mon pantalon?
8. En été, nous ne _____ jamais assez.
9. Je _____ en ville ce soir. Tu viens (*Are you coming*) avec moi?
10. Qu'est-ce que vous _____ comme activité sportive?

4 **Parfait!** Using the illustrations as cues, write the correct form of the irregular –ir verb.

1. Je _____ bien!

2. Il _____ des sandwichs délicieux!

3. Nos chocolats chauds _____ bon!

4. Vous _____ super vite!

5. Tu _____ enfin de l'hôpital!

6. Nous _____ à l'heure!

5 **Finissez** Complete each sentence, choosing the most logical ending for each. Remember to conjugate each verb.

> permettre de rentrer à 11h00.
> dire «bonjour» en espagnol?
> rire de mes histoires.
>
> détruire les forêts.
> réduire vos heures de travail.
> ne pas construire d'avions.

1. Ces ingénieurs _____
2. Cette semaine, au bureau, ils _____
3. Le feu (fire) _____
4. Reiko est charmante quand elle _____
5. Maman et moi, nous vous _____
6. Comment est-ce que vous _____

6 **Imaginez** Describe what people are doing in each illustration. Use a spelling-change **-er** verb.

MODÈLE

Elles essaient de patiner.

1.   2.   3.   4.

7 **Que font-ils?** Look at each illustration and write two sentences about what the people are doing or thinking. Use two different verbs from the list.

1.   2.   3.   4.

attendre	choisir	entendre	oublier
passer	regarder	rendre visite	vendre

8 **En général** In pairs, take turns describing your habits. Use the word bank for ideas.

MODÈLE

Élève 1: *En général, je ne regarde jamais la télévision le dimanche soir.*

(ne pas) courir	jusqu'à midi
(ne pas) dormir	tous les week-ends
(ne pas) finir	le dimanche
(ne pas) obéir	en été
(ne pas) partir	tous les jours
(ne pas) réfléchir	rarement
(ne pas) réussir	jamais
(ne pas) sortir	parfois
	souvent
	une (deux, etc.) fois par jour/ semaine etc.

9 **Et toi?** In pairs, take turns asking each other what you do or have when you go to these places. Use only the verbs **prendre**, **boire**, or **faire** in your answers. Use your imagination.

MODÈLE

Élève 1: *Qu'est-ce que tu prends quand tu vas au café?*
Élève 2: *Moi, quand je vais au café, je prends du café au lait. Et toi?*
Élève 1: *Moi, je ne prends jamais de café. Je prends du thé.*

1. à la cantine (*cafeteria*)
2. chez mon/ma meilleur(e) ami(e)
3. au stade
4. au cinéma
5. à la mer avec ma famille
6. à la bibliothèque
7. en cours
8. au restaurant avec ma famille

10 **Qui fait quoi?** In pairs, take turns saying what these people are doing. Use only spelling changing **–er** verbs. Be creative.

MODÈLE

Il achète des croissants pour sa fiancée.

1.

3.

2.

4.

11 **Des situations** In pairs, take turns asking each other how you generally react when other people do or do not do the following things.

MODÈLE

sourire rarement
Élève 1: *Comment est-ce que tu réagis quand quelqu'un sourit rarement?*
Élève 2: *Je suis triste.*

1. rire très fort
2. conduire vite
3. mettre ses chaussures sur la table
4. ne pas dire «pardon»
5. détruire un livre de la bibliothèque
6. promettre trop de choses

12 **Enquête** Copy the chart below onto a piece of paper. In groups of three, interview your classmates to see how often, if at all, they do each activity. Then write their names in the appropriate boxes. Be prepared to share the results of your poll with the class.

MODÈLE

Élève 1: *Est-ce que tu achètes tes livres sur Internet?*
Élève 2 (Félix): *Oui, j'achète souvent mes livres sur Internet.*

	parfois	*souvent*	*jamais*
1. acheter des livres sur Internet		Félix	
2. écrire des e-mails à son/sa grand-père/mère			
3. partir en week-end avec sa famille			
4. faire ses devoirs devant la télé			
5. ne pas répondre aux questions de ses parents			
6. sortir avec des amis l'après-midi			

CULTURE À LA LOUPE

Les vacances scolaires

Que font les jeunes pendant leurs vacances scolaires? Ce matin, Tiffany s'est levée° tôt—le jour du départ est enfin arrivé. Elle vérifie tout avant de partir: son passeport, son billet d'avion, son dictionnaire anglais-français… Elle a bien tout! En effet°, cet été, Tiffany a décidé d'aller apprendre le français au Québec.

Comme Tiffany, beaucoup de jeunes lycéens profitent des vacances d'été pour apprendre quelque chose de nouveau. Certains apprennent un nouveau sport en s'inscrivant à° des stages° de voile° ou de moto°. D'autres préfèrent une activité culturelle ou artistique et vont à des stages de cirque° ou de danse. D'autres enfin vont dans un pays étranger pour suivre° des cours de langue. Les séjours linguistiques ou les programmes d'échanges internationaux ont beaucoup de succès chez° les lycéens. Non seulement les jeunes apprennent une langue, mais ils découvrent° aussi la culture du pays et rencontrent d'autres jeunes de tous les coins° du monde.

L'Université Laval à Québec, par exemple, propose un programme idéal pour ceux° qui désirent apprendre le français. Le matin, il y a quatre heures de cours, des exposés° et des projections de films qui racontent° l'histoire de la ville de Québec. L'après-midi, il y a des activités sociales et culturelles. Certains vont faire une promenade dans le Vieux-Québec et vont voir° les fortifications, admirer la chute° Montmorency ou visiter des cabanes à sucre où on récolte la sève des érables° comme le faisaient les premiers habitants de la région, les Autochtones°. Les plus aventureux° vont même observer les baleines° du fleuve Saint-Laurent.

Pour les jeunes qui choisissent de participer à ces stages, les vacances ne sont plus une longue période d'inactivité. Elles proposent, au contraire, la possibilité de rencontrer d'autres jeunes et d'apprendre quelque chose de nouveau tout en s'amusant.

s'est levée *got up* **En effet** *Indeed* **s'inscrivant à** *signing up for* **stages** *camps*
voile *sailing* **moto** *motorcycle* **cirque** *circus* **suivre** *take* **chez** *among* **découvrent** *discover*
coins *corners* **ceux** *those* **exposés** *presentations* **racontent** *tell* **voir** *see*
chute *waterfall* **récolte** *collects* **sève des érables** *sap from maple trees*
Autochtones *Native Americans* **aventureux** *adventurous* **baleines** *whales*

A C T I V I T É S

1 **Vrai ou faux?** Indicate whether each statement is **vrai** or **faux**.

1. Si on est sportif, on peut faire un stage de moto ou de voile pendant les vacances.

2. Les séjours linguistiques sont d'abord pour les jeunes qui veulent apprendre une langue étrangère.

3. Les séjours linguistiques ne proposent que des cours de langue.

4. Les participants aux séjours linguistiques viennent de tous les coins du monde.

5. Les participants au programme de l'Université Laval ont six heures de cours de français par jour.

6. Québec est une ville fortifiée.

7. Dans les cabines téléphoniques, on récolte la sève des érables.

8. Les Autochtones étaient les premiers habitants du Québec.

9. Les camps de vacances sont idéaux pour les jeunes qui aiment l'inactivité.

10. Parfois, on observe des baleines dans le fleuve Saint-Laurent.

LE FRANÇAIS QUOTIDIEN

Des sports atypiques

l'alpinisme (*m.*)	mountain climbing
le deltaplane	hang gliding
l'escrime (*f.*)	fencing
le kitesurf	kite surfing
le parachutisme	parachuting
le parkour	free running
la plongée sous-marine	scuba diving
le rugby	rugby
le tir à l'arc	archery

LE MONDE FRANCOPHONE

Des stages pour tous

Voici quelques stages qui proposent des activités originales pour les jeunes les plus aventureux.

En France Stage d'aéronautique où, pendant le vol, le jeune est copilote, navigateur ou radio

En France Stage des sports de l'extrême pour les plus aventureux: spéléologie° dans le Vercors, Parc des volcans en Auvergne, rafting et escalade° en Haute-Savoie, etc.

En Guadeloupe Stage de kitesurf avec des moniteurs° brevetés°

Au Québec Camp de vacances scientifiques avec cours de science qui fait participer les jeunes à des recherches° expérimentales

À Tahiti Stage de surf où les cours sont donnés par des moniteurs qui ont le BEES (Brevet d'État d'Éducateur Sportif)

spéléologie *spelunking* **escalade** *climbing* **moniteurs** *instructors* **brevetés** *licensed* **recherches** *research*

PORTRAIT

Le lac Saint-Jean

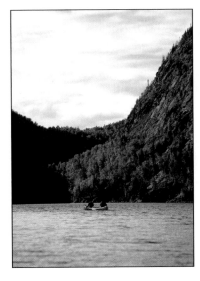

Aussi grand qu°'une mer intérieure, le lac Saint-Jean est un lieu de vacances très apprécié des Québécois et des touristes qui aiment le sport, la nature et la culture. Été comme hiver, il y a beaucoup de choses à faire. En été, les gens se baignent° ou se promènent le long de ses plages. Les sportifs font le tour du lac à vélo, vont à la pêche ou font du kayak; les plus courageux peuvent même faire du rafting à proximité du lac. Ceux qui aiment les animaux observent des loups° et des ours° dans leur habitat naturel. Ceux qui préfèrent l'histoire visitent des villages historiques qui recréent la vie des gens au début du siècle ou vont voir un moulin à eau°, construit en 1889, qui fonctionne toujours! En hiver, d'autres pratiquent la pêche blanche ou pêche sur glace, font des promenades en raquettes° ou des courses de traîneaux à chiens°, et visitent même des villages de glace! Le lac Saint-Jean, source d'amusement pour petits et grands n'importe quand!

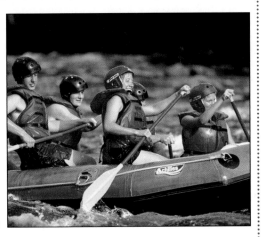

Aussi grand que *As large as*
se baignent *swim*
loups *wolves* **ours** *bears*
moulin à eau *watermill*
raquettes *snowshoes*
traîneaux à chiens *dog sleds*

---

2 **Compréhension** Complete each sentence.

1. Il y a des camps de _____ dans tout le monde francophone.
2. Il faut aller en _____ pour faire un stage de rafting et d'escalade.
3. Pendant les stages _____, on apprend à voler.
4. Il y a des _____ en Auvergne.
5. Le lac Saint-Jean est au _____.

3 **Les vacances** Do you go to summer camp? Where? What are your favorite activities? Why? If you do not go to camp, how do you pass your time in the summer? Write a paragraph in French.

ACTIVITÉS

The *passé composé* and the *imparfait*

vhlcentral

- The **passé composé** expresses events in the past with a distinct beginning and end or indicates a change in a state or condition.

Passé composé with *avoir*

- For most verbs, the **passé composé** is formed with a present-tense form of **avoir** (the auxiliary verb) followed by the past participle of the verb expressing the action.

- The past participles of regular **-er**, **-ir**, and **-re** verbs are formed by replacing the infinitive ending with **é**, **i**, or **u**, respectively.

infinitive				past participle		
fêt**er**	chois**ir**	rend**re**		fêt**é**	chois**i**	rend**u**

The *passé composé*

j'ai parlé	nous avons parlé
tu as parlé	vous avez parlé
il/elle/on a parlé	ils/elles ont parlé

Some irregular past participles

apprendre	appris		être	été
avoir	eu		faire	fait
boire	bu		pleuvoir	plu
comprendre	compris		prendre	pris
courir	couru		surprendre	surpris
falloir	fallu			

Passé composé with *être*

- Some verbs, however, use **être** in the **passé composé**. To form the **passé composé** of these verbs, use a present-tense form of **être** and the past participle of the verb that expresses the action.

Tu es parti pour Paris?

Mes parents sont arrivés des États-Unis.

- The past participles of verbs conjugated with **être** agree with their subjects in number and gender.

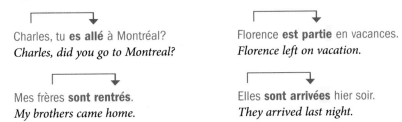

Charles, tu **es allé** à Montréal?
Charles, did you go to Montreal?

Florence **est partie** en vacances.
Florence left on vacation.

Mes frères **sont rentrés**.
My brothers came home.

Elles **sont arrivées** hier soir.
They arrived last night.

Some verbs used with *être*				
aller	entrer	naître	rentrer	sortir
arriver	monter	partir	rester	tomber
descendre	mourir	passer	retourner	

Vérifiez

- To ask questions using inversion in the **passé composé**, invert the subject pronoun and the conjugated form of **avoir/être**.

Avez-vous fêté votre anniversaire?   **Est-elle restée** chez elle?

- Place the adverbs **déjà**, **encore**, **bien**, **mal**, and **beaucoup** directly before the past participle.

Tu as **déjà** mangé?
Did you already eat?

Je ne suis pas **encore** tombé.
I haven't fallen yet.

L'imparfait

- To form the **imparfait**, drop the **-ons** ending from the **nous** form of the present tense and replace it with these endings.

The *imparfait*	parler (parl~~ons~~)	finir (finiss~~ons~~)	vendre (vend~~ons~~)	boire (buv~~ons~~)
je	parlais	finissais	vendais	buvais
tu	parlais	finissais	vendais	buvais
il/elle/on	parlait	finissait	vendait	buvait
nous	parlions	finissions	vendions	buvions
vous	parliez	finissiez	vendiez	buviez
ils/elles	parlaient	finissaient	vendaient	buvaient

- The **imparfait** expresses habitual or repetitive actions in the past, or an ongoing action, event, or condition in the past with no definite beginning or end. With the verb **être**, it is often used for description. The verb **être** is irregular in the **imparfait**.

The *imparfait* of *être*	
j'étais	nous étions
tu étais	vous étiez
il/elle/on était	ils/elles étaient

Vérifiez

Mise en pratique

1 **Au passé** Complete each sentence by writing the correct forms of the appropriate verb in parentheses. Use the **passé composé**.

1. Hier soir, tu _____ ton ami et vous _____ pendant des heures. (bavarder/appeler)

2. Lundi dernier, Monsieur et Madame Guillon _____ une écharpe à l'hôtel et la réception _____ chez eux. (oublier/téléphoner)

3. Aujourd'hui, j'_____ mes amis et nous _____ au café d'à côté. (déjeuner/inviter)

4. Mathis _____ Sabine, mais il _____ avec sa cousine Lætitia pendant deux ans. (ne pas encore rencontrer/travailler)

5. Vous _____ avec votre régime (*diet*), mais nous _____! (grossir/maigrir)

6. Ils _____ l'examen parce qu'ils _____ avant de répondre aux questions. (réussir/bien réfléchir)

7. Ce matin, j'_____ le bus pendant une heure pour aller en ville, puis j'_____ à mon oncle. (rendre visite/attendre)

8. Nous _____ notre temps parce que ces personnes-là n'_____ notre histoire. (perdre/ne pas entendre)

2 **Un vrai désastre!** Léna had a very bad evening yesterday. Complete her description with the verbs in parentheses and the **passé composé**.

1. Il _____ (falloir) attendre pour avoir une table.

2. Nous _____ (boire) du très mauvais café.

3. Je _____ (ne pas comprendre) la conversation.

4. Maxime _____ (être) désagréable avec le serveur.

5. Ensuite, on _____ (prendre) le mauvais train pour rentrer.

6. Il _____ (pleuvoir) en chemin (*on the way*) à la maison.

3 **Fait accompli** Say what these people did. Use the verbs from the list and the **passé composé**.

▶ **MODÈLE**

tu

Tu es allée à la piscine.

aller	descendre
arriver	sortir
rentrer	

1. je   2. Sophie   3. vous   4. Margaud et moi

4 **Une journée sympa** Chloé is describing her first day of vacation in New Orleans with her family. Complete the sentences with the correct **passé composé** form of the verbs in parentheses.

1. Mes parents et moi, nous _____ (partir) de Lafayette.

2. Nous _____ (arriver) à la Nouvelle Orléans à 11h.

3. Le voyage _____ (durer) (*to last*) deux heures et quinze minutes.

4. Nous _____ (descendre) à l'hôtel.

5. Mes parents _____ (aller) au Vieux Carré.

6. J'_____ (nager).

7. Nous _____ (prendre) le bus pour aller rue Plum.

8. J'_____ (mangé) une boule de neige (*snowball*).

5 **Quand j'étais petit** Complete José's story with the **imparfait** of the logical verb.

«Il (1) _____ (faire/pleuvoir) très chaud. Il (2) _____ (falloir/ne pas avoir) boire beaucoup d'eau. La journée, je (3) _____ (sortir/divorcer) peu. Les gens (4) _____ (descendre/essayer) de faire du sport le matin très tôt. En général, maman et papa (5) _____ (ne pas dormir/rire) bien. Heureusement le week-end, nous (6) _____ (choisir/aller) à la plage dans la voiture de papa. Nous (7) _____ (rester/détruire) dans l'eau fraîche pendant des heures et c'(8) _____ (être/sentir) fantastique!»

6 **Avant...** Things have changed a lot between now and back then. Express this by finishing each sentence with a verb in the **imparfait**.

MODÈLE

Maintenant, j'ai un vélo. Avant, *je marchais.*

1. Monsieur Roques mange très peu. Avant, _____.

2. Clément est bon aux échecs. Avant, _____.

3. Ces jours-ci, tu maigris lentement. Avant, _____.

4. Auban et moi, nous rentrons tôt. Avant, _____.

5. Ils achètent parfois un livre. Avant, _____.

6. Aujourd'hui, vous partez avec vos enfants. Avant, _____.

7 **Quand...** In pairs, describe what these people used to do and under what circumstances.

Rafik

▶ MODÈLE

Quand il était plus jeune, Rafik dormait dans un lit confortable.

1. je

2. ils

3. vous

4. tu

7 Déjà fait Interview a partner, asking whether he/she has ever done the following things. Your partner should respond with additional information, as in the model.

MODÈLE

Élève 1: *Tu as déjà fait une surprise à tes parents?*
Élève 2: *Oui, j'ai préparé un dîner romantique.*

1. faire une surprise à ses parents
2. rencontrer une actrice ou un sportif célèbre
3. passer une nuit entière sans dormir
4. acheter un costume ou un tailleur
5. écouter un discours politique en entier
6. inviter un(e) ami(e) à manger avec sa famille

8 Mes voisins In pairs, take a minute to study the illustration. Then close your books and ask your partner questions about what these people did at the party. Use the **passé composé** and the verbs provided below.

Nathalie — Claude — Julien & Manon — Jean — Bernard — Marianne

| accepter | bavarder | boire | chanter | danser | écouter | rencontrer |

9 La semaine dernière In pairs, take turns guessing what your partner did last week. Use only verbs that take **être** in the **passé composé**. Be prepared to share with the rest of the class what your partner did.

MODÈLE

Élève 1: *Tu es allé(e) à la piscine?*
Élève 2: *Non, je suis allé(e) courir.*

| aller | partir | rentrer | retourner |
| arriver | passer | rester | sortir |

10 À la plage In groups of three, describe what these people did this weekend. Then, compare your description to that of another group.

11 **La ville** In pairs, take a few seconds to look at this illustration. Then, close your books and describe what you saw, using the **imparfait**. Work together to write down as many details as you can remember.

le café — l'hôtel
la banque — la librairie
le cinéma — le lycée
le restaurant — l'hôpital

12 **Vos vacances** In groups of three, interview your classmates to find out where and/or how they used to spend their vacation when they were younger. Then, share your results with the class.

13 **Pourquoi?** In pairs, say what these people did yesterday and why. Use the **passé composé** for the action and the **imparfait** for the explanation.

MODÈLE

Mme Gaspard
Mme Gaspard est allée chez le coiffeur parce qu'elle avait les cheveux trop longs.

Mme Gaspard

1. Brigitte

3. M. Duprès

2. Hélène

4. Arnaud et Dominique

14 **Problèmes** In pairs, take turns saying that you used to have these problems in the past and what solution you found to them.

MODÈLE

Élève 1: *Avant, je grossissais en hiver.*
Élève 2: *Ah bon? Et qu'est-ce que tu as fait pour changer ça?*
Élève 1: *J'ai commencé à faire du sport.*

1. finir ses devoirs très tard le soir
2. ne pas avoir assez d'argent pour sortir
3. détester sa chambre
4. être désagréable le matin
5. ne pas lire assez
6. faire une dépression en hiver

Direct & indirect object pronouns; vhlcentral the *impératif*

Direct and indirect object pronouns

- Direct objects are nouns that receive the action of a verb. Indirect objects are things or people to whom or for whom an action is done. Indirect objects are frequently preceded by the preposition **à**.

DIRECT OBJECT	INDIRECT OBJECT
Je lis **le livre**.	Je lis le livre **à mon petit frère**.
I'm reading the book.	*I'm reading the book to my little brother.*
J'amène **mes parents**.	Je parle **à mes parents**.
I'm bringing my parents.	*I'm speaking to my parents.*

- You can use a direct object pronoun in the place of a direct object noun. The direct object pronoun precedes the conjugated verb unless that verb is followed by an infinitive. In this case, it precedes the infinitive.

Tu fais **les valises**?	Tu **les** fais?
Are you packing the suitcases?	*Are you packing them?*
Ils vont retrouver **Luc** à la gare.	Ils vont **le** retrouver à la gare.
They're going to meet Luc at the station.	*They're going to meet him at the station.*

Direct object pronouns

singular			plural		
me/m'	te/t'	le/la/l'	nous	vous	les

- When a direct object pronoun is used with the **passé composé**, the past participle must agree with it in both gender and number.

J'ai mis **la valise** dans la voiture ce matin.	Je **l'**ai **mise** dans la voiture ce matin.
I put the suitcase in the car this morning.	*I put it in the car this morning.*
J'ai attendu **les filles** à la gare.	Je **les** ai **attendues** à la gare.
I waited for the girls at the station.	*I waited for them at the station.*

🔊 **Vérifiez**

- Indirect object pronouns replace indirect object nouns.

Claire parle à **sa mère**.	Claire **lui** parle.
Claire speaks to her mother.	*Claire speaks to her.*
J'envoie des cadeaux à **mes nièces**.	Je **leur** envoie des cadeaux.
I send gifts to my nieces.	*I send them gifts.*

Indirect object pronouns

singular			plural		
me/m'	te/t'	lui	nous	vous	leur

- Here are some verbs that take indirect object pronouns.

Verbs used with indirect object pronouns			
demander à	to ask, to request	parler à	to speak to
donner à	to give to	poser une question à	to pose/ ask a question (to)
envoyer à	to send to	prêter à	to lend to
montrer à	to show to	téléphoner à	to phone, to call

Vérifiez

The *impératif*

- The **impératif** is the form of a verb that is used to give commands or to offer directions, hints, and suggestions. With command forms, you do not use subject pronouns.

- Form the **tu** command of **-er** verbs by dropping the **-s** from the present tense form. Note that **aller** also follows this pattern. The **nous** and **vous** command forms of **-er** verbs are the same as the present tense forms.

  Ferme la porte! (tu) Appelez votre mère. (vous) Allons au cinéma! (nous)
  Close the door! *Call your mother.* *Let's go to the movies.*

- For **-ir** verbs, **-re** verbs, and most irregular verbs, all the command forms are identical to the present tense forms.

  Finis tes devoirs! Attendez une minute. Buvons de l'eau.
  Finish your homework! *Wait a minute.* *Let's drink water.*

- The **impératif** forms of **avoir** and **être** are irregular.

The *impératif* of *avoir* and *être*		
	avoir	**être**
(tu)	aie	sois
(nous)	ayons	soyons
(vous)	ayez	soyez

- An object pronoun can be added to the end of an affirmative command. Use a hyphen to separate them. Use **moi** and **toi** for the first- and second-person object pronouns.

  Permettez-moi de vous aider. Achète le dictionnaire et **utilise-le**.
  Allow me to help you. *Buy the dictionary and use it.*

- In negative commands, place object pronouns between **ne** and the verb. Use **me** and **te** for the first- and second-person object pronouns.

  Ne **lui** donne pas ton argent. Ne **la** touche pas.
  Don't give him your money. *Don't touch it.*

Vérifiez

Mise en pratique

1 **Choisissez** Choose the most logical direct object pronoun to complete the sentences.

1. Ces chaussures sont laides et peu pratiques. Je _____ déteste! (les/me).
2. Nous allons chez Alex ce soir. Il _____ a invités à dîner. (la/nous)
3. Toi, Léon, tu n'achètes jamais le journal. Tu _____ lis au café. (vous/le)
4. Vous laissez un gros pourboire? Je _____ trouve bien généreux aujourd'hui! (vous/la)
5. Mon oncle est follement amoureux de Jeanne. Il va _____ épouser en juin. (l'/vous)
6. Vous avez écouté mon histoire? Vous _____ avez bien compris? (m'/vous)
7. Où es-tu? Je ne _____ trouve pas. (me/te)
8. On regarde la télé ce soir? Tu _____ regardes avec nous? (la/les)

2 **Les bons pronoms** Rephrase each sentence, using a direct object pronoun. Follow the model.

MODÈLE

Dominique écoute la radio.
Il l'écoute.

1. Benoît regarde ses DVD.
2. Ma mère admire cette robe.
3. Il mange son gâteau.
4. Ils achètent ces lunettes.
5. Je vais faire mes devoirs.
6. Elle débarasse la table.
7. J'aime faire le ménage.
8. Nous achetons cet ordinateur.

3 **Déjà fait** You are so hard-working that you have already done everything that your parents ask. Express this by using the cues, the **passé composé**, and a direct object pronoun. Pay attention to participle agreement.

MODÈLE

Tu vas lire ce livre? (la semaine dernière)
Je l'ai déjà lu la semaine dernière.

1. Tu vas emmener ta sœur à la piscine un de ces jours? (avant-hier)
2. Tu vas acheter les billets pour aller chez tes grands-parents? (ce matin)
3. Lolo et toi, vous allez prendre votre goûter maintenant? (à 4h00)
4. Tu vas apporter les glaces bientôt?
5. Tes copains et toi, vous allez faire les soldes pour trouver des shorts? (samedi)
6. Tu vas nous attendre un peu? (toute la matinée!)
7. Tu vas repasser les vêtements aujourd'hui? (hier)
8. Tu vas acheter les baguettes? (déjà)
9. Tu vas aider ta mère dans le jardin? (ce matin)
10. Tu vas m'écouter? (toujours)

4 Du shopping Corinne and Célia are shopping. Complete each sentence with the correct indirect object pronoun.

1. Je _____ achète des baskets. (à mes cousins)
2. Je _____ prends une ceinture. (à toi, Célia)
3. Nous _____ achetons une jupe. (à Zoë)
4. Célia _____ prend des lunettes de soleil. (à ma mère et à moi)
5. Je _____ achète des gants. (à toi et Lucas)
6. Célia _____ achète un pantalon. (à moi)

5 Beaucoup de questions Your friend Nathan is asking you a lot of questions. Answer using an indirect object pronoun.

MODÈLE

Tu as déjà téléphoné à Delphine?
*Non, **je ne lui ai pas encore téléphoné.***

1. Tu me donnes ton nouveau numéro de téléphone? Oui, _____
2. On va prêter nos B.D. à Tao et à Franck? Oui, _____
3. Céline te sourit souvent? Oui, _____
4. Tu as déjà parlé à sa copine? Non, _____
5. Tu as demandé aux copains de venir au match? Oui, _____
6. Est-ce que le prof va envoyer un e-mail avec tous les devoirs à Paul et moi?
   Oui, _____

6 Assemblez With a partner, combine elements from the three columns to compare your family and friends. Use an indirect object pronoun in each sentence.

MODÈLE

Élève 1: *Mon père me prête souvent sa voiture.*
Élève 2: *Mon père, lui, nous prête de l'argent.*

A	B	C
je	acheter	argent
tu	apporter	biscuits
mon père	envoyer	cadeaux
ma mère	expliquer	devoirs
mon frère	faire	e-mails
ma sœur	montrer	problèmes
mon/ma	parler	vêtements
petit(e) ami(e)	payer	voiture
mes copains	prêter	

7 **Complétez** Copy the chart onto a separate piece of paper, and then write in the appropriate forms of the **impératif**.

	tu	nous	vous
finir	finis	finissons	1. _____
danser	2. _____	dansons	dansez
répondre	réponds	3. _____	répondez
faire	fais	faisons	4. _____
être	sois	5. _____	soyez
avoir	6. _____	ayons	ayez

8 **C'est un ordre!** Tonight, you're babysitting your two younger brothers Paul and Raoul. Tell them what to do by using the **impératif**.

MODÈLE

ranger sa chambre (Paul)
Range ta chambre.

1. commencer ses devoirs (Paul et Raoul)
2. faire son lit (Raoul)
3. ne pas envoyer trop d'e-mails (Paul)
4. être sympa (nous)

5. boire son verre de lait (Paul)
6. lire une histoire ensemble (toi et moi)
7. essayer de dormir (Paul et Raoul)
8. ne pas faire trop de bruit (Paul et Raoul)

9 **S'il te plaît** Take charge! Using the drawings as cues, write a sentence with a verb in the **impératif** and an indirect object pronoun.

MODÈLE

montrer / à ton cousin /
tes magasins préférés
Montre-lui tes magasins préférés.

1. expliquer / à moi et à
   la classe / ce problème
   de maths

3. demander / à
   ton frère / ranger
   sa chambre

2. donner / à ta mère /
   ton examen

4. apporter / aux
   clients / trois cafés
   et un chocolat

10 **Visitez-les!** In groups of three, write a small text of at least six sentences to go with this ad to attract tourists to these islands. Use verbs in the **impératif**. Then, share your ad with the class.

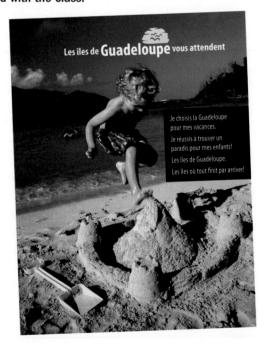

Les îles de **Guadeloupe** vous attendent

Je choisis la Guadeloupe
pour mes vacances.

Je réussis à trouver un
paradis pour mes enfants!

Les îles de Guadeloupe.

Les îles où tout finit par arriver!

Chez nous

Unité P

Leçon PA

CONTEXTES . . . . . pages 26–29
- Parts of the house
- Furniture
- **s** and **ss**

ROMAN-PHOTO . . . pages 30–31
- **La visite surprise**

CULTURE . . . . pages 32–33
- Housing in the Francophone world
- **Flash culture**

STRUCTURES. . . . pages 34–41
- The **passé composé** vs. the **imparfait** (Part 1)
- The **passé composé** vs. the **imparfait** (Part 2); the verb **vivre**

SYNTHÈSE . . . . . . pages 42–43
- **Révision**
- **Le Zapping**

Leçon PB

CONTEXTES . . . . . pages 44–47
- Household chores
- Semi-vowels

ROMAN-PHOTO . . . pages 48–49
- **La vie sans Pascal**

CULTURE . . . . pages 50–51
- Household interiors

STRUCTURES. . . . pages 52–59
- The **passé composé** vs. the **imparfait**: Summary
- The verbs **savoir** and **connaître**

SYNTHÈSE . . . . . . pages 60–61
- **Révision**
- **À l'écoute**

Savoir-faire . . . pages 62–69
- **Panorama: Paris** and **l'Île-de-France**
- **Lecture:** Read an article about Versailles.
- **Écriture:** Write a story about your dream house.

Pour commencer
- Où sont ces personnes?
  a. dans la cuisine b. dans la salle de bains
  c. dans la chambre
- Qu'est-ce qu'il y a sur la photo?
  a. une lampe b. une table c. une télévision
- Que font ces personnes?
  a. Elles étudient. b. Elles cuisinent.
  c. Elles regardent la télé.

You will learn how to...

- describe your home
- talk about habitual past actions

🔊 **vhl**central

La maison

Vocabulaire

déménager	to move out
emménager	to move in
louer	to rent
un appartement	apartment
une cave	cellar; basement
un couloir	hallway
une cuisine	kitchen
un escalier	staircase
un immeuble	building
un jardin	garden; yard
un logement	housing
un loyer	rent
une pièce	room
un quartier	area, neighborhood
une salle à manger	dining room
un salon	formal living/sitting room
un studio	studio (apartment)
une armoire	armoire, wardrobe
une douche	shower
un lavabo	bathroom sink
un meuble	piece of furniture
un placard	closet, cupboard
un tiroir	drawer
un(e) propriétaire	owner

le balcon

la salle de bains

les toilettes (f.)/ les W.C. (m.)

le miroir

la lampe

la baignoire

le canapé

le tapis

le fauteuil

une fleur

le sous-sol

la salle de séjour

les rideaux (*m.*)

le mur

les affiches (*f.*)

les étagères (*f.*)

la commode

la chambre

le garage

Mise en pratique

1 Chassez l'intrus Indiquez le mot ou l'expression qui ne va pas avec les autres (*that doesn't belong*).

1. un appartement, un quartier, un logement, un studio
2. une baignoire, une douche, un sous-sol, un lavabo
3. un salon, une salle à manger, une salle de séjour, un jardin
4. un meuble, un canapé, une armoire, une affiche
5. un placard, un balcon, un jardin, un garage
6. une chambre, une cuisine, un rideau, une pièce
7. des étagères une commode, un couloir, un lit
8. un miroir, un tapis, une fenêtre, une affiche

2 Écoutez Patrice cherche un appartement. Écoutez sa conversation téléphonique et dites si les affirmations sont **vraies** ou **fausses**.

	Vrai	Faux
1. Madame Dautry est la propriétaire de l'appartement.	☐	☐
2. L'appartement est au 24, rue Pasteur.	☐	☐
3. L'appartement est au cinquième étage.	☐	☐
4. L'appartement est dans un vieil immeuble.	☐	☐
5. L'appartement n'a pas de balcon, mais il a un garage.	☐	☐
6. Il y a une baignoire dans la salle de bains.	☐	☐
7. Les toilettes ne sont pas dans la salle de bains.	☐	☐
8. L'appartement est un studio.	☐	☐
9. Le loyer est de 490€.	☐	☐
10. Patrice va tout de suite emménager.	☐	☐

3 Définitions Complétez les définitions avec les mots ou expressions qui correspondent.

1. C'est ce que (*what*) vous payez chaque mois quand vous n'êtes pas propriétaire de votre appartement. _____
2. Vous passez par ici pour aller d'une pièce à une autre. _____
3. C'est le fait de (*act of*) partir de votre appartement. _____
4. C'est là que vous mettez vos livres. _____
5. En général, il y en a quatre dans une pièce et ils séparent les pièces de votre appartement. _____
6. C'est ce que vous utilisez pour lire le soir. _____
7. C'est là que vous mettez votre voiture. _____
8. C'est ce que vous utilisez pour aller du premier au deuxième étage d'un immeuble. _____
9. Quand vous avez des invités, c'est la pièce dans laquelle (*in which*) vous dînez. _____
10. En général, il est sur le sol (*floor*) d'une pièce. _____

Communication

4 **Répondez** À tour de rôle avec un(e) partenaire, posez-vous ces questions et répondez-y (*them*).

1. Où est-ce que tu habites?
2. Combien de pièces y a-t-il chez toi?
3. Quand est-ce que ta famille a emménagé?
4. Est-ce qu'il y a un jardin? Un garage?
5. Combien de placards est-ce qu'il y a? Où sont-ils?
6. Quels meubles avez-vous? Comment sont-ils?
7. Quels meubles est-ce que tu voudrais (*would like*) avoir dans ta chambre?
   (Répondez: **Je voudrais...**)
8. Qu'est-ce que tu n'aimes pas au sujet de ta chambre?

5 **Votre chambre** Écrivez une description de votre chambre. À tour de rôle, lisez votre description à votre partenaire. Il/Elle va vous demander d'autres détails et dessiner un plan. Ensuite, regardez le dessin (*drawing*) de votre partenaire et dites s'il correspond à votre chambre ou non. N'oubliez pas d'utiliser des prépositions pour indiquer où sont certains meubles et objets.

6 **Sept différences** Votre professeur va vous donner, à vous et à votre partenaire, deux feuilles d'activités différentes. Il y a sept différences entre les deux images. Comparez vos dessins et faites une liste de ces différences. Attention! Ne regardez pas la feuille de votre partenaire.

> **MODÈLE**
>
> **Élève 1:** *Dans mon appartement, il y a un lit. Il y a une lampe à côté du lit.*
> **Élève 2:** *Dans mon appartement aussi, il y a un lit, mais il n'y a pas de lampe.*

7 **La décoration** Formez un groupe de trois. L'un de vous est un décorateur d'intérieur qui a rendez-vous avec deux clients qui veulent (*want*) redécorer leur maison. Les clients sont très difficiles. Imaginez votre conversation et jouez la scène devant la classe. Utilisez les mots de la liste.

un canapé	un fauteuil
une chambre	un meuble
une cuisine	un mur
un escalier	un placard
une étagère	un tapis

Les sons et les lettres ◁)) vhlcentral

s and ss

You've already learned that an **s** at the end of a word is usually silent.

| lavabo**s** | copain**s** | va**s** | placard**s** |

An **s** at the beginning of a word, before a consonant, or after a pronounced consonant is pronounced like the s in the English word *set*.

| **s**oir | **s**alon | **s**tudio | ab**s**olument |

A double **s** is pronounced like the *ss* in the English word *kiss*.

| gro**ss**e | a**ss**ez | intére**ss**ant | rou**ss**e |

An **s** at the end of a word is often pronounced when the following word begins with a vowel sound. An **s** in a liaison sounds like a *z*, like the s in the English word *rose*.

| très‿élégant | trois‿hommes |

The other instance where the French **s** has a *z* sound is when there is a single **s** between two vowels within the same word. The **s** is pronounced like the s in the English word *music*.

| mu**s**ée | amu**s**ant | oi**s**eau | be**s**oin |

These words look alike, but have different meanings. Compare the pronunciations of each word pair.

| poi**s**on | poi**ss**on | dé**s**ert | de**ss**ert |

Prononcez Répétez les mots suivants à voix haute.

1. sac
2. triste
3. suisse
4. chose
5. bourse
6. passer
7. surprise
8. assister
9. magasin
10. expressions
11. sénégalaise
12. sérieusement

Articulez Répétez les phrases suivantes à voix haute.

1. Le spectacle est très amusant et la chanteuse est superbe.
2. Est-ce que vous habitez dans une maison?
3. De temps en temps, Suzanne assiste à l'inauguration d'expositions au musée.
4. Heureusement, mes professeurs sont sympathiques, sociables et très sincères.

Dictons Répétez les dictons à voix haute.

Les oiseaux de même plumage s'assemblent sur le même rivage.[2]

Si jeunesse savait, si vieillesse pouvait.[1]

[1] Youth is wasted on the young.
(lit. If youth but knew, if old age but could.)
[2] Birds of a feather flock together.

La visite surprise vhlcentral

PERSONNAGES

David

Pascal

Rachid

Sandrine

En ville, Pascal fait tomber (drops) ses fleurs.

PASCAL Aïe!
RACHID Tenez. (*Il aide Pascal.*)
PASCAL Oh, merci.
RACHID Aïe!
PASCAL Oh pardon, je suis vraiment désolé!
RACHID Ce n'est rien.
PASCAL Bonne journée!

Chez Sandrine...

RACHID Eh, salut, David! Dis donc, ce n'est pas un logement d'étudiants ici! C'est grand chez toi! Tu ne déménages pas, finalement?
DAVID Heureusement, Sandrine a décidé de rester.
SANDRINE Oui, je suis bien dans cet appartement. Seulement, les loyers sont très chers au centre-ville.

RACHID Oui, malheureusement! Tu as combien de pièces?
SANDRINE Il y a trois pièces: le salon, la salle à manger, ma chambre. Bien sûr, il y a une cuisine et j'ai aussi une grande salle de bains. Je te fais visiter?

SANDRINE Et voici ma chambre.
RACHID Elle est belle!
SANDRINE Oui... j'aime le vert.

RACHID Dis, c'est vrai, Sandrine, ta salle de bains est vraiment grande.
DAVID Oui! Et elle a un beau miroir au-dessus du lavabo et une baignoire!
RACHID Chez nous, on a seulement une douche.
SANDRINE Moi, je préfère les douches, en fait.

Le téléphone sonne (rings).

RACHID Comparé à cet appartement, le nôtre, c'est une cave! Pas de décorations, juste des affiches, un canapé, des étagères et mon bureau.
DAVID C'est vrai. On n'a même pas de rideaux.

A C T I V I T É S

1   **Vrai ou faux?** Indiquez si ces affirmations sont **vraies** ou **fausses**. Corrigez les phrases fausses.

1. C'est la première fois que Rachid visite l'appartement.
2. Sandrine ne déménage pas.
3. Les loyers au centre-ville ne sont pas chers.
4. Sandrine invite ses amis chez elle.

5. Rachid préfère son appartement à l'appartement de Sandrine.
6. Chez les garçons, il y a une baignoire et des rideaux.
7. Quand Pascal arrive, Sandrine est contente (*pleased*).
8. Pascal doit (*must*) travailler ce week-end.

Pascal arrive à Aix-en-Provence.

SANDRINE Voici la salle à manger.
RACHID Ça, c'est une pièce très importante pour nous, les invités.

SANDRINE Et puis, la cuisine.
RACHID Une pièce très importante pour Sandrine...
DAVID Évidemment!

SANDRINE Mais Pascal... je pensais que tu avais du travail... Quoi? Tu es ici, maintenant? C'est une blague!
PASCAL Mais ma chérie, j'ai pris le train pour te faire une surprise...

SANDRINE Une surprise! Nous deux, c'est fini! D'abord, tu me dis que les vacances avec moi, c'est impossible et ensuite tu arrives à Aix sans me téléphoner!
PASCAL Bon, si c'est comme ça, reste où tu es. Ne descends pas. Moi, je m'en vais. Voilà tes fleurs. Tu parles d'une surprise!

Expressions utiles

Talking about your home

- **Tu ne déménages pas, finalement?**
  You are not moving, after all?

- **Heureusement, Sandrine a décidé de rester.**
  Thankfully/Happily, Sandrine has decided to stay.

- **Seulement, les loyers sont très chers au centre-ville.**
  However, rents are very expensive downtown.

- **Je te fais visiter?**
  Shall I give you a tour?

- **Ta salle de bains est vraiment grande.**
  Your bathroom is really big.

- **Elle a un beau miroir au-dessus du lavabo.**
  It has a nice mirror above the sink.

- **Chez nous, on a seulement une douche.**
  At our place, we only have a shower.

Additional vocabulary

- **Aïe!**
  Ouch!

- **Tenez.**
  Here.

- **Je pensais que tu avais du travail.**
  I thought you had work to do.

- **Mais ma chérie, j'ai pris le train pour te faire une surprise.**
  But sweetie, I took the train to surprise you.

- **sans**
  without

- **Moi, je m'en vais.**
  I am leaving/getting out of here.

2 **Quel appartement?** Indiquez si ces objets sont dans l'appartement de Sandrine (S) ou dans l'appartement de David et Rachid (D & R).

1. baignoire
2. douche
3. rideaux
4. canapé
5. trois pièces
6. étagères
7. miroir
8. affiches

3 **Conversez** Sandrine décide que son loyer est vraiment trop cher. Elle cherche un appartement à partager avec Amina. Avec deux partenaires, écrivez leur conversation avec un agent immobilier (*real estate agent*). Elles décrivent l'endroit idéal, le prix et les meubles qu'elles préfèrent. L'agent décrit plusieurs possibilités.

A
C
T
I
V
I
T
É
S

vhlcentral | *Flash culture*

Le logement en France

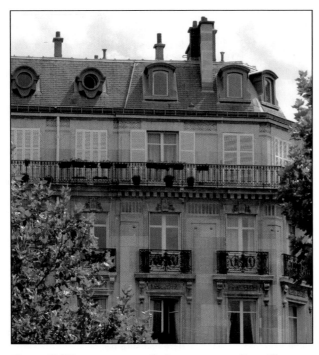

Il y a différents types de logements. En ville, on habite dans une maison ou un appartement. À la campagne, on peut° habiter dans une villa, un château, un chalet ou un mas° provençal.

Vous avez peut-être remarqué° dans un film français qu'il y a une grande diversité de style d'habitation°. En effet°, le style et l'architecture varient d'une région à l'autre, souvent en raison° du climat et des matériaux disponibles°. Dans le Nord°, les maisons sont traditionnellement en briques° avec des toits en ardoise°. Dans l'Est°, en Alsace-Lorraine, il y a de vieilles maisons à colombages° avec des parties de mur en bois°. Dans le Sud°, il y a des villas de style méditerranéen avec des toits en tuiles° rouges et des mas provençaux (de vieilles maisons en pierre°). Dans les Alpes, en Savoie, les chalets sont en bois avec de grands balcons très fleuris°, comme en Suisse. Les maisons traditionnelles de l'Ouest° ont des toits en chaume°. Presque toutes les maisons françaises ont des volets° et les fenêtres sont assez différentes aussi des fenêtres aux États-Unis. Très souvent il n'y a pas de moustiquaire°, même° dans le sud de la France où il fait très chaud en été.

En France les trois quarts des gens habitent en ville. Beaucoup habitent dans la banlieue, où il y a beaucoup de grands immeubles mais aussi de petits pavillons individuels (maisons avec de petits jardins). Dans les centres-villes et dans les banlieues, il y a des HLM. Ce sont des habitations à loyer modéré°. Les HLM sont construits par l'État°. Ce sont souvent des logements réservés aux familles qui ont moins d'argent.

peut *can* **mas** *farmhouse* **remarqué** *noticed* **habitation** *housing* **En effet** *Indeed* **en raison du** *due to the* **disponibles** *available* **Nord** *North* **en briques** *made of bricks* **toits en ardoise** *slate roofs* **Est** *East* **à colombages** *half-timbered* **en bois** *made of wood* **Sud** *South* **en tuiles** *made of tiles* **en pierre** *made of stone* **fleuris** *full of flowers* **Ouest** *West* **en chaume** *thatched* **volets** *shutters* **moustiquaire** *window screen* **même** *even* **habitations à loyer modéré** *low-cost housing* **construits par l'État** *built by the State (government)*

Coup de main

Here are some terms commonly used in statistics.

un quart = *one quarter*

un tiers = *one third*

la moitié = *half*

la plupart de = *most of*

un sur cinq = *one in five*

ACTIVITÉS

1 Vrai ou faux? Indiquez si les phrases sont vraies ou fausses.

1. Les maisons sont similaires dans les différentes régions françaises.
2. Dans le Nord les maisons sont traditionnellement en briques.
3. En Alsace-Lorraine il y a des chalets.
4. Dans les Alpes il y a des mas provençaux.
5. Les mas provençaux sont des maisons en bois.
6. Presque toutes les maisons francaises ont des volets.
7. Les maisons françaises n'ont pas toujours des moustiquaires.
8. La plupart (*majority*) des Français habite à la campagne.
9. Le pavillon individuel est une sorte de grand immeuble.
10. Les millionnaires habitent dans des HLM.

LE FRANÇAIS QUOTIDIEN

Location d'un logement

agence (f.) de location	*rental agency*
bail (m.)	*lease*
caution (f.)	*security deposit*
charges (f.)	*basic utilities*
chauffage (m.)	*heating*
électricité (f.)	*electricity*
locataire (m./f.)	*tenant*
petites annonces (f.)	*(rental) ads*

LE MONDE FRANCOPHONE

L'architecture

Voici quelques exemples d'habitations traditionnelles.

En Afrique centrale et de l'Ouest des maisons construites sur pilotis°, avec un grenier à riz°

En Afrique du Nord des maisons en pisé (de la terre° rouge mélangée° à de la paille°) construites autour d'un patio central et avec, souvent, une terrasse sur le toit°

Aux Antilles des maisons en bois de toutes les couleurs avec des toits en métal

En Polynésie française des bungalows, construits sur pilotis ou sur le sol, souvent en bambou avec des toits en paille ou en feuilles de cocotier°

Au Viêt-nam des maisons sur pilotis construites sur des lacs, des rivières ou simplement au-dessus du sol°

pilotis *stilts* **grenier à riz** *rice loft* **terre** *clay* **mélangée** *mixed* **paille** *straw* **toit** *roof* **feuilles de cocotier** *coconut palm leaves* **au-dessus du sol** *off the ground*

PORTRAIT

Le château Frontenac

Le château Frontenac est un hôtel de luxe et un des plus beaux° sites touristiques de la ville de Québec. Construit entre la fin° du

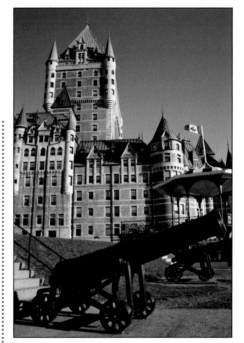

XIXᵉ siècle et le début° du XXᵉ siècle sur le Cap Diamant, dans le quartier du Vieux-Québec, le château offre une vue° spectaculaire sur la ville. Aujourd'hui, avec ses 618 chambres sur 18 étages, ses restaurants gastronomiques, sa piscine et son centre sportif, le château Frontenac est classé parmi° les 500 meilleurs° hôtels du monde.

un des plus beaux *one of the most beautiful* **fin** *end* **début** *beginning* **vue** *view* **classé parmi** *ranked among* **meilleurs** *best*

Sur Internet

Qu'est-ce qu'une pendaison de crémaillère? D'où vient cette expression?

Go to **vhlcentral.com** to find more information related to this **Culture** section and to watch the corresponding **Flash culture** video.

---

2 **Répondez** Répondez aux questions, d'après les informations données dans les textes.

1. Qu'est-ce que le château Frontenac?
2. De quel siècle date le château Frontenac?
3. Dans quel quartier de la ville de Québec le trouve-t-on?
4. Où trouve-t-on des maisons sur pilotis?
5. Quelles sont les caractéristiques des maisons d'Afrique du Nord?

3 **Une année en France** Vous allez habiter en France. Téléphonez à un agent immobilier (*real estate*) (votre partenaire) et expliquez-lui le type de logement que vous recherchez. Il/Elle va vous donner des renseignements sur les logements disponibles (*available*). Posez des questions pour avoir plus de détails.

A C T I V I T É S

PA.1 The *passé composé* vs. **vhl**central the *imparfait* (Part 1)

Point de départ Although the passé composé and the imparfait are both past tenses, they have very distinct uses and are not interchangeable. The choice between these two tenses depends on the context and on the point of view of the speaker.

À noter

The two basic uses of the **passé composé** are:

· to express completed actions in the past

· to describe changes in state of being

The explanations on this page point out further details regarding these two basic uses.

Boîte à outils

You have learned that **pendant** can mean *while* or *during*. When used with a time expression, however, it means *for*.

Pendant combien de temps as-tu habité à Paris?

For how long did you live in Paris?

J'ai habité à Paris pendant un an.

I lived in Paris for a year.

Uses of the *passé composé*

To express specific actions that started and ended in the past	J'**ai nettoyé** la salle de bains deux fois. *I cleaned the bathroom twice.*
	Nous **avons acheté** un tapis. *We bought a rug.*
	L'enfant **est né** à la maison. *The child was born at home.*
	Il **a plu** hier. *It rained yesterday.*
To tell about events that happened at a specific point in time or within a specific length of time in the past	Je **suis allé** à la pêche avec papa **l'année dernière**. *I went fishing with dad last year.*
	Il **est allé** au concert **vendredi**. *He went to the concert on Friday.*
	Nous **avons passé une journée** fantastique à la plage. *We spent a fantastic day at the beach.*
	Elle **a étudié** à Paris **pendant six mois**. *She studied in Paris for six months.*
To express the beginning or end of a past action	Le film **a commencé** à huit heures. *The movie began at 8 o'clock.*
	Ils **ont fini** leurs devoirs samedi matin. *They finished their homework Saturday morning.*
To narrate a series of past actions or events	Ce matin, j'**ai fait** du jogging, j'**ai nettoyé** ma chambre et j'**ai fait** la cuisine. *This morning, I jogged, I cleaned my bedroom, and I cooked.*
	Pour la fête d'anniversaire de papa, maman **a envoyé** les invitations, elle **a acheté** un cadeau et elle **a fait** les décorations. *For dad's birthday party, mom sent out the invitations, bought a gift, and did the decorations.*
To signal a change in someone's mental, physical, or emotional state	Il **est mort** dans un accident. *He died in an accident.*
	J'**ai eu** peur quand j'ai vu le serpent. *I got scared when I saw the snake.*
	Elle **a eu** soif. *She got thirsty.*

Uses of the *imparfait*

To describe an ongoing past action with no reference to its beginning or end	Vous **dormiez** sur le canapé. *You were sleeping on the couch.* Tu **attendais** dans le café? *You were waiting in the café?* Nous **regardions** la télé chez Fanny. *We were watching TV at Fanny's house.* Les enfants **lisaient** tranquillement. *The children were reading peacefully.*
To express habitual or repeated past actions and events	Nous **faisions** un tour en voiture le dimanche matin. *We used to go for a drive on Sunday mornings.* Elle **mettait** toujours la voiture dans le garage. *She always put the car in the garage.* Maman **travaillait** souvent dans le jardin. *Mom would often work in the garden.*
To describe an ongoing mental, physical, or emotional state or condition	Karine **était** très inquiète. *Karine was very worried.* Simon et Marion **étaient** fatigués et ils **avaient** sommeil. *Simon and Marion were tired and sleepy.* Mon ami **avait** faim et il **avait** envie de manger quelque chose. *My friend was hungry and felt like eating something.* Quand j'**étais** jeune, j'**aimais** faire du camping. *When I was young, I used to like to go camping.*

Boîte à outils

Note that the verb **avoir** has a different meaning when used in the **imparfait** versus the **passé composé**:

J'avais sommeil. *I was sleepy.*

J'ai eu sommeil. *I got sleepy.*

Essayez!   **Complétez chaque phrase avec le verbe correct.**

1. Avant de partir, ils (donnaient / ont donné) leurs clés aux voisins. _____
2. Vous (étiez / avez été) souvent fatigué. _____
3. Je (naissait / suis né) en 2003. _____
4. On (rendait / a rendu) visite à oncle Marc deux fois le mois dernier. _____
5. Tu es rentré à la maison, et ensuite tu (regardais / as regardé) la télé. _____
6. Quand j'étais petite, j' (habitais / ai habité) une grande maison. _____
7. À minuit, la température (tombait / est tombée) et nous avons eu froid. _____
8. Papa (lisait / a lu) le journal tranquillement et Maman écrivait un email. _____

Mise en pratique

1 **Une surprise désagréable** Récemment, Benoît a fait un séjour à Strasbourg avec sa grande sœur. Complétez ses phrases avec l'imparfait ou le passé composé.

Ce matin, il (1) _____ (faire) chaud. J' (2) _____ (être) content de partir pour Strasbourg. Je (3) _____ (partir) pour la gare, où j' (4) _____ (retrouver) Émile. Le train (5) _____ (arriver) à Strasbourg à midi. Nous (6) _____ (commencer) notre promenade en ville. Nous (7) _____ (avoir) besoin d'un plan. J' (8) _____ (chercher) mon portefeuille (*wallet*), mais il (9) _____ (être) toujours dans le train! Émile et moi, nous (10) _____ (courir) à la gare!

2 **Le week-end dernier** Qu'est-ce que la famille Tran a fait le week-end dernier? Utilisez les éléments donnés et le passé composé ou l'imparfait pour écrire des phrases.

> **MODÈLE** nous / passer le week-end / chez des amis
> *Nous avons passé le week-end chez des amis.*

1. faire / beau / quand / nous / arriver
2. nous / être / fatigué / mais content
3. Audrey et son amie / aller / à la piscine
4. moi, je / décider de / dormir un peu
5. samedi soir / pleuvoir / quand / nous / sortir / cinéma
6. nous / rire / beaucoup / parce que / film / être / amusant
7. minuit / nous / rentrer / chez nous
8. Lanh / regarder / télé / quand / nous / arriver
9. dimanche matin / nous / passer / chez des amis
10. nous / passer / cinq heures / chez eux
11. ce / être / très / sympa

3 **Vacances à la montagne** Hugo raconte ses vacances. Complétez ses phrases avec un des verbes de la liste au passé composé ou à l'imparfait.

aller	neiger	retourner
avoir	passer	skier
faire	rester	venir

1. L'hiver dernier, nous _____ les vacances à la montagne.
2. Quand nous sommes arrivés sur les pistes de ski, il _____ beaucoup et il _____ un temps épouvantable.
3. Ce jour-là, nous _____ à l'hôtel tout l'après-midi.
4. Le jour suivant, nous _____ sur les pistes.
5. Nous _____ et papa _____ faire une randonnée.
6. Quand ils _____ mon âge, papa et oncle Hervé _____ tous les hivers à la montagne.

Communication

4 **Situations** Avec un(e) partenaire, parlez de ces situations en utilisant le passé composé ou l'imparfait. Comparez vos réponses, puis présentez-les à la classe.

MODÈLE

Le premier jour de cours...
Élève 1: *Le premier jour de cours, j'étais tellement nerveux/nerveuse que j'ai oublié mes livres.*
Élève 2: *Moi, j'étais nerveux/nerveuse aussi, alors j'ai quitté la maison très tôt.*

1. Quand j'étais petit(e),...
2. L'été dernier,...
3. Hier soir, mon/ma meilleur(e) ami(e)...
4. Hier, le professeur...
5. La semaine dernière, mon/ma camarade de classe...
6. Ce matin, au lycée,...
7. Quand j'avais dix ans,...
8. La dernière fois que j'étais en vacances,...

5 **Votre premier/première ami(e)** Posez ces questions à un(e) partenaire. Ajoutez (*Add*) d'autres questions si vous le voulez (*want*).

1. Qui a été ton/ta premier/première ami(e)?
2. Quel âge avais-tu quand tu as fait sa connaissance?
3. Comment était-il/elle?
4. Est-ce que tu as fait la connaissance de sa famille?
5. Pendant combien de temps avez-vous resté(e)s ami(e)s?
6. À quoi jouiez-vous ensemble?
7. Aviez-vous les mêmes (*same*) centres d'intérêt?
8. Avez-vous perdu contact?

6 **Conversation** Sébastien est sorti avec des amis hier. Quand il est rentré plus tard que prévu (*later than planned*), sa mère était furieuse. Préparez leur conversation et présentez-la à la classe.

MODÈLE

Élève 1: *Que faisais-tu cet après-midi?*
Élève 2: *Mes copains et moi, nous sommes allés manger une pizza...*

7 **Un crime** Vous avez été témoin (*witness*) d'un crime dans votre quartier et la police vous pose beaucoup de questions. Avec un(e) partenaire et à tour de rôle, jouez le détective et le témoin.

MODÈLE

Élève 1: *Où étiez-vous vers huit heures hier soir?*
Élève 2: *Chez moi.*
Élève 1: *Avez-vous vu quelque chose?*

PA.2

The *passé composé* vs. the *imparfait* (Part 2) and the verb *vivre*   **vhl**central

Point de départ You have already seen some uses of the **passé composé** versus the **imparfait** for talking about actions and events in the past. Here are some other contexts in which the choice of tense is important.

● The **passé composé** and the **imparfait** are often used together to narrate a story or describe an incident. The **imparfait** provides the background description, such as time, weather, and location. The **passé composé** highlights specific events in the story.

Uses of the *passé composé* and the *imparfait*	
Le passé composé *is used to talk about:*	**L' imparfait** *is used to describe:*
• main facts	• **the framework of the story:** *weather, date, time, background scenery*
• specific, completed events	• **descriptions of people:** *age, physical and personality traits, clothing, feelings, state of mind*
• actions that advance the plot	• **background setting:** *what was going on, what others were doing*

Il **était** minuit et le temps **était** orageux. J'**avais** peur parce que j'**étais** seule dans la maison. Soudain, quelqu'un **a frappé** à la porte. J'**ai regardé** par la fenêtre et j'**ai vu** un vieil homme habillé en noir...
It was midnight and the weather was stormy. I was afraid because I was home alone. Suddenly, someone knocked at the door. I looked through the window and I saw an old man dressed in black...

● When the **passé composé** and the **imparfait** occur in the same sentence, the action in the **passé composé** often interrupts the ongoing action in the **imparfait**.

ACTION IN PROGRESS	INTERRUPTING ACTION
Je **chantais**	quand mon ami **est arrivé**.
I was singing	*when my friend arrived.*
Céline et Maxime **dormaient**	quand le téléphone **a sonné**.
Céline and Maxime were sleeping	*when the phone rang.*

● Sometimes the use of the **passé composé** and the **imparfait** in the same sentence expresses a cause and effect.

CAUSE	EFFECT
J'avais faim,	alors j'ai mangé un sandwich.
I was hungry,	*so I ate a sandwich.*
Elle est partie	parce qu'elle était fatiguée.
She left	*because she was tired.*

Vérifiez

Expressions that signal a past tense

- Use **pendant que** to indicate that one action was completed while another was still happening.

> Mes parents **sont arrivés** pendant que nous **répétions** dans le sous-sol.
> *My parents arrived while we were rehearsing in the basement.*

- Certain adverbs often indicate a particular past tense.

Expressions that signal a past tense			
passé composé		**imparfait**	
soudain	*suddenly*	d'habitude	*usually*
tout d'un coup/ tout à coup	*all of a sudden*	parfois	*sometimes*
une (deux, etc.) fois	*once (twice, etc.)*	souvent	*often*
un jour	*one day*	toujours	*always*
		tous les jours	*every day*

Vérifiez

The verb *vivre*

- While talking about the past or narrating a story, you might use the verb **vivre** (*to live*) which is irregular.

vivre	
je vis	nous vivons
tu vis	vous vivez
il/elle/on vit	ils/elles vivent

> Les enfants **vivent** avec leurs grands-parents.   Je **vis** à Paris.
> *The children live with their grandparents.*   *I live in Paris.*

- The past participle of **vivre** is **vécu**. The **imparfait** is formed like that of other **-re** verbs, by dropping **-ons** from the **nous** form, and adding the imperfect endings.

> Rémi **a vécu** à Nice pendant deux ans.   Nous **vivions** avec mon oncle.
> *Rémi lived in Nice for two years.*   *We used to live with my uncle.*

Vérifiez

Essayez!   **Choisissez la forme correcte du verbe au passé.**

1. Lise (a étudié /étudiait) toujours avec ses amis.
2. Anne (lisait /a lu) quand le téléphone à sonné.
3. Les garçons avaient soif, alors ils (buvaient /ont bu).
4. D'habitude, ils (arrivaient /sont arrivés) toujours en retard.
5. Tout à coup, le professeur (entrait /est entré) dans la classe.
6. Autrefois, plusieurs générations (vivaient /ont vécu) dans la même maison.

Mise en pratique

1 **Pourquoi?** Expliquez pourquoi Sabine a fait ou n'a pas fait ces choses.

> **MODÈLE** ne pas faire de tennis / être fatigué
> *Sabine n'a pas fait de tennis parce qu'elle était fatiguée.*

1. aller au centre commercial / aimer faire les soldes
2. ne pas travailler / avoir sommeil
3. ne pas sortir / pleuvoir
4. mettre un pull / faire froid
5. manger une pizza / avoir faim
6. acheter une nouvelle robe / sortir avec des amis
7. vendre son fauteuil / déménager
8. ne pas bien dormir / être inquiet

2 **Qu'est-ce qu'ils faisaient quand...?** Dites ce qui (*what*) est arrivé quand ces personnes faisaient ces activités. Utilisez les mots donnés et d'autres mots.

▶ **MODÈLE**

Tu nageais quand ton oncle est arrivé.

tu / oncle / arriver

1. Tristan / entendre / chien

2. nous / petite fille / tomber

3. vous / perdre / billet

4. Paul et Éric / téléphone / sonner

_____
_____

3 **Rien d'extraordinaire** Matthieu a passé une journée assez banale (*ordinary*). Réécrivez ce paragraphe au passé.

Il est 6h30. Il pleut. Je prends mon petit-déjeuner, je mets mon imperméable et je quitte la maison. J'attends une demi-heure à l'arrêt de bus et finalement, je cours au restaurant où je travaille. J'arrive en retard. Le patron (*boss*) n'est pas content. Le soir, après mon travail, je rentre à la maison et je vais directement au lit.

Communication

4 **La curiosité** Votre tante Louise veut tout savoir. Elle vous pose beaucoup de questions. Avec un(e) partenaire, répondez aux questions d'une manière logique et échangez les rôles.

> **MODÈLE** retourner au lycée
> **Élève 1:** *Pourquoi est-ce que tu es retourné(e) au lycée?*
> **Élève 2:** *Je suis retourné(e) au lycée parce que j'avais beaucoup de devoirs.*

1. aller à la bibliothèque
2. aller au magasin
3. sortir avec des amis
4. téléphoner à ton cousin
5. rentrer tard
6. aller au café
7. inviter des gens
8. être triste

5 **Une entrevue** Avec un(e) partenaire, posez-vous ces questions à tour de rôle.

1. Où allais-tu souvent quand tu étais petit(e)?
2. Qu'est-ce que tu aimais lire?
3. Est-ce que tu as vécu dans un autre pays?
4. Comment étais-tu quand tu avais dix ans?
5. Qu'est-ce que ta sœur/ton frère faisait quand tu es rentré(e) hier?
6. Qu'est-ce que tu as fait hier soir?
7. Qu'est-ce que tu as pris au petit-déjeuner ce matin?
8. Qu'est-ce que tu as porté hier?

6 **Je me souviens!** Racontez à votre partenaire un événement spécial de votre vie qui s'est déjà passé. Votre partenaire vous pose des questions pour avoir plus de détails sur cet événement. Vous pouvez (*can*) parler d'un anniversaire, d'une fête familiale, d'un mariage ou d'un concert.

> **MODÈLE**
> **Élève 1:** *Nous avons fait une grande fête d'anniversaire*
> *pour ma grand-mère l'année dernière.*
> **Élève 2:** *Quel âge a-t-elle eu?*

7 **Scénario** Par groupes de trois, créez une histoire au passé. La première personne commence par une phrase. La deuxième personne doit (*must*) continuer l'histoire. La troisième personne reprend la suite d'une manière logique. Continuez l'histoire une personne à la fois jusqu'à ce que vous ayez (*until you have*) un petit scénario. Soyez créatif! Ensuite, présentez votre scénario à la classe.

Révision

1
Mes affaires Vous cherchez vos affaires (*belongings*). À tour de rôle, demandez de l'aide à votre partenaire. Où étaient-elles? Utilisez l'illustration pour les trouver.

MODÈLE

Élève 1: *Je cherche mes baskets. Où sont-elles?*
Élève 2: *Tu n'as pas cherché sur l'étagère? Elles étaient sur l'étagère.*

baskets	ordinateur
casquette	parapluie
journal	pull
livre	sac à dos

2
Un bon témoin Il y a eu un cambriolage (*burglary*) chez votre voisin M. Cachetout. Le détective vous interroge parce que vous avez vu deux personnes suspectes sortir de la maison du voisin. Avec un(e) partenaire, créez cette conversation et jouez cette scène devant la classe. Utilisez ces éléments dans votre scène.

- une description physique des suspects
- leurs attitudes
- leurs vêtements
- ce que (*what*) vous faisiez quand vous avez vu les suspects

MODÈLE

Élève 1: *À quelle heure est-ce que vous avez vu les deux personnes sortir?*
Élève 2: *À dix heures. Elles sont sorties du garage.*

3
Quel séjour! Vous venez de passer une semaine de vacances dans une maison à la campagne et votre partenaire veut tout savoir (*wants to know everything*). Répondez à ses questions sur la maison, le temps, les activités dans la région et votre opinion en général. Utilisez l'imparfait et le passé composé. Ensuite, changez de rôle.

MODÈLE

Élève 1: *Combien de pièces y avait-il dans cette maison?*
Élève 2: *Il y avait six pièces dans la maison.*

4
Avant et après Voici la chambre d'Annette avant et après une visite de sa mère. Comment était sa chambre à l'origine? Avec un(e) partenaire, décrivez la pièce et cherchez les différences entre les deux illustrations.

MODÈLE

Avant, la lampe était à côté de l'ordinateur. Maintenant, elle est à côté du canapé.

5
La maison de mon enfance Décrivez l'appartement ou la maison de votre enfance à un(e) partenaire. Où se trouvait-il/elle? Comment les pièces étaient-elles orientées? Y avait-il une piscine, un sous-sol? Qui vivait avec vous dans cet appartement ou cette maison? Racontez (*Tell*) des anecdotes.

MODÈLE

Ma maison se trouvait au bord de la mer.
C'était une maison à deux étages (floors).
Au rez-de-chaussée, il y avait...

Le Zapping

vhlcentral

Préparation Répondez aux questions.

1. Aimez-vous bricoler? Créez-vous des objets ou des meubles? Ou préférez-vous acheter les meubles et la décoration? Expliquez.

2. De quelle manière votre chambre reflète-t-elle votre personnalité?

Créatrice de meubles en carton°

La passion de Caroline Martial est la création de meubles en carton. Elle fait toutes les tables, les chaises, et les armoires dans sa maison. Le carton est une matière° que d'autres voient comme laide et inutile, mais elle y voit plein de possibilités. Il suffit d'°un peu d'imagination pour le transformer en objet utile et beau. De quelques bouts° de carton ondulé°, elle peut construire un fauteuil et utiliser des plumes°, des boutons° ou des paillettes° pour le décorer. Des meubles en carton pour toute la maison? Pourquoi pas! Grâce à° Caroline Martial, les possibilités sont illimitées.

table de chevet *bedside table* **carton** *cardboard* **matière** *material* **Il suffit de** *All that's necessary is* **bouts** *bits* **ondulé** *corrugated* **plumes** *feathers* **boutons** *buttons* **paillettes** *glitter* **Grâce à** *Thanks to*

Reportage de France 3
Côte d'Azur

Ça va être un petit meuble...
une petite table de chevet.°

Vocabulaire utile

l'emballage (*m.*)	*packaging*
une niche	*small space*
ultraléger	*very lightweight*
laisser libre cours	*to give free reign*
une réalisation	*creation*

Compréhension Indiquez si les phrases sont vraies ou fausses.

1. Au début de la vidéo, Caroline Martial crée une commode.

2. Les meubles peuvent (*can*) résister à un poids (*weight*) important.

3. Les meubles sont faciles à décorer.

4. On voit une commode, une table de chevet et une mini-bibliothèque en carton dans les chambres des enfants de Caroline Martial.

5. Le carton impose certaines limites à ce qu'on peut (*what one can*) créer.

Conversation En petits groupes, discutez des questions.

1. Aimez-vous les créations de Caroline Martial? Pourquoi ou pourquoi pas?

2. Quels sont des exemples de l'art fonctionnel dans votre vie?

3. Quels artistes admirez-vous? Pourquoi les admirez-vous? Quelle influence ont-ils sur la société?

Application Choisissez un(e) artiste qui vous intéresse et préparez un reportage sur son œuvre (*work*). Montrez une de ses créations et expliquez leur impact sur la société.

◁)) **vhl**central

Les tâches ménagères

Vocabulaire

débarrasser la table	to clear the table
enlever/faire la poussière	to dust
essuyer la vaisselle/ la table	to dry the dishes/ to wipe the table
faire la lessive	to do the laundry
faire le ménage	to do the housework
laver	to wash
mettre la table	to set the table
passer l'aspirateur	to vacuum
ranger	to tidy up; to put away
salir	to soil, to make dirty
propre	clean
sale	dirty
un appareil électrique/ ménager	electrical/household appliance
une cafetière	coffeemaker
une cuisinière	stove
un grille-pain	toaster
un lave-linge	washing machine
un lave-vaisselle	dishwasher
un sèche-linge	clothes dryer
une tâche ménagère	household chore

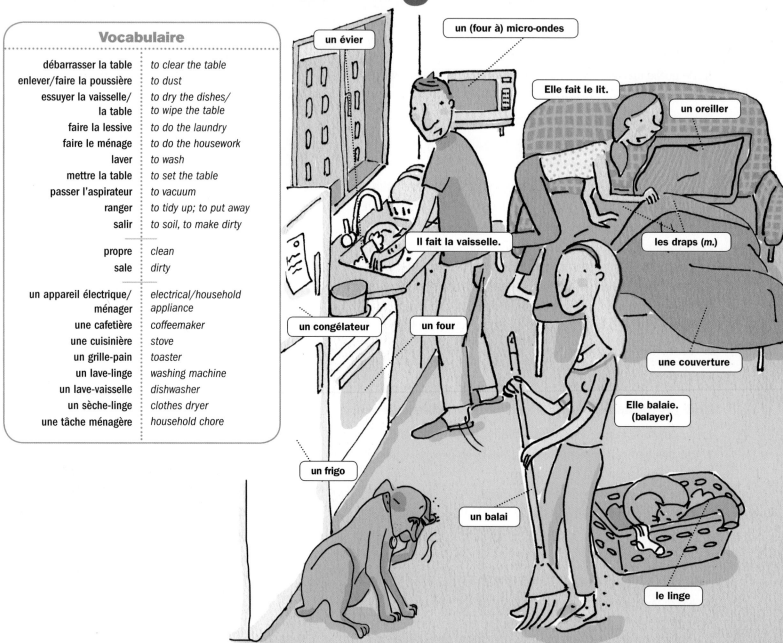

un évier

un (four à) micro-ondes

Elle fait le lit.

un oreiller

Il fait la vaisselle.

les draps (m.)

un congélateur

un four

une couverture

Elle balaie. (balayer)

un frigo

un balai

le linge

Mise en pratique

1 **On fait le ménage** Complétez les phrases avec le bon mot.

1. On balaie avec _____.
2. On repasse le linge avec _____.
3. On fait la lessive avec _____.
4. On lave la vaisselle avec _____.
5. On prépare le café avec _____.
6. On sèche les vêtements avec _____.
7. On met la glace dans _____.
8. Pour faire le lit, on doit arranger _____, _____ et _____.

2 **Écoutez** Écoutez la conversation téléphonique (*phone call*) entre Laurent et un conseiller à la radio (*radio psychologist*). Ensuite, indiquez les tâches ménagères que faisaient Laurent et Paul l'année dernière.

	Laurent	Paul
1. Il mettait la table.	☐	☐
2. Il faisait les lits.	☐	☐
3. Il passait l'aspirateur.	☐	☐
4. Il sortait la poubelle.	☐	☐
5. Il balayait.	☐	☐
6. Il faisait la lessive.	☐	☐
7. Il faisait la vaisselle.	☐	☐
8. Il nettoyait le frigo.	☐	☐

3 **Les tâches ménagères** Avec un(e) partenaire, indiquez quelles tâches ménagères vous faites dans chaque pièce ou partie de votre logement. Il y a plus d'une réponse possible.

1. La chambre: _____
2. La cuisine: _____
3. La salle de bains: _____
4. La salle à manger: _____
5. La salle de séjour: _____
6. Le garage: _____

Il sort la poubelle. (sortir)

un fer à repasser

Il repasse. (repasser)

Communication

4 **Qui fait quoi?** Votre professeur va vous donner une feuille d'activités. Dites si vous faites les tâches indiquées en écrivant (*by writing*) **Oui** ou **Non** dans la première colonne. Ensuite, posez des questions à vos camarades de classe, et écrivez leur nom dans la deuxième colonne quand ils répondent **Oui**. Présentez vos réponses à la classe.

> **MODÈLE**
>
> mettre la table pour prendre le petit-déjeuner
> **Élève 1:** *Est-ce que tu mets la table pour prendre le petit-déjeuner?*
> **Élève 2:** *Oui, je mets la table chaque matin./ Non, je ne prends pas de petit-déjeuner, donc je ne mets pas la table.*

Activités	Moi	Mes camarades de classe
1. mettre la table pour prendre le petit-déjeuner		
2. passer l'aspirateur tous les jours		
3. salir ses vêtements quand on mange		
4. nettoyer les toilettes		
5. balayer la cuisine		
6. débarrasser la table après le dîner		
7. souvent enlever la poussière sur son ordinateur		
8. laver les vitres (*windows*)		

5 **Conversez** Interviewez un(e) camarade de classe.

1. Qui fait la vaisselle chez toi?
2. Qui fait la lessive chez toi?
3. Fais-tu ton lit tous les jours?
4. Quelles tâches ménagères as-tu faites le week-end dernier?
5. Repasses-tu tous tes vêtements?
6. Quelles tâches ménagères détestes-tu faire?
7. Quels appareils électriques as-tu chez toi?
8. Ranges-tu souvent ta chambre?

6 **Au pair** Vous partez dans un pays francophone pour vivre dans une famille pendant (*for*) un an. Travaillez avec deux camarades de classe et préparez un dialogue dans lequel (*in which*) vous:

- parlez des tâches ménagères que vous détestez/aimez faire.
- posez des questions sur vos nouvelles responsabilités.
- parlez de vos passions et de vos habitudes.
- décidez si cette famille vous convient.

7 **Écrivez** L'appartement de Martine est un désastre: la cuisine est sale et le reste de l'appartement est encore pire (*worse*). Préparez un paragraphe où vous décrivez les problèmes que vous voyez (*see*) et que vous imaginez. Ensuite, écrivez la liste des tâches que Martine va faire pour tout nettoyer.

Les sons et les lettres 🔊 vhlcentral

Semi-vowels

French has three semi-vowels. Semi-vowels are sounds that are produced in much the same way as vowels, but also have many properties in common with consonants. Semi-vowels are also sometimes referred to as *glides* because they glide from or into the vowel they accompany.

Luc<u>i</u>en	**ch<u>i</u>en**	**soif**	**nuit**

The semi-vowel that occurs in the word **bien** is very much like the *y* in the English word *yes*. It is usually spelled with an **i** or a **y** (pronounced *ee*), then glides into the following sound. This semi-vowel sound is also produced when **ll** follows an **i**.

nat<u>i</u>on	**bala<u>y</u>er**	**b<u>i</u>en**	**bri<u>ll</u>ant**

The semi-vowel that occurs in the word **soif** is like the *w* in the English words *was* and *we*. It usually begins with **o** or **ou**, then glides into the following vowel.

tr<u>oi</u>s	**fr<u>oi</u>d**	**<u>ou</u>i**	**<u>ou</u>istiti**

The third semi-vowel sound occurs in the word **nuit**. It is spelled with the vowel **u**, as in the French word **tu**, then glides into the following sound.

l<u>ui</u>	**s<u>ui</u>s**	**cr<u>ue</u>l**	**intellect<u>ue</u>l**

Prononcez Répétez les mots suivants à voix haute.

1. oui
2. taille
3. suisse
4. fille
5. mois
6. cruel
7. minuit
8. jouer
9. cuisine
10. juillet
11. échouer
12. croissant

Articulez Répétez les phrases suivantes à voix haute.

1. Voici trois poissons noirs.
2. Louis et sa famille sont suisses.
3. Parfois, Grégoire fait de la cuisine chinoise.
4. Aujourd'hui, Matthieu et Damien vont travailler.
5. Françoise a besoin de faire ses devoirs d'histoire.
6. La fille de Monsieur Poirot va conduire pour la première fois.

Dictons Répétez les dictons à voix haute.

Vouloir, c'est pouvoir.[2]

La nuit, tous les chats sont gris.[1]

[1] All cats are gray in the dark.
[2] Where there's a will, there's a way.

La vie sans Pascal vhlcentral

PERSONNAGES

Amina

Michèle

Sandrine

Stéphane

Valérie

Au P'tit Bistrot...

MICHÈLE Tout va bien, Amina?
AMINA Oui, ça va, merci. (*Au téléphone*) Allô?... Qu'est-ce qu'il y a, Sandrine?... Non, je ne le savais pas, mais franchement, ça ne me surprend pas... Écoute, j'arrive chez toi dans quinze minutes, d'accord? ... À tout à l'heure!

MICHÈLE Je débarrasse la table?
AMINA Oui, merci, et apporte-moi l'addition, s'il te plaît.
MICHÈLE Tout de suite.

VALÉRIE Tu as fait ton lit, ce matin?
STÉPHANE Oui, maman.
VALÉRIE Est-ce que tu as rangé ta chambre?
STÉPHANE Euh... oui, ce matin, pendant que tu faisais la lessive.

Chez Sandrine...

SANDRINE Salut, Amina! Merci d'être venue.
AMINA Mmmm. Qu'est-ce qui sent si bon?
SANDRINE Il y a des biscuits au chocolat dans le four.
AMINA Oh, est-ce que tu les préparais quand tu m'as téléphoné?

SANDRINE Tu as soif?
AMINA Un peu, oui.
SANDRINE Sers-toi, j'ai des jus de fruits au frigo.

Sandrine casse (breaks) une assiette.

SANDRINE Et zut!
AMINA Ça va, Sandrine?
SANDRINE Oui, oui... passe-moi le balai, s'il te plaît.
AMINA N'oublie pas de balayer sous la cuisinière.
SANDRINE Je sais! Excuse-moi, Amina. Comme je t'ai dit au téléphone, Pascal et moi, c'est fini.

A C T I V I T É S

1 Questions Répondez aux questions par des phrases complètes.

1. Avec qui Amina parle-t-elle au téléphone?
2. Comment va Sandrine aujourd'hui? Pourquoi?
3. Est-ce que Stéphane a fait toutes ses tâches ménagères?
4. Qu'est-ce que Sandrine préparait quand elle a téléphoné à Amina?

5. Amina a faim et a soif. À votre avis (*opinion*), que va-t-elle prendre?
6. Pourquoi Amina n'est-elle pas fâchée (*angry*) contre Sandrine?
7. Pourquoi Amina pense-t-elle que Sandrine aimerait (*would like*) un cyberhomme américain?
8. Sandrine pense qu'Amina devrait (*should*) rencontrer Cyberhomme, mais Amina pense que ce n'est pas une bonne idée. À votre avis, qui a raison?

Amina console Sandrine.

VALÉRIE Hmm... et la vaisselle? Tu as fait la vaisselle?
STÉPHANE Non, pas encore, mais...
MICHÈLE Il me faut l'addition pour Amina.
VALÉRIE Stéphane, tu dois faire la vaisselle avant de sortir.
STÉPHANE Bon, ça va, j'y vais!

VALÉRIE Ah, Michèle, il faut sortir les poubelles pour ce soir!
MICHÈLE Oui, comptez sur moi, Madame Forestier.
VALÉRIE Très bien! Moi, je rentre, il est l'heure de préparer le dîner.

SANDRINE Il était tellement pénible. Bref, je suis de mauvaise humeur aujourd'hui.
AMINA Ne t'en fais pas, je comprends.
SANDRINE Toi, tu as de la chance.
AMINA Pourquoi tu dis ça?
SANDRINE Tu as ton Cyberhomme. Tu vas le rencontrer un de ces jours?
AMINA Oh... Je ne sais pas si c'est une bonne idée.

SANDRINE Pourquoi pas?
AMINA Sandrine, il faut être prudent dans la vie, je ne le connais pas vraiment, tu sais.
SANDRINE Comme d'habitude, tu as raison. Mais finalement, un cyberhomme, c'est peut-être mieux qu'un petit ami. Ou alors, un petit ami artistique, charmant et beau garçon.
AMINA Et américain?

Expressions utiles

Talking about what you know

- **Je ne le savais pas, mais franchement, ça ne me surprend pas.**
  I didn't know that, but frankly, I'm not surprised.
- **Je sais!**
  I know!
- **Je ne sais pas si c'est une bonne idée.**
  I don't know if that's a good idea.
- **Je ne le connais pas vraiment, tu sais.**
  I don't really know him, you know.

Additional vocabulary

- **Comptez sur moi.**
  Count on me.
- **Ne t'en fais pas.**
  Don't worry about it.
- **J'y vais!**
  I'm going there!/I'm on my way!
- **pas encore**
  not yet
- **tu dois**
  you must
- **être de bonne/mauvaise humeur**
  to be in a good/bad mood

---

2 | **Le ménage** Indiquez qui a fait ou va faire ces tâches ménagères: Amina (**A**), Michèle (**M**), Sandrine (**S**), Stéphane (**St**), Valérie (**V**) ou personne (*no one*) (**P**).

1. sortir la poubelle
2. balayer
3. passer l'aspirateur
4. faire la vaisselle
5. faire le lit
6. débarrasser la table
7. faire la lessive
8. ranger sa chambre

3 | **Écrivez** Vous avez gagné un pari (*bet*) avec votre grande sœur et elle doit faire (*must do*) en conséquence toutes les tâches ménagères que vous lui indiquez pendant un mois. Écrivez une liste de dix tâches minimum. Pour chaque tâche, précisez la pièce du logement et combien de fois par semaine elle doit l'exécuter.

A C T I V I T É S

CULTURE À LA LOUPE

L'intérieur des logements français

L'intérieur des maisons et des appartements français est assez° différent de celui chez les Américains. Quand on entre dans un immeuble ancien en France, on est dans un hall° où il y a des boîtes aux lettres°. Ensuite, il y a souvent une deuxième porte. Celle-ci conduit à° l'escalier. Il n'y a pas souvent d'ascenseur, mais s'il y en a un°, en général, il est très petit et il est au milieu de° l'escalier. Le hall de l'immeuble peut aussi avoir une porte qui donne sur une cour° ou un jardin, souvent derrière le bâtiment°.

À l'intérieur des logements, les pièces sont en général plus petites que° les pièces américaines, surtout les cuisines et les salles de bains. Dans la cuisine, on trouve tous les appareils ménagers nécessaires (cuisinière, four, four à micro-ondes, frigo), mais ils sont plus petits qu'aux États-Unis. Les lave-vaisselle sont assez rares dans les appartements et plus communs dans les maisons. On a souvent une seule° salle de bains et les toilettes sont en général dans une autre petite pièce séparée°. Les lave-linge sont aussi assez petits et on les trouve, en général, dans la cuisine ou dans la salle de bains. Dans les chambres, en France, il n'y a pas de grands placards et les vêtements sont rangés la plupart° du temps dans une armoire ou une commode. Les fenêtres s'ouvrent° sur l'intérieur, un peu comme des portes, et il est très rare d'avoir des moustiquaires°. Par contre°, il y a presque toujours des volets°.

assez *rather* **hall** *entryway* **boîtes aux lettres** *mailboxes* **conduit à** *leads to* **s'il y en a un** *if there is one* **au milieu de** *in the middle of* **cour** *courtyard* **bâtiment** *building* **plus petites que** *smaller than* **une seule** *only one* **séparée** *separate* **la plupart** *most* **s'ouvrent** *open* **moustiquaires** *screens* **Par contre** *On the other hand* **volets** *shutters*

Combien de logements ont ces appareils ménagers?	
Réfrigérateur	99,8%
Cuisinière / Four	96,4%
Lave-linge	95,6%
Congélateur	91,2%
Four à micro-ondes	88,3%
Lave-vaisselle	57,1%
Sèche-linge	28,7%

SOURCE: INSEE

Coup de main

Demonstrative pronouns help to avoid repetition.

	S.	P.
M.	celui	ceux
F.	celle	celles

Ce lit est grand, mais le lit de Monique est petit.

Ce lit est grand, mais **celui** de Monique est petit.

A C T I V I T É S

1 **Complétez** Complétez chaque phrase logiquement.

1. Dans le hall d'un immeuble français, on trouve...
2. Au milieu de l'escalier, dans les vieux immeubles français, ...
3. Derrière les vieux immeubles, on trouve souvent...
4. Les cuisines et les salles de bains françaises sont...
5. Dans les appartements français, il est assez rare d'avoir...
6. Les logements français ont souvent une seule...
7. En France, les toilettes sont souvent...
8. Les Français rangent souvent leurs vêtements dans une armoire parce qu'ils...
9. On trouve souvent le lave-linge...
10. En général, les fenêtres dans les logements français...

LE FRANÇAIS QUOTIDIEN

Quelles conditions!

boxon (*m.*)	*shambles*
piaule (*f.*)	*pad, room*
souk (*m.*)	*mess*
impeccable	*spic-and-span*
nickel	*spotless*
ringard	*cheesy, old-fashioned*
crécher	*to live*
semer la pagaille	*to make a mess*

LE MONDE FRANCOPHONE

Architecture moderne et ancienne

Architecte suisse

Le Corbusier Originaire du canton de Neuchâtel, il est l'un des principaux représentants du mouvement moderne au début° du 20ᵉ siècle. Il est connu° pour être l'inventeur de l'unité d'habitation°, concept sur les logements collectifs qui rassemblent dans un même lieu garderie° d'enfants, piscine, écoles, commerces et lieux de rencontre. Il est naturalisé français en 1930.

Architecture du Maroc

Les riads, mot° qui à l'origine signifie «jardins» en arabe, sont de superbes habitations anciennes° construites pour préserver la fraîcheur°. On les trouve au cœur° des ruelles° de la médina (quartier historique). **Les kasbahs,** bâtisses° de terre° dans le Sud marocain, sont des exemples d'un art typiquement berbère et rural.

début *beginning* **connu** *known* **unité d'habitation** *housing unit*
garderie *daycare center* **mot** *word* **anciennes** *old* **fraîcheur** *coolness*
cœur *heart* **ruelles** *alleyways* **bâtisses** *dwellings* **terre** *earth*

PORTRAIT

Le Vieux Carré

Le Vieux Carré, aussi appelé le Quartier Français, est le centre historique de La Nouvelle-Orléans. Il a conservé le souvenir° des époques° coloniales du 18ᵉ siècle°. La culture française est toujours présente avec des noms de rues° français comme *Toulouse* ou *Chartres,* qui sont de grandes villes françaises. Cependant° le style architectural n'est pas français; il est espagnol. Les maisons avec les beaux balcons sont l'héritage de l'occupation espagnole de la deuxième moitié° du 18ᵉ siècle. Mardi gras, en février, est la fête la plus populaire de La Nouvelle-Orléans, qui est aussi très connue° pour son festival de jazz, en avril.

souvenir *memory* **époques** *times* **siècle** *century* **noms de rues** *street names*
Cependant *However* **moitié** *half* **connue** *known*

Sur Internet

Qu'est-ce qu'on peut voir (*see*) au musée des Arts décoratifs de Paris?

Go to **vhlcentral.com** to find more information related to this **Culture** section.

---

2 **Complétez** Complétez les phrases.

1. Le Vieux Carré est aussi appelé _____.
2. _____ et _____ sont deux noms de rues français à La Nouvelle-Orléans.
3. Le style architectural du Vieux Carré n'est pas français mais _____.
4. La Nouvelle-Orléans est connue pour son festival de _____.
5. Le Corbusier est l'inventeur de _____.
6. On trouve les riads parmi (*among*) les ruelles de _____.

3 **C'est le souk!** Votre oncle favori vient vous rendre visite et votre petit frère a semé la pagaille dans votre chambre. C'est le souk! Avec un(e) partenaire, inventez une conversation où vous lui donnez des ordres pour nettoyer avant l'arrivée de votre oncle. Jouez la scène devant la classe.

A C T I V I T É S

PB.1

The *passé composé* vs. **vhl**central
the *imparfait* (Summary)

Point de départ You have learned the uses of the **passé composé** versus the **imparfait** to talk about things and events in the past. These tenses are distinct and are not used in the same way. Remember always to keep the context and the message you wish to convey in mind while deciding which tense to use.

Uses of the *passé composé*	
To talk about events that happened at a specific moment or for a precise duration in the past	Je **suis allé** au concert vendredi. *I went to the concert on Friday.*
To express an action or a sequence of actions that started and ended in the past	Tu **as fait** le lit, tu **as sorti** la poubelle et tu **as mis** la table. *You made the bed, took out the trash, and set the table.*
To indicate a change in the mental, emotional or physical state of a person	Tout à coup, elle **a eu** soif. *Suddenly, she got thirsty.*
To narrate the facts in a story	Nous **avons passé** une journée fantastique à la plage. *We spent a fantastic day at the beach.*
To describe actions that move the plot forward in a narration	Soudain, Thomas **a trouvé** la réponse à leur question. *Suddenly, Thomas found the answer to their question.*

Uses of the *imparfait*	
To talk about actions that lasted for an unspecified duration of time	Elle **dormait** tranquillement. *She was sleeping peacefully.*
To relate habitual or repeated past actions and events	Nous **faisions** une promenade au parc tous les dimanches matins. *We used to walk in the park every Sunday morning.*
To describe mental, emotional or physical states or conditions	Elle **avait** toujours soif. *She was always thirsty.*
To describe the background scene and setting of a story	Il **faisait** beau et le ciel **était** bleu. *The weather was nice and the sky was blue.*
To describe people and things	C'**était** une photo d'une jolie fille. *It was a photograph of a pretty girl.*

- The **imparfait** and the **passé composé** are sometimes used in the same sentence to say what was going on when something else happened. Use the **imparfait** to say what was going on and the **passé composé** to say what happened to interrupt that action.

Je **travaillais** dans le jardin
  quand mon amie **a téléphoné**.
*I was working in the garden
  when my friend called.*

Ils **faisaient** de la planche à
  voile quand j'**ai pris** cette photo.
*They were wind-surfing when
  I took this photo.*

- A cause and effect relationship is sometimes expressed by using the **passé composé** and the **imparfait** in the same sentence.

Marie **avait** envie de faire du
  shopping, alors elle **est allée**
  au centre commercial.
*Marie felt like shopping so she
  went to the mall.*

Mon ami **a balayé** la maison
  parce qu'elle **était** sale.

*My friend swept the house
  because it was dirty.*

- The verb **avoir** has a different meaning when used in the **imparfait** versus the **passé composé**.

J'**avais** sommeil.
I was sleepy.

J'**ai eu** sommeil.
I got sleepy.

Expressions that signal a past tense

- Certain expressions like **soudain, tout à coup, autrefois, une fois, d'habitude, souvent, toujours,** etc. serve as clues to signal a particular past tense.

Autrefois, mes parents et moi
  vivions en Belgique.
*In the past, my parents and I
  used to live in Belgium.*

Un jour, j'**ai rencontré** Nathalie
  au cinéma.
*One day, I met Nathalie
  at the movies.*

D'habitude, j'**allais** au centre-ville
  avec mes amis.
*Usually, I used to go downtown
  with my friends.*

J'**ai fait** du cheval deux fois
  dans ma vie.
*I have gone horseback riding
  two times in my life.*

Essayez!	**Écrivez la forme correcte du verbe au passé.**

1. D'habitude, vous _mangiez_ (manger) dans la salle à manger.
2. Quand mes copines étaient petites, elles _____ (jouer) de la guitare.
3. Tout à coup, ma sœur _____ (arriver) à l'école.
4. Ce matin, Matthieu _____ (repasser) le linge.
5. Ils _____ (vivre) en France pendant un mois.
6. Les chats _____ (dormir) toujours sur le tapis.
7. Je/J' _____ (louer) un studio en ville pendant trois semaines.
8. Vous _____ (laver) toujours les rideaux?
9. Lise _____ (avoir) quinze ans quand elle a déménagé.
10. Soudain, nous _____ (avoir) peur.

Mise en pratique

1 **À l'étranger!** Choisissez l'imparfait ou le passé composé pour compléter cette histoire.

Lise (1) _____ (avoir) vraiment envie de travailler en France après le lycée. Alors, un jour, elle (2) _____ (quitter) son petit village près de Bruxelles et elle (3) _____ (prendre) le train pour Paris. Elle (4) _____ (arriver) à Paris. Elle (5) _____ (trouver) une chambre dans un petit hôtel. Pendant six mois, elle (6) _____ (balayer) le couloir et (7) _____ (nettoyer) les chambres. Au bout de (*After*) six mois, elle (8) _____ (prendre) des cours au Cordon Bleu et maintenant, elle est chef dans un petit restaurant!

2 **Explique-moi!** Dites pourquoi vous et vos amis n'avez pas fait les choses qu'il fallait faire. Utilisez le passé composé pour dire ce que (*what*) vous n'avez pas fait et l'imparfait pour expliquer la raison. Faites des phrases complètes.

MODÈLE

Élise / étudier / avoir sommeil
Élise n'a pas étudié parce qu'elle avait sommeil.

1. Carla / faire une promenade / pleuvoir
2. Alexandre et Mia / ranger la chambre / regarder la télé
3. nous / répondre au prof / ne pas faire attention
4. Jade et Noémie / venir au café / nettoyer la maison
5. Léo / mettre un short / aller à un entretien (*interview*)
6. je / manger au restaurant / ne pas avoir d'argent
7. Amadou / promener son chien / neiger
8. Marc et toi, vous / aller à la piscine / laver la voiture
9. on / téléphoner à nos amis / ne pas avoir de portable
10. toi, tu / faire du surf / avoir peur

3 **Qu'est-ce qu'ils faisaient quand…?** Que faisaient ces personnes au moment de l'interruption?

▶ **MODÈLE**

Papa débarrassait la table quand mon frère est arrivé.

débarrasser / arriver

1. sortir / dire

_____

2. passer / tomber

_____

3. faire / partir

_____

4. laver / commencer

_____

Communication

4   Situations Avec un(e) partenaire, complétez ces phrases avec le passé composé ou l'imparfait. Comparez vos réponses, puis présentez-les à la classe.

1. Autrefois, ma famille...

2. Je faisais une promenade quand...

3. Mon/Ma meilleur(e) ami(e)... tous les jours.

4. D'habitude, au petit-déjeuner, je...

5. Une fois, mon copain et moi...

6. Hier, je rentrais des cours quand...

7. Parfois, ma mère...

8. Hier, il faisait mauvais. Soudain, ...

9. Souvent, quand j'étais petit(e)...

10. La semaine dernière, en cours de français, nous...

5   À votre tour Demandez à un(e) partenaire de compléter ces phrases avec le passé composé ou l'imparfait. Ensuite, présentez ses phrases à la classe.

1. Mes profs l'année dernière...

2. Quand je suis rentré(e) chez moi hier, ...

3. Le week-end dernier, ...

4. Quand j'ai fait la connaissance de mon/ma meilleur(e) ami(e), ...

5. La première fois que mon/ma meilleur(e) ami(e) et moi sommes sorti(e)s, ...

6. Quand j'avais dix ans, ...

7. Le jour de mon dernier anniversaire, ...

8. Pendant les vacances d'été, ...

9. Quand Leonardo DiCaprio a gagné son premier Oscar, ...

10. Hier soir, je regardais la télé quand...

11. Quand mes parents étaient plus jeunes, ...

12. La dernière fois que j'ai fait un voyage, ...

6   Je me souviens! Racontez à votre partenaire un événement spécial de votre vie qui s'est déjà passé. Votre partenaire vous pose des questions pour avoir plus de détails sur cet événement. Vous pouvez (*can*) parler d'un anniversaire, d'une fête familiale, d'un mariage ou d'un concert. Utilisez le passé composé et l'imparfait.

MODÈLE

Élève 1: *Nous avons fait une grande fête d'anniversaire pour ma grand-mère l'année dernière.*
Élève 2: *Quel âge a-t-elle eu?*
Élève 1: *Elle a eu soixante ans.*
Élève 2: *Vous avez fait la fête chez toi?*
Élève 1: *Nous avons fait la fête dans le jardin parce qu'il faisait très beau.*

PB.2 The verbs *savoir* and *connaître* **vhl**central

Point de départ **Savoir** and **connaître** both mean *to know*. The choice of verb in French depends on the context in which it is being used.

> N'oublie pas de balayer sous la cuisinière.
>
> Je sais!

> Je ne le connais pas vraiment, tu sais.

savoir	
je	sais
tu	sais
il/elle/on	sait
nous	savons
vous	savez
ils/elles	savent

Boîte à outils

Always use the construction **savoir** + [*infinitive*] to mean *to know how to do something*.

- **Savoir** means *to know a fact* or *to know how to do something*.

  Je **sais** tout sur lui.
  I know everything about him.

  Elle **sait** jouer du piano
  She knows how to play piano.

  Ils ne **savent** pas qu'il est parti.
  They don't know that he left.

  Savez-vous faire la cuisine?
  Do you know how to cook?

- The verb **savoir** is often followed by **que, qui, où, quand, comment,** or **pourquoi.**

  Nous **savons que** tu arrives mardi.
  We know that you're arriving on Tuesday.

  Je **sais où** je vais.
  I know where I am going.

  Vous **savez quand** on part?
  Do you know when we're leaving?

  Ils **savent comment** aller à la gare.
  They know how to get to the train station.

  Tu **sais qui** a fait la lessive?
  Do you know who did the laundry?

  Elle **comprend pourquoi** tu es en colère.
  She understands why you're angry.

- The past participle of **savoir** is **su.** When used in the **passé composé, savoir** means *found out.*

  J'**ai su** qu'il y avait une fête.
  I found out there was a party.

  Je **savais** qu'il y avait une fête.
  I knew there was a party.

connaître	
je	connais
tu	connais
il/elle/on	connaît
nous	connaissons
vous	connaissez
ils/elles	connaissent

- **Connaître** means *to know* or *be familiar with a person, place, or thing.*

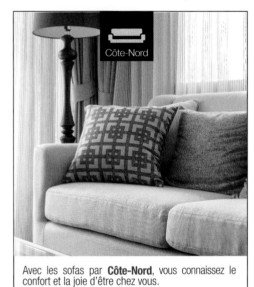

Avec les sofas par **Côte-Nord**, vous connaissez le confort et la joie d'être chez vous.

Vous **connaissez** le prof.
You know the teacher.

Nous **connaissons** bien Paris.
We know Paris well.

Tu **connais** ce quartier?
Do you know that neighborhood?

Je ne **connais** pas ce magasin.
I don't know this store.

> 🏃 **Boîte à outils**
>
> The verb **connaître** is never followed by an infinitive. It is always followed by a noun.

- The past participle of **connaître** is **connu**. **Connaître** in the **passé composé** means *met* (*for the first time*).

Nous **avons connu** son père.
We met his father.

Nous **connaissions** son père.
We knew his father.

- **Reconnaître** means *to recognize*. It follows the same conjugation patterns as **connaître**.

Mes anciens profs me **reconnaissent** encore.
My former teachers still recognize me.

Nous **avons reconnu** vos enfants à la soirée.
We recognized your children at the party.

Essayez! Complétez les phrases avec les formes correctes des verbes **savoir** et **connaître**.

1. Je ___connais___ de bons restaurants.
2. Ils ne _____ pas parler allemand.
3. Vous _____ faire du cheval?
4. Tu _____ une bonne coiffeuse?
5. Nous ne _____ pas Jacques.
6. Claudette _____ jouer aux échecs.
7. Laure et Béatrice _____ -elles tes cousins?
8. Nous _____ que vous n'aimez pas faire le ménage.

Mise en pratique

1 **Les passe-temps** Qu'est-ce que ces personnes savent faire?

Patrick

▶ **MODÈLE**

Patrick sait skier.

1. Halima _____

2. vous _____

3. tu _____

4. nous _____

2 **Dialogues** Complétez les conversations avec le présent du verbe **savoir** ou **connaître**.

1. Marie _____ faire la cuisine?

   Oui, mais elle ne _____ pas beaucoup de recettes (*recipes*).

2. Vous _____ les parents de François?

   Non, je _____ seulement sa cousine.

3. Tes enfants _____ nager dans la mer.

   Et mon fils aîné _____ toutes les espèces de poissons.

4. Je _____ que le train arrive à trois heures.

   Est-ce que tu _____ à quelle heure il part?

5. Vous _____ le numéro de téléphone de Dorian?

   Oui, je le _____.

6. Nous _____ bien la musique arabe.

   Ah, bon? Tu _____ qu'il y a un concert de raï en ville demain?

3 **Assemblez** Assemblez les éléments des colonnes pour construire des phrases.

MODÈLE *Je sais parler une langue étrangère.*

A	B	C
Marion Cotillard	(ne pas) connaître	des célébrités
Oprah Winfrey	(ne pas) savoir	faire la cuisine
je		jouer dans un film
ton/ta camarade		Julia Roberts
de classe		parler une
		langue étrangère

Communication

4 **Enquête** Votre professeur va vous donner une feuille d'activités. Circulez dans la classe pour trouver au moins une personne différente qui répond oui à chaque question.

Sujet	Nom
1. Sais-tu faire une mousse au chocolat?	Jacqueline
2. Connais-tu New York?	
3. Connais-tu le nom des sénateurs de cet état (state)?	
4. Connais-tu quelqu'un qui habite en Californie?	

5 **Je sais faire** Michelle et Maryse étudient avec un(e) nouvel/nouvelle ami(e). Par groupes de trois, jouez les rôles. Chacun(e) (*Each one*) essaie de montrer toutes les choses qu'il/elle sait faire.

MODÈLE

Élève 1: *Alors, tu sais faire la vaisselle?*
Élève 2: *Je sais faire la vaisselle, et je sais faire la cuisine aussi.*
Élève 3: *Moi, je sais faire la cuisine, mais je ne sais pas passer l'aspirateur.*

6 **Questions** À tour de rôle, posez ces questions à un(e) partenaire. Ensuite, présentez vos réponses à la classe.

1. Quel bon restaurant connais-tu près d'ici? Est-ce que tu y (*there*) manges souvent?
2. Dans ta famille, qui sait chanter le mieux (*best*)?
3. Connais-tu l'Europe? Quelles villes connais-tu?
4. Reconnais-tu toutes les chansons (*songs*) que tu entends à la radio?
5. Tes grands-parents savent-ils utiliser Internet? Le font-ils bien?
6. Connais-tu un(e) acteur/actrice célèbre? Une autre personne célèbre?
7. Ton/Ta meilleur(e) (*best*) ami(e) sait-il/elle écouter quand tu lui racontes (*tell*) tes problèmes?
8. Connais-tu la date d'anniversaire de tous les membres de ta famille et de tous tes amis? Donne des exemples.
9. Connais-tu des films français? Lesquels (*Which ones*)? Les aimes-tu? Pourquoi?
10. Sais-tu parler une langue étrangère? Laquelle? (*Which one*)?

Révision

1 Un grand dîner Émilie et son mari Vincent ont invité des amis à dîner ce soir. Qu'ont-ils fait cet après-midi pour préparer la soirée? Que vont-ils faire ce soir après le départ des invités? Conversez avec un(e) partenaire.

MODÈLE

Élève 1: *Cet après-midi, Émilie et Vincent ont mis la table.*

Élève 2: *Ce soir, ils vont faire la vaisselle.*

2 Mes connaissances Votre professeur va vous donner une feuille d'activités. Interviewez vos camarades. Pour chaque activité, trouvez un(e) camarade différent(e) qui réponde affirmativement.

Élève 1: *Connais-tu une personne qui aime faire le ménage?*

Élève 2: *Oui, autrefois, mon père aimait bien faire le ménage.*

Activités	Noms
1. ne pas faire souvent la vaisselle	
2. aimer faire le ménage	Farid
3. dormir avec une couverture en été	
4. faire son lit tous les jours	
5. repasser rarement ses vêtements	

3 Qui faisait le ménage? Par groupes de trois, interviewez vos camarades. Qui faisait le ménage à la maison quand ils étaient petits? Préparez des questions avec ces expressions et comparez vos réponses.

balayer	mettre et débarrasser la table
faire la lessive	passer l'aspirateur
faire le lit	ranger
faire la vaisselle	repasser le linge

4 Soudain! Tout était calme quand soudain... Avec un(e) partenaire, choisissez l'une des deux photos et écrivez un texte de dix phrases. Faites cinq phrases pour décrire la photo, et cinq autres pour raconter (*to tell*) un événement qui s'est passé soudainement (*that suddenly happened*). Employez des adverbes et soyez imaginatifs.

5 J'ai appris... Avec un(e) partenaire, faites une liste de cinq choses que vous ne saviez pas avant ce cours de français, et cinq choses ou personnes que vous ne connaissiez pas. Utilisez l'imparfait et le présent dans vos explications.

MODÈLE

Élève 1: *Avant, je ne savais pas comment dire bonjour en français, et puis j'ai commencé ce cours, et maintenant, je sais le dire.*

Élève 2: *Avant, je ne connaissais pas tous les pays francophones, et maintenant, je les connais.*

6 Élise fait sa lessive Votre professeur va vous donner, à vous et à votre partenaire, une feuille sur la journée d'Élise. Décrivez sa journée d'après (*according to*) les dessins. Attention! Ne regardez pas la feuille de votre partenaire.

MODÈLE

Élève 1: *Hier matin, Élise avait besoin de faire sa lessive.*

Élève 2: *Mais, elle...*

À l'écoute vhlcentral

STRATÉGIE

Using visual cues

Visual cues like illustrations and headings provide useful clues about what you will hear.

🔊 To practice this strategy, you will listen to a passage related to the image. Jot down the clues the image gives you as you listen.

Préparation

Qu'est-ce qu'il y a sur les trois photos à droite? À votre avis, quel va être le sujet de la conversation entre M. Duchemin et Mme Lopez?

🔊 À vous d'écouter

Écoutez la conversation. M. Duchemin va proposer trois logements à Mme Lopez. Regardez les annonces et écrivez le numéro de référence de chaque possibilité qu'il propose.

1. Possibilité 1: _____
2. Possibilité 2: _____
3. Possibilité 3: _____

À LOUER

Appartement en ville, moderne, avec balcon
1.200 €
(**Réf. 520**)

5 pièces, jardin, proche parc Victor Hugo
950 €
(**Réf. 521**)

Maison meublée en banlieue, grande, tt confort, cuisine équipée
1.200 €
(**Réf. 522**)

Compréhension

Les détails Après une deuxième écoute, complétez le tableau (*chart*) avec les informations données dans la conversation.

	Où?	Maison ou appartement?	Meublé ou non?	Nombre de chambres?	Garage?	Jardin?
Logement 1						
Logement 2						
Logement 3						

Quel logement pour les Lopez? Lisez cette description de la famille Lopez. Décidez quel logement cette famille va probablement choisir et expliquez votre réponse.

M. Lopez travaille au centre-ville. Le soir, il rentre tard à la maison et il est souvent fatigué parce qu'il travaille beaucoup. Il n'a pas envie de passer son temps à travailler dans le jardin. Mme Lopez adore le cinéma et le théâtre. Elle n'aime pas beaucoup faire le ménage. Les Lopez ont une fille qui a seize ans. Elle adore retrouver ses copines pour faire du shopping en ville. Les Lopez ont beaucoup de beaux meubles modernes. Ils ont aussi une nouvelle voiture: une grosse BMW qui a coûté très cher!

Panorama

vhlcentral

Paris

La ville en chiffres

▶ **Superficie:** *105 km²*

▶ **Population:** *2.229.621 (deux millions deux cents vingt-neuf mille six cents vingt et un)*
SOURCE: INSEE

Paris est la capitale de la France. On a l'impression que Paris est une grande ville—et c'est vrai si on compte° ses environs°. Mais Paris mesure moins de° 10 kilomètres de l'est à l'ouest°. On peut très facilement visiter la ville à pied°. Paris est divisée en 20 arrondissements°. Chaque° arrondissement a son propre maire° et son propre caractère.

▶ **Industries principales:** *haute couture, finances, transports, technologie, tourisme*

▶ **Musées:** *plus de° 150 (cent cinquante): le musée du Louvre, le musée d'Orsay, le centre Georges Pompidou et le musée Rodin*

Parisiens célèbres

▶ **Victor Hugo,** *écrivain° et activiste (1802–1885)*

▶ **Charles Baudelaire,** *poète (1821–1867)*···

▶ **Auguste Rodin,** *sculpteur (1840–1917)*

▶ **Jean-Paul Sartre,** *philosophe (1905–1980)*

▶ **Simone de Beauvoir,** *écrivain (1908–1986)*

▶ **Édith Piaf,** *chanteuse (1915–1963)*···

▶ ···**Emmanuelle Béart,** *actrice (1965–)*

l'Arc de Triomphe

Basilique du Sacré-Cœur

Place du Tertre

Le Moulin Rouge

Parc Monceau

BOULEVARD HAUSSMANN

Arc de Triomphe

Opéra Garnier

BLVD. DES ITALIENS

AVENUE DES CHAMPS-ÉLYSÉES

La Madeleine

BLVD. DES CAPUCINES

AVE. DE L'OPÉRA

BOULEVARD DE SÉBASTOPOL

Bois de Boulogne

Jeu de Paume

Grand Palais

Place de la Concorde

RUE DE RIVOLI

Les Halles

Beaubourg/Centre Georges Pompidou-Centre National d'Art et de Culture

Jardins du Trocadéro

QUAI D'ORSAY

Seine

Jardin des Orangerie Tuileries

Musée du Louvre

RUE DE RIVOLI

Assemblée Nationale

BLVD. ST. GERMAIN

Musée d'Orsay

Hôtel de Ville

Place des Vosges

Tour Eiffel

Parc du Champ de Mars

Hôtel des Invalides

Conciergerie

Île de la Cité

Cathédrale Notre-Dame

Île St.-Louis

Opéra de Paris Bastille

École Militaire

BOULEVARD RASPAIL

BOULEVARD SAINT-MICHEL

BOULEVARD ST. GERMAIN

Jardin du Luxembourg

Sorbonne

Panthéon

Seine

Tour Montparnasse

l'opéra Garnier

```
0          0.5 mile
0       0.5 kilomètre
```

une terrasse de café

Incroyable mais vrai!

Sous les rues° de Paris, il y a une autre ville: les catacombes. Ici reposent° les squelettes d'environ 6.000.000 (six millions) de personnes provenant° d'anciens cimetières de Paris et de ses environs. Plus de 500.000 (cinq cent mille) touristes par an visitent cette ville de repos° éternel.

si on compte *if one counts* **environs** *surrounding areas* **moins de** *less than*
de l'est à l'ouest *from east to west* **à pied** *on foot* **arrondissements** *districts*
Chaque *Each* **son propre maire** *its own mayor* **plus de** *more than*
écrivain *writer* **rues** *streets* **reposent** *lie; rest* **provenant** *from* **repos** *rest*

Les monuments

La tour Eiffel

La tour Eiffel a été construite° en 1889 (mille huit cent quatre-vingt-neuf) pour l'Exposition universelle, à l'occasion du centenaire° de la Révolution française. Elle mesure 324 (trois cent vingt-quatre) mètres de haut et pèse° 10.100 (dix mille cent) tonnes. La tour attire près de° 7.000.000 (sept millions) de visiteurs par an°.

Les gens

Paris-Plages

Pour les Parisiens qui ne voyagent pas pendant l'été, la ville de Paris a créé° Paris-Plages pour apporter la plage° aux Parisiens! Inauguré en 2001 pour la première fois sur les berges° de la Seine, puis prolongé sur le bassin de la Villette en 2007, Paris-Plages consiste en plusieurs kilomètres de sable et de pelouse°, plein° d'activités comme la natation° et le volley. Ouvert en° juillet et en août, près de 4.000.000 (quatre millions) de personnes visitent Paris-Plages chaque° année.

Les musées

Le musée du Louvre

Ancien° palais royal, le musée du Louvre est aujourd'hui un des plus grands musées du monde avec sa vaste collection de peintures°, de sculptures et d'antiquités orientales, égyptiennes, grecques et romaines. L'œuvre° la plus célèbre de la collection est *La Joconde*° de Léonard de Vinci. La pyramide de verre°, créée par l'architecte américain I.M. Pei, marque l'entrée° principale du musée.

Les transports

Le métro

L'architecte Hector Guimard a commencé à réaliser° des entrées du métro de Paris en 1898 (mille huit cent quatre-vingt-dix-huit). Ces entrées sont construites dans le style Art Nouveau: en forme de plantes et de fleurs°. Le métro est aujourd'hui un système très efficace° qui permet aux passagers de traverser° Paris rapidement.

Qu'est-ce que vous avez appris? Complétez les phrases.

1. La ville de Paris est divisée en vingt _____.
2. Chaque arrondissement a ses propres _____ et _____.
3. Charles Baudelaire est le nom d'un _____ français.
4. Édith Piaf est une _____ française.
5. Plus de 500.000 personnes par an visitent _____ sous les rues de Paris.
6. La tour Eiffel mesure _____ mètres de haut.
7. En 2001, la ville de Paris a créé _____ au bord (*banks*) de la Seine.
8. Le musée du Louvre est un ancien _____.
9. _____ est une création de I.M. Pei.
10. Certaines entrées du métro sont de style _____.

Sur Internet

1. Quels sont les monuments les plus importants à Paris? Qu'est-ce qu'on peut faire (*can do*) dans la ville?
2. Trouvez des informations sur un des musées de Paris.
3. Recherchez la vie (*Research the life*) d'un(e) Parisien(ne) célèbre.
4. Cherchez un plan du métro de Paris et trouvez comment aller du Louvre à la tour Eiffel.

construite *built* **centenaire** *100-year anniversary* **pèse** *weighs* **attire près de** *attracts nearly* **par an** *per year* **a créé** *created* **apporter la plage** *bring the beach* **berges** *banks* **de sable et de pelouse** *of sand and grass* **plein** *full* **natation** *swimming* **Ouvert en** *Open in* **chaque** *each* **Ancien** *Former* **peintures** *paintings* **L'œuvre** *The work (of art)* **La Joconde** *The Mona Lisa* **verre** *glass* **entrée** *entrance* **réaliser** *create* **fleurs** *flowers* **efficace** *efficient* **traverser** *to cross*

Panorama

vhlcentral

L'Île-de-France

La région en chiffres

▶ **Superficie:** *12.012 km²*

▶ **Population:** *12.027.565*
SOURCE: INSEE

▶ **Industries principales:** *aéronautique, automobile, énergie nucléaire, santé°, services*

▶ **Villes principales:** *Paris, Meaux, Provins, Saint-Denis, Fontainebleau, Montreuil, Nanterre, Versailles, Argenteuil*

Franciliens célèbres

▶ **Jean Cocteau,** *poète, dramaturge° et cinéaste° (1889–1963)*

▶ **Dominique Voynet,** *femme politique° (1958–)*

▶ **Thierry Henry,** *footballeur (1977–)*

▶ **Jaques Prévert,** *poète, scénariste et artiste (1900–1977)*

▶ **Omar Sy,** *acteur (1978–)*

▶ **Vanessa Paradis,** *chanteuse et actrice (1972–)*

▶ **Les impressionnistes** *Plusieurs peintres impressionnistes du XIXᵉ siècle se sont inspirés des grands espaces° de l'Île-de-France. Quand Claude Monet a habité à Argenteuil pendant sept ans, il a réalisé° près de 250 peintures, comme «La Liseuse» (1872) et «Le pont d'Argenteuil» (1874). Auvers-sur-Oise aussi a été le sujet de plusieurs œuvres° impressionnistes, y compris° soixante-dix par Vincent Van Gogh. Aujourd'hui, on peut suivre° les quatre chemins de randonnée pédestre° aux Yvelienes qui sont dédiés aux impressionnistes pour voir° les sites où les artistes ont planté leur chevalet°.*

santé *health* dramaturge *playwright* femme politique *politician* grands espaces *natural spaces* réalisé *created* œuvres *works of art* y compris *including* suivre *follow* chemins de randonnée pédestre *walking paths* voir *see* chevalet *easel* closerie *enclosed property* comprend *includes* abrite *houses* pont *bridge* jardin *garden*

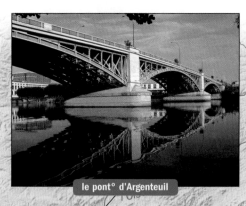

LA FRANCE

0 _____ 40 miles
0 _____ 40 kilomètres

le pont° d'Argenteuil

la Seine
l'Oise
la Marne

Saint-Denis
Nanterre
Versailles
Paris
Meaux
Marne-la-Vallée

ÎLE-DE-FRANCE

Provins
Melun
Fontainebleau
Nemours

la Seine
la Loire

le jardin° de Versailles

un tombeau royal de la basilique Saint-Denis

Incroyable mais vrai!

La closerie° Falbala a été construite entre 1971 et 1973 par l'artiste Jean Dubuffet, qui voulait créer un «espace mental» pour son énorme œuvre d'art, *Cabinet logologique*. Située sur l'île Saint-Germain, la closerie comprend° une sorte de jardin avec, au centre, la villa Falbala qui abrite° sa création. C'est l'un des monuments historiques les plus jeunes de France.

L'histoire
Provins

La ville de Provins a joué un rôle commercial très important en Europe au Moyen Âge. C'est ici que neuf chemins° commerciaux se croisaient. Donc, Provins est devenu la ville avec les plus grandes foires° de Champagne. Ces foires attiraient les marchands les plus important de l'Europe. Ces rassemblements, qui avaient lieu périodiquement et duraient° plusieurs semaines, permettaient les échanges internationaux. Aujourd'hui, la ville, classée au Patrimoine mondial par l'UNESCO, est toujours entourée° par des remparts° du Moyen Âge et la tradition des foires se perpétue avec des spectacles sur la thématique médiévale.

Les gens
André Le Nôtre

Né le 12 mars 1613, André Le Nôtre passe sa jeunesse à travailler avec son père, jardinier aux Tuileries. Ensuite, il suit des cours d'archictecture. Il devient jardinier du roi Louis XIV en 1637. Il amasse° une fortune énorme et gagne° une réputation internationale. Considéré «architecte paysagiste°,» Le Nôtre est connu pour ses «jardins de la française.» Ses œuvres les plus connus sont les jardins de Versailles, des Tuileries, et de Vaux-le-Vicomte. Ses créations précises et méticuleuses sont souvent caractérisées par des plantes en formes géométriques, ainsi que des éléments formelles et théâtrales.

Les sports
En forêt de Fontainebleau

Chaque année, des millions de visiteurs vont en forêt de Fontainebleau attirés par les plus de 1.600 kilomètres de routes et de chemins de randonnée forestiers, par le site naturel d'escalade° et par les parcours acrobatiques en hauteur, ou PAH. Souvent appelée accrobranche, l'activité consiste à explorer la forêt en hauteur sur des structures fixées entre les arbres ou entre des supports artificiels. L'escalade naturelle est une autre activité populaire. Les rochers° de faible hauteur permettent aux grimpeurs° de pratiquer un type d'escalade sans corde, appelé «le bloc.» Réserve de bioshpère, la forêt de Fontainebleau offre un paysage varié et des vues exceptionnelles à ceux qui y pratiquent une activité physique.

Les destinations
Disneyland Paris

Ouvert° en 1992 sous le nom *Euro Disney Resort*, le parc d'attractions aujourd'hui appelé Disneyland Paris se trouve° à trente-deux kilomètres à l'est de° Paris. Le complexe compte° deux parcs à thèmes (un royaume° enchanté et un parc sur les thèmes du cinéma et de l'animation) et une soixantaine d'attractions. Le symbôle le plus connu du complexe, le Château de la Belle au bois dormant°, possède une particularité remarquable: son architecture est dans le style des contes de fée°, tandis que° les châteaux des autres parcs Disney représentent un style historique. Disneyland Paris est le parc d'attractions le plus visité de l'Europe, avec plus de 320 millions de visites depuis son ouverture°.

Qu'est-ce que vous avez appris? Complétez les phrases.

1. _____ était le créateur de la closerie Falbala.
2. L'artiste a construit la villa Falbala parce qu'il voulait créer un _____ pour son œuvre.
3. _____ était le nom original de Disneyland Paris.
4. À Disneyland Paris, l'architecture du château est dans le style des _____.
5. Au Moyen Âge, neuf chemins principaux ont croisé à _____.
6. Les plus grandes _____ ont eu lieu à Provins.
7. Le jardinier principal du roi Louis XIV s'appelait _____.
8. Les plantes dans les jardins de Le Nôtre sont souvent en formes _____.
9. L'acronyme PAH signifie _____.
10. Le site d'escalade de la forêt de Fontainebleau est connu pour ses _____.

Sur Internet

1. Trouvez quelques images des jardins de Le Nôtre. De quelle manière sont-ils similaires? Lequel est le plus visité?
2. Quelles autres particularités trouve-t-on à Disneyland Paris?
3. Trouvez un parc dans l'île-de-France où vous pouvez faire de l'accrobranche. Quels autres activités sont offertes?

chemins *routes* **foires** *fairs* **duraient** *lasted* **entourée** *surrounded* **remparts** *walls* **jardinier** *gardener* **suivi** *took* **illustre** *famed* **gagné** *earned* **architecte paysagiste** *landscape architect* **d'escalade** *rock climbing* **rochers** *boulders* **grimpeurs** *climbers* **Ouvert** *Opened* **se trouve** *is located* **à l'est de** *east of* **compte** *includes* **royaume** *kingdom* **Belle au bois dormant** *Sleeping Beauty* **contes de fée** *fairytales* **tandis que** *while* **ouverture** *opening*

Lecture vhlcentral

Avant la lecture

STRATÉGIE

Guessing meaning from context

As you read in French, you will often see words you have not learned. You can guess what they mean by looking at surrounding words. Read this note and guess what **un deux-pièces** means.

> *Johanne,*
>
> *Je cherchais un studio, mais j'ai trouvé un appartement plus grand: un deux-pièces près de mon travail! Le salon est grand et la chambre a deux placards. La cuisine a un frigo et une cuisinière, et la salle de bains a une baignoire. Et le loyer? Seulement 450 euros par mois!*

If you guessed *a two-room apartment*, you are correct. You can conclude that someone is describing an apartment he or she will rent.

Examinez le texte

Regardez le texte et décrivez les photos. Quel va être le sujet de la lecture? Puis, trouvez ces mots et expressions dans le texte. Essayez de deviner leur sens (*to guess their meaning*).

ont été rajoutées	autour du	de haut
de nombreux bassins	légumes	roi

👥 Expérience personnelle

Avez-vous visité une résidence célèbre ou historique? Où? Quand? Comment était-ce? Un personnage historique a-t-il habité là? Qui? Parlez de cette visite à un(e) camarade.

🔊 À visiter près de Paris:
Le château de Versailles

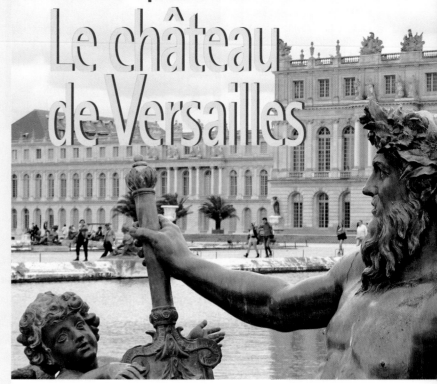

La construction du célèbre° château de Versailles a commencé en 1623 sous le roi Louis XIII. Au départ, c'était un petit château où le roi logeait° quand il allait à la chasse°. Plus tard, en 1678, Louis XIV, aussi appelé le Roi-Soleil, a décidé de faire de Versailles sa résidence principale. Il a demandé à son architecte, Louis Le Vau, d'agrandir° le château, et à son premier peintre°, Charles Le Brun, de le décorer. Le Vau a fait construire, entre autres°, le Grand Appartement du Roi. La décoration de cet appartement de sept pièces était à la gloire du Roi-Soleil. La pièce la plus célèbre du château de Versailles est la galerie des Glaces°. C'est une immense pièce de 73 mètres de long, 10,50 mètres de large et 12,30 mètres de haut°. D'un côté, 17 fenêtres donnent° sur les jardins, et

de l'autre côté, il y a 17 arcades embellies de miroirs immenses. Au nord° de la galerie des Glaces, on trouve le salon de la Guerre°, et, au sud°, le salon de la Paix°. Quand on visite le château de Versailles, on peut également° voir de nombreuses autres pièces, ajoutées à différentes périodes, comme la chambre de la Reine°,

À l'intérieur du palais

plusieurs cuisines et salles à manger d'hiver et d'été, des bibliothèques, divers salons et cabinets, et plus de 18.000 m²° de galeries qui racontent° l'histoire de France en images. L'opéra, une grande salle où plus de° 700 personnes assistaient souvent à divers spectacles et bals, a aussi été ajouté plus tard. C'est dans cette salle que le futur roi Louis XVI et Marie-Antoinette ont été mariés. Partout° dans le château, on peut admirer une collection unique de meubles (lits, tables, fauteuils et chaises, bureaux, etc.) et de magnifiques tissus° (tapis, rideaux et tapisseries°). Le château de Versailles a aussi une chapelle et d'autres bâtiments, comme le Grand et le Petit Trianon. Autour du château, il y a des serres° et de magnifiques jardins avec de nombreux bassins°, fontaines et statues. Dans l'Orangerie, on trouve plus de 1.000 arbres°, et de nombreux fruits et légumes sont toujours cultivés dans le Potager° du Roi. L'Arboretum de Chèvreloup était le terrain de chasse des rois et on y° trouve aujourd'hui des arbres du monde entier°.

Le château de Versailles et une fontaine

célèbre *famous* **logeait** *stayed* **chasse** *hunting* **agrandir** *enlarge* **peintre** *painter* **entre autres** *among other things* **Glaces** *Mirrors* **haut** *high* **donnent** *open* **nord** *north* **Guerre** *War* **sud** *south* **Paix** *Peace* **également** *also* **Reine** *Queen* **m²** (**mètres carrés**) *square meters* **racontent** *tell* **plus de** *more than* **Partout** *Everywhere* **tissus** *fabrics* **tapisseries** *tapestries* **serres** *greenhouses* **bassins** *ponds* **arbres** *trees* **Potager** *vegetable garden* **y** *there* **entier** *entire*

Après la lecture

Vrai ou faux? Indiquez si les phrases sont **vraies** ou **fausses**. Corrigez les phrases fausses.

1. Louis XIII habitait à Versailles toute l'année.
   _____

2. Louis Le Vau est appelé le Roi-Soleil.
   _____

3. La galerie des Glaces est une grande pièce avec beaucoup de miroirs et de fenêtres.
   _____

4. Il y a deux salons près de la galerie des Glaces.
   _____

5. Aujourd'hui, au château de Versailles, il n'y a pas de meubles.
   _____

6. Le château de Versailles n'a pas de jardins parce qu'il a été construit en ville.
   _____

Répondez Répondez aux questions par des phrases complètes.

1. Comment était Versailles sous Louis XIII? Quand logeait-il là?
   _____

2. Qu'est-ce que Louis XIV a fait du château?
   _____

3. Qu'est-ce que Louis Le Vau a fait à Versailles?
   _____

4. Dans quelle salle Louis XVI et Marie-Antoinette ont-ils été mariés? Comment est cette salle?
   _____

5. Louis XVI est-il devenu roi avant ou après son mariage?
   _____

6. Le château de Versailles est-il composé d'un seul bâtiment? Expliquez.
   _____

Les personnages célèbres de Versailles

Par groupes de trois ou quatre, choisissez une des personnes mentionnées dans la lecture et faites des recherches (*research*) à son sujet. Préparez un rapport écrit (*written report*) à présenter à la classe. Vous pouvez (*may*) utiliser les ressources de votre bibliothèque ou Internet.

Écriture

Mastering the past tenses

In French, when you write about events that occurred in the past, you need to know when to use the **passé composé** and when to use the **imparfait**. A good understanding of the uses of each tense will make it much easier to determine which one to use as you write.

Look at the following summary of the uses of the **passé composé** and the **imparfait**. Write your own example sentence for each of the rules described.

Passé composé vs. imparfait

Passé composé

1. Actions viewed as completed

_____

2. Beginning or end of past actions

_____

3. Change in mental, emotional or physical state

_____

Imparfait

1. Ongoing past actions

_____

2. Habitual past actions

_____

3. Mental, physical, and emotional states and characteristics of the past

_____

With a partner, compare your example sentences. Use the sentences as a guide to help you decide which tense to use as you are writing a story about something that happened in the past.

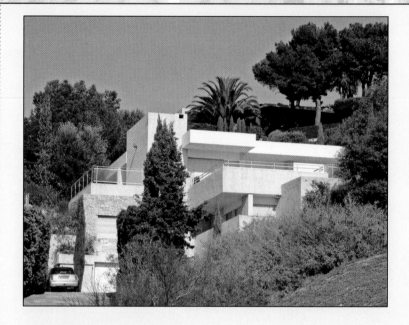

Thème

Écrire une histoire

Avant l'écriture

1. Quand vous étiez petit(e), vous habitiez dans la maison ou l'appartement de vos rêves (*of your dreams*).

   - Vous allez décrire cette maison ou cet appartement.

   - Vous allez décrire les différentes pièces, les meubles et les objets décoratifs.

   - Vous allez parler de votre pièce préférée et de ce que (*what*) vous aimiez faire dans cette pièce.

   Ensuite, imaginez qu'il y ait eu (*was*) un cambriolage (*burglary*) dans cette maison ou dans cet appartement. Vous allez alors décrire ce qui est arrivé (*what happened*).

Coup de main

Here are some terms that you may find useful in your narration.

le voleur	*thief*
casser	*to break*
j'ai vu	*I saw*
manquer	*to be missing*

2. Utilisez le diagramme pour noter les éléments de votre histoire. Écrivez les éléments où il faut employer l'imparfait dans la partie IMPARFAIT et les éléments où il faut employer le passé composé dans les parties PASSÉ COMPOSÉ.

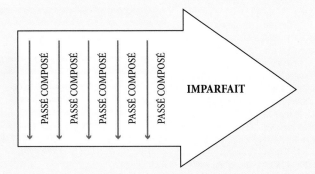

3. Échangez votre diagramme avec le diagramme d'un(e) partenaire. Est-ce qu'il faut changer quelque chose sur son diagramme? Si oui, expliquez pourquoi.

Écriture

Utilisez le diagramme pour écrire votre histoire. Écrivez trois paragraphes:

- le premier sur la présentation générale de la maison ou de l'appartement

- le deuxième sur votre pièce préférée et pourquoi vous l'avez choisie

- le troisième sur le cambriolage: les faits (*facts*) et vos réactions.

> *Quand j'étais petit(e), j'habitais dans un château, en France. Le*
> *château était dans une petite ville près de Paris. Il y avait un grand*
> *jardin, avec beaucoup d'animaux. Il y avait douze pièces...*
> *Ma pièce préférée était la cuisine parce que j'aimais faire*
> *la cuisine et...*
> *Un jour, mes parents et moi, nous sommes rentrés de vacances...*

Après l'écriture

1. Échangez votre histoire avec celle (*the one*) d'un(e) partenaire. Répondez à ces questions pour commenter son travail.

- Votre partenaire a-t-il/elle correctement utilisé l'imparfait et le passé composé?

- A-t-il/elle écrit trois paragraphes qui correspondent aux descriptions de sa maison ou de son appartement, de sa pièce préférée et du cambriolage?

- Quel(s) détail(s) ajouteriez-vous (*would you add*)? Quel(s) détail(s) enlèveriez-vous (*would you delete*)? Quel(s) autre(s) commentaire(s) avez-vous pour votre partenaire?

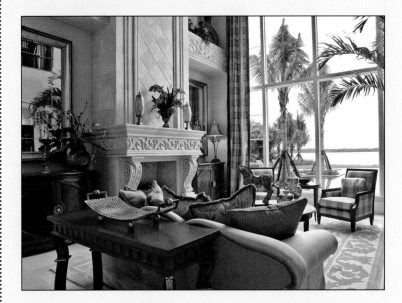

2. Corrigez votre histoire d'après (*according to*) les commentaires de votre partenaire. Relisez votre travail pour éliminer ces problèmes:

- des fautes (*errors*) d'orthographe

- des fautes de ponctuation

- des fautes de conjugaison

- des fautes d'accord (*agreement*) des adjectifs

- un mauvais emploi (*use*) de la grammaire

Leçon PA

Les parties d'une maison

un balcon	balcony
une cave	basement, cellar
une chambre	bedroom
un couloir	hallway
une cuisine	kitchen
un escalier	staircase
un garage	garage
un jardin	garden; yard
un mur	wall
une pièce	room
une salle à manger	dining room
une salle de bains	bathroom
une salle de séjour	living/family room
un salon	formal living/sitting room
un sous-sol	basement
les toilettes/W.-C.	restrooms/toilet

Chez soi

un(e) propriétaire	owner
un appartement	apartment
un immeuble	building
un logement	housing
un loyer	rent
un quartier	area, neighborhood
un studio	studio (apartment)
une affiche	poster
une armoire	armoire, wardrobe
une baignoire	bathtub
un canapé	couch
une commode	dresser, chest of drawers
une douche	shower
une étagère	shelf
un fauteuil	armchair
une fleur	flower
une lampe	lamp
un lavabo	bathroom sink
un meuble	piece of furniture
un miroir	mirror
un placard	closet, cupboard
un rideau	drape, curtain
un tapis	rug
un tiroir	drawer
déménager	to move out
emménager	to move in
louer	to rent

Expressions utiles

See p. 31.

Expressions that signal a past tense

d'habitude	usually
une (deux, etc.) fois	once (twice, etc.)
un jour	one day
parfois	sometimes
soudain	suddenly
souvent	often
toujours	always
tous les jours	everyday
tout à coup/tout d'un coup	all of a sudden

Verbes

vivre	to live

Leçon PB

Les tâches ménagères

une tâche ménagère	household chore
balayer	to sweep
débarrasser la table	to clear the table
enlever/faire la poussière	to dust
essuyer la vaisselle/la table	to dry the dishes/to wipe the table
faire la lessive	to do the laundry
faire le lit	to make the bed
faire le ménage	to do the housework
faire la vaisselle	to do the dishes
laver	to wash
mettre la table	to set the table
passer l'aspirateur	to vacuum
ranger	to tidy up; to put away
repasser (le linge)	to iron (the laundry)
salir	to soil, to make dirty
sortir la/les poubelle(s)	to take out the trash
propre	clean
sale	dirty

Chez soi

un balai	broom
une couverture	blanket
les draps (m.)	sheets
un évier	kitchen sink
un oreiller	pillow

Les appareils ménagers

un appareil électrique/ménager	electrical/household appliance
une cafetière	coffeemaker
un congélateur	freezer
une cuisinière	stove
un fer à repasser	iron
un four (à micro-ondes)	(microwave) oven
un frigo	refrigerator
un grille-pain	toaster
un lave-linge	washing machine
un lave-vaisselle	dishwasher
un sèche-linge	clothes dryer

Expressions utiles

See p. 49.

Locutions de temps

autrefois	in the past

Verbes

connaître	to know, to be familiar with
reconnaître	to recognize
savoir	to know (facts), to know how to do something

La nourriture

Leçon 1A

CONTEXTES . . . . . pages 72–75
- Food
- **e caduc** and **e muet**

ROMAN-PHOTO . pages 76–77
- **Au supermarché**

CULTURE . . . . pages 78–79
- French gastronomy and the Guide Michelin
- **Flash culture**

STRUCTURES . . . . pages 80–87
- The verb **venir**, the **passé récent**, and time expressions
- **Devoir, vouloir, pouvoir**

SYNTHÈSE . . . . . . pages 88–89
- **Révision**
- **Le Zapping**

Leçon 1B

CONTEXTES . . . . . pages 90–93
- Dining
- Specialty food shops
- Stress and rhythm

ROMAN-PHOTO . pages 94–95
- **Le dîner**

CULTURE . . . . pages 96–97
- French meals

STRUCTURES . . . pages 98–105
- Comparatives and superlatives of adjectives and adverbs
- Double object pronouns

SYNTHÈSE . . . . pages 106–107
- **Révision**
- **À l'écoute**

Savoir-faire . pages 108–113
- **Panorama: La Normandie** and **la Bretagne**
- **Lecture:** Read a restaurant review and a menu.
- **Écriture:** Write a restaurant review.

Pour commencer
- Où a-t-on pris cette photo? Au restaurant ou à la maison?
- À votre avis, quand va-t-on manger ce repas? Le matin ou le soir?
- Qu'est-ce qu'il n'y a pas sur la table?
  a. du pain   b. du fromage   c. de la soupe

🔊 **vhl**central

You will learn how to...
- talk about food
- express needs, desires, and abilities

Quel appétit!

Vocabulaire

cuisiner	to cook
faire les courses (f.)	to go (grocery) shopping
un supermarché	supermarket
un aliment	food item
un déjeuner	lunch
un dîner	dinner
un goûter	afternoon snack
la nourriture	food, sustenance
un petit-déjeuner	breakfast
un repas	meal
des petits pois (m.)	peas
une salade	salad
le bœuf	beef
un escargot	escargot, snail
les fruits de mer (m.)	seafood
un pâté (de campagne)	pâté
le porc	pork
un poulet	chicken
une saucisse	sausage
un steak	steak
le thon	tuna
la viande	meat
le riz	rice
des pâtes (f.)	pasta
un yaourt	yogurt

les poires (f.)

les oranges (f.)

les fraises (f.)

les pêches (f.)

les fruits (m.)

fruits

les bananes (f.)

les pommes (f.)

les légumes (m.)

légumes

les pommes de terre (f.)

les oignons (m.)

les carottes (f.)

les poivrons rouges (m.)

les haricots verts (m.)

l'ail (m.)

les champignons (m.)

les tomates (f.)

Mise en pratique

la confiture
de fraises

les tartes (f.)
aux fraises

le poivron
vert

la laitue

les œufs (m.)

1 Les invités Richard se prépare à accueillir (*welcome*) ses cousins ce week-end. Complétez les phrases suivantes avec les mots ou les expressions qui conviennent le mieux (*fit the best*).

1. Au petit-déjeuner, Sébastien aime bien prendre un café et manger des croissants et _____. (une salade, des fruits de mer, un fruit)
2. Pour un petit-déjeuner français, il faut aussi de _____. (la confiture, l'ail, l'oignon)
3. J'adore les fruits, alors je vais acheter _____. (des petits pois, un repas, des pêches)
4. Mélanie n'aime pas trop la viande, elle va préférer manger _____. (des fruits de mer, du pâté de campagne, des saucisses)
5. Je vais aussi préparer une salade pour Mélanie avec _____. (de la confiture, des tomates, du bœuf)
6. Jean-François est allergique au lait. Je ne vais donc pas lui servir de _____. (carottes, pommes de terre, yaourt)
7. Pour le dessert, je vais préparer une tarte aux fruits avec des _____. (poivrons, fraises, petits pois)
8. Il faut aller au supermarché pour acheter des _____ pour faire du jus pour le petit-déjeuner. (champignons, pâtes, oranges)

2 Écoutez Mme Abad et son mari vont faire des courses. Ils décident de ce qu'ils vont acheter. Écoutez leur conversation. Ensuite, complétez les phrases.

Dans le frigo, il reste six (1) _____, quelques (2) _____, une petite (3) _____ et trois (4) _____. René va utiliser ce qu'il reste dans le frigo pour préparer (5) _____. Mme Abad va acheter des (6) _____ et des (7) _____. M. Abad va acheter des (8) _____: des (9) _____, des (10) _____ et quelques (11) _____. M. Abad va faire un bon petit repas avec des (12) _____.

3 Vos habitudes alimentaires Utilisez un élément de chaque colonne pour former des phrases au sujet de vos habitudes alimentaires. N'oubliez pas de faire les accords nécessaires.

A	B	C
au petit-déjeuner	acheter	des bananes
au déjeuner	adorer	des carottes
au goûter	aimer (bien)	des fruits
au dîner	ne pas tellement	des haricots verts
à la cantine	aimer	des légumes
à la maison	détester	des œufs
au restaurant	manger	du riz
au supermarché	prendre	de la viande

Communication

4 **Quel repas?** Indiquez quel repas chaque (*each*) dessin représente et faites une liste des aliments et autres choses sur la table. Ensuite, avec un(e) partenaire, décrivez une image à tour de rôle. Votre partenaire doit deviner (*must guess*) quel dessin vous décrivez.

1. _____

2. _____

3. _____

4. _____

5 **Sondage** Votre professeur va vous donner une feuille d'activités. Circulez dans la classe et utilisez les informations sur la feuille pour poser des questions à vos camarades sur leurs habitudes alimentaires (*eating habits*). Quels sont les trois aliments les plus (*the most*) souvent mentionnés?

MODÈLE

Élève 1: À quelle heure est-ce que tu prends ton petit-déjeuner? Que manges-tu?
Élève 2: Je prends mon petit-déjeuner à sept heures. Je mange du pain avec du beurre et de la confiture, et je bois un café au lait.

Questions	Noms	Réponses
1. Petit-déjeuner: Quand? Quoi?	1. _____	1. _____
2. Déjeuner: Où? Quand? Quoi?	2. _____	2. _____
3. Goûter: Quand? Quoi?	3. _____	3. _____
4. Dîner: Quand? Quoi?	4. _____	4. _____
5. Restaurant: Quoi? À quelle fréquence?	5. _____	5. _____
6. Cantine: Quoi? Quand? À quelle fréquence?	6. _____	6. _____

6 **La brochure** Avec un(e) partenaire, créez une brochure qui compare les habitudes alimentaires des Français et des Américains pour les nouveaux élèves du programme d'échange de votre lycée. Ensuite, présentez votre brochure à la classe.

Coup de main

Here are some characteristics of traditional French eating habits.

Le petit-déjeuner is usually light, with bread, butter, and jam, or cereal and coffee or tea. Croissants are normally reserved for the weekend.

Le déjeuner is typically the main meal and may include a starter, a main dish (meat or fish with vegetables), cheese or yogurt, and dessert (often fruit). Lunch breaks may be a half hour to two hours (allowing people to eat at home).

Le goûter is a light afternoon snack such as cookies, French bread with chocolate, pastry, yogurt, or fruit.

Le dîner starts between 7:00 and 8:00 p.m. Foods served at lunch and dinner are similar. However, dinner is typically lighter than lunch and is usually eaten at home.

Les sons et les lettres 🔊 vhlcentral

e caduc and e muet

In **D'accord!** Level 1, you learned that the vowel **e** in very short words is pronounced similarly to the *a* in the English word *about*. This sound is called an **e caduc**. An **e caduc** can also occur in longer words and before words beginning with vowel sounds.

| rechercher | devoirs | le haricot | le onze |

An **e caduc** occurs in order to break up clusters of several consonants.

| appartement | quelquefois | poivre vert | gouvernement |

An **e caduc** is sometimes called **e muet** (*mute*). It is often dropped in spoken French.

| Tu ne sais pas. | Je veux bien! | C'est un livre intéressant. |

An unaccented **e** before a single consonant sound is often silent unless its omission makes the word difficult to pronounce.

| semaine | petit | finalement |

An unaccented **e** at the end of a word is usually silent and often marks a feminine noun or adjective.

| fraise | salade | intelligente | jeune |

Prononcez Répétez les mots suivants à voix haute.

1. vendredi
2. logement
3. exemple
4. devenir
5. tartelette
6. finalement
7. boucherie
8. petits pois
9. pomme de terre
10. malheureusement

Articulez Répétez les phrases suivantes à voix haute.

1. Tu ne vas pas prendre de casquette?
2. J'étudie le huitième chapitre maintenant.
3. Il va passer ses vacances en Angleterre.
4. Marc me parle souvent au téléphone.
5. Mercredi, je réserve dans une auberge.
6. Finalement, ce petit logement est bien.

Dictons Répétez les dictons à voix haute.

Le soleil luit pour tout le monde.[2]

L'habit ne fait pas le moine.[1]

[2] The sun shines for everyone.

[1] Clothes don't make the man. (lit. The habit doesn't make the monk.)

Au supermarché vhlcentral

Amina

Caissière

David

Sandrine

Stéphane

Au supermarché...

AMINA Mais quelle heure est-il? Sandrine devait être là à deux heures et quart. On l'attend depuis quinze minutes!

DAVID Elle va arriver!

AMINA Mais pourquoi est-elle en retard?

DAVID Elle vient peut-être juste de sortir de la fac.

En ville...

STÉPHANE Eh! Sandrine!

SANDRINE Salut, Stéphane, je suis très pressée! David et Amina m'attendent au supermarché depuis vingt minutes.

STÉPHANE À quelle heure est-ce qu'on doit venir ce soir, ma mère et moi?

SANDRINE À sept heures et demie.

STÉPHANE D'accord. Qu'est-ce qu'on peut apporter?

SANDRINE Oh, rien, rien.

STÉPHANE Mais maman insiste.

SANDRINE Bon, une salade, si tu veux.

AMINA Alors, Sandrine. Qu'est-ce que tu vas nous préparer?

SANDRINE Un repas très français. Je pensais à des crêpes.

DAVID Génial, j'adore les crêpes!

SANDRINE Il nous faut des champignons, du jambon et du fromage. Et, bien sûr, des œufs, du lait et du beurre.

SANDRINE Et puis non! Finalement, je vous prépare un bœuf bourguignon.

AMINA Qu'est-ce qu'il nous faut alors?

SANDRINE Du bœuf, des carottes, des oignons...

DAVID Mmm... Ça va être bon!

AMINA Mais le bœuf bourguignon, c'est long à préparer, non?

SANDRINE Tu as raison. Vous ne voulez pas plutôt un poulet à la crème et aux champignons, accompagné d'un gratin de pommes de terre?

AMINA ET DAVID Mmmm!

SANDRINE Alors, c'est décidé.

1 Les ingrédients Répondez aux questions par des phrases complètes.

1. Quels ingrédients faut-il pour préparer les crêpes de Sandrine?

2. Quels ingrédients faut-il pour préparer le bœuf bourguignon?

3. Quels ingrédients faut-il à Sandrine pour préparer le poulet et le gratin?

4. Quelle va être la salade de Valérie, à votre avis? Quels ingrédients va-t-elle mettre?

5. À votre avis, quel(s) dessert(s) Sandrine va-t-elle préparer?

6. Quel plat de la vidéo préférez-vous? Pourquoi?

Amina, Sandrine et David font les courses.

STÉPHANE Mais quoi, comme salade?

SANDRINE Euh, une salade de tomates ou... peut-être une salade verte... Désolée, Stéphane, je suis vraiment pressée!

STÉPHANE Une salade avec du thon, peut-être? Maman fait une salade au thon délicieuse!

SANDRINE Comme tu veux, Stéphane!

SANDRINE Je suis en retard. Je suis vraiment désolée. Je ne voulais pas vous faire attendre, mais je viens de rencontrer Stéphane et avant ça, mon prof de français m'a retenue pendant vingt minutes!

DAVID Oh, ce n'est pas grave!

AMINA Bon, on fait les courses?

SANDRINE Voilà exactement ce qu'il me faut pour commencer! Deux beaux poulets!

AMINA Tu sais, Sandrine, le chant, c'est bien, mais tu peux devenir chef de cuisine si tu veux!

CAISSIÈRE Ça vous fait 51 euros et 25 centimes, s'il vous plaît.

AMINA C'est cher!

DAVID Ah non, Sandrine, tu ne paies rien du tout. C'est pour nous!

SANDRINE Mais, c'est mon dîner et vous êtes mes invités.

AMINA Pas question, Sandrine. C'est nous qui payons!

Expressions utiles

Meeting friends

- **Sandrine devait être là à deux heures et quart.**
  Sandrine should have been here at 2:15.
- **On l'attend depuis quinze minutes!**
  We've been waiting for her for fifteen minutes!
- **Elle vient peut-être juste de sortir de la fac.**
  Maybe she just left school.
- **Je suis très pressé(e)!**
  I'm in a big hurry!
- **À quelle heure est-ce qu'on doit venir ce soir?**
  At what time should we come tonight?
- **Je ne voulais pas vous faire attendre, mais je viens de rencontrer Stéphane.**
  I didn't want to make you wait, but I just ran into Stéphane.
- **Mon prof m'a retenu(e) pendant vingt minutes!**
  My professor kept me for twenty minutes!

Additional vocabulary

- **une caissière**
  cashier
- **Vous ne voulez pas plutôt un poulet à la crème accompagné d'un gratin de pommes de terre?**
  Wouldn't you prefer chicken with cream sauce accompanied by potatoes au gratin?
- **Voilà exactement ce qu'il me faut.**
  Here's exactly what I need.
- **Tu peux devenir chef de cuisine si tu veux!**
  You could become a chef if you want!
- **Comme tu veux.**
  As you like./It's up to you./Whatever you want.
- **C'est pour nous.**
  It's on us.

---

2 **Les événements** Mettez les événements dans l'ordre chronologique.

_____ a. Sandrine décide de ne pas préparer de bœuf bourguignon.

_____ b. Le prof de Sandrine parle avec elle après la classe.

_____ c. Amina dit que Sandrine peut devenir chef de cuisine.

_____ d. David et Amina paient.

_____ e. Stéphane demande à quelle heure il doit arriver.

_____ f. Sandrine essaie de payer.

3 **À vous!** Stéphane arrive chez lui et dit à sa mère qu'il faut préparer une salade pour le dîner de Sandrine. Avec un(e) partenaire, préparez une conversation entre Stéphane et sa mère. Parlez du dîner et décidez des ingrédients pour la salade. Présentez votre conversation à la classe.

ACTIVITÉS

vhlcentral | *Flash culture*

Le Guide Michelin et la gastronomie

Chaque année le Guide Michelin sélectionne les meilleurs° restaurants et hôtels dans toute la France. Ce petit guide rouge est le guide gastronomique le plus réputé° et le plus ancien°. Les gastronomes et les professionnels de l'hôtellerie attendent sa sortie° au mois de mars avec impatience. Les plus grands restaurants reçoivent° des étoiles° Michelin, avec un maximum de trois étoiles. Il n'y a que° 25 restaurants trois étoiles en France, tous très prestigieux et très chers, et 79 restaurants deux étoiles. Un repas au Plaza Athénée à Paris, célèbre° restaurant trois étoiles du chef Alain Ducasse, coûte environ° 450 dollars ou plus. Un restaurant trois étoiles est une «cuisine exceptionnelle qui vaut° le voyage»; un restaurant deux étoiles, une «excellente cuisine, qui vaut le détour»; un restaurant une étoile, une «très bonne cuisine dans sa catégorie». Beaucoup de restaurants ne reçoivent pas d'étoiles mais simplement des fourchettes°. Quoi qu'il en soit°, c'est un honneur d'être sélectionné et d'apparaître° dans le Guide Michelin. Tous les restaurants sont des «bonnes tables°». Aujourd'hui, le Guide Michelin est publié pour plus de douze autres pays en Europe ainsi que° pour des villes comme New York, San Francisco et Tokyo.

Le premier Guide Michelin a été créé en 1900 par André et Édouard Michelin, propriétaires des pneus° Michelin. Il était offert° avec l'achat de pneus. À cette époque°, il n'y avait en France que 2.400 conducteurs°. Le guide leur donnait des informations précieuses sur les rares garagistes°, le plan de quelques villes et une liste de curiosités. Un peu plus tard, on a inclus les restaurants.

La gastronomie française fait maintenant partie du patrimoine mondial° de l'humanité depuis 2010.

meilleurs *best* **le plus réputé** *most renowned* **le plus ancien** *oldest* **sortie** *release* **reçoivent** *receive* **étoiles** *stars* **Il n'y a que** *There are only* **célèbre** *famous* **environ** *around* **vaut** *is worth* **fourchettes** *forks* **Quoi qu'il en soit** *Be that as it may* **apparaître** *appear* **bonnes tables** *good restaurants* **ainsi que** *as well as* **pneus** *tires* **offert** *offered* **époque** *time* **conducteurs** *drivers* **garagistes** *car mechanics* **patrimoine mondial** *world heritage*

A C T I V I T É S

1   **Complétez** Complétez les phrases.

1. Chaque année le Guide Michelin sélectionne les _____.

2. Les _____ de l'hôtellerie attendent la sortie du Guide avec impatience.

3. Les restaurants peuvent (*can*) recevoir un maximum de _____ étoiles.

4. Il y a _____ restaurants trois étoiles en France.

5. Un repas au Plaza Athénée coûte environ 450 _____ ou plus.

6. Un restaurant deux étoiles vaut le _____.

7. Beaucoup de restaurants ne reçoivent pas d'étoiles mais des _____.

8. Aujourd'hui le Guide Michelin est publié pour des villes américaines comme _____ ou San Francisco.

9. Le premier Guide Michelin a été créé en 1900 par les _____.

10. Autrefois le Guide Michelin donnait aux conducteurs des informations sur les rares _____.

La nourriture

bidoche (f.)	*meat*
casse-croûte (m.)	*snack*
frometon (m.)	*cheese*
poiscaille (f.)	*fish*
faire un gueuleton	*to have a large meal*
faire ripaille	*to feast*
se faire une bouffe	*to have a dinner party with friends*

La cuisine de La Nouvelle-Orléans

À La Nouvelle-Orléans, la cuisine combine les influences créoles des colons° français et les influences cajuns des immigrés acadiens du Canada. Voici quelques spécialités.

le beignet un morceau de pâte frit° et recouvert de sucre, servi à toute heure du jour et de la nuit avec un café à la chicorée° et au lait

le gumbo une soupe à l'okra et aux fruits de mer, souvent accompagnée de riz

le jambalaya un riz très pimenté° préparé avec du jambon, du poulet, des tomates et parfois des saucisses et des fruits de mer

le po-boy de *poor boy* (garçon pauvre), un sandwich au poisson, aux écrevisses°, aux huîtres° ou à la viande dans un morceau de baguette

colons *colonists* **morceau de pâte frit** *fried piece of dough* **chicorée** *chicory* **pimenté** *spicy* **écrevisses** *crawfish* **huîtres** *oysters*

Les fromages français

Les Français sont très fiers de leurs fromages, et beaucoup de ces fromages sont connus dans le monde entier. La France produit près de 500 fromages dont° le type varie dans chaque région. Ils sont au lait de vache°, comme le Brie et le Camembert, au lait de chèvre°, comme le crottin de Chavignol, au lait de brebis°, comme le Roquefort, ou faits d'un mélange° de plusieurs laits. Ils sont aussi classés selon° leur fabrication: les fromages à pâte molle°, à pâte cuite° ou non cuite, à pâte persillée° et les fromages frais°. Environ° 95% des Français mangent du fromage et ils dépensent des milliards° d'euros par an pour le fromage. On célèbre aussi la Journée nationale du fromage avec des débats, des conférences, des démonstrations de recettes° et des dégustations°.

dont *of which* **vache** *cow* **chèvre** *goat* **brebis** *ewe* **mélange** *mix* **selon** *according to* **pâte molle** *soft* **cuite** *cooked* **persillée** *blue cheese* **frais** *fresh* **Environ** *Around* **milliards** *billions* **recettes** *recipes* **dégustations** *tastings*

Sur Internet

Peut-on acheter des appareils ménagers dans un hypermarché?

Go to **vhlcentral.com** to find more information related to this **Culture** section and to watch the corresponding **Flash culture** video.

---

2 **À table!** D'après les textes, répondez aux questions par des phrases complètes.

1. Combien de types de fromage sont produits en France?
2. Quels laits sont utilisés pour faire le fromage en France?
3. Quelles sont trois des catégories de fromages?
4. Comment célèbre-t-on la Journée nationale du fromage?
5. Que met-on dans le jambalaya?
6. Quand peut-on manger des beignets à La Nouvelle-Orléans?

3 **Le pique-nique** Vous et un(e) partenaire avez décidé de faire un pique-nique en plein air. Qu'allez-vous manger? Boire? Allez-vous apporter d'autres choses, comme des chaises ou une couverture? Parlez avec un autre groupe et échangez vos idées.

A C T I V I T É S

1A.1

The verb *venir*, the *passé récent*, and time expressions

vhlcentral

Point de départ In Level 1, you learned to use the verb **aller** (*to go*). Now you will learn how to conjugate and use the irregular verb **venir** (*to come*).

venir	
je viens	nous venons
tu viens	vous venez
il/elle/on vient	ils/elles viennent

Vous **venez** souvent ici?
Do you come here often?

Viens vers huit heures.
Come around 8 o'clock.

- **Venir** takes the auxiliary **être** in the **passé composé**. Its past participle is **venu**.

  Ils **sont venus** vendredi dernier.
  They came last Friday.

  Nadine **est venue** déjeuner.
  Nadine came to eat lunch.

  Nous **sommes venues** au lycée.
  We came to the high school.

  Es-tu **venu** trop tard?
  Did you come too late?

- **Venir** in the present tense can be used with **de** and an infinitive to say that something has just happened. This is called the **passé récent**.

  Je **viens de prendre** mon goûter dans ma chambre.
  I just had a snack in my room.

  Nous **venons de regarder** cette émission.
  We just watched that show.

- **Venir** can also be used in the present or past tenses with an infinitive to say that someone is coming or has come to do something.

  Ali **vient** me chercher à sept heures.
  Ali is coming to get me at seven.

  Attends, je **viens** fermer la porte.
  Wait, I'm coming to close the door.

  Papa **est venu** me **chercher**.
  Dad came to pick me up.

  Elle **venait** nous **rendre** visite.
  She used to come visit us.

Vérifiez

Verbs conjugated like *venir*

- The verbs **devenir** (*to become*) and **revenir** (*to come back*) are conjugated like **venir**. They, too, take **être** in the **passé composé**.

  Estelle et sa copine **sont devenues** médecins.
  Estelle and her friend became doctors.

  Il **est revenu** avec une tarte aux fraises.
  He came back with a strawberry tart.

- The verbs **tenir** (*to hold*), **maintenir** (*to maintain*), and **retenir** (*to keep, to retain, to remember*) are also conjugated like **venir**. However, they take **avoir** in the **passé composé**.

  Corinne **tient** le livre de cuisine.
  Corinne is holding the cookbook.

  On **a retenu** mon passeport à la douane.
  They kept my passport at customs.

- A command form of **tenir** is often used when handing something to someone.

> **Tiens**, une belle orange pour toi.
> *Here's a nice orange for you.*

> Votre sac est tombé! **Tenez**, Madame.
> *Your bag fell! Here, ma'am.*

🔊 **Vérifiez**

Depuis, pendant, il y a + [time]

- To say that something happened at a certain time *ago* in the past, use **il y a** + [*time ago*].

> **Il y a une heure**, on était à la cantine.
> *An hour ago, we were at the cafeteria.*

> Il a visité Ouagadougou **il y a deux ans**.
> *He visited Ouagadougou two years ago.*

- To say that something happened *for* a particular period of time that has ended, use **pendant** + [*time period*]. Often the verb will be in the **passé composé**.

> Salim a fait la vaisselle **pendant deux heures**.
> *Salim washed dishes for two hours.*

> Les équipes ont joué au foot **pendant un mois**.
> *The teams played soccer for one month.*

- To say that something has been going on *since* a particular time and continues into the present, use **depuis** + [*time period, date, or starting point*]. Unlike its English equivalent, the verb in the French construction is usually in the present tense.

> Elle danse **depuis son arrivée** à la fête.
> *She has been dancing since she arrived at the party.*

> Nous passons nos étés au Québec **depuis** 2010.
> *We have been spending summers in Quebec since 2010.*

🔊 **Vérifiez**

Essayez!   Choisissez l'option correcte pour compléter chaque phrase.

1. Chloé, tu __c__ avec nous à la cantine?
2. Vous _____ d'où, Monsieur?
3. Les Aubailly _____ de dîner au café.
4. Julia Child est _____ célèbre en 1961.
5. Qu'est-ce qu'ils _____ dans la main?
6. Ils sont _____ du supermarché à midi.
7. On parlait facilement _____ dix ans.
8. On mange bien _____ l'arrivée de grand-mère.
9. Le prof _____ bien l'ordre dans la salle de classe.
10. Nous avons fait beaucoup de ski _____ les vacances d'hiver.

a. viennent
b. revenus
c. viens
d. il y a
e. tiennent
f. depuis
g. devenue
h. venez
i. pendant
j. maintient

Mise en pratique

1 Mes tantes Tante Olga téléphone à tante Simone pour lui donner des nouvelles (*news*) de la famille. Complétez ses phrases au passé composé.

1. La semaine dernière, Georges _____ (revenir) de vacances.

2. Marc a déménagé, mais je _____ (ne pas retenir) sa nouvelle adresse.

3. J'ai rencontré Martine ce matin; elle _____ (devenir) très jolie.

4. Alfred va avoir 100 ans; c'est parce qu'il _____ (maintenir) une bonne hygiène de vie.

5. Hier midi, Charles et Antoinette _____ (venir) déjeuner à la maison.

6. Marie-Louise et Roland _____ (devenir) avocats.

7. La fille d'Albert _____ (ne pas venir) le voir le mois dernier.

8. Mélanie _____ (tenir) son chien dans ses bras parce que les enfants avaient peur.

2 Qu'est-ce qu'ils viennent de faire? Regardez les images et dites ce qu'ils (*what they*) viennent de faire.

▶ **MODÈLE**

Julien vient de faire du cheval.

Julien

1. M. et Mme Martin
2. vous
3. nous
4. je

_____
_____

3 Nos activités Avec un(e) partenaire, dites ce que (*what*) chaque personne vient de faire et ce qu'elle va faire maintenant. Utilisez un élément de chaque (*each*) colonne.

MODÈLE

Je viens de manger. Maintenant, je vais faire la vaisselle.

A	B	C
je	manger	emménager
tu	faire la lessive	répondre
elle	recevoir une lettre	faire un séjour
nous	acheter une maison	faire la vaisselle
vous	partir en vacances	prendre le train
ils	faire ses valises	repasser le linge

Communication

4   **Questions personnelles**   À tour de rôle, répondez aux questions avec un partenaire.

1. À quelle heure tes copains et toi, venez-vous au lycée le matin?
2. De quel autre cours viens-tu avant ce cours?
3. Qui retient bien les leçons pendant le cours de français?
4. Maintiens-tu un bon niveau (*level*) dans tes cours?
5. Qu'est-ce que tu tiens toujours à la main quand tu es en cours?
6. Qui vient te chercher au lycée quand tu n'as pas de voiture?
7. En général, quand tes amis viennent-ils chez toi?
8. À quelle heure tes parents reviennent-ils à la maison le soir?

5   **Préparation de la fête**   Loïc et Karine organisent une fête, mais ils ne savent pas si tout est prêt. Jouez les rôles de Loïc et Karine en alternant (*alternating*) les questions. Utilisez **venir de**, **il y a**, **depuis** et **pendant** dans vos réponses.

> **MODÈLE**
>
> **Élève 1:** *Étienne a téléphoné?*
> **Élève 2:** *Oui, il a téléphoné il y a une heure.*

1. Ta mère a apporté les gâteaux?
2. Tu as mis les fleurs dans le vase?
3. Pierre et Stéphanie ont fini de faire les courses?
4. Tu as sorti les boissons depuis quand?
5. Il faut mettre les escargots au four pendant longtemps?
6. Les salades de fruits sont dans le frigo?
7. Tu as préparé les tartes aux poires?
8. Ton/Ta petit(e) ami(e) est déjà arrivé(e)?

6   **Un(e) Américain(e) à Paris**   Vous êtes à Paris et vous venez de rencontrer un(e) Américain(e) de San Francisco (votre partenaire). Vous lui demandez de vous décrire sa vie à Paris, ses voyages, ce qui (*what*) l'intéresse, etc. Utilisez **depuis**, **il y a** et **pendant**. Ensuite, jouez la scène pour la classe.

> **MODÈLE**
>
> **Élève 1:** *Tu habites en France depuis longtemps?*
> **Élève 2:** *Oui, j'habite à Paris depuis 2014.*

7   **De nouveaux voisins**   Deux policiers (*police officers*) vous interrogent sur une famille mystérieuse qui vient d'emménager dans votre quartier. Par groupes de trois, jouez les rôles. Utilisez **depuis**, **il y a** et **pendant** dans votre conversation.

> **MODÈLE**
>
> **Étudiant(e) 1:** *Quand est-ce que les Rocher ont emménagé?*
> **Étudiant(e) 2:** *Ils ont emménagé il y a trois mois.*
> **Étudiant(e) 1:** *D'habitude, qui est à la maison pendant la journée?*

1A.2

The verbs *devoir, vouloir, pouvoir*   **vhl**central

Point de départ The verbs **devoir** (*to have to [must]; to owe*), **vouloir** (*to want*), and **pouvoir** (*to be able to [can]*) are irregular.

devoir, vouloir, pouvoir			
	devoir	**vouloir**	**pouvoir**
je	dois	veux	peux
tu	dois	veux	peux
il/elle/on	doit	veut	peut
nous	devons	voulons	pouvons
vous	devez	voulez	pouvez
ils/elles	doivent	veulent	peuvent

Je **dois** repasser.	**Veut**-elle des pâtes?	Vous **pouvez** entrer.
I have to iron.	*Does she want pasta?*	*You can come in.*

- **Devoir, vouloir,** and **pouvoir** all take **avoir** in the **passé composé**. They have irregular past participles.

devoir	dû
vouloir	voulu
pouvoir	pu

The verb *devoir*

- **Devoir** can be used with an infinitive to mean *to have to* or *must*.

On **doit** manger des légumes tous les jours.	Nous ne **devons** pas parler maintenant.
One must eat vegetables every day.	*We shouldn't talk now.*

- When followed by a noun, **devoir** means *to owe*.

Tu me **dois** huit euros pour la salade.	Il **doit** sa vie aux médecins.
You owe me eight euros for the salad.	*He owes his life to the doctors.*
Nous lui **devions** cent euros.	Ils leur **devaient** du respect.
We owed him one hundred euros.	*They owed them respect.*

- **Devoir** is often used in the **passé composé** with an infinitive to speculate on what *must have happened* or what someone *had to do*.

Augustin **a dû** trop manger hier soir.	Ils **ont dû** payer le repas à l'avance.
Augustin must have eaten too much last night.	*They had to pay for the meal in advance.*

- In the **imparfait**, **devoir** can be used with an infinitive to express *supposed to*.

Je **devais faire** mes devoirs.	Vous **deviez arriver** à huit heures.
I was supposed to do my homework.	*You were supposed to arrive at 8 o'clock.*

Vérifiez

The verbs *vouloir* and *pouvoir*

- When **vouloir** is used with the infinitive **dire**, it is translated as *to mean*.

  Nous **voulons dire** exactement le contraire.
  We mean exactly the opposite.

  Biscuit? Ça **veut dire** cookie en français.
  Biscuit? That means cookie in French.

- **Bien vouloir** can be used to express willingness.

  Tu veux prendre de la glace?
  Do you want to have some ice cream?

  Oui, je **veux bien** prendre de la glace.
  Yes, I'll gladly have some ice cream.

  Voulez-vous dîner avec nous demain soir?
  Do you want to have dinner with us tomorrow evening?

  Nous **voulons bien** dîner avec vous demain soir.
  We'd love to have dinner with you tomorrow evening.

- **Vouloir** is often used in the **passé composé** with an infinitive in negative sentences to express *refused to*.

  J'ai essayé, mais il **n'a pas voulu** parler.
  I tried, but he refused to talk.

  Elles **n'ont pas voulu** débarrasser la table.
  They refused to clear the table.

- **Pouvoir** can be used in the **passé composé** with an infinitive to express *managed to do something*.

  Nous **avons pu** tout finir.
  We managed to finish everything.

  Fathia **a pu** nous trouver.
  Fathia managed to find us.

  Avez-vous **pu** trouver les légumes que je voulais?
  Did you manage to find the vegetables I wanted?

  Je n'**ai** pas **pu** aller au marché aujourd'hui.
  I didn't manage to go to the market today.

Sandrine devait être là. Elle a dû parler à son prof.

J'ai pu vous retrouver au supermarché.

Boîte à outils

Vouloir often takes the **imparfait** in the past since the action of wanting does not usually have a clear beginning or end and lasts an unspecified amount of time. In cases where the beginning or end is specified, use the **passé composé**.

Je voulais rire.
I wanted to laugh.
(no beginning or end)

Tout à coup, j'ai voulu rire.
All of a sudden, I felt like laughing.
(a specific moment in time)

Vérifiez

Essayez!   **Complétez ces phrases avec les formes correctes du présent des verbes.**

devoir

1. Tu _dois_ revenir à midi?
2. Elles _____ manger tout de suite.
3. Nous _____ encore vingt euros.
4. Je ne _____ pas aller au pique-nique.
5. Elle _____ nous téléphoner.

vouloir

6. _____-vous manger sur la terrasse?
7. Tu _____ quelque chose à boire?

8. Il _____ faire la cuisine.
9. Nous ne _____ pas prendre de dessert.
10. Ils _____ préparer un grand repas.

pouvoir

11. Je _____ passer l'aspirateur ce soir.
12. Il _____ acheter de l'ail au marché.
13. Elles _____ emménager demain.
14. Vous _____ maigrir de quelques kilos.
15. Nous _____ mettre la table.

Mise en pratique

1 Que doit-on faire? Qu'est-ce que ces personnes doivent faire pour avoir ce qu'elles (*what they*) veulent?

> **MODÈLE**   André ___veut___ courir le marathon, alors il ___doit___ faire du jogging.

1. Je _____ grossir, alors je _____ manger des frites.
2. Il _____ être en forme, alors il _____ aller à la gym.
3. Vous _____ manger des spaghettis, alors vous _____ aller dans un resto italien.
4. Tu _____ manger chez toi, alors tu _____ faire la cuisine.
5. Elles ne _____ pas arriver en retard (*late*), alors elles _____ courir.
6. Nous _____ préparer des omelettes, alors nous _____ acheter des œufs.

2 Qui peut faire quoi? Ève prépare un grand repas. Dites ce que (*what*) chaque personne peut faire.

> **MODÈLE**
>
> Joseph / faire / courses
>
> *Joseph peut faire les courses.*

1. Marc / acheter / boissons
2. Benoît et Anne / préparer / gâteaux
3. Jean et toi / décorer / salle à manger
4. Patrick et moi / essuyer / verres
5. je / prendre / photos
6. tu / mettre / table

3 Mes enfants M. Dion est au restaurant avec ses enfants. Le serveur/La serveuse lui demande ce qu'ils (*what they*) veulent prendre. Avec un(e) partenaire, posez les questions et répondez. Alternez les rôles.

> **MODÈLE**   Éric: ou
>
> **Élève 1:** *Veut-il un jus d'orange ou un verre de lait?*
> **Élève 2:** *Il veut un jus d'orange, s'il vous plaît.*

1. Michèle: ou

2. Stéphanie et Éric: ou

3. Stéphanie: ou

4. Éric: ou

Communication

 4 **Que faire?** À tour de rôle avec un(e) partenaire, dites ce que (*what*) ces personnes peuvent, doivent ou veulent faire ou ne pas faire. Utilisez **pouvoir**, **devoir** et **vouloir** dans vos réponses.

▶ **MODÈLE**

Élève 1: *Il veut maigrir.*
Élève 2: *Il ne peut pas beaucoup manger.*

1.   2.

3.   4.   5.   6.

 5 **Ce n'est pas de ma faute.** Préparez une liste de cinq choses qui vous sont arrivées (*happened to you*) par accident. Montrez la liste à un(e) partenaire, qui va deviner pourquoi. A-t-il/elle raison?

MODÈLE

Élève 1: *J'ai perdu les clés de ma maison.*
Élève 2: *Tu as dû les laisser sur ton lit.*

6 **Ce week-end** Invitez vos camarades de classe à faire des choses avec vous le week-end prochain. S'ils refusent votre invitation, ils doivent vous donner une excuse. Quelles réponses avez-vous reçues (*received*)?

MODÈLE

Élève 1: *Tu veux jouer au tennis avec moi le week-end prochain?*
Élève 2: *Quel jour?*
Élève 1: *Samedi matin.*
Élève 2: *Je veux bien, mais je dois rendre visite à mes grands-parents.*

7 **La permission** La mère de Sylvain lui permet de faire certaines choses mais pas d'autres. Avec un(e) partenaire, préparez leur dialogue. Utilisez les verbes **devoir**, **vouloir** et **pouvoir**.

MODÈLE

Élève 1: *Maman, je veux sortir avec Paul vendredi.*
Élève 2: *Tu peux sortir, mais tu dois d'abord ranger ta chambre.*

8 **Des conseils** Votre ami(e) a beaucoup de problèmes et vous demande des conseils (*advice*). Avec un(e) partenaire, préparez le dialogue. Utilisez le verbe **devoir** pour lui faire des suggestions.

MODÈLE

Élève 1: *Je n'ai pas pu dormir hier soir.*
Élève 2: *Tu ne dois pas boire de café après le dîner.*

Révision

1 **Au restaurant** Avec un(e) partenaire, dites ce que (*what*) ces personnes viennent de faire. Utilisez les verbes de la liste et d'autres verbes.

apporter	manger
arriver	parler
boire	prendre
demander	téléphoner

2 **Au supermarché** Un(e) enfant et son père ou sa mère sont au supermarché. L'enfant demande ces choses à manger, mais le père ou la mère ne veut pas les acheter et doit lui donner des raisons. Avec un(e) partenaire, préparez un dialogue, puis jouez-le pour la classe. Employez les verbes **devoir**, **vouloir** et **pouvoir** et le passé récent.

MODÈLE

Élève 1: *Maman, je veux de la confiture. Achète-moi cette confiture, s'il te plaît.*
Élève 2: *Tu ne dois pas manger ça. Tu viens de manger un dessert.*

du chocolat	une glace
des chips	du pâté
un coca	une saucisse
de la confiture	des yaourts aux fruits

3 **Le chef de cuisine** Vous et votre partenaire êtes deux chefs. Expliquez à votre partenaire comment préparer votre salade préférée. Donnez des conseils (*advice*) avec les verbes **devoir**, **vouloir** et **pouvoir**.

MODÈLE

Élève 1: *Combien de carottes doit-on utiliser?*
Élève 2: *On peut utiliser deux ou trois carottes.*

4 **Dans le frigo** Vous et vos partenaires aidez vos parents à nettoyer le frigo. Qu'allez-vous mettre à la poubelle? Par groupes de trois, regardez l'illustration et décidez. Ensuite, présentez vos décisions à la classe.

MODÈLE

Élève 1: *Depuis combien de temps a-t-on ce fromage dans le frigo?*
Élève 2: *Nous venons de l'acheter, nous pouvons le garder encore un peu./Nous l'avons acheté il y a un mois. Nous devons le mettre à la poubelle.*

5 **Chez moi** Vous et votre partenaire voulez manger ensemble après les cours. Vous voulez manger chez vous ou chez votre partenaire. Que pouvez-vous préparer? Que voulez-vous manger ou boire?

MODÈLE

Élève 1: *Chez moi, j'ai du chocolat et du lait, et je peux te faire un chocolat chaud.*
Élève 2: *Non merci, je veux plutôt une boisson froide et j'ai des boissons gazeuses à la maison.*

6 **Une journée bien occupée** Votre professeur va vous donner, à vous et à votre partenaire, une feuille sur les activités d'Alexandra. Discutez de ses activités. Attention! Ne regardez pas la feuille de votre partenaire.

MODÈLE

Élève 1: *À quatre heures et demie, Alexandra a pu faire du jogging.*
Élève 2: *Après, à cinq heures, elle...*

Le Zapping

vhlcentral

Préparation Répondez aux questions suivantes.

1. Quelle est votre plat (*dish*) préféré?
2. Quels sont les ingrédients?
3. Comment le prépare-t-on?

Le far breton

Le far breton est un dessert typique de la Bretagne, région du nord-ouest de la France. Son nom vient du mot latin *far* qui veut dire blé°. Les Bretons cuisinaient traditionnellement le far à l'occasion des fêtes religieuses. En Bretagne, il existe des fars salés° et sucrés°. Mais c'est une version sucrée avec des pruneaux° qui a traversé les limites régionales pour se populariser dans toute la France sous le nom de «far breton».

blé *wheat* **salés** *savory* **sucrés** *sweet* **pruneaux** *prunes*

Émission télé

Alors, je vais vous présenter la recette du far breton.

Vocabulaire utile

émission	*program*
recette	*recipe*
casser	*to crack*
mélanger	*to mix*
la pâte	*batter*
déguster	*to taste*

Compréhension Répondez aux questions.

1. Quels sont les ingrédients du far breton?
2. Quel verbe de la liste est-ce que le chef ne dit pas?
   ajouter (*to add*), **casser**, **chauffer** (*to heat*),
   couper (*to cut*), **mélanger**, **verser** (*to pour*)
3. À quelle température et pendant combien de temps le gâteau doit-il rester au four?

Conversation En petits groupes, discutez des questions suivantes.

1. Avez-vous déjà mangé du far breton? Si non, aimeriez-vous en goûter (*would you like to taste it*)? Pourquoi?
2. Quels plats et quels aliments aimez-vous? Aimez-vous essayer de nouveaux plats ou aliments? Pourquoi ou pourquoi pas?
3. Aimez-vous cuisiner? Quels plats préparez-vous régulièrement? Suivez-vous une recette? Expliquez.

Application Trouvez la recette d'un plat que vous aimez et présentez-la à la classe. Utilisez des photos ou les vrais aliments pour présenter les ingrédients. Ensuite, expliquez les étapes de la préparation. Expliquez aussi l'origine du plat si possible.

You will learn how to...

- describe and discuss food
- shop for food

🔊 **vhl**central

À table!

Il goûte la soupe. (goûter)

l'assiette (f.)

la carte

Carte du jour

la serviette

la fourchette

le couteau

la nappe

Vocabulaire

être au régime	*to be on a diet*
une boîte (de conserve)	*can*
la crème	*cream*
la mayonnaise	*mayonnaise*
la moutarde	*mustard*
une tranche	*slice*
une entrée	*appetizer, starter*
un hors-d'œuvre	*hors-d'oeuvre, appetizer*
un plat (principal)	*(main) dish*
À table!	*Let's eat!/Food is ready!*
compris	*included*
une boucherie	*butcher's shop*
une boulangerie	*bread shop, bakery*
une charcuterie	*delicatessen*
un(e) commerçant(e)	*shopkeeper*
un kilo(gramme)	*kilo(gram)*
une pâtisserie	*pastry shop, bakery; pastry*
une poissonnerie	*fish shop*

Mise en pratique

1   **Complétez** Complétez ces phrases avec le bon mot.

1. Pour manger de la soupe, on utilise...
   a. un couteau.
   <u>b</u>. une cuillère.
   c. une fourchette.
2. On sert la soupe dans...
   a. une assiette.
   b. une carafe.
   <u>c</u>. un bol.
3. Au restaurant, le serveur/
   la serveuse doit... la nourriture.
   a. commander
   <u>b</u>. apporter
   c. goûter
4. On vend des baguettes à...
   <u>a</u>. la boulangerie.
   b. la charcuterie.
   c. la boucherie.

5. On met... dans le café.
   a. du beurre
   b. du poivre
   <u>c</u>. de la crème
6. On vend des gâteaux à...
   a. la boucherie.
   <u>b</u>. la pâtisserie.
   c. la poissonnerie.
7. Au restaurant, on
   commande d'abord...
   <u>a</u>. une entrée.
   b. un plat principal.
   c. un dessert.
8. On vend du jambon à...
   <u>a</u>. la charcuterie.
   b. la boucherie.
   c. la pâtisserie.

2   **Le repas** Mettez ces différentes étapes dans l'ordre chronologique.

a. <u>5</u> dire «À table!»
b. <u>7</u> servir le plat principal
c. <u>4</u> mettre les assiettes, les fourchettes, les cuillères et
       les couteaux sur la table
d. <u>6</u> servir l'entrée
e. <u>2</u> faire les courses
f. <u>1</u> organiser un menu
g. <u>8</u> goûter le dessert avec les invités
h. <u>3</u> faire la cuisine

3   **Écoutez** Catherine est au régime. Elle parle de ses habitudes alimentaires. Écoutez et indiquez si les affirmations suivantes sont **vraies** ou **fausses**.

	Vrai	Faux
1. Catherine mange beaucoup de desserts.	☐	☐
2. Catherine fait les courses au supermarché.	☐	☐
3. Elle adore la viande.	☐	☐
4. Elle est au régime.	☐	☐
5. Catherine achète des fruits et des légumes au marché.	☐	☐
6. Selon (*According to*) Catherine, le service chez les commerçants est désagréable.	☐	☐
7. Elle va souvent à la boucherie et à la poissonnerie.	☐	☐
8. Elle vient de devenir végétarienne.	☐	☐

Elle commande.
(commander)

le menu

le sel   le poivre

l'huile d'olive (f.)

la carafe
d'eau

le bol   la cuillère à soupe

la cuillère à café

Communication

4 **Conversez** Interviewez un(e) camarade de classe.

1. En général, qu'est-ce que tu commandes au restaurant comme entrée? Comme plat principal?
2. Qui fait les courses chez toi? Où? Quand?
3. Est-ce que tes parents préfèrent faire les courses au supermarché ou chez les commerçants? Pourquoi?
4. Es-tu au régime? Qu'est-ce que tu manges?
5. Quel est ton plat principal préféré?
6. Aimes-tu la moutarde? Avec quel(s) plat(s) l'utilises-tu?
7. Aimes-tu la mayonnaise? Avec quel(s) plat(s) l'utilises-tu?
8. Dans quel(s) plat(s) mets-tu de l'huile d'olive?

5 **Sept différences** Votre professeur va vous donner, à vous et à votre partenaire, deux feuilles d'activités différentes avec le dessin (*drawing*) d'un restaurant. Il y a sept différences entre les deux images. Sans regarder l'image de votre partenaire, comparez vos dessins et faites une liste de ces différences.

> **MODÈLE**
>
> **Élève 1:** *Dans mon restaurant, le serveur apporte du beurre à la table.*
> **Élève 2:** *Dans mon restaurant aussi, on apporte du beurre à la table, mais c'est une serveuse, pas un serveur.*

6 **Au restaurant** Travaillez avec deux camarades de classe pour présenter ce dialogue.

- Une personne invite un(e) ami(e) à dîner au restaurant.
- Une personne est le serveur/la serveuse et décrit le menu.
- Vous parlez du menu et de vos préférences.
- Une personne est au régime et ne peut pas manger certains ingrédients.
- Vous commandez les plats.
- Vous parlez des plats que vous mangez.

7 **Écriture** Écrivez un paragraphe dans lequel vous:

- parlez de la dernière fois que vous avez aidé à préparer un dîner, un déjeuner ou un petit-déjeuner pour quelqu'un.
- décrivez les ingrédients que vous avez utilisés pour préparer le(s) plat(s).
- mentionnez les endroits où vous avez acheté les ingrédients et leurs quantités.
- décrivez comment vous avez mis la table.

Les sons et les lettres 🔊 vhlcentral

Stress and rhythm

In French, all syllables are pronounced with more or less equal stress, but the final syllable in a phrase is elongated slightly.

Je fais souvent du sport, mais aujourd'hui, j'ai envie de rester à la maison.

French sentences are divided into three basic kinds of rhythmic groups.

| *Noun phrase* | *Verb phrase* | *Prepositional phrase* |
| **Caroline et Dominique** | **sont venues** | **chez moi.** |

The final syllable of a rhythmic group may be slightly accentuated either by rising intonation (pitch) or elongation.

Caroline et Dominique sont venues chez moi.

In English, you can add emphasis by placing more stress on certain words. In French, you can emphasize the word by adding the corresponding pronoun or you can elongate the first consonant sound.

Je ne sais pas, moi.   **Quel idiot!**   **C'est fantastique!**

Prononcez Répétez les phrases suivantes à voix haute.

1. Ce n'est pas vrai, ça.
2. Bonjour, Mademoiselle.
3. Moi, je m'appelle Florence.
4. La clé de ma chambre, je l'ai perdue.
5. Je voudrais un grand café noir et un croissant, s'il vous plaît.
6. Nous allons tous au marché, mais Marie, elle va au centre commercial.

Articulez Répétez les phrases en mettant l'emphase (*by emphasizing*) sur les mots indiqués.

1. C'est *impossible*!
2. Le film était *super*!
3. Cette tarte est *délicieuse*!
4. Quelle idée *extraordinaire*!
5. Ma sœur parle *constamment*.

Dictons Répétez les dictons à voix haute.

> Le chat parti, les souris dansent.[2]

> Les chemins les plus courts ne sont pas toujours les meilleurs.[1]

[1] The shortest paths aren't always the best.
[2] When the cat is away, the mice will play.

Le dîner vhlcentral

Amina

David

Rachid

Sandrine

Stéphane

Valérie

Au centre-ville...

DAVID Qu'est-ce que tu as fait en ville?

RACHID Des courses à la boulangerie et chez le chocolatier.

DAVID Tu as acheté ces chocolats pour Sandrine?

RACHID Pourquoi? Tu es jaloux? Ne t'en fais pas! Elle nous a invités. Il est normal d'apporter quelque chose.

DAVID Je n'ai pas de cadeau pour elle. Qu'est-ce que je peux lui acheter? Je peux lui apporter des fleurs!

Chez le fleuriste...

DAVID Ces roses sont très jolies, non?

RACHID Tu es tombé amoureux?

DAVID Mais non! Pourquoi tu dis ça?

RACHID Des roses, c'est romantique.

DAVID Ah... Ces fleurs-ci sont jolies. C'est mieux?

RACHID Non, c'est pire! Les chrysanthèmes sont réservés aux funérailles.

DAVID Hmmm. Je ne savais pas que c'était aussi difficile de choisir un bouquet de fleurs!

RACHID Regarde! Celles-là sont parfaites!

DAVID Tu es sûr?

RACHID Sûr et certain, achète-les!

AMINA Sandrine, est-ce qu'on peut faire quelque chose pour t'aider?

SANDRINE Oui, euh, vous pouvez finir de mettre la table, si vous voulez.

VALÉRIE Je vais t'aider dans la cuisine.

AMINA Tiens, Stéphane. Voilà le sel et le poivre. Tu peux les mettre sur la table, s'il te plaît?

SANDRINE À table!

SANDRINE Je vous sers autre chose? Une deuxième tranche de tarte aux pommes peut-être?

VALÉRIE Merci.

AMINA Merci. Je suis au régime.

SANDRINE Et toi, David?

DAVID Oh! J'ai trop mangé. Je n'en peux plus!

STÉPHANE Moi, je veux bien...

SANDRINE Donne-moi ton assiette.

STÉPHANE Tiens, tu peux la lui passer, s'il te plaît?

VALÉRIE Quel repas fantastique, Sandrine. Tu as beaucoup de talent, tu sais.

RACHID Vous avez raison, Madame Forestier. Ton poulet aux champignons était superbe!

A C T I V I T É S

1 **Vrai ou faux?** Indiquez si ces affirmations sont **vraies** ou **fausses**. Corrigez les phrases fausses.

1. Rachid est allé chez le chocolatier.

2. Rachid et David sont arrivés en avance.

3. David n'a pas apporté de cadeau.

4. Sandrine aime les fleurs de David.

5. Personne (*Nobody*) n'aide Sandrine.

6. David n'a pas beaucoup mangé.

7. Stéphane n'est pas au régime.

8. Sandrine a fait une tarte aux pêches pour le dîner.

9. Les plats de Sandrine ne sont pas très bons.

10. Les invités ont passé une soirée très agréable.

Sandrine a préparé un repas fantastique pour ses amis.

Chez Sandrine...

SANDRINE Bonsoir... Entrez! Oh!

DAVID Tiens. C'est pour toi.

SANDRINE Oh, David! Il ne fallait pas, c'est très gentil!

DAVID Je voulais t'apporter quelque chose.

SANDRINE Ce sont les plus belles fleurs que j'aie jamais reçues! Merci!

RACHID Bonsoir, Sandrine.

SANDRINE Oh, du chocolat! Merci beaucoup.

RACHID J'espère qu'on n'est pas trop en retard.

SANDRINE Pas du tout! Venez! On est dans la salle à manger.

STÉPHANE Oui, et tes desserts sont les meilleurs! C'est la tarte la plus délicieuse du monde!

SANDRINE Vous êtes adorables, merci. Moi, je trouve que cette tarte aux pommes est meilleure que la tarte aux pêches que j'ai faite il y a quelques semaines.

AMINA Tout ce que tu prépares est bon, Sandrine.

DAVID À Sandrine, le chef de cuisine le plus génial!

TOUS À Sandrine!

Expressions utiles

Making comparisons and judgments

- **Ces fleurs-ci sont jolies. C'est mieux?**
  These flowers are pretty. Is that better?
- **C'est pire! Les chrysanthèmes sont réservés aux funérailles.**
  It's worse! Chrysanthemums are reserved for funerals.
- **Je ne savais pas que c'était aussi difficile de choisir un bouquet de fleurs!**
  I didn't know it was so hard to choose a bouquet of flowers!
- **Ce sont les plus belles fleurs que j'aie jamais reçues!**
  These are the most beautiful flowers I have ever received!
- **C'est la tarte la plus délicieuse du monde!**
  This is the most delicious tart in the world!
- **Cette tarte aux pommes est meilleure que la tarte aux pêches.**
  This apple tart is better than the peach tart.

Additional vocabulary

- **Ah, tu es jaloux? Ne t'en fais pas!**
  Are you jealous? Don't be!/Don't make anything of it!
- **sûr(e) et certain(e)**
  totally sure/completely certain
- **Il ne fallait pas.**
  You shouldn't have./It wasn't necessary.
- **J'ai trop mangé. Je n'en peux plus!**
  I ate too much. I can't fit anymore!
- **Tu peux la lui passer?**
  Can you pass it to her?

2 **Questions** Répondez aux questions par des phrases complètes.

1. Qu'est-ce que Rachid a apporté à Sandrine?
2. Qu'a fait Amina pour aider?
3. Qui mange une deuxième tranche de tarte aux pommes?
4. Quel type de tarte Sandrine a-t-elle préparé il y a quelques semaines?
5. Pourquoi David n'a-t-il pas acheté les roses?

3 **Écrivez** David veut raconter le dîner de Sandrine à sa famille. Composez un e-mail. Quels ont été les préparatifs (*preparations*)? Qui a apporté quoi? Qui est venu? Qu'est-ce qu'on a mangé? Faites référence à la vidéo de la Leçon 1A si nécessaire.

ACTIVITÉS

vhlcentral

Les repas en France

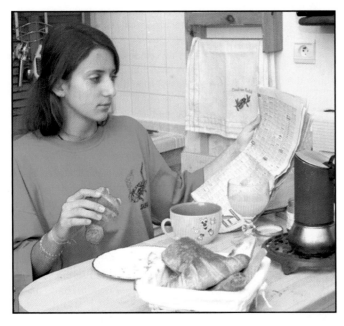

En France, un grand repas traditionnel est composé de beaucoup de plats différents et il peut durer° plusieurs heures. Avant de passer à table, on sert des amuse-gueules° comme des biscuits salés°, des olives ou des cacahuètes°. Ensuite, on commence le repas par un hors-d'œuvre ou directement par une ou deux entrées chaudes ou froides, comme une soupe, de la charcuterie, etc. Puis, on passe au plat principal, qui est en général une viande ou un poisson servi avec des légumes. Après, on apporte la salade puis le fromage et enfin, on sert le dessert et le café. Le grand repas traditionnel est accompagné de vin, et dans les grandes occasions, de champagne pour le dessert. Bien sûr, les Français ne font pas ce genre de grand repas tous les jours. En général, on mange beaucoup plus simplement.

Au petit-déjeuner, on boit du café au lait, du thé ou du chocolat chaud. On mange des tartines° ou du pain grillé° avec du beurre et de la confiture, et des croissants le week-end. Le déjeuner est traditionnellement le repas principal, mais aujourd'hui, les Français n'ont pas souvent le temps de rentrer à la maison. Pour cette raison, on mange de plus en plus° au travail ou au café. Après l'école, les enfants prennent parfois un goûter, par exemple du pain avec du chocolat. Et le soir, on dîne à la maison, en famille.

durer *last* amuse-gueules *small appetizers* salés *salty* cacahuètes *peanuts* tartines *slices of bread* pain grillé *toast* de plus en plus *more and more* Environ *About* Parmi *Among* sautent *skip* grignotent *snack*

Les habitudes alimentaires des Français

- Environ° 75% des Français prennent trois repas par jour.
- Parmi° ces personnes, 33% déjeunent à l'extérieur, 25% prennent leur repas en famille et 17% les prennent seuls à la maison.
- Quand les Français sautent° un repas, c'est souvent le petit déjeuner.
- L'alimentation occupe environ 2h22 de l'emploi du temps par jour.
- Environ 29% des jeunes grignotent° entre les repas.

SOURCE: INSERM, INSEE

Coup de main

You can use these terms to specify how you would like your meat to be cooked.

bleu(e)	*very rare*
saignant(e)	*medium rare*
à point	*medium*
bien cuit(e)	*well-done*

A C T I V I T É S

1 **Vrai ou faux?** Indiquez si ces phrases sont **vraies** ou **fausses**. Corrigez les phrases fausses.

1. On mange les hors-d'œuvre avant les amuse-gueules.
2. Le poisson est un plat principal.
3. En France, pendant un repas traditionnel, la salade est servie après le plat principal.
4. En général, on sert des légumes après le plat principal.
5. On sert le fromage entre la salade et le dessert.
6. Les Français mangent souvent des œufs au petit-déjeuner.
7. Tous les Français mangent un grand repas traditionnel chaque soir.
8. Le déjeuner est traditionnellement le repas principal de la journée en France.
9. À midi, les Français mangent toujours à la maison.
10. Les enfants prennent parfois un goûter après l'école.

Au menu

côtelette (f.)	*chop*
escalope (f.)	*thin slice of meat or fish*
faux-filet (m.)	*sirloin steak*
à la vapeur	*steamed*
farci(e)	*stuffed*
frit(e)	*fried*
garni(e)	*garnished*
rôti(e)	*roasted*

Si on est invité...

Voici quelques bonnes manières à observer quand on dîne chez des amis.

En Afrique du Nord

- Si quelqu'un vous invite à boire un thé à la menthe, ce n'est pas poli de refuser.
- En général, on enlève ses chaussures avant d'entrer dans une maison.
- On mange souvent avec les doigts°.

En France

- Il est poli d'apporter un petit cadeau pour les hôtes, par exemple des bonbons ou des fleurs.
- On dit parfois «Santé!°» ou «À votre santé°!» avant de boire et «Bon appétit!» avant de manger.
- On mange avec la fourchette dans la main gauche et le couteau dans la main droite et on garde toujours les deux mains sur la table.

doigts *fingers* **Santé!** *Cheers!* **santé** *health*

La couscousmania des Français

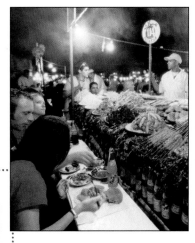

La cuisine du Maghreb est très populaire en France. Les restaurants orientaux sont nombreux et appréciés pour la qualité de leur nourriture et leur ambiance. Les merguez, des petites saucisses rouges pimentées°, sont vendues dans toutes les boucheries. Dans les grandes villes, des pâtisseries au miel° sont dégustées° au goûter. Le plat le plus célèbre reste le couscous, le troisième plat préféré des Français, loin devant le steak frites! Aujourd'hui, des restaurants trois étoiles° le proposent en plat du jour et on le sert dans les cantines. Les Français consomment environ° 96.000 tonnes de couscous par an, une vraie couscousmania!

pimentées *spicy* **miel** *honey* **dégustées** *savored*
étoiles *stars* **environ** *about*

Sur Internet

Les Français mangent-ils beaucoup de glace?

Go to **vhlcentral.com** to find more information related to this **Culture** section.

---

2 **Répondez** Répondez aux questions d'après les textes.

1. Pourquoi les Français apprécient-ils les restaurants orientaux?
2. Où sert-on le couscous aujourd'hui?
3. Qu'est-ce qu'il est impoli de refuser en Afrique du Nord?
4. Quel cadeau peut-on apporter quand on dîne chez des Français?
5. Une fourchette et un couteau sont-ils nécessaires en Afrique du Nord?

3 **Que choisir?** Avez-vous déjà mangé dans un restaurant nord-africain? Quand? Où? Qu'avez-vous mangé? Du couscous? Si vous n'êtes jamais allé(e) dans un restaurant nord-africain, imaginez que des amis vous invitent à en essayer un. Qu'avez-vous envie de goûter? Pourquoi?

A C T I V I T É S

1B.1

Comparatives and superlatives of vhlcentral adjectives and adverbs

Point de départ You already know how to describe nouns and verbs using adjectives and adverbs. Now you will learn how to compare them using comparative and superlative statements.

- To compare people, things, and actions, use the following expressions with adjectives and adverbs.

plus					more... than
aussi	+	[adjective/adverb]	+	que	as... as
moins					less... than

Boîte à outils

The adjective in comparative phrases agrees in number and gender with the noun.

Nicole est plus nerveuse que Luc.

Luc est moins nerveux que Nicole.

ADJECTIVE

Simone est **plus âgée que** son frère.
Simone is older than her brother.

ADVERB

Elle parle **plus vite que** son frère.
She speaks more quickly than her brother.

ADJECTIVE

Guillaume est **moins sportif que** son père.
Guillaume is less athletic than his father.

ADVERB

Il m'écrit **moins souvent que** son père.
He writes me less often than his father.

Vérifiez

ADJECTIVE

Nina est **aussi indépendante qu'**Anne.
Nina is as independent as Anne.

ADVERB

Elle joue au golf **aussi bien qu'** Anne.
She plays golf as well as Anne.

- Superlatives express extremes like *the most* or *the least*. The preposition **de** often follows the superlative to express *in* or *of* (a particular group). Use the following construction to express the superlative with an adjective.

	le						
[noun]	la	+	plus/moins	+	[adjective]	+	de
	les						

NOUN   DEFINITE ARTICLE   COMPARATIVE

Les trains? Le TGV est **(le train)** le **plus rapide du** monde.
Trains? The TGV is the fastest (train) in the world.

Boîte à outils

The noun in a superlative construction can be omitted if it is clear to whom or what it refers. To show this, the noun **le train** in the sample sentence appears in parentheses.

- Some adjectives, like **beau**, **bon**, **grand**, and **nouveau**, precede the nouns they modify. Their superlative forms can also precede the nouns they modify, or they can follow them.

SUPERLATIVE   NOUN

C'est **la plus grande ville**.
It's the largest city.

NOUN   SUPERLATIVE

C'est **la ville la plus grande**.
It's the largest city.

- Since adverbs are invariable, you always use **le** to form the superlative.

M. Duval est le prof qui parle **le plus vite**.
Mr. Duval is the teacher who speaks the fastest.

C'est Amandine qui écoute **le moins patiemment**.
Amandine listens the least patiently.

Vérifiez

- Some adjectives and adverbs have irregular comparative and superlative forms.

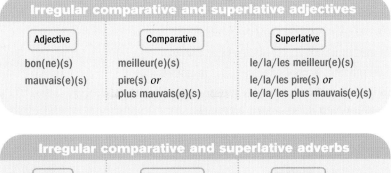

Irregular comparative and superlative adjectives

Adjective	Comparative	Superlative
bon(ne)(s)	meilleur(e)(s)	le/la/les meilleur(e)(s)
mauvais(e)(s)	pire(s) *or* plus mauvais(e)(s)	le/la/les pire(s) *or* le/la/les plus mauvais(e)(s)

Irregular comparative and superlative adverbs

Adverb	Comparative	Superlative
bien	mieux	le mieux
mal	plus mal *or* pire	le plus mal *or* le pire

En été, les pêches sont **meilleures** que les pommes.
In summer, the peaches are better than apples.

Quand on est au régime, les frites sont **pires** que les pâtes.
When you're dieting, fries are worse than pasta.

Johnny Hallyday chante bien, mais Jacques Brel chante **mieux**.
Johnny Hallyday sings well, but Jacques Brel sings better.

Tu fais le ménage **plus mal** que moi.
Tu fais le ménage **pire que** moi.
You do housework worse than I do.

Voilà **la meilleure** boulangerie de la ville.
There's the best bakery in town.

Dans la classe, c'est Clémentine qui écrit **le mieux**.
In the class, Clémentine is the one who writes the best.

C'est **le plus mauvais** restaurant du quartier.
C'est **le pire** restaurant du quartier.
It's the worst restaurant in the neighborhood.

C'est moi qui cuisine **le plus mal**.
C'est moi qui cuisine **le pire**.
It's me who cooks the worst.

Essayez! Complétez les phrases avec le comparatif ou le superlatif.

Comparatifs

1. Les élèves sont _moins âgés que_ (- âgés [old]) le professeur.

2. Les plages de la Martinique sont-elles _____ (+ bonnes) les plages de la Guadeloupe?

3. Évelyne parle _____ (= poliment) Luc.

4. Les chaussettes sont _____ (- chères) les baskets.

5. Ses soeurs sont _____ (= généreux) lui.

Superlatifs

6. Quelle librairie vend les livres _les plus intéressants_ (+ intéressants)?

7. Le jean est _____ (- élégant) de tous mes pantalons.

8. Je joue aux cartes avec ma mère. C'est elle qui joue _____ (+ bien).

9. Les fraises de son jardin sont _____ (+ mauvaises).

10. Victor et son cousin sont _____ (+ beau) garçons de l'école.

Mise en pratique

1 **Oui, mais...** Deux amis comparent deux restaurants. Complétez les phrases avec **bon**, **bien**, **meilleur** ou **mieux**.

1. J'ai bien mangé au Café du marché hier.

   Oui, mais nous avons _____ mangé Chez Charles.

2. Les sandwichs au Café du marché sont _____.

   Oui, mais les sandwichs de Chez Charles sont meilleurs.

3. Mes amis ont bien aimé le Café du marché.

   Oui, mais mes amis ont _____ mangé Chez Charles.

4. Au Café du marché, le chef prépare _____ le poulet.

   Oui, mais le chef de Chez Charles le prépare mieux.

5. Les salades au Café du marché sont bonnes.

   Oui, mais elles sont _____ Chez Charles.

6. Tout est bon au Café du marché!

   Tout est _____ Chez Charles!

2 **Un nouveau quartier** Vous venez d'emménager. Assemblez les éléments des trois colonnes pour poser des questions sur le quartier à un(e) voisin(e).

MODÈLE

Le jambon est-il moins cher au supermarché ou à la charcuterie?

A	B	C
acheter	aussi	boucherie
aller	meilleur(e)	boulangerie
desserts	mieux	pâtisserie
dîner	moins	quartier
faire les courses	pire	supermarché
pain	plus	voisins

3 **Aujourd'hui et autrefois** Avec un(e) partenaire, comparez la vie domestique d'aujourd'hui et d'autrefois. Utilisez les adjectifs de la liste à tour de rôle. Ensuite, présentez vos opinions à la classe.

MODÈLE

Aujourd'hui, les tâches ménagères sont moins difficiles.

bon	difficile	mauvais	poli
compliqué	grand	naturel	rapide
curieux	indépendant	occupé	sophistiqué

1. les congélateurs
2. la nourriture
3. les femmes
4. les voyages
5. les voitures
6. les enfants
7. les commerçants
8. la vie

Communication

4 Trouvez quelqu'un Votre professeur va vous donner une feuille d'activités. Circulez dans la classe pour trouver des camarades différents qui correspondent aux phrases.

MODÈLE

Élève 1: *Quel âge as-tu?*
Élève 2: *J'ai seize ans.*
Élève 1: *Alors, tu es plus jeune que moi.*

Trouvez dans la classe quelqu'un qui...	Noms
1. ... est plus jeune que vous.	Myriam
2. ... habite plus loin du lycée que vous.	
3. ... prend le bus aussi souvent que vous.	
4. ... fait moins de sport que vous.	

5 Comparaisons Avec un(e) partenaire, choisissez deux questions et comparez vos réponses. Utilisez des comparatifs et des superlatifs.

1. Quels jobs d'été as-tu eus?
2. Où as-tu habité?
3. Où es-tu allé(e) en vacances?
4. Qu'as-tu fait le week-end dernier?
5. Quels films as-tu vus (*seen*) récemment?

6 Je pense que... Par groupes de trois, comparez les sujets présentés. Utilisez des comparatifs et des superlatifs.

MODÈLE

Élève 1: *Les vacances à la mer sont plus amusantes que les vacances à la montagne.*
Élève 2: *Moi, je pense que les vacances à la montagne sont plus intéressantes.*
Élève 3: *D'accord, mais les vacances à l'étranger sont les plus amusantes.*

1.   2.   3.   4.

7 Ma famille et mes amis À tour de rôle avec un(e) partenaire, parlez de votre famille et de vos amis. Utilisez des comparatifs et des superlatifs dans vos descriptions.

MODÈLE

Ma sœur Amy est plus sérieuse que moi, mais le plus sérieux de la famille, c'est mon frère Thomas.

1B.2 Double object pronouns vhlcentral

Point de départ In Level 1, you learned to use indirect and direct object pronouns. Now you will learn to use these pronouns together.

DIRECT OBJECT	INDIRECT OBJECT
J'ai rendu **le menu** à **la serveuse**.	
I returned the menu to the waitress.	

DIRECT OBJECT PRONOUN	INDIRECT OBJECT PRONOUN
▶ Je **le lui** ai rendu.	
I returned it to her.	

Tu peux la lui passer, s'il te plaît?

Une deuxième tranche? Je te la sers.

- Use this sequence when a sentence contains both a direct and an indirect object pronoun.

me		le			
te	*before*	la	*before*	lui	+ [verb]
nous		l'		leur	
vous		les			

Gérard m'envoie les messages de Christiane.
Il **me les** envoie tous les jours.
Gérard sends me Christiane's messages.
He sends them to me every day.

Je lui envoie aussi les messages de Laurent. Je **les lui** envoie tous les week-ends.
I send him Laurent's messages, too.
I send them to him every weekend.

Le chef nous prépare son meilleur plat.
Les serveurs **nous l'**apportent.
The chef prepares his best dish for us.
The waiters bring it to us.

Nous avons donné le pourboire au serveur.
Nous **le lui** avons donné quand nous sommes partis.
We gave the waiter the tip. We gave it to him when we left.

- In an infinitive construction, the double object pronouns come after the conjugated verb and precede the infinitive, just like single object pronouns.

Mes notes de français? Je vais
  vous les prêter.
*My French notes? I'm going to
  lend them to you.*

Carole veut lire mon poème?
  Je vais **le lui** montrer.
*Carole wants to read my poem?
  I'm going to show it to her.*

- In the **passé composé** the double object pronouns precede the auxiliary verb, just like single object pronouns. The past participle agrees with the preceding direct object.

Rémi a-t-il acheté ces fleurs pour sa mère?
Did Rémi buy those flowers for his mother?

Oui, il **les lui** a **achetées**.
Yes, he bought them for her.

Vous m'avez donné la plus grande chambre?
Did you give me the biggest room?

Non, nous ne **vous l'**avons pas **donnée**.
No, we didn't give it to you.

- In affirmative commands, the verb is followed by the direct object pronoun and then the indirect object pronoun, with hyphens in between. Remember to use **moi** and **toi** instead of **me** and **te**.

Vous avez trois voitures?
  Montrez-**les-moi**.
*You have three cars?
  Show them to me.*

Tu connais la réponse à la
  question du prof? Dis-**la-nous**.
*You know the answer to the
  teacher's question? Tell it to us.*

Voici le livre. Donne-**le-leur**.
Here's the book. Give it to them.

Ce poème? Traduisons-**le-lui**.
This poem? Let's translate it for her.

- In negative commands, the pronouns precede the verb.

Elle ne veut pas les fruits de mer. Ne **les lui** commande pas.
She doesn't want seafood. Don't order it for her.

Essayez!　**Utilisez deux pronoms pour refaire ces phrases.**

1. Le prof vous donne les résultats des examens. *Le prof vous les donne.*

2. Tes parents t'achètent le billet. _____

3. Qui t'a donné cette belle lampe bleue? _____

4. Il nous a réservé les chambres. _____

5. Pose-moi tes questions. _____

6. Ne leur donne pas les réponses. _____

7. Peux-tu me montrer les photos? _____

8. Tu préfères lui prêter ton dictionnaire? _____

Mise en pratique

1 Les livres Le père de Bertrand lui a acheté des livres. Refaites l'histoire avec deux pronoms pour chaque phrase.

1. Papa a acheté _ces livres à Bertrand._
2. Il a lu _les livres à ses petits frères._
3. Maintenant, ses frères veulent lire _les livres à leur père._
4. Bertrand donne _les livres à ses petits frères._
5. Les garçons montrent _les livres à leur père._
6. Leur père préfère donner _sa place à leur mère._
7. Les enfants lisent _les livres à leur mère._
8. «Maintenant, lisez _les livres à votre père_», dit-elle.

2 Comment? Un groupe d'amis parle de l'anniversaire de Christelle. Antoine n'entend pas très bien. Il répète tout ce que les gens disent. Utilisez des pronoms pour écrire ses questions.

MODÈLE

Je vais prêter mon pull noir à Christelle.
Tu vas le lui prêter?

1. Son père a acheté la petite voiture bleue à Christelle.
2. Nous envoyons les invitations aux amis.
3. Le prof a donné la meilleure note à Christelle le jour de son anniversaire.
4. Je vais prêter mon tailleur à Christelle vendredi soir.
5. Est-ce que vous voulez me lire l'invitation?
6. Nous n'avons pas envoyé l'invitation au professeur.
7. Gilbert et Arthur vont nous apporter le gâteau.
8. Sa mère va payer le repas à sa fille.

3 De quoi parle-t-on? Avec un(e) partenaire, imaginez les questions qui ont donné ces réponses. Ensuite, présentez vos questions à la classe.

MODÈLE

Il veut le lui vendre.
Il veut vendre son vélo à son camarade?

1. Marc va la lui donner.
2. Nous te l'avons envoyée hier.
3. Elle te les a achetés la semaine dernière.
4. Tu me les prêtes souvent.
5. Micheline ne va pas vous les prendre.
6. Tu ne nous les as pas prises.
7. Rendez-les-moi!
8. Ne le lui disons pas!
9. Vous n'allez pas le leur apporter.

Communication

4 Une entrevue Avec un(e) partenaire, répondez aux questions sur votre enfance. Utilisez deux pronoms dans vos réponses.

1. Est-ce que tes parents te montraient les films de Disney quand tu étais petit(e)?
2. Est-ce que tu vas montrer les films de Disney à tes enfants un jour?
3. Est-ce que quelqu'un te parlait en français quand tu étais petit(e)?
4. Qui t'a acheté ton premier vélo?
5. Qui te faisait à dîner quand tu étais petit(e)?
6. Qui te préparait le petit-déjeuner le matin?
7. Qui t'achetait tes vêtements quand tu étais petit(e)?
8. Est-ce que quelqu'un vous lisait les livres du Dr. Seuss, à toi et à tes frères et sœurs?

5 Qui vous aide? Avec un(e) partenaire, posez des questions avec les pronoms interrogatifs **qui** et **quand**. Vous pouvez choisir le présent, le passé composé ou l'imparfait. Répondez aux questions avec deux pronoms.

> **MODÈLE** prêter sa voiture
>
> **Élève 1:** *Qui te prête sa voiture?*
> **Élève 2:** *Ma mère me la prête.*
> **Élève 1:** *Quand est-ce qu'elle te la prête?*
> **Élève 2:** *Elle me la prête le vendredi.*

faire la cuisine	nettoyer la chambre
faire le lit	acheter un cadeau
laver les vêtements	prêter ses livres

6 Les courses Avec un(e) partenaire, préparez deux dialogues basés sur deux des photos. À tour de rôle, jouez le/la client(e) et le/la marchand(e). Utilisez le vocabulaire de la leçon et deux pronoms, si possible, dans les dialogues.

commander	être au régime	du poulet
des croissants	les fruits de mer	une saucisse
cuisiner	un plat	un steak
une entrée	du porc	une tarte

Révision

1 **Fais les courses pour moi** Vous n'avez pas le temps d'aller dans tous ces magasins. Choisissez un magasin. Puis, par groupes de quatre, trouvez des camarades qui vont dans d'autres magasins. À tour de rôle, demandez-leur de faire des courses pour vous. Utilisez des pronoms doubles dans vos réponses.

MODÈLE

Élève 1: *J'ai besoin de deux filets de poissons. Tu peux me les prendre à la poissonnerie?*
Élève 2: *Pas de problème. Et moi, j'ai besoin de...*

un camembert	six croissants
deux bouteilles de lait	une tarte aux pêches
deux filets de poissons	des tomates
douze œufs	une tranche de jambon
quatre côtes (*chops*) de porc	trois baguettes

2 **Je les leur commande** Vous êtes au restaurant. Avec un(e) partenaire, choisissez le meilleur plat pour chaque membre de votre famille. Employez des comparatifs, des superlatifs et des pronoms doubles dans vos réponses.

MODÈLE

Élève 1: *Et le poulet?*
Élève 2: *Mon père mange du poulet plus souvent que ma mère. Je vais le lui commander.*

Assiette de fruits de mer	Petits pois et carottes
Bœuf avec une sauce tomate	Pizza aux quatre fromages
Hamburger et frites	Sandwich au thon
Pêches à la crème	Tarte aux pommes

3 **Mes plats préférés** Par groupes de trois, interviewez vos camarades. Quels sont les plats qu'ils aiment le mieux? Quand les ont-ils mangés la dernière fois? Choisissez vos trois plats préférés, puis comparez-les avec les plats de vos camarades. Employez des comparatifs, des superlatifs et le passé récent.

4 **Le week-end dernier** Préparez deux listes par écrit, une pour les choses que vous avez pu faire le week-end dernier et une pour les choses que vous n'avez pas pu faire. Ensuite, avec un(e) partenaire, comparez vos listes et expliquez vos réponses. Employez les verbes **devoir**, **vouloir** et **pouvoir** au passé composé et, si possible, les pronoms doubles.

MODÈLE

Élève 1: *J'ai voulu envoyer un e-mail à ma cousine.*
Élève 2: *Est-ce que tu as pu le lui envoyer?*

Choses que j'ai pu faire	Choses que je n'ai pas pu faire
_____	_____
_____	_____
_____	_____

5 **C'est mieux** Par groupes de trois, donnez votre opinion sur ces sujets. Pour chaque sujet, comparez les deux options. Soyez prêt(e)s à présenter les résultats de vos discussions à la classe.

MODÈLE apporter des fleurs ou des chocolats à un dîner

Élève 1: *C'est plus sympa d'apporter des fleurs à un dîner.*
Élève 2: *Oui, on peut les mettre sur la table. Elles sont plus jolies que des chocolats.*
Élève 3: *Peut-être, mais les chocolats, c'est un cadeau plus généreux.*

- commencer ou finir un régime
- faire les courses ou faire la cuisine
- manger ou faire la cuisine

6 **Six différences** Votre professeur va vous donner, à vous et à votre partenaire, deux feuilles d'activités différentes. Comparez les deux familles pour trouver les six différences. Attention! Ne regardez pas la feuille de votre partenaire.

MODÈLE

Élève 1: *Fatiha est aussi grande que Samira.*
Élève 2: *Non, Fatiha est moins grande que Samira.*

À l'écoute vhlcentral

Jotting down notes as you listen

Jotting down notes while you listen to a conversation in French can help you keep track of the important points or details. It will help you to focus actively on comprehension rather than on remembering what you have heard.

🔊 To practice this strategy, you will listen to a paragraph. Jot down the main points you hear.

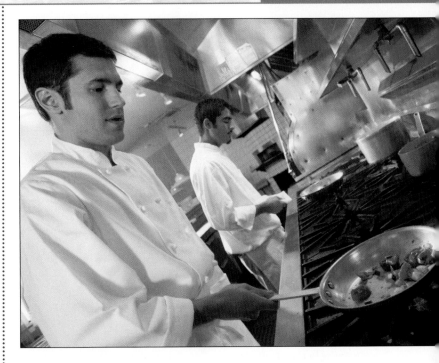

Préparation

Regardez la photo et décrivez la scène. Où sont ces hommes? Que font-ils? Qui sont-ils, à votre avis? Qu'y a-t-il dans la poêle (*frying pan*)? À votre avis, que préparent-ils?

🔊 À vous d'écouter

Écoutez les instructions pour préparer une salade niçoise et notez les ingrédients nécessaires.

Pour la salade

_____   _____

_____   _____

_____   _____

_____   _____

Pour la vinaigrette (*dressing*)

_____   _____

_____   _____

_____   _____

Compréhension

Le bon ordre Mettez ces instructions simplifiées dans le bon ordre, d'après la recette de la salade niçoise.

_____ **a.** Mélanger (*Mix*) le vinaigre, l'huile d'olive, la moutarde et l'ail pour faire la vinaigrette.

_____ **b.** Mettre le thon et les olives sur la salade.

_____ **c.** Couper (*Cut*) les œufs et les mettre dans la salade.

_____ **d.** Faire cuire (*Cook*) les pommes de terre, les haricots verts et les œufs.

_____ **e.** Mettre les morceaux de tomates et de poivron sur la salade.

_____ **f.** Laver la salade et la mettre dans une grande assiette.

_____ **g.** Mettre les haricots verts et les pommes de terre sur la salade.

_____ **h.** Mettre la vinaigrette sur la salade et servir.

 Votre recette préférée Quel est votre plat ou dessert favori? Donnez la liste des ingrédients qu'il faut pour le préparer, puis expliquez à un groupe de camarades comment le préparer. Ne leur donnez pas le nom du plat. Ils vont prendre des notes et essayer de le deviner (*to guess*). Ensuite, changez de rôles.

Panorama

vhlcentral

La Normandie

La région en chiffres

- ▶ **Superficie:** *29.906 km² (vingt-neuf mille neuf cent six kilomètres carrés°)*
- ▶ **Population:** *3.328.364 (trois millions trois cent vingt-huit mille trois cent soixante-quatre)*
  SOURCE: Institut National de la Statistique et des Études Économiques (INSEE)
- ▶ **Industries principales:** *élevage bovin°, énergie nucléaire, raffinage° du pétrole*
- ▶ **Villes principales:** *Alençon, Caen, Évreux, Le Havre, Rouen*

Personnages célèbres

- ▶ **la comtesse de Ségur,** *écrivaine (1799–1874)*
- ▶ **Guy de Maupassant,** *écrivain (1850–1893)*
- ▶ **Christian Dior,** *couturier° (1905–1957)*

La Bretagne

La région en chiffres

- ▶ **Superficie:** *27.208 km² (vingt-sept mille deux cent huit kilomètres carrés)*
- ▶ **Population:** *3.237.097*
- ▶ **Industries principales:** *agriculture, élevage°, pêche°, tourisme*
- ▶ **Villes principales:** *Brest, Quimper, Rennes, Saint-Brieuc, Vannes*

Personnages célèbres

- ▶ **Anne de Bretagne,** *reine° de France (1477–1514)*
- ▶ **Jacques Cartier,** *explorateur (1491–1557)*
- ▶ **Bernard Hinault,** *cycliste (1954–)*

carrés *square* élevage bovin *raising cattle* raffinage *refining* couturier *fashion designer* élevage *raising livestock* pêche *fishing* reine *queen* les plus grandes marées *the highest tides* presqu'île *peninsula* entourée de sables mouvants *surrounded by quicksand* basse *low* île *island* haute *high* chaque *each* siècle *century* pèlerinage *pilgrimage* falaises *cliffs* moulin *mill*

LE ROYAUME-UNI

LA MANCHE

LA FRANCE

les falaises° d'Étretat

Dieppe

Cherbourg

Le Havre
la Seine
Rouen

Deauville

Caen
NORMANDIE

Évreux

Brest

St-Brieuc

Le Mont-St-Michel

Alençon

Quimper
BRETAGNE

Rennes

Lorient

Vannes

Belle Île en Mer

L'OCÉAN ATLANTIQUE

l'art de faire les crêpes

un moulin° en Bretagne

0   50 miles
0   50 kilomètres

Incroyable mais vrai!

C'est au Mont-Saint-Michel qu'il y a les plus grandes marées° d'Europe. Une presqu'île° entourée de sables mouvants° à marée basse°, le Mont-Saint-Michel est transformé en île° à marée haute°. Trois millions de touristes visitent chaque° année l'église du onzième siècle°, centre de pèlerinage° depuis 1000 (mille) ans.

La gastronomie

Les crêpes bretonnes et le camembert normand

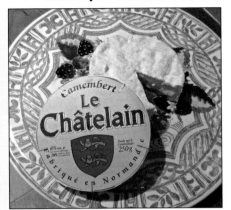

Les crêpes sont une des spécialités culinaires de Bretagne; en Normandie, c'est le camembert. Les crêpes sont appréciées sucrées, salées°, flambées... Dans les crêperies°, le menu est complètement composé de crêpes! Le camembert normand est un des grands symboles gastronomiques de la France. Il est vendu dans la fameuse boîte en bois ronde° pour une bonne conservation.

Les arts

Giverny et les impressionnistes

La maison de Claude Monet, maître du mouvement impressionniste, est à Giverny, en Normandie. Après des rénovations, la résidence et les deux jardins ont aujourd'hui leur ancienne° splendeur. Le légendaire jardin aquatique est la source d'inspiration pour des peintures° célèbres comme *Les Nymphéas*° et *Le Pont japonais*°. Depuis la fin° du dix-neuvième siècle°, beaucoup d'artistes américains, influencés par les techniques impressionnistes, font de la peinture à Giverny.

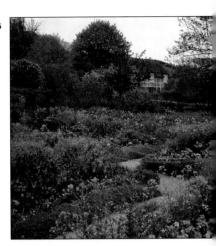

Les monuments

Les menhirs et les dolmens

À Carnac, en Bretagne, il y a 3.000 (trois mille) menhirs et dolmens. Les menhirs sont d'énormes pierres° verticales. Alignés ou en cercle, ils avaient une fonction rituelle associée au culte de la fécondité ou du soleil°. Les plus anciens° datent de 4.500 (quatre mille cinq cents) ans avant J.-C.° Les dolmens servaient de sépultures° collectives et étaient peut-être utilisés dans des rites funéraires de passage de la vie° à la mort°.

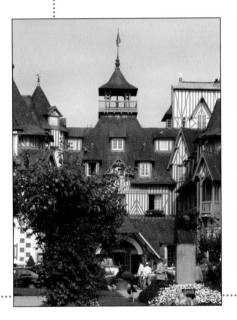

Les destinations

Deauville: station balnéaire de réputation internationale

Deauville, en Normandie, est une station balnéaire° de luxe et un centre de thalassothérapie°. La ville est célèbre pour sa marina, ses courses hippiques°, son casino, ses grands hôtels et son festival du film américain. La clientèle internationale apprécie beaucoup la plage, le polo et le golf. L'hôtel le Royal Barrière était un palace° du début° du vingtième siècle.

Compréhension Complétez ces phrases.

1. _____ était un explorateur breton.
2. À marée haute, le Mont-Saint-Michel est une _____.
3. _____ sont une spécialité bretonne.
4. Dans _____, on mange uniquement des crêpes.
5. _____ est vendu dans une boîte en bois ronde.

6. Le _____ de Monet est la source d'inspiration de beaucoup de peintures.
7. Beaucoup d'artistes _____ ont fait de la peinture à Giverny.
8. Les menhirs avaient une fonction _____.
9. Les dolmens servaient de _____.
10. Deauville est une _____ de luxe.

Sur Internet

1. Cherchez des informations sur les marées du Mont-Saint-Michel. À quelle heure est la marée haute aujourd'hui?

2. Cherchez des informations sur deux autres peintres impressionnistes. Trouvez deux peintures que vous aimez et dites (*say*) pourquoi vous les aimez.

salées *savory* **crêperies** *crêpe restaurants* **boîte en bois ronde** *round, wooden box* **ancienne** *former* **peintures** *paintings* **Nymphéas** *Waterlilies* **Pont japonais** *Japanese Bridge* **la fin** *the end* **siècle** *century* **pierres** *stones* **soleil** *sun* **Les plus anciens** *The oldest* **avant J.-C.** *B.C.* **sépultures** *graves* **vie** *life* **mort** *death* **station balnéaire** *seaside resort* **thalassothérapie** *seawater therapy* **courses hippiques** *horse races* **palace** *luxury hotel* **début** *beginning*

Lecture vhlcentral

Avant la lecture

STRATÉGIE

Reading for the main idea

As you know, you can learn a great deal about a reading selection by looking at its format and by looking for cognates, titles, and subtitles. You can skim to get the gist of the reading selection and scan it for specific information. Reading for the main idea is another useful strategy; it involves locating the topic sentences of each paragraph to determine the author's purpose. Topic sentences can provide clues about the content of each paragraph, as well as the general organization of the reading. Your choice of which reading strategies to use will depend on the style and format of each reading selection.

Examinez le texte

Cette lecture comporte (*includes*) deux textes. Regardez ces textes rapidement. Leur format est-il similaire ou différent? Quelles stratégies vont être utiles pour identifier le genre de ces textes, d'après vous? Comparez vos idées avec un(e) camarade.

Comparez les deux textes

Premier texte

Analysez le format du texte. Y a-t-il un titre? Des sous-titres? Plusieurs sections? Comment ce texte est-il organisé? Regardez rapidement le contenu (*content*) du texte. Quel genre de vocabulaire trouvez-vous dans ce texte? D'après vous, qu'est-ce que c'est?

Deuxième texte

Ce texte est-il organisé comme (*like*) le premier texte? Y a-t-il un titre, des sous-titres et plusieurs parties? Y a-t-il des informations similaires aux informations données dans le premier texte? Lesquelles? (*Which ones?*) Le vocabulaire est-il similaire au vocabulaire du premier texte? D'après vous, quel genre de texte est le deuxième texte? Les deux textes parlent-ils du même restaurant?

Chez Michel

12, rue° des Oliviers • 75006 Paris
Tél. 01.42.56.78.90
Ouvert° tous les soirs, de 19h00 à 23h30

Menu à 18 euros • Service compris

Entrée (au choix°)

Assiette de charcuterie

Escargots (1/2 douzaine°)

Salade de tomates au thon

Pâté de campagne

Soupe de légumes

Plat principal (au choix)

Poulet rôti° haricots verts

Steak au poivre pommes de terre

Thon à la moutarde (riz ou légumes au choix)

Bœuf aux carottes et aux champignons

Pâtes aux fruits de mer

Salade verte et plateau de fromages°

Dessert (au choix)

Tarte aux pommes

Tarte aux poires

Fruits de saison

Fraises à la crème Chantilly

Sorbet aux pêches

Gâteau au chocolat

Crème brûlée

Profiteroles au chocolat

À essayer: L'Huile d'Olive

Un nouveau restaurant provençal dans le quartier de Montmartre

L'Huile d'Olive
14, rue Molière
75018 Paris
01.44.53.76.35

Ouvert tous les jours sauf° le lundi
Le midi, de 12h00 à 14h30, Menu à 12 euros
et Plat du jour
Le soir, de 19h00 à 23h00, Menus à 15 et 20
euros, Carte

De l'extérieur, L'Huile d'Olive est un restaurant aux murs gris, dans une petite rue triste du quartier de Montmartre. Mais à l'intérieur, tout change. C'est la Provence, avec tout son soleil et toute sa beauté. Les propriétaires, Monsieur et Madame Duchesnes, ont transformé ce vieux restaurant qui est maintenant entièrement décoré dans le style provençal, en bleu et jaune. Dans ce nouveau restaurant très sympathique, les propriétaires vous proposent des plats provençaux traditionnels préparés avec soin°. Comme entrée, je vous recommande la salade de tomates à l'ail ou le carpaccio de thon à l'huile d'olive. Comme plat principal, commandez la daube° provençale, si vous aimez le bœuf, ou le poulet au pastis°. Le plateau des Sept Mers est un excellent choix pour les amoureux des fruits de mer. Comme légumes, essayez les pommes de terre au romarin° ou les petits pois aux oignons. Pour les végétariens, Madame Duchesnes propose des pâtes aux légumes avec une sauce à la crème délicieuse ou bien une ratatouille° de légumes fantastique. À la fin° du repas, commandez le fromage de chèvre° ou si vous préférez les desserts, goûtez la tarte poires-chocolat.

À L'Huile d'Olive, tout est délicieux et le service est impeccable. Alors, n'hésitez pas! Allez à L'Huile d'Olive pour goûter la Provence! ***

Après la lecture

Vrai ou faux? Indiquez si les phrases au sujet du premier texte sont **vraies** ou **fausses**. Corrigez les phrases fausses.

1. On peut déjeuner au restaurant Chez Michel.
   _____

2. Il n'y a pas de poisson dans les entrées.
   _____

3. Il n'y a pas de plat principal pour les végétariens.
   _____

4. Le poulet rôti est accompagné de légumes.
   _____

5. Il y a trois plats principaux avec du bœuf.
   _____

6. On ne peut pas commander de fromage ou de dessert.
   _____

Commandez Suggérez une entrée, un plat et un dessert pour ces personnes qui vont dîner au restaurant Chez Michel.

1. Mme Lonier est au régime et elle n'aime pas la viande.

2. M. Sanchez ne mange pas de viande et il n'aime pas le thon. Il adore les légumes, mais il ne mange jamais de fruits.

3. Mme Petit a envie de manger de la viande, mais elle n'aime pas beaucoup le bœuf. Elle n'aime ni (*neither*) les gâteaux ni (*nor*) les tartes.

4. Et vous, qu'est-ce que vous avez envie de goûter au restaurant Chez Michel? Pourquoi?

Répondez Répondez aux questions par des phrases complètes, d'après le deuxième texte.

1. Comment s'appelle le restaurant?

2. Combien coûtent les menus du soir?

3. Quel est le style de cuisine du restaurant?

4. Quelles viandes le critique (*critic*) recommande-t-il?

5. Comment Madame Duchesnes prépare-t-elle les pâtes?

6. Le critique a-t-il aimé ce restaurant? Justifiez votre réponse.

À Vous Vous et votre partenaire allez manger dans un de ces deux restaurants. Décidez quel restaurant vous préférez. Est-ce que vous allez déjeuner ou dîner? Qu'est-ce que vous allez commander? Combien d'argent allez-vous dépenser?

---

rue *street* **Ouvert** *Open* **choix** *choice* **douzaine** *dozen* **rôti** *roast* **plateau de fromages** *cheeseboard* **sauf** *except* **soin** *care* **daube** *beef stew* **pastis** *anise liquor* **romarin** *rosemary* **ratatouille** *vegetable stew* **fin** *end* **chèvre** *goat*

Écriture

Expressing and supporting opinions

Written reviews are just one of the many kinds of writing that require you to state your opinions. In order to convince your reader to take your opinions seriously, it is important to support them as thoroughly as possible. Details, facts, examples, and other forms of evidence are necessary. In a restaurant review, for example, it is not enough just to rate the food, service, and atmosphere. Readers will want details about the dishes you ordered, the kind of service you received, and the type of atmosphere you encountered. If you were writing a concert or album review, what kinds of details might your readers expect to find?

It is easier to include details that support your opinions if you plan ahead. Before going to a place or event that you are planning to review, write a list of questions that your readers might ask. Decide which aspects of the experience you are going to rate, and list the details that will help you decide upon a rating. You can then organize these lists into a questionnaire and a rating sheet. Bring these forms with you to remind you of the kinds of information you need to gather in order to support your opinions. Later, these forms will help you organize your review into logical categories. They can also provide the details and other evidence you need to convince your readers of your opinions.

Thème

Écrire une critique

Avant l'écriture

1. Vous allez écrire la critique d'un restaurant de votre ville pour le journal du lycée. Avant de l'écrire, vous allez d'abord créer un questionnaire et une feuille d'évaluation (*rating*) pour vous faire (*to form*) une opinion. Ces éléments vont aussi vous servir pour l'écriture de votre critique.

2. Travaillez avec un(e) partenaire pour créer le questionnaire. Vous pouvez utiliser ces questions ou en inventer (*invent some*) d'autres. Incluez les quatre catégories indiquées.

- **Cuisine** Quel(s) type(s) de plat(s) y a-t-il au menu? Le restaurant a-t-il une spécialité? Quels plats avez-vous goûtés? Quels en sont les ingrédients? Est-ce que les ingrédients sont bio (*organic*)?

- **Service** Comment est le service? Le service est-il lent ou rapide? Les serveurs sont-ils gentils et polis?

- **Ambiance** Comment est le restaurant? Est-il beau? Grand? Bien décoré? Est-ce un restaurant simple ou élégant? Y a-t-il une terrasse? Des musiciens?

- **Informations pratiques** Quel est le prix moyen d'un repas dans ce restaurant (au déjeuner et/ou au dîner)? Où est le restaurant? Quelle est son adresse et son numéro de téléphone? A-t-il un site Web? Quelles sont ses heures d'ouverture (*operating hours*)?

3. Après avoir écrit le questionnaire, utilisez les quatre catégories et la liste de questions pour créer une feuille d'évaluation. Un restaurant reçoit (*gets*) trois étoiles (*stars*) s'il est très bon et ne reçoit pas d'étoile s'il est mauvais.

4. Après avoir créé la feuille d'évaluation, utilisez-la pour évaluer un restaurant que vous connaissez. Utilisez des comparatifs et des superlatifs quand vous écrivez vos commentaires et vos opinions.

Nom du restaurant:

Nombre d'étoiles:

   1. Cuisine

      Type:

      Ingrédients:

      Qualité:

      Meilleur plat:

      Pire plat:

      Informations sur le chef:

Écriture

Utilisez la feuille d'évaluation que vous avez complétée pour écrire votre critique culinaire. Votre critique doit avoir:

1. une introduction pour indiquer votre opinion générale du restaurant et le nombre d'étoiles qu'il a reçu (*got*)

2. une description de la carte

3. une description du service

4. une description de l'ambiance (*atmosphere*)

5. des informations pratiques

6. une conclusion pour souligner (*to emphasize*) votre opinion et pour donner des suggestions pour améliorer (*to improve*) le restaurant

Après l'écriture

1. Échangez votre critique avec celle (*the one*) d'un(e) partenaire. Répondez à ces questions pour commenter son travail.

■ Votre partenaire a-t-il/elle écrit une introduction présentant (*presenting*) une opinion générale du restaurant?

■ Votre partenaire a-t-il/elle commenté la cuisine, le service, l'ambiance et les informations pratiques?

■ Votre partenaire a-t-il/elle écrit une conclusion présentant une nouvelle fois son opinion et proposant (*suggesting*) des suggestions pour le restaurant?

■ Votre partenaire a-t-il/elle utilisé des comparatifs et des superlatifs pour décrire le restaurant?

■ Quel(s) détail(s) ajouteriez-vous (*would you add*)? Quel(s) détail(s) enlèveriez-vous (*would you delete*)? Quel(s) autre(s) commentaire(s) avez-vous pour votre partenaire?

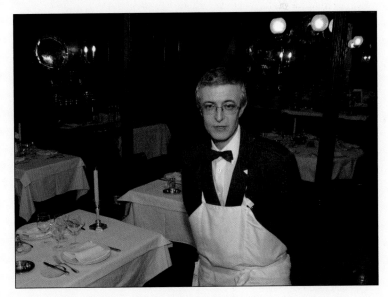

2. Corrigez votre critique d'après (*according to*) les commentaires de votre partenaire. Relisez votre travail pour éliminer ces problèmes:

■ des fautes (*errors*) d'orthographe et de ponctuation

■ des fautes de conjugaison

■ des fautes d'accord (*agreement*) des adjectifs

■ un mauvais emploi de l'imparfait et du passé composé

■ un mauvais emploi des comparatifs et des superlatifs

Leçon 1A

À table!

cuisiner	to cook
un déjeuner	lunch
un dîner	dinner
un goûter	afternoon snack
un petit-déjeuner	breakfast
un repas	meal

Les fruits

une banane	banana
une fraise	strawberry
un fruit	fruit
une orange	orange
une pêche	peach
une poire	pear
une pomme	apple
une tomate	tomato

Les légumes

l'ail (m.)	garlic
une carotte	carrot
un champignon	mushroom
des haricots verts (m.)	green beans
une laitue	lettuce
un légume	vegetable
un oignon	onion
des petits pois (m.)	peas
un poivron (vert, rouge)	(green, red) pepper
une pomme de terre	potato
une salade	salad

Les viandes et les poissons

le boeuf	beef
un escargot	escargot, snail
les fruits de mer (m.)	seafood
un pâté (de campagne)	pâté, meat spread
le porc	pork
un poulet	chicken
une saucisse	sausage
un steak	steak
le thon	tuna
la viande	meat

Autres aliments

un aliment	food item
la confiture	jam
la nourriture	food, sustenance
un oeuf	egg
des pâtes (f.)	pasta
le riz	rice
une tarte	pie, tart
un yaourt	yogurt

Les achats

faire les courses (f.)	to go (grocery) shopping
un supermarché	supermarket

Expressions utiles

See p. 77.

Verbes

devenir	to become
devoir	to have to (must); to owe
maintenir	to maintain
pouvoir	to be able to (can)
retenir	to keep, to retain
revenir	to come back
tenir	to hold
venir	to come
vouloir	to want; to mean (with **dire**)

Autres mots et locutions

depuis + [time]	since
il y a + [time]	ago
pendant + [time]	for

Leçon 1B

À table!

une assiette	plate
un bol	bowl
une carafe d'eau	pitcher of water
une carte	menu
un couteau	knife
une cuillère (à soupe/à café)	spoon (soup spoon/teaspoon)
une fourchette	fork
un menu	menu
une nappe	tablecloth
une serviette	napkin
une boîte (de conserve)	can
la crème	cream
l'huile (d'olive) (f.)	(olive) oil
la mayonnaise	mayonnaise
la moutarde	mustard
le poivre	pepper
le sel	salt
la soupe	soupe
une tranche	slice
À table!	Dinner is ready!
compris	included

Les repas

commander	to order
être au régime	to be on a diet
goûter	to taste
une entrée	appetizer, starter
un hors-d'oeuvre	hors-d'oeuvre, appetizer
un plat (principal)	(main) dish

Les achats

une boucherie	butcher's shop
une boulangerie	bread shop, bakery
une charcuterie	delicatessen
une pâtisserie	pastry shop, bakery
une poissonnerie	fish shop
un(e) commerçant(e)	shopkeeper
un kilo(gramme)	kilo(gram)

Expressions utiles

See p. 95.

Comparatives and superlatives

plus + [adjective/ adverb] + que	more... than
aussi + [adjective/ adverb] + que	as... as
moins + [adjective/ adverb] + que	less... than
[noun] + le/la/ les + plus + [adjective] + de	the most
[noun] + le/la/ les + moins + [adjective] + de	the least
bon(ne)(s)	good
mauvais(e)(s)	bad
meilleur(e)(s)	better
pire(s)/plus mauvais(e)(s)	worse
le/la/les meilleur(e)(s)	best
le/la/les pire(s); le/la/les plus mauvais(e)(s)	worst
bien	well
mieux	better
le mieux	best

La santé

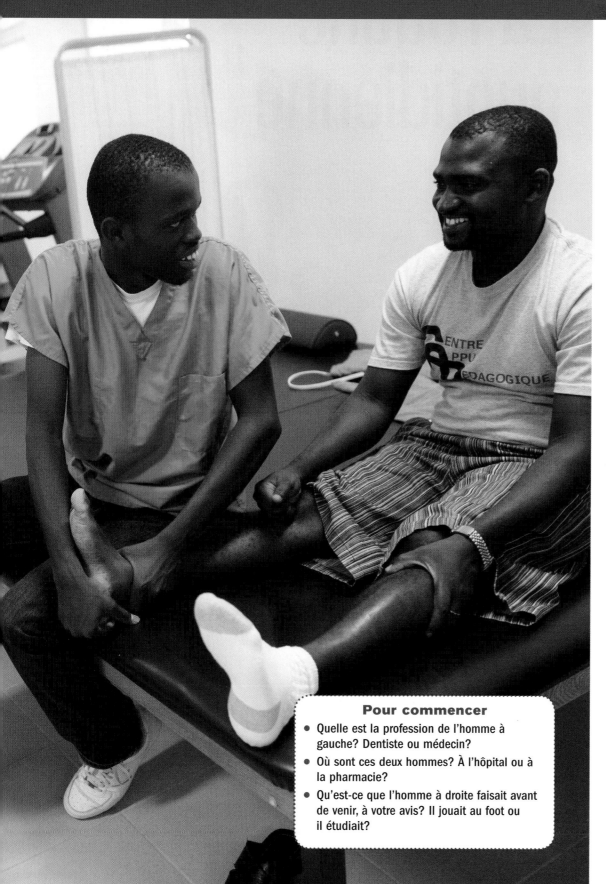

Leçon 2A

CONTEXTES . . . pages 116–119
- Parts of the body
- Daily routine
- **Ch**, **qu**, **ph**, **th**, and **gn**

ROMAN-PHOTO pages 120–121
- **Drôle de surprise**

CULTURE . . . . . . pages 122–123
- Healthcare in France

STRUCTURES. . pages 124–131
- Reflexive verbs
- Reflexives: **Sens idiomatique**

SYNTHÈSE . . . . pages 132–133
- **Révision**
- **Le Zapping**

Leçon 2B

CONTEXTES . . . pages 134–137
- Maladies and remedies
- **p**, **t**, and **c**

ROMAN-PHOTO . pages 138–139
- **L'accident**

CULTURE . . . . . . pages 140–141
- **La sécurité sociale**
- **Flash culture**

STRUCTURES. . pages 142–149
- The **passé composé** and **imparfait** of reflexive verbs
- The pronouns **y** and **en**

SYNTHÈSE . . . . pages 150–151
- **Révision**
- **À l'écoute**

Savoir-faire . pages 152–157
- **Panorama: La Nouvelle-Aquitaine** and **l'Occitanie**
- **Lecture:** Read an article on healthy living.
- **Écriture:** Write a letter of excuse.

Pour commencer
- Quelle est la profession de l'homme à gauche? Dentiste ou médecin?
- Où sont ces deux hommes? À l'hôpital ou à la pharmacie?
- Qu'est-ce que l'homme à droite faisait avant de venir, à votre avis? Il jouait au foot ou il étudiait?

🔊 **vhl**central

You will learn how to...
- describe your daily routine
- discuss personal hygiene

🔊 **vhl**central

La routine quotidienne

Vocabulaire

faire sa toilette	to wash up
se brosser les cheveux	to brush one's hair
se brosser les dents	to brush one's teeth
se coiffer	to do one's hair
se coucher	to go to bed
se déshabiller	to undress oneself
s'endormir	to go to sleep, to fall asleep
s'habiller	to get dressed
se laver (les mains)	to wash oneself (one's hands)
prendre une douche	to take a shower
se regarder	to look at oneself
se réveiller	to wake up
se sécher	to dry oneself
le shampooing	shampoo
le cœur	heart
le corps	body
le dos	back
la gorge	throat
une joue	cheek
un orteil	toe
la peau	skin
la poitrine	chest
la taille	waist
le visage	face

une serviette de bain

une brosse à dents

une brosse à cheveux

le maquillage

un rasoir

un peigne

Elle se maquille. (se maquiller)

le savon

le dentifrice

la crème à raser

Il se rase. (se raser)

une pantoufle

Attention!

The verbs following the pronoun **se** are called reflexive verbs. You will learn more about them in STRUCTURES. For now, when talking about another person, place the pronoun **se** between the subject and the verb.

Il se regarde. *He looks at himself.*
Elle se réveille. *She wakes up.*

la tête
un œil (yeux *pl.*)
le nez
une oreille
la bouche
un bras
le cou
le réveil
un doigt
le ventre
un genou (genoux *pl.*)
une jambe
Elle se lève. (se lever)
un pied
un doigt de pied

Mise en pratique

1 **Associations** Associez les activités de la colonne de gauche aux parties du corps correspondantes des colonnes de droite. Notez que certains éléments ne sont pas utilisés et que d'autres sont utilisés plus d'une fois.

_____ 1. écouter
_____ 2. manger
_____ 3. marcher
_____ 4. montrer
_____ 5. parler
_____ 6. penser
_____ 7. sentir
_____ 8. regarder

a. la bouche
b. la gorge
c. l'orteil
d. l'œil
e. l'oreille

f. le pied
g. la taille
h. la tête
i. le doigt
j. le nez

2 **Ça commence mal!** Complétez le paragraphe sur le matin d'Alexandre avec les mots et expressions de la liste. Tous les mots et expressions ne sont pas utilisés.

bras	se coucher	se laver	réveil
se brosser les dents	gorge	peigne	ventre
cœur	s'habiller	pied	yeux

Ce matin, Alexandre n'entend pas son (1) _____. Quand il se lève, il met d'abord le (2) _____ gauche par terre. Il entre dans la salle de bains. Là, il ne trouve pas le (3) _____ pour se coiffer ni (*nor*) le dentifrice pour (4) _____. Il se regarde dans le miroir. Ses (5) _____ sont tout rouges. Comme il a très faim, son (6) _____ commence à faire du bruit (*noise*). Il retourne ensuite dans sa chambre pour (7) _____. Il met un pantalon noir et une chemise bleue. Puis, il descend les escaliers et tombe. Après un moment, il retourne dans sa chambre. Après un tel début (*such a beginning*) de journée, Alexandre va (8) _____.

3 **Écoutez** Sarah, son grand frère Guillaume et leur père parlent de qui va utiliser la salle de bains en premier ce matin. Écoutez la conversation et indiquez si les affirmations suivantes sont **vraies** ou **fausses**.

	Vrai	Faux
1. Sarah n'a pas entendu son réveil.	☐	☐
2. Guillaume ne va pas se raser.	☐	☐
3. Guillaume doit encore prendre une douche et se brosser les dents.	☐	☐
4. Guillaume demande à Sarah de lui apporter de la crème à raser.	☐	☐
5. Guillaume demande un savon à Sarah.	☐	☐
6. Guillaume demande une grande serviette de bain à Sarah.	☐	☐
7. Sarah doit prendre une douche et s'habiller en moins de vingt minutes.	☐	☐
8. Sarah décide de ne pas se maquiller et de ne pas se sécher les cheveux aujourd'hui.	☐	☐

Communication

4 **Que font-ils?** Écrivez ce que (*what*) font ces personnes et ce qu'elles utilisent pour le faire. Donnez autant de (*as many*) détails que possible. Ensuite, à tour de rôle, lisez vos descriptions à votre partenaire. Il/Elle doit deviner quelle image vous décrivez.

1.

2.

3.

4.

5.

6.

7.

8.

5 **Définitions** Créez votre propre définition des mots de la liste. Ensuite, à tour de rôle, lisez vos définitions à votre partenaire. Il/Elle doit deviner le mot correspondant.

MODÈLE

cheveux
Élève 1: *On utilise une brosse ou un peigne pour les coiffer. Qu'est-ce que c'est?*
Élève 2: *Ce sont les cheveux.*

1. le cœur
2. le corps
3. le cou
4. les dents
5. le dos
6. le genou
7. la joue
8. le nez
9. l'œil
10. l'orteil
11. la poitrine
12. le visage

6 **Décrivez** Avec un(e) partenaire, décrivez votre acteur/actrice préféré(e) et sa routine du matin. Utilisez les adjectifs de la liste et les mots et les expressions de cette leçon.

beau	gros	petit
court	heureux	sincère
égoïste	jeune	de taille moyenne
grand	long	vieux

7 **Que fait-elle?** Votre professeur va vous donner, à vous et à votre partenaire, deux feuilles d'activités différentes. À tour de rôle, posez-vous des questions pour savoir ce que fait Nadia chaque soir et chaque matin. Attention! Ne regardez pas la feuille de votre partenaire.

MODÈLE

Élève 1: *À vingt-trois heures, Nadia se déshabille et met son pyjama. Que fait-elle ensuite?*
Élève 2: *Après, elle...*

Les sons et les lettres 🔊 vhlcentral

ch, qu, ph, th, and gn

The letter combination **ch** is usually pronounced like the English *sh*, as in the word *shoe*.

| **chat** | **chien** | **chose** | **enchanté** |

In words borrowed from other languages, the pronunciation of **ch** may be irregular. For example, in words of Greek origin, **ch** is pronounced **k**.

| **psychologie** | **technologie** | **archaïque** | **archéologie** |

The letter combination **qu** is almost always pronounced like the letter **k**.

| **quand** | **pratiquer** | **kiosque** | **quelle** |

The letter combination **ph** is pronounced like an **f**.

| **téléphone** | **photo** | **prophète** | **géographie** |

The letter combination **th** is pronounced like the letter **t**. English *th* sounds, as in the words *this* and *with*, never occur in French.

| **thé** | **athlète** | **bibliothèque** | **sympathique** |

The letter combination **gn** is pronounced like the sound in the middle of the English word *onion*.

| **montagne** | **espagnol** | **gagner** | **Allemagne** |

Prononcez Répétez les mots suivants à voix haute.

1. thé
2. quart
3. chose
4. question
5. cheveux
6. parce que
7. champagne
8. casquette
9. philosophie
10. fréquenter
11. photographie
12. sympathique

Articulez Répétez les phrases suivantes à voix haute.

1. Quentin est martiniquais ou québécois?
2. Quelqu'un explique la question à Joseph.
3. Pourquoi est-ce que Philippe est inquiet?
4. Ignace prend une photo de la montagne.
5. Monique fréquente un café en Belgique.
6. Théo étudie la physique.

Dictons Répétez les dictons à voix haute.

N'éveillez pas le chat qui dort.[2]

La vache la première au pré lèche la rosée.[1]

[1] The early bird gets the worm. (lit. the cow that arrives at the pasture first licks the dew.)
[2] Let sleeping dogs lie. (lit. Don't wake a sleeping cat.)

Drôle de surprise vhlcentral

PERSONNAGES

David

Rachid

Chez David et Rachid...
DAVID Oh là là, ça ne va pas du tout, toi!
RACHID David, tu te dépêches? Il est sept heures et quart. Je dois me préparer, moi aussi!

DAVID Ne t'inquiète pas. Je finis de me brosser les dents!
RACHID On doit partir dans moins de vingt minutes. Tu ne te rends pas compte!
DAVID Excuse-moi, mais on s'est couché tard hier soir.
RACHID Oui et on ne s'est pas réveillé à l'heure, mais mon prof de sciences po, ça ne l'intéresse pas tout ça.

DAVID Attends, je ne trouve pas le peigne... Ah, le voilà. Je me coiffe... Deux secondes!
RACHID C'était vraiment sympa hier soir... On s'entend tous super bien et on ne s'ennuie jamais ensemble... Mais enfin, qu'est-ce que tu fais? Je dois me raser, prendre une douche et m'habiller, en exactement dix-sept minutes!

RACHID Bon, tu veux bien me passer ma brosse à dents, le dentifrice et un rasoir, s'il te plaît?
DAVID Attends une minute. Je me dépêche.
RACHID Comment est-ce qu'un mec peut prendre aussi longtemps dans la salle de bains?

DAVID Euh, j'ai un petit problème...
RACHID Qu'est-ce que tu as sur le visage?
DAVID Aucune idée.
RACHID Est-ce que tu as mal à la gorge? Fais: Ah!
RACHID Et le ventre, ça va?
DAVID Oui, oui, ça va...

RACHID Attends, je vais examiner tes yeux... regarde à droite, à gauche... maintenant ferme-les. Bien. Tourne-toi...
DAVID Hé!

ACTIVITÉS

1 **Vrai ou faux?** Indiquez si ces affirmations sont **vraies** ou **fausses**. Corrigez les phrases fausses.

1. David va bien ce matin.
2. Rachid est pressé (*in a hurry*) ce matin.
3. David se rase.
4. David se maquille.
5. Rachid doit prendre une douche.

6. David ne s'est pas réveillé à l'heure.
7. David s'est couché tôt hier soir.
8. Tout le monde s'est bien amusé (*had a good time*) hier soir.
9. Les amis se disputent ce matin.
10. Rachid est très inquiet pour David.

David et Rachid se préparent le matin.

DAVID Patience, cher ami!

RACHID Tu n'as pas encore pris ta douche?!

DAVID Ne te mets pas en colère. J'arrive, j'arrive! Voilà... un peu de crème sur le visage, sur le cou...

RACHID Tu te maquilles maintenant?

DAVID Ce n'est pas facile d'être beau, ça prend du temps, tu sais. Écoute, ça ne sert à rien de se disputer. Lis le journal si tu t'ennuies, j'ai bientôt fini.

RACHID Ne t'inquiète pas, c'est probablement une réaction allergique. Téléphone au médecin pour prendre un rendez-vous. Qu'est-ce que tu as mangé hier?

DAVID Eh ben... J'ai mangé un peu de tout! Hé! Je n'ai pas encore fini ma toilette!

RACHID Patience, cher ami!

Expressions utiles

Talking about your routine

- **Je dois me préparer.**
  I have to get (myself) ready.
- **Je finis de me brosser les dents!**
  I'm almost done brushing my teeth!
- **On s'est couché tard hier soir.**
  We went to bed late last night.
- **On ne s'est pas réveillé à l'heure.**
  We didn't wake up on time.
- **Je me coiffe.**
  I'm doing my hair.
- **Je dois me raser et m'habiller.**
  I have to shave (myself) and get dressed.
- **Tu te maquilles maintenant?**
  Are you putting makeup on now?

Talking about states of being

- **Ça ne sert à rien de se disputer.**
  It doesn't help to argue.
- **Tu te dépêches?**
  Are you hurrying?/Will you hurry?
- **Ne t'inquiète pas.**
  Don't worry.
- **Tu ne te rends pas compte!**
  You don't realize!
- **On s'entend tous super bien et on ne s'ennuie jamais ensemble.**
  We all get along really well and we never get bored with one another.
- **Ne te mets pas en colère.**
  Don't get angry.
- **Lis le journal si tu t'ennuies.**
  Read the paper if you're bored.

Additional vocabulary

- **Je me dépêche.**
  I'm hurrying.
- **un mec**
  a guy
- **Tourne-toi.**
  Turn around.
- **aucune idée**
  no idea

---

2 **Les opposés** Trouvez pour chaque verbe de la colonne de gauche son opposé dans les colonnes de droite. Utilisez un dictionnaire. Attention! Tous les mots ne sont pas utilisés.

_____ 1. bien s'entendre   a. s'amuser   d. s'appeler

_____ 2. s'ennuyer   b. s'occuper   e. se disputer

_____ 3. se dépêcher   c. se détendre   f. se coucher

_____ 4. se lever

_____ 5. se reposer

3 **Écrivez** Écrivez un paragraphe dans lequel (*in which*) vous décrivez la routine du matin et du soir de David ou de Rachid. Utilisez votre imagination et ce que vous savez de **ROMAN-PHOTO**.

A
C
T
I
V
I
T
É
S

vhl central

Les Français et la santé

Que fait-on en France quand on ne se sent pas bien? On peut, bien sûr, contacter son médecin. Généralement, il vous reçoit° dans son cabinet° pour une consultation et vous donne une ordonnance. Il faut ensuite se rendre à° la pharmacie et présenter son ordonnance pour acheter ses médicaments. Beaucoup de médicaments ne sont pas en vente libre°, donc consulter un médecin est important et nécessaire.

Cependant°, pour leurs petits problèmes de santé, les Français aiment demander conseil° à leur pharmacien. Les pharmaciens en France ont un diplôme spécialisé et font six années d'études supérieures. Ils sont donc très compétents pour donner des conseils de qualité. Les pharmacies sont faciles à trouver: elles ont toutes une grande croix° verte lumineuse° suspendue° à l'extérieur. Elles sont en général ouvertes du lundi au samedi, entre 9h00 et 20h00. Pour les jours fériés et la nuit, il existe des pharmacies de garde°, dont° la liste est affichée sur la porte de chaque pharmacie.

Quand on est très malade, le médecin donne une consultation à domicile°, ce qui° est très pratique pour les enfants et les personnes âgées°! En cas d'urgence, on peut appeler deux autres numéros. SOS Médecin existe dans toutes les grandes villes. Ses médecins répondent aux appels 24 heures sur 24 et font des visites à domicile. Pour les accidents et les gros problèmes, on peut contacter le Samu. C'est un service qui emmène les malades et les blessés° à l'hôpital si nécessaire.

Coup de main

In France, body temperature is measured in Celsius.

37°C is the normal body temperature.

Between **37°** and **38°C** is a slight fever.

For a fever above **38.5°C**, medication should be taken.

Between **39°** and **40°C** is a high fever.

reçoit *sees* cabinet *office* se rendre à *to go to* en vente libre *available over the counter*
Cependant *However* conseil *advice* croix *cross* lumineuse *illuminated* suspendue *hung*
de garde *emergency* dont *of which* à domicile *at home* ce qui *which*
personnes âgées *the elderly* blessés *injured* voient *see* homéopathie *homeopathy*

Les habitudes (*habits*) des Français et la santé

- 89% des Français voient° un médecin généraliste dans l'année.
- 54% vont chez le dentiste dans l'année.
- Les médecins donnent une ordonnance dans 80% des consultations.
- 57% des Français utilisent les médecines alternatives.
- 39% utilisent l'homéopathie° au moins une fois dans l'année.

SOURCES: INSEE, CNP/CNAM

A C T I V I T É S

1 Complétez Complétez les phrases, d'après le texte et le tableau.

1. À la fin d'une consultation, le médecin vous donne parfois _____.

2. _____ en France ne sont pas en vente libre.

3. Les pharmaciens en France font six années _____.

4. Les pharmacies sont faciles à trouver grâce à _____.

5. Parfois, le médecin vient à domicile pour donner _____.

6. Quand on est très malade, on peut appeler _____.

7. _____ voient un médecin généraliste dans l'année.

8. 39% des Français utilisent _____ au moins une fois dans l'année.

9. La température normale du corps est de _____.

10. On a une forte fièvre quand on a _____.

LE FRANÇAIS QUOTIDIEN

Les parties du corps

bec (*m.*)	*mouth*
caboche (*f.*)	*head*
carreaux (*m.*)	*eyes*
esgourdes (*f.*)	*ears*
gosier (*m.*)	*throat*
paluche (*f.*)	*hand*
panard (*m.*)	*foot*
pif (*m.*)	*nose*
tifs (*m.*)	*hair*

LE MONDE FRANCOPHONE

Des expressions idiomatiques

Voici quelques expressions autour° du corps.

En France

avoir le bras long être une personne importante qui peut influencer quelqu'un

avoir un chat dans la gorge avoir du mal à parler

casser les pieds à quelqu'un ennuyer une personne

coûter les yeux de la tête coûter très cher

se mettre le doigt dans l'œil se tromper°

Au Québec

avoir quelqu'un dans le dos détester quelqu'un

coûter un bras coûter très cher

un froid à couper un cheveu un très grand froid

sur le bras gratuit, qu'on n'a pas besoin de payer

En Suisse

avoir des tournements de tête avoir des vertiges°

donner une bonne-main donner un pourboire

autour *related to* **se tromper** *to be mistaken* **vertiges** *dizziness, vertigo*

PORTRAIT

L'Occitane en Provence

En 1976, un jeune étudiant en littérature de 23 ans, Olivier Baussan, a commencé à fabriquer chez lui de l'huile de romarin° et l'a vendue sur les marchés de Provence. Son huile a été très appréciée par le public et Baussan a fondé° L'Occitane en Provence, marque° de produits de beauté. La première boutique a ouvert ses portes dans le sud de la France en 1980 et aujourd'hui, la compagnie a plus de 2.000 boutiques dans 100 pays, y compris aux États-Unis et au Canada. Les produits de L'Occitane, tous faits à base d'ingrédients naturels comme la lavande° ou l'olive, s'inspirent de la Provence et sont fabriqués avec des méthodes traditionnelles. L'Occitane propose° des produits de beauté, des parfums, du maquillage et des produits pour le bain, pour la douche et pour la maison.

huile de romarin *rosemary oil* **fondé** *founded* **marque** *brand* **lavande** *lavender* **propose** *offers*

Sur Internet

Les hommes en France dépensent-ils beaucoup d'argent pour les produits de beauté ou de soin?

Go to **vhlcentral.com** to find more information related to this **Culture** section.

---

2 **Vrai ou faux?** Indiquez si ces phrases sont **vraies** ou **fausses**. Corrigez les phrases fausses.

1. La compagnie L'Occitane a été fondée en Provence.
2. Le premier magasin L'Occitane a ouvert ses portes en 1976.
3. On trouve de l'olive dans certains produits de L'Occitane.
4. L'Occitane se spécialise surtout (*especially*) dans les produits pour le corps.
5. Les produits de L'Occitane utilisent des ingrédients naturels et sont fabriqués avec des méthodes traditionnelles.

3 **Les expressions idiomatiques** Regardez bien la liste des expressions dans **Le monde francophone**. En petits groupes, discutez de ces expressions. Lesquelles (*Which*) aimez-vous? Pourquoi? Essayez de deviner l'équivalent de ces expressions en anglais.

A C T I V I T É S

2A.1

Reflexive verbs vhlcentral

Point de départ A reflexive verb usually describes what a person does to or for himself or herself. In other words, it "reflects" the action of the verb back to the subject. Reflexive verbs always use reflexive pronouns.

SUBJECT   REFLEXIVE VERB
André   **se rase** à huit heures.
André   *shaves (himself) at 8 o'clock.*

- The pronoun **se** before an infinitive identifies the verb as reflexive: **se laver**. Here are some common reflexive verbs.

Common reflexive verbs			
se brosser les cheveux	*to brush one's hair*	se laver (les mains)	*to wash oneself (one's hands)*
se brosser les dents	*to brush one's teeth*	se lever	*to get up, to get out of bed*
se coiffer	*to do one's hair*	se maquiller	*to put on makeup*
se coucher	*to go to bed*	se raser	*to shave oneself*
se déshabiller	*to undress*	se regarder	*to look at oneself*
s'endormir	*to fall asleep*	se réveiller	*to wake up*
s'habiller	*to get dressed*	se sécher	*to dry oneself*

- When a reflexive verb is conjugated, the reflexive pronoun agrees with the subject. Reflexive pronouns have the same forms as direct and indirect object pronouns, except for **se**, which is used for both singular and plural 3rd person subjects.

se laver (to wash oneself)		
je	**me** lave	*I wash (myself)*
tu	**te** laves	*you wash (yourself)*
il/elle/on	**se** lave	*he/she/it washes (himself/herself/itself)*
nous	**nous** lavons	*we wash (ourselves)*
vous	**vous** lavez	*you wash (yourself/yourselves)*
ils/elles	**se** lavent	*they wash (themselves)*

Tu **te couches**.
You're going to bed.

Les enfants **se réveillent**.
The children wake up.

Je **me maquille** aussi.
I put on makeup too.

Nous **nous levons** très tôt.
We get up very early.

- Note that the reflexive pronouns **nous** and **vous** are identical to the corresponding subject pronouns.

Nous nous regardons dans le miroir.
We look at ourselves in the mirror.

Vous habillez-**vous** déjà?
Are you getting dressed already?

- **S'endormir** is conjugated like **dormir**. **Se lever** and **se sécher** follow the same spelling-change patterns as **acheter** and **espérer**, respectively.

Il **s'endort** tôt.	Tu **te lèves** à quelle heure?	Elles **se sèchent**.
He falls asleep early.	*What time do you get up?*	*They dry off.*

- When a body part is the direct object of a reflexive verb, it is usually preceded by a definite article.

Vous vous lavez **les** mains.	Je ne me brosse pas **les** dents.
*You wash **your** hands.*	*I'm not brushing my teeth.*

- Some verbs can be used both reflexively and non-reflexively. If the verb acts upon something other than the subject, the non-reflexive form is used.

La mère **se réveille** à sept heures.	Ensuite, elle **réveille** son fils.
The mother wakes up at 7 o'clock.	*Then, she wakes her son up.*

- Form the imperative of a reflexive verb as you would a non-reflexive verb. Add the reflexive pronoun to the end of an affirmative command. In negative commands, place the reflexive pronoun between **ne** and the verb. (Remember to change **me/te** to **moi/toi** in affirmative commands.)

Réveille-toi, Bruno!	*but*	**Ne te réveille pas**!
Wake up, Bruno!		*Don't wake up!*

- When the infinitive form of a reflexive verb follows a conjugated verb, place the reflexive pronoun directly before the infinitive. The reflexive pronoun still agrees with the subject, but the second verb stays in the infinitive.

Nous allons **nous** réveiller tôt.	Viens-tu de **te** raser?	Il ne doit pas **se** lever.
We are going to wake up early.	*Did you just shave?*	*He shouldn't get up.*

Je finis de me brosser les dents!

Je dois me raser...

Essayez! Complétez les phrases avec les formes correctes des verbes.

1. Ils _se brossent_ (se brosser) les dents.
2. À quelle heure est-ce que vous _____ (se coucher)?
3. Tu _____ (s'endormir) en cours.
4. Nous _____ (se sécher) les cheveux.
5. On _____ (s'habiller) vite! Il faut partir.
6. Les femmes _____ (se maquiller) souvent.
7. Tu ne _____ (se déshabiller) pas encore.
8. Je _____ (se lever) vers onze heures.

Mise en pratique

1 **Les habitudes** Vous allez chez vos amis Frédéric et Pauline. Tout le monde a ses habitudes. Que fait-on tous les jours?

> **MODÈLE** Frédéric / se raser
> *Frédéric se rase.*

1. vous / se réveiller / à six heures
2. Frédéric et Pauline / se brosser les dents
3. tu / se lever / puis / tu / prendre / douche
4. nous / se sécher / cheveux
5. on / s'habiller / avant / petit-déjeuner
6. Frédéric et Pauline / se coiffer / avant de / sortir
7. je / se déshabiller / et après / je / se coucher
8. tout le monde / s'endormir / tout de suite
9. leurs tantes / se maquiller / et après / elles / s'habiller
10. leur père / se laver les mains / avant de manger

2 **La routine** Tous les matins, Juliette suit (*follows*) la même routine. Regardez les illustrations et dites ce que (*what*) fait Juliette.

1. _____ 2. _____ 3. _____ 4. _____

3 **L'ordre logique** À tour de rôle avec un(e) partenaire, indiquez dans quel ordre vous (ou quelqu'un que vous connaissez) faites ces choses.

> **MODÈLE** se lever / se réveiller
> *D'abord, je me réveille. Ensuite, je me lève.*

1. se laver / se sécher
2. se maquiller / prendre une douche
3. se lever / s'habiller
4. se raser / se réveiller
5. se coucher / se brosser les cheveux
6. s'endormir / se coucher
7. se coucher / se déshabiller
8. se lever / se réveiller
9. se brosser les cheveux / se coiffer
10. s'habiller / se sécher
11. se maquiller / se regarder dans la glace
12. se réveiller / se lever

Communication

4 **Tous les jours** Que fait votre partenaire tous les jours? Posez-lui les questions et il/elle vous répond.

MODÈLE se lever tôt le matin

Élève 1: *Est-ce que tu te lèves tôt le matin?*
Élève 2: *Non, je ne me lève pas tôt le matin.*

1. se réveiller tôt ou tard le week-end
2. se lever tout de suite
3. se maquiller tous les matins
4. se laver les cheveux tous les jours
5. se raser le soir ou le matin
6. se coucher avant ou après dix heures
7. se brosser les dents chaque soir
8. s'habiller avant ou après le petit-déjeuner
9. s'endormir parfois en classe

5 **Enquête** Votre professeur va vous donner une feuille d'activités. Circulez dans la classe et trouvez un(e) camarade différent(e) pour chaque action. Présentez les réponses à la classe.

MODÈLE

Élève 1: *Est-ce que tu te lèves avant six heures du matin?*
Élève 2: *Oui, je me lève parfois à cinq heures!*

Activités	Noms
1. se lever avant six heures du matin	Carole
2. se maquiller pour venir en cours	
3. se brosser les dents trois fois par jour	
4. se laver les cheveux le soir	
5. se coiffer à la dernière mode (fashion)	
6. se reposer le vendredi soir	

6 **Jacques a dit** Par groupes de quatre, un(e) élève donne des ordres au groupe. Attention! Vous devez obéir seulement si l'ordre est précédé de **Jacques a dit...** (*Simon says...*) La personne qui se trompe devient le meneur de jeu (*leader*). Le gagnant (*winner*) est l'élève qui n'a pas été le meneur de jeu. Utilisez les expressions de la liste, puis trouvez vos propres expressions.

se brosser les dents	se laver les mains
se coiffer	se lever
s'endormir	se maquiller
s'habiller	se sécher les cheveux

2A.2

Reflexives: *Sens idiomatique* vhlcentral

Point de départ You've learned that reflexive verbs "reflect" the action back to the subject. Some reflexive verbs, however, do not literally express a reflexive meaning. They are idiomatic.

Common idiomatic reflexives			
s'amuser	to play; to have fun	s'intéresser (à)	to be interested (in)
s'appeler	to be called	se mettre à	to begin to
s'arrêter	to stop	se mettre en colère	to become angry
s'asseoir	to sit down	s'occuper (de)	to take care of, to keep oneself busy
se dépêcher	to hurry		
se détendre	to relax	se préparer	to get ready
se disputer (avec)	to argue (with)	se promener	to take a walk
s'énerver	to get worked up, to become upset	se rendre compte (de/que)	to realize
s'ennuyer	to get bored	se reposer	to rest
bien s'entendre (avec)	to get along well (with)	se souvenir (de)	to remember
		se tromper	to be mistaken
s'inquiéter	to worry	se trouver	to be located

Le marché **se trouve** derrière l'église.
The market is located behind the church.

Nous **nous amusons** bien chez Fabien.
We have fun at Fabien's house.

Ne **te mets** pas **en colère**.
Don't get angry.

Je **m'occupe du** linge.
I'm taking care of the laundry.

Vérifiez

Lis le journal, si tu t'ennuies.

Ne t'inquiète pas.

Irregular and spelling change reflexive verbs

- **Se souvenir** is conjugated like **venir**.

  Souviens-toi de son anniversaire.
  Remember her birthday.

  Nous nous souvenons de cette date.
  We remember that date.

- **S'ennuyer** has the same spelling changes as **envoyer**. **Se promener** and **s'inquiéter** have the same spelling changes as **acheter** and **espérer**, respectively.

  Je **m'ennuie** à mourir aujourd'hui.
  I'm bored to death today.

  On **se promène** dans le parc.
  We take a walk in the park.

  Ils **s'inquiètent** pour leur fille.
  They worry about their daughter.

- Note the spelling changes of **s'appeler** in the present tense.

s'appeler (to be named, to call oneself)	
je m'appelle	nous nous appelons
tu t'appelles	vous vous appelez
il/elle/on s'appelle	ils/elles s'appellent

Tu **t'appelles** comment?
What is your name?

Vous **vous appelez** Laure?
Is your name Laure?

- Note the irregular conjugation of the verb **s'asseoir**.

s'asseoir (to be seated, to sit down)	
je m'assieds	nous nous asseyons
tu t'assieds	vous vous asseyez
il/elle/on s'assied	ils/elles s'asseyent

Asseyez-vous, Monsieur.
Have a seat, sir.

Il **s'assied** sur le canapé.
He's sitting on the sofa.

Vérifiez

Using idiomatic reflexive verbs

- Many idiomatic reflexive expressions can be used alone, with a preposition, or with the conjunction **que**.

Tu **te trompes**.
You're wrong.

Il **se trompe** toujours **de** date.
He's always mixing up the date.

Marlène **s'énerve** facilement.
Marlène gets mad easily.

Marlène **s'énerve contre** Thierry.
Marlène gets mad at Thierry.

Ils **se souviennent de** ton anniversaire.
They remember your birthday.

Je **me souviens que** tu m'as téléphoné.
I remember you phoned me.

Essayez!   **Choisissez les formes correctes des verbes.**

1. Mes parents _____*s'inquiètent*_____ (s'inquiéter) beaucoup.
2. Nous _____ (s'entendre) bien, ma sœur et moi.
3. Alexis ne _____ (se rendre) pas compte que sa petite amie ne l'aime pas.
4. On doit _____ (se dépêcher) pour arriver au lycée.
5. Papa _____ (s'occuper) toujours de la cuisine.
6. Tu _____ (s'amuser) quand tu vas au cinéma?
7. Vous _____ (s'intéresser) au cours d'histoire?
8. Je ne _____ (se disputer) pas souvent avec les profs.
9. Tu _____ (se reposer) un peu sur le lit.
10. Angélique _____ (s'asseoir) toujours près de la porte.
11. Je _____ (s'appeler) Suzanne.
12. Elles _____ (s'ennuyer) chez leurs cousins.

Mise en pratique

1 **Ma sœur et moi** Complétez ce texte avec les formes correctes des verbes.

Je (1) _____ (s'appeler) Anne, et j'ai une sœur, Stéphanie. Nous (2) _____ (s'habiller) souvent de la même manière, mais nous sommes très différentes. Stéphanie (3) _____ (s'intéresser) à la politique et elle lit beaucoup, et moi, je (4) _____ (s'intéresser) à l'art et je fais de la peinture (*paint*). Nous (5) _____ (s'entendre bien). Après les cours, on (6) _____ (s'arrêter) souvent au parc et on (7) _____ (s'asseoir) sur un banc (*bench*) pour bavarder. Quelquefois, on (8) _____ (se mettre en colère). Heureusement, on (9) _____ (se rendre compte) que c'est inutile. En fait, Stéphanie et moi, nous (10) _____ (ne pas s'ennuyer) ensemble.

2 **Que faire?** Diane parle des habitudes de ses amis. Que font-ils? Utilisez les verbes de la liste pour compléter les phrases.

s'amuser	se disputer	s'occuper
s'appeler	s'énerver	se préparer
s'asseoir	s'ennuyer	se promener
se dépêcher	s'entendre	se reposer
se détendre	s'inquiéter	se tromper

1. Si je suis en retard pour mon cours, je _____.
2. Parfois, Toufik _____ et ne donne pas la bonne réponse.
3. Quand un cours n'est pas intéressant, nous _____.
4. Le week-end, Hubert et Édith sont fatigués, alors ils _____.
5. Quand je ne comprends pas mon prof, je _____.
6. Quand il fait beau, vous allez dans le parc et vous _____.
7. Quand tes parents sortent, tu _____ de tes petites sœurs.
8. Tes petites sœurs _____ tout le temps. C'est difficile pour toi!

3 **La fête** Marc a invité ses amis pour célébrer la fin (*end*) de l'année. Avec un(e) partenaire, décrivez la scène à tour de rôle. Utilisez tous les verbes possibles de la liste de l'**Activité 2**.

Communication

4 **Se connaître** Vous voulez mieux connaître vos camarades. Par groupes de quatre, posez-vous des questions, puis présentez les réponses à la classe.

MODÈLE s'intéresser à la politique

Élève 1: *Je ne m'intéresse pas à la politique. Et toi, t'intéresses-tu à la politique?*
Élève 2: *Je m'intéresse beaucoup à la politique et je lis le journal tous les jours.*

1. s'amuser en cours de français
2. s'inquiéter pour les examens
3. s'asseoir au premier rang (*row*) dans la classe
4. s'énerver facilement
5. se mettre souvent en colère
6. se reposer le week-end
7. s'entendre bien avec ses camarades de classe
8. se promener souvent

5 **Curieux** Utilisez ces verbes et expressions pour interviewer un(e) partenaire.

MODÈLE s'amuser / avec qui

Élève 1: *Avec qui est-ce que tu t'amuses?*
Élève 2: *Je m'amuse avec mes amis.*

1. s'entendre bien / avec qui
2. s'intéresser / à quoi
3. s'ennuyer / quand, pourquoi
4. se mettre en colère / pourquoi
5. se détendre / quand, comment
6. se promener / avec qui, où, quand
7. se disputer / avec qui, pourquoi
8. se dépêcher / quand, pourquoi

6 **Une mère inquiète** La grand-mère de Philippe lui a écrit cet e-mail. Avec un(e) partenaire, préparez par écrit la réponse de Philippe. Employez des verbes réfléchis à sens idiomatique.

> Mon chéri,
>
> Je m'inquiète beaucoup pour toi. Je me rends compte que tu as changé. Tu ne t'amuses pas avec tes amis et tu te mets constamment en colère. Maintenant, tu restes tout le temps dans ta chambre et tu t'intéresses seulement à la télé. Est-ce que tu t'ennuies à l'école? Te souviens-tu que tu as des amis? J'espère que je me trompe.

Révision

1 **À sept heures…** Avec un(e) partenaire, décrivez ces personnes. Que font-ils à sept heures du matin?

1.

2.

3.

2 **Le camping** Vous et votre partenaire faites du camping dans un endroit isolé. Malheureusement, vous avez tout oublié. À tour de rôle, parlez de ces problèmes à votre partenaire. Il/Elle va essayer de vous aider.

MODÈLE

Élève 1: *Je veux me laver les cheveux, mais je n'ai pas pris mon shampooing.*
Élève 2: *Moi, j'ai apporté mon shampooing. Je te le prête.*

se brosser les cheveux	se laver le visage
se brosser les dents	prendre une douche
se coiffer	se raser
se laver les mains	se sécher les cheveux

3 **Débat** Par groupes de quatre, débattez cette question: Qui prend plus de temps pour se préparer avant de sortir, les garçons ou les filles? Préparez une liste de raisons pour défendre votre point de vue. Présentez vos arguments à la classe.

4 **Dépêchez-vous!** Vous et votre partenaire, vous êtes les parents de trois enfants. Ils doivent partir pour l'école dans dix minutes, mais ils viennent juste de se réveiller! Que leur dites-vous? Utilisez des verbes réfléchis.

MODÈLE

Élève 1: *Dépêchez-vous!*
Élève 2: *Lève-toi!*

5 **Départ en vacances** Avec un(e) partenaire, observez les images et décrivez-les. Utilisez tous les verbes de la liste. Ensuite, racontez à la classe l'histoire du départ en vacances de la famille Glassié.

s'amuser	s'énerver
se dépêcher	se mettre en colère
se détendre	se préparer
se disputer (avec)	se rendre compte

1.   3.

2.   4.

6 **La personnalité de Martin** Votre professeur va vous donner, à vous et à votre partenaire, une feuille d'information sur Martin. À tour de rôle, décrivez ses habitudes. Attention! Ne regardez pas la feuille de votre partenaire.

MODÈLE

Élève 1: *Martin s'habille élégamment.*
Élève 2: *Mais il s'ennuie le soir.*

vhlcentral

Préparation Répondez aux questions.

1. Quel moment de votre routine du matin prend le plus de temps? Quel moment est essentiel?

2. De quelle manière votre look influence-t-il votre humeur (*mood*) du jour?

Publicité de Krys

Jolies lunettes!

S'aimer mieux

La marque° Krys veut que la beauté soit° accessible à tous. Ses lunettes ont donc des prix raisonnables et elles sont vendues partout° en France, en Belgique et sur Internet. Ses opticiens sont des professionnels qui savent aussi donner de bons conseils° esthétiques à leurs clients. Cette compagnie a été fondé° en 1966 par les 14 plus grands opticiens de France qui ont décidé de travailler ensemble. Pour choisir le nom de l'entreprise, ils ont pensé à la transparence et au cristal, et «Krys» est née.

marque *brand* **soit** *be* **partout** *everywhere* **conseils** *advice* **été fondé** *was founded*

Compréhension Répondez aux questions.

1. Comment le jeune homme se sentait-il au début? Quel était son problème?

2. Qu'est-ce qui a ensuite changé dans sa vie?

Conversation En petits groupes, discutez de ces questions.

1. Avez-vous déjà fait un compliment à un étranger sur son apparence? Comment cette personne a-t-elle réagi (*react*)?

2. Pensez à un moment où une personne vous a fait un compliment sur votre look. Comment avez-vous réagi? Pourquoi? Est-ce que ce moment a influencé votre opinion sur le fait de (*about*) faire des compliments aux autres?

Application En petits groupes, préparez une enquête (*survey*) dans laquelle vous interviewez d'autres élèves, votre famille, ou des membres de votre communauté sur l'importance de leur look par rapport à leur moral. Faites un graphique avec les réponses. Quelles tendances (*trends*) se présentent?

◀)) **vhl**central

You will learn how to...
- describe your health
- talk about remedies and well-being

J'ai mal!

Vocabulaire

aller aux urgences/ à la pharmacie	to go to the emergency room/ to the pharmacy
avoir mal	to have an ache
avoir mal au cœur	to feel nauseous
enfler	to swell
être en bonne santé	to be in good health
être en mauvaise santé	to be in bad health
être en pleine forme	to be in good shape
éviter de	to avoid
faire mal	to hurt
garder la ligne	to stay slim
guérir	to get better
se blesser	to hurt oneself
se casser (la jambe/ le bras)	to break one's (leg/ arm)
se fouler la cheville	to twist/sprain one's ankle
se porter mal/mieux	to be ill/better
se sentir	to feel
tomber/être malade	to get/to be sick
un(e) dentiste	dentist
un(e) pharmacien(ne)	pharmacist
une allergie	allergy
une douleur	pain
la grippe	flu
un symptôme	symptom
une aspirine	aspirin
un médicament (contre/pour)	medication (to prevent/for)
une ordonnance	prescription
les urgences	emergency room
déprimé(e)	depressed
grave	serious
sain(e)	healthy

Il a de la fièvre.

Elle fait une piqûre.

Elle tousse. (tousser)

Elle a mal au dos.

un patient (patiente f.)

Elle est enceinte.

une pilule

Il a un rhume.

Elle est en bonne santé.

ATCHOUM!

Il éternue. (éternuer)

une blessure

Le Monde

SANTÉ

Mise en pratique

1 **Chassez l'intrus** Indiquez le mot qui ne va pas avec les autres.

1. un médicament, une pilule, une ordonnance, une aspirine
2. un médecin, un dentiste, un patient, une pharmacienne
3. un rhume, une aspirine, la grippe, une allergie
4. tomber malade, guérir, être en bonne santé, se porter mieux
5. éternuer, tousser, se blesser, avoir mal à la gorge
6. être en pleine forme, être malade, être en bonne santé, garder la ligne
7. se sentir bien, se porter mieux, être en mauvaise santé, éviter
8. une blessure, une pharmacie, un symptôme, une douleur

2 **Complétez** Complétez ces phrases avec le bon mot choisi pour faire des phrases logiques.

1. Vous allez chez le médecin quand vous tombez _____.
2. Vous allez chez _____ quand vous avez mal aux dents.
3. _____ aide les médecins.
4. Une femme qui va avoir un bébé est _____.
5. Une personne qui a eu un grave accident est emmenée (*taken*) aux _____.
6. On prend une _____ quand on a mal à la tête.
7. Pour être en forme et garder la ligne, il faut _____.
8. Si on n'est pas malade, on est _____.
9. Le médecin peut vous faire _____.
10. _____ est une liste de médicaments à prendre.
11. Être _____, c'est être tout le temps malheureux.
12. Si les fleurs vous font _____, vous avez une allergie.

3 **Écoutez** Monsieur Sebbar est tombé malade. Vous allez écouter une conversation entre lui et son médecin. Choisissez les éléments de chaque catégorie qui sont vrais.

Symptômes

1. J'ai mal à la tête. ☐
2. J'ai mal au ventre. ☐
3. J'ai mal aux yeux. ☐
4. J'ai mal à la gorge. ☐
5. J'ai mal au cœur. ☐
6. J'ai mal à la cheville. ☐
7. J'ai de la fièvre. ☐

Diagnostic

1. la grippe ☐
2. un rhume ☐
3. la cheville cassée ☐

Traitement

1. faire de l'exercice ☐
2. faire une piqûre ☐
3. prendre des médicaments ☐

un infirmier

ne pas fumer

Elle fait de l'exercice.

une infirmière

Elle a mal à la tête.

Il a mal au ventre.

Contextes

Communication

4 **Conversez** Interviewez un(e) camarade de classe.

1. Quand était la dernière fois qu'on t'a fait une piqûre? Pourquoi? Et une ordonnance?
2. Est-ce que tu as souvent un rhume? Que fais-tu pour te soigner (*to treat yourself*)?
3. Quel médicament prends-tu quand tu as de la fièvre? Et quand tu as mal à la tête?
4. Es-tu allé(e) chez le médecin cette année? À l'hôpital? Pourquoi?
5. Es-tu déjà allé(e) aux urgences? Pourquoi?
6. Un membre de ta famille ou un(e) de tes ami(e)s est-il/elle à l'hôpital en ce moment? Comment se sent cette personne?
7. Comment te sens-tu aujourd'hui? Et comment te sentais-tu hier?

5 **Qu'est-ce qui ne va pas?** Travaillez avec un(e) camarade de classe et à tour de rôle, indiquez ce qui ne va pas chez chaque personne. Ensuite, proposez un traitement (*treatment*).

1.   2.   3.   4.

5.   6.   7.   8.

6 **Écriture** Suivez les instructions et composez un paragraphe. Ensuite, comparez votre paragraphe avec celui d'un(e) camarade de classe.

- Décrivez la dernière fois que vous étiez malade ou la dernière fois que vous avez eu un accident.
- Dites quels étaient vos symptômes.
- Dites si vous êtes allé(e) chez le médecin ou aux urgences.
- Mentionnez si vous avez eu une ordonnance et quels médicaments vous avez pris.

7 **Chez le médecin** Travaillez avec un(e) camarade de classe pour présenter un dialogue dans lequel vous:

- jouez le rôle d'un médecin et d'un(e) patient(e).
- parlez des symptômes du/de la patient(e).
- présentez le diagnostic (*diagnosis*) du médecin.
- proposez une ordonnance au/à la patient(e).

Les sons et les lettres 🔊 vhlcentral

p, t, and c

Read the following English words aloud while holding your hand an inch or two in front of your mouth. You should feel a small burst of air when you pronounce each of the consonants.

pan   **top**   **cope**   **pat**

In French, the letters **p**, **t**, and **c** are not accompanied by a short burst of air. This time, try to minimize the amount of air you exhale as you pronounce these consonants. You should feel only a very small burst of air or none at all.

panne   **taupe**   **capital**   **cœur**

To minimize a **t** sound, touch your tongue to your teeth and gums, rather than just your gums.

taille   **tête**   **tomber**   **tousser**

Similarly, you can minimize the force of a **p** by smiling slightly as you pronounce it.

pied   **poitrine**   **pilule**   **piqûre**

When you pronounce a hard **c** sound, you can minimize the force by releasing it very quickly.

corps   **cou**   **casser**   **comme**

Prononcez Répétez les mots suivants à voix haute.

1. plat
2. cave
3. tort
4. timide
5. commencer
6. travailler
7. pardon
8. carotte
9. partager
10. problème
11. rencontrer
12. confiture
13. petits pois
14. camarade
15. canadien

Articulez Répétez les phrases suivantes à voix haute.

1. Paul préfère le tennis ou les cartes?
2. Claude déteste le poisson et le café.
3. Claire et Thomas ont-ils la grippe?
4. Tu préfères les biscuits ou les gâteaux?

Dictons Répétez les dictons à voix haute.

Il n'y a que le premier pas qui coûte.[2]

Les absents ont toujours tort.[1]

Bienvenue les ENFANTS !

[2] The first step is always the hardest.

[1] Those who are absent are always the ones to blame.

L'accident vhlcentral

Au parc...

RACHID Comment s'appelle le parti politique qui gagne les élections en 1936?

STÉPHANE Le Front Populaire.

RACHID Exact. Qui en était le chef?

STÉPHANE Je ne m'en souviens pas.

RACHID Réfléchis. Qui est devenu président...?

AMINA Salut, vous deux!

RACHID Bonjour, Amina! (*Il tombe.*) Aïe!

STÉPHANE Tiens, donne-moi la main. Essaie de te relever.

RACHID Attends... non, je ne peux pas.

AMINA On va t'emmener chez le médecin tout de suite. Stéphane, mets-toi là, de l'autre côté. Hop là! On y va? Allons-y.

Chez le médecin...

DOCTEUR Alors, expliquez-moi ce qui s'est passé.

RACHID Eh bien, je jouais au foot quand tout à coup, je suis tombé.

DOCTEUR Et où est-ce que vous avez mal? Au genou? À la jambe? Ça ne vous fait pas mal ici?

RACHID Non, pas vraiment.

AMINA Ah, te voilà, Rachid!

STÉPHANE Alors, tu t'es cassé la jambe? Euh... tu peux toujours jouer au foot?

AMINA Stéphane!

RACHID Pas pour le moment, non; mais ne t'inquiète pas. Après quelques semaines de repos, je vais guérir rapidement et retrouver la forme.

AMINA Qu'est-ce que t'a dit le docteur?

RACHID Oh, ce n'est pas grave. Je me suis foulé la cheville. C'est tout.

AMINA Ah, c'est une bonne nouvelle. Bon, on rentre?

RACHID Oui, volontiers. Dis, est-ce qu'on peut passer par la pharmacie?

AMINA Bien sûr!

Chez David et Rachid...

DAVID Rachid! Qu'est-ce qui t'est arrivé?

RACHID On jouait au foot et je suis tombé. Je me suis foulé la cheville.

DAVID Oh! C'est idiot!

AMINA Bon, on va mettre de la glace sur ta cheville. Il y en a au congélateur?

DAVID Oui, il y en a.

A C T I V I T É S

1 **Les événements** Mettez ces événements dans l'ordre chronologique.

_____ a. Rachid, Stéphane et Amina vont à la pharmacie.

_____ b. Rachid tombe.

_____ c. David explique qu'il a eu une réaction allergique.

_____ d. Rachid et Stéphane jouent au foot.

_____ e. Le docteur Beaumarchais explique que Rachid n'a pas la cheville cassée.

_____ f. Stéphane ne se souvient pas de la réponse.

_____ g. Amina et Stéphane aident Rachid.

_____ h. Amina et Stéphane sont surpris de voir (*see*) comment est le visage de David.

_____ i. David dit qu'il est allé aux urgences.

_____ j. Le docteur Beaumarchais prépare une ordonnance.

Rachid se foule la cheville.

DOCTEUR Et là, à la cheville?

RACHID Aïe! Oui, c'est ça!

DOCTEUR Vous pouvez tourner le pied à droite... Et à gauche? Doucement. La bonne nouvelle, c'est que ce n'est pas cassé.

RACHID Ouf, j'ai eu peur.

DOCTEUR Vous vous êtes simplement foulé la cheville. Alors, voilà ce que vous allez faire: mettre de la glace, vous reposer. Ça veut dire: pas de foot pendant une semaine au moins et prendre des médicaments contre la douleur. Je vous prépare une ordonnance tout de suite.

RACHID Merci, Docteur Beaumarchais.

STÉPHANE Et toi, David, qu'est-ce qui t'est arrivé? Tu fais le clown ou quoi?

DAVID Ah! Ah!... Très drôle, Stéphane.

AMINA Ça te fait mal?

DAVID Non. C'est juste une allergie. Ça commence à aller mieux. Je suis allé aux urgences. On m'a fait une piqûre et on m'a donné des médicaments. Ça va passer. En attendant, je dois éviter le soleil.

STÉPHANE Vous faites vraiment la paire, tous les deux!

AMINA Allez, Stéphane. Laissons-les tranquilles. Au revoir, vous deux. Reposez-vous bien!

RACHID Merci! Au revoir!

DAVID Au revoir!

DAVID Eh! Rends-moi la télécommande! Je regardais ce film...

Expressions utiles

Giving instructions and suggestions

- **Essaie de te relever.**
  Try to get up.
- **On y va? Allons-y.**
  Ready? Let's go (there).
- **Qu'est-ce qui t'est arrivé?**
  What happened to you?
- **Laissons-les tranquilles.**
  Let's leave them alone.
- **Rends-moi la télécommande.**
  Give me back the remote.

Referring to ideas, quantities, and places

- **Qui en était le chef?**
  Who was the leader of it?
- **Je ne m'en souviens pas.**
  I don't remember it.
- **De la glace. Il y en a au congélateur?**
  Ice. Is there any in the freezer?
- **Oui, il y en a.**
  Yes, there is some (there).

Additional vocabulary

- **la bonne nouvelle**
  the good news
- **ça veut dire**
  that is to say/that means
- **volontiers**
  gladly/I'd love to!
- **en attendant**
  in the meantime

---

2 **À vous!** Sandrine ne sait pas encore ce qui (*what*) est arrivé à David et à Rachid. Avec deux camarades de classe, préparez une conversation dans laquelle Sandrine découvre ce qui s'est passé. Ensuite, jouez les rôles de Sandrine, David et Rachid devant la classe.

- Imaginez le contexte de la conversation: le lieu, qui fait/a fait quoi.
- Décidez si Sandrine rencontre les garçons ensemble ou séparément.
- Décrivez la surprise initiale de Sandrine. Détaillez ses questions et ses réactions.

3 **Écrivez** Rachid et David ont deux problèmes de santé très différents. Qu'est-ce que vous préférez, une cheville foulée pendant une semaine ou une réaction allergique au visage? Écrivez un paragraphe dans lequel vous comparez les deux situations. Quelle situation est la pire? Pourquoi?

ACTIVITÉS

vhlcentral | *Flash culture*

La Sécurité sociale

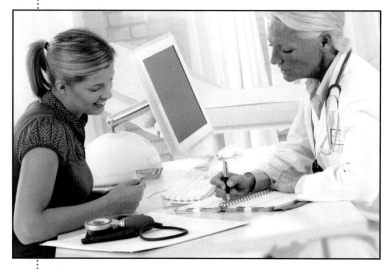

En France, presque tous les habitants sont couverts par le système national de la Sécurité sociale. La Sécurité sociale, ou «la sécu», est un organisme d'État, financé principalement par les cotisations° sociales des travailleurs, qui donne une aide financière à ses bénéficiaires dans différents domaines. La branche «famille», par exemple, s'occupe des allocations° pour la maternité et les enfants. La branche «vieillesse» paie les retraites des personnes âgées°. La branche «maladie» aide les gens en cas de maladies et d'accidents du travail. Chaque personne qui bénéficie des prestations° de la Sécurité sociale a une carte Vitale qui ressemble à une carte de crédit et qui contient° toutes ses informations personnelles.

La Sécurité sociale rembourse° en moyenne° 75% des frais° médicaux. Les visites chez le médecin sont remboursées à 70%. Le taux° de remboursement varie entre 80 et 100% pour les séjours en clinique ou à l'hôpital et entre 70 et 100% pour les soins dentaires°. Pour les médicaments sur ordonnance, le taux de remboursement varie beaucoup: de 35 à 100% selon° les médicaments achetés. Beaucoup de gens ont aussi une mutuelle, une assurance santé supplémentaire qui rembourse ce que la Sécurité sociale ne rembourse pas. Ceux° qui ne peuvent pas avoir de mutuelle et ceux qui n'ont pas droit à° la Sécurité sociale traditionnelle bénéficient parfois de la Couverture Maladie Universelle (CMU). La CMU garantit le remboursement à 100% des frais médicaux aux gens qui n'ont pas assez de ressources.

cotisations *contributions* **allocations** *allowances* **personnes âgées** *the elderly* **prestations** *benefits* **contient** *holds* **rembourse** *reimburses* **en moyenne** *on average* **frais** *expenses* **taux** *rate* **soins dentaires** *dental care* **selon** *depending on* **Ceux** *Those* **n'ont pas droit à** *don't qualify for* **dont** *of which* **ont lieu** *take place*

Les visites médicales

- En moyenne, les Français consultent un médecin sept fois par an, dont° quatre fois un généraliste et trois fois un spécialiste.
- 70% des visites médicales ont lieu° chez le médecin.
- 20% ont lieu à la maison.
- 10% ont lieu à l'hôpital.

SOURCE: Francoscopie

1 **Vrai ou faux?** Indiquez si les phrases sont **vraies** ou **fausses.** Corrigez les phrases fausses.

1. Les cotisations des travailleurs financent la Sécurité sociale.
2. La Sécurité sociale a plusieurs branches.
3. La branche «vieillesse» s'occupe des accidents du travail.
4. La carte Vitale est une assurance supplémentaire.
5. La Sécurité sociale rembourse en moyenne 100% des frais médicaux.
6. Entre 70 et 100% des soins dentaires sont remboursés par la sécu.
7. La Sécurité sociale ne rembourse pas les médicaments.
8. En plus de la Sécurité sociale, certaines personnes ont des assurances santé supplémentaires.
9. Si on n'a pas beaucoup d'argent, on peut bénéficier de la CMU.
10. 20% des consultations médicales ont lieu à l'hôpital.

A C T I V I T É S

Des problèmes de santé

angine (*f.*)	*strep throat*
bronchite (*f.*)	*bronchitis*
carie (*f.*)	*cavity*
frissons (*m.*)	*chills*
migraine (*f.*)	*migraine*
nez bouché	*stuffy nose*
nez qui coule	*runny nose*
sinusite (*f.*)	*sinus infection*
toux (*f.*)	*cough*

Des pionniers de la médecine

Voici quelques pionniers francophones de la médecine.

En Belgique

Jules Bordet (1870–1961) médecin et microbiologiste qui a découvert° le microbe de la coqueluche°

En France

Bernard Kouchner (1939–) médecin, cofondateur° de Médecins sans frontières° et de Médecins du monde

En Haïti

Yvonne Sylvain (1907–1989) première femme médecin et gynécologue obstétricienne d'Haïti

Au Québec

Jeanne Mance (1606–1673) fondatrice du premier hôpital d'Amérique du Nord

En Suisse

Henri Dunant (1828–1910) fondateur de la Croix-Rouge°

a découvert *discovered* **coqueluche** *whooping cough* **cofondateur** *cofounder* **frontières** *Borders* **Croix-Rouge** *Red Cross*

Marie Curie

Grande figure féminine du 20ᵉ siècle et de l'histoire des sciences, Marie Curie reçoit° en 1903 le prix Nobel de physique avec son mari, Pierre, pour leurs travaux° sur la radioactivité. Quelques années plus tard elle reçoit le prix Nobel de chimie pour la découverte° de deux éléments radioactifs: le polonium et le radium.

Pendant la Première Guerre mondiale° elle organise un service de radiologie mobile pour mieux soigner° les blessés. La lutte° contre le cancer bénéficie aussi des vertus thérapeutiques du radium. Marie Curie est la première femme à recevoir° un prix Nobel et la seule personne à en avoir reçu° deux. Elle est née Maria Sklodowska à Varsovie en Pologne. À 24 ans elle est venue à Paris pour faire des études scientifiques car° l'université de Varsovie refusait l'accès aux jeunes filles. Elle a consacré° toute sa vie aux recherches scientifiques et est morte d'une leucémie en 1934.

reçoit *receives* **travaux** *work* **découverte** *discovery* **Première Guerre mondiale** *World War I* **soigner** *treat* **lutte** *fight* **recevoir** *receive* **reçu** *received* **car** *because* **consacré** *devoted*

Sur Internet

Qui a découvert le vaccin contre la tuberculose?

Go to **vhlcentral.com** to find more information related to this **Culture** section and to watch the corresponding **Flash culture** video.

---

2 **Répondez** Répondez aux questions par des phrases complètes.

1. Quels grands prix Marie Curie a-t-elle reçus?
2. Quelles sont les implications pour la lutte contre le cancer?
3. Où Marie Curie est-elle née?
4. Pourquoi est-elle venue à Paris?
6. Qui a été la première femme médecin d'Haïti?

3 **Problèmes de santé** Avec un(e) camarade, écrivez cinq phrases dans lesquelles (*in which*) vous utilisez le vocabulaire du **français quotidien**. Soyez prêt(e)s à les présenter devant la classe.

ACTIVITÉS

2B.1

The *passé composé* and *imparfait* of reflexive verbs   vhlcentral

Point de départ In **Leçon 2A**, you learned to form the present tense and command forms of reflexive verbs. You will now learn how to form the **passé composé** and **imparfait** of reflexive verbs.

Vous vous êtes foulé la cheville.

Tu t'es cassé la jambe?

- Use the auxiliary verb **être** with all reflexive verbs in the **passé composé**, and place the reflexive pronoun before it.

Je **me suis fait** mal hier, pendant la randonnée.
I hurt myself during the hike yesterday.

Il **s'est lavé** les mains avant de prendre le médicament.
He washed his hands before taking the medicine.

Où est-ce que tu **t'es blessé**?
Where did you hurt yourself?

Vou **vous êtes trompé**?
Did you make a mistake?

- If the verb is not followed by a direct object, such as a body part, the past participle generally agrees with the subject in gender and number.

SUBJECT   PAST PARTICIPLE
L'infirmier et le médecin **se sont disputés**.
The nurse and the doctor argued.

SUBJECT   PAST PARTICIPLE
Elle **s'est mise** en colère.
She became angry.

- If the verb is followed by a direct object, the past participle does not agree with the subject.

PAST   DIRECT
PARTICIPLE   OBJECT
Régine **s'est foulé** les deux chevilles.
Régine twisted both ankles.

PAST   DIRECT
PARTICIPLE OBJECT
Ils **se sont cassé** les bras.
They broke their arms.

Vérifiez

- To make a reflexive verb negative in the **passé composé**, place **ne** before the reflexive pronoun and **pas** after the auxiliary verb.

Elles **ne se sont pas** mises en colère.
They didn't get angry.

Nous **ne nous sommes pas** sentis mieux.
We didn't feel better.

Je **ne me suis pas** rasé ce matin.
I didn't shave this morning.

Tu **ne t'es pas** coiffée.
You didn't do your hair.

- To ask a question using inversion with a reflexive verb in the **passé composé**, do as you would with non-reflexive verbs. Place the subject pronoun after the auxiliary verb and keep the reflexive pronoun before the auxiliary.

  Irène **s'est-elle** blessée au genou?
  Did Irène hurt her knee?

  Ne **vous êtes-vous** pas rendu compte de ça?
  Didn't you realize that?

- Place a direct object pronoun between the reflexive pronoun and the auxiliary verb. Make the past participle agree with the direct object pronoun that precedes it.

  Il a la cheville un peu enflée. Il **se l'**est **cassée** il y a une semaine.
  His ankle is a bit swollen. He broke it a week ago.

  Mes mains? Mais je **me les** suis déjà **lavées**.
  My hands? But I already washed them.

- The irregular past participle of the verb **s'asseoir** is **assis(e)**.

Elle **s'est assise** près de la fenêtre.
She sat near the window.

Les invités **se sont assis** dans le salon.
The guests sat in the living room.

- Form the **imparfait** of reflexive verbs just as you would non-reflexive verbs. Just add the corresponding reflexive pronoun.

  Je **me brossais** les dents trois fois par jour.
  I used to brush my teeth three times a day.

  Nous **nous promenions** souvent au parc.
  We used to take walks often in the park.

  Tu ne **t'asseyais** jamais à côté de moi.
  You never used to sit next to me.

  Vous blessiez-vous souvent quand vous étiez petit?
  Did you hurt yourself often when you were little?

> **Boîte à outils**
>
> Remember that if a direct object pronoun precedes the verb, the past participle agrees with it in number and gender. If the direct object follows the verb, it does not agree.
>
> **Je me suis cassé la jambe.**
> **Je me la suis cassée.**

Vérifiez

Essayez!   **Complétez ces phrases.**

1. Natalia s'est (foulé/foulée) la cheville.
2. Sa jambe? Comment Robert se l'est-il (cassé/cassée)?
3. Les deux joueurs de basket se sont (blessé/blessés) au genou.
4. L'infirmière s'est (lavé/lavées) les mains.
5. M. Pinchon s'est (fait/faite) mal à la jambe.
6. S'est-elle (rasé/rasées) les jambes?
7. Elles se sont (maquillé/maquillés) les yeux?
8. Nous nous sommes (cassé/cassées) la jambe.
9. Sylvie, tu t'es (réveillé/réveillée) tard ce matin.
10. Tout à coup, Omar s'est (senti/sentie) mal.
11. Nous ne nous sommes pas (déshabillé/déshabillées) avant de nous coucher.

Mise en pratique

1 **Une lettre** Complétez le paragraphe que Christine a écrit sur sa journée dans son journal intime. Mettez les verbes au passé composé.

Hier soir, je (1) _____ (se coucher) trop tard, et quand je

(2) _____ (se réveiller), j'étais fatiguée. Mais je voulais

jouer au basket, alors je (3) _____ (se lever) et je

(4) _____ (se brosser) les dents. Mon amie est venue me

chercher et je (5) _____ (s'endormir) dans la voiture! Je

pense que mon amie (6) _____ (s'énerver) un peu contre moi.

Nous (7) _____ (se préparer) pour le match et nous

(8) _____ (se mettre) à jouer.

2 **Descriptions** Utilisez des verbes réfléchis pour décrire ce que (*what*) les personnages des illustrations ont fait ou n'ont pas fait hier. Mettez les verbes au passé composé.

Thomas

▶ **MODÈLE**

Thomas ne s'est pas lavé.

1. mes amis _____

2. tu _____

3. je _____

4. vous _____

3 **Une mauvaise journée** Hier, Djamila a eu toutes sortes de difficultés. Utilisez le vocabulaire de la liste pour raconter sa mauvaise journée.

MODÈLE

Djamila s'est trompée. Elle s'est brossé les dents
avec du savon!

se brosser	le bras
se casser	les chaussures
se fouler	la cheville
s'habiller	du dentifrice
se laver	la jambe
se lever	le pied
se sentir	un rhume
se tromper	la salle des urgences
	du savon
	du shampooing

Communication

4 **Et toi?** Avec un(e) partenaire, posez-vous ces questions. Ensuite, présentez vos réponses à la classe.

1. À quelle heure t'es-tu réveillé(e) ce matin?
2. Avec quel dentifrice t'es-tu brossé les dents?
3. Avec quel shampooing t'es-tu lavé les cheveux aujourd'hui?
4. T'es-tu énervé(e) cette semaine? Pourquoi?
5. T'es-tu disputé(e) avec quelqu'un cette semaine? Avec qui?
6. T'es-tu endormi(e) facilement hier soir? Pourquoi?
7. T'es-tu promené(e) récemment? Où?
8. Comment t'es-tu détendu(e) le week-end dernier?
9. Comment t'es-tu amusé(e) le week-end dernier?
10. T'es-tu bien entendu(e) avec tes camarades de classe l'année dernière?
11. T'es tu couché(e) tard le week-end dernier? Pourquoi?
12. T'es tu mis(e) en colère contre quelqu'un récemment? Contre qui? Pourquoi?

5 **Enquête criminelle** Il y a eu un crime dans votre quartier et un agent de police vous pose des questions pour son enquête (*investigation*). Avec un(e) partenaire, utilisez le vocabulaire de la liste pour créer le dialogue.

appartement	se coucher
blessure	se disputer
corps	s'énerver
déprimé(e)	se lever
douleur	se mettre en colère
ensuite	se réveiller
grave	revenir
quartier	se souvenir
soudain	se trouver

6 **Charades** Par groupes de quatre, pensez à une phrase au passé composé avec un verbe réfléchi et jouez-la. La première personne qui devine joue la prochaine phrase.

2B.2

The pronouns *y* and *en* vhlcentral

Point de départ The pronoun **y** replaces a previously mentioned phrase that begins with the prepositions **à**, **chez**, **dans**, **en**, or **sur**. The pronoun **en** replaces a previously mentioned phrase that begins with a partitive or indefinite article, or with the preposition **de**.

PREPOSITIONAL PHRASE
Nous allons **chez le médecin**.
▶
PRONOUN
Nous **y** allons.

PREPOSITIONAL PHRASE
Il était le chef **du Front Populaire**.
▶
PRONOUN
Il **en** était le chef.

Allons-y!

Le Front Populaire.
Qui en était le chef?

- The pronouns **y** and **en** precede the conjugated verb.

Es-tu allée **à la plage**?	Oui, j'**y** suis allée.
Did you go to the beach?	*Yes, I went there.*
Achètent-elles **de la moutarde**?	Oui, elles **en** achètent.
Are they buying mustard?	*Yes, they're buying some.*
Tu te mets **à la danse**?	Oui, je m'**y** mets.
Are you taking up dancing?	*Yes, I'm taking it up.*
Vous revenez **de vacances**?	Oui, nous **en** revenons.
Are you coming back from vacation?	*Yes, we're coming back from vacation.*

- In the **passé composé**, the past participle never agrees with **y** or **en**.

Avez-vous trouvé **des fraises**?	Oui, nous **en** avons trouvé.
Did you find some strawberries?	*Yes, we found some.*

- Like other pronouns in an infinitive construction, **y** and **en** follow the conjugated verb and precede the infinitive.

Quand préfères-tu manger **chez Fatima**?	Je préfère **y** manger demain soir.
When do you prefer to eat at Fatima's?	*I prefer to eat there tomorrow night.*
Vas-tu prendre **du thé**?	Non, je ne vais pas **en** prendre.
Are you going to have tea?	*No, I'm not going to have any.*

- Never omit **y** or **en** even when the English equivalents can be omitted.

Ah, vous allez **à la boulangerie**.	Tu **y** vas aussi?
Oh, you're going to the bakery.	*Are you going (there), too?*
Est-ce qu'elle prend **du sucre**?	Non, elle n'**en** prend pas.
Does she take sugar?	*No, she doesn't (take any).*

🏃 Boîte à outils

Even though the past participle does not agree with **y** or **en**, it still agrees with the subject for verbs requiring the auxiliary **être** in the **passé composé**.

Anne est allée à l'hôpital?

Oui, elle y est allée.

🔊 Vérifiez

- Always use **en** with a number or expression of quantity when the noun is omitted. The number or expression of quantity then follows the verb.

  Combien **de frères** a-t-elle?   Elle **en** a **un (deux, trois)**.
  How many brothers does she have?   *She has one (two, three).*

  Avez-vous acheté **beaucoup de pain**?   Oui, j'**en** ai acheté **beaucoup**.
  Did you buy a lot of bread?   *Yes, I bought a lot.*

Y and *en* with *tu* commands

- In an affirmative **tu** command, add an **-s** to any **-er** verb followed by **y** or **en**. Note that **aller** also follows this pattern. In a negative command, the **s** is dropped.

  Tu vas chez le médecin? Va**s-y**!   *but*   N'y va pas!
  You're going to the doctor's? Go!   *Don't go!*

  Il y a des pommes. Mange**s-en**!   *but*   N'en mange pas!
  There are some apples. Eat a few!   *Don't eat any!*

Y and *en* with object pronouns

- When using two pronouns in the same sentence, **y** and **en** always come in second position.

  Vous parlez **à Hélène de sa toux**?   Oui, nous **lui en** parlons.
  Are you talking to Hélène about her cough?   *Yes, we're talking to her about it.*

  Tu vas mettre **les serviettes dans la salle de bain?**   Oui, je vais **les y** mettre.
  Are you going to put towels in the bathroom?   *Yes, I'm going to put them there.*

- With imperatives, **moi** followed by **y** and **en** becomes **m'y** and **m'en**. **Toi** followed by **y** and **en** becomes **t'y** and **t'en**.

  Vous avez **des pêches** aujourd'hui?   Donnez-**m'en** dix.
  Do you have peaches today?   *Give me ten.*

- When used together in the same sentence, **y** is placed before **en**.

  Il y a **de bons médecins à l'hôpital**?   Oui, il **y en** a.
  Are there good doctors at the hospital?   *Yes, there are.*

⟳ Vérifiez

Essayez!   **Complétez les phrases avec le pronom correct.**

1. Faites-vous du sport? Oui, nous __en__ faisons.
2. Papa est au garage? Oui, il _____ est.
3. Nous voulons des fraises. Donnez-nous- _____ un kilo.
4. Mettez-vous du sucre dans votre café? Oui, nous _____ mettons.
5. Est-ce que tu t'intéresses à la médecine? Oui, je m' _____ intéresse.
6. Il est allé au cinéma? Oui, il _____ est allé.
7. Combien de pièces y avait-il? Il y _____ avait quatre.
8. Avez-vous des lampes? Non, nous n' _____ avons pas.
9. Elles sont chez leur copine. Elles _____ sont depuis samedi.
10. Êtes-vous allés en France? Oui, nous _____ sommes allés.

Mise en pratique

1 **Sondage** M. Renaud répond aux questions d'un journaliste qui fait un sondage (*poll*) pour un magazine français. Utilisez **y** ou **en** pour compléter les notes du journaliste.

Nombre/Fréquence		Notes
1. Enfant	3	M. Renaud en a trois.
2. Chien	0	_____
3. Voiture	2	_____
4. Cinéma	rarement	_____
5. Argent	peu	_____
6. Thé/café	parfois	_____
7. New York	en 2015	_____
8. Chez le médecin	une fois par an	_____

2 **Histoire médicale** Vous êtes à l'hôpital où on vous pose des questions sur votre santé. Utilisez les pronoms **y** et **en** dans vos réponses.

1. Avez-vous des allergies?
2. Êtes-vous allé(e) aux urgences cette année?
3. Allez-vous chez le médecin régulièrement?
4. Combien d'aspirines prenez-vous par jour?
5. Faites-vous du sport tous les jours?
6. Mangez-vous beaucoup de sucre?
7. Avez-vous des douleurs?
8. Avez-vous de la fièvre?
9. Vous êtes-vous blessé(e) au travail?
10. Êtes-vous déjà allé(e) à la pharmacie?

3 **Chez le dentiste** Mme Hanh emmène ses fils chez le dentiste pour la première fois. Complétez le dialogue entre le dentiste et les deux garçons. Utilisez les pronoms **y** et **en**.

LE DENTISTE C'est la première fois que vous allez chez le dentiste?

FRÉDÉRIC Oui, (1) _____

LE DENTISTE N'ayez pas peur. Alors, mangez-vous beaucoup de bonbons?

HENRI (2) _____

LE DENTISTE Et toi, Frédéric, utilises-tu du dentifrice?

FRÉDÉRIC (3) _____

HENRI Est-ce que vous allez nous faire une piqûre?

LE DENTISTE (4) _____

HENRI Moi, je n'ai pas peur des piqûres... mais j'espère que vous n'allez pas trouver de caries (*cavities*).

LE DENTISTE (5) _____

Communication

4 **Trouvez quelqu'un qui...** Votre professeur va vous donner une feuille d'activités. Circulez dans la classe pour trouver un(e) camarade différent(e) qui donne une réponse affirmative à chaque question. Employez les pronoms **y** et **en**.

MODÈLE

Élève 1: *Je suis né(e) à Los Angeles. Y es-tu né(e) aussi?*
Élève 2: *Oui, j'y suis né(e) aussi!*

Qui...	Noms
1. est né(e) dans la même (same) ville que vous?	Mélanie
2. a pris une aspirine aujourd'hui? Pourquoi?	
3. est allé(e) en Californie? Quand?	
4. a mangé à la cantine cette semaine? Combien de fois?	
5. est déjà allé(e) aux urgences? Pourquoi?	
6. est allé(e) chez le dentiste ce mois-ci? Quand?	

5 **Interview** Posez ces questions à un(e) partenaire. Employez **y** ou **en** dans vos réponses, puis présentez-les à la classe.

Demandez à un(e) partenaire...

1. s'il/elle va à la bibliothèque (au restaurant, à la plage, chez le dentiste) aujourd'hui. Pourquoi?

2. s'il/elle a besoin d'argent (d'un vélo, de courage, de temps libre). Pourquoi?

3. s'il/elle s'intéresse aux sports (à la littérature, au jazz, à la politique). Que préfère-t-il/elle?

4. combien de personnes il y a dans sa famille (dans la classe de français, dans son immeuble ou dans sa rue).

5. s'il/elle a un chien (beaucoup de cousins, un grand-père, un vélo, un ordinateur). Où sont-ils?

6. s'il/elle a des allergies (une blessure, un rhume). Que fait-il/elle contre les symptômes?

6 **Chez le docteur** Vous avez ces problèmes et vous allez chez le docteur. Votre partenaire va jouer le rôle du docteur. Parlez de vos symptômes. Que faut-il faire? Utilisez les pronoms **y** et **en**.

- des allergies
- la grippe
- un rhume
- une cheville foulée
- mal à la gorge
- se sentir mal

7 **Devinez!** Avec un(e) partenaire, décrivez un endroit ou une chose en utilisant les pronoms **y** ou **en**. Votre partenaire va essayer de deviner (*guess*) ce que vous décrivez.

MODÈLE

Élève 1: *J'y vais pour jouer au foot.*
Élève 2: *Tu vas au stade?*
Élève 1: *J'en mange deux le matin.*
Élève 2: *Tu manges des croissants?*

Révision

1 **La salle d'attente** Observez cette salle d'attente (*waiting room*) et, avec un(e) partenaire, décrivez la situation ou la maladie de chaque personne. À tour de rôle, essayez de prescrire un remède. Utilisez les pronoms **y** ou **en** dans vos dialogues.

MODÈLE

Élève 1: *Ce garçon s'est foulé la cheville. Il doit aller aux urgences.*
Élève 2: *Oui, et cette fille...*

2 **Êtes-vous souvent malade?** Avec un(e) partenaire, préparez huit questions pour savoir si vos camarades de classe sont en bonne ou en mauvaise santé. Ensuite, par groupes de quatre, posez les questions à vos camarades et écrivez leurs réponses. Employez des pronoms.

3 **Oh! Ça va?!** Vous êtes un(e) piéton(ne) (*pedestrian*) et tout à coup, vous voyez (*see*) un(e) cycliste tomber de son vélo. Avec un(e) partenaire, suivez (*follow*) ces instructions et préparez la scène. Utilisez les pronoms **y** et **en**.

Piéton(ne)		Cycliste
Demandez s'il/elle s'est fait mal.	▶	Dites quel est le problème.
Posez des questions sur les symptômes.	▶	Décrivez les symptômes.
Proposez de l'emmener aux urgences.	▶	Acceptez ou refusez la proposition.

4 **Pour partir loin** Vous et un(e) partenaire allez vivre (*to live*) un mois dans une région totalement isolée. Regardez l'illustration: vous pouvez mettre seulement cinq choses dans votre sac de voyage. Choisissez-les avec votre partenaire.

MODÈLE

Élève 1: *On prend de l'aspirine pour la migraine?*
Élève 2: *Non, on n'en prend pas. La bouteille est trop grande!*

5 **La consultation** Vous êtes malade et vous voulez tout savoir sur vos symptômes. Posez des questions à votre partenaire, qui va jouer le rôle du médecin. Utilisez les pronoms **y** et **en** dans votre dialogue.

MODÈLE

Élève 1: *Est-ce que j'ai de la fièvre?*
Élève 2: *Non, tu n'en as pas.*
Élève 1: *Est-ce que j'ai besoin d'un médicament?*
Élève 2: *Oui, tu en as besoin.*

6 **La famille Valmont** Votre professeur va vous donner, à vous et à votre partenaire, une feuille d'informations sur la famille Valmont. Attention! Ne regardez pas la feuille de votre partenaire.

MODÈLE

Élève 1: *David jouait au baseball.*
Élève 2: *Voilà comment il s'est cassé le bras!*

À l'écoute vhlcentral

STRATÉGIE

Listening for specific information

You can listen for specific information effectively once you identify the subject of a conversation. You can also use your background knowledge to predict what kinds of information you might hear.

🔊 To practice this strategy, you will listen to a commercial for a flu relief medication. Before you listen, use what you already know about the flu and commercials for medications to predict the content of the commercial. Then, listen and jot down specific information the commercial provides. Compare these details to the predictions you first made.

Préparation

Regardez la photo et décrivez les deux personnes. Comment est l'homme? Est-il sportif, d'après vous? A-t-il l'air en forme? Pensez-vous qu'il a des problèmes de santé? Quels problèmes? Et la femme, comment est-elle? A-t-elle l'air en forme? De quoi parlent-ils?

🔊 À vous d'écouter

Écoutez la conversation et indiquez chaque problème que Dimitri mentionne.

1. Il est déprimé. _____
2. Il dort trop. _____
3. Il ne fait pas assez d'exercice. _____
4. Il a des douleurs à la gorge. _____
5. Il a beaucoup d'allergies. _____
6. Il a mal au dos. _____
7. Il ne mange pas sainement. _____
8. Il a de la fièvre. _____

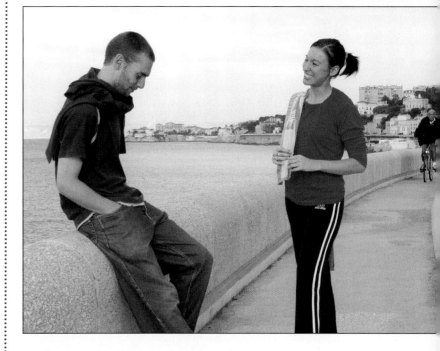

Compréhension

Les conseils de Nadine Écoutez la conversation une deuxième fois. Pour chaque catégorie, donnez un des conseils (*pieces of advice*) de Nadine.

1. Nutrition

_____

2. Exercice

_____

3. Mode de vie (*Lifestyle*)

_____

Avez-vous deviné? Relisez vos notes de la **Préparation**. Avez-vous deviné le sujet de la conversation entre Dimitri et Nadine? Comparez avec un(e) camarade.

Un questionnaire Par groupes de trois ou quatre, préparez un questionnaire en français sur la santé et le mode vie des élèves dans votre communauté. Votre questionnaire doit avoir au moins 10 questions. Soyez prêt(e)s à le présenter à la classe. Voici quelques thèmes à considérer:

- les maladies
- les problèmes de santé récents
- la nutrition
- l'exercice
- les régimes
- le stress et les problèmes personnels
- le repos

Panorama

vhlcentral

le parc d'attractions Futuroscope

La Nouvelle-Aquitaine

La région en chiffres

▶ **Superficie:** *84.100 km²*

▶ **Population:** *5.800.000 (environ)*

▶ **Industries principales:** *agriculture, bois° et industries papetières, aéronautique et industrie spatiale, tourisme*

▶ **Villes principales:** *Bordeaux, Bayonne, Poitiers, La Rochelle, Limoges, Pau*

Personnages célèbres

▶ **Aliénor d'Aquitaine,** *reine° de France (1122–1204)*

▶ **Jacques-Yves Cousteau,** *explorateur océanographique et cinéaste (1910–1997)*

▶ **Barbara Schulz,** *actrice (1972–)*

▶ **Francis Cabrel,** *chanteur (1953–)*

L'Occitanie

La région en chiffres

▶ **Superficie:** *72.724 km²*

▶ **Population:** *5.724.711*

▶ **Industries principales:** *aéronautique, agriculture, recherche°*

▶ **Villes principales:** *Toulouse, Montpellier, Nîmes, Perpignan*

Personnages célèbres

▶ **Jean Jaurès,** *homme politique (1859–1914)*

▶ **Henri de Toulouse-Lautrec,** *peintre et lithographe (1864–1901)*

▶ **Georges Brassens,** *chanteur (1921–1981)*

bois *wood* **reine** *queen* **recherche** *research* **grotte** *cave* **gravures** *carvings* **peintures** *paintings* **découvrent** *discover*

Poitiers

La Rochelle

Limoges

Angoulême

LA FRANCE

Périgueux

NOUVELLE-AQUITAINE

Bordeaux

la Garonne

L'OCÉAN ATLANTIQUE

Agen

la Tarn

Albi

Nîmes

OCCITANIE

LES CÉVENNES

Toulouse

Montpellier

Bayonne

Béziers

Pau

la Garonne

LES PYRÉNÉES

Perpignan

LA MER MÉDITERRANÉE

0 ────── 80 miles
0 ────── 80 kilomètres

ANDORRE

L'ESPAGNE

la dune du Pilat

la cité de Carcassonne

Incroyable mais vrai!

Appelée parfois «la chapelle Sixtine préhistorique», la grotte° de Lascaux, en Nouvelle-Aquitaine, est décorée de 1.500 gravures° et de 600 peintures°, vieilles de plus de 17.000 ans. En 1940, quatre garçons découvrent° ce sanctuaire. Les fresques, composées de plusieurs animaux, ont jusqu'à ce jour une signification mystérieuse.

La gastronomie
Le foie gras et le cassoulet

Le foie gras° et le cassoulet sont des spécialités du Sud-Ouest° de la France. Le foie gras est un produit° de luxe, en général réservé aux grandes occasions. On le mange sur du pain grillé ou comme ingrédient d'un plat élaboré. Le cassoulet est un plat populaire, préparé à l'origine dans une «cassole°». Les ingrédients varient, mais en général cette spécialité est composée de haricots blancs, de viande de porc et de canard, de saucisses, de tomates, d'ail et d'herbes.

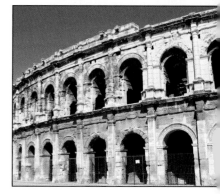

Les monuments
Les arènes de Nîmes

Inspirées du Colisée de Rome, les arènes° de Nîmes, en Occitanie, datent de la fin du premier siècle. C'est l'amphithéâtre le plus grand de France et le mieux conservé de l'ère° romaine. Les spectacles de gladiateurs d'autrefois°, appréciés par plus de 20.000 spectateurs, sont aujourd'hui remplacés° par des corridas° et des spectacles musicaux. Chaque année, la ville de Nîmes accueille plus de 500.000 visiteurs.

Le sport
La pelote basque

L'origine de la pelote est ancienne°: on retrouve des versions du jeu chez les Mayas, les Grecs et les Romains. C'est au Pays Basque, à la frontière° entre la France et l'Espagne, en Nouvelle-Aquitaine, que le jeu se transforme en véritable sport. La pelote basque existe sous sept formes différentes; le principe de base est de lancer° une balle en cuir°, la «pelote», contre un mur avec la «paleta», une raquette en bois°, et le «chistera», un grand gant en osier°.

Les traditions
La langue d'Oc

La langue d'Oc (l'occitan) est une langue romane° développée dans le sud de la France. Cette langue a donné son nom à la région: Occitanie. La poésie lyrique occitane et la philosophie des troubadours° du Moyen Âge° influencent les valeurs° culturelles et intellectuelles européennes. Il existe plusieurs dialectes de l'occitan. «Los cats fan pas de chins» (les chats ne font pas des chiens) et «la bornicarié porta pas pa a casa» (la beauté n'apporte pas de pain à la maison) sont deux proverbes occitans connus.

Qu'est-ce que vous avez appris? Répondez aux questions par des phrases complètes.

1. Qui était peintre, lithographe et d'origine occitane?
2. Quel est le surnom (*nickname*) de la grotte de Lascaux?
3. Que trouve-t-on dans la grotte de Lascaux?
4. Quand mange-t-on du foie gras en général?
5. Quels ingrédients utilise-t-on pour le cassoulet?
6. De quand datent les arènes de Nîmes?
7. Combien de visiteurs la ville de Nîmes accueille-t-elle chaque année?
8. Quelles civilisations ont une version de la pelote?
9. Combien de formes différentes de pelote basque y a-t-il?
10. Qu'est-ce qui influence les valeurs culturelles et intellectuelles européennes?

Sur Internet

1. Il existe une forme de la pelote basque aux États-Unis. Comment s'appelle ce sport?
2. Cherchez des peintures de la grotte de Lascaux. Quelles sont vos préférées? Pourquoi?
3. Cherchez plus d'informations sur Henri de Toulouse-Lautrec. Avez-vous déjà vu quelques-unes de ses peintures? Où?

foie gras *fattened liver of an animal served as a pâté*
Sud-Ouest *Southwest* **produit** *product* **cassole** *pottery dish*
arènes *amphitheaters* **ère** *era* **autrefois** *long ago*
remplacés *replaced* **corridas** *bullfights* **ancienne** *ancient*
frontière *border* **lancer** *throw* **cuir** *leather* **bois** *wood*
osier *wicker* **langue romane** *Romance language*
troubadours *minstrels* **Moyen Âge** *Middle Ages*
valeurs *values*

Lecture vhlcentral

Avant la lecture

STRATÉGIE

Activating background knowledge

Using what you already know about a particular subject will often help you better understand a reading selection. For example, if you read an article about a recent medical discovery, you might think about what you already know about health in order to understand unfamiliar words or concepts.

Examinez le texte

Regardez le document. Analysez le titre de la lecture. Quel est le mot-clé de ce titre? Quel est le sens (*meaning*) du titre? Quel va être le sujet du texte? Faites une liste de vos idées et comparez-les avec les idées d'un(e) camarade. Puis, avec votre partenaire, faites aussi une liste de ce que vous savez déjà sur ce sujet. Essayez de répondre aux questions.

- Quel type de texte est-ce?
- Où pensez-vous que ce texte a été publié?
- Qui a écrit ce texte?
- Quelle est la profession de l'auteur?

Questions personnelles

Répondez aux questions par des phrases complètes.

1. Vous sentez-vous parfois fatigué(e) pendant la journée? Quand? Pourquoi?
2. Êtes-vous souvent fatigué(e) quand vous avez beaucoup de devoirs? Et quand vous faites beaucoup de sport?
3. Dormez-vous bien, en général? Vous couchez-vous tôt ou tard? Et le matin, à quelle heure vous levez-vous, en général?
4. Prenez-vous le temps de vous détendre dans la journée? Que faites-vous pour vous détendre?
5. Mangez-vous sainement? Qu'aimez-vous manger?
6. Faites-vous du sport ou d'autres activités physiques? Lesquel(le)s (*Which ones*)?

Non à la fatigue!

Par le docteur Émilie Parmentier

Selon un sondage° récent, plus de 50% des Français se sentent souvent fatigués. Que faire pour être moins fatigué? Voici les dix conseils° du docteur Émilie Parmentier.

1 Mangez sainement et évitez les régimes

Vous pouvez garder la ligne et la forme si vous évitez les régimes et choisissez les fruits, les légumes et le poisson au lieu de° la viande et des féculents°. Le matin, prenez le temps de vous préparer un bon petit-déjeuner, mais le soir, mangez léger°.

2 Dormez bien

Chaque personne est différente. Certaines ont besoin de 6 heures de sommeil° par nuit, d'autres de 10 heures. Respectez vos besoins et essayez de dormir assez, mais pas trop.

3 Essayez de respecter des horaires réguliers

Avoir des horaires réguliers°, c'est bon pour la forme. Levez-vous à la même heure chaque jour, si possible, puis le soir, essayez aussi de vous coucher toujours à la même heure.

4 Prenez le temps de vous détendre avant de vous coucher

Le soir avant de vous coucher, prenez quelques minutes pour vous détendre et oublier vos préoccupations et vos problèmes. Essayez la méditation ou le yoga.

5 Ne vous dépêchez pas tout le temps

Il est très important d'avoir des moments de calme tous les jours et de ne pas toujours se dépêcher. Promenez-vous dans un parc, asseyez-vous et reposez-vous quelques minutes.

6 Amusez-vous et détendez-vous avec les personnes que vous aimez

Passez des moments en famille ou avec des amis et des personnes avec qui vous vous entendez bien. Parlez de sujets agréables, riez et amusez-vous!

7 Faites du sport ou d'autres activités physiques

Si on fait trop de sport, on peut être fatigué, mais quand on ne pratique pas assez d'activités physiques, on se sent fatigué aussi. Donc, pour bien vous porter, pratiquez des activités physiques plusieurs fois par semaine. Mais attention! Les activités sportives sont à éviter tard le soir parce qu'elles peuvent causer des troubles du sommeil.

8 Évitez les discussions importantes le soir

Il n'est pas bon de s'énerver, de se mettre en colère ou de s'inquiéter avant de se coucher parce que cela rend le sommeil difficile. Le soir, évitez donc les grandes discussions (entre époux, entre colocataires°, entre petits amis, sur vos problèmes dans les études).

9 Faites des petites siestes

Parfois, quand vous êtes fatigué, même° une sieste° de vingt minutes peut vous aider à continuer la journée. Alors, quand vous avez juste° quelques minutes de libres, pensez à faire une petite sieste.

Enfin, si vous vous sentez très faible, voire° mal pendant une période de plus de deux semaines, allez voir le médecin. Consultez un médecin si vous tombez malade très souvent ou si vous vous sentez déprimé.

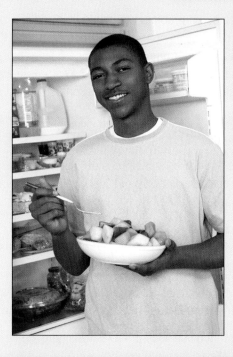

Selon un sondage *According to a survey* conseils *pieces of advice* au lieu de *instead of* féculents *starches* léger *light* sommeil *sleep* horaires réguliers *set schedules* colocataires *roommates* même *even* sieste *nap* juste *just* voire *or even*

Après la lecture

Complétez Complétez les phrases.

1. Pour être en bonne santé, il est nécessaire de manger _____.

2. Il est bon de toujours _____ et _____ à la même heure.

3. Il est bon de faire du yoga ou de la méditation pour _____.

4. On doit prendre le temps de _____ avec ses amis.

5. Pour être en forme, pratiquez _____ plusieurs fois par semaine.

6. Il est préférable d'éviter les discussions importantes ou graves _____.

7. Quand vous êtes _____, une sieste de quelques _____ peut aider.

8. Si on se sent vraiment très fatigué ou si on est déprimé, c'est toujours une bonne idée d' _____.

Vrai ou faux? Indiquez si les phrases sont **vraies** ou **fausses**. Corrigez les phrases fausses.

1. C'est une infirmière qui donne ces conseils.
   _____

2. Les Français ne sont pas souvent fatigués.
   _____

3. D'après le docteur Parmentier, il est important de faire un régime pour garder la ligne.
   _____

4. C'est le soir qu'on doit manger le plus.
   _____

5. Quand on dort trop, on peut se sentir fatigué.
   _____

6. Quand on ne pratique pas assez d'activités physiques, on peut se sentir fatigué.
   _____

7. On doit se reposer au calme tous les jours.
   _____

8. Il est recommandé de faire du sport le soir avant de se coucher.
   _____

👥 **Votre opinion compte** Que pensez-vous des conseils du docteur Parmentier? A-t-elle raison ou tort, d'après vous? Avec un(e) camarade, choisissez deux de ses conseils et donnez votre opinion sur chacun (*each one*). Quels conseils allez-vous donner à votre camarade?

Écriture

Sequencing events

Paying attention to sequencing will ensure that your writing flows logically from one section to the next. Of course, every composition should have an introduction, a body, and a conclusion.

The introduction presents the subject, the setting, the situation, and the people involved. The main part, or the body, describes the events and people's reactions to these events. The conclusion brings the narrative to a close.

Adverbs and adverbial phrases provide transitions between the introduction, the body, and the conclusion. Here is a list of commonly used adverbs in French.

Adverbes	
(tout) d'abord	*first*
premièrement / en premier	*first*
avant (de)	*before*
après	*after*
alors	*then, at that time*
(et) puis	*(and) then*
ensuite	*then*
plus tard	*later*
bientôt	*soon*
enfin	*finally; at last*
finalement	*finally*

Thème

Écrire une lettre

Avant l'écriture

1. Vous avez eu un problème de santé le jour du dernier examen de français et vous n'avez pas pu passer l'examen. Vous allez préparer une lettre destinée à votre professeur de français pour lui expliquer ce qui s'est passé. Pour vous y aider, répondez d'abord aux questions:

- Que s'est-il passé? (maladie, accident, autre problème de santé, etc.)

- Quels étaient les symptômes ou quelle blessure avez-vous eue? (avoir mal au ventre, avoir de la fièvre, avoir une jambe cassée, etc.)

- Qu'est-ce qui a peut-être causé ce problème? (accident, pas assez d'exercice physique, ne pas manger sainement, etc.)

- Qu'avez-vous fait? (prendre des médicaments, aller chez le docteur ou le dentiste, aller aux urgences, etc.)

- Qu'est-ce qu'on vous a fait là-bas? (une piqûre, une radio [*X-ray*], une ordonnance, etc.)

- Comment vous sentez-vous maintenant et qu'allez-vous faire pour rester en forme? (dormir plus, faire plus attention, faire de l'exercice, etc.)

2. Maintenant, complétez ce schéma d'idées avec vos réponses. Il va vous servir à placer les informations dans le bon ordre. Chaque cadre (*box*) représente une information. Ajoutez (*Add*) une introduction et une conclusion dans les cercles. Utilisez des verbes réfléchis.

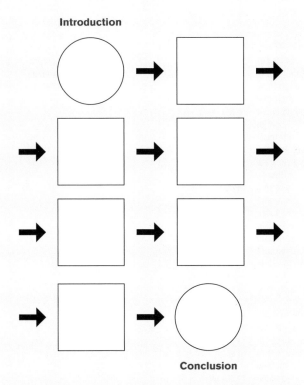

Introduction

Conclusion

3. Regardez à nouveau (*again*) le schéma d'idées. Quels adverbes pouvez-vous y ajouter pour lier (*link*) les informations? Écrivez-les au-dessus de (*above*) chaque cadre.

Écriture

Utilisez le schéma d'idées pour écrire votre lettre au passé (passé composé et imparfait). Elle doit inclure (*include*) une introduction, une partie centrale (le corps), une conclusion et les adverbes que vous avez écrits au-dessus des cadres. À la fin (*end*) de la lettre, excusez-vous et demandez à votre professeur si (*if*) vous pouvez passer l'examen la semaine prochaine. (Attention! Cette partie de la lettre doit être au présent.)

Après l'écriture

1. Échangez votre lettre avec celle (*the one*) d'un(e) partenaire. Répondez à ces questions pour commenter son travail.

■ Votre partenaire a-t-il/elle écrit une introduction et une conclusion?

■ Votre partenaire a-t-il/elle écrit une partie centrale expliquant les raisons de son absence?

■ Votre partenaire a-t-il/elle inclu les adverbes?

■ Votre partenaire s'est-il/elle excusé(e) et a-t-il/elle demandé de repasser l'examen?

■ Votre partenaire a-t-il/elle correctement utilisé les verbes réfléchis?

■ Y a-t-il des détails que votre partenaire peut ajouter ou supprimer (*delete*)? Avez-vous d'autres commentaires pour votre partenaire?

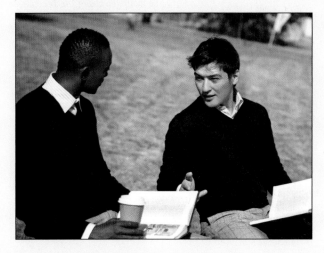

2. Corrigez votre lettre d'après (*according to*) les commentaires de votre partenaire. Relisez votre travail pour éliminer ces problèmes:

■ des fautes (*errors*) d'orthographe

■ des fautes de ponctuation

■ des fautes de conjugaison

■ un mauvais emploi (*use*) du passé

■ un mauvais emploi de la grammaire de l'unité

■ des fautes d'accord (*agreement*) des adjectifs

Leçon 2A

La routine

se brosser les cheveux/dents	to brush one's hair/teeth
se coiffer	to do one's hair
se coucher	to go to bed
se déshabiller	to undress
s'endormir	to go to sleep, to fall asleep
faire sa toilette	to wash up
s'habiller	to get dressed
se laver (les mains)	to wash oneself (one's hands)
se lever	to get up, to get out of bed
se maquiller	to put on makeup
prendre une douche	to take a shower
se raser	to shave oneself
se regarder	to look at oneself
se réveiller	to wake up
se sécher	to dry oneself

Dans la salle de bains

un réveil	alarm clock
une brosse (à cheveux, à dents)	brush (hairbrush, toothbrush)
la crème à raser	shaving cream
le dentifrice	toothpaste
le maquillage	makeup
une pantoufle	slipper
un peigne	comb
un rasoir	razor
le savon	soap
une serviette (de bain)	(bath) towel
le shampooing	shampoo

Le corps

la bouche	mouth
un bras	arm
le cœur	heart
le corps	body
le cou	neck
un doigt	finger
un doigt de pied	toe
le dos	back
un genou (genoux pl.)	knee (knees)
la gorge	throat
une jambe	leg
une joue	cheek
le nez	nose
un œil (yeux pl.)	eye (eyes)
une oreille	ear
un orteil	toe
la peau	skin
un pied	foot
la poitrine	chest
la taille	waist
la tête	head
le ventre	stomach
le visage	face

Expressions utiles

See p. 121.

Verbes pronominaux

s'amuser	to play, to have fun
s'appeler	to be called
s'arrêter	to stop
s'asseoir	to sit down
se dépêcher	to hurry
se détendre	to relax
se disputer (avec)	to argue (with)
s'énerver	to get worked up, to become upset
s'ennuyer	to get bored
s'entendre bien (avec)	to get along well (with)
s'inquiéter	to worry
s'intéresser (à)	to be interested (in)
se mettre à	to begin to
se mettre en colère	to become angry
s'occuper (de)	to take care of, to keep oneself busy
se préparer	to get ready
se promener	to take a walk
se rendre compte	to realize
se reposer	to rest
se souvenir (de)	to remember
se tromper	to be mistaken
se trouver	to be located

Leçon 2B

La forme

être en pleine forme	to be in good shape
faire de l'exercice	to exercise
garder la ligne	to stay slim

La santé

aller aux urgences/à la pharmacie	to go to the emergency room/ to the pharmacy
avoir mal	to have an ache
avoir mal au cœur	to feel nauseous
enfler	to swell
éternuer	to sneeze
être en bonne/ mauvaise santé	to be in good/bad health
éviter de	to avoid
faire mal	to hurt
faire une piqûre	to give a shot
guérir	to get better
se blesser	to hurt oneself
se casser (la jambe/le bras)	to break one's (leg/arm)
se faire mal (à la jambe, au bras...)	to hurt one's (leg, arm...)
se fouler la cheville	to twist/sprain one's ankle
se porter mal/ mieux	to be ill/better
se sentir	to feel
tomber/être malade	to get/to be sick
tousser	to cough
une allergie	allergy
une blessure	injury, wound
une douleur	pain
la fièvre (avoir de la fièvre)	fever (to have a fever)
la grippe	flu
un rhume	cold
un symptôme	symptom
une aspirine	aspirin
un médicament (contre/pour)	medication (to prevent/for)
une ordonnance	prescription
une pilule	pill
la salle des urgences	emergency room
déprimé(e)	depressed
enceinte	pregnant
grave	serious
sain(e)	healthy
un(e) dentiste	dentist
un infirmier/une infirmière	nurse
un(e) patient(e)	patient
un(e) pharmacien(ne)	pharmacist

Expressions utiles

See p. 139.

The pronouns y and en

y	there; it
en	some; any; replaces prepositional phrases beginning with de
Il y en a	There are (some).

La technologie

Unité 3

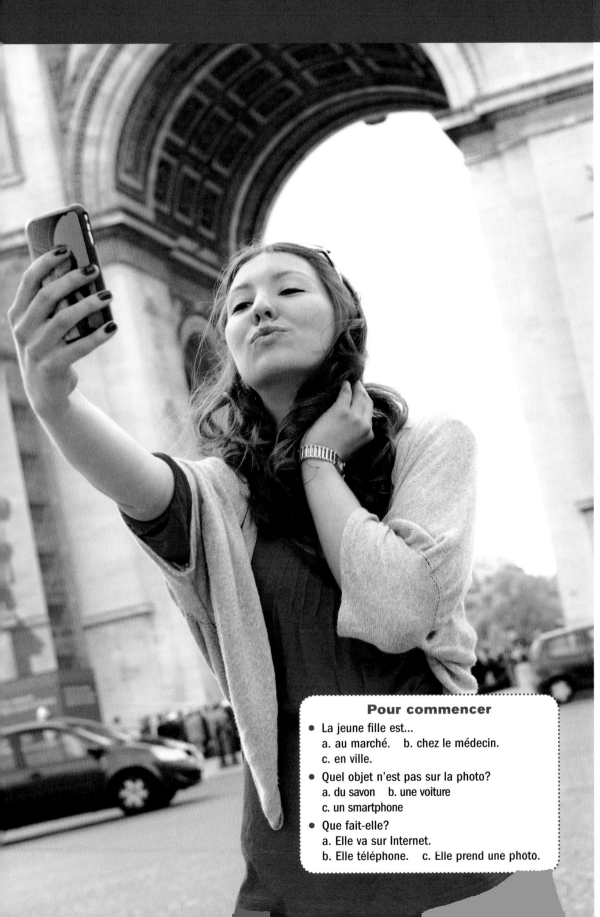

Leçon 3A

CONTEXTES . . . pages 160–163
- Computers and electronics
- Final consonants

ROMAN-PHOTO . pages 164–165
- **C'est qui, Cyberhomme?**

CULTURE . . . . . . pages 166–167
- Technology

STRUCTURES . . pages 168–175
- Prepositions with the infinitive
- Reciprocal reflexives

SYNTHÈSE . . . . pages 176–177
- **Révision**
- **Le Zapping**

Leçon 3B

CONTEXTES . . . pages 178–181
- Cars and driving
- The letter **x**

ROMAN-PHOTO pages 182–183
- **La panne**

CULTURE . . . . . . pages 184–185
- Cars
- **Flash culture**

STRUCTURES . . pages 186–193
- The verbs **ouvrir** and **offrir**
- The **conditionnel**

SYNTHÈSE . . . . pages 194–195
- **Révision**
- **À l'écoute**

Savoir-faire . pages 196–201
- **Panorama: Provence-Alpes-Côte d'Azur** and **la Corse**
- **Lecture:** Read cartoons and jokes about technology.
- **Écriture:** Write an essay about communication habits.

Pour commencer
- La jeune fille est...
  a. au marché.   b. chez le médecin.
  c. en ville.
- Quel objet n'est pas sur la photo?
  a. du savon   b. une voiture
  c. un smartphone
- Que fait-elle?
  a. Elle va sur Internet.
  b. Elle téléphone.   c. Elle prend une photo.

You will learn how to...
- talk about communication
- talk about electronics

◁)) **vhl**central

Le son et l'image

Vocabulaire

ajouter/supprimer un(e) ami(e)	to add/delete a friend
allumer	to turn on
brancher	to plug in; to connect
composer (un numéro)	to dial (a number)
démarrer	to start up
effacer	to erase
enregistrer	to record
éteindre	to turn off; to shut off
être connecté(e) (avec)	to be connected (to)
être en ligne (avec)	to be online/on the phone (with)
fermer	to close; to shut off
fonctionner/marcher	to function, to work
imprimer	to print
prendre une photo(graphie)	to take a photo(graph)
recharger	to charge
sauvegarder	to save
télécharger	to download
un appareil photo (numérique)	(digital) camera
une chaîne (de télévision)	(television) channel
une clé USB	USB drive
un disque dur	hard drive
un e-mail	e-mail
un fichier	file
un jeu vidéo (jeux vidéo *pl.*)	video game(s)
un lecteur (de) DVD	DVD player
un lien	link
un logiciel	software, program
un mot de passe	password
une page d'accueil	homepage
un réseau (social)	(social) network
un site Internet/web	website
un smartphone	smartphone
un texto/SMS	text message

un portable

un écran

un casque (audio)

un disque dur

un clavier

une souris

une imprimante

une tablette (tactile)

Attention!

- The prefix **re-** in French is used much as it is in English. It expresses the idea of doing an action again.

to dial	**composer**
to redial	**recomposer**
to start	**démarrer**
to restart	**redémarrer**

- The conjugation of **éteindre** is irregular:

j'éteins	nous éteignons
tu éteins	vous éteignez
il/elle/on éteint	ils/elles éteignent

Mise en pratique

1 **Chassez l'intrus** Choisissez le mot ou l'expression qui ne va pas avec les autres.

1. un lien, une page d'accueil, un site web, un texto
2. sonner, démarrer, un portable, un smartphone
3. une souris, un clavier, une clé USB, un logiciel
4. brancher, démarrer, ajouter, allumer
5. un fichier, sauvegarder, une télécommande, effacer
6. un site web, être en ligne, télécharger, composer

2 **Association** Faites correspondre les activités de la colonne de gauche aux objets correspondants de la colonne de droite.

1. enregistrer une émission	a. une télécommande
2. protéger ses e-mails	b. un appareil photo
3. parler avec un ami à tout moment	c. un mot de passe
4. jouer sur l'ordinateur	d. un jeu vidéo
5. écrire un e-mail	e. un enregistreur DVR
6. écouter de la musique	f. un portable
7. changer de chaîne	g. un casque audio
8. prendre des photos	h. un clavier

3 **Écoutez** Écoutez la conversation entre Jérôme et l'employée d'une boutique informatique-photo. Ensuite, complétez les phrases suivantes.

1. Jérôme a pris des photos avec...
   a. une tablette.
   b. un smartphone.
   c. un appareil photo.

2. Jérôme voudrait (*would like*)...
   a. imprimer et envoyer ses photos.
   b. sauvegarder ses photos sur son disque dur.
   c. effacer ses photos.

3. Jérôme n'a pas... pour regarder ses photos.
   a. de télécommande adaptée
   b. de logiciel adapté
   c. de mot de passe adapté

4. Jérôme peut sélectionner les photos...
   a. par un clic de la souris.
   b. sur l'écran tactile.
   c. avec le clavier.

5. L'employée propose à Jérôme...
   a. de faire fonctionner le logiciel.
   b. sauvegarder les photos sur une clé USB.
   c. d'utiliser une imprimante noir et blanc.

6. Pour envoyer les photos, Jérôme doit...
   a. aller sur un site Internet.
   b. utiliser un logiciel spécial.
   c. les attacher à un e-mail.

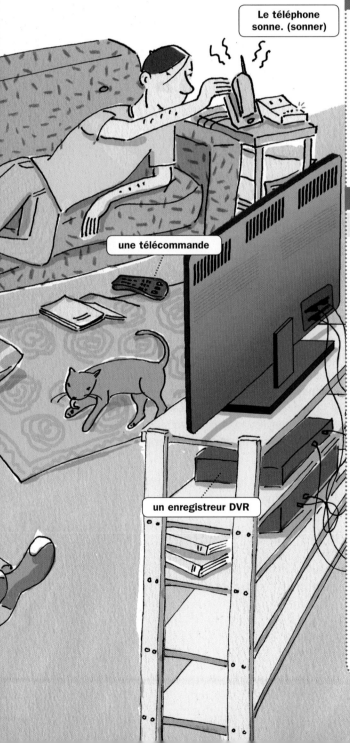

Le téléphone sonne. (sonner)

une télécommande

un enregistreur DVR

Communication

4 **Qui fait quoi?** Avec un(e) partenaire, formez des questions à partir de ces listes d'expressions. Ensuite, à tour de rôle, posez vos questions à votre partenaire afin d'en (*in order to*) savoir plus sur ses habitudes par rapport à la technologie.

MODÈLE

Élève 1: *À qui envoies-tu des e-mails?*
Élève 2: *J'envoie des e-mails à mes professeurs pour les devoirs et à mes amis.*

A	B	C
à qui	être en ligne	toi
combien de	recharger	tes parents
comment	télécharger	tes grands-parents
où	un e-mail	ton professeur de français
pour qui	un texto	ta sœur
pourquoi	un site web	tes amis
quand	un appareil photo numérique	les autres élèves
quel(le)(s)	un jeu vidéo	les enfants

5 **Mots croisés** Votre professeur va vous donner, à vous et à votre partenaire, deux grilles de mots croisés (*crossword puzzle*) incomplètes. Votre partenaire a les mots qui vous manquent, et vice versa. Donnez-lui une définition et des exemples pour compléter la grille. Attention! N'utilisez pas le mot recherché.

MODÈLE

Élève 1: *Horizontalement (Across), le numéro 1, tu fais ça pour mettre ton fichier Internet sur ton disque dur.*
Élève 2: *Télécharger!*

6 **La médiathèque** Travaillez avec un(e) partenaire pour créer une brochure pour une médiathèque. Ensuite, présentez votre brochure à la classe. Utilisez les mots et les expressions de cette leçon et mentionnez ces informations:

- nom, adresse et horaires de la médiathèque
- nombre et type d'appareils (*devices*) électroniques
- description des services et des collections de différents médias
- liste des services gratuits (*free*) et des services payants (*paid*) avec leurs prix

7 **La technologie d'hier et d'aujourd'hui** Avec un(e) partenaire, imaginez une conversation avec une personne célèbre du passé. Vous parlez de l'évolution de la technologie et, bien sûr, cette personne est choquée de voir (*see*) les appareils électroniques du 21e siècle (*century*). Utilisez les mots et expressions de cette leçon.

- Choisissez trois ou quatre appareils différents.
- Demandez/Donnez une définition pour chaque objet.
- Demandez/Expliquez comment utiliser chaque appareil.
- Demandez quels sont les points positifs et négatifs de chaque appareil, et expliquez-les.

Les sons et les lettres 🔊 vhlcentral

Final consonants

You already learned that final consonants are usually silent, except for the letters **c**, **r**, **f**, and **l**.

avec	**hiver**	**chef**	**hôtel**

You've probably noticed other exceptions to this rule. Often, such exceptions are words borrowed from other languages. These final consonants are pronounced.

Latin	*English*	*Inuit*	*Latin*
forum	**snob**	**anorak**	**gaz**

Numbers, geographical directions, and proper names are common exceptions.

cinq	**sud**	**Agnès**	**Maghreb**

Some words with identical spellings are pronounced differently to distinguish between meanings or parts of speech.

fils = *son*   **fils** = *threads*
tous (pronoun) = *everyone*   **tous** (adjective) = *all*

The word **plus** can have three different pronunciations.

plus de (silent *s*)   **plus que** (*s* sound)   **plus ou moins** (*z* sound in liaison)

Prononcez Répétez les mots suivants à voix haute.

1. cap
2. six
3. truc
4. club
5. slip
6. actif
7. strict
8. avril
9. index
10. Alfred
11. bifteck
12. bus

Articulez Répétez les phrases suivantes à voix haute.

1. Leur fils est gentil, mais il est très snob.
2. Au restaurant, nous avons tous pris du bifteck.
3. Le sept août, David assiste au forum sur le Maghreb.
4. Alex et Ludovic jouent au tennis dans un club de sport.
5. Prosper prend le bus pour aller à l'est de la ville.

Dictons Répétez les dictons à voix haute.

Plus on boit, plus on a soif.[1]

Un pour tous, tous pour un![2]

[2] All for one and one for all!
[1] The more you drink, the thirstier you are.

C'est qui, Cyberhomme? vhlcentral

PERSONNAGES

Amina

David

Rachid

Sandrine

Valérie

Chez David et Rachid...

RACHID Dis donc, David! Un peu de silence. Je n'arrive pas à travailler!

DAVID Qu'est-ce que tu dis?

RACHID Je dis que je ne peux pas me concentrer! La télé est allumée, tu ne la regardes même pas. Et en même temps, la chaîne stéréo fonctionne et tu ne l'écoutes pas!

DAVID Oh, désolé, Rachid.

RACHID Ah, on arrive enfin à s'entendre parler et à s'entendre réfléchir! À quoi est-ce que tu joues?

DAVID Un jeu vidéo génial!

RACHID Tu n'étudies pas? Tu n'avais pas une dissertation à faire? Lundi, c'est dans deux jours!

DAVID Okay. Je la commence.

Au café...

SANDRINE Tu as un autre e-mail de Cyberhomme? Qu'est-ce qu'il dit?

AMINA Oh, il est super gentil, écoute: «Chère Technofemme, je ne sais pas comment te dire combien j'adore lire tes messages. On s'entend si bien et on a beaucoup de choses en commun. J'ai l'impression que toi et moi, on peut tout se dire.»

Chez David et Rachid...

DAVID Et voilà! J'ai fini ma dissert, Rachid.

RACHID Bravo!

DAVID Maintenant, je l'imprime.

RACHID N'oublie pas de la sauvegarder.

DAVID Oh, non!

RACHID Tu n'as pas sauvegardé?

DAVID Si, mais... Attends... le logiciel redémarre. Ce n'est pas vrai! Il a effacé les quatre derniers paragraphes! Oh non!

RACHID Téléphone à Amina. C'est une pro de l'informatique. Peut-être qu'elle peut retrouver la dernière version de ton fichier.

DAVID Au secours, Amina! J'ai besoin de tes talents.

Un peu plus tard...

AMINA Ça y est, David. Voilà ta dissertation.

DAVID Tu me sauves la vie!

AMINA Ce n'était pas grand-chose, mais tu sais, David, il faut sauvegarder au moins toutes les cinq minutes pour ne pas avoir de problème.

DAVID Oui. C'est idiot de ma part.

A C T I V I T É S

1 **Vrai ou faux?** Indiquez si ces affirmations sont **vraies** ou **fausses**. Corrigez les phrases fausses.

1. Rachid est en train d'écrire (*in the process of writing*) une dissertation pour son cours de sciences po.

2. David ne fait pas ses devoirs immédiatement; il a tendance à remettre les choses à plus tard.

3. David aime les jeux vidéo.

4. David regarde la télévision avec beaucoup d'attention.

5. Rachid n'aime pas les distractions.

6. Valérie s'inquiète de la sécurité d'Amina.

7. David sauvegarde ses documents toutes les cinq minutes.

8. David pense qu'il a perdu la totalité de son document.

9. Amina sait beaucoup de choses sur la technologie.

10. Amina et Cyberhomme décident de se rencontrer.

Amina découvre l'identité de son ami virtuel.

SANDRINE Il est adorable, ton Cyberhomme! Continue! Est-ce qu'il veut te rencontrer en personne?

VALÉRIE Qui vas-tu rencontrer, Amina? Qui est ce Cyberhomme?

SANDRINE Amina l'a connu sur Internet. Ils s'écrivent depuis longtemps, n'est-ce pas, Amina?

AMINA Oui, mais comme je te l'ai déjà dit, je ne sais pas si c'est une bonne idée de se rencontrer en personne. S'écrire des e-mails, c'est une chose; se donner rendez-vous, ça peut être dangereux.

VALÉRIE Amina a raison, Sandrine. On ne sait jamais.

SANDRINE Mais il est si charmant et tellement romantique...

RACHID Merci, Amina. Tu me sauves la vie aussi. Peut-être que maintenant, je vais pouvoir me concentrer.

AMINA Ah? Et tu travailles sur quoi? Ce n'est pas possible!... C'est toi, Cyberhomme?!

RACHID Et toi, tu es Technofemme?!

DAVID Évidemment, tu me l'as dit toi-même: Amina est une pro de l'informatique.

Expressions utiles

Expressing how you communicate with others

- **On arrive enfin à s'entendre parler!**
  Finally we can hear each other speak!
- **On s'entend si bien.**
  We get along so well.
- **On peut tout se dire.**
  We can tell each other anything.
- **Ils s'écrivent depuis longtemps.**
  They've been writing to each other for quite a while.
- **S'écrire des e-mails, c'est une chose; se donner rendez-vous, ça peut être dangereux.**
  Writing e-mails to each other, it's one thing; arranging to meet could be dangerous.

Additional vocabulary

- **se rencontrer**
  to meet each other
- **On ne sait jamais.**
  You/One never know(s).
- **Au secours!**
  Help!
- **C'est idiot de ma part.**
  It's stupid of me.
- **une chaîne stéréo**
  stereo system
- **une dissertation**
  paper
- **pas grand-chose**
  not much

---

2 **Questions** Répondez aux questions par des phrases complètes.

1. Pourquoi Rachid se met-il en colère?
2. Pourquoi y a-t-il beaucoup de bruit (*noise*) chez Rachid et David?
3. Est-ce qu'Amina s'entend bien avec Cyberhomme?
4. Que pense Valérie de la possibilité d'un rendez-vous avec Cyberhomme?
5. Qu'est-ce que Rachid fait pendant que David joue au jeu vidéo et écrit sa dissertation?

3 **À vous** Quant aux (*With regard to*) études, David et Rachid sont très différents. David aime les distractions et Rachid a besoin de silence pour travailler. Avec un(e) camarade de classe, décrivez vos habitudes en ce qui concerne (*concerning*) les études. Avez-vous les mêmes? Présentez vos conclusions à la classe.

ACTIVITÉS

CULTURE À LA LOUPE

La technologie et les Français

Pendant les années 1980, la technologie a connu une grande évolution. En France, cette révolution technologique a commencé par l'invention du Minitel, développé par France Télécom, l'ancienne compagnie nationale française de téléphone, au début des années 1980. Le Minitel peut être considéré comme le prédécesseur d'Internet. C'est un petit terminal qu'on branche° sur sa ligne de téléphone et qui permet d'accéder à toutes sortes d'informations et de jeux, de faire des réservations de train ou d'hôtel, de commander des articles en ligne ou d'acheter des billets de concert, par exemple. Aujourd'hui, le Minitel n'existe plus. Internet l'a remplacé et la plupart° des Français sont équipés chez eux d'un ordinateur et d'une connexion haut débit°. Les Français ont le choix, pour ce haut débit, entre la connexion par câble, la ADSL° ou la fibre optique. L'autre manière° de se connecter à Internet, bien sûr, est avec son smartphone ou sa tablette.

Tout ce dont° on a besoin est un abonnement° avec un opérateur téléphonique français ou international. On peut ensuite accéder à l'Internet grâce au réseau°

mobile en 3G/4G ou à un des hotspots de wi-fi gratuit qui existent dans beaucoup de cafés, parcs, gares et autres lieux publics.

En ce qui concerne les autres appareils électroniques à la mode, on note une augmentation des achats° de consoles de jeux vidéo, de caméras vidéo, de tablettes tactiles, d'appareils photos numériques et hybrides° ou de produits périphériques° pour les ordinateurs, comme les imprimantes ou les casques audio. Mais l'appareil qui a connu le plus grand succès en France, c'est sans doute le téléphone portable. Presque tous les Français en possèdent un.

L'équipement technologique des Français (% de ménages)	
Télévision	97,1
Téléphone fixe	91,1
Téléphone portable	88,9
Ordinateur	76,8
Lecteur DVD	76,7
Connexion Internet	75,1
SOURCE: INSEE	

branche *connects* **la plupart** *most* **haut débit** *high-speed* **ADSL** *DSL* **manière** *way* **ce dont** *that* **abonnement** *subcription* **réseau** *network* **achats** *purchases* **hybrides** *mirrorless* **périphériques** *peripheral*

ACTIVITÉS

1 Répondez Répondez aux questions par des phrases complètes.

1. Quelle invention française est le prédécesseur d'Internet?

2. Qu'est-ce que le Minitel?

3. Quel était le nom de la compagnie nationale française de téléphone?

4. Quels sont les trois choix de connexion Internet haut débit en France?

5. Où peut-on accéder à l'Internet si on n'est pas à la maison?

6. Quels sont deux des appareils électroniques qu'on achète souvent en France en ce moment?

7. Quel appareil électronique a eu le plus de succès en France?

8. Quel est le pourcentage de Français qui possèdent un ordinateur?

9. Est-il courant (*common*) d'avoir Internet en France?

10. La majorité des Français ont-ils encore un Minitel?

Cyberespace

l'appli	*application*
faire glisser	*to swipe; to scroll*
un moteur de recherche	*search engine*
MDR (mort de rire)	*LOL (laughing out loud)*
l'ordi	*computer*
un pseudo	*username*
un smiley	*emoticon; smiley face*

Quelques stations de radio francophones

Voici quelques radios francophones en ligne.

En Afrique

Africa 1 radio africaine qui propose des actualités et beaucoup de musique africaine

En Belgique

Classic 21 radio orienté vers les tubes° classiques dans plusieurs genres: la musique rock, la pop, le métal, le blues, entre autres

En France

NRJ radio privée nationale pour les jeunes qui passe tous les grands tubes

En Suisse

Fréquence Banane radio universitaire de Lausanne

tubes *hits*

La fusée Ariane

Après la Seconde Guerre mondiale°, la conquête de l'espace° s'est amplifiée. En Europe, le premier programme spatial, le programme Europa, n'a pas eu beaucoup de succès et a été abandonné. En 1970, la France a proposé un nouveau programme spatial, le projet Ariane, qui a eu un succès considérable. La fusée° Ariane est un lanceur° civil de satellites européen. Elle est basée à Kourou, en Guyane française, département et région français d'outre-mer°, en Amérique du Sud. Elle transporte des satellites commerciaux vers° l'espace. La première fusée Ariane a été lancée en 1979 et il y a eu plusieurs générations de fusées Ariane depuis. Aujourd'hui, Ariane V (cinq), un lanceur beaucoup plus puissant° que ses prédécesseurs, est utilisée.

Guerre mondiale *World War* **espace** *space* **fusée** *rocket* **lanceur** *launcher* **outre-mer** *overseas* **vers** *towards* **puissant** *powerful*

Sur Internet

Qui est Jean-Loup Chrétien?

Go to **vhlcentral.com** to find more information related to this **Culture** section.

---

2 **Complétez** Complétez les phrases d'après les textes.

1. Pour s'identifier sur un site Internet, on utilise souvent _____.

2. Pour faire une recherche sur Internet, on utilise _____.

3. En Suisse, beaucoup d'étudiants écoutent la radio _____.

4. Le premier programme spatial européen s'appelait _____.

5. La fusée Ariane est le _____ européen.

3 **À vous...** Avec un(e) partenaire, écrivez six phrases où vous utilisez le vocabulaire du Français quotidien. Soyez prêt(e)s à les présenter devant la classe.

A C T I V I T É S

3A.1

Prepositions with the infinitive **vhl**central

Point de départ Infinitive constructions, where the first verb is conjugated and the second verb is an infinitive, are common in French.

CONJUGATED VERB	INFINITIVE	
Vous **pouvez**	**fermer**	le document.
You can	*close the document.*	

- Some conjugated verbs are followed directly by an infinitive. Others are followed by the preposition **à** or **de** before the infinitive.

verbs followed directly by infinitive	verbs followed by à before infinitive	verbs followed by de before infinitive
adorer	aider à	arrêter de *to stop*
aimer	s'amuser à *to pass time by*	décider de *to decide to*
aller	apprendre à	éviter de
détester	arriver à *to manage to*	finir de
devoir	commencer à	s'occuper de *to take care of, to see to*
espérer	continuer à	oublier de
pouvoir	hésiter à *to hesitate to*	permettre de
préférer	se préparer à	refuser de *to refuse to*
savoir	réussir à	rêver de *to dream about*
vouloir		venir de *to have just*

Nous **allons manger** à midi.
We are going to eat at noon.

Elle **a appris à conduire** une voiture.
She learned to drive a car.

Il **rêve de visiter** l'Afrique.
He dreams of visiting Africa.

- Place object pronouns before infinitives. Unlike definite articles, they do not contract with the prepositions **à** and **de**.

J'ai décidé **de les** télécharger.
I decided to download them.

Il est arrivé **à le lui** donner.
He managed to give it to him.

N'oublie pas **de l'**éteindre.
Don't forget to turn it off.

Elle continue **à t'**envoyer des e-mails?
Does she continue to send you e-mails?

- The infinitive is also used after the prepositions **pour** (*[in order] to*) and **sans** (*without*).

Nous sommes venus **pour** t'aider.
We came to help you.

Elle part **sans** manger.
She's leaving without eating.

Il a téléphoné **pour** dire bonjour.
He called to say hello.

Ne fermez pas le fichier **sans** le sauvegarder.
Don't close the file without saving it.

| **Essayez!** | **Décidez s'il faut ou non une préposition. S'il en faut une, choisissez entre à et de.** |

1. Tu sais _Ø_ cuisiner.
2. Commencez _____ travailler.
3. Tu veux _____ goûter la soupe?
4. Allez-vous vous occuper _____ vos chiens?
5. J'espère _____ avoir mon diplôme cette année.

6. Elles vont _____ revenir.
7. Je finis _____ mettre la table.
8. Il hésite _____ me poser la question.
9. Marc continue _____ lui parler.
10. Arrête _____ m'énerver!

Le français vivant

Football? Jeux? Musique? Films et séries?

Vous avez toujours rêvé de posséder un ordinateur comme ça. Vous vouliez l'acheter, et vous venez de l'allumer. Maintenant, vous commencez à vous rendre compte de ses possibilités. N'hésitez pas à en profiter. En tout confort.

Identifiez Quels verbes trouvez-vous devant un infinitif dans le texte de cette publicité (*ad*)? Lesquels (*Which ones*) sont suivis (*are followed*) d'une préposition? Quelle préposition?

 Questions À tour de rôle avec un(e) partenaire, posez-vous ces questions.

1. As-tu toujours rêvé de posséder quelque chose en particulier? De faire quelque chose en particulier? Explique.
2. Que veux-tu acheter en ce moment? Pourquoi?
3. D'habitude, qu'hésites-tu à faire?
4. La technologie peut-elle vraiment apporter le confort?
5. Qu'as-tu commencé à faire grâce à (*thanks to*) la technologie? Qu'as-tu arrêté de faire à cause de la technologie?

Mise en pratique

1 **Les vacances** Paul veut voyager cet été. Il vous raconte ses problèmes. Complétez le paragraphe avec les prépositions **à** ou **de**, si nécessaire.

Je n'arrive pas (1) __à__ décider où passer mes vacances. Je veux (2) __✗__ visiter un pays chaud et ensoleillé (*sunny*). J'espère (3) __✗__ trouver des billets d'avion pour la Martinique. Cet après-midi, je me suis amusé (4) __à__ regarder les prix des billets d'avion sur Internet. Je n'ai pas réussi (5) __à__ trouver un bon tarif (*fare*). Je vais continuer (6) __à__ chercher. J'hésite (7) __à__ payer plein tarif, mais je refuse (8) __de__ voyager en stand-by.

2 **Questionnaire** Vous cherchez un travail d'été. Complétez les phrases avec les prépositions **à** ou **de**, quand c'est nécessaire. Ensuite, indiquez si vous êtes d'accord avec ces affirmations.

oui non

__ __ **1.** Vous savez ____ parler plusieurs langues.

__ __ **2.** Vous venez ____ sortir de la cantine.

__ __ **3.** Vous n'hésitez pas ____ travailler tard.

__ __ **4.** Vous oubliez ____ répondre au téléphone.

__ __ **5.** Vous pouvez ____ travailler le week-end.

__ __ **6.** Vous commencez ____ travailler immédiatement.

3 **Le week-end dernier** Sophie et ses copains ont fait beaucoup de choses le week-end dernier. Regardez les illustrations et dites ce qu'ils (*what they*) ont fait.

▶ **MODÈLE**

J'ai décidé de conduire ma voiture.

je / décider

1. nous / devoir

_____

_____

2. elles / apprendre

_____

_____

3. André / refuser

_____

_____

4. vous / aider

_____

_____

5. tu / s'amuser

_____

_____

6. mes cousins / éviter

_____

_____

7. Sébastien / continuer

_____

_____

8. il / finir

_____

_____

Communication

4 **Assemblez** Avez-vous eu de bonnes ou de mauvaises expériences avec la technologie? À tour de rôle, avec un(e) partenaire, assemblez les éléments des colonnes pour créer des phrases logiques.

MODÈLE

Élève 1: *Je déteste télécharger des logiciels.*
Élève 2: *Chez moi, ma mère n'arrive pas à envoyer des e-mails.*

A	B	C	D
ma mère		accepter	composer
mon père		aimer	effacer
mon frère		arriver	envoyer
ma sœur		décider	éteindre
mes copains		détester	être en ligne
mon petit ami	(ne pas)	hésiter	fermer
ma petite amie		oublier	supprimer
notre prof		refuser	ouvrir
nous		réussir	sauvegarder
?		?	télécharger

5 **Les voyages** Vous et votre partenaire parlez des vacances et de voyages. Utilisez ces éléments pour vous poser des questions. Justifiez vos réponses.

MODÈLE aimer / faire des voyages

Élève 1: *Aimes-tu faire des voyages?*
Élève 2: *Oui, j'aime faire des voyages. J'aime faire la connaissance de beaucoup de personnes.*

1. rêver / aller en Asie
2. vouloir / visiter des musées
3. préférer / voyager avec un groupe ou juste en famille
4. commencer / lire des guides touristiques
5. réussir / trouver des moyens de transport bon marché
6. aimer / rencontrer des amis à l'étranger
7. hésiter / visiter un pays où on ne parle pas anglais
8. apprendre / parler des langues étrangères
9. décider / faire des recherches (*research*) sur la destination

6 **Une pub** Par groupes de trois, préparez une publicité pour École-dinateur, une école qui enseigne l'informatique aux technophobes. Utilisez le plus de verbes possible de la liste avec un infinitif.

MODÈLE *Rêvez-vous d'écrire des e-mails? Continuez-vous à travailler comme vos grands-parents? Alors...*

aimer	détester	refuser
s'amuser	espérer	réussir
apprendre	éviter	rêver
arriver	hésiter	savoir
continuer	oublier	vouloir

3A.2 Reciprocal verbs vhlcentral

Point de départ In **Leçon 2A**, you learned that reflexive verbs indicate that the subject of a sentence does the action to itself. Reciprocal verbs, on the other hand, express a shared or reciprocal action between two or more people or things. In this context, the pronoun means *(to) each other* or *(to) one another.*

REFLEXIVE

Il **se regarde** dans le miroir.
He looks at himself in the mirror.

but

RECIPROCAL

Alain et Diane **se regardent**.
Alain and Diane look at each other.

Common reciprocal verbs

s'adorer	*to adore one another*	s'entendre bien	*to get along well (with one another)*
s'aider	*to help one another*	se parler	*to speak to one another*
s'aimer (bien)	*to love (to like) one another*	se quitter	*to leave one another*
se connaître	*to know one another*	se regarder	*to look at one another*
se dire	*to tell one another*	se rencontrer	*to meet one another (make an acquaintance)*
se donner	*to give one another*	se retrouver	*to meet one another (planned)*
s'écrire	*to write one another*	se téléphoner	*to phone one another*
s'embrasser	*to kiss one another*		

Boîte à outils

The pronouns **nous**, **vous**, and **se** are used to reflect reciprocal actions.

Annick et Joël **s'écrivent** tous les jours.
Annick and Joël write one another every day.

Nous **nous retrouvons** devant le métro à midi.
We're meeting each other in front of the subway at noon.

Vous **vous donnez** souvent rendez-vous le lundi?
Do you often arrange to meet each other on Mondays?

Vous **embrassez**-vous devant vos parents?
Do you kiss each other in front of your parents?

- The past participle of a reciprocal verb only agrees with the subject when the subject is also the direct object of the verb.

DIRECT OBJECT

Marie a aidé **son frère**.
Marie helped her brother.

DIRECT OBJECT → AGREEMENT

Marie et son frère **se sont aidés**.
Marie and her brother helped each other.

DIRECT OBJECT

Son frère a aidé **Marie**.
Her brother helped Marie.

INDIRECT OBJECT

Régine a parlé à **Sophie**.
Régine spoke to Sophie.

INDIRECT OBJECT → NO AGREEMENT

Régine et Sophie **se sont parlé**.
Régine and Sophie spoke to each other.

INDIRECT OBJECT

Sophie a parlé à **Régine**.
Sophie spoke to Régine.

Essayez! Donnez les formes correctes des verbes.

1. (s'embrasser) nous *nous embrassons*
2. (se quitter) vous _____
3. (se rencontrer) ils _____
4. (se dire) nous _____
5. (se parler) elles _____
6. (se retrouver) ils _____
7. (se regarder) vous _____
8. (s'aider) nous _____

Le français vivant

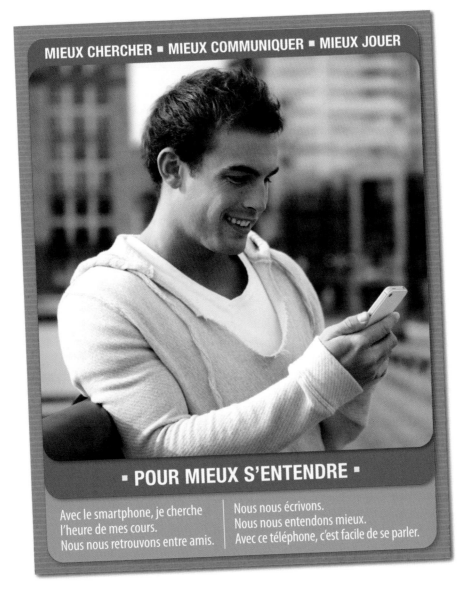

MIEUX CHERCHER ■ MIEUX COMMUNIQUER ■ MIEUX JOUER

■ POUR MIEUX S'ENTENDRE ■

Avec le smartphone, je cherche
l'heure de mes cours.
Nous nous retrouvons entre amis.

Nous nous écrivons.
Nous nous entendons mieux.
Avec ce téléphone, c'est facile de se parler.

Identifiez Quels verbes réciproques avez-vous trouvés dans la publicité (*ad*)?

 Questions À tour de rôle avec un(e) partenaire, posez-vous ces questions.

1. Tes amis et toi, vous envoyez-vous des messages par téléphone?

2. Penses-tu que les gens s'entendent mieux grâce à (*thanks to*) la technologie? Pourquoi?

3. Quels gadgets technologiques utilises-tu pour communiquer avec tes amis? Pourquoi les utilises-tu?

4. Quels gadgets technologiques utilisaient tes grands-parents pour communiquer avec leurs amis? Pourquoi les utilisaient-ils?

Mise en pratique

1 **L'amour réciproque** Employez des verbes réciproques pour raconter l'histoire d'amour entre Laure et Habib.

> **MODÈLE** Laure retrouve Habib tous les jours. Habib retrouve Laure tous les jours.
>
> *Laure et Habib se retrouvent tous les jours.*

1. Laure connaît bien Habib. Habib connaît bien Laure.
2. Elle le regarde amoureusement. Il la regarde amoureusement.
3. Laure écrit des SMS à Habib. Habib écrit des SMS à Laure.
4. Elle lui téléphone tous les soirs. Il lui téléphone tous les soirs.
5. Elle lui dit tous ses secrets. Il lui dit tous ses secrets.
6. Laure aime beaucoup Habib. Habib aime beaucoup Laure.

2 **Souvenirs** Les élèves de votre classe se retrouvent dix ans après la fin des études. Employez l'imparfait pour parler de vos souvenirs.

> **MODÈLE** Marie et moi / s'aider souvent
>
> *Marie et moi, nous nous aidions souvent.*

1. Marc et toi / se regarder en cours
2. Anne et Mouna / se téléphoner tout le temps
3. François et moi / s'écrire deux fois par semaine
4. Paul et toi / s'entendre bien
5. Luc et Sylvie / s'adorer
6. Patrick et moi / se retrouver après les cours
7. Alisha et Malik / ne pas se connaître bien
8. Agnès et moi / se parler à la cantine
9. Félix et toi / se donner parfois des cadeaux

3 **Une rencontre** Regardez les illustrations. Qu'est-ce que ces personnages ont fait?

> ▶ **MODÈLE**
>
> *Ils se sont rencontrés.*

ils

1. Arnaud et moi

2. vous

3. elles

4. nous

Communication

4 Curieux Pensez à deux amis qui sont amoureux. Votre partenaire va vous poser beaucoup de questions pour tout savoir sur leur relation. Répondez-lui.

MODÈLE

Élève 1: Est-ce qu'ils se regardent tout le temps?
Élève 2: Non, ils ne se regardent pas tout le temps, mais ils n'arrêtent pas de se téléphoner!

s'adorer	se retrouver	régulièrement
s'aimer	se téléphoner	souvent
s'écrire	bien	tout le temps
s'embrasser	mal	tous les jours
s'entendre	quelquefois	?

5 Un rendez-vous Avec un(e) partenaire, posez-vous des questions sur la dernière fois que vous avez eu rendez-vous avec quelqu'un.

MODÈLE

à quelle heure / se donner rendez-vous
Élève 1: À quelle heure vous êtes-vous donné rendez-vous?
Élève 2: Nous nous sommes donné rendez-vous à sept heures.

1. où / se retrouver
2. se parler / longtemps
3. s'entendre / bien
4. à quelle heure / se quitter
5. se téléphoner / plus tard
6. s'envoyer des SMS / pour dire merci

6 On se quitte Julie a reçu (*received*) cette note de son petit ami Sébastien. Elle ne comprend pas du tout, mais elle doit lui répondre. Avec un(e) partenaire, employez des verbes réciproques pour écrire la réponse.

Chère Julie,

Nous devons nous quitter. Pourquoi sommes-nous encore ensemble?
Nous ne nous sommes pas aimés.
Nous nous disputons tout le temps et nous ne nous parlons pas souvent.
Soyons réalistes. Je te quitte et j'espère que tu comprends.

Sébastien

Révision

1 **À deux** Que peuvent faire deux personnes avec ces objets? Avec un(e) partenaire, répondez à tour de rôle et employez des verbes réciproques.

> **MODÈLE** un appareil photo numérique
>
> *Avec un appareil photo numérique, deux personnes peuvent s'envoyer des photos tout de suite.*

- un portable
- du papier et un stylo
- un ordinateur
- un smartphone
- un fax
- une tablette

2 **La communication** Votre professeur va vous donner une feuille d'activités. Circulez dans la classe pour interviewer vos camarades. Comment communiquent-ils avec leurs familles et leurs amis? Pour chaque question, parlez avec des camarades différents qui doivent justifier leurs réponses.

> **MODÈLE**
>
> **Élève 1:** *Tes amis et toi, vous écrivez-vous plus de cinq textos par jour?*
> **Élève 2:** *Oui, parfois nous nous écrivons dix textos.*
> **Élève 1:** *Pourquoi vous écrivez-vous tellement souvent?*

Activités	Oui	Non
1. s'écrire plus de cinq textos par jour	Théo	Corinne
2. s'envoyer des lettres par la poste		
3. se téléphoner le week-end		
4. se parler dans les couloirs		
5. se retrouver au parc		
6. se donner rendez-vous		
7. se retrouver sur les réseaux sociaux		
8. bien s'entendre		

3 **Dimanche au parc** Ces personnes sont allées au parc dimanche dernier. Avec un(e) partenaire, décrivez à tour de rôle leurs activités. Employez des verbes réciproques.

4 **Leur rencontre** Comment ces couples se sont-ils rencontrés? Par groupes de trois, inventez une histoire courte pour chaque couple. Utilisez les verbes donnés (*given*) et des verbes réciproques.

1. venir de

3. continuer à

2. commencer à

4. rêver de

5 **Les bonnes relations** Parlez avec deux camarades. Que faut-il faire pour maintenir de bonnes relations avec ses amis ou sa famille? À tour de rôle, utilisez les verbes de la liste pour donner des conseils (*advice*).

> **MODÈLE**
>
> **Élève 1:** *Dans une bonne relation, deux personnes peuvent tout se dire.*
> **Élève 2:** *Oui, et elles apprennent à se connaître.*

s'adorer	se connaître	hésiter à
s'aider	se dire	oublier de
apprendre à	s'embrasser	pouvoir
arrêter de	espérer	refuser de
commencer à	éviter de	savoir

6 **Rencontre sur Internet** Votre professeur va vous donner, à vous et à votre partenaire, une feuille d'illustrations sur la rencontre d'Amandine et de Christophe. Attention! Ne regardez pas la feuille de votre partenaire.

vhlcentral

FOCUS - TECHNOLOGIES
L'IPAD À LA CONQUÊTE DU MONDE ?

Les gens avec qui j'ai parlé ici sont des adeptes°...

Préparation Répondez aux questions.

1. Quels appareils numériques est-ce que vous et vos amis utilisez le plus? Quels sont les avantages et les inconvénients de chacun (*each one*)?

2. Que pensez-vous de l'évolution des appareils numériques? Est-il important d'avoir la toute dernière version d'un appareil? Pourquoi ou pourquoi pas?

L'iPad est là!

France 24 est une chaîne d'information° française lancée° en 2006. Elle couvre l'actualité° française et internationale 24 heures sur 24. Ses programmes sont disponibles gratuitement° sur Internet, sur le site de France 24, et à travers° ses applications et podcasts. La mission de France 24 est d'apporter une perspective française sur l'actualité internationale. France 24 prête° aussi une grande attention à la culture. En mai 2010, la chaîne était présente à Paris pour couvrir l'arrivée de l'iPad en France.

chaîne d'information *news channel* **lancée** *launched* **l'actualité** *news* **disponibles gratuitement** *available for free* **à travers** *through* **prête** *pays* **adeptes** *enthusiasts*

Vocabulaire utile

A4	*standard paper size*
du monde	*a crowd*
des milliers	*thousands*
sortie	*debut*
une cinquantaine	*approximately fifty*

Compréhension Répondez aux questions.

1. Pourquoi est-ce que les gens font la queue (*wait in line*) derrière la journaliste, au début du reportage? Où est-ce qu'ils vont?

2. Comment est-ce que la journaliste décrit l'iPad?

3. D'après la journaliste, qu'est-ce qu'on peut faire avec l'iPad?

Conversation À deux, discutez de ces questions.

1. Quels types de personnes s'intéressent à l'iPad en France? Quels types de personnes semblent (*seem*) absents du reportage?

2. La journaliste décrit les défauts (*flaws*) de l'iPad. Êtes-vous d'accord avec elle? Pourquoi?

3. Être adepte de la nouvelle technologie, c'est une bonne idée? Pourquoi?

Application Avec un(e) partenaire, préparez un reportage sur une nouvelle technologie qui peut changer le monde. Décrivez ses atouts (*assets*) et ses défauts. Qui sont ses adeptes? Comment peut-on s'assurer que tous bénéficient (*benefit*) de cette nouvelle technologie?

You will learn how to...
- talk about cars
- talk about traffic
- say what you would do

 vhlcentral

En voiture!

Vocabulaire

arrêter (de faire quelque chose)	to stop (doing something)
attacher	to buckle, to fasten
avoir un accident	to have/to be in an accident
dépasser	to go over; to pass
freiner	to brake
se garer	to park
rentrer dans	to hit
réparer	to repair
tomber en panne	to break down
vérifier (l'huile/ la pression des pneus)	to check (the oil/ the air pressure)
l'embrayage (m.)	clutch
l'essence (f.)	gas
les freins (m., pl.)	brakes
l'huile (f.)	oil
un pare-chocs (pare-chocs pl.)	bumper
un réservoir d'essence	gas tank
un rétroviseur	rearview mirror
une roue	wheel
une roue de secours	spare tire
un voyant (d'essence/ d'huile)	(gas/oil) warning light
une amende	fine
une autoroute	highway
un parking	parking lot
un permis de conduire	driver's license
une rue	street

Labels in illustration: une station-service · un coffre · une voiture · Il fait le plein. · un volant · un capot · une ceinture de sécurité · un moteur · un mécanicien (mécanicienne f.) · une portière · un pneu crevé · libre-service

Mise en pratique

la limitation de vitesse

la circulation

un agent de police/un policier (policière f.)

les essuie-glaces (m.)

un pare-brise (pare-brise pl.)

les phares (m.)

1 Les correspondances Reliez (*Link*) les éléments des deux colonnes.

____ 1. dépasser
____ 2. tomber en panne
____ 3. freiner
____ 4. faire le plein
____ 5. réparer une voiture
____ 6. se garer
____ 7. attacher
____ 8. vérifier la pression

a. les freins
b. la limitation de vitesse
c. la ceinture de sécurité
d. une voiture
e. l'essence
f. un parking
g. un mécanicien
h. les pneus

2 Complétez Complétez les phrases avec le bon mot de vocabulaire.

1. La personne qui répare une voiture est un _____.
2. Il faut ouvrir le _____ de la voiture pour vérifier l'huile.
3. On met de l'essence dans le _____.
4. Le _____ est un document officiel qui vous autorise à conduire.
5. On utilise les _____ pour voir (*see*) quand on conduit la nuit.
6. On utilise les _____ pour voir à travers (*through*) le pare-brise quand il pleut.
7. Le _____ sert à diriger (*steer*) la voiture.
8. Vous utilisez le _____ pour voir la circulation derrière vous.
9. La personne qui peut donner une amende est un _____.
10. On peut ranger ses valises dans le _____ de la voiture.
11. On utilise les _____ quand on veut s'arrêter.
12. Quand il y a beaucoup de voitures sur la route, il y a de la _____.

3 Écoutez Madeleine a eu une mauvaise journée. Écoutez son histoire. Ensuite, indiquez si les phrases suivantes sont **vraies** ou **fausses**.

	Vrai	Faux
Madeleine...		
1. a oublié son permis de conduire.	☐	☐
2. a dépassé la limitation de vitesse.	☐	☐
3. a fait le plein avant d'aller au lycée.	☐	☐
4. a attaché sa ceinture de sécurité.	☐	☐
5. s'est garée au lycée.	☐	☐
6. conduisait quand un policier l'a arrêtée.	☐	☐
Sa voiture...		
7. a redémarré.	☐	☐
8. avait un pneu crevé.	☐	☐
9. n'avait pas d'essence.	☐	☐
10. était en panne.	☐	☐

Communication

4 **Conversez** Interviewez un(e) camarade de classe.

1. Quelle sorte de voiture ont tes parents?
2. À quel âge ta mère a-t-elle obtenu (*obtained*) son permis de conduire? Et ton père?
3. Sais-tu comment changer un pneu crevé? En as-tu déjà changé un?
4. La voiture est-elle tombée en panne récemment? Qui l'a réparée?
5. Tes parents respectent-ils la limitation de vitesse sur l'autoroute? Et d'autres membres de la famille?
6. Tes parents ont-ils déjà été arrêtés par un policier? Pour quelle(s) raison(s)?
7. Combien de fois par mois font-ils le plein (d'essence)? Combien paient-ils à chaque fois?
8. Quelle(s) route(s) utilises-tu pour aller au lycée?
9. Tes parents savent-ils conduire une voiture à boîte de vitesses manuelle (*manual*)? Et d'autres membres de la famille?
10. La voiture a-t-elle eu des problèmes de freins récemment? Et des problèmes d'essuie-glaces?

5 **Sept différences** Votre professeur va vous donner, à vous et à votre partenaire, deux feuilles d'activités différentes. À tour de rôle, posez-vous des questions pour trouver les sept différences entre vos dessins. Attention! Ne regardez pas la feuille de votre partenaire.

MODÈLE

Élève 1: *Ma voiture est blanche. De quelle couleur est ta voiture?*
Élève 2: *Oh! Ma voiture est noire.*

6 **Chez le mécanicien** Travaillez avec un(e) camarade de classe pour présenter un dialogue dans lequel (*in which*) vous jouez les rôles d'un(e) client(e) et d'un(e) mécanicien(ne).

Le/La client(e)...
- explique le problème qu'il/elle a.
- donne quelques détails sur les problèmes qu'il/elle a eus dans le passé.
- négocie le prix et la date à laquelle (*when*) il/elle peut venir chercher la voiture.

Le/La mécanicien(ne)...
- demande quand le problème a commencé et s'il y en a d'autres.
- explique le problème et donne le prix des réparations.
- accepte les conditions du/de la clien(e).

7 **Écriture** Écrivez un paragraphe à propos d'un (*about an*) accident de la route. Suivez les instructions.

- Parlez d'un accident (voiture, moto [*f.*], vélo) que vous avez eu récemment. Si vous n'avez jamais eu d'accident, inventez-en un.
- Décrivez ce qui (*what*) s'est passé avant, pendant et après.
- Donnez des détails.
- Comparez votre paragraphe à celui (*that*) d'un(e) camarade de classe.

Les sons et les lettres vhlcentral

The letter x

The letter **x** in french is sometimes pronounced -ks, like the x in the English word *axe*.

taxi	expliquer	mexicain	texte

Unlike English, some French words begin with a *gz*- sound.

xylophone	xénon	xénophile	Xavière

The letters **ex**- followed by a vowel are often pronounced like the English word *eggs*.

exemple	examen	exil	exact

Sometimes an **x** is pronounced s, as in the following numbers.

soixante	six	dix

An **x** is pronounced z in a liaison. Otherwise, an **x** at the end of a word is usually silent.

deux enfants	six éléphants	mieux	curieux

Prononcez Répétez les mots suivants à voix haute.

1. fax
2. eux
3. dix
4. prix
5. jeux
6. index
7. excuser
8. exercice
9. orageux
10. expression
11. contexte
12. sérieux

Articulez Répétez les phrases suivantes à voix haute.

1. Les amoureux sont devenus époux.
2. Soixante-dix euros! La note (*bill*) du taxi est exorbitante!
3. Alexandre est nerveux parce qu'il a deux examens.
4. Xavier explore le vieux quartier d'Aix-en-Provence.
5. Le professeur explique l'exercice aux étudiants exceptionnels.

Dictons Répétez les dictons à voix haute.

Les belles plumes font les beaux oiseaux.[2]

Les beaux esprits se rencontrent.[1]

[1] Great minds think alike.
[2] Beautiful feathers make beautiful birds.

La panne vhlcentral

PERSONNAGES

Amina

Mécanicien

Rachid

Sandrine

Valérie

À la station-service...

MÉCANICIEN Elle est belle, votre voiture! Elle est de quelle année?

RACHID Elle est de 2005.

MÉCANICIEN Je vérifie l'huile ou la pression des pneus?

RACHID Non, merci, ça va. Je suis un peu pressé, en fait. Au revoir.

Au P'tit Bistrot...

SANDRINE Ton Cyberhomme, c'est Rachid! Quelle coïncidence!

AMINA C'est incroyable, non? Je savais qu'il habitait à Aix, mais...

VALÉRIE Une vraie petite histoire d'amour, comme dans les films!

SANDRINE C'est exactement ce que je me disais!

AMINA Rachid arrive dans quelques minutes. Est-ce que cette couleur va avec ma jupe?

SANDRINE Vous l'avez entendue? Ne serait-elle pas amoureuse?

AMINA Arrête de dire des bêtises.

RACHID Oh, non!!

AMINA Qu'est-ce qu'il y a? Un problème?

RACHID Je ne sais pas. J'ai un voyant qui s'est allumé.

AMINA Allons à une station-service.

RACHID Oui... c'est une bonne idée.

De retour à la station-service...

MÉCANICIEN Ah! Vous êtes de retour. Mais que se passe-t-il? Je peux vous aider?

RACHID J'espère. Il y a quelque chose qui ne va pas, peut-être avec le moteur. Regardez, ce voyant est allumé.

MÉCANICIEN Ah, ça? C'est l'huile. Je m'en occupe tout de suite.

MÉCANICIEN Vous pouvez redémarrer? Et voilà.

RACHID Parfait. Au revoir. Bonne journée.

MÉCANICIEN Bonne route!

A C T I V I T É S

1 **Vrai ou faux?** Indiquez si ces affirmations sont **vraies** ou **fausses**. Corrigez les phrases fausses.

1. La voiture de Rachid est neuve (*new*).

2. Quand Rachid va à la station-service la première fois, il a beaucoup de temps.

3. Amina savait que Cyberhomme habitait à Aix.

4. Sandrine trouve l'histoire de Rachid et Amina très romantique.

5. Amina ouvre la portière de la voiture.

6. Rachid est galant (*a gentleman*).

7. Le premier problème que Rachid rencontre est une panne d'essence.

8. Le mécanicien répare la voiture.

9. La voiture a un pneu crevé.

10. Rachid n'est pas très content.

Amina a rendez-vous avec Rachid pour la première fois.

SANDRINE Oh, regarde, il lui offre des fleurs.

RACHID Bonjour, Amina. Tiens, c'est pour toi.

AMINA Bonjour, Rachid. Oh, merci, c'est très gentil.

RACHID Tu es très belle, aujourd'hui.

AMINA Merci.

RACHID Attends, laisse-moi t'ouvrir la portière.

AMINA Merci.

RACHID N'oublie pas d'attacher ta ceinture.

AMINA Oui, bien sûr.

AMINA Heureusement, ce n'était pas bien grave. À quelle heure est notre réservation?

RACHID Oh! C'est pas vrai!

AMINA Qu'est-ce que c'était?

RACHID On a un pneu crevé.

AMINA Oh, non!!

Expressions utiles

Talking about dating

- **Il lui offre des fleurs.**
  He's offering/giving her flowers.

- **Attends, laisse-moi t'ouvrir la portière.**
  Wait, let me open the (car) door for you.

Talking about cars

- **N'oublie pas d'attacher ta ceinture.**
  Don't forget to fasten your seatbelt.

- **J'ai un voyant qui s'est allumé.**
  One of the dashboard lights came on.

- **Il y a quelque chose qui ne va pas.**
  There's something wrong.

Additional vocabulary

- **incroyable**
  incredible

---

2 **Qui?** Indiquez qui dirait (*would say*) ces affirmations: Amina (**A**), le mécanicien (**M**), Rachid (**R**), Sandrine (**S**) ou Valérie (**V**).

1. La prochaine fois, je vais suivre les conseils du mécanicien.

2. Je suis un peu anxieuse.

3. C'est comme dans un conte de fées (*fairy tale*)!

4. Taisez-vous (*Be quiet*), s'il vous plaît!

5. Il aurait dû (*should have*) m'écouter.

3 **Écrivez** Que se passe-t-il après le deuxième incident? Utilisez votre imagination et écrivez un paragraphe qui raconte ce qu'Amina et Rachid ont fait. Est-ce que quelqu'un d'autre les aide? Amina est-elle fâchée? Y aura-t-il (*Will there be*) un deuxième rendez-vous pour Cyberhomme et Technofemme?

A
C
T
I
V
I
T
É
S

vhlcentral | *Flash culture*

Les voitures en France

la Smart Fortwo

Dans l'ensemble°, les Français utilisent moins leur voiture que les Américains. Il n'est pas rare qu'un couple ou une famille possède une seule voiture. Dans les grandes villes, beaucoup de gens se déplacent° à pied ou utilisent les transports en commun°. Dans les villages ou à la campagne, les gens utilisent un peu plus fréquemment leurs voitures. Même pour les trajets longues distances, les Français ont tendance, plus que les Américains, à laisser leurs voitures chez eux et à prendre le train ou l'avion, ou faire du covoiturage°. En général, les voitures en France sont beaucoup plus petites que les voitures qu'on trouve aux États-Unis, mais on trouve des quatre-quatre° (4x4), même dans les grandes villes. La Smart Fortwo, une voiture minuscule issue d'un partenariat° entre Daimler, une compagnie allemande et Renault, une compagnie française, et la Twingo de Renault, ont aussi beaucoup de succès.

Il y a plusieurs raisons qui expliquent ces différences. D'abord, les rues des villes françaises sont beaucoup moins larges. En centre-ville, beaucoup de rues sont piétonnes° et d'autres sont si petites qu'il est parfois difficile de passer, même avec une petite voiture. Il y a aussi de gros problèmes de parking dans la majorité des villes françaises. Il y a peu de places de parking et elles sont en général assez petites. Il est donc nécessaire de faire un créneau° pour se garer et plus la voiture est petite, plus° on a de chance de le réussir. En plus, en France, l'essence est plus chère qu'aux États-Unis. Il vaut donc mieux avoir une petite voiture économique qui ne consomme pas beaucoup d'essence, ou prendre les transports en commun quand c'est possible.

Les voitures les plus vendues° en France	
Renault Twingo	1 380.000
Peugeot 206	700.000
Renault Clio 2	630.000
Renault Clio 3	401.000
Peugeot 207	400.500
Citroën Xsara	395.000
SOURCE: Fiches-Auto	

Dans l'ensemble *By and large* **se déplacent** *get around* **transports en commun** *public transportation* **covoiturage** *car sharing* **pourtant** *however* **quatre-quatre** *sport utility vehicles* **partenariat** *partnership* **piétonnes** *reserved for pedestrians* **faire un créneau** *parallel park* **plus... plus** *the more ... the more* **vendues** *sold*

ACTIVITÉS

1 Complétez Donnez un début ou une suite logique à chaque phrase, d'après le texte.

1. ... possèdent parfois une seule voiture.
2. Les Français qui habitent en ville se déplacent souvent...
3. ..., la grande majorité des Français ont une voiture.
4. Le nombre de Français qui ont une voiture est plus important dans les villages et à la campagne qu'...
5. Beaucoup de Français prennent le train ou l'avion...
6. ... sont en général plus petites qu'aux États-Unis.
7. Comme aux États-Unis, même dans les grandes villes en France, on trouve...
8. Il n'est pas toujours facile de se garer dans les villes françaises...
9. ..., on peut facilement faire un créneau pour se garer.
10. ... parce que l'essence coûte cher en France.

Pour parler des voitures

bagnole (*f.*)	*car*
berline (*f.*)	*sedan*
break (*m.*)	*station wagon*
caisse (*f.*)	*car*
char (*m.*) (Québec)	*car*
coupé (*m.*)	*coupe*
décapotable (*f.*)	*convertible*
monospace (*m.*)	*minivan*
pick-up (*m.*)	*pickup*

Conduire une voiture

Voici quelques informations utiles.

En France Il n'existe pas de carrefours° avec quatre panneaux° de stop.

En France, en Belgique et en Suisse Il est interdit d'utiliser un téléphone portable quand on conduit et on n'a pas le droit de tourner à droite quand le feu° est rouge.

À l'île Maurice et aux Seychelles Faites attention! On conduit à gauche.

En Suisse Pour conduire sur l'autoroute, il est nécessaire d'acheter une vignette° et de la mettre sur son pare-brise. On peut l'acheter à la poste ou dans les stations-service, et elle est valable° un an.

Dans l'Union européenne Le permis de conduire d'un pays de l'Union européenne est valable dans tous les autres pays de l'Union.

carrefours *intersections* **panneaux** *signs* **feu** *traffic light* **vignette** *sticker* **valable** *valid*

Le constructeur automobile Citroën

La marque° Citroën est une marque de voitures française créée° en 1919 par André Citroën, ingénieur et industriel français. La marque est réputée pour son utilisation de technologies d'avant-garde et pour ses innovations dans le domaine de l'automobile. Le premier véhicule construit par Citroën, la voiture type A, a été la première voiture européenne construite en série°. En 1924, Citroën a utilisé la première carrosserie° entièrement faite en acier° d'Europe. Puis, dans les années 1930, Citroën a inventé la traction avant°. Parmi les modèles de voiture les plus vendus de la marque Citroën, on compte la 2CV, ou «deux chevaux», un modèle bon marché et très apprécié des jeunes dans les années 1970 et 1980. En 1976, Citroën a fusionné° avec un autre grand constructeur automobile° français, Peugeot, pour former le groupe PSA Peugeot-Citroën.

marque *make* **créée** *created* **en série** *mass-produced* **carrosserie** *body* **acier** *steel* **traction avant** *front-wheel drive* **a fusionné** *merged* **constructeur automobile** *car manufacturer*

Sur Internet

Qu'est-ce que la Formule 1?

Go to **vhlcentral.com** to find more information related to this **Culture** section and to watch the corresponding **Flash culture** video.

---

2 **Répondez** Répondez aux questions.

1. Quelles sont les caractéristiques de la marque Citroën?
2. Quelle est une des innovations de la marque Citroën?
3. Quel modèle de Citroën a eu beaucoup de succès?
4. Qu'a fait la compagnie Citroën en 1976?
5. Que faut-il avoir pour conduire sur l'autoroute, en Suisse?
6. Les résidents d'autres pays de l'UE ont-ils le droit de conduire en France?

3 **À vous...** Quelle est votre voiture préférée? Pourquoi? Avec un(e) partenaire, discutez de ce sujet et soyez prêt(e)s à expliquer vos raisons au reste de la classe.

A C T I V I T É S

3B.1 The verbs *ouvrir* and *offrir* vhlcentral

Point de départ The verbs **ouvrir** (*to open*) and **offrir** (*to offer*) are irregular. Although they end in **-ir**, they use the endings of regular **-er** verbs in the present tense.

ouvrir and offrir		
	ouvrir	**offrir**
j'	ouvre	offre
tu	ouvres	offres
il/elle/on	ouvre	offre
nous	ouvrons	offrons
vous	ouvrez	offrez
ils/elles	ouvrent	offrent

La boutique **ouvre** à dix heures.
The shop opens at 10 o'clock.

Nous **offrons** soixante-quinze dollars.
We offer seventy-five dollars.

- The verbs **couvrir** (*to cover*), **découvrir** (*to discover*), and **souffrir** (*to suffer*) use the same endings as **ouvrir** and **offrir**.

Elle **souffre** quand elle est
chez le dentiste.
*She suffers when she's
at the dentist's.*

Couvrez la tête d'un enfant quand
il fait soleil.
*Cover the head of a child when
it's sunny.*

- The past participles of **ouvrir** and **offrir** are, respectively, **ouvert** and **offert**. Verbs like **ouvrir** and **offrir** follow this pattern.

Elle a **ouvert** la porte.
She opened the door.

Gabriel a **offert** des fleurs à Alice.
Gabriel gave Alice some flowers.

Nous **avons découvert** un bon logiciel.
We discovered a good software program.

Elles **ont souffert** d'une allergie.
They suffered from an allergy.

- Verbs like **ouvrir** and **offrir** are regular in the **imparfait**. They take **-ir** verb endings.

Nous **souffrions** pendant
les moments difficiles.
We suffered during the bad times.

Ils nous **offraient** de
beaux cadeaux.
They used to give us nice gifts.

Essayez! Complétez les phrases avec les formes correctes du présent ou du passé composé des verbes.

1. On _découvre_ (découvrir) beaucoup de choses quand on lit.
2. Vous _____ (ouvrir) le livre.
3. Tu _____ (souffrir) chez le dentiste hier?
4. Elle _____ (offrir) des fleurs à ses amis.
5. Nous _____ (offrir) dix mille dollars pour la voiture.
6. Les profs _____ (couvrir) les réponses.
7. Tu _____ (découvrir) la culture francophone en cours.
8. Ils _____ (ouvrir) les fenêtres parce qu'il faisait chaud.
9. Nous _____ (couvrir) la table pour la protéger (*protect*).

Le français vivant

À Noël, offrez le plus beau des cadeaux

Elle ouvre le paquet,
et c'est le bonheur!
Quoi de plus beau à offrir?
Parlez-vous à cœur ouvert.

TopTel

Identifiez Avez-vous trouvé des formes des verbes **ouvrir** et **offrir** dans cette publicité (*ad*)? Lesquelles (*Which ones*)?

 Questions Posez ces questions à un(e) partenaire et répondez à tour de rôle.

1. Qui offre un cadeau dans la pub? Qui reçoit (*receives*) un cadeau?
2. Quel cadeau offre-t-on?
3. Qui t'offre les plus beaux cadeaux? Quels sont quelques exemples de beaux cadeaux qu'on t'a offert?
4. À qui offres-tu de beaux cadeaux? Quels sont quelques exemples de beaux cadeaux que tu as offerts?

Mise en pratique

1 **Mais non!** Alexandra et sa copine Djamila viennent d'arriver en cours et parlent de leurs camarades. Que se disent-elles?

> **MODÈLE** Julianne souffre d'un mal de tête. (je)
>
> *Je souffre aussi d'un mal de tête.*

1. Sylvain ouvre son livre. (Caroline)
2. Antoine souffre d'allergies. (le professeur et moi)
3. Loïc découvre la réponse. (nous)
4. Tu offres ta place à Maéva. (Théo)
5. Je souffre beaucoup avant les examens. (nous)
6. Vous ouvrez votre sac à dos. (Luc et Anne)
7. Odile et Fatou couvrent leurs devoirs. (Lise)
8. Angèle découvre qu'elle adore les maths. (je)

2 **Je l'ai déjà fait** Maya parle avec sa sœur des choses qu'elle veut faire pour organiser une fête dans leur nouvelle maison. Sophie lui dit qu'elle les a déjà faites.

> **MODÈLE** Je veux ouvrir les bouteilles.
>
> *Je les ai déjà ouvertes.*

1. Je veux couvrir les meubles pour les protéger.
2. Je veux ouvrir toutes les fenêtres.
3. Je veux découvrir le centre-ville.
4. Je veux offrir des cadeaux aux voisins.
5. Je veux ouvrir ces fichiers.
6. Je veux couvrir les murs d'affiches.
7. Je veux découvrir ce que (*what*) nos amis vont nous offrir.
8. Je veux offrir une fleur aux invités.

3 **Que faisaient-ils?** Qu'est-ce que ces personnages faisaient hier? Employez les verbes de la liste.

> couvrir   découvrir   offrir   ouvrir   souffrir

1. Benoît
2. tu
3. vous
4. ils
5. Thérèse
6. je

Communication

4 **Questions** Avec un(e) partenaire, posez-vous ces questions à tour de rôle. Ensuite, présentez les réponses à la classe.

1. Qu'est-ce que tu as offert à ta mère pour la fête des Mères?

2. En quelle saison souffres-tu le plus des allergies? Pourquoi?

3. Est-ce que tu te couvres la tête quand tu bronzes? Avec quoi?

4. Est-ce que tu ouvres la fenêtre de ta chambre quand tu dors? Pourquoi?

5. Qu'est-ce que tes amis t'ont offert pour ton dernier anniversaire?

6. Que fais-tu quand tu souffres d'une grippe?

7. As-tu découvert des sites web intéressants? Quels sites?

8. Qu'est-ce que tu fait quand tu ouvres un logiciel ou une application et que ça ne marche pas? Est-ce que ça t'arrive souvent?

5 **Une amende** Un agent de police vous arrête parce que vous n'avez pas respecté la limitation de vitesse. Vous inventez beaucoup d'excuses. Avec un(e) partenaire, créez le dialogue et utilisez ce vocabulaire.

amende	dépasser	ouvrir
avoir	freiner	permis
un accident	freins	de conduire
circulation	se garer	pneu crevé
coffre	limitation	rentrer dans
couvrir	de vitesse	rue
découvrir	offrir	souffrir

6 **Un cadeau électronique** Vous avez de l'argent et vous voulez acheter des cadeaux à des membres de votre famille. Dites à un(e) partenaire les choses que vous voulez acheter et pourquoi. Utilisez les verbes de la liste.

MODÈLE

Je peux acheter un jeu vidéo pour l'offrir à mon neveu.

couvrir	découvrir	offrir
ouvrir	souffrir	

7 **En panne!** Hier, vous rentriez tard avec votre frère quand votre voiture est tombée en panne sur l'autoroute. Racontez à votre partenaire ce qui s'est passé (*what happened*) avec les mots de la liste.

capot	crevé	freins	ouvrir	roue
coffre	découvrir	moteur	phares	souffrir
couvrir	essence	offrir	pneu	station-service

3B.2

Le conditionnel vhlcentral

Point de départ The conditional expresses what you *would* do or what *would* happen under certain circumstances.

- The conditional of regular **-er** and **-ir** verbs is formed by using the infinitive as the stem and adding the **imparfait** endings. For **-re** verbs, drop the **-e** before adding the endings.

Conditional of regular verbs			
	parler	**réussir**	**attendre**
je/j'	parlerais	réussirais	attendrais
tu	parlerais	réussirais	attendrais
il/elle/on	parlerait	réussirait	attendrait
nous	parlerions	réussirions	attendrions
vous	parleriez	réussiriez	attendriez
ils/elles	parleraient	réussiraient	attendraient

Vérifiez

Dans ce cas, nous ne **conduirions** pas.
In that case, we would not drive.

À ta place, je **réparerais** la voiture.
In your place, I would repair the car.

Spelling-change and irregular verbs

- To form the conditional of most spelling-change **-er** verbs, add **-r** to the present tense **je** form of the verb, and then the **imparfait** endings.

present form of **je**	+ r	conditional forms
j'achète	achèter-	j'achèterais
je nettoie	nettoier-	je nettoierais
je paie/je paye	paier-/payer-	je paierais/payerais
je m'appelle	m'appeller-	je m'appellerais
j'emmène	emmèner-	j'emmènerais

À noter

Verbs like **manger, voyager,** and **commencer** that have a spelling change in the **nous** form of the present tense do not have a spelling change in the conditional.
Nous mangerions bientôt.
Nous commencerions plus tard.

- For **-er** verbs with an **è** before the infinitive ending, such as **préférer, espérer,** and **protéger,** form the conditional the same way as regular verbs.

Tu **préférerais** aller à une station-service?
Would you prefer to go to a service station?

Nous **protégerions** les enfants de la chaleur.
We would protect the children from the heat.

Vérifiez

- The following verbs have irregular stems in the conditional.

aller	ir-	envoyer	enverr-	recevoir	recevr-
apercevoir	apercevr-	être	ser-	savoir	saur-
avoir	aur-	faire	fer-	venir	viendr-
devoir	devr-	pouvoir	pourr-	vouloir	voudr-

J'**irais** chez toi, mais pas aujourd'hui.
I'd go to your house, but not today.

Quand est-ce qu'elle **ferait** le plein?
When would she fill the tank?

- The conditional forms of **il y a**, **il faut**, and **il pleut** are, respectively, **il y aurait**, **il faudrait**, and **il pleuvrait**.

Il faudrait ouvrir le capot
de la voiture.
*We would need to open the hood
of the car.*

Il y aurait trop de circulation à
cette heure-là.
*There would be too much traffic
at that time.*

◯ **Vérifiez**

Uses of the conditional

- Use the conditional to make a polite request, soften a demand, or express what someone *could* or *should* do.

Je **voudrais** acheter une
nouvelle imprimante.
*I would like to buy a
new printer.*

Pourriez-vous nous dire
où elles sont?
*Could you tell us where
they are?*

Tu **devrais** dormir jusqu'à
onze heures.
*You should sleep until
11 o'clock.*

Nous **aimerions** vérifier la pression
des pneus, s'il vous plaît.
*We would like to check the tire
pressure, please.*

- Use the conditional, along with a past-tense verb, to express what someone said or thought would happen in the future at a past moment in time.

Guillaume **a dit** qu'il **arriverait**
vers midi.
*Guillaume said that he would
arrive around noon.*

Nous **pensions** que tu **ferais**
tes devoirs.
*We thought that you would do
your homework.*

J'**ai dit** que je **laverais** la voiture plus tard.
I said that I would wash the car later.

Ils **savaient** que vous **viendriez** ce soir.
They knew that you would come this evening.

- Remember that the English *would* can also mean *used to*, in the sense of past habitual action. In French, the **imparfait** is used in this case.

Je **travaillais** dans un
restaurant à Nice.
*I would (used to) work at
a restaurant in Nice.*

but

Je **travaillerais** seulement dans
un restaurant à Nice.
*I would only work for
a restaurant in Nice.*

Essayez! **Indiquez la forme correcte du conditionnel de ces verbes.**

1. je (perdre, devoir, venir) _____ *perdrais, devrais, viendrais* _____

2. tu (vouloir, aller, essayer) _____

3. Michel (dire, prendre, savoir) _____

4. nous (préférer, nettoyer, faire) _____

5. vous (être, pouvoir, avoir) _____

6. elles (dire, espérer, amener) _____

7. je (boire, choisir, essuyer) _____

8. il (tenir, se lever, envoyer) _____

Mise en pratique

1 Changer de vie Alexandre parle à son ami de ce qu'il (*what he*) aimerait changer dans sa vie. Complétez ses phrases avec les formes correctes du conditionnel.

MODÈLE

Je n' *étudierais* (étudier) jamais le week-end.

1. Ma petite amie et moi _____ (faire) des études dans la même (*same*) ville.
2. Je _____ (vendre) ma vieille voiture.
3. Nous _____ (acheter) une Porsche.
4. J' _____ (attacher) toujours ma ceinture de sécurité.
5. Nos amis nous _____ (rendre) souvent visite.
6. Quelqu'un _____ (nettoyer) la maison.
7. Je n' _____ (avoir) pas de problèmes d'argent.
8. Mes amis et moi, nous _____ (pouvoir) nous retrouver tous les jours.
9. Tous mes cours _____ (être) très faciles.

2 Les professeurs Que feraient ces personnes si elles étaient profs de français? Faites des changements et ajoutez des mots si nécessaire.

MODÈLE tu / donner / examen / difficile

Tu donnerais des examens difficiles.

1. Marc / donner / devoirs
2. vous / répondre / à / questions / élèves
3. nous / permettre / à / élèves / de / manger / en classe
4. tu / parler / français / tout le temps
5. tes parents / boire / café / classe
6. nous / regarder / films / français
7. je / enseigner / chansons françaises / étudiants
8. Guillaume et Robert / être / gentil / avec / étudiants

3 Je suis d'accord! Quand on vous dit ce que vos amis font ou ne font pas, dites que vous feriez ou ne feriez pas ces choses. Utilisez le conditionnel dans vos réponses.

MODÈLE

Je n'ai pas envie de ranger les valises dans le coffre.
Moi non plus, je n'aurais pas envie de ranger les valises dans le coffre.

Je regarde souvent dans le rétroviseur.
Moi aussi, je regarderais souvent dans le rétroviseur.

1. Élodie ne prend pas le vélo.
2. Arthur et Emma ne se garent pas devant le café.
3. Laurent et toi ne vérifiez pas la pression des pneus.
4. Tu fais le plein avant de partir.
5. Ma petite amie veut acheter une nouvelle voiture.
6. Chloé ne dépasse pas le policier sur l'autoroute.
7. Nous devons souvent nettoyer le pare-brise.
8. Marie vient chaque semaine à la station-service.

Communication

4 **Une grosse fortune** Imaginez que vous héritez d'une très grosse fortune. Avec un(e) partenaire, échangez vos idées sur la manière dont vous dépenseriez cet argent.

1. Partirais-tu en voyage? Où irais-tu?

2. Quelle voiture achèterais-tu?

3. Où habiterais-tu?

4. Qu'est-ce que tu achèterais à tes amis? À ta famille?

5. Donnerais-tu de l'argent à des associations caritatives (*charities*)? Auxquelles (*To which ones*)?

6. Qu'est-ce qui changerait dans ta vie quotidienne (*daily*)?

5 **Sans ça...** Par groupes de trois, dites ce qui (*what*) changerait dans le monde sans ces choses.

> **MODÈLE** sans devoirs?
>
> *Les élèves s'amuseraient plus.*

- sans voiture?
- sans ordinateur?
- sans télévision?
- sans avion?
- sans téléphone?
- ?

6 **Le tour de la France** Vous aimeriez faire le tour de la France avec un(e) partenaire. Regardez la carte et discutez de l'itinéraire. Où commenceriez-vous? Que visiteriez-vous? Utilisez ces idées et trouvez-en d'autres.

> **MODÈLE**
>
> *Nous commencerions à Paris.*

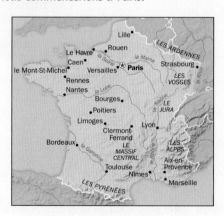

- les plages de la Côte d'Azur
- les randonnées dans le Centre
- le ski dans les Alpes
- les musées à Paris
- les châteaux (*castles*) de la Loire

Révision

1 **Dans ma famille…** Votre professeur va vous donner une feuille d'activités. Circulez dans la classe pour interviewer un(e) camarade différent(e) pour chaque question. Mentionnez un détail supplémentaire dans vos réponses.

MODÈLE

Élève 1: *Qui, dans ta famille, a peur de conduire?*
Élève 2: *Mon oncle Olivier a peur de conduire. Il a eu trop d'accidents.*

Qui, dans ta famille, …	Noms
1. a peur de conduire?	l'oncle de Marc
2. aime l'odeur de l'essence?	
3. n'aime pas conduire vite?	
4. n'a jamais eu d'accident?	
5. ne dépasse jamais la limitation de vitesse?	
6. n'a pas son permis de conduire?	
7. ne sait pas faire le plein?	
8. sait vérifier l'huile?	

2 **Des explications** Avec un(e) partenaire, observez ces personnages et inventez une phrase au conditionnel pour décrire leur situation.

MODÈLE

Elle ferait du jogging, mais elle s'est foulé la cheville.

1.

2.

3.

4.

3 **Le marathon** Votre ami(e) va participer à un marathon dans six mois. Écrivez-lui un e-mail pour lui expliquer ce que (*what*) vous feriez pour vous préparer si (*if*) vous étiez à sa place. Utilisez le conditionnel.

4 **La leçon de conduite** Inventez une conversation entre un moniteur/une monitrice de conduite (*driving instructor*) et un(e) candidat(e) au permis où vous parlez des différentes fonctions de la voiture et de ce qu'il faut faire dans une variété de situations. Utilisez le conditionnel dans votre dialogue.

MODÈLE

Élève 1: *J'utiliserais ce bouton pour ouvrir le capot?*
Élève 2: *Non. Tu utiliserais ce bouton pour ouvrir le coffre.*

5 **Les slogans** Avec un(e) partenaire, utilisez ces verbes dans des slogans pour vendre cette voiture. Soyez prêt(e)s à présenter vos slogans à la classe.

MODÈLE

Élève 1: *Qu'est-ce que tu penses de:*
«Offrez-vous l'évasion»?
Élève 2: *Ce n'est pas mal, mais j'aime bien aussi:*
«Le monde vous découvre.»

couvrir	découvrir	offrir	ouvrir	souffrir

6 **Mots croisés** Votre professeur va vous donner, à vous et à votre partenaire, deux grilles de mots croisés (*crossword*) incomplètes. Attention! Ne regardez pas la feuille de votre partenaire. Utilisez le conditionnel dans vos définitions.

MODÈLE

Élève 1: *Horizontalement, le numéro 1, tu les allumerais pour conduire la nuit.*
Élève 2: *Les phares!*

À l'écoute vhlcentral

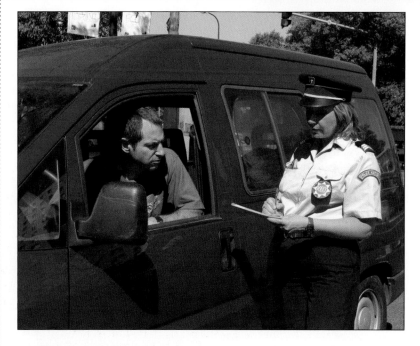

Préparation

Regardez la photo. Que fait la policière? Et l'homme, que fait-il? Où sont-ils? Que se passe-t-il, d'après vous?

À vous d'écouter

Écoutez la conversation entre la policière et l'homme et utilisez le contexte pour vous aider à comprendre les mots et expressions de la colonne A. Trouvez leur équivalent dans la colonne B.

A	B
_____ 1. la moto	a. un document qui indique une infraction
_____ 2. la loi	b. un signal pour indiquer dans quelle direction on va aller
_____ 3. une contravention	c. conduire une voiture
_____ 4. rouler	d. véhicule à deux roues
_____ 5. le clignotant	e. faire attention
_____ 6. être prudent	f. quelque chose qu'il faut respecter

Compréhension

Vrai ou faux? Indiquez si les phrases sont **vraies** ou **fausses**. Corrigez les phrases fausses.

1. L'homme a oublié son permis de conduire à l'aéroport.
_____

2. L'homme roulait trop vite.
_____

3. La vitesse est limitée à 150 km/h sur cette route.
_____

4. L'homme a dépassé un camion rouge.
_____

5. L'agent de police n'accepte pas les excuses de l'homme.
_____

6. L'agent de police donne une contravention à l'homme.
_____

7. L'homme préfère payer l'amende tout de suite.
_____

8. L'agent de police demande à l'homme de faire réparer son rétroviseur avant de repartir.
_____

Racontez Choisissez un sujet et écrivez un paragraphe.

1. Connaissez-vous une personne qui a déjà eu une contravention (*ticket*)? Quand? Où? Que faisait-elle? Donnez des détails.

2. Vous êtes-vous déjà trouvé(e) dans une voiture qui est tombée en panne? Quand? Où? Quel était le problème? Êtes-vous allé(e) chez un mécanicien? Qu'a-t-il fait? Est-ce que ça a coûté cher?

vhlcentral

Panorama

la promenade des Anglais à Nice

L'ITALIE

LES ALPES

Gap

la Durance

LA FRANCE

le Rhône

Avignon

PROVENCE-ALPES-CÔTE D'AZUR (PACA)

le Var

MONACO

Arles

la Durance

le Verdon

Grasse

Nice

Antibes

LA CARMAGUE

Aix-en-Provence

Cannes

Marseille

Toulon

Les îles d'Hyères

0 — 80 miles
0 — 80 kilomètres

Bastia

Calvi

Corte

CORSE

Ajaccio

LA MER MÉDITERRANÉE

Porto-Vecchio

LA SARDAIGNE

Provence-Alpes-Côte d'Azur

La région en chiffres

▸ Superficie: *31.400 km²*

▸ Population: *4.989.435*
SOURCE: INSEE

▸ Industries principales: *agriculture, industries agro-alimentaires°, métallurgiques et mécaniques, parfumerie, tourisme*

▸ Villes principales: *Avignon, Gap, Marseille, Nice, Toulon*

Personnages célèbres

▸ **Nostradamus,** *astrologue et médecin (1503–1566)*

▸ **Marcel Pagnol,** *cinéaste° et écrivain (1895–1974)*

▸ **Surya Bonaly,** *athlète olympique (1973–)*

La Corse

La région en chiffres

▸ Superficie: *8.680 km²*

▸ Population: *330.354*
SOURCE: ADEC

▸ Industries principales: *agriculture, tourisme*

▸ Villes principales: *Ajaccio, Bastia, Porto-Vecchio, Borgo, Corte*

Personnages célèbres

▸ **Pasquale Paoli,** *homme politique et philosophe, (1725–1807)*

▸ **Tino Rossi,** *chanteur, (1907–1983)*

Marie-Josée Nat, *actrice, (1940–)*

agro-alimentaires *food-processing* **cinéaste** *filmmaker* **confrérie** *brotherhood* **gardians** *herdsmen* **depuis** *since* **sud** *south* **taureaux** *bulls* **flamants** *flamingos* **Montés sur** *Riding* **Papes** *Popes*

le palais des Papes° à Avignon

les falaises de Bonifacio

Incroyable mais vrai!

Tous les cow-boys ne sont pas américains. En Camargue, la confrérie° des gardians° perpétue depuis° 1512 les traditions des cow-boys français. C'est dans le sud° que cohabitent les chevaux blancs camarguais, des taureaux° noirs et des flamants° roses. Montés sur° des chevaux blancs, les gardians gardent les taureaux noirs.

Les destinations

Réserve naturelle de Scandola

La réserve naturelle de Scandola en Corse a été l'un des premiers sites français à être classé réserve du patrimoine° naturel terrestre et marin. La réserve fait partie° d'un ancien complexe volcanique connu° au niveau international pour sa biodiversité. Des scientifiques viennent y étudier le corail° rouge, des espèces marines qui ont disparu ailleurs° dans la Méditerranée, et des espèces inconnues jusqu'à présent. La réserve abrite° aussi une population importante de balbuzards pêcheurs°, une espèce de rapace° qui a été très menacée dans les années 70.

Les arts

Le festival de Cannes

Chaque année depuis 1946, au mois de mai, de nombreux acteurs, réalisateurs° et journalistes viennent à Cannes, sur la Côte d'Azur, pour le Festival International du Film. Avec la présence de plus de 4.000 journalistes et de nombreux pays représentés, c'est la manifestation cinématographique annuelle la plus médiatisée°. Après deux semaines de projections, de fêtes, d'expositions et de concerts, le jury international du festival choisit le meilleur d'une vingtaine de films présentés en compétition officielle.

Les personnages

Napoléon Bonaparte

Né en 1769 à Ajaccio en Corse, Napoléon Bonaparte devient général à un très jeune âge. Ses succès militaires l'ont rendu° très populaire en France, ce qui lui a permis d'organiser un coup d'État en 1799. Il s'est déclaré Empereur en 1804. Pendant son règne°, il a fondé plusieurs institutions qui forment la base de la société française d'aujourd'hui: la Banque de France, le Code civil et le système éducatif, entre autres. Il a aussi cherché à conquérir° l'Europe. Il a obtenu de grandes victoires, mais en 1815, il subit° son ultime défaite à la bataille de Waterloo. Il est capturé et expatrié° à l'île d'Elbe où il meurt en 1821.

Les traditions

Grasse, France

La ville de Grasse, sur la Côte d'Azur, est le centre de la parfumerie° française. Cette «capitale mondiale du parfum» cultive les fleurs depuis le Moyen Âge°: violette, lavande, rose, plantes aromatiques, etc. Au dix-neuvième siècle, ses parfumeurs, comme Molinard, ont conquis° les marchés du monde grâce à° la fabrication industrielle.

Qu'est-ce que vous avez appris? Répondez aux questions par des phrases complètes.

1. Comment s'appelle la région où les gardians perpétuent les traditions des cow-boys français?
2. Quel est le rôle des gardians?
3. Pour quelle charactéristique la réserve naturelle Scandola est-elle connue au niveau international?
4. Qu'est-ce que les scientifiques étudient dans la réserve naturelle Scandola?
5. Depuis quand le festival de Cannes existe-il?
6. Qui choisit le meilleur film au festival de Cannes?
7. Quelle était la profession de Napoléon avant de devenir Empereur?
8. Quelles institutions Napoléon a-t-il fondé?
9. Quelle ville est le centre de la parfumerie française?
10. Pourquoi cette ville est-elle le centre de la parfumerie française?

Sur Internet

1. Quels films étaient (*were*) en compétition au dernier festival de Cannes? Qui composait (*made up*) le jury?
2. Trouvez des informations sur une parfumerie de Grasse. Quelles sont deux autres parfumeries qu'on trouve à Grasse?

patrimoine *heritage* fait partie *is part* connu *recognized* corail *corral* ailleurs *elsewhere* abrite *shelters* balbuzards pêcheurs *osprey* rapace *bird of prey* réalisateurs *filmmakers* la plus médiatisée *the most publicized* ont rendu *made* règne *reign* conquérir *to conquer* subit *suffers* expatrié *exiled* parfumerie *perfume industry* Moyen Âge *Middle Ages* ont conquis *conquered* grâce à *thanks to*

Lecture vhlcentral

Avant la lecture

Examinez le texte

Examinez les illustrations. Quel est le genre de ce texte? Décrivez ce qu'il y a dans chaque illustration. Puis, regardez les trois textes courts. Quel est le genre de ces textes? Quel est leur but (*purpose*)? D'après vous, quel genre de vocabulaire allez-vous trouver dans ces textes?

À propos de l'auteur
Renée Lévy

Renée Lévy est une artiste québécoise. Son père, artiste lui aussi, lui a expliqué les principes du dessin et l'a encouragée à dessiner. Au lycée, Renée Lévy amusait ses camarades de classe avec ses caricatures de professeurs. Ses dessins humoristiques traitent de° nombreux sujets, comme la vie de tous les jours, le travail, les animaux et la politique. On peut voir° ses caricatures et ses dessins humoristiques dans plusieurs publications et sur son site Internet: www.reneelevy.com. Renée Lévy est l'auteur des deux dessins que vous allez voir.

Les Technoblagues

Dessin 1

C'EST UN LECTEUR DE MP3, DE CD ET DE DVD. C'EST AUSSI UN TÉLÉPHONE, UN APPAREIL PHOTO ET UN ORDINATEUR. IL PEUT NUMÉRISER°, TÉLÉCOPIER° ET IMPRIMER.

IL VERROUILLE° MON AUTO, ALLUME MON FOUR ET MESURE MON DIABÈTE. IL ME SERT DE BROSSE À DENTS, D'ASPIRATEUR ET DE RASOIR.

IL M'INDIQUE AUSSI LE MAGASIN DE BATTERIES LE PLUS PROCHE°!

BATTERIES
BATTERIES BATTERIES

© www.reneelevy.com

Blague 1

Dans un magasin d'ordinateurs, un père se plaint° du manque d'intérêt° de son fils pour le sport. «Il passe son temps devant son écran, avec ses jeux vidéo», explique le père découragé à l'employé. «Tenez, l'autre jour, je lui ai proposé un match de tennis. Savez-vous ce que mon fils m'a répondu? "Quand tu veux, papa, je vais chercher la Wii™".»

traitent de *deal with* **voir** *see*

Blague 2

La maîtresse°, absente de sa classe pendant dix minutes, y retourne et entend un véritable vacarme°. «Quand je suis partie, dit-elle, sévèrement, je vous ai interdit° de bavarder entre vous.» «Mais, dit un élève, on ne s'est pas adressé la parole°. Seulement, pour s'occuper, on a tous sorti nos portables et on a passé un coup de fil° à nos parents.»

Dessin 2

L'ESSENCE COÛTE TRÈS CHER. JE REMPLACE LE MOTEUR DE MON V.U.S°. ...

PAR LE MOTEUR ÉLECTRIQUE DE MA MACHINE À COUDRE°!

SAUF°QU'IL ME FAUDRA° UN PLUS LONG FIL°...

www.reneelevy.com

Blague 3

Un homme vient d'acheter une nouvelle voiture, mais il est obligé de la laisser dans la rue la nuit. Comme il sait que les voleurs° d'autoradios° n'hésitent pas à fracturer° les portières, il met sur son pare-brise la note suivante: IL N'Y A PAS DE RADIO DANS CETTE VOITURE. Le jour d'après, plus de° voiture. À la place où elle se trouvait, il y a seulement la note sur laquelle° on a écrit: *Ce n'est pas grave, on en fera mettre une°.*

numériser *scan* **télécopier** *fax* **verrouille** *locks* **le plus proche** *the closest* **se plaint** *complains* **manque d'intérêt** *lack of interest* **maîtresse** *school teacher* **vacarme** *racket* **interdit** *forbade* **on ne s'est pas adressé la parole** *we didn't speak to each other* **a passé un coup de fil** *made a call* **V.U.S.** *S.U.V.* **machine à coudre** *sewing machine* **sauf** *except* **il me faudra** *I will need* **fil** *cord* **voleurs** *thieves* **autoradios** *car radios* **fracturer** *break* **plus de** *no more* **sur laquelle** *on which* **on en fera mettre une** *we'll have one installed*

Après la lecture

Répondez Répondez aux questions par des phrases complètes.

1. Quelles sont trois des fonctions de l'appareil du **dessin 1**?

2. De quoi l'appareil du **dessin 1** a-t-il beaucoup besoin?

3. Dans la **blague 1**, pourquoi le père est-il découragé?

4. Dans la **blague 1**, pourquoi le garçon va-t-il chercher la Wii™?

5. Dans la **blague 2**, qu'est-ce que la maîtresse a demandé aux élèves?

6. Qu'ont fait les élèves de la **blague 2** quand la maîtresse est partie?

7. Pourquoi faut-il remplacer le moteur du V.U.S. dans le **dessin 2**?

8. De quoi le personnage a-t-il besoin après dans le **dessin 2**?

9. Dans la **blague 3**, qu'est-ce que l'homme écrit sur la note qu'il met sur le pare-brise de sa voiture? Pourquoi?

10. À la fin de la **blague 3**, qu'ont pris les voleurs? Que vont-ils faire?

Des inventions L'appareil du **dessin 1** a beaucoup de fonctions. D'après vous, quelle invention de la liste est la plus utile et pourquoi? Soyez prêt à expliquer votre décision à la classe.

appareil photo	lecteur CD
aspirateur	lecteur DVD
ordinateur	lecteur MP3
imprimante	téléphone

Inventez Électropuissance, une compagnie d'équipement électronique, vous demande d'inventer l'appareil idéal pour la vie de tous les jours. Dites comment votre invention va vous aider à la maison, à l'école, dans la voiture, en voyage et pour rester en bonne santé.

Écriture

STRATÉGIE

Listing key words

Once you have determined the purpose for a piece of writing and identified your audience, it is helpful to make a list of key words you might use. If you were to write a description of your campus, for example, you would probably need a list of prepositions that describe location, such as **devant**, **à côté de**, and **derrière**. Likewise, a list of descriptive adjectives would be useful if you were writing about the people and places of your childhood.

By preparing a list of potential words ahead of time, you will find it easier to avoid using the dictionary while writing your first draft.

Listing useful vocabulary is also a valuable organizational strategy since the act of brainstorming key words will help you form ideas about your topic. In addition, a list of key words can help you avoid redundancy when you write.

If you were going to write a composition about your communication habits with your friends, what words would be the most helpful to you? Jot a few of them down and compare your list with a partner's. Did you choose the same words? Would you choose any different or additional words, based on what your partner wrote?

Thème
Écrire une dissertation
Avant l'écriture

1. Vous allez écrire une dissertation pour décrire vos préférences et vos habitudes en ce qui concerne (*regarding*) les moyens (*means*) de communication que vous utilisez.

2. D'abord, répondez en quelques mots à ces questions pour vous faire une idée de ce que (*what*) doit inclure votre dissertation.

   - Quel est votre moyen de communication préféré (e-mail, téléphone, SMS, ...)? Pourquoi?

   - En général, comment communiquez-vous avec les gens que vous connaissez? Pourquoi? Comment ce moyen de communication facilite-t-il les rapports entre vous et ces personnes?

   - Communiquez-vous avec tout le monde de la même manière ou cela dépend-il des personnes? Par exemple, restez-vous en contact avec vos grands-parents de la même manière qu'avec votre professeur de français? Expliquez.

   - Comment restez-vous en contact avec les membres de votre famille? Et avec vos amis et vos camarades de classe?

   - Communiquez-vous avec certaines personnes tous les jours? Avec qui? Comment?

3. Ensuite, complétez ce tableau pour faire une liste des personnes avec qui vous communiquez régulièrement et des moyens de communication que vous utilisez.

Personnes	Moyen(s) de communication
1.	
2.	
3.	
4.	
5.	

Écriture

1. Servez-vous de la liste de mots-clés que vous avez créée, de vos réponses aux questions et du tableau pour écrire votre dissertation. Utilisez le vocabulaire et la grammaire de l'unité.

2. N'oubliez pas d'inclure ces informations:

- Toutes les personnes avec qui vous communiquez souvent

- Les moyens de communications que vous utilisiez avec chaque personne

- La raison pour laquelle (*for which*) vous utilisez ce(s) moyen(s) de communication

- De quelle manière ce(s) moyen(s) de communication influencent vos rapports avec les personnes et les choses que vous aimeriez changer dans ces rapports

Après l'écriture

1. Échangez votre dissertation avec celle (*the one*) d'un(e) partenaire. Répondez à ces questions pour commenter son travail.

- Votre partenaire a-t-il/elle inclu toutes les personnes citées dans le tableau?

- A-t-il/elle mentionné tous les moyens de communications qu'il/elle utilise?

- A-t-il/elle mentionné la raison pour laquelle il/elle utilise ce(s) moyen(s) de communication?

- A-t-il/elle utilisé le vocabulaire et la grammaire de l'unité?

- Quel(s) détail(s) ajouteriez-vous (*would you add*)? Quel(s) détail(s) enlèveriez-vous (*would you delete*)? Quel(s) autre(s) commentaire(s) avez-vous pour votre partenaire?

2. Corrigez votre dissertation d'après (*according to*) les commentaires de votre partenaire. Relisez votre travail pour éliminer ces problèmes:

- des fautes (*errors*) d'orthographe

- des fautes de ponctuation

- des fautes de conjugaison

- un mauvais emploi (*use*) de la grammaire de l'unité

- des fautes d'accord (*agreement*) des adjectifs

Leçon 3A

L'ordinateur

un clavier	keyboard
une clé USB	USB drive
un disque dur	hard drive
un écran	screen
un e-mail	e-mail
un fichier	file
une imprimante	printer
un jeu vidéo (jeux vidéo pl.)	video game(s)
un logiciel	software, program
un mot de passe	password
une page d'accueil	home page
un site Internet/web	web site
une souris	mouse
démarrer	to start up
être connecté(e) (avec)	to be connected (to)
être en ligne (avec)	to be online/on the phone (with)
imprimer	to print
sauvegarder	to save
télécharger	to download

L'électronique

un appareil photo (numérique)	(digital) camera
un casque (audio)	headphones
une chaîne (de télévision)	(television) channel
un enregistreur DVR	DVR
un lien	link
un portable	cell phone
un réseau (social)	(social) network
un smartphone	smartphone
une tablette (tactile)	tablet
une télécommande	remote control
un texto/SMS	text message
ajouter/supprimer un(e) ami(e)	to add/delete a friend
allumer	to turn on
brancher	to plug in; to connect
composer (un numéro)	to dial (a number)
effacer	to erase
enregistrer	to record
éteindre	to turn off
fermer	to close; to shut off
fonctionner/marcher	to work; to function
prendre une photo(graphie)	to take a photo(graph)
recharger	to charge
sonner	to ring

Expressions utiles

See p. 165.

Verbes avec prépositions et complément infinitif

See p. 168.

Verbes pronominaux réciproques

s'adorer	to adore one another
s'aider	to help one another
s'aimer (bien)	to love (like) one another
se connaître	to know one another
se dire	to tell one another
se donner	to give one another
s'écrire	to write one another
s'embrasser	to kiss one another
s'entendre bien (avec)	to get along well (with one another)
se parler	to speak to one another
se quitter	to leave one another
se regarder	to look at one another
se rencontrer	to meet one another (make an acquaintance)
se retrouver	to meet one another (planned)
se téléphoner	to phone one another

Leçon 3B

La voiture

arrêter (de faire quelque chose)	to stop (doing something)
attacher sa ceinture de sécurité (f.)	to buckle one's seatbelt
avoir un accident	to have/to be in an accident
dépasser	to go over; to pass
faire le plein	to fill the tank
freiner	to brake
se garer	to park
rentrer (dans)	to hit (another car)
réparer	to repair
tomber en panne	to break down
vérifier (l'huile/la pression des pneus)	to check (the oil/the air pressure)
un capot	hood
un coffre	trunk
l'embrayage (m.)	clutch
l'essence (f.)	gas
un essuie-glace (des essuie-glaces)	windshield wiper(s)
les freins (m.)	brakes
l'huile (f.)	oil
un moteur	engine
un pare-brise (des pare-brise pl.)	windshield
un pare-chocs (des pare-chocs pl.)	bumper
les phares (m.)	headlights
un pneu (crevé)	(flat) tire
une portière	car door
un réservoir d'essence	gas tank
un rétroviseur	rearview mirror
une roue (de secours)	(emergency) tire
une voiture	car
un volant	steering wheel
un voyant d'essence/d'huile	(gas/oil) warning light
un agent de police/un(e) policier/policière	police officer
une amende	fine
une autoroute	highway
la circulation	traffic
la limitation de vitesse	speed limit
un(e) mécanicien(ne)	mechanic
un parking	parking lot
un permis de conduire	driver's license
une rue	street
une station-service	service station

Expressions utiles

See p. 183.

Verbes

couvrir	to cover
découvrir	to discover
offrir	to offer, to give something
ouvrir	to open
souffrir	to suffer

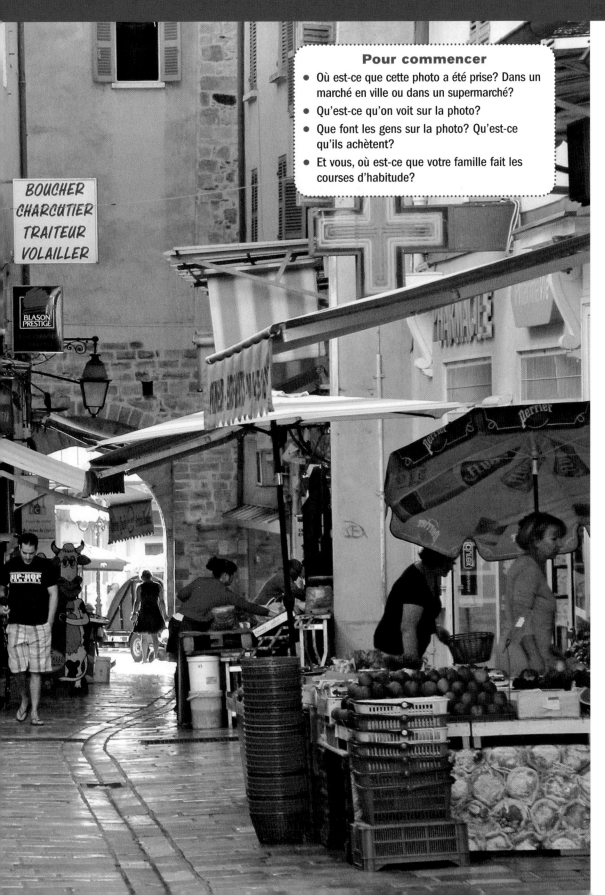

En ville

Unité 4

Pour commencer

- Où est-ce que cette photo a été prise? Dans un marché en ville ou dans un supermarché?
- Qu'est-ce qu'on voit sur la photo?
- Que font les gens sur la photo? Qu'est-ce qu'ils achètent?
- Et vous, où est-ce que votre famille fait les courses d'habitude?

Leçon 4A

CONTEXTES . . . pages 204–207
- Errands
- The letter **h**

ROMAN-PHOTO . pages 208–209
- **On fait des courses.**

CULTURE . . . . . . pages 210–211
- Small shops
- **Flash culture**

STRUCTURES. . pages 212–219
- **Voir**, **croire**, **recevoir**, and **apercevoir**
- Negative/affirmative expressions

SYNTHÈSE . . . . pages 220–221
- **Révision**
- **Le Zapping**

Leçon 4B

CONTEXTES . . . pages 222–225
- Giving and getting directions
- **Les majuscules et les minuscules**

ROMAN-PHOTO . pages 226–227
- **Chercher son chemin**

CULTURE . . . . . . pages 228–229
- French cities and towns

STRUCTURES. . pages 230–237
- **Le futur simple**
- Irregular future forms

SYNTHÈSE . . . . pages 238–239
- **Révision**
- **À l'écoute**

Savoir-faire . pages 240–245

- **Panorama: Les Pays de la Loire** and **le Centre-Val de Loire**
- **Lecture:** Read a poem.
- **Écriture:** Write a description of a new business in town.

You will learn how to...
- make business transactions
- get around town

vhlcentral

Les courses

une papeterie

une bijouterie

un bureau de poste

un colis

une boîte aux lettres

Elle poste une lettre. (poster)

un marchand de journaux

Vocabulaire

accompagner	to accompany
avoir un compte bancaire	to have a bank account
déposer de l'argent	to deposit money
emprunter	to borrow
payer par carte (bancaire/de crédit)	to pay by debit/credit card
payer en espèces	to pay in cash
payer par chèque	to pay by check
remplir un formulaire	to fill out a form
retirer de l'argent	to withdraw money
signer	to sign
une adresse	address
une carte postale	postcard
une enveloppe	envelope
un timbre	stamp
une boutique	boutique, store
une brasserie	restaurant
un commissariat de police	police station
une laverie	laundromat
une mairie	town/city hall; mayor's office
un compte-chèques	checking account
un compte d'épargne	savings account
une dépense	expenditure, expense
les pièces de monnaie	coins
de la monnaie	change
fermé(e)	closed
ouvert(e)	open

Mise en pratique

un salon de beauté

Salon de Beauté Claude

le facteur

le courrier

BANQUE

une banque

guichet

les billets (*m.*)

un distributeur
(automatique/de billets)

Elle fait la queue.

1 **Associez** Associez chaque activité de la colonne de gauche avec le lieu qui correspond dans la colonne de droite.

____	1. acheter un chemisier	a. un bureau de poste
____	2. acheter du maquillage	b. une banque
____	3. acheter un magazine	c. une bijouterie
____	4. acheter une montre	d. une boutique
____	5. déjeuner	e. une brasserie
____	6. envoyer une carte	f. un commissariat de police
____	7. retirer de l'argent	g. un distributeur automatique
____	8. faire la lessive	h. une laverie
____	9. ouvrir un compte	i. un marchand de journaux
____	10. payer une amende	j. un salon de beauté

2 **Complétez** Complétez ces phrases avec le mot ou l'expression qui convient le mieux. N'oubliez pas de faire les accords nécessaires.

1. _____ apporte le courrier tous les jours à la même heure.
2. Quand les magasins sont _____, on ne peut pas faire de courses.
3. Pour poster une lettre, on peut simplement la mettre dans _____.
4. Quand on n'a pas beaucoup d'argent, il faut faire attention à ses _____.
5. Si la banque n'est pas ouverte, on peut toujours _____ au distributeur automatique.
6. Quand on envoie une lettre, il ne faut pas oublier d'écrire _____ et de mettre _____.
7. Pour acheter une voiture, il faut souvent _____ de l'argent.
8. Si on n'a pas de lave-linge à la maison, il faut aller à _____.

3 **Écoutez** Écoutez la conversation entre Jean-Pierre et Carole. Ensuite, complétez les phrases avec les bons mots.

1. Carole demande à Jean-Pierre d'acheter des timbres et de _____ (poster un colis, retirer de l'argent, acheter du papier).
2. _____ se trouve sur la route de Jean-Pierre. (Le bureau de poste, La papeterie, Le distributeur automatique)
3. Jean-Pierre veut _____ de l'argent à la banque. (retirer, déposer, emprunter)
4. Jean-Pierre doit _____ à la banque. (faire la queue, remplir des formulaires, utiliser le distributeur automatique)
5. Jean-Pierre a acheté un journal _____. (à la papeterie, chez le marchand de journaux, au supermarché)
6. Jean-Pierre n'avait pas de/d' _____ sur lui pour tout faire. (chèques, carte bancaire, espèces)

Communication

4 Décrivez Avec un(e) partenaire, regardez les photos et décrivez où et comment Annick et Charles ont passé la journée samedi dernier. Donnez l'heure exacte pour chaque endroit.

1.

2.

3.

4.

5.

6.

5 Répondez Avec un(e) partenaire, posez ces questions et répondez-y à tour de rôle. Ensuite, comparez vos réponses avec celles (*the ones*) d'un autre groupe.

1. Tes parents vont-ils souvent au bureau de poste? Pour quoi faire?
2. Quel genre de courses ta famille fait-elle le week-end?
3. Où est-ce que tu fais souvent la queue? Pourquoi?
4. Y a-t-il une laverie près de chez toi? Combien de fois par mois tes parents ou toi y allez-vous?
5. Comment tes parents préfèrent-ils payer leurs achats (*purchases*)? Pourquoi?
6. As-tu déjà utilisé un distributeur de billets? Combien de fois?

6 À vous de jouer Par petits groupes, choisissez une de ces situations et écrivez un dialogue. Ensuite, jouez la scène.

1. À la banque, un(e) étudiant(e) veut ouvrir un compte bancaire et connaître les services offerts.
2. À la poste, une vieille dame (*lady*) veut envoyer un colis, acheter des timbres et faire un changement d'adresse. Il y a la queue derrière elle.
3. Dans un salon de beauté, deux femmes discutent de leurs courses à la mairie, à la papeterie et chez le marchand de journaux.
4. Dans un café, des étudiants font des achats en ligne sur différents sites.

Les sons et les lettres 🔊 vhlcentral

The letter h

You already know that the letter **h** is silent in French, and you are familiar with many French words that begin with an **h muet**. In such words, the letter **h** is treated as if it were a vowel. For example, the articles **le** and **la** become **l'** and there is a liaison between the final consonant of a preceding word and the vowel following the **h**.

l'heure　　　l'homme　　　　des hôtels　　　des hommes

Some words begin with an **h aspiré**. In such words, the **h** is still silent, but it is not treated like a vowel. Words beginning with **h aspiré**, like these you've already learned, are not preceded by **l'** and there no liaison.

la honte　　les haricots verts　　le huit mars　　les hors-d'œuvre

Words that begin with an **h aspiré** are normally indicated in dictionaries by some kind of symbol, usually an asterisk (*).

Prononcez Répétez les mots suivants à voix haute.

1. le hall
2. le handicap
3. l'humeur
4. la honte
5. le héron
6. l'horloge
7. l'horizon
8. le hippie
9. l'hilarité
10. la Hongrie
11. l'hélicoptère
12. les hamburgers
13. les hiéroglyphes
14. les hors-d'œuvre
15. les hippopotames
16. l'hiver

Articulez Répétez les phrases suivantes à voix haute.

1. Hélène joue de la harpe.
2. Hier, Honorine est allée à l'hôpital.
3. Le hamster d'Hervé s'appelle Henri.
4. La Havane est la capitale de Cuba.
5. L'anniversaire d'Héloïse est le huit mars.
6. Le hockey et le handball sont mes sports préférés.

Dictons Répétez les dictons à voix haute.

La honte n'est pas d'être inférieur à l'adversaire, c'est d'être inférieur à soi-même.[1]

L'heure, c'est l'heure; avant l'heure, c'est pas l'heure; après l'heure, c'est plus l'heure.[2]

[2] On time is on time; before the hour is not on time; after the hour is no longer on time.

[1] Shame is not being inferior to an adversary, it's being inferior to oneself.

On fait des courses **vhl**central

PERSONNAGES

Amina

David

Employée

Rachid

Sandrine

À la charcuterie...

EMPLOYÉE Bonjour, Mademoiselle, Monsieur. Qu'est-ce que je vous sers?

RACHID Bonjour, Madame. Quatre tranches de pâté et de la salade de carottes pour deux personnes, s'il vous plaît.

EMPLOYÉE Et avec ça?

RACHID Deux tranches de jambon, s'il vous plaît.

RACHID Vous prenez les cartes de crédit?

EMPLOYÉE Ah, désolée, Monsieur. Nous n'acceptons que les paiements en liquide ou par chèque.

RACHID Amina, je viens de m'apercevoir que je n'ai pas de liquide sur moi!

AMINA Ce n'est pas grave, j'en ai assez. Tiens.

Dans la rue...

RACHID Merci, chérie. Passons à la banque avant d'aller au parc.

AMINA Mais, nous sommes samedi midi, la banque est fermée.

RACHID Peut-être, mais il y a toujours le distributeur automatique.

AMINA Bon, d'accord... J'ai quelques courses à faire plus tard cet après-midi. Tu veux m'accompagner?

Dans une autre partie de la ville...

DAVID Tu aimes la cuisine alsacienne?

SANDRINE Oui, j'adore la choucroute!

DAVID Tu veux aller à la brasserie La Petite France? C'est moi qui t'invite.

SANDRINE D'accord, avec plaisir.

DAVID Excellent! Avant d'y aller, il faut trouver un distributeur automatique.

SANDRINE Il y en a un à côté de la banque.

Au distributeur automatique...

SANDRINE Eh, regarde qui fait la queue!

RACHID Tiens, salut, qu'est-ce que vous faites de beau, vous deux?

SANDRINE On va à la brasserie. Vous voulez venir avec nous?

AMINA Non non! Euh... je veux dire... Rachid et moi, on va faire un pique-nique dans le parc.

RACHID Oui, et après ça, Amina a des courses importantes à faire.

SANDRINE Je comprends, pas de problème... David et moi, nous avons aussi des choses à faire cet après-midi.

A C T I V I T É S

1 **Vrai ou faux?** Indiquez si ces affirmations sont **vraies** ou **fausses**. Corrigez les phrases fausses.

1. Aujourd'hui, la banque est ouverte.

2. Amina doit aller à la poste pour envoyer un colis.

3. Amina doit aller à la poste pour acheter des timbres.

4. Amina va mettre ses cartes postales dans une boîte aux lettres à côté de la banque.

5. Sandrine n'aime pas la cuisine alsacienne.

6. David et Rachid vont retirer de l'argent.

7. Il n'y a pas de queue au distributeur automatique.

8. David et Sandrine invitent Amina et Rachid à la brasserie.

9. Amina et Rachid vont à la brasserie.

10. Amina va faire ses courses après le pique-nique.

RACHID Volontiers. Où est-ce que tu vas?

AMINA Je dois aller à la poste pour acheter des timbres et envoyer quelques cartes postales, et puis je voudrais aller à la bijouterie. J'ai reçu un e-mail de la bijouterie qui vend les bijoux que je fais. Regarde.

RACHID Très joli!

AMINA Oui, tu aimes? Et après ça, je dois passer à la boutique Olivia où l'on vend mes vêtements.

RACHID Tu vends aussi des vêtements dans une boutique?

AMINA Oui, mes créations! J'étudie le stylisme de mode, tu ne t'en souviens pas?

RACHID Si, bien sûr, mais... Tu as vraiment du talent.

AMINA Alors! On n'a plus besoin de chercher un cyberhomme?

SANDRINE Pour le moment, je ne cherche personne. David est super.

DAVID De quoi parlez-vous?

SANDRINE Oh, rien d'important.

RACHID Bon, Amina. On y va?

AMINA Oui. Passez un bon après-midi.

SANDRINE Vous aussi.

Expressions utiles

Dealing with money

- **Nous n'acceptons que les paiements en liquide.**
  We only accept payment in cash.
- **Je viens de m'apercevoir que je n'ai pas de liquide.**
  I just noticed/realized I don't have any cash.
- **Il y a toujours le distributeur automatique.**
  There's always the ATM.

Running errands

- **J'ai quelques courses à faire plus tard cet après-midi.**
  I have a few/some errands to run later this afternoon.
- **Je voudrais aller à la bijouterie qui vend les bijoux que je fais.**
  I would like to go to the jewelry shop that sells the jewelry I make.

Expressing negation

- **Pas de problème.**
  No problem.
- **On n'a plus besoin de chercher un cyberhomme?**
  We no longer need to look for a cyberhomme?
- **Pour le moment, je ne cherche personne.**
  For the time being/the moment, I'm not looking for anyone.
- **Rien d'important.**
  Nothing important.

Additional vocabulary

- **J'ai reçu un e-mail.**
  I received an e-mail.
- **Qu'est-ce que vous faites de beau?**
  What are you up to?

---

2 **Complétez** Complétez ces phrases.

1. La charcuterie accepte les paiements en liquide et _____.
2. Amina veut aller à la poste, à la boutique de vêtements et à la _____.
3. À côté de la banque, il y a un _____.
4. Amina paie avec des pièces de monnaie et des _____.
5. Amina a des _____ à faire cet après-midi.

3 **À vous!** Que se passe-t-il au pique-nique ou à la brasserie? Avec un(e) camarade de classe, écrivez une conversation entre Amina et Sandrine ou Rachid et David, dans laquelle elles/ils se racontent ce qu'ils ont fait. Qu'ont-ils mangé? Se sont-ils amusés? Était-ce romantique? Jouez la scène devant la classe.

A C T I V I T É S

vhlcentral | Flash culture

CULTURE À LA LOUPE

Les petits commerces

Dans beaucoup de pays francophones, on fait toujours les courses chez les petits commerçants, même° s'il est plus pratique d'aller au supermarché. On allie° modernité et tradition: on fait souvent les courses une fois par semaine au supermarché mais quand on a plus de temps, on se rend° dans les petits commerces, souvent plus proches° de son domicile°, où on achète des produits plus authentiques.

Pour le fromage, par exemple, on va à la fromagerie ou à la crémerie; pour la viande, on va à la boucherie; pour le poisson, à la poissonnerie. Dans les épiceries de quartier, on trouve aussi toutes sortes de produits, par exemple des fruits et des légumes, des produits frais°, des boîtes de conserve°, des produits surgelés°, etc. Les épiceries fines se spécialisent dans les produits de luxe et parfois, dans les plats préparés.

En France, la boulangerie reste le petit commerce le plus fréquenté. Le pain artisanal, les croissants et les brioches ont aussi un goût° bien différent des produits industriels. Chaque quartier, chaque village a au minimum une boulangerie. Dans certaines quartiers des grandes villes françaises (Paris, Lyon, Marseille, Bordeaux, etc.) il y en a parfois quatre ou cinq proches les unes des autres. Les pâtisseries aussi sont très nombreuses°.

Les petits commerces ont survécu° en France grâce à° une volonté° politique. Pour les sauvegarder°, les pouvoirs° publics des années 1980 ont limité les autorisations de constructions des supermarchés et hypermarchés dans la périphérie° des villes. Malgré° cela, les supermarchés se sont intégrés dans les villes au cours des années. Aujourd'hui, les petits commerces sont menacés par les prix plus intéressants des supermarchés et la hausse° des achats en ligne. Donc, une fois de plus, les pouvoirs publics ont relancé° leurs efforts afin de° les sauver parce que c'est la présence des petits commerces qui donne vie aux centres-villes et aux quartiers.

même *even* **allie** *combines* **se rend** *goes* **proches** *close* **domicile** *home* **frais** *fresh* **boîtes de conserve** *canned goods* **surgelés** *frozen* **goût** *flavor* **nombreuses** *numerous* **survécu** *survived* **grâce à** *thanks to* **volonté** *will* **sauvegarder** *protect* **pouvoirs** *authorities* **périphérie** *outskirts* **Malgré** *Despite* **hausse** *rise* **ont relancé** *renewed* **afin de** *in order to*

A C T I V I T É S

1 **Complétez** Complétez les phrases.

1. Dans beaucoup de pays francophones, on fait les courses au supermarché ou chez _____.

2. On fait souvent les courses une fois par semaine _____.

3. Dans les petits commerces on achète des produits plus _____.

4. Pour acheter du fromage, on peut aller à _____.

5. Dans _____, on peut acheter des produits frais et surgelés.

6. On peut acheter des plats préparés et des produits de luxe dans certaines _____.

7. Le pain artisanal des boulangeries a _____ très différent des produits industriels.

8. Dans certaines rues _____, il y a parfois cinq boulangeries.

9. Les petits commerces français ont survécu grâce à une volonté _____.

10. Les pouvoirs publics en France ont limité la construction des hypermarchés dans _____ des villes.

LE FRANÇAIS QUOTIDIEN

Des magasins

cordonnerie (f.)	cobbler's
fleuriste (m.)	florist
parfumerie (f.)	perfume/beauty shop
primeur (m.)	produce store
quincaillerie (f.)	hardware store
tailleur (m.)	tailor's
teinturerie (f.)	dry cleaner's
traiteur (m.)	deli

LE MONDE FRANCOPHONE

Où faire des courses?

Voici quelques endroits intéressants où faire des courses.

En Afrique du Nord les souks, des marchés couverts ou en plein air° où il y a une grande concentration de magasins et de stands
En Côte d'Ivoire le marché de Cocody à Abidjan où on trouve des tissus° et des objets locaux
À la Martinique le grand marché de Fort-de-France, un marché couvert°, ouvert tous les jours, qui offre toutes sortes de produits
À Montréal la ville souterraine°, un district du centre-ville où il y a de nombreux centres commerciaux reliés° entre eux par des tunnels
À Paris le marché aux puces° de Saint-Ouen où on trouve des antiquités et des objets divers
À Tahiti le marché de Papeete où on propose des produits pour les touristes et pour les Tahitiens

plein air *outdoor* **tissus** *fabrics* **couvert** *covered* **souterraine** *underground* **reliés** *connected* **marché aux puces** *flea market*

PORTRAIT

Le «Spiderman» français

Alain Robert, le «Spiderman» français, découvre l'escalade° quand il est enfant et devient un des meilleurs grimpeurs° de falaises° du monde. Malgré° deux accidents qui l'ont laissé invalide à 60%°, avec des problèmes de vertiges°, il commence sa carrière de grimpeur «urbain» et escalade son premier gratte-ciel° à Chicago, en 1994. Depuis, il a escaladé près de 100 gratte-ciel et autres structures du monde, dont la tour Eiffel à Paris, le Golden Gate Bridge à San Francisco et la Burj Khalifa, la plus grande tour au monde (823 mètres), à Dubaï. Parfois en costume de Spiderman, mais toujours sans corde° et à mains nues°, Robert fait souvent des escalades pour collecter des dons° et il attire° des milliers de spectateurs.

escalade *climbing* **grimpeurs** *climbers* **falaises** *cliffs* **Malgré** *In spite of* **invalide à 60%** *60% disabled* **vertiges** *vertigo* **gratte-ciel** *skyscraper* **corde** *rope* **nues** *bare* **dons** *charitable donations* **attire** *attracts*

Sur Internet

Que peut-on acheter chez les bouquinistes, à Paris?

Go to **vhlcentral.com** to find more information related to this **Culture** section and to watch the corresponding **Flash culture** video.

---

2 **Vrai ou faux?** Indiquez si les phrases sont **vraies** ou **fausses**.

1. Alain Robert est connu pour ses escalades de gratte-ciel.
2. Alain Robert n'a jamais eu de problèmes de santé dans sa carrière de grimpeur.
3. Alain Robert grimpe toujours sans corde et à mains nues.
4. Il y a un quartier souterrain à Montréal.
5. Il y a des souks dans les marchés d'Abidjan.

3 **Le marchandage** En Afrique du Nord, il est très courant de marchander ou de discuter avec un vendeur pour obtenir un meilleur prix. Avez-vous déjà eu l'occasion de marchander? Où? Quand? Qu'avez-vous acheté? Avez-vous obtenu un bon prix? Discutez de ce sujet avec un(e) partenaire.

A C T I V I T É S

4A.1

Voir, croire, recevoir, vhlcentral and *apercevoir*

Point de départ In this section, you will learn to conjugate four new irregular verbs.

Je m'aperçois que je n'ai pas d'argent.

On vous a vus devant le distributeur!

- Here is the conjugation of the verb **voir** (*to see*).

voir	
je vois	nous voyons
tu vois	vous voyez
il/elle voit	ils/elles voient

Vous **voyez** la mairie à côté du commissariat de police?
Do you see the city hall next to the police station?

Je ne **vois** pas bien sans mes lunettes.
I don't see well without my glasses.

- The verb **revoir** (*to see again*) is derived from **voir** and is conjugated the same way.

On se **revoit** mercredi ou jeudi?
Will we see each other again Wednesday or Thursday?

Il ne va pas **revoir** ce film avec moi.
He is not going to see this movie again with me.

- Here is the conjugation of the verb **croire** (*to believe*). The prepositions **en** and **à** as well as the conjunction **que** often follow the verb **croire**.

croire	
je crois	nous croyons
tu crois	vous croyez
il/elle/on croit	ils/elles croient

Je crois en lui.
I believe in him.

Croyez-vous à son histoire?
Do you believe his story?

Tu **crois** que l'homme est innocent.
You believe that the man is innocent.

Nous **croyons** que la boutique est fermée aujourd'hui.
We think that the store is closed today.

- In **Leçon 1A**, you learned to conjugate **devoir**. You will now learn two verbs that are conjugated similarly.

recevoir and *apercevoir*

	recevoir *(to receive)*	**apercevoir** *(to catch sight of, to see)*
je/j'	reçois	aperçois
tu	reçois	aperçois
il/elle/on	reçoit	aperçoit
nous	recevons	apercevons
vous	recevez	apercevez
ils/elles	reçoivent	aperçoivent

Je **reçois** de l'argent de mon père.
I receive money from my father.

D'ici, on **aperçoit** le bureau de poste.
From here, you see the post office.

- The verb **s'apercevoir** means *to notice, to be aware of,* or *to realize.*

Cela ne **s'aperçoit** pas.
It is not noticeable.

Il **s'aperçoit** de son erreur.
He realizes his mistake.

 Vérifiez

Forms in other tenses

- **Voir, croire, recevoir,** and **apercevoir** all take **avoir** as the auxiliary verb in the **passé composé**. Their past participles are respectively, **vu, cru, reçu,** and **aperçu**.

Tu **as vu** son ami au parc?
Did you see his friend at the park?

Nous **avons reçu** un colis.
We received a package.

Boîte à outils

Recall that in Level 1, you learned the expression **être reçu(e) à un examen** (*to pass an exam*).

- The **imperfect** of **voir, croire, recevoir,** and **apercevoir** is formed the same way as regular verbs. Drop the **-ons** from the **nous** form of the present tense and add the **imparfait** endings.

Je recevais toujours des colis pour mon anniversaire.
I used to always receive packages for my birthday.

Croyiez-vous qu'elle disait la vérité?
Did you believe that she was telling the truth?

Vérifiez

- The **conditionnel** of **voir, croire, recevoir,** and **apercevoir** are formed respectively with the stems **verr-, croir-, recevr-,** and **apercevr-**.

On **croirait** que c'est facile à faire.
One would think it's easy to do.

De là-bas, on **apercevrait** le commissariat.
From over there, you would catch sight of the police station.

Vérifiez

Essayez! **Complétez les phrases avec les formes correctes des verbes au présent.**

1. Je ne ___vois___ (voir) pas la banque d'ici.
2. Vous _____ (croire) à son histoire (*story*)?
3. Nous _____ (recevoir) toujours une lettre de Marie à Noël.
4. Mes amis _____ (croire) que je dors.
5. Ils _____ (apercevoir) le facteur au coin (*corner*) de la rue.
6. Nous _____ (voir) encore nos amis d'enfance.
7. Le prof _____ (recevoir) un cadeau des élèves.
8. Tu _____ (apercevoir) le marchand de journaux?

Mise en pratique

1 **Autour du lycée** Vous parlez avec un(e) ami(e) de votre vie. Complétez les phrases avec les verbes appropriés au présent.

1. De sa chambre, mon ami Marc _____ le lycée.
2. Ma famille et moi, nous ne _____ pas de visites pendant la semaine.
3. Je _____ que la vie au lycée peut être difficile quelquefois.
4. Ma petite amie et sa sœur _____ souvent des colis.
5. Quand il fait beau, nous _____ les montagnes derrière le stade.
6. Ton meilleur ami et toi, vous _____ de bonnes notes aux examens?
7. Mes parents _____ que le quartier du lycée est assez sympa.
8. Tu _____ beaucoup de personnes sur ton chemin (*way*) quand tu vas au lycée?

2 **À Québec** Mélanie a passé une semaine à Québec avec sa famille. Elle en parle avec son petit ami. Utilisez les verbes donnés au passé composé.

> **MODÈLE** mon frère Paul / voir / la Citadelle
> *Mon frère Paul a vu la Citadelle.*

1. nous / recevoir / le journal / à sept heures / du matin
2. papa et Fabrice / apercevoir / la chute (*waterfalls*) Montmorency / de l'avion
3. papa et maman / revoir / de vieux amis
4. ils / recevoir / des cadeaux / de leurs amis
5. je / voir / beaucoup / de spectacles
6. Simon / croire / à la vieille légende / de Québec
7. ta sœur et toi / recevoir / ma carte postale / ?
8. vous / s'apercevoir / du joli timbre / ?

3 **Ma vie au lycée** Tristan parle de sa vie au lycée l'année dernière. Regardez les illustrations et complétez les phrases avec les verbes **recevoir** et **apercevoir** au passé composé ou à l'imparfait.

1. Toutes les semaines, je _____
   _____

2. De leur fenêtre, les élèves _____
   _____

3. La semaine dernière, mon meilleur ami _____
   _____

4. Quelquefois, nous _____
   _____

Communication

4 **Enquête** Votre professeur va vous donner une feuille d'activités. Circulez dans la classe et demandez à vos camarades s'ils connaissent quelqu'un à qui chaque activité de la liste correspond. S'ils répondent oui, demandez-leur qui est la personne et écrivez la réponse. Ensuite, présentez vos réponses à la classe.

MODÈLE

Élève 1: *Connais-tu quelqu'un qui reçoit rarement des e-mails?*
Élève 2: *Oui, mon frère aîné reçoit très peu d'e-mails.*

Activités	Noms	Réponses
1. recevoir / rarement / e-mails	Quang	son frère aîné
2. s'inquiéter / quand / ne pas / recevoir / e-mails		
3. apercevoir / e-mail bizarre / le / ouvrir		

5 **Assemblez** Connaissez-vous des personnes qui achètent sur Internet? Assemblez les éléments des colonnes pour en parler. Utilisez les verbes **voir**, **recevoir**, **apercevoir**, **croire** et **s'apercevoir** dans votre conversation.

MODÈLE

Élève 1: *Mon frère aîné commande parfois des livres sur Internet.*
Une fois, il n'a pas reçu ses livres!
Élève 2: *Mon père adore acheter sur Internet. Il voit souvent des objets qui l'intéressent.*

A	B	C
je	apercevoir	adresse
tu	s'apercevoir	bureau de poste
un(e) ami(e)	commander	carte bancaire
nous	croire	colis
vous	payer	compte-chèques
tes parents	recevoir	formulaire
tes profs	voir	espèces
?	?	?

6 **Curieux!** Avec un(e) partenaire, posez-vous ces questions à tour de rôle.

1. Reçois-tu souvent des textos? De qui?
2. Tes parents recevaient-ils souvent des amis quand tu étais petit(e)?
3. Crois-tu aux extraterrestres? Pourquoi?
4. Qu'aperçois-tu de ta chambre? Des arbres?
5. Qui as-tu vu le week-end dernier?
6. Est-ce que tu as reçu beaucoup de cadeaux pour ton anniversaire? De qui?
7. D'habitude, quand est-ce que tu vois tes cousins?
8. Reçois-tu toujours de bonnes notes? Dans quels cours?
9. Que ferais-tu si tu apercevais un acteur connu dans la rue?

4A.2 Negative/affirmative expressions vhlcentral

Point de départ You already know how to negate verbs with **ne... pas**, which is used to make a general negation. In French, as in English, you can also use a variety of expressions that add a more specific meaning to the negation.

- The other negative expressions are also made up of two parts: **ne** and a second negative word.

Negative expressions			
ne... aucun(e)	*none (not any)*	**ne... plus**	*no more (not anymore)*
ne... jamais	*never (not ever)*	**ne... que**	*only*
ne... ni... ni	*neither... nor*	**ne... rien**	*nothing (not anything)*
ne... personne	*nobody, no one*		

Boîte à outils

Use **de** instead of the indefinite article in a negative construction, except with **ne... que**.

Il n'y a plus de billets dans le distributeur.

Je n'ai qu'un compte bancaire.

Je **n'**ai **aucune** envie de manger.
I don't have any desire to eat.

Le bureau de poste **n'**est **jamais** ouvert.
The post office is never open.

Elle **n'**aime **personne**.
She doesn't like anyone.

Il **n'**a **plus** de monnaie.
He has no more change.

Ils **n'**ont **que** des timbres pour l'Europe.
They only have stamps for Europe.

Le facteur **n'**avait **rien** pour nous.
The mailman had nothing for us.

- To negate the expression **il y a**, place **n'** before **y** and the second negative word after the form of **avoir**.

Il **n'**y a **aucune** banque près d'ici?
Aren't there any banks nearby?

Il **n'**y avait **rien** sur mon compte.
There wasn't anything in my account.

- To say *neither... nor*, use three negative words: **ne... ni... ni**. Note that partitive and indefinite articles are usually omitted.

Le facteur **n'**est **ni** sympa **ni** sociable.
The mailman is neither nice nor sociable.

Je **n'**ai **ni** frères **ni** sœurs.
I have neither brothers nor sisters.

- In the **passé composé**, the words **jamais**, **plus**, and **rien** are placed between the auxiliary verb and the past participle. **Aucun(e)**, **personne**, and **que** follow the past participle.

Elle **n'**est **jamais** revenue.
She's never returned.

Vous **n'**avez signé **aucun** papier.
You didn't sign a single paper.

Nous **n'**avons **plus** emprunté d'argent.
We didn't borrow money anymore.

Il **n'**a parlé à **personne**.
He didn't speak to anyone.

Je **n'**ai **rien** dit aujourd'hui.
I didn't say anything today.

Ils **n'**en ont posté **que** deux.
They only mailed two.

Vérifiez

Negative expressions: other uses

- The negative words **personne** and **rien** can be the subject of a verb, in which case they are placed before **ne (n')** and the verb.

Personne n'était là.
No one was there.

Rien n'est arrivé dans le courrier.
Nothing arrived in the mail.

- Note that **aucun(e)** can be either an adjective or a pronoun. Therefore, it must agree in gender with its corresponding noun. However, it is always used in the singular.

ADJECTIVE
Tu **ne** trouves **aucune banque**?
Can't you find any banks?

PRONOUN
Je **n'**en trouve **aucune** par ici.
I can't find any around here.

ADJECTIVE
Il **n'**a choisi **aucun** pull?
He didn't pick any sweaters?

PRONOUN
Non, **aucun ne** lui allait bien.
No, none of them fit him well.

- **Jamais**, **personne**, **plus**, and **rien** can be doubled up with **ne**.

Elle **ne** parle **jamais** à **personne**.
She never talks to anyone.

Il **n'**y a **plus personne** ici.
There isn't anyone here anymore.

Elle **ne** dit **jamais rien**.
She never says anything.

Il **n'**y a **plus rien** ici.
There isn't anything here anymore.

Affirmative expressions

- When an affirmative expression, such as **quelque chose** (*something*), **tout** (*everything*), **quelqu'un** (*someone*), **quelquefois** (*sometimes*), **toujours** (*always*), and **déjà** (*already*), is used in a question, it determines which negative expression is appropriate in the response.

Vous cherchez **quelque chose**?
Are you looking for something?

Non, je **ne** cherche **rien**.
No, I'm not looking for anything.

Vous avez **tout** compris?
Did you understand everything?

Non, nous **n'**avons **rien** compris.
No, we didn't understand anything.

Il y a **quelqu'un**?
Is someone there?

Non, il **n'**y a **personne**.
No, there's no one there.

Est-elle **quelquefois** en retard?
Is she sometimes late?

Non, elle **n'**est **jamais** en retard.
No, she's never late.

Il est **toujours** aussi réservé?
Is he always so reserved?

Non, il **n'**est **jamais** si réservé.
No, he is never that reserved.

Tu es **déjà** allé à la banque?
Have you already gone to the bank?

Non, je **n'**y suis **pas encore** allé.
No, I haven't gone there yet.

Boîte à outils

Notice that in French, the adjective **aucun(e)** modifies a singular noun whereas the noun is plural in English.

Il n'y a aucun distributeur automatique.

There are no ATMs.

Vérifiez

Boîte à outils

The word **jamais** (without the **ne**) can also be used in affirmative expressions. In this case it means *ever*.

Es-tu jamais allé dans cette brasserie?

Have you ever been to that brasserie?

Non je n'y suis jamais allé.

No, I've never been there.

Vérifiez

Essayez! **Choisissez l'expression correcte.**

1. (Jamais / Personne) ne trouve cet homme agréable.
2. Je ne veux (rien / jamais) faire aujourd'hui.
3. Y a-t-il (quelqu'un / personne) à la banque?
4. Je n'ai reçu (pas de / aucun) colis.
5. Il n'y avait (ne / ni) lettres ni colis dans la boîte aux lettres.
6. Il n'y a (plus / aucun) d'argent à la banque?
7. Jérôme ne va (toujours / jamais) à la poste.
8. Le facteur n'arrive (toujours / qu') à trois heures.

Mise en pratique

1 **À la banque** Mathilde veut ouvrir un nouveau compte et elle pose des questions au banquier. Écrivez les réponses du banquier à la forme négative.

> **MODÈLE** La banque ferme-t-elle à midi? (jamais)
>
> *Non, la banque ne ferme jamais à midi.*

1. La banque est-elle ouverte le lundi?
   (jamais)
2. Peut-on ouvrir un compte sans papier d'identité?
   (personne)
3. Avez-vous des distributeurs automatiques dans les supermarchés?
   (aucun)
4. Pour retirer de l'argent, ai-je encore besoin de remplir ce document?
   (plus)
5. Avez-vous des billets et des pièces dans vos distributeurs automatiques?
   (que)
6. Est-ce que tout le monde peut retirer de l'argent de mon compte bancaire?
   (personne)

2 **Les jumelles** Olivia et Anaïs sont des jumelles (*twin sisters*) bien différentes. Expliquez pourquoi.

> **MODÈLE** Olivia est toujours heureuse.
>
> *Anaïs n'est jamais heureuse.*

1. Olivia rit tout le temps.
2. Olivia remarque (*notes*) tout.
3. Olivia voit encore ses amies d'enfance.
4. Olivia aime le chocolat et la glace.
5. Olivia connaît beaucoup de monde.
6. Olivia reçoit beaucoup de colis.
7. Olivia est toujours élève au collège.

3 **Pas exactement** Tristan exagère souvent. Il a écrit cet e-mail et vous lui répondez pour dire que les choses ne sont pas arrivées exactement comme ça. Mettez toutes ses phrases à la forme négative dans votre réponse.

> **MODÈLE**
>
> *Tu n'es pas arrivé tard à la banque...*

> Je suis arrivé tard à la banque. Quelqu'un m'a ouvert la porte. J'ai regardé les affiches et les catalogues. J'ai demandé quelque chose. Il y avait encore de l'argent sur mon compte. Je vais souvent revenir dans cette banque.

Communication

4 **De mauvaise humeur** Aujourd'hui, Anne-Marie est très négative. Elle répond négativement à toutes les questions. Avec un(e) partenaire, jouez les rôles d'Anne-Marie et de son amie. Rajoutez (*Add*) deux lignes de dialogue supplémentaires à la fin.

MODÈLE

tu / sortir avec quelqu'un en ce moment
Élève 1: *Est-ce que tu sors avec quelqu'un en ce moment?*
Élève 2: *Non, je ne sors avec personne.*

1. tu / faire quelque chose ce soir

2. tes parents / venir chez toi ce week-end

3. ton frère / avoir encore sa vieille voiture

4. tes amis et toi / déjà aller en vacances au Canada

5. quelqu'un / habiter dans ta maison cet été

6. tu / avoir encore faim

7. ?

8. ?

5 **Activités dangereuses** Avec un(e) partenaire, faites une liste de dix activités dangereuses. Ensuite, travaillez avec un autre groupe et demandez à vos camarades s'ils pratiquent ces activités. Répondent-ils toujours par des phrases négatives?

MODÈLE

Élève 1: *Fais-tu du jogging quelque fois la nuit?*
Élève 2: *Non! Je ne fais jamais de jogging la nuit.*

6 **À la banque** En vacances, vous vous apercevez que votre valise a disparu (*disappeared*) avec votre argent en espèces, vos papiers et vos cartes bancaires. Vous avez besoin de retirer de l'argent à la banque. Par groupes de trois, préparez un dialogue entre vous et deux employés de banque. Utilisez les expressions de la liste.

jamais	ne... que	quelqu'un
ne... aucun(e)	ne... rien	rien
ne... ni... ni	quelque chose	toujours
ne... plus		

Révision

1 Je ne vais jamais… Votre professeur va vous donner une feuille d'activités. Circulez dans la classe pour trouver un(e) camarade différent(e) qui fait ses courses à ces endroits. Où ne vont-ils jamais? Où ne vont-ils plus? Justifiez toutes vos réponses.

MODÈLE

Élève 1: Vas-tu souvent au café?
Élève 2: Non, je n'y vais jamais parce que je n'aime pas le café.

Endroits	Noms
1. banque	Sabrina
2. bijouterie	
3. boutique de vêtements	
4. café	
5. laverie	

2 Le courrier Avec un(e) partenaire, préparez six questions pour interviewer vos camarades à propos (*about*) de leur courrier. Utilisez les expressions négatives et les verbes **recevoir** et **envoyer**. Ensuite, posez vos questions à deux autres personnes et écrivez les réponses.

MODÈLE

Élève 1: Est-ce que tu ne reçois que des lettres dans ton courrier?
Élève 2: Non, je reçois des cadeaux parfois, mais je n'en envoie jamais.

3 Au village Avec un partenaire, préparez une conversation entre un touriste et un habitant d'un petit village où tout est fermé. Le touriste pose des questions et l'habitant répond toujours par la négative. Utilisez les mots de la liste et des expressions négatives dans votre conversation.

MODÈLE

Élève 1: À quelle heure le bureau de poste ouvre-t-il aujourd'hui?
Élève 2: Malheureusement, le bureau de poste n'existe plus, Monsieur!

banque	laverie
bureau de poste	mairie
commissariat de police	salon de beauté

4 Vrai ou faux? Préparez huit phrases à propos de ce que (*about what*) votre partenaire a fait ou n'a pas fait cette semaine. Ensuite, lisez vos phrases à votre partenaire qui va vous expliquer pourquoi elles sont vraies ou fausses.

MODÈLE

Élève 1: Tu n'es jamais allé(e) dans le bureau du prof.
Élève 2: C'est faux. J'ai dû y aller hier pour lui poser une question.

- ne… aucun(e)
- ne… jamais
- ne… personne
- ne… plus
- ne… que
- ne… rien

5 Au secours! Avec un(e) partenaire, préparez un dialogue pour représenter la scène de cette illustration. Utilisez les verbes **s'apercevoir**, **voir** et **croire** et des expressions négatives et affirmatives.

6 Dix ans plus tard Votre professeur va vous donner, à vous et à votre partenaire, deux plans d'une ville. Attention! Ne regardez pas la feuille de votre partenaire.

MODÈLE

Élève 1: Il y a dix ans, la laverie avait beaucoup de clients.
Élève 2: Aujourd'hui, il n'y a personne dans la laverie.

Préparation Répondez aux questions.

1. Décrivez le centre-ville de votre ville ou d'une ville voisine. Qu'est-ce qu'on y trouve? Quels moyens de transport utilisent les gens? Qu'est-ce qu'on peut acheter au centre-ville?

2. Où va votre famille pour faire des courses? Quel(s) moyen(s) de transport utilisez-vous pour faire des courses?

Rennes: capitale bretonne

L'histoire de la ville de Rennes commence il y a plus de 2.000 ans à l'époque des Gaulois°. Elle est située au confluent de deux fleuves°, l'Ille et la Vilaine, un emplacement stratégique qui attire° ses premiers habitants. Rennes devient capitale de la Bretagne en 1532, année où cette région est annexée par la France. Dans le centre-ville, on peut admirer son architecture datant de différentes périodes historiques, comme les maisons médiévales à colombages° et le Parlement de Bretagne du XVIIᵉ siècle.

Gaulois *Gauls (ancient Celtic people)* **fleuves** *rivers* **attire** *attracts* **à colombages** *half-timbered*

Vidéo promotionnelle

—Au centre-ville, on trouve des cafés, la mairie, des boutiques, des distributeurs automatiques...

Vocabulaire utile

abriter	*to house, shelter*
apprécier	*to appreciate*
profiter de	*to take advantage of*

Compréhension Répondez aux questions.

1. Quelles courses peut-on faire dans le centre-ville en France?
2. Quels lieux d'intérêt culturel peut-on visiter à Rennes?
3. Comment peut-on s'y détendre?
4. Quel moyen de transport en commun peut-on utiliser pour se rendre au centre-ville?

Conversation Avec un(e) partenaire, discutez de ces questions.

1. Le centre-ville de votre ville ressemble-t-il à un centre-ville français? Y a-t-il des villes dans votre pays avec des centres-villes de style français? Lesquelles (*Which ones*)?

2. Que pensez-vous des centres-villes français? Aimeriez-vous habiter à Rennes? Pourquoi?

Application Avec un partenaire, faites des recherches sur une ville dans un pays ou une région francophone. Préparez une présentation dans laquelle vous faites une comparaison entre la ville que vous avez choisie, Rennes, et une ville que vous connaissez. Comparez les rues, les bâtiments, les magasins et les moyens de transport. Comment est-ce que chaque ville reflète son histoire et sa géographie?

You will learn how to...

- ask for directions
- tell what you will do

🔊 **vhl**central

Où se trouve...?

Vocabulaire

continuer	to continue
se déplacer	to move (change location)
suivre	to follow
tourner	to turn
traverser	to cross
un angle	corner
une avenue	avenue
un bâtiment	building
un boulevard	boulevard
un chemin	way; path
un coin	corner
des indications (f.)	directions
un office du tourisme	tourist office
au bout (de)	at the end (of)
au coin (de)	at the corner (of)
autour (de)	around
jusqu'à	until
(tout) près (de)	(very) close (to)
tout droit	straight ahead

un pont

Elle monte les escaliers. (monter)

une statue

Il descend les escaliers. (descendre)

une fontaine

OUEST NORD SUD EST

Il est perdu. (perdue f.)

Elle s'oriente. (s'orienter)

Attention!

The verb **suivre** (*to follow*) is an important verb for giving and getting directions. Its first person singular form (**je**) is the same as the **je** form of the present tense of **être**. Context will determine the meaning.

je suis	nous suivons
tu suis	vous suivez
il/elle suit	ils/elles suivent

un feu de signalisation (feux *pl.*)

un carrefour

une rue

un banc

Mise en pratique

1 **Écoutez** Écoutez cette conversation entre un touriste et une dame (*lady*) à qui il demande son chemin. Ensuite, dites si les affirmations suivantes sont vraies ou fausses.

	Vrai	Faux
1. Le touriste est perdu.	☐	☐
2. Il cherche la rue Saint-Antoine.	☐	☐
3. Il cherche l'hôtel Étoile.	☐	☐
4. L'hôtel est loin d'où il se trouve.	☐	☐
5. Le touriste doit traverser le pont de Sully.	☐	☐
6. Il doit tourner une fois à gauche.	☐	☐
7. La rue de Rivoli se trouve au bout de la rue Saint-Antoine.	☐	☐
8. Le touriste a peur de ne pas se souvenir des indications.	☐	☐
9. Le touriste a oublié le numéro de téléphone de l'hôtel.	☐	☐
10. La dame suggère au touriste de prendre un taxi.	☐	☐

2 **Les antonymes** Quel est le contraire de ces expressions et de ces mots?

1. continuer tout droit _____
2. descendre _____
3. sud _____
4. est _____
5. à droite _____
6. devant _____
7. très loin de _____
8. s'orienter _____
9. rester _____
10. au début de _____

3 **Complétez** Complétez les phrases avec le bon mot de vocabulaire pour faire des phrases cohérentes. Notez que tous les mots ne sont pas utilisés.

angles	carrefour	continuer	pont
avenue	chemin	se déplacer	statue
banc	coin	feu de signalisation	traverser

1. On peut s'asseoir sur un _____ au parc.
2. L' _____ des Champs-Élysées est très populaire à Paris.
3. La _____ de la Liberté se trouve à New York.
4. Le _____ du Golden Gate se trouve à San Francisco.
5. Il y a quatre _____ à un carrefour.
6. Un _____ est l'endroit où deux rues se rencontrent.
7. Il faut toujours s'arrêter quand le _____ est au rouge.
8. Il faut toujours regarder à gauche et à droite avant de _____ la rue.
9. En ville, on peut _____ rapidement en métro.
10. Quand on est perdu, on demande son _____.

Communication

4 **Le plan de la ville** À tour de rôle avec un(e) partenaire, demandez des indications pour pouvoir vous rendre (*to get*) aux endroits de la liste. Indiquez votre point de départ.

  Café de la Gare

 Boulangerie Le Pain Chaud

 H Hôpital St-Jean

 i Office du tourisme

 Épicerie Bresson

 Bureau de poste

 Pharmacie Molière

 € Banque

U Université Joseph Fourier

MODÈLE

la boulangerie Le Pain Chaud, le bureau de poste

Élève 1: Excusez-moi, où se trouve la boulangerie Le Pain Chaud, s'il vous plaît?

Élève 2: Du bureau de poste, suivez le boulevard jusqu'à l'avenue Félix Viallet, ensuite prenez à droite, continuez tout droit, la boulangerie est à droite, juste après le cours Jean Jaurès.

1. l'hôpital, la pharmacie
2. le café, l'office du tourisme
3. la banque, le bureau de poste
4. l'université, l'épicerie

5. la cabine téléphonique, la boulangerie
6. l'épicerie, la pharmacie
7. la banque, l'université
8. la boulangerie, la pharmacie

5 **Conversez** Interviewez un(e) camarade de classe.

1. Quelles statues célèbres connais-tu? Connais-tu aussi des ponts, des bâtiments célèbres?
2. Quand t'es-tu perdu(e) pour la dernière fois? Où? Qui t'a aidé(e)?
3. Respectes-tu toujours les feux de signalisation quand tu conduis ou quand tu es piéton (*pedestrian*)? Que peut-il arriver si tu ne les respectes pas?
4. Es-tu déjà allé(e) dans un office du tourisme? Pour quoi faire?
5. Qu'est-ce qui se trouve au coin de la rue où tu habites? Et au bout de la rue?
6. Qui, de ta famille ou de tes ami(e)s, habite près de chez toi?

6 **En vacances** Avec un(e) partenaire, préparez cette conversation. Soyez prêt(e)s à jouer la scène devant la classe.

- Vous êtes un(e) touriste perdu(e) en ville.
- Vous demandez où se trouvent deux endroits différents.
- Quelqu'un vous indique le chemin.

Les sons et les lettres 🔊 vhlcentral

Les majuscules et les minuscules

Some of the rules governing capitalization are the same in French as they are in English. However, many words that are capitalized in English are not capitalized in French. For example, the French pronoun **je** is never capitalized except when it is the first word in a sentence.

Aujourd'hui, je vais au marché.   *Today, I am going to the market.*

Days of the week, months, and geographical terms are not capitalized in French.

Qu'est-ce que tu fais lundi après-midi?   **Mon anniversaire, c'est le 14 octobre.**
Cette ville est au bord de la mer Méditerranée.

Languages are not capitalized in French, nor are adjectives of nationality. However, if the word is a noun that refers to a person or people of a particular nationality, it is capitalized.

Tu apprends le français.   **C'est une voiture allemande.**
You are learning French.   *It's a German car.*

Elle s'est mariée avec un Italien.   **Les Français adorent le foot.**
She married an Italian.   *The French love soccer.*

As a general rule, you should write capital letters with their accents. Diacritical marks can change the meaning of words, so not including them can create ambiguities.

LES AVOCATS SERONT JUGÉS.   **LES AVOCATS SERONT JUGES.**
Lawyers will be judged.   *Lawyers will be the judges.*

Corrigez Corrigez la capitalisation des mots suivants.

1. MAI
2. QUÉBEC
3. VENDREDI
4. ALLEMAND
5. L'OCÉAN PACIFIQUE
6. LE BOULEVARD ST-MICHEL

Écrivez Écrivez correctement les phrases en utilisant (*by writing*) les minuscules et les majuscules.

1. LE LUNDI ET LE MERCREDI, J'AI MON COURS D'ITALIEN.
2. CHARLES BAUDELAIRE ÉTAIT UN POÈTE FRANÇAIS.
3. LES AMÉRICAINS AIMENT BEAUCOUP LE LAC MICHIGAN.
4. UN MONUMENT SE TROUVE SUR L'AVENUE DES CHAMPS-ÉLYSÉES.

Dictons Répétez les dictons à voix haute.

Si le Français est «tout yeux», l'Anglais est «tout oreilles.»[2]

La France, c'est le français quand il est bien écrit.[1]

¹ France is French (when it is) well written.
² If the Frenchman is all eyes, the Englishman is all ears.

Chercher son chemin vhlcentral

Au kiosque de M. Hulot...

M. HULOT Bonjour, Monsieur.
TOURISTE Bonjour.
M. HULOT Trois euros, s'il vous plaît.
TOURISTE Je n'ai pas de monnaie.
M. HULOT Voici cinq, six, sept euros qui font dix. Merci.
TOURISTE Excusez-moi, où est le bureau de poste, s'il vous plaît?

M. HULOT Euh... c'est par là... Ah... non... euh... voyons... vous prenez cette rue, là et... euh, non non... je ne sais pas vraiment comment vous expliquer... Attendez, vous voyez le café qui est juste là? Il y aura certainement quelqu'un qui saura vous dire comment y aller.
TOURISTE Ah, merci, Monsieur. Au revoir!

Au P'tit Bistrot...

SANDRINE Qu'est-ce que vous allez faire le week-end prochain?
RACHID Je pense que nous irons faire une randonnée à la Sainte-Victoire.
AMINA Oui, j'espère qu'il fera beau!
DAVID S'il ne pleut pas, nous irons au concert en plein air de Pauline Ester. C'est la chanteuse préférée de Sandrine, n'est-ce pas, chérie?

DAVID Non! À droite!
RACHID Non, à gauche! Puis, vous continuez tout droit, vous traversez le cours Mirabeau et c'est juste là, en face de la fontaine de La Rotonde, à côté de la gare.
DAVID Non, c'est à côté de l'office du tourisme.

TOURISTE Euh merci, je... je vais le trouver tout seul. Au revoir.
TOUS Bonne journée, Monsieur.

À la terrasse...

STÉPHANE Bonjour, je peux vous aider?
TOURISTE J'espère que oui.
STÉPHANE Vous êtes perdu?
TOURISTE Exactement. Je cherche le bureau de poste.

A C T I V I T É S

1 Questions Répondez par des phrases complètes.

1. Qu'est-ce que Rachid et Amina vont faire ce week-end?
2. Qu'est-ce que Sandrine et David vont faire ce week-end?
3. Quels points de repère (*landmarks*) Stéphane donne-t-il au touriste?
4. Est-ce que vous pensez que la musique de Pauline Ester est très appréciée aujourd'hui? Pourquoi?

5. Est-ce que vous pensez que les choses vont bien entre Amina et Rachid? Pourquoi?
6. Est-ce que vous pensez que les choses vont bien entre Sandrine et David? Pourquoi?
7. Comment pensez-vous que le touriste se sent quand il sort du P'tit Bistrot?
8. Qui avait raison, à votre avis (*in your opinion*), David ou Rachid?

Un touriste se perd à Aix… heureusement, il y a Stéphane!

SANDRINE Absolument! «Oui, je l'adore, c'est mon amour, mon trésor...»

AMINA Pauline Ester! Tu aimes la musique des années quatre-vingt-dix?

SANDRINE Pas tous les styles de musique, mais Pauline Ester, oui.

AMINA Comme on dit, les goûts et les couleurs, ça ne se discute pas!

RACHID Tu n'aimes pas Pauline Ester, mon cœur?

TOURISTE Excusez-moi, est-ce que vous savez où se trouve le bureau de poste, s'il vous plaît?

RACHID Oui, ce n'est pas loin d'ici. Vous descendez la rue, juste là, ensuite vous continuez jusqu'au feu rouge et vous tournez à gauche.

STÉPHANE Le bureau de poste? C'est très simple.

TOURISTE Ah bon! C'est loin d'ici?

STÉPHANE Non, pas du tout. C'est tout près. Vous prenez cette rue, là, à gauche. Vous continuez jusqu'au cours Mirabeau. Vous le connaissez?

TOURISTE Non, je ne suis pas d'ici.

STÉPHANE Bon... Le cours Mirabeau, c'est le boulevard principal de la ville.

STÉPHANE Alors, une fois que vous serez sur le cours Mirabeau, vous tournerez à gauche et suivrez le cours jusqu'à La Rotonde. Vous la verrez... Il y a une grande fontaine. Derrière la fontaine, vous trouverez le bureau de poste, et voilà!

TOURISTE Merci beaucoup.

STÉPHANE De rien. Au revoir!

Expressions utiles

Giving directions

- **Attendez, vous voyez le café qui est juste là?**
  Wait, do you see the café right over there?

- **Il y aura certainement quelqu'un qui saura vous dire comment y aller.**
  There will surely be someone there who will know how to tell you how to get there.

- **Vous tournerez à gauche et suivrez le cours jusqu'à La Rotonde.**
  You will turn left and follow the street until the Rotunda.

- **Vous la verrez.**
  You will see it.

- **Derrière la fontaine, vous trouverez le bureau de poste.**
  Behind the fountain, you will find the post office.

Talking about the weekend

- **Je pense que nous irons faire une randonnée.**
  I think we will go for a hike.

- **J'espère qu'il fera beau!**
  I hope it will be nice/the weather will be good!

- **Nous irons au concert en plein air.**
  We will go to the outdoor concert.

Additional vocabulary

- **voyons**
  let's see

- **le boulevard principal**
  the main drag/principal thoroughfare

---

2 **Comment y aller?** Remettez les indications pour aller du P'tit Bistrot au bureau de poste dans l'ordre. Écrivez un **X** à côté de l'indication qu'on ne doit pas suivre.

_____ **a.** Suivez le cours Mirabeau jusqu'à la fontaine.

_____ **b.** Le bureau de poste se trouve derrière la fontaine.

_____ **c.** Tournez à gauche.

_____ **d.** Tournez à droite au feu rouge.

_____ **e.** Prenez cette rue à gauche jusqu'au boulevard principal.

3 **Écrivez** Le touriste est soulagé (*relieved*) d'enfin arriver au bureau de poste. Il était très découragé; presque personne ne savait lui expliquer comment y aller. Il écrit une carte postale à sa petite amie pour lui raconter son aventure. Composez son message.

A C T I V I T É S

vhlcentral   CULTURE À LA LOUPE

Villes et villages français

Quand on regarde le plan d'un village, d'une petite ville ou celui d'un quartier d'une grande ville, on remarque qu'il y a souvent une place au centre, autour de laquelle° la ville ou le quartier s'organise. Elle est un peu comme «le cœur» de la ville ou du quartier.

Sur la place principale des villes et villages français, on trouve souvent une église. Il peut s'y trouver aussi l'hôtel de ville (la mairie), ainsi que° d'autres bâtiments administratifs comme la poste, le commissariat de police ou l'office du tourisme, s'il y en a un. La grande place est aussi le quartier commercial d'une petite ville et beaucoup de gens y vont pour faire leurs courses dans les magasins ou pour se détendre dans un café, un restaurant ou au cinéma. On y trouve aussi parfois un musée ou un théâtre. La place peut être piétonne° ou ouverte à la circulation, mais dans les deux cas, elle est souvent très animée°.

En général, la grande place est bien entretenue° et décorée d'une fontaine, d'un parterre de fleurs° ou d'une statue. La majorité des rues principales de la ville ou du quartier partent ensuite de la place. Le nom de la place reflète souvent ce qu'on y trouve, par exemple la place de l'Église, la place de la Mairie ou la place de la Comédie. Beaucoup de rues portent le nom d'un écrivain ou d'un personnage célèbre de l'histoire de France, comme rue Victor Hugo ou avenue du général de Gaulle. Au centre-ville, les rues sont souvent très étroites et beaucoup sont à sens unique°.

Coup de main

Paris, Lyon, and Marseille, the three major French cities, are divided into **arrondissements**, or districts. You can determine in which **arrondissement** something is located by the final numbers of its zip code. For example, 75011 indicates the 11th **arrondissement** in Paris and 13001 is the 1st **arrondissement** in Marseille.

laquelle *which* **ainsi que** *as well as* **piétonne** *pedestrian* **animée** *busy* **entretenue** *cared for* **parterre de fleurs** *flower bed* **sens unique** *one-way*

A
C
T
I
V
I
T
É
S

1   **Complétez** Complétez les phrases, d'après le texte.

1. ... au centre de la majorité des petites villes françaises.
2. ... autour de sa grande place.
3. ... se situe souvent sur la place principale d'une ville française.
4. ... pour faire leurs courses ou pour se détendre.
5. ... décorent souvent les places.
6. ... sont réservées exclusivement aux piétons.
7. ... détermine souvent le nom d'une place.
8. ... donnent souvent leur nom aux rues françaises.
9. ... sont souvent à sens unique.
10. ... sont divisées en arrondissements.

Le vocabulaire du métro

bouche (f.) de métro	*subway station entrance*
correspondance (f.)	*connection*
ligne (f.) de métro	*subway line*
rame (f.) de métro	*subway train*
strapontin (m.)	*foldaway seat*
changer	*to change (subway line)*
monter/descendre	*to get on/to get off*
prendre la direction	*to go in the direction*

Le centre des villes

Les places centrales reflètent le cœur des centres-villes.

En Belgique

La Grand-Place à Bruxelles est bordée de superbes bâtiments ornés aux riches architectures néo-gothiques et baroques du 17ᵉ siècle. Énorme, elle est considérée comme une des plus belles places du monde.

Au Maroc

La place Jemaa el-Fna à Marrakech est immense et débordante° d'activités. Et quelles activités! On y trouve des acrobates, des charmeurs de serpents, des danseurs, des groupes de musique, des conteurs° et beaucoup de restaurants ambulants°.

Ces deux places sont inscrites° au patrimoine mondial° de l'UNESCO.

débordante *overflowing* **conteurs** *storytellers* **restaurants ambulants** *food stalls* **inscrites** *registered* **patrimoine mondial** *world heritage*

Le baron Haussmann

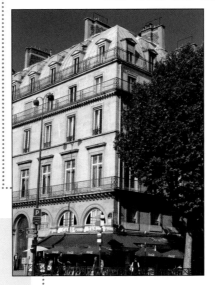

En 1853, Napoléon III demande au baron Georges Eugène Haussmann (1809-1891) de moderniser Paris. Le baron imagine alors un programme de transformation de la ville entière°. Il en est le premier vrai urbaniste. Il multiplie sa surface par deux. Pour améliorer° la circulation, il ouvre de larges avenues et des boulevards, comme le boulevard Haussmann, qu'il borde° d'immeubles bourgeois. Il crée de grands carrefours, comme l'Étoile ou **la place de la Concorde**,

et de nombreux parcs et jardins. Plus de 600 km d'égouts° sont construits. Parce qu'il a aussi détruit beaucoup de bâtiments historiques, les Français ont longtemps détesté le baron Haussmann. Pourtant°, son influence a été remarquable.

entière *entire* **améliorer** *improve* **borde** *lines with* **égouts** *sewers* **Pourtant** *However*

Sur Internet

Quelle est la particularité de la ville de Rocamadour, en France?

Go to **vhlcentral.com** to find more information related to this **Culture** section.

---

2 **Complétez** Donnez une suite logique à chaque phrase.

1. En 1853, Napoléon III demande à Haussmann de...
2. Pour améliorer la circulation dans Paris, le baron Haussmann a créé...
3. Les Français ont longtemps détesté le baron Haussmann parce qu'...
4. La Grand-Place est bordée de bâtiments ornés aux riches architectures...
5. Sur la place Djem'a el Fna on peut trouver des restaurants...

3 **Une école de langues** Vous et un(e) partenaire dirigez une école de langues située en plein centre-ville. Préparez une petite présentation de votre école où vous expliquez où elle se situe, les choses à faire au centre-ville, etc. Vos camarades ont-ils envie de s'y inscrire (*enroll*)?

ACTIVITÉS

4B.1

Le futur simple vhlcentral

Point de départ You already know how to use **aller** + [*infinitive*] to express actions that are going to happen in the immediate future (**le futur proche**). You will now learn the future tense to say what *will happen*.

● The future uses the same verb stems as the conditional.

Future tense of regular verbs			
	parler	**réussir**	**attendre**
je/j'	parlerai	réussirai	attendrai
tu	parleras	réussiras	attendras
il/elle/on	parlera	réussira	attendra
nous	parlerons	réussirons	attendrons
vous	parlerez	réussirez	attendrez
ils/elles	parleront	réussiront	attendront

Nous **voyagerons** cet été.
We will travel this summer.

Tu ne **sortiras** pas.
You won't go out.

Ils **attendront** Sophie.
They will wait for Sophie.

● The same patterns that you learned for forming the conditional of spelling-change **-er** verbs also apply to the future.

present form of **je**	**+r**	future forms
j'achète	achèter-	j'achèterai
je nettoie	nettoier-	je nettoierai
je paie/paye	paier-/payer-	je paierai/payerai
je m'appelle	m'appeller-	je m'appellerai

Ils t'**appelleront** demain.
They will call you tomorrow.

Je te **payerai** dans deux jours.
I will pay you in two days.

● For **-er** verbs with an **é** before the infinitive ending, form the future tense as you would with regular **-er** verbs.

Elle **répétera** les indications.
She will repeat the directions.

Elles **considéreront** le pour et le contre.
They'll consider the pros and cons.

● The words **le futur** and **l'avenir** (*m.*) both mean *future*. Use the first word when referring to the grammatical future; use the second word when referring to events that haven't occurred yet.

On étudie **le futur** en cours.
We're studying the future (tense) in class.

Je parlerai de **mon avenir** au prof.
I'll speak to the teacher about my future.

Essayez! **Complétez les phrases avec la forme correcte du futur des verbes.**

1. je _mangerai_ (manger)

2. il _____ (prendre)

3. on _____ (boire)

4. elles _____ (partir)

5. ils _____ (acheter)

6. vous _____ (choisir)

7. tu _____ (connaître)

8. nous _____ (suivre)

Le français vivant

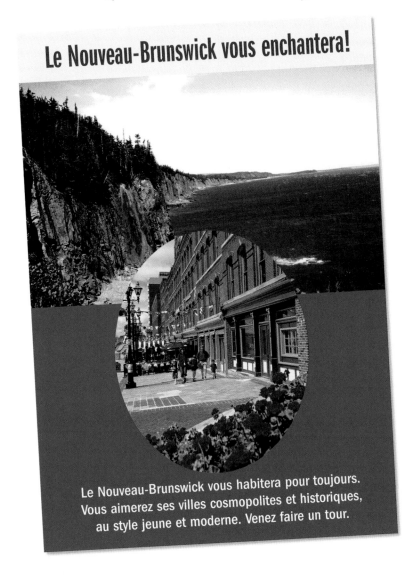

Le Nouveau-Brunswick vous enchantera!

Le Nouveau-Brunswick vous habitera pour toujours.
Vous aimerez ses villes cosmopolites et historiques,
au style jeune et moderne. Venez faire un tour.

Identifiez Quelles formes de verbes au futur trouvez-vous dans cette publicité (*ad*)?

Questions À tour de rôle, avec un(e) partenaire, posez-vous ces questions et répondez.

1. Que veut dire «Le Nouveau-Brunswick vous habitera pour toujours»?
   a. Vous habiterez toujours au Nouveau-Brunswick.
   b. Vous penserez toujours au Nouveau-Brunswick.
   c. Le Nouveau-Brunswick existera toujours.
2. Pourquoi le touriste aimera-t-il le Nouveau-Brunswick?
3. Dans quel pays se trouve le Nouveau-Brunswick?
4. Dans quelle région du monde veux-tu voyager? Cette région t'enchantera-t-elle?
5. Voyageras-tu un jour au Nouveau-Brunswick? Pourquoi?

Mise en pratique

1 **Projets** Cécile et ses amis parlent de leurs projets (*plans*) d'avenir. Employez le futur pour refaire ses phrases.

> **MODÈLE** Je vais chercher une belle maison.
> *Je chercherai une belle maison.*

1. Je vais finir mes études.
2. Philippe va me dire où trouver un travail.
3. Tu vas gagner beaucoup d'argent.
4. Mes amis vont habiter près de chez moi.
5. Mon frère et moi, nous allons acheter un chien.
6. Vous allez nous rendre visite de temps en temps.

2 **Dans l'avenir** Qu'est-ce qu'Habib et sa famille vont faire cet été?

> **MODÈLE** mon cousin / lire / dix livres
> *Mon cousin lira dix livres.*

1. mon neveu / apprendre / nager
2. mes grands-parents / voyager / en voiture
3. en août / je / conduire / ma nouvelle voiture
4. mon père / écrire / cartes postales
5. tante Yamina / maigrir
6. nous / vendre / notre vieille voiture

3 **Je cherche du travail** Regardez ces deux annonces (*ads*). Ensuite, avec un(e) partenaire, posez-vous ces questions et parlez du travail que vous préférez.

> **NOUVEAU RESTAURANT CHERCHE SERVEUR/ SERVEUSE**
> Cinq ans d'expérience minimum.
> Cuisine française.
> Du mardi au samedi
> de 16h30 à 23h30;
> le dimanche de 11h30 à 22h30
> Salaire 1.600 euros par mois,
> avec une augmentation après six mois
> Métro: Goncourt
> Téléphonez au: 01.40.96.31.15

> **TRAVAILLEZ COMME COIFFEUR/ COIFFEUSE**
> Excellent salaire:
> 2.250 euros par mois
> Deux ans d'expérience
> Pour commencer
> immédiatement
> Horaires: mardi, mercredi,
> jeudi, de 9h00 à 15h00
> Téléphonez pour rendez-vous
> au: 01.38.18.42.90

1. Quel emploi préfères-tu? Pourquoi?
2. À quelle heure arriveras-tu au travail? À quelle heure sortiras-tu?
3. T'amuseras-tu au travail? Pourquoi?
4. Combien gagneras-tu?
5. Prendras-tu le métro? Pourquoi?
6. Chercheras-tu un autre emploi l'année prochaine? Pourquoi?

Communication

4 Chez la voyante Vous voulez savoir ce qui (*what*) vous attend dans l'avenir. Vous allez chez une voyante (*fortune-teller*) et vous lui posez ces questions. Jouez les deux rôles avec un(e) partenaire, puis échangez les rôles.

1. Où est-ce que je travaillerai cet été?
2. Où est-ce que j'habiterai dans 20 ans?
3. Avec qui est-ce que je partagerai ma vie?
4. Quelle voiture est-ce que je conduirai?
5. Est-ce que je m'occuperai de ma santé?
6. Qu'est-ce que j'aimerai faire pour m'amuser?
7. Où est-ce que je passerai mes vacances?
8. Où est-ce que je dépenserai mon argent?

5 L'horoscope Avec un(e) partenaire, préparez par écrit l'horoscope d'une célébrité. Ensuite, par groupes de quatre, lisez cet horoscope à vos camarades qui essaieront de découvrir l'identité de la personne.

> **MODÈLE**
>
> *Vous travaillerez comme actrice de cinéma. Vous jouerez dans beaucoup de films français et américains. Vous jouerez des rôles divers dans des films comiques comme* Midnight in Paris *et dans des films animés comme* Le Petit Prince. *(réponse: Marion Cotillard)*

6 Partir très loin Vous et votre partenaire avez décidé de prendre des vacances très loin de chez vous. Regardez les photos et choisissez deux endroits où vous voulez aller, puis comparez-les. Utilisez ces questions pour vous guider. Ensuite, présentez vos réponses à la classe.

- Qu'apporterez-vous?
- Quand partirez-vous?
- Qui vous accompagnera?
- Que visiterez-vous?
- Comment vous détendrez-vous?
- Quand rentrerez-vous?

4B.2 Irregular stems in the *futur simple* vhlcentral

Point de départ In the previous grammar point, you learned how to form the future tense. Although the future endings are the same for all verbs, some verbs use irregular stems. They are the same irregular stems you learned for the conditional.

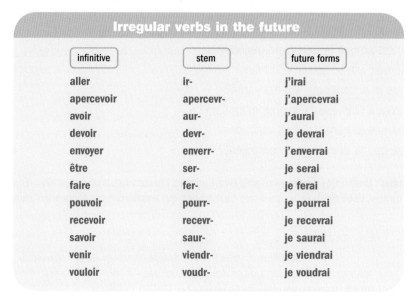

Irregular verbs in the future		
infinitive	stem	future forms
aller	ir-	j'irai
apercevoir	apercevr-	j'apercevrai
avoir	aur-	j'aurai
devoir	devr-	je devrai
envoyer	enverr-	j'enverrai
être	ser-	je serai
faire	fer-	je ferai
pouvoir	pourr-	je pourrai
recevoir	recevr-	je recevrai
savoir	saur-	je saurai
venir	viendr-	je viendrai
vouloir	voudr-	je voudrai

Vous **aurez** des vacances?
Will you have vacation?

Nous **irons** en Tunisie.
We will go to Tunisia.

Il **enverra** des cartes postales.
He will send postcards.

Tu les **recevras** dans une semaine.
You will receive them in a week.

● The verbs **devenir**, **maintenir**, **retenir**, **revenir**, and **tenir** are formed like **venir** in the future tense, just as they are in the present tense.

Nous **reviendrons** bientôt.
We will come back soon.

Tu **deviendras** architecte un jour?
Will you become an architect one day?

● The future forms of **il y a**, **il faut**, and **il pleut** are, respectively, **il y aura**, **il faudra**, and **il pleuvra**.

Il **faudra** apporter le parapluie.
We'll need to bring the umbrella.

Tu penses qu'il **pleuvra** ce week-end?
Do you think it will rain this weekend?

Essayez! Conjuguez ces verbes au futur.

1. je/j' (aller, vouloir, savoir) _irai, voudrai, saurai_
2. tu (faire, pouvoir, envoyer) _____
3. Marc (venir, être, apercevoir) _____
4. nous (avoir, devoir, faire) _____
5. vous (recevoir, tenir, aller) _____
6. elles (vouloir, faire, être) _____
7. je/j' (devenir, pouvoir, envoyer) _____
8. elle (aller, avoir, vouloir) _____

Le français vivant

Un emplacement unique,
près du parc Vendôme

Le Voltaire à Nice

À 500 mètres du magnifique parc Vendôme, il y aura bientôt le Voltaire: une belle architecture, de grands appartements, avec terrasses et balcons. Vous viendrez visiter et vous ne voudrez plus repartir. Vous serez charmé.

AGENCE IMMO

Identifiez Quelles formes de verbes au futur trouvez-vous dans cette publicité (*ad*)?

Questions À tour de rôle, avec un(e) partenaire, posez-vous ces questions et répondez.

1. Où se trouvera bientôt le Voltaire?
2. Quelle sera l'architecture des appartements?
3. D'après (*According to*) la pub, quel effet une visite au Voltaire peut-elle avoir?
4. As-tu été dans un appartement que tu n'as pas voulu quitter? Habiteras-tu un jour dans un appartement comme ça?
5. Quelles boutiques et quels bureaux y aura-t-il autour du Voltaire?

Mise en pratique

1 **Que ferai-je?** Que feront ces personnes la semaine prochaine?

je / étudier

▶ **MODÈLE**

J'étudierai.

1. nous / faire

2. tu / être

3. vous / aller

4. Yves / devoir

5. Anne et Sara / acheter

6. Rachid / envoyer

2 **Le rêve de Stéphanie** Complétez les phrases pour décrire le rêve (*dream*) de Stéphanie. Employez le futur des verbes.

Quand j' (1) _____ (avoir) 26 ans, j' (2) _____ (aller) habiter au bord de la mer. Mon beau mari (3) _____ (être) avec moi et nous (4) _____ (avoir) une grande maison. Je ne (5) _____ (faire) rien à la maison. Nos amis (6) _____ (venir) nous rendre visite tous les week-ends. Nous (7) _____ (pouvoir) nager et nous (8) _____ (être) heureux.

3 **Si...** Avec un(e) partenaire, finissez ces phrases à tour de rôle. Employez le futur des verbes de la liste dans toutes vos réponses.

MODÈLE Si (*If*) mon ami(e) ne me téléphone pas ce soir, ...

Si mon amie ne me téléphone pas ce soir, je ne ferai pas de gym demain.

aller	devoir	faire	venir
avoir	être	pouvoir	vouloir

1. Si on m'invite à une fête samedi soir, ...

2. Si mes parents me donnent $1.000, ...

3. Si mon père me prête sa voiture, ...

4. Si le temps est mauvais, ...

5. Si je suis fatigué(e) vendredi, ...

6. Si ma meilleure amie me rend visite, ...

7. Si j'ai de bonnes notes ce semestre, ...

8. Si je ne dors pas bien cette nuit, ...

9. Si on a des difficultés en cours, ...

Communication

4   Faites des projets Travaillez avec un(e) camarade de classe pour faire des projets (*plans*) pour ces événements qui auront lieu dans l'avenir.

> **MODÈLE**
>
> **Élève 1:** *Après le lycée, j'irai à l'université. Plus tard, j'enseignerai dans un lycée où je pourrai travailler avec les adolescents.*
> **Élève 2:** *Moi, après le lycée, j'irai en Europe. Je travaillerai comme serveuse dans un café.*

1. Samedi soir: Décidez où vous irez et comment vous y arriverez.
2. Les prochaines vacances: Parlez de ce que (*what*) vous ferez. Que visiterez-vous?
3. Votre prochain anniversaire: Quel âge aurez-vous? Que ferez-vous? Avec qui ferez-vous la fête?
4. Votre vie professionnelle: Que ferez-vous après le lycée? Où irez-vous?
5. À 30 ans: Où serez-vous? Que ferez-vous? Avec qui partagerez-vous votre vie?

5   Prédictions Par groupes de trois, parlez de comment sera le monde en 2025, 2050 et 2100. Utilisez votre imagination.

6   Demain Avec un(e) partenaire, parlez de ce que (*what*) vous, votre famille et vos amis ferez demain.

> **MODÈLE**
>
> **Élève 1:** *Que feras-tu demain à midi?*
> **Élève 2:** *Demain à midi, j'irai poster une lettre. Mon frère fera ses devoirs.*

vendredi	samedi
8h00 _____	8h00 _____
_____	10h00 _____
10h00 _____	12h00 _____
_____	14h00 _____
12h00 _____	16h00 _____
_____	18h00 _____
14h00 _____	20h00 _____
_____	22h00 _____
16h00 _____	**dimanche**
_____	8h00 _____
18h00 _____	10h00 _____
_____	12h00 _____
20h00 _____	14h00 _____
_____	16h00 _____
22h00 _____	18h00 _____
_____	20h00 _____
	22h00 _____

7   Bonnes résolutions! C'est bientôt le nouvel an et vous faites des résolutions. Avec un(e) partenaire, parlez à tour de rôle de cinq choses que vous changerez dans votre vie l'année prochaine.

> **MODÈLE**
>
> **Élève 1:** *L'année prochaine, je mangerai moins de pizzas et je ferai plus de sport.*
> **Élève 2:** *Moi, je ferai plus attention en classe et j'aurai de meilleures notes.*

Révision

1 La ville À tour de rôle, donnez des indications à un(e) partenaire pour aller du lycée jusqu'à d'autres endroits en ville. Employez le futur.

> **MODÈLE**
>
> **Élève 1:** *Tu sortiras du bâtiment et tu tourneras à gauche. Ensuite, tu traverseras la rue. Où seras-tu?*
> **Élève 2:** *Je serai à la bibliothèque.*

2 La visite de Québec Avec un(e) partenaire, vous visitez la ville de Québec. Préparez un itinéraire de votre visite où vous vous arrêterez souvent pour visiter ou acheter quelque chose, manger, boire, etc. Soyez prêt(e)s à présenter votre itinéraire à la classe.

> **MODÈLE**
>
> **Élève 1:** *Le matin, nous prendrons le petit-déjeuner dans l'hôtel.*
> **Élève 2:** *Ensuite, nous irons visiter le musée de la Civilisation.*

Québec vous attend!

Visitez:

- le château Frontenac
- la terrasse Dufferin
- le musée de la Civilisation
- la basilique Notre Dame-de-Québec
- le musée de l'Amérique française

et beaucoup plus!

3 Ma future maison Avec un(e) partenaire, parlez de votre future maison et de ses pièces, de son jardin, du quartier et de vos voisins. Utilisez le futur et ces prépositions pour les décrire. Ensuite, présentez les projets (*plans*) de votre partenaire à la classe.

> **MODÈLE**
>
> **Élève 1:** *Il y aura un énorme jardin devant ma future maison.*
> **Élève 2:** *Je n'aurai aucun voisin en face de ma future maison.*

à droite (de)	autour (de)	en face (de)
à gauche (de)	derrière	loin (de)
au bout (de)	devant	(tout) près (de)
au milieu de		

4 Une visite Vous invitez votre partenaire à venir vous rendre visite chez vous. Expliquez-lui le chemin du lycée jusqu'à votre maison. Ensuite, votre partenaire donnera ces indications à un(e) autre camarade, qui vous les répétera. Les indications sont-elles toujours correctes? Utilisez le futur et alternez les rôles.

> **MODÈLE**
>
> **Élève 1:** *Tu sortiras du lycée, tu iras jusqu'au centre-ville et tu passeras la mairie où tu tourneras à droite.*
> **Élève 2:** *D'accord, à droite à la mairie. Et après, j'irai où?*

5 Des prévisions météo Avec un(e) partenaire, parlez des prévisions météo pour le week-end prochain. Chacun(e) (*Each one*) doit faire cinq prévisions et dire ce qu'on (*what one*) peut faire par ce temps. Soyez prêt(e)s à parler de vos prévisions et des possibilités pour le week-end devant la classe.

> **MODÈLE**
>
> **Élève 1:** *Samedi, il fera beau dans le nord. On pourra faire une promenade.*
> **Élève 2:** *Dimanche, il pleuvra dans l'ouest. On devra passer la journée dans l'appartement.*

samedi   **dimanche**

6 La vie de Gaëlle et de Marc Votre professeur va vous donner, à vous et à votre partenaire, deux feuilles d'activités différentes sur l'avenir de Gaëlle et de Marc. Attention! Ne regardez pas la feuille de votre partenaire.

> **MODÈLE**
>
> **Élève 1:** *Marc et Gaëlle finiront leurs études au lycée.*
> **Élève 2:** *Ensuite, ...*

À l'écoute vhlcentral

Using background information

Once you discern the topic of a conversation, take a minute to think about what you already know about the subject. Using this background information will help you guess the meaning of unknown words and linguistic structures.

 To help you practice this strategy, you will listen to a short paragraph. Jot down the subject of the paragraph, and then use your knowledge of the subject to listen for and write down the paragraph's main points.

Préparation

Regardez la photo. Combien de personnes y a-t-il? Où sont-elles? Que font-elles? D'après vous, de quoi parlent-elles?

À vous d'écouter

Écoutez la conversation entre Amélie et Christophe. Puis, écoutez une deuxième fois et notez les quatre choses qu'ils vont faire ce matin. Comparez vos notes avec celles d'un(e) camarade.

_____

_____

_____

_____

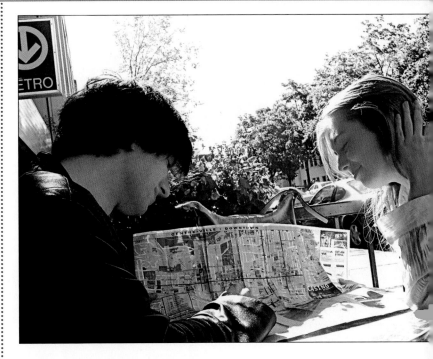

Compréhension

Vrai ou faux? Indiquez si les phrases sont **vraies** ou **fausses**. Corrigez les phrases fausses.

1. Amélie habite cette ville depuis toujours.

2. Amélie ne connaît pas bien la ville.

3. Christophe recommande la Banque de l'Ouest parce qu'il aime beaucoup son architecture.

4. La Banque de l'Ouest est en face d'une bijouterie.

5. Amélie a besoin d'emprunter de l'argent à la banque.

6. Amélie veut aller à la bibliothèque pour chercher des livres.

7. La librairie Molière est près d'un jardin public.

8. Christophe demande à Amélie si elle peut aller chercher un colis à la poste.

9. Pour aller à la mairie, on doit traverser un pont.

10. Ce matin, Christophe doit aller à la papeterie.

Dans votre ville Amélie passe une année dans votre lycée. Elle vous pose les mêmes questions qu'elle a posées à Christophe. Écrivez-lui un petit mot pour lui expliquer comment aller, d'abord, du lycée à une banque qui se trouve dans le quartier. Puis, expliquez-lui comment aller de cette banque à un supermarché où les habitants du quartier font souvent leurs courses. Demandez aussi à Amélie si elle peut faire une petite course pour vous et expliquez-lui où se trouve l'endroit où elle devra aller.

vhlcentral
Panorama

Les Pays de la Loire

La région en chiffres

▶ **Superficie:** *32.082 km²*

▶ **Population:** *3.689.465*
SOURCE: INSEE

▶ **Industries principales:** *aéronautique, agriculture, informatique, tourisme*

▶ **Villes principales:** *Angers, Laval, Le Mans, Nantes, Saint Nazaire*

Personnes célèbres

▶ **Claire Bretécher,** *dessinatrice de bandes dessinées (1940–)*

▶ **Léon Bollée,** *inventeur d'automobiles (1870–1913)*

▶ **Jules Verne,** *écrivain° (1828–1905)*

Le Centre-Val de Loire

La région en chiffres

▶ **Superficie:** *39.152 km²*

▶ **Population:** *2.556.835*

▶ **Industrie principale:** *tourisme*

▶ **Villes principales:** *Bourges, Chartres, Orléans, Tours, Vierzon*

Personnes célèbres

▶ **Honoré de Balzac,** *écrivain (1799–1850)*

▶ **George Sand,** *écrivaine (1804–1876)*

▶ **Gérard Depardieu,** *acteur (1948–)*

écrivain *writer* Construit *Constructed* siècle *century* chaque *each* logis *living area* hélice *helix* même *same* ne se croisent jamais *never cross* pèlerinage *pilgrimage* course *race*

un pèlerinage° à la cathédrale de Chartres

LA FRANCE

Laval • • Le Mans • Chartres

PAYS DE LA LOIRE • Orléans

St.-Nazaire • Angers • • Chambord
Tours • Chenonceaux
Nantes • Saumur • Vierzon
Cholet • • Bourges
L'île de Noirmoutier **CENTRE-VAL DE LOIRE**
L'île d'Yeu • Châteauroux
• La Roche-sur-Yon
Les Sables-d'Olonne

L'OCÉAN ATLANTIQUE

la Mayenne — la Sarthe — le Loir — la Loire — l'Indre — le Cher — la Vienne

le Vendée Globe, course° nautique

la Loire

| 0 | | 50 miles |
| 0 | | 50 kilomètres |

Incroyable mais vrai!

Construit° au XVIᵉ (seizième) siècle°, l'architecture du château de Chambord est influencée par Léonard de Vinci. Le château a 440 pièces, 84 escaliers et 365 cheminées (une pour chaque° jour de l'année). Le logis° central a deux escaliers en forme de double hélice°. Les escaliers vont dans la même° direction, mais ne se croisent jamais°.

Les monuments
La vallée des rois°

La vallée de la Loire, avec ses châteaux, est appelée la vallée des rois. C'est au XVIe (seizième) siècle° que les Valois° quittent Paris pour habiter dans la région, où ils construisent° de nombreux° châteaux de style Renaissance. François Ier inaugure le siècle des «rois voyageurs»: ceux° qui vont d'un château à l'autre avec leur cour° et toutes leurs possessions. Chenonceau, Chambord et Amboise sont aujourd'hui les châteaux les plus° visités.

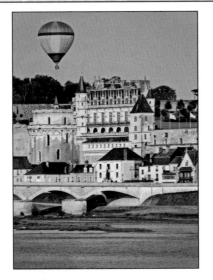

Les festivals
Le Printemps de Bourges

Le Printemps de Bourges est un festival de musique qui a lieu° chaque année, en avril. Pendant une semaine, tous les styles de musique sont représentés: variété française, musiques du monde, rock, musique électronique, reggae, hip-hop, etc... Il y a des dizaines° de spectacles, de nombreux artistes, des milliers° de spectateurs et des noms légendaires comme Serge Gainsbourg, Yves Montand, Ray Charles et Johnny Clegg.

Les sports
Les 24 heures du Mans

Les 24 heures du Mans, c'est la course° d'endurance automobile la plus célèbre° du monde. Depuis° 1923, de prestigieuses marques° y° participent. C'est sur ce circuit de 13,6 km que Ferrari gagne neuf victoires et que Porsche détient° le record de 16 victoires avec une vitesse moyenne° de 222 km/h sur 5.335 km. Il existe aussi les 24 heures du Mans moto°.

Les destinations
Les Machines de l'Île

Les Machines de l'Île est un projet artistique installé sur le site des anciens chantiers navals° de l'Île de Nantes. C'est un monde fantastique habité par de grands animaux mécaniques tels qu'°un énorme héron, une fourmi° géante et un calamar à rétropropulsion. Mais la créature la plus extraordinaire de toutes est le Grand Éléphant qui transporte jusqu'à° 50 passagers entre les installations du parc. Être sur son dos°, c'est comme être au 4e étage d'une maison. Avec environ° 600.000 visiteurs chaque année, le projet des Machines de l'Île a donné une vocation nouvelle aux chantiers tout en respectant° le passé.

Qu'est-ce que vous avez appris? Répondez aux questions.

1. Quel événement peut-on voir aux Sables d'Olonne?
2. Au seizième siècle, qui influence le style de construction de Chambord?
3. Combien de cheminées y a-t-il à Chambord?
4. De quel style sont les châteaux de la Loire?
5. Pourquoi les Valois sont-ils «les rois voyageurs»?
6. Qu'est-ce que le Printemps de Bourges?
7. Qu'est-ce que les 24 heures du Mans?
8. Quel autre type de course existe-t-il au Mans?
9. À quel site les Machines de l'Île ont-elles donné une vocation nouvelle?
10. Que sont les Machines de l'Île?

Sur Internet

1. Trouvez des informations sur le Vendée Globe. Quel est l'itinéraire de la course? Combien de bateaux (*boats*) y participent chaque année?
2. Qui étaient (*were*) les artistes invités au dernier Printemps de Bourges? En connaissez-vous quelques-uns? (*Do you know some of them?*)

rois *kings* **siècle** *century* **les Valois** *name of a royal dynasty* **construisent** *build* **de nombreux** *numerous* **ceux** *those* **cour** *court* **les plus** *the most* **a lieu** *takes place* **dizaines** *dozens* **milliers** *thousands* **course** *race* **célèbre** *famous* **Depuis** *Since* **marques** *brands* **y** *there* **détient** *holds* **vitesse moyenne** *average speed* **moto** *motorcycle* **chantiers navals** *shipyards* **tels qu'** *such as* **fourmi** *ant* **jusqu'à** *up to* **dos** *back* **environ** *around* **tout en respectant** *all the while respecting*

Lecture

vhlcentral

Avant la lecture

Examinez le texte

Pour chaque vers que vous lisez du poème, faites-vous une image mentale. Quand vous aurez fini le poème, comparez vos images mentales au dessin sur ces pages.

À propos de l'auteur
Jacques Charpentreau (1928–2016)

Jacques Charpentreau a été à la fois un enseignant° et un poète. Il a travaillé toute sa vie comme instituteur° et professeur de français à Paris, tout en restant° très actif dans le domaine de la poésie. Il a ainsi dirigé plusieurs collections de poésie pour diverses maisons d'édition° et a produit lui-même une variété d'œuvres°: surtout des recueils° de poésie, des contes et des nouvelles°, mais aussi des dictionnaires, des traductions poétiques, des pamphlets ou des essais. Charpentreau a reçu différents prix littéraires au cours de sa carrière et ses poèmes ont souvent été mis en musique. Sa poésie est agréable à lire, rythmée et harmonieuse, et plusieurs de ses poèmes sont devenus des classiques que l'on étudie dans les écoles françaises et à l'étranger.

enseignant *teacher* **instituteur** *elementary school teacher* **tout en restant** *while remaining* **maisons d'édition** *publishers* **œuvres** *works* **recueils** *collections* **nouvelles** *short stories*

Suppositions

Jacques Charpentreau

1   Si la Tour Eiffel montait
    Moins haut° que le bout de son nez,
    Si l'Arc de Triomphe était
    Un peu moins lourd° à porter,
5   Si l'Opéra se pliait°,
    Si la Seine se roulait°,
    Si les ponts se dégonflaient°,
    Si tous les gens se tassaient°
    Un peu plus dans le métro,
10 Si l'on retirait des rues
    Les guéridons° des bistrots,
    Les obèses, les ventrus°,
    Les porteurs de grands chapeaux,
    Si l'on ôtait° les autos,
15 Si l'on rasait les barbus°,
    Si l'on comptait les kilos
    À deux cents grammes pas plus,
    Si Montmartre se tassait,
    Si les trop gros maigrissaient,
20 Si les tours° rapetissaient°,
    Si le Louvre s'envolait°,
    Si l'on rentrait les oreilles,
    Avec des Si l'on mettrait
    Paris dans une bouteille.

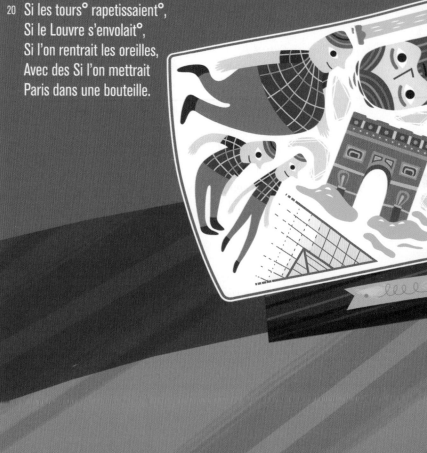

Après la lecture

Vrai ou faux? Indiquez si les phrases sont **vraies** ou **fausses**.
Citez le texte pour justifier vos réponses.

	Vrai	Faux

L'auteur dit...

1. que la Tour Eiffel devrait être moins lourde. ☐ ☐
   _____

2. que l'Arc de Triomphe devrait être plus léger (*light*). ☐ ☐
   _____

3. qu'il devrait y avoir plus de ponts sur la Seine. ☐ ☐
   _____

4. que les gens devraient arrêter de prendre
   le métro. ☐ ☐
   _____

5. qu'on devrait enlever (*remove*) les
   guéridons des rues. ☐ ☐
   _____

6. qu'on devrait enlever les voitures. ☐ ☐
   _____

7. qu'un kilo devrait faire la moitié (*half*). ☐ ☐
   _____

8. que les gens trop gros devraient maigrir. ☐ ☐
   _____

9. que les tours devraient être plus grandes. ☐ ☐
   _____

10. que le Louvre a des oreilles. ☐ ☐
    _____

Question de taille Le poème évoque l'idée que la réalité
pourrait être modifiée à travers trois images principales: aller
plus haut, disparaître et rapetisser. Faites une liste de tous les
changements en rapport avec ces idées qui sont mentionnés
dans le texte et classez-les selon ces trois grandes catégories.
Est-ce qu'il y a des changements qu'on ne peut classer dans
aucune (*none*) de ces catégories? Si oui, lesquels?

À votre tour Écrivez un poème de cinq ou six phrases, dans
le même style que le poème *Suppositions*, sur un thème de votre
choix. Utilisez une ou deux image(s) de votre invention et essayez
d'évoquer à la fois de petits détails de la vie quotidienne et des
thèmes plus larges.

haut *high* **lourd** *heavy* **se pliait** *bent* **se roulait** *rolled* **se dégonflaient** *deflated*
se tassaient *piled up* **guéridons** *pedestal tables* **ventrus** *potbellied* **ôtait** *removed*
barbus *bearded men* **tours** *towers* **rapetissaient** *shrank* **s'envolait** *flew away*

Écriture

Using linking words

You can make your writing more sophisticated by using linking words to connect simple sentences or ideas in order to create more complex sentences. Consider these passages that illustrate this effect:

Without linking words

Aujourd'hui, j'ai fait beaucoup de courses. Je suis allé à la poste. J'ai acheté des timbres. J'ai aussi posté un colis. Je suis allé à la banque dans la rue Girardeau. J'ai perdu ma carte bancaire hier. Je devais aussi retirer de l'argent. Je suis allé à la brasserie pour déjeuner avec un ami. Je suis rentré à la maison. Ma mère rentrait du travail.

With linking words

Aujourd'hui, j'ai fait beaucoup de courses. D'abord, je suis allé à la poste. J'ai acheté des timbres et j'ai aussi posté un colis. Après, je suis allé à la banque dans la rue Girardeau, parce que j'ai perdu ma carte bancaire hier et parce que je devais aussi retirer de l'argent. Ensuite, je suis allé à la brasserie pour déjeuner avec un ami. Finalement, je suis rentré à la maison alors que ma mère rentrait du travail.

Linking words			
alors	*then*	finalement	*finally*
alors que	*as*	mais	*but*
après	*then, after that*	ou	*or*
d'abord	*first*	parce que	*because*
donc	*so*	pendant (que)	*while*
enfin	*finally*	(et) puis	*(and) then*
ensuite	*then, after that*	puisque	*since*
et	*and*	quand	*when*

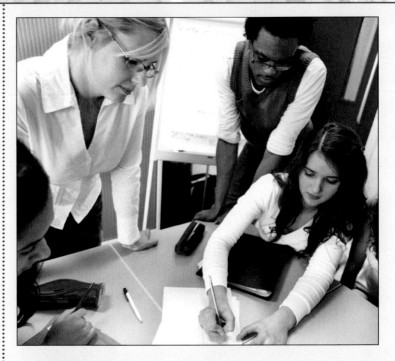

Thème
Faire la description d'un nouveau commerce
Avant l'écriture

1. Avec des amis, vous allez ouvrir un commerce (*business*) dans votre quartier. Vous voulez créer quelque chose d'original qui n'existe pas encore et qui sera très utile aux habitants: un endroit où ils pourront faire plusieurs choses en même temps (par exemple, une laverie/salon de coiffure).

2. Répondez à ces questions comme point de départ de votre description.

   - Quel sera le nom du commerce?
   - Quel type de commerce voulez-vous ouvrir?
   - Quels seront les produits (*products*) ou services que vous vendrez? Quels seront les prix? Donnez quelques détails sur l'activité commerciale.
   - Où se trouvera le commerce?
   - Comment sera l'intérieur du commerce (style, décoration, etc.)?
   - Quels seront ses jours et heures d'ouverture (*business hours*)?
   - En quoi consistera l'originalité de votre commerce? Expliquez pourquoi votre commerce sera unique et donnez les raisons pour lesquelles (*which*) les habitants du quartier fréquenteront votre commerce.

3. Pour organiser les points principaux et les détails de votre description, utilisez vos réponses aux questions précédentes pour compléter un tableau comme celui-ci (*this one here*).

Le commerce	1. le nom:
	2. le type:
Les produits/ les services	1. le type:
	2. le prix:
	3. détails:
L'endroit	1. l'adresse:
	2. près de (monument, grand magasin, ...):
L'intérieur	1. le style:
	2. la décoration:
	3. autre information:
Les jours et heures d'ouverture	1. les horaires:
	2. les jours d'ouverture:
L'originalité	1. le style:
	2. détails:
...?	

4. Après avoir complété le tableau, regardez les phrases que vous avez écrites. Est-il possible de les combiner avec des mots de liaison (*linking words*) de la liste de **Stratégie**? Regardez cet exemple:

Le commerce est une laverie, mais aussi un salon de coiffure, parce que nous savons que les habitants du quartier aiment pouvoir faire plusieurs choses en même temps.

5. Réécrivez les phrases que vous pouvez combiner.

Écriture

1. Utilisez les phrases du tableau et celles (*the ones*) que vous venez de combiner pour écrire la description de votre commerce.

2. Pendant que vous écrivez, trouvez d'autres phrases à combiner avec des mots de liaison.

3. Utilisez le vocabulaire de l'unité.

4. Utilisez les verbes **voir, recevoir, apercevoir** et **croire,** des expressions négatives et le futur simple.

Après l'écriture

1. Échangez votre description avec celle (*the one*) d'un(e) partenaire. Répondez à ces questions pour commenter son travail.

- Votre partenaire a-t-il/elle inclu toutes les informations du tableau?

- A-t-il/elle utilisé des mots de liaison pour combiner les phrases?

- A-t-il/elle utilisé le vocabulaire de l'unité?

- A-t-il/elle utilisé les verbes **voir, recevoir, apercevoir** et **croire,** des expressions négatives et le futur simple?

- Quel(s) détail(s) ajouteriez-vous? Quel(s) détail(s) enlèveriez-vous (*would you delete*)? Quel(s) autre(s) commentaire(s) avez-vous pour votre partenaire?

2. Corrigez votre description d'après (*according to*) les commentaires de votre partenaire. Relisez votre travail pour éliminer ces problèmes:

- des fautes (*errors*) d'orthographe

- des fautes de ponctuation

- des fautes de conjugaison

- des fautes d'accord (*agreement*) des adjectifs

- un mauvais emploi de la grammaire

Leçon 4A

À la poste

poster une lettre	to mail a letter
une adresse	address
une boîte aux lettres	mailbox
une carte postale	postcard
un colis	package
le courrier	mail
une enveloppe	envelope
un facteur	mailman
un timbre	stamp

À la banque

avoir un compte bancaire	to have a bank account
déposer de l'argent	to deposit money
emprunter	to borrow
payer par carte (bancaire/ de crédit)	to pay with a debit/credit card
payer en espèces	to pay in cash
payer par chèque	to pay by check
retirer de l'argent	to withdraw money
les billets (m.)	bills, notes
un compte de chèques	checking account
un compte d'épargne	savings account
une dépense	expenditure, expense
un distributeur automatique/ de billets	ATM
les pièces de monnaie (f.)/de la monnaie	coins/change

En ville

accompagner	to accompany
faire la queue	to wait in line
remplir un formulaire	to fill out a form
signer	to sign
une banque	bank
une bijouterie	jewelry store
une boutique	boutique, store
une brasserie	restaurant
un bureau de poste	post office
une laverie	laundromat
un marchand de journaux	newsstand
une papeterie	stationery store
un salon de beauté	beauty salon
un commissariat de police	police station
une mairie	town/city hall; mayor's office
fermé(e)	closed
ouvert(e)	open

Expressions utiles

See p. 209.

Verbes

apercevoir	to catch sight of, to see
s'apercevoir	to notice; to realize
croire	to believe
recevoir	to receive
voir	to see

La négation

jamais	never; ever
ne... aucun(e)	none (not any)
ne... jamais	never (not ever)
ne... ni... ni...	neither... nor
ne... personne	nobody, no one
ne... plus	no more (not anymore)
ne... que	only
ne... rien	nothing (not anything)
pas (de)	no, none
personne	no one
quelque chose	something
quelqu'un	someone
rien	nothing
toujours	always; still

Leçon 4B

Retrouver son chemin

continuer	to continue
se déplacer	to move (change location)
descendre	to go/come down
être perdu(e)	to be lost
monter	to go up/come up
s'orienter	to get one's bearings
suivre	to follow
tourner	to turn
traverser	to cross
un angle	corner
une avenue	avenue
un banc	bench
un bâtiment	building
un boulevard	boulevard
un carrefour	intersection
un chemin	way; path
un coin	corner
des indications (f.)	directions
un feu de signalisation (feux pl.)	traffic light(s)
une fontaine	fountain
un office du tourisme	tourist office
un pont	bridge
une rue	street
une statue	statue
est	east
nord	north
ouest	west
sud	south

Pour donner des indications

au bout (de)	at the end (of)
au coin (de)	at the corner (of)
autour (de)	around
jusqu'à	until
(tout) près (de)	(very) close (to)
tout droit	straight ahead

Expressions utiles

See p. 227.

Le futur simple

See pp. 230, 234.

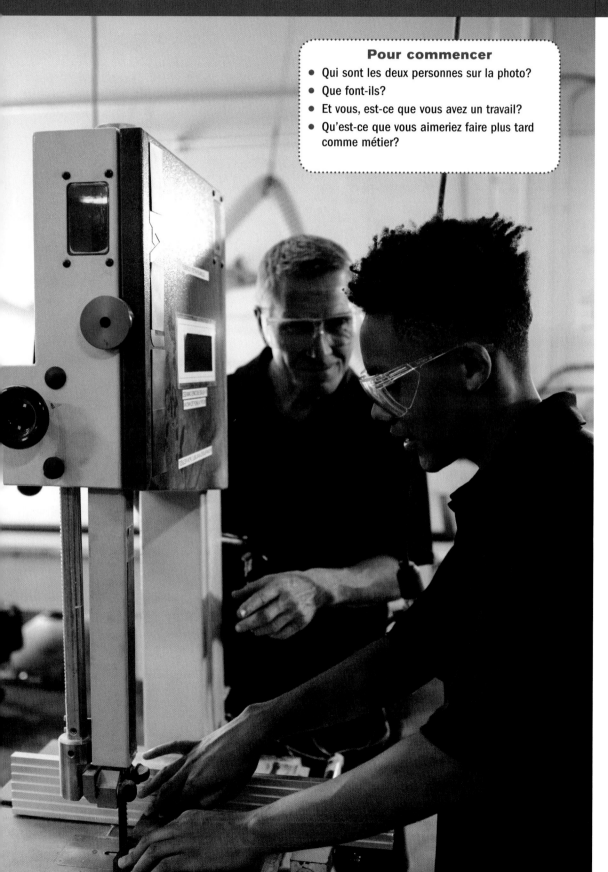

L'avenir et les métiers

Pour commencer

- Qui sont les deux personnes sur la photo?
- Que font-ils?
- Et vous, est-ce que vous avez un travail?
- Qu'est-ce que vous aimeriez faire plus tard comme métier?

Leçon 5A

CONTEXTES . . . pages 248–251
- At the office
- Making phone calls
- **La ponctuation française**

ROMAN-PHOTO . pages 252–253
- **Le bac**

CULTURE . . . . . . pages 254–255
- Telephones in France

STRUCTURES. . pages 256–263
- **Le futur simple** with **quand** and **dès que**
- The interrogative pronoun **lequel**

SYNTHÈSE . . . . pages 264–265
- **Révision**
- **Le Zapping**

Leçon 5B

CONTEXTES 266–269
- Professions
- **Les néologismes et le franglais**

ROMAN-PHOTO . pages 270–271
- **Je démissionne!**

CULTURE . . . . . . pages 272–273
- Unions and strikes
- **Flash culture**

STRUCTURES. . pages 274–281
- **Si** clauses
- Relative pronouns **qui**, **que**, **dont**, and **où**

SYNTHÈSE . . . . pages 282–283
- **Révision**
- **À l'écoute**

Savoir-faire . pages 284–289

- **Panorama: La Bourgogne-Franche-Comté et l'Auvergne-Rhône-Alpes**
- **Lecture:** Read a fable.
- **Écriture:** Write a plan for your professional goals.

You will learn how to...
- make and receive phone calls
- talk about your goals

🔊 **vhl**central

Au bureau

Vocabulaire

chercher un/du travail	to look for work/a job
embaucher	to hire
faire des projets	to make plans
obtenir	to get, to obtain
postuler	to apply
prendre (un) rendez-vous	to make an appointment
trouver un/du travail	to find work/a job
un(e) candidat(e)	candidate, applicant
un conseil	advice
un domaine	field
une entreprise	firm, business
une expérience professionnelle	professional experience
une formation	education; training
une lettre de recommandation	letter of reference/recommendation
une lettre de motivation	letter of application
une mention	distinction
un métier	profession
un poste	position
une référence	reference
un(e) responsable	manager, supervisor
un salaire (élevé, modeste)	(high, low) salary
un(e) spécialiste	specialist
un stage	internship; professional training
appeler	to call
laisser un message	to leave a message
l'appareil (m.)	telephone
Qui est à l'appareil?	Who's calling please?
C'est de la part de qui?	On behalf of whom?
C'est M./Mme/Mlle... (à l'appareil.)	It's Mr./Mrs./Miss... (on the phone.)
Ne quittez pas.	Please hold.

Elle va raccrocher.

Il va décrocher.

ALLÔ!

un numéro de téléphone

oui, 04.48.87.29.16

Il patiente. (patienter)

un patron (patronne f.)

une employée (employé m.)

Attention!

Note the difference in the usage and meaning of **chercher** and **rechercher**.
Il cherche du travail.
He is looking for work.
Cette compagnie recherche un chef du personnel.
This company is looking for a human resources director.

un curriculum vitæ, un CV

Personnel

un chef du personnel

Il passe un entretien. (passer)

Elle lit les annonces. (lire)

le combiné

la messagerie

Jacques et Frères Cie

une compagnie

Mise en pratique

1 Complétez Complétez ces phrases avec le vocabulaire de la liste qui convient le mieux. N'oubliez pas de faire les accords nécessaires.

appeler	lire les annonces	postuler
décrocher	métier	prendre (un) rendez-vous
conseil	obtenir	raccrocher
embaucher	passer un entretien	salaire
laisser des messages	patienter	trouver un/du travail

1. Quand on cherche du travail, il faut _____ tous les jours.
2. Il est toujours plus facile de trouver un _____ intéressant quand on a une bonne formation.
3. Le téléphone sonne. Est-ce que tu peux _____, s'il te plaît?
4. Il y a peu d'entreprises qui _____ en ce moment. L'économie ne va pas très bien.
5. —Bonjour, Madame. Je vous _____ pour _____.
   —Vous pouvez venir lundi 15, à 16h00?
6. J'ai envoyé mon CV. J'espère qu'ils vont m'appeler pour _____.
7. _____ quelques minutes, s'il vous plaît. Madame Benoît va bientôt arriver.
8. Il _____ parce que la ligne n'était pas bonne.
9. Sophie vient juste de _____. Elle va organiser une petite fête vendredi pour célébrer son nouveau poste.
10. Une messagerie permet de _____.

2 Corrigez Lisez ces phrases et dites si elles sont **vraies** ou **fausses**. Corrigez les phrases qui ne sont pas logiques.

1. Il faut décrocher le combiné avant de composer un numéro de téléphone.
2. Quand on postule pour un poste, on envoie une lettre de recommandation.
3. Quand on est embauché, on perd son travail.
4. Quand on travaille, on reçoit un salaire à la fin de chaque mois.
5. À la fin d'un CV américain, il ne faut pas oublier de mentionner ses références.
6. Pour savoir qui vous appelle au téléphone, vous demandez: «Ne quittez pas.»
7. Un(e) patron(ne) dirige (*manages*) une entreprise et des employés.
8. Avant d'obtenir un poste, il faut souvent passer une entreprise.
9. Quand on travaille dans une entreprise, on est un(e) employé(e).

3 Écoutez Armand et Michel cherchent du travail. Écoutez leur conversation et répondez ensuite aux questions.

1. Quel genre de travail Armand recherche-t-il?
2. Où est-ce qu'Armand a lu l'annonce?
3. Quel(s) document(s) faut-il envoyer pour le stage?
4. Qui est M. Dupont?
5. Que doit faire Armand pour obtenir un entretien?
6. Quel est le domaine professionnel de Michel?
7. Pourquoi Michel a-t-il des difficultés à trouver du travail?
8. Comment est-ce qu'Armand aide Michel?

Communication

4 **Répondez** Avec un(e) partenaire, posez-vous ces questions à tour de rôle.

1. Est-ce que tu as fait des projets d'avenir? Quels sont-ils?
2. Après tes études, dans quel domaine est-ce que tu vas chercher du travail?
3. Dans quelle entreprise voudrais-tu faire un stage? Pourquoi?
4. As-tu déjà travaillé? Dans quel(s) domaine(s)?
5. As-tu déjà répondu à des annonces pour trouver du travail? Est-ce qu'on t'a embauché(e)?
6. À ton avis, qu'est-ce qui est le plus important pour réussir un entretien d'embauche?
7. Pour qui imagines-tu pouvoir écrire une bonne lettre de recommandation un jour?
8. Selon toi, qu'est-ce qu'il faut inclure dans un curriculum vitae?

5 **Les conversations** Avec un(e) partenaire, complétez et remettez dans l'ordre ces conversations. Ensuite, jouez les scènes devant la classe.

Conversation 1

____ —C'est Mlle Grandjean à l'appareil. Est-ce que vous pouvez me passer le chef du personnel, s'il vous plaît?

____ —_____. Bonjour, Monsieur.

____ —Bonjour. _____?

____ —_____. Je vous le passe.

Conversation 2

____ —Tu n'as donc pas vu _____ que la compagnie Petit et Fils offre.

____ —Est-ce que tu _____ ce matin?

____ —Non, mais je connais cette entreprise et elle n'est pas dans _____.

____ —Non, je n'ai pas encore acheté le journal.

Conversation 3

____ —Non, appelle plutôt son portable.

____ —C'est le 06-22-28-80-83.

____ —Oh, encore sa _____! Elle ne décroche jamais.

____ —Tu as raison. Quel est son _____?

____ —Stéphanie ne _____ pas. Je vais lui _____.

6 **Les petites annonces** Lisez ces annonces et choisissez-en une. Avec un(e) partenaire, imaginez votre conversation avec le directeur de l'entreprise que vous avez sélectionnée. Vous devez parler de votre expérience professionnelle, de votre formation et de vos projets. Ensuite, choisissez une autre annonce et changez de rôle.

7 **Le poste idéal** Alain souhaite travailler à l'étranger pendant les vacances d'été, mais il ne sait pas par où commencer. Il va donc dans un Centre d'Information Jeunesse pour rencontrer un conseiller/une conseillère (*advisor*) qui va déterminer le pays et le domaine professionnel les mieux adaptés. Travaillez à deux et échangez les rôles avec votre partenaire.

Nous recherchons des professionnels de la gestion. Première expérience ou expert(e) dans votre domaine, notre groupe vous offre d'intéressantes opportunités d'évolution. Retrouvez nos postes sur www. comptaparis.fr/ métiers.

France Conseil recherche un analyste financier bilingue anglais. Vous travaillez avec nos bureaux à l'étranger pour développer les projets du département. De formation supérieure, vous avez une expérience de chef de projet de 2 à 4 ans. Nous contacter à: France Conseil, 80, rue du Faubourg Saint-Antoine, 75012 Paris

SARLA recherche un(e) assistant(e) commercial(e) trilingue anglais et espagnol avec expérience en informatique (logiciels et Internet). **Envoyer CV et lettre de motivation à SARLA, 155, avenue de Gerland, BP 72, 69007 Lyon**

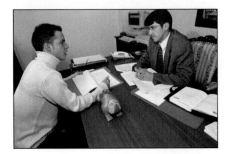

Les sons et les lettres 🔊 vhlcentral

La ponctuation française

Although French uses most of the same punctuation marks as English, their usage often varies. Unlike English, no period (**point**) is used in abbreviations of measurements in French.

200 m (*meters*)   **30 min** (*minutes*)   **25 cl** (*centiliters*)   **500 g** (*grams*)

In other abbreviations, a period is used only if the last letter of the abbreviation is different from the last letter of the word it represents.

Mme Bonaire = Madame Bonaire   **M. Bonaire = Monsieur Bonaire**

French dates are written with the day before the month, so if the month is spelled out, no punctuation is needed. When using digits only, use slashes to separate them.

le 25 février 1954   **25/2/1954**   **le 15 août 2006**   **15/8/2006**

Notice that a comma (**une virgule**) is not used before the last item in a series or list.

Lucie parle français, anglais et allemand.   *Lucie speaks French, English, and German.*

Generally, in French, a direct quotation is enclosed in **guillemets**. Notice that a colon (**deux points**), not a comma, is used before the quotation.

Charlotte a dit: «Appelle-moi!»   **Marc a demandé: «Qui est à l'appareil?»**

Réécrivez Ajoutez la ponctuation et remplacez les mots en italique par leurs abréviations.

1. Depuis le *21 mars 1964 Madame Pagny* habite à 500 *mètres* de chez moi
2. Ce matin j'ai acheté 2 *kilos* de poires *Monsieur* Florent m'a dit Lucien tu as très bien fait

> *Ne parle jamais des princes: si tu en dis du bien, tu mens; si tu en dis du mal, tu t'exposes.*[2]

Corrigez Lisez le paragraphe et ajoutez la bonne ponctuation et les majuscules.

hier michel le frère de ma meilleure amie sylvie m'a téléphoné il a dit carole on va fêter l'anniversaire de sylvie le samedi 13 novembre est-ce que tu peux venir téléphone-moi

Dictons Lisez les dictons à voix haute.

> *Le temps, c'est de l'argent.*[1]

¹ Time is money.

² Never talk about princes. If you talk nicely about them, you lie. If you say bad things about them, you reveal yourself.

deux cent cinquante et un   251

Le bac   **vhl**central

Astrid

Jeune femme

Michèle

Stéphane

Valérie

Après le bac...

STÉPHANE Alors, Astrid, tu penses avoir réussi le bac?

ASTRID Franchement, je crois que oui. Et toi?

STÉPHANE Je ne sais pas, c'était plutôt difficile. Mais au moins, c'est fini, et ça, c'est le plus important pour moi!

ASTRID Qu'est-ce que tu vas faire une fois que tu auras le bac?

STÉPHANE Aucune idée, Astrid. J'ai fait une demande à l'université pour étudier l'architecture.

ASTRID Vraiment? Laquelle?

STÉPHANE L'université de Marseille, mais je n'ai pas encore de réponse. Alors, Mademoiselle Je-pense-à-tout, tu sais déjà ce que tu feras?

ASTRID Bien sûr! J'irai à l'université de Bordeaux et dès que je réussirai l'examen de première année, je continuerai en médecine.

STÉPHANE Ah oui? Pour moi, les études, c'est fini pour l'instant. On vient juste de passer le bac, il faut fêter ça! C'est loin, la rentrée.

VALÉRIE Mais bien sûr que je m'inquiète! C'est normal.

STÉPHANE Tu sais, finalement, ce n'était pas si difficile.

VALÉRIE Ah bon? Tu sais quand tu auras les résultats?

STÉPHANE Ils seront affichés dans deux semaines.

VALÉRIE En attendant, il faut prendre des décisions pour préparer l'avenir.

STÉPHANE L'avenir! L'avenir! Vous n'avez que ce mot à la bouche, Astrid et toi. Oh maman, je suis tellement content aujourd'hui. Pour le moment, je voudrais juste faire des projets pour le week-end.

VALÉRIE D'accord, Stéphane. Je comprends. Tu rentres maintenant?

STÉPHANE Oui, maman. J'arrive dans quinze minutes.

Au P'tit Bistrot...

JEUNE FEMME Bonjour, Madame. Je cherche un travail pour cet été. Est-ce que vous embauchez en ce moment?

VALÉRIE Eh bien, c'est possible. L'été en général nous avons beaucoup de clients étrangers. Est-ce que vous parlez anglais?

JEUNE FEMME Oui, c'est ce que j'étudie à l'université.

A C T I V I T É S

1   **Complétez** Complétez les phrases suivantes.

1. Stéphane et Astrid viennent de passer _____.

2. Stéphane doit téléphoner à _____.

3. Astrid prête une _____ à Stéphane.

4. Aujourd'hui, Stéphane est très _____.

5. Il aura les résultats du bac dans _____.

6. Stéphane ne veut pas parler de l' _____.

7. La jeune femme étudie _____ à l'université.

8. Valérie dit que de nombreux clients du P'tit Bistrot sont _____.

9. _____ est en train (*in the process*) de chercher un nouveau travail.

10. Elle ne veut pas demander _____ à Valérie.

Stéphane et Astrid ont passé l'examen.

STÉPHANE Écoute, je dois téléphoner à ma mère. Je peux emprunter ta télécarte, s'il te plaît?
ASTRID Oui, bien sûr. Tiens.
STÉPHANE Merci.
ASTRID Bon... Je dois rentrer chez moi. Ma famille m'attend. Au revoir.
STÉPHANE Salut.

Stéphane appelle sa mère...
VALÉRIE Le P'tit Bistrot. Bonjour.
STÉPHANE Allô.
VALÉRIE Allô. Qui est à l'appareil?
STÉPHANE Maman, c'est moi!
VALÉRIE Stéphane! Alors, comment ça a été? Tu penses avoir réussi?
STÉPHANE Oui, bien sûr, maman. Ne t'inquiète pas!

VALÉRIE Et vous avez déjà travaillé dans un café?
JEUNE FEMME Eh bien, l'été dernier j'ai travaillé à la brasserie les Deux Escargots. Vous pouvez les appeler pour obtenir une référence si vous le désirez. Voici leur numéro de téléphone.
VALÉRIE Au revoir, et peut-être à bientôt!

Près de la terrasse...
MICHÈLE J'ai un rendez-vous pour passer un entretien avec l'entreprise Dupont... C'est la compagnie qui offre ce poste de réceptionniste... Tu es fou, je ne peux pas demander une lettre de recommandation à Madame Forestier... Bien sûr, nous irons dîner pour fêter ça dès que j'aurai un nouveau travail.

2 **Répondez** Répondez aux questions suivantes par des phrases complètes.

1. Quels sont les projets d'avenir d'Astrid?
2. Qu'est-ce que Stéphane veut faire l'année prochaine?
3. Est-ce que les projets d'Astrid et de Stéphane sont certains? (Supposez que les deux auront le bac.)
4. Quel est le projet de Michèle pour l'avenir?
5. Son projet est-il certain?

3 **À vous!** La jeune femme qui veut travailler au P'tit Bistrot rencontre Michèle. Elle veut savoir comment est le travail et quel genre de patronne est Valérie. Michèle, qui n'est pas vraiment heureuse au P'tit Bistrot en ce moment, lui raconte tout. Avec un(e) camarade de classe, composez le dialogue et jouez la scène devant la classe.

A C T I V I T É S

vhlcentral   CULTURE À LA LOUPE

Le téléphone en France

Les Français sont très accros° à leur téléphone portable. Aujourd'hui, il y a environ 73 millions d'abonnements°. Certains abonnés° choisissent le forfait° et payent un tarif mensuel°. Ce type d'abonnement exige° d'avoir un compte bancaire en France. Sinon, on a la possibilité de choisir des cartes prépayées ou de louer un portable pour une courte période.

Les gens utilisent aussi beaucoup leurs mobiles et smartphones pour communiquer par SMS°. En moyenne, chaque abonné envoie environ 250 SMS par mois. Ces messages sont écrits parfois dans un langage particulier, qui permet de taper° plus vite. Le langage SMS est très phonétique et joue avec le son des lettres et des chiffres°. Les jeunes l'utilisent beaucoup. Les jeunes aiment aussi télécharger les logos et sonneries° du moment. En France, le marché de la téléphonie mobile se porte très bien! Depuis quelques années, le coût mensuel des abonnements est en baisse° tandis que° les forfaits sans engagement° sont en hausse°.

À 16 euros par mois, le prix moyen d'un abonnement, et sans besoin de s'engager pour un an ou deux, le téléphone portable devient plus accessible à tous.

Coup de main

A mobile phone has many names in French: **téléphone, portable, GSM, mobile, smartphone.**

accros *addicted* **abonnements** *subscriptions* **abonnés** *subscribers* **forfait** *package* **tarif mensuel** *monthly fee* **exige** *requires* **SMS** *text message* **taper** *type* **chiffres** *numbers* **sonneries** *ringtones* **en baisse** *falling* **tandis que** *while* **sans engagement** *without a contract* **en hausse** *rising*

Usages de smartphone par les 18–24 ans

Naviguer sur Internet	90%
Télécharger des applications	86%
Consulter des e-mails	83%
Utiliser la géolocalisation	70%
Échanger des messages via des applications	56%

Part de répondants

Source: CREDOC

A C T I V I T É S

1 **Complétez** Complétez chaque phrase, d'après le texte et le tableau.

1. ... des Français ont un abonnement mobile.

2. Pour avoir un forfait, un abonné doit avoir...

3. En moyenne, chaque abonné envoie...

4. ... joue avec le son des lettres et des chiffres.

5. Les jeunes aiment aussi...

6. Le marché de la téléphonie mobile...

7. ... sont d'autres noms pour désigner le portable.

8. Le prix moyen d'un forfait mensuel est de...

9. Pour avoir un forfait mobile, on n'a plus besoin de...

10. ... est la fonctionalité des smartphones la plus utilisée.

Le SMS, C pratik!

A+	À plus (tard).
Bap	Bon après-midi.
C pa 5pa	C'est pas sympa!
Dak	D'accord.
GT o 6né	J'étais au ciné.
Je t'M	Je t'aime.
Jenémar	J'en ai marre!
Kestufé	Qu'est-ce que tu fais?
Komencava	Comment ça va?
MDR	Mort de rire!

Comment gagner sa vie

Voici des métiers et des secteurs où on peut gagner sa vie dans le monde francophone.

Quelques exemples de métiers bien payés

En France avocat(e)
En Haïti prêtre°
Au Sénégal ingénieur en efficacité énergétique°
En Suisse banquier d'affaires

Quelques exemples de secteurs lucratifs

En Belgique l'industrie chimique, l'industrie du pétrole
Au Québec l'industrie du papier
En Suisse les banques et les assurances
En Tunisie l'agriculture, l'énergie

prêtre priest **efficacité énergétique** energy efficiency

Les artisans

L'artisanat en France emploie 3 millions de personnes. On le décrit souvent comme «la plus grande entreprise de France». Bouchers, plombiers, fleuristes, bijoutiers... les artisans travaillent dans plus de 300 secteurs d'activité différents. Leurs entreprises sont

de petite taille, avec moins de dix employés. Les artisans sont plus nombreux dans les villes, mais ils jouent un grand rôle en milieu rural. En plus d°'y apporter les services nécessaires, ils aident à créer le «lien social°». Artisans et artisans d'art sont considérés comme les gardiens° de la tradition française et de son savoir-faire°, qu'ils se transmettent depuis des générations, grâce au° système de l'apprentissage°.

En plus de In addition to **lien social** social cohesion **gardiens** guardians
savoir-faire expertise **grâce au** thanks to **apprentissage** apprenticeship

Sur Internet

Combien de personnes a-t-il fallu pour installer les ampoules (lights) sur la tour Eiffel?

Go to **vhlcentral.com** to find more information related to this **Culture** section.

---

2 **Complétez** Complétez les phrases.

1. L'artisanat en France emploie _____.
2. _____ sont des exemples d'artisans.
3. Artisans et artisans d'art sont les gardiens _____.
4. Le savoir-faire des artisans est transmis _____.
5. Au Sénégal, _____ est un métier bien payé.
6. En Tunisie, _____ sont des secteurs lucratifs.

3 **Échange de textos** Vous et un(e) partenaire allez faire connaissance par SMS. Préparez un dialogue en français facile, puis transformez-le en messages SMS. Comparez ensuite votre conversation SMS à la conversation d'un autre groupe. Présentez-la devant la classe.

A
C
T
I
V
I
T
É
S

5A.1 | *Le futur simple* with *quand* vhlcentral and *dès que*

Point de départ In **Leçon 4B**, you learned how to form **le futur simple**, which is generally equivalent to the English future with *will*. You will now learn how to use **le futur simple** in situations where English uses the present tense.

FUTURE   FUTURE

Je me **mettrai** à chercher du travail, quand je n'**aurai** plus d'argent.

FUTURE   PRESENT

*I **will start** looking for work when I **don't have** any more money.*

Dès que je réussirai l'examen de première année, je continuerai en médecine.

Nous irons dîner pour célébrer dès que j'aurai un nouveau travail.

- In English, you use the present tense after the expressions *when* and *as soon as* even when the clause refers to a future event. In French, however, you use the **futur simple** after these expressions, which translate as **quand** and **dès que**.

Il enverra son CV **quand il aura** le temps. *He will send his résumé when he has time.*	Je posterai mon CV **dès que je pourrai**. *I will mail my résumé as soon as I can.*
Quand nous **arriverons**, nous irons voir le responsable. *When we arrive, we will go and see the manager.*	**Dès qu'**elle **pourra**, elle vous appellera. *As soon as she can, she will call you.*

- If a clause with **quand** or **dès que** does not describe a future action, another tense may be used for the verb.

Quand avez-vous fait le stage? *When did you do the internship?*	La patronne nous parle toujours **dès qu'elle arrive**. *The boss always talks to us as soon as she arrives.*

Essayez! Écrivez la forme correcte des verbes indiqués.

1. On l'embauchera dès qu'on ___*aura*___ (avoir) de l'argent.

2. Nous commencerons le stage quand nous _____ (connaître) les résultats.

3. Il a téléphoné dès qu'il _____ (recevoir) la lettre.

4. On a envie de sortir quand il _____ (faire) beau.

5. Dès que vous _____ (prendre) rendez-vous, on vous indiquera le salaire.

6. Ils enverront leurs CV dès qu'ils _____ (acheter) l'ordinateur.

7. Nous passerons un entretien quand il _____ (revenir) de vacances.

8. Je décroche quand le téléphone _____ (sonner).

Le français vivant

Identifiez Quelles formes de verbes au futur trouvez-vous après **quand** et **dès que** dans cette publicité (*ad*)? Quels autres verbes au futur trouvez-vous?

Questions À tour de rôle, avec un(e) partenaire, posez-vous ces questions.

1. Qui assistera au Salon rencontre? Pourquoi?
2. Que trouvera-t-on au Forum rencontre? Que fera-t-on?
3. Que feras-tu dès que tu finiras le lycée?
4. Que penses-tu faire pour trouver un emploi quand tu seras prêt(e) à travailler?

Mise en pratique

1 **Projets** Votre mère et une jeune voisine discutent des problèmes de travail. Votre mère explique ce qu'elle fait quand elle est sans travail. La voisine dit qu'elle fera les mêmes choses. Écrivez ce qu'elle dit.

> **MODÈLE** Je lis les annonces quand je cherche un travail.
>
> *Moi aussi, je lirai les annonces quand je chercherai un travail.*

1. J'envoie mon CV quand je cherche du travail.
2. Mon mari lit mon CV dès qu'il a le temps.
3. Je suis contente quand je passe un entretien.
4. Je prends rendez-vous dès que je reçois une lettre d'une compagnie.
5. Ma famille et moi, nous sommes heureuses quand des chefs du personnel me téléphonent.
6. Je fais des projets quand j'ai un travail.

2 **Plus tard** Aurélien parle de ses projets et des projets de sa famille et de ses amis. Mettez les verbes au futur. Faites d'autres changements si nécessaire.

> **MODÈLE** dès que / je / avoir / le bac / je / aller / à l'université
>
> *Dès que j'aurai le bac, j'irai à l'université.*

1. quand / je / être / à l'université /
   ma sœur et moi / habiter ensemble
2. quand / ma sœur / étudier plus /
   elle / réussir
3. quand / mes parents / être / à la retraite /
   ils / partir en voyage
4. dès que / vous / finir vos études /
   vous / envoyer vos CV / tout / entreprises de la ville
5. quand / tu / travailler /
   tu / acheter une voiture
6. quand / nous / trouver / nouveau travail /
   nous / ne plus lire / les annonces

3 **Conseils** Quels conseils pouvez-vous donner à un(e) ami(e) qui cherche du travail? Assemblez les éléments des colonnes pour formuler vos conseils. Utilisez **quand** ou **dès que**.

> **MODÈLE**
>
> *Quand tu auras ton diplôme, tu chercheras un travail.*

A	B
avoir son diplôme	s'amuser
avoir un métier	chercher un travail
passer un entretien	être riche
réussir ses examens	gagner beaucoup d'argent
trouver un emploi	lire les annonces
	se marier
	parler de son expérience professionnelle

Communication

4 **L'avenir** Qu'est-ce que l'avenir nous réserve? Avec un(e) partenaire, complétez ces phrases. Ensuite, présentez vos réponses à la classe.

1. Dès que je réussirai mes examens, je...
2. Ton ami(e) et toi, vous lirez les annonces quand...
3. Mon/Ma meilleur(e) ami(e) travaillera dès que...
4. Tu enverras ton CV quand...
5. Mes amis se mettront en couple dès que...
6. Quand nous aurons beaucoup d'argent, nous...

5 **Content(e)** Votre professeur va vous donner une feuille d'activités. Circulez dans la classe pour trouver une personne qui réponde oui et une qui réponde non à chaque question. Tout le monde doit justifier ses réponses.

> **MODÈLE**
>
> **Élève 1:** Est-ce que tu seras plus content(e) quand tu auras du temps libre?
> **Élève 2:** Oui, je serai plus content(e) dès que j'aurai du temps libre parce que je ferai plus souvent de la gym.

6 **Les métiers** Vous allez bientôt exercer ces métiers (*have these jobs*). À tour de rôle, dites à un(e) partenaire ce qui (*what*) sera possible et ce qui ne sera pas possible quand vous commencerez votre nouveau poste.

> **MODÈLE**
>
> **Élève 1:** Dès que je commencerai ce travail, je chercherai un nouvel appartement.
> **Élève 2:** Je n'aurai plus le temps de sortir quand j'aurai ce poste.

1.   2.   3.   4.

5.   6.   7.

7 **Un autre monde** Vous espérez devenir président(e) à l'avenir. Que ferez-vous pour changer le monde? À tour de rôle, précisez au moins (*at least*) cinq choses qui seront différentes.

> **MODÈLE**
>
> Quand je deviendrai président(e) il n'y aura plus de pauvreté.

5A.2

The interrogative pronoun *lequel* vhlcentral

Point de départ In D'accord! Level 1, you learned how to use the interrogative adjective **quel**, as in **Quelle heure est-il?** You will now learn how to use the interrogative pronoun **lequel**.

- The interrogative pronoun **lequel** replaces **quel** and the noun it modifies. It translates as *which one(s)*.

  Quel métier choisirez-vous?
  Which profession will you choose?

  Lequel choisirez-vous?
  Which one will you choose?

- **Lequel** agrees in number and gender with the noun to which it refers. Here are the four forms.

	singular	plural
masculine	lequel	lesquels
feminine	laquelle	lesquelles

  Quelle entreprise l'a embauché?
  Which company hired him?

  Laquelle l'a embauché?
  Which one hired him?

> **Boîte à outils**
>
> Remember that past participles agree with preceding direct objects.
>
> **Laquelle avez-vous choisie?**
> *Which one did you choose?*
>
> **Lesquels as-tu faits?**
> *Which ones did you do?*

- When a form of **lequel** is the subject, the verb directly follows. When it is a direct object, **est-ce que** + a subject and a verb or an inverted subject and verb follow.

  Laquelle est la responsable?
  Which one is the manager?

  Lequel est-ce qu'elle embauche?
  Which one is she hiring?

  Lesquelles sont les meilleures?
  Which ones are the best?

  Lesquels as-tu recommandés?
  Which ones did you recommend?

- The forms of **lequel** can also be the subject of a preposition. In this case, **est-ce que** + a subject and a verb or an inverted subject and verb follow.

  Pour lequel postulera-t-il?
  For which one will he apply?

  Dans lequel travaille-t-il?
  Which one does he work in?

- Three of the forms of **lequel** contract with the prepositions **à** and **de**.

à + form of *lequel*		singular	plural
	masculine	auquel	auxquels
	feminine	à laquelle	auxquelles

de + form of *lequel*		singular	plural
	masculine	duquel	desquels
	feminine	de laquelle	desquelles

  Auxquels vous intéressez-vous?
  Which ones interest you?

  Duquel est-ce que vous parlez?
  Which one are you talking about?

Essayez! **Réécrivez les questions avec des formes de *lequel*.**

1. Pour quelle compagnie travaillez-vous? _Pour laquelle travaillez-vous?_

2. Quel métier préférez-vous? _____

3. À quel métier t'intéresses-tu? _____

4. De quels stages est-ce que vous parlez? _____

5. Quelle employée est la meilleure? _____

Le français vivant

**Recherchons candidats avec talents particuliers.
Lequel ou laquelle choisir?**

La question traditionnelle:
Lesquels ont un diplôme? Quel diplôme?

La question d'aujourd'hui:
Lequel ou laquelle a une personnalité inhabituelle?

BCDF BANQUE COMMUNAUTAIRE DE FRANCE (BCDF)
Enfin une banque à votre écoute

Identifiez Quelles formes du pronom interrogatif **lequel** trouvez-vous dans cette publicité (*ad*)?

Questions À tour de rôle, avec un(e) partenaire, posez-vous ces questions.

1. Quel est le but (*goal*) de cette pub?
2. Quelle question posait-on traditionnellement?
3. Quelle question pose-t-on aujourd'hui?
4. Les formations traditionnelles fonctionnent-elles toujours pour trouver un travail? Pourquoi?
5. Pourquoi faut-il aujourd'hui avoir une personnalité inhabituelle?

Mise en pratique

1 **Au bureau** Hubert parle à ses collègues. Complétez ses phrases avec une forme du pronom interrogatif **lequel**.

1. J'ai deux stylos. _____ veux-tu emprunter?
2. Voici la liste des entreprises. À _____ devons-nous téléphoner?
3. Avez-vous contacté les employés avec _____ il faut travailler?
4. Sais-tu le nom des stages _____ tu as assisté?
5. _____ de ces lettres avez-vous lues?
6. Je suis allé dans plusieurs bureaux. _____ parlez-vous?

2 **Répétez** Nathalie rencontre M. Dupont pendant un dîner où il y a beaucoup de bruit (*noise*). Il lui pose des questions, mais il n'entend pas ses réponses. Avec un(e) partenaire, alternez les rôles.

> **MODÈLE** examen / avoir réussi
>
> **Élève 1:** *Quel examen avez-vous réussi?*
> **Élève 2:** *L'examen de chimie.*
> **Élève 1:** *Lequel avez-vous réussi?*

1. métier / s'intéresser à
2. CV / avoir envoyé
3. entreprise / avoir embauché
4. candidats / ne pas avoir obtenu de poste
5. formations / devoir suivre
6. domaine / se spécialiser dans

3 **La culture francophone** Vous voulez savoir si votre partenaire connaît la culture francophone. À tour de rôle, posez-vous ces questions et répondez-y. Ensuite, posez-vous une question avec une forme de **lequel**.

> **MODÈLE** Qui chante en français?
>
> a. Beyoncé (b.) Céline Dion c. Mariah Carey
> *Laquelle/Lesquelles de ces chanteuses aimes-tu?*

1. Qui est un acteur français?
   a. Jean Dujardin   b. Tom Hanks   c. Johnny Depp
2. Où parle-t-on français?
   a. Philadelphie   b. Montréal   c. Athènes
3. Quelle voiture est française?
   a. Lotus   b. Ferrari   c. Peugeot
4. Quelle marque (*brand*) est française?
   a. Desigual   b. Versace   c. L'Oréal
5. Qui est un metteur en scène (*director*) français?
   a. Visconti   b. Besson   c. Spielberg
6. Quel écrivain est francophone?
   a. Hugo   b. Borges   c. Faulkner

Communication

4 **Des choix** Cet été, vous irez en vacances avec votre famille et vous visiterez plusieurs endroits. Avec un(e) partenaire, parlez de vos projets et posez des questions pour demander des détails.

MODÈLE visiter des châteaux (*castles*)

Élève 1: *Quand je serai en Suisse, je visiterai des châteaux.*
Élève 2: *Lesquels visiteras-tu?*

aller dans des musées	faire du sport
bronzer sur la plage	marcher dans les rues
dîner au restaurant	se promener au parc
faire du shopping	visiter des sites touristiques
?	?

5 **Enquête** Votre professeur va vous donner une feuille d'activités. Circulez dans la classe et parlez à différent(e)s camarades pour trouver, pour chaque question, une personne qui réponde oui. Demandez des détails.

MODÈLE

Élève 1: *Écoutes-tu de la musique?*
Élève 2: *Oui.*
Élève 1: *Laquelle aimes-tu?*
Élève 2: *J'écoute toujours du rap.*

Activités	Noms	Réponses
1. écouter de la musique	Sam	musique classique
2. avoir des passe-temps		
3. bien s'entendre avec des membres de sa famille		
4. s'intéresser aux livres		
5. travailler avec d'autres élèves		
6. aimer le cinéma		

6 **Ce semestre** Avec un(e) partenaire, parlez des bons et des mauvais aspects de votre vie au lycée cette année. Employez des formes du pronom interrogatif **lequel**. Ensuite, présentez vos réponses à la classe.

MODÈLE

Élève 1: *J'ai des cours très difficiles cette année.*
Élève 2: *Lesquels?*
Élève 1: *Le cours de biologie et le cours de chimie.*

- les cours
- les activités extra-scolaires
- les livres
- les camarades
- les profs
- ?

Révision

1 Mon premier emploi Avec un(e) partenaire, dites ce que (*what*) vous ferez et utilisez **quand** ou **dès que**.

> **MODÈLE**
>
> mon premier emploi
> *Dès que je serai embauché(e), je téléphonerai à ma mère.*

1. mon premier entretien
2. mon premier jour dans l'entreprise
3. rencontrer les autres employés
4. mon premier salaire
5. travailler sur mon premier projet
6. changer de poste
7. me disputer avec le responsable
8. quitter l'entreprise

2 Lequel? Avec un(e) partenaire, imaginez une conversation entre le/la responsable et son assistant(e). L'assistant(e) demande des précisions. Alternez les rôles.

> **MODÈLE**
>
> **Élève 1:** *Vous appellerez notre client, s'il vous plaît?*
> **Élève 2:** *Oui, mais lequel?*
> **Élève 1:** *Le client qui est venu hier après-midi.*

accompagner un visiteur	envoyer un colis
appeler un client	laisser un message à un(e) employé(e)
chercher un numéro de téléphone	prendre un rendez-vous
faire une lettre de recommandation	préparer une réunion (*meeting*)

3 Mes stratégies Avec un(e) partenaire, faites une liste de dix stratégies pour bien mener (*to lead*) votre carrière. Pour chaque stratégie, utilisez **quand** ou **dès que**.

> **MODÈLE**
>
> **Élève 1:** *Dès que je m'ennuierai, je chercherai un nouveau poste.*
> **Élève 2:** *Quand je serai trop fatigué(e), je prendrai des vacances.*

4 Laquelle choisir? Deux entreprises différentes ont offert un travail à votre père/mère. Votre partenaire vous posera des questions avec la forme correcte du pronom interrogatif **lequel** pour comparer les deux. Donnez-lui des réponses avec **quand** et **dès que**. Changez de rôles.

> **MODÈLE**
>
> **Élève 1:** *Laquelle lui propose un meilleur salaire?*
> **Élève 2:** *Verrin lui propose un meilleur salaire, mais dès qu'il commencera, il devra travailler jusqu'à neuf heures du soir.*

5 Un entretien Par groupes de trois, jouez cette scène: un chef du personnel visite une université. Joëlle et Benoît passent un entretien informel. Utilisez le pronom interrogatif **lequel** et le futur avec **quand** et **dès que**.

Le chef du personnel...

- décrit le poste.
- pose des questions.
- répond aux questions des candidats.
- dit aux candidats quand il/elle va les contacter.

Les candidats...

- L'un doit donner toutes les bonnes réponses.
- L'autre ne donne que de mauvaises réponses.
- Les deux posent des questions pour en savoir plus sur l'entreprise et sur les postes.

6 Quand nous chercherons du travail... Votre professeur va vous donner, à vous et à votre partenaire, deux feuilles d'activités différentes. Attention! Ne regardez pas la feuille de votre partenaire.

Le Zapping

vhlcentral

Préparation Répondez aux questions.

1. Quel métier rêvez-vous de faire? Pourquoi?
2. Comment un métier peut-il être une vocation ou être utile à la société? Vous préparez-vous à exercer un tel (*such*) métier?

Reportage d'Artisanat de France

Je vais avoir envie de transmettre des valeurs, transmettre des choses à des jeunes.

Éric Kayser, artisan boulanger

Maître° boulanger de père en fils depuis six générations, Éric Kayser commence son apprentissage à 14 ans. À l'âge de 19 ans, il devient Compagnon° du Tour de France, institution de formation aux arts et métiers manuels et techniques. Cinq ans plus tard, en 1988, il rejoint l'Institut National de la Boulangerie Pâtisserie (INBP) comme professeur et passe 10 années à donner des cours partout° en France et dans le monde. En 1996 il ouvre sa première boulangerie. Aujourd'hui, ses nombreuses boulangeries se trouvent en Asie, en Amérique et bien sûr, en France. Ses pains au levain° naturel, faits selon des recettes anciennes, mais en utilisant des techniques modernes, sont des créations originales, aux saveurs° complexes et variées. Pour Éric Kayser, être boulanger, c'est être un artiste mais aussi le conservateur d'une tradition française.

Maître *Master* **Compagnon** *Apprentice* **partout** *everywhere* **levain** *yeast* **saveurs** *flavors*

Vocabulaire utile

aller à fond	*to go all-out*
la farine	*flour*
libérer l'esprit	*to free the mind*
la matière	*material, substance*
prendre la relève	*to take over, take the baton*

Compréhension Répondez aux questions.

1. D'après Éric Kayser, qu'est-ce que son métier lui permet d'être?
2. D'après lui, quels sont les cinq ingrédients du pain?
3. Qu'est-ce que les jeunes peuvent faire à travers (*through*) l'artisanat d'après lui?

Conversation Discutez en petits groupes de ces questions.

1. Quels métiers permettent de créer quelque chose de beau?
2. La passion est-elle nécessaire pour réussir dans son travail? Expliquez.

Application Faites des recherches sur un métier de votre choix. Ensuite, préparez une présentation dans laquelle vous expliquez brièvement l'histoire de ce métier et les manières dont il répond aux besoins de la société.

You will learn how to...
- discuss your work
- say what you would do

 vhlcentral

Les professions

Vocabulaire

démissionner	to resign
diriger	to manage
être au chômage	to be unemployed
être bien/mal payé(e)	to be well/badly paid
gagner	to earn; to win
prendre un congé	to take time off
renvoyer	to dismiss, to let go
une carrière	career
un chômeur/une chômeuse	unemployed person
un emploi à mi-temps/ à temps partiel	part-time job
un emploi à plein temps	full-time job
un niveau	level
une profession (exigeante)	(demanding) profession
un(e) retraité(e)	retired person
une réunion	meeting
une réussite	success
un syndicat	union
une assurance-maladie	health insurance
une assurance-vie	life insurance
une augmentation (de salaire)	raise (in salary)
une promotion	promotion
un cadre/une femme cadre	executive
un chef d'entreprise	head of a company
un conseiller/une conseillère	consultant; advisor
une femme au foyer	housewife
un(e) gérant(e)	manager
un homme/une femme politique	politician
un ouvrier/une ouvrière	worker, laborer
un plombier	plumber

une chercheuse (chercheur *m.*)

une vétérinaire (vétérinaire *m.*)

un chauffeur de camion

une comptable (comptable *m.*)

un pompier (femme pompier *f.*)

un chauffeur de taxi

un cuisinier (cuisinière *f.*)/ un(e) chef

un banquier
(banquière *f.*)

un agent
immobilier

un agriculteur
(agricultrice *f.*)

une électricienne
(électricien *m.*)

un psychologue

Mise en pratique

1 Les professions Pour chaque profession de la colonne de gauche, trouvez la définition qui correspond dans la colonne de droite.

_____ 1. un chef d'entreprise
_____ 2. une femme au foyer
_____ 3. un chauffeur
_____ 4. une banquière
_____ 5. un cuisinier
_____ 6. une comptable
_____ 7. un ouvrier
_____ 8. une vétérinaire
_____ 9. un agent immobilier
_____ 10. un plombier

a. travaille avec des budgets
b. est employé dans une usine (*factory*)
c. répare les fuites (*leaks*) d'eau
d. loue et vend des appartements
e. travaille dans un laboratoire
f. s'occupe de la santé des animaux
g. dirige des employés
h. prépare des plats dans un restaurant
i. travaille avec de l'argent
j. s'occupe de la maison et des enfants
k. conduit un taxi ou un camion
l. donne des conseils

2 Le monde du travail Complétez le paragraphe en utilisant les mots de vocabulaire de la liste.

à mi-temps	un conseil
à plein temps	mal payés
une assurance maladie	un niveau
une augmentation	d'une promotion
leur carrière	un salaire élevé

Quand les lycéens ont un travail, en général c'est un emploi (1) _____ parce qu'ils doivent aussi étudier pour préparer (2) _____. Souvent, ils sont (3) _____. Mais avec leur diplôme, ils auront la possibilité de trouver un poste (4) _____, avec (5) _____ et bien souvent (6) _____. Plus tard, ils pourront demander (7) _____ de salaire ou bien attendre l'opportunité (8) _____ pour gagner plus d'argent.

3 Écoutez Écoutez la conversation entre Henri et Margot, deux jeunes élèves, et indiquez si les phrases suivantes sont **vraies** ou **fausses.**

Henri

Margot

1. Henri veut être comptable.
2. Il aidera ses employés.
3. Ses employés seront bien payés.
4. Il offrira à tous une assurance vie.
5. Margot veut être chef d'entreprise.
6. Elle aidera les femmes au foyer.
7. Margot ne parlera pas aux syndicats.
8. Une de ses priorités sera le chômage.

Communication

4 **Conversez** Interviewez un(e) camarade de classe. Les réponses peuvent être réelles ou imaginaires.

1. Où travailles-tu en ce moment/pendant l'été? Es-tu bien payé(e)?
2. Préfères-tu travailler à mi-temps ou à plein temps? Pourquoi?
3. Est-ce le métier que tu feras plus tard? Pourquoi?
4. Est-ce que tu as des congés payés? Une assurance maladie? Qu'en penses-tu?
5. As-tu déjà demandé une augmentation de salaire? As-tu réussi à en obtenir une? Comment?
6. As-tu déjà obtenu une promotion? Quand? Pourquoi?
7. Est-il nécessaire d'assister à beaucoup de réunions? Que faites-vous pendant les réunions?
8. Quel genre de carrière veux-tu faire? Ta profession sera-t-elle exigeante? Pourquoi?

5 **Votre carrière** Voilà cinq ans que vous n'avez pas vu votre ami(e) du lycée. Depuis, vous avez obtenu tous/toutes les deux votre diplôme et trouvé un travail. Travaillez avec un(e) camarade de classe pour présenter un dialogue avec ces éléments:

- Vous vous retrouvez et vous parlez de votre métier.
- Vous décrivez votre poste.
- Vous parlez de votre responsable et/ou de vos employés.
- Vous parlez des avantages et des inconvénients (*drawbacks*) de votre travail.

6 **Décrivez** Votre professeur va vous donner, à vous et à votre partenaire, deux feuilles d'activités différentes. À tour de rôle, dites ce que font les personnages de chaque profession pour compléter les feuilles.

MODÈLE

Élève 1: *Sur mon dessin, j'ai un plombier qui répare une fuite (leak) d'eau sous un évier.*
Élève 2: *Moi, j'ai un homme…*

7 **L'offre d'emploi** Vous développez votre entreprise, une agence immobilière, et vous avez besoin de rapidement embaucher un(e) nouvel(le) employé(e). Avec deux partenaires, écrivez une annonce que vous enverrez à votre journal local. Utilisez les mots de la liste.

agent immobilier	poste exigeant
carrière	promotion
congés payés	réussite
diriger	salaire élevé
entretien	temps partiel

Les sons et les lettres 🔊 vhlcentral

Les néologismes et le franglais

The use of words or neologisms of English origin in the French language is called **franglais**. These words often look identical to the English words, but they are pronounced like French words. Most of these words are masculine, and many end in **-ing**. Some of these words have long been accepted and used in French.

le sweat-shirt	**le week-end**	**le shopping**	**le parking**

Some words for foods and sports are very common, as are expressions in popular culture, business, and advertising.

un milk-shake	**le base-ball**	**le top-modèle**	**le marketing**

Many **franglais** words are recently coined terms (**néologismes**). These are common in contemporary fields, such as entertainment and technology. Some of these words do have French equivalents, but the **franglais** terms are used more often.

un e-mail = un courriel	**le chat = la causette**	**une star = une vedette**

Some **franglais** words do not exist in English at all, or they are used differently.

un brushing = *a blow-dry*	**un relooking** = *a makeover*	**le zapping** = *channel surfing*

Prononcez Répétez les mots suivants à voix haute.

1. flirter
2. un fax
3. cliquer
4. le look
5. un clown
6. le planning
7. un scanneur
8. un CD-ROM
9. le volley-ball
10. le shampooing
11. un self-service
12. le chewing-gum

Articulez Répétez les phrases suivantes à voix haute.

1. Le cowboy porte un jean et un tee-shirt.
2. Julien joue au base-ball et il fait du footing.
3. J'ai envie d'un nouveau look, je vais faire du shopping.
4. Au snack-bar, je commande un hamburger, des chips et un milk-shake.
5. Tout ce qu'il veut faire, c'est rester devant la télé dans le living et zapper!

Dictons Répétez les dictons à voix haute.

Un gentleman est un monsieur qui se sert d'une pince à sucre, même lorsqu'il est seul.[2]

Ce n'est pas la star qui fait l'audience, mais l'audience qui fait la star.[1]

[1] It's not the star that makes the fans, it's the fans that make the star.

[2] A gentleman is a man who uses sugar tongs, even when he is alone.

Je démissionne! vhlcentral

PERSONNAGES

Amina

Astrid

Michèle

Sandrine

Stéphane

Valérie

En ville...

AMINA Alors, Sandrine, ton concert, ce sera la première fois que tu chantes en public?

SANDRINE Oui, et je suis un peu anxieuse!

AMINA Ah! Tu as le trac!

SANDRINE Un peu, oui. Toi, tu es toujours tellement chic, tu as confiance en toi, tu n'as peur de rien...

AMINA Mais Sandrine, la confiance en soi, c'est ici dans le cœur et ici dans la tête. J'ai une idée! Ce qui te donnerait du courage, c'est de porter une superbe robe.

SANDRINE Tu crois? Mais, je n'en ai pas...

AMINA Je m'en occupe. Quel style de robe est-ce que tu aimerais? Suis-moi!

Au marché...

AMINA Que penses-tu de ce tissu noir?

SANDRINE Oh! C'est ravissant!

AMINA Oui et ce serait parfait pour une robe du soir.

SANDRINE Bon, si tu le dis. Moi, si je faisais cette robe moi-même, elle finirait sans doute avec une manche courte et avec une manche longue!

STÉPHANE Attends. Forestier, Stéphane... Oh! Ce n'est pas possible!

ASTRID Quoi, qu'est-ce qu'il y a?

STÉPHANE Je dois repasser une partie de l'examen la semaine prochaine.

ASTRID Oh, ce n'est pas vrai! Il y a peut-être une erreur. Stéphane, attends!

Au P'tit Bistrot...

MICHÈLE Excusez-moi, Madame. Auriez-vous une petite minute?

VALÉRIE Oui, bien sûr!

MICHÈLE Voilà, ça fait deux ans que je travaille ici au P'tit Bistrot... Est-ce qu'il serait possible d'avoir une augmentation?

VALÉRIE Michèle, être serveuse, c'est un métier exigeant, mais les salaires sont modestes!

MICHÈLE Oui, je sais, Madame. Je ne vous demande pas un salaire très élevé, mais... c'est pour ma famille.

VALÉRIE Désolée, Michèle, j'aimerais bien le faire, mais, en ce moment, ce n'est pas possible. Peut-être dans quelques mois...

A C T I V I T É S

1   **Vrai ou faux?** Indiquez si ces affirmations sont **vraies** ou **fausses**. Corrigez les phrases fausses.

1. Sandrine a un peu peur avant son concert.

2. Amina ne sait pas comment aider Sandrine.

3. Amina va faire une robe de velours noir.

4. Sandrine ne sait pas faire une robe.

5. Pour la remercier (*To thank her*), Sandrine va préparer un dîner pour Amina.

6. Stéphane doit repasser tout le bac.

7. Astrid a reçu une très bonne note.

8. Michèle travaille au P'tit Bistrot depuis deux ans.

9. Valérie offre à Michèle une toute petite augmentation de salaire.

10. Michèle va retourner au P'tit Bistrot après ses vacances.

Valérie et Stéphane rencontrent de nouveaux problèmes.

AMINA Je pourrais en faire une comme ça, si tu veux.

SANDRINE Je préférerais une de tes créations. Si tu as besoin de quoi que ce soit un jour, dis-le-moi.

AMINA Oh, Sandrine, je vais te faire une robe qui te fera plaisir.

SANDRINE Je pourrais te préparer un gâteau au chocolat?

AMINA Mmmm... Je ne dirais pas non.

Au lycée...

ASTRID Oh, Stéphane, c'est le grand jour! On va enfin connaître les résultats du bac! Je suis tellement nerveuse. Pas toi?

STÉPHANE Non, pas vraiment. Seulement si j'échoue, ma mère va m'étrangler. Eh! Félicitations, Astrid! Tu as réussi! Avec mention bien en plus!

ASTRID Et toi?

MICHÈLE Non, Madame! Dans quelques mois, je serai déjà partie. Je démissionne! Je prends le reste de mes vacances à partir d'aujourd'hui.

VALÉRIE Michèle, attendez! Mais Michèle! Ah, Stéphane, te voilà. Hé! Où vas-tu? Tu as eu les résultats du bac, non? Qu'est-ce qu'il y a?

STÉPHANE Maman, je suis désolé, mais je vais devoir repasser une partie de l'examen.

VALÉRIE Oh là là! Stéphane!

STÉPHANE Bon, écoute maman, voici ce que je vais faire: je vais étudier nuit et jour jusqu'à la semaine prochaine: pas de sports, pas de jeux vidéo, pas de télévision. J'irai à l'université, maman. Je te le promets.

Expressions utiles

Talking about hypothetical situations

- **Ce qui te donnerait du courage, c'est de porter une superbe robe.**
  Wearing a great dress would give you courage.

- **Ce serait parfait pour une robe du soir.**
  This would be perfect for an evening gown.

- **Si je faisais cette robe, elle finirait avec une manche courte et avec une manche longue!**
  If I made this dress, it would end up with one short sleeve and one long sleeve!

- **Je préférerais une de tes créations.**
  I would prefer one of your creations.

- **Je ne dirais pas non.**
  I wouldn't say no.

- **Si tu as besoin de quoi que ce soit un jour, dis-le-moi.**
  If you ever need anything someday, tell me.

- **Si j'échoue, ma mère va m'étrangler.**
  If I fail, my mother is going to strangle me.

Making polite requests and suggestions

- **Quel style de robe est-ce que tu aimerais? J'aimerais...**
  What kind of dress would you like? I would like...

- **Je pourrais en faire une comme ça, si tu veux.**
  I could make you one like this, if you would like.

- **Auriez-vous une petite minute?**
  Would you have a minute?

- **Est-ce qu'il serait possible d'avoir une augmentation?**
  Would it be possible to get a raise?

Additional vocabulary

- **le trac**
  stage fright
- **ravissant(e)**
  beautiful; delightful
- **faire plaisir à quelqu'un**
  to make someone happy

---

2 **Les mauvaises nouvelles** Stéphane, Valérie et Michèle ont été très déçus (*disappointed*) aujourd'hui pour des raisons différentes. Avec deux partenaires, décidez qui a passé la pire journée et pourquoi. Ensuite, discutez-en avec le reste de la classe.

3 **Écrivez** Pensez à un examen très important de votre vie et écrivez un paragraphe, en répondant à (*by answering*) ces questions. Quel était l'examen? Qu'est-ce que vous avez fait pour le préparer? Comment était-ce? Comme l'histoire de Stéphane ou d'Astrid? Comment cet examen a-t-il affecté vos projets d'avenir?

A
C
T
I
V
I
T
É
S

vhl**central** | *Flash culture*

Syndicats et grèves en France

une manifestation de la CGT, un syndicat

Les gens se plaignent° souvent des grèves° en France, mais faire la grève est un droit. Ce sont les grandes grèves historiques qui ont apporté aux Français la majorité des avantages sociaux°: retraite, sécurité sociale, congés payés, instruction publique, etc. Les grèves en France sont accompagnées de manifestations ou de pétitions, et beaucoup d'entre elles ont lieu° en automne, après les vacances d'été. Des grèves peuvent avoir lieu dans tous les secteurs de l'économie, en particulier le secteur des transports et celui° de l'enseignement°. Une grève de la SNCF°, par exemple, peut immobiliser tout le pays et causer des ennuis à des millions de voyageurs.

Les syndicats organisent les trois quarts° de ces mouvements sociaux. La France est pourtant° un des pays industrialisés les moins syndiqués° du monde. Aujourd'hui, environ° 11% des salariés français sont syndiqués contre environ 25% en Grande Bretagne ou 67% en Suède.

De plus en plus, des non-salariés, comme les médecins et les commerçants, font aussi la grève. Dans ce cas, ils cherchent surtout à faire changer les lois°.

En général, le public soutient° les grévistes, mais il demande aussi la création d'un service minimum obligatoire dans les transports publics et l'enseignement pour éviter la paralysie totale du pays. Ce service minimum obligerait° un petit nombre d'employés à travailler pendant chaque grève. La fréquence des grèves a diminué pendant les années 1970, 1980 et 1990, mais a vu° une certaine augmentation depuis l'année 2000.

Les Français favorables à un service minimum	
Dans le ramassage des ordures°	84%
Dans l'enseignement public	79%
Dans les transports aériens	77%
Dans les transports publics	74%

SOURCE: Francoscopie

se plaignent *complain* **grèves** *strikes* **avantages sociaux** *benefits* **ont lieu** *take place* **celui de** *that of* **enseignement** *education* **SNCF** *French national railway company* **trois quarts** *three quarters* **pourtant** *however* **syndiqués** *unionized* **environ** *around* **faire changer les lois** *have the laws changed* **soutient** *supports* **obligerait** *would force* **a vu** *has seen* **ramassage des ordures** *trash collection*

ACTIVITÉS

1 Répondez Répondez aux questions d'après les textes.

1. Quel est un des droits des Français?
2. Qu'est-ce que la grève a apporté aux Français?
3. Quand ont souvent lieu les grèves?
4. Par qui la majorité des grèves sont-elles organisées?
5. Les travailleurs français sont-ils très syndiqués?
6. Combien de travailleurs français sont syndiqués aujourd'hui?
7. Pourquoi les médecins et les commerçants font-ils la grève?
8. Y a-t-il toujours eu un grand nombre de grèves en France?
9. Combien de Français sont favorables au service minimum dans l'enseignement public?
10. À quoi sont favorables 77% des Français?

LE FRANÇAIS QUOTIDIEN

L'argent

Voici d'autres noms familiers souvent utilisés pour parler de l'argent.

avoine (*f.*)	oseille (*f.*)
biffeton (*m.*)	pépètes (*f., pl.*)
blé (*m.*)	pèze (*m.*)
cash (*m.*)	pognon (*m.*)
flouze (*m.*)	radis (*m.*)
fric (*m.*)	rond (*m.*)
grisbi (*m.*)	thune (*f.*)

LE MONDE FRANCOPHONE

La durée des vacances et les jours fériés

Voici la durée des congés payés dans quelques pays francophones.

En Belgique 20 jours après une année de travail, plus 10 jours fériés par an

En France 25 jours et 10 jours fériés par an

Au Luxembourg 25 jours et 10 jours fériés par an

Au Maroc 18 jours et entre 9-14 jours fériés par an

Au Québec 10 jours et 9 jours fériés par an

Au Sénégal un minimum de 24 jours par an, plus pour les travailleurs avec ancienneté° et pour les mères de famille et 5 jours fériés civils plus des fêtes réligieuses

En Suisse 20 jours pour les plus de 20 ans, 25 jours pour les moins de 20 ans; les jours fériés varient selon le canton°

En Tunisie 12 jours par an pour les plus de 20 ans, 18 jours pour les 18-20 ans et 24 jours pour les moins de 18 ans

ancienneté *seniority* **selon le canton** *according to the administrative district*

PORTRAIT

Les fonctionnaires°

Avec environ 5,6 millions de fonctionnaires dans le pays, ou 20% de la population active°, la France bat des records°. Ces fonctionnaires travaillent pour l'État (dans le gouvernement, les universités, les lycées, les compagnies nationales), pour la fonction publique territoriale (le département, la région) ou pour la fonction publique hospitalière. Ils ont de nombreux avantages: des salaires compétitifs, une bonne retraite et une grande protection de l'emploi. Pour devenir fonctionnaire, il faut passer un concours°. Chaque année, près de 40.000 emplois sont ainsi° ouverts au public.

fonctionnaires *civil servants* **population active** *working population* **bat des records** *breaks records* **concours** *competitive examination* **ainsi** *thus*

Sur Internet

Quelle est la durée des congés de maternité et de paternité en France?

Go to **vhlcentral.com** to find more information related to this **Culture** section and to watch the corresponding **Flash culture** video.

---

2 **Complétez** Donnez une suite logique à chaque phrase.

1. La France bat des records avec...
2. Les fonctionnaires sont employés par...
3. Ils bénéficient de nombreux...
4. On peut devenir fonctionnaire après avoir passé...
5. Au Sénégal, on a des journées de vacances supplémentaires si on est...
6. La durée des vacances dépend de l'âge en...

3 **La grève** Vous êtes journaliste et votre partenaire est un(e) fonctionnaire en grève. Vous allez l'interviewer pour le journal télévisé de 20 heures. Préparez un dialogue où vous cherchez à comprendre pourquoi il ou elle est en grève et depuis combien de temps. Soyez prêt(e)s à jouer le dialogue devant la classe.

A C T I V I T É S

5B.1

Si clauses **vhl**central

Point de départ Si (*If*) clauses describe a condition or event upon which another condition or event depends. Sentences with **si** clauses consist of a **si** clause and a main (or result) clause.

Si je faisais cette robe, elle serait laide.

Si j'échoue, ma mère va m'étrangler.

- You can use **si** clauses to express hypothetical or contrary-to-fact situations—what *would happen* if an event or condition *were to occur*. In such instances, the verb in the **si** clause is in the **imparfait** while the verb in the main clause is in the conditional.

> **Si** j'**étais** au chômage, je lui **enverrais** mon CV.
> *If I were unemployed, I'd send her my résumé.*

> Vous **partiriez** souvent en vacances **si** vous **aviez** de l'argent.
> *You would go on vacation often if you had money.*

- You can also use **si** clauses to express conditions or events that are possible or likely to occur. In such instances, the **si** clause is in the present while the main clause is in the **futur** or **futur proche**.

> Si le patron me **renvoie**, je **trouverai** un emploi à mi-temps.
> *If the boss fires me, I'll find a part-time job.*

> Si vous ne **signez** pas le contrat, vous **allez perdre** votre poste.
> *If you don't sign the contract, you're going to lose your job.*

- Use a **si** clause alone with the **imparfait** to make a suggestion or to express a wish.

> Si nous **faisions** des projets pour le week-end?
> *What about making plans for the weekend?*

> Ah! S'il **obtenait** un meilleur emploi!
> *Oh! If only he got a better job!*

Essayez!   **Complétez les phrases avec la forme correcte des verbes.**

1. Si on _visitait_ (visiter) la Tunisie, on irait admirer les ruines.
2. Vous _____ (être) plus heureux si vous faites vos devoirs.
3. Si tu _____ (avoir) la grippe, tu devras aller chez le médecin.
4. S'ils _____ (avoir) un million d'euros, que feraient-ils?
5. Mes parents me _____ (rendre) visite ce week-end s'ils ont le temps.
6. J'_____ (écrire) au conseiller si j'avais son adresse.
7. Si nous lisons, nous _____ (savoir) la réponse.
8. Il _____ (avoir) le temps s'il ne regardait pas la télé.

Le français vivant

Viendriez-vous nous consulter si vous cherchiez une hôtesse?

Que trouveriez-vous si vous parliez à une autre entreprise?

Une hôtesse d'accueil ou une hôtesse de l'air? Vous voudriez une hôtesse compétente, non?

Si vous parlez à quelqu'un d'autre, vous risquerez beaucoup.

INTERIM 21

Identifiez Combien de phrases avec **si** trouvez-vous dans cette publicité (*ad*)? Lesquelles?

Questions À tour de rôle, avec un(e) partenaire, posez-vous ces questions.

1. Pourquoi irait-on chez Intérim 21?
2. Quelle erreur pourrait-on éviter?
3. Comment font les conseillers de Intérim 21 pour trouver l'emploi et l'employé(e) idéal(e) pour tous leurs clients?
4. Irais-tu consulter Intérim 21 si tu étais au chômage? Pourquoi?

Mise en pratique

1 **Questions** Vous cherchez un emploi. Indiquez vos réponses aux questions du chef du personnel.

> **MODÈLE** Quand est-ce que vous pourriez commencer? (si / vous / avoir besoin de moi / je / pouvoir commencer demain)
>
> *Si vous aviez besoin de moi, je pourrais*
> *commencer demain.*

1. Est-ce que vous aimeriez travailler à plein temps?
   (si / vous / m'offrir un travail à plein temps / je / l'accepter)

2. Auriez-vous besoin d'une assurance-vie?
   (si / je / en avoir besoin / je / vous le dire)

3. Quand prendriez-vous un congé?
   (si / mon/ma petite ami(e) / prendre un congé / nous / partir en mai)

4. Voudriez-vous devenir cadre un jour?
   (si / vous / le permettre / je / devenir cadre dans deux ans)

5. Quand rentreriez-vous le soir?
   (si / nous / devoir travailler très tard / je / rentrer vers minuit)

2 **Et si...** D'abord, complétez les questions. Ensuite, employez le conditionnel pour y répondre. Comparez vos réponses aux réponses d'un(e) partenaire.

> **MODÈLE** Que ferais-tu si... tu / être malade?
> *Que ferais-tu si tu étais malade?*
> *Si j'étais malade, je dormirais toute la journée.*

Situation 1: Que ferais-tu si...

1. tu / être fatigué(e)?

2. il / pleuvoir?

3. il / faire beau?

Situation 2: Que feraient tes parents si...

1. tu / quitter le lycée?

2. tu / choisir de devenir avocat(e)?

3. tu / partir habiter en France?

3 **Des réactions** Dîtes ce que (*what*) vous ferez dans ces circonstances.

> **MODÈLE** Vous trouvez votre petit(e) ami(e) avec un(e) autre garçon/fille.
> *Si je trouve mon petit ami..., je ne lui parlerai plus.*

1. Vous n'avez pas de devoirs ce week-end.

2. Votre ami(e) organise une fête sans rien vous dire.

3. Votre meilleur(e) ami(e) ne vous téléphone pas pendant un mois.

4. Le prof de français vous donne une mauvaise note.

5. Vous tombez malade.

Communication

4 L'imagination Par groupes de trois, choisissez un de ces sujets et préparez un paragraphe par écrit. Ensuite, lisez votre paragraphe à la classe. Vos camarades décideront quel groupe est le gagnant (*winner*).

- Si je pouvais devenir invisible, ...
- Si j'étais un extraterrestre à New York, ...
- Si j'inventais une machine, ...
- Si j'étais une célébrité, ...
- Si nous pouvions prendre des vacances sur Mars, ...

5 Le portefeuille Imaginez que vous et chacun (*each*) de vos camarades receviez une enveloppe mystérieuse avec un million de dollars. Que feriez-vous? Parlez de vos projets en petits groupes.

> **MODÈLE**
>
> **Élève 1:** *Si je recevais une enveloppe d'argent, je déposerais la moitié de l'argent sur mon compte bancaire.*
> **Élève 2:** *D'abord, j'acheterais une nouvelle voiture pour la famille.*

6 Interview Avec un(e) partenaire, préparez cinq questions pour un(e) candidat(e) à la présidence des États-Unis. Ensuite, jouez les rôles de l'interviewer et du/de la candidat(e). Alternez les rôles.

> **MODÈLE**
>
> **Élève 1:** *Que feriez-vous au sujet du chômage?*
> **Élève 2:** *Alors, si j'étais président(e), je...*

5B.2 Relative pronouns vhlcentral
qui, que, dont, and où

Point de départ Relative pronouns link two clauses together into a longer, more complex sentence. The clause introduced by a relative pronoun provides additional information about the main clause. In English, relative pronouns can sometimes be omitted, but the relative pronoun in French cannot be.

Je suis allé voir **le docteur**.   Tu m'as parlé de **ce docteur**.
I went to see the doctor.   *You talked to me about this doctor.*

Je suis allé voir le docteur **dont** tu m'as parlé.
I went to see the doctor that you talked to me about.

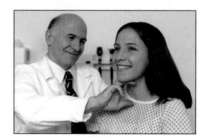

Relative pronouns			
qui	*who, that, which*	**dont**	*of which, of whom*
que	*that, which*	**où**	*where*

- Use **qui** if the noun in the main clause is also the subject of the second clause. Since **qui** is the subject, it is followed by a verb.

COMMON NOUN   SUBJECT

Il a renvoyé **la comptable**.   **La comptable** travaillait à mi-temps.
He dismissed the accountant.   *The accountant worked part-time.*

Il a renvoyé la comptable **qui** travaillait à mi-temps.
He dismissed the accountant who was working part-time

COMMON NOUN   SUBJECT

Les élèves vont **au restaurant**.   **Le restaurant** se trouve près du lycée.
The students go to the restaurant.   *The restaurant is near the high school.*

Les élèves vont au restaurant **qui** se trouve près du lycée.
The students go to the restaurant that is near the university.

Ta cousine habite à Boston.   **Ta cousine** travaille beaucoup.
Your cousin lives in Boston.   *Your cousin works a lot.*

Ta cousine **qui** habite à Boston travaille beaucoup.
Your cousin who lives in Boston works a lot.

- Use **que** if the noun of the main clause is the direct object of the second. A subject and verb always follow **que**. If the subject and verb are in the **passé composé**, the past participle agrees in number and gender with the direct object.

COMMON NOUN

Le banquier a deux **voitures** bleues.
The banker has two blue cars.

DIRECT OBJECT

Il a acheté **les voitures** hier.
He bought the cars yesterday.

Le banquier a deux voitures bleues **qu'**il a achet**ées** hier.
The banker has two blue cars that he bought yesterday.

COMMON NOUN

Samir est à côté de **la porte**.
Samir is by the door.

DIRECT OBJECT

Nicole lui a ouvert **la porte**.
Nicole opened the door for him.

Samir est à côté de la porte **que** Nicole lui a ouvert**e**.
Samir is by the door (that) Nicole opened for him.

Vérifiez

- Use **dont**, meaning *that* or *of which*, to replace a noun in the main clause that is the object of the preposition **de** in the second clause. A subject and verb always follow **dont**.

COMMON NOUN

Stéphane est **pompier**.
Stéphane is a firefighter.

OBJECT OF PREPOSITION DE

Tu m'as parlé de **ce pompier**.
You talked to me about this firefighter.

Stéphane est le pompier **dont** tu m'as parlé?
Is Stéphane the firefighter (that) you talked to me about?

Vérifiez

- Use **où**, meaning *where*, *when*, or *in which*, if the noun in the main clause is a place or a period of time. A subject and verb follow **où**.

COMMON NOUN PHRASE

Venez me parler
à **ce moment-là**.
*Come speak with me
at that moment.*

PERIOD OF TIME

Vous arrivez à
ce moment-là.
*You arrive at
that moment.*

Venez me parler au moment **où** vous arrivez.
Come speak with me at the moment (that) you arrive.

Vérifiez

Essayez!	**Complétez les phrases avec qui, que, dont, où.**

1. La France est le pays ___que___ j'aime le plus.
2. Tu te souviens du jour _____ tu as fait ma connaissance?
3. M. Valois est le gérant _____ mon employé m'a parlé.
4. C'est la voiture _____ vous avez louée?
5. Voici l'enveloppe _____ tu as besoin.
6. Vous connaissez le plombier _____ a réparé le lavabo chez Lucas?
7. On passe devant le lycée _____ j'ai fait mes études.
8. Je reconnais le chauffeur de taxi _____ a conduit Lucie à l'hôtel.

Mise en pratique

1 **Notre entreprise** Sophie et Thierry discutent de leur bureau et de leurs collègues. Complétez leurs phrases en utilisant (*by using*) les pronoms relatifs **qui, que, dont, où.**

> **MODÈLE** Ils ont une cafétéria ___*qui*___ n'est pas trop chère.

1. C'est une entreprise _____ les employés peuvent suivre des formations supplémentaires.
2. Nous avons une profession _____ est exigeante.
3. Notre chef d'entreprise a commandé les nouveaux ordinateurs _____ nous avions besoin.
4. La personne _____ a un entretien aujourd'hui est l'ami du gérant.
5. La réunion _____ tu as ratée (*missed*) hier était vraiment intéressante.
6. La femme _____ tu as peur est notre chef du personnel, n'est-ce pas?
7. L'homme _____ on a embauché est le mari de Sandra.
8. Tu te souviens du jour _____ on a fait la connaissance du patron?

2 **Les villageois** Isabelle vient de déménager dans un petit village et son agent immobilier lui parle des gens qui y habitent. Assemblez les deux phrases avec **qui, que, dont, où** pour en faire une seule.

1. Voici le bureau de M. Dantès. Vous pouvez vous adresser à ce bureau pour obtenir une assurance-vie.
2. Je vous ai parlé d'une banquière. La banquière s'appelle Murielle Marteau.
3. Vous avez vu la grande boutique. M. Descartes est le patron de cette boutique.
4. Je ne connais pas le pompier. Le pompier habite en face de chez vous.
5. Madame Thibaut sert beaucoup de plats régionaux. Vous allez adorer ces plats.
6. Les cuisinières travaillent à temps partiel. Vous avez rencontré les cuisinières chez moi.

3 **Les choses que je préfère** Marianne parle des choses qu'elle préfère. Utilisez les pronoms relatifs pour écrire ses phrases. Présentez vos phrases à la classe.

1. Marc est l'ami... (qui, dont)
2. «Chez Henri», c'est le restaurant... (où, que)
3. Ce tee-shirt est le cadeau... (que, qui)
4. Ma sœur est la personne... (dont, que)
5. Paris est la ville... (où, dont)
6. L'acteur/L'actrice... (qui, que)
7. Les livres... (dont, que)
8. J'aimerais avoir un(e) ami(e)... (qui, que)

Communication

4 Des opinions Avec un(e) partenaire, donnez votre opinion sur ces thèmes. Utilisez les pronoms relatifs **qui**, **que**, **dont** et **où**.

> **MODÈLE**
>
> le printemps / saison
> **Élève 1:** *Le printemps est la saison que je préfère parce que j'aime les fleurs.*
> **Élève 2:** *L'hiver est la saison que je préfère, parce que j'aime la neige.*

1. le petit-déjeuner / repas
2. surfer sur Internet / passe-temps
3. mon frère / ma sœur / personne
4. le samedi / jour
5. la chimie / cours
6. la France / pays
7. Tom Cruise / acteur
8. le prof de français / prof

5 Des endroits intéressants Par groupes de trois, organisez un voyage. Parlez des endroits qui vous intéressent et expliquez pourquoi vous voulez y aller. Utilisez des pronoms relatifs dans vos réponses et décidez où vous allez.

> **MODÈLE**
>
> *Allons à Bruxelles où nous pouvons acheter des chocolats délicieux.*

6 Chère Madame Avec un(e) partenaire, écrivez un e-mail à votre gérante dans lequel vous expliquez pourquoi vous n'avez pas fini le document qu'elle voulait pour la réunion. Utilisez des pronoms relatifs dans votre e-mail.

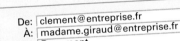

De: clement@entreprise.fr
À: madame.giraud@entreprise.fr
Objet: Document

Chère Madame Giraud,

Je suis désolé, mais je n'ai pas fini le document que vous vouliez aujourd'hui. Ce matin, je suis allé à l'entreprise François et Fils où…

7 Mes préférences Avec un(e) partenaire, parlez de vos préférences dans chaque catégorie ci-dessous (*below*). Donnez des raisons pour vos choix (*choices*). Utilisez les pronoms relatifs **qui**, **que**, **dont** et **où** dans vos descriptions.

> **MODÈLE**
>
> mon film préféré
> *Le film que j'aime le plus, c'est* Pirates des Caraïbes. *Johnny Depp, qui joue dans ce film, est super!*

1. mon film préféré
2. mon roman (*novel*) préféré
3. mon chanteur/ma chanteuse préféré(e)
4. la meilleure ville pour aller en vacances

Révision

1 Du changement Avec un(e) partenaire, observez ces bureaux. Faites une liste d'au minimum huit changements que les employés feraient dans le premier pour devenir comme le deuxième s'ils en avaient les moyens (*means*).

MODÈLE

Élève 1: *Si ces gens pouvaient changer quelque chose, ils achèteraient de nouveaux ordinateurs.*
Élève 2: *Si les affaires allaient mieux, ils déménageraient.*

2 Si j'étais... Imaginez les activités que vous préféreriez faire si vous exerciez ces métiers et parlez-en en petits groupes. Utilisez **Si j'étais** et **ne... que**.

MODÈLE

Élève 1: *Si j'étais cuisinier/cuisinière, je ne préparerais que des desserts.*
Élève 2: *Si je travaillais comme chauffeur, je ne conduirais que sur autoroute.*

artiste	conseiller/ conseillère	médecin
chauffeur		patron(ne)
chef d'entreprise	cuisinier/cuisinière	professeur
chercheur/chercheuse	femme au foyer	

3 Je démissionnerais... Pour quelles raisons seriez-vous prêt(e)s à démissionner de votre travail? Par groupes de trois, donnez chacun(e) (*each one*) au minimum deux raisons positives et deux raisons négatives.

MODÈLE

Élève 1: *Je démissionnerais si je devais suivre ma famille et déménager loin.*
Élève 2: *Moi, je démissionnerais tout de suite si je m'ennuyais dans mon travail.*

4 C'est l'histoire de... Avec un(e) partenaire, commentez ces titres de films francophones et imaginez les histoires. Utilisez des pronoms relatifs. Ensuite, comparez vos histoires avec un résumé du film que vous trouverez sur Internet. Qui a l'histoire la plus proche (*closest*) du vrai film?

MODÈLE

Élève 1: *C'est l'histoire d'un homme qui...*
Élève 2: *... et que la police recherche...*

- *L'Artiste*
- *Les Choristes*
- *Kirikou et la Sorcière*
- *Une Vie de Chat*
- *Invités surprises*
- *Le Fabuleux Destin d'Amélie Poulin*

5 Un(e) patron(ne) poli(e) Avec un(e) partenaire, inventez un dialogue entre un(e) gérant(e) et son/sa secrétaire. Le/La gérant(e) demande plusieurs services au/à la secrétaire, qui refuse. Le/La patron(ne) recommence alors ses demandes, mais plus poliment, et le/la secrétaire accepte.

MODÈLE

Élève 1: *Apportez-moi le téléphone!*
Élève 2: *Si vous me parlez comme ça, je ne vous apporterai rien.*
Élève 1: *Pourriez-vous m'apporter le téléphone, s'il vous plaît?*
Élève 2: *Avec plaisir!*

6 Il y a longtemps! Vous déjeunez avec un(e) ancien(ne) collègue et vous parlez des personnes qui travaillaient avec vous autrefois (*in the past*). Votre collègue travaille toujours dans la même entreprise et vous donne des nouvelles (*news*). Jouez cette scène avec un(e) partenaire. Utilisez des pronoms relatifs dans votre conversation.

MODÈLE

Élève 1: *Est-ce que la fille qui faisait un stage travaille toujours avec Paul?*
Élève 2: *Ah non! La fille dont tu parles a quitté l'entreprise.*

À l'écoute vhlcentral

STRATÉGIE

Using background knowledge/ Listening for specific information

If you know the subject of something you are going to listen to, your background knowledge will help you anticipate words and phrases you are going to hear. It will also help you determine important information that you should listen for.

To practice these strategies, you will listen to a radio advertisement for a culinary school. Before you listen, make a list of the things you expect the advertisement to contain. Make another list of information you would listen for if you were considering this school. After listening, look at your lists. Did they help you anticipate the content of the advertisement and focus on key information?

Préparation

Dans la conversation que vous allez entendre, un homme passe un entretien pour obtenir un nouvel emploi. De quoi cet homme et le chef du personnel discuteront-ils pendant l'entretien? Faites une liste des choses dont ils parleront probablement.

À vous d'écouter

Écoutez la conversation. Après une deuxième écoute, complétez les notes du chef du personnel.

Nom: Patrick Martin
Emploi demandé: _____
Diplôme en: _____
Expérience professionnelle:
· _____ au Laboratoire Roche
· Chercheur dans une _____
· Emploi à _____ à l'Hôpital Saint-Jean
Cherche un emploi à: _____

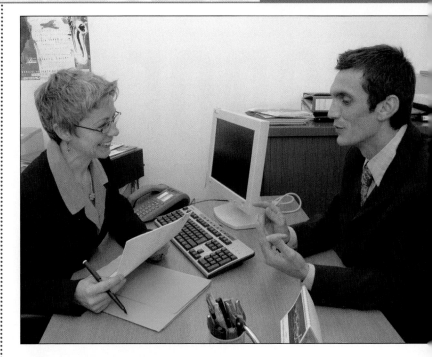

Compréhension

Répondez Répondez aux questions d'après la conversation par des phrases complètes.

1. Le chef du personnel est-il un homme ou une femme?
   _____

2. Patrick a-t-il envoyé son CV avant d'aller à l'entretien?
   _____

3. Pourquoi ne travaille-t-il plus pour l'entreprise de médicaments?
   _____

4. Où devra-t-il voyager s'il est choisi pour l'emploi de chercheur?
   _____

5. Est-il d'accord pour voyager? Pourquoi?
   _____

6. D'après le chef du personnel, l'emploi de chercheur est-il facile?
   _____

7. Quels sont deux des avantages (*benefits*) qu'on proposera à Patrick s'il est choisi pour l'emploi?
   _____

8. Quand Patrick commencera-t-il à travailler si on l'embauche pour cet emploi?
   _____

Une lettre de candidature Vous voulez faire un stage d'été dans une entreprise en France ou dans un autre pays francophone. Préparez une lettre dans laquelle vous expliquez au chef du personnel quel genre de stage vous intéresse et pourquoi vous voulez faire un stage dans cette entreprise. Parlez aussi de vos études, vos intérêts et votre expérience professionnelle et expliquez comment ce stage sera utile à votre future carrière.

Panorama

vhlcentral

la ville d'Ornans

La Bourgogne-Franche-Comté

La région en chiffres

▶ **Superficie:** *47.800 km²*

▶ **Population:** *2.820.623*
SOURCE: INSEE

▶ **Industries principales:** *industries automobile et pharmaceutique, tourisme, viticulture°*

▶ **Villes principales:** *Auxerre, Belfort, Besançon, Chalon-sur-Saône, Dijon, Dole, Mâcon, Nevers*

Personnages célèbres

▶ **Gustave Eiffel,** *ingénieur (la tour Eiffel) (1832–1923)*

▶ **Colette,** *écrivaine (1873–1954)*

▶ **Louis (1864–1948) et Auguste (1862–1954) Lumière,** *inventeurs du cinématographe°*

L'Auvergne-Rhône-Alpes

La région en chiffres

▶ **Superficie:** *69.711 km²*

▶ **Population:** *7.757.595*
SOURCE: INSEE

▶ **Industries principales:** *industries automobile, pharmaceutique, métallurgique°*

▶ **Villes principales:** *Chambéry, Clermont-Ferrand, Lyon, Grenoble, Valence*

Personnages célèbres

▶ **Antoine de Saint-Exupéry,** *écrivain, auteur du Petit Prince (1900–1944)*

▶ **André-Marie Ampère,** *(1775–1836) mathématicien, physicien et chimiste*

▶ **Blaise Pascal,** *(1623–1662) inventeur et mathématicien*

viticulture grape growing **cinématographe** motion picture camera
métallurgie metal industry **persil** parsley **lutter contre** fight against

la Seine

0 — 80 miles
0 — 80 kilomètres

• Sens

la Loire

• Auxerre

• Montbard

l'Yonne

• Avallon

• Dijon

la Saône

• Besançon

le Doubs

BOURGOGNE-FRANCHE-COMTÉ

• Nevers   • Beaune   *le Doubs*   • Pontarlier

Chalon-sur-Saône •   • Lons-le-Saunier   **LA SUISSE**

• Mâcon

la Saône   *l'Ain*

• Clermont-Ferrand   *la Loire*   *le Rhône*   • Annecy

• Lyon

AUVERGNE-RHÔNE-ALPES

le Rhône   • Grenoble   **L'ITALIE**

• Valence

LA FRANCE

un marché à Dijon

le ski dans les Alpes

Incroyable mais vrai!

Au Moyen Âge, les escargots servaient à la fabrication de sirops contre la toux. La recette bourguignonne (beurre, ail, persil°) est popularisée au 19e siècle. En France, on consomme jusqu'à 16.000 tonnes d'escargots par an. L'escargot aide à lutter contre° le mauvais cholestérol et les maladies cardio-vasculaires.

La gastronomie
La raclette et la fondue

La Savoie, dans la région Auvergne-Rhône-Alpes, est très riche en fromages et deux de ses spécialités sont à base de fromage. Pour la raclette, on met du fromage à raclette sur un appareil° pour le faire fondre°. Chaque personne racle° ensuite du fromage dans son assiette et le mange avec des pommes de terre et de la charcuterie°. La fondue est un mélange° de fromages fondus°. Avec un bâton°, on trempe° un morceau de pain dans le mélange. Ne le laissez pas tomber!

Les destinations
Grenoble

La ville de Grenoble, dans la région Auvergne-Rhône-Alpes, est surnommée «Capitale des Alpes» et «Ville Technologique». Située à la porte des Alpes, elle donne accès aux grandes stations de ski alpin et est le premier centre de recherche en France, après Paris. Le synchrotron de Grenoble, un des plus grands accélérateurs de particules du monde, permet d'étudier la matière°. Grenoble est également° une ville universitaire, avec quatre universités et 65.000 étudiants.

L'architecture
Les toits de Bourgogne

Les toits° en tuiles vernissées° multicolores sont typiques de la Bourgogne. Inspirés de l'architecture flamande° et d'Europe centrale, ils forment des dessins géométriques. Le plus célèbre bâtiment est l'Hôtel-Dieu° de Beaune, construit en 1443 pour accueillir° les pauvres et les victimes de la guerre° de 100 ans (1337–1443). Aujourd'hui, l'Hôtel-Dieu organise la plus célèbre vente aux enchères° de vins du monde.

Les gens
Louis Pasteur (1822–1895)

Louis Pasteur est né à Dole, en Franche-Comté. Il découvre que les fermentations sont dues à des micro-organismes spécifiques. Dans ses recherches sur les maladies contagieuses, il montre la relation entre le microbe et l'apparition d'une maladie. Cette découverte° a des applications dans le monde hospitalier et industriel avec les méthodes de désinfection, de stérilisation et de pasteurisation. Le vaccin contre la rage° est aussi une de ses inventions. L'Institut Pasteur est créé à Paris en 1888. Aujourd'hui, il a des filiales° sur cinq continents.

Qu'est-ce que vous avez appris? Répondez aux questions par des phrases complètes.

1. Comment s'appellent les inventeurs du cinématographe?
2. À quoi servaient les escargots au Moyen Âge?
3. Avec quoi sont préparés les escargots de Bourgogne?
4. Qu'est-ce que les chercheurs viennent étudier à Grenoble?
5. Quel sport peut-on faire à côté de Grenoble?
6. Avec quoi est-ce qu'on mange la raclette?
7. Quel style d'architecture a influencé les toits de Bourgogne?
8. Quel est le bâtiment avec le toit le plus célèbre en Bourgogne?
9. Comment les recherches de Pasteur ont-elles été utilisées par les hôpitaux et l'industrie?
10. Où trouve-t-on des Instituts Pasteur aujourd'hui?

Sur Internet

1. Cherchez trois recettes à base (*using*) d'escargots.
2. Trouvez des informations sur les vacances d'hiver à Grenoble: logement, prix, activités, etc.
3. Cherchez des informations sur Louis Pasteur. Quel effet ont eu ses découvertes sur des produits alimentaires d'usage courant (*everyday use*)?

appareil *machine* **fondre** *to melt* **racle** *scrapes* **charcuterie** *cured meats* **mélange** *mix* **fondus** *melted* **bâton** *stick* **trempe** *dips* **matière** *matter* **également** *also* **toits** *roofs* **tuiles vernissées** *glazed tiles* **flamande** *Flemish* **Hôtel-Dieu** *Hospital* **accueillir** *take care of* **guerre** *war* **vente aux enchères** *auction* **découverte** *discovery* **rage** *rabies* **filiales** *branches*

Lecture vhlcentral

Avant la lecture

Examinez le texte

D'abord, regardez la forme du texte. Quel genre de texte est-ce? Puis, regardez les illustrations. Qu'y a-t-il sur ces illustrations? Qui sont les personnages de l'histoire (*story*)? Que font les insectes dans la première illustration? Et dans la deuxième?

À propos de l'auteur
Jean de La Fontaine (1621–1695)

Jean de La Fontaine est un auteur et un poète français très connu du dix-septième siècle. Né à Château-Thierry, à l'est de Paris, il a passé toute son enfance à la campagne avant de devenir avocat et de s'installer à Paris. C'est à la capitale qu'il a rencontré des écrivains célèbres et qu'il a décidé d'écrire. Il est l'auteur de poèmes, de nouvelles en vers° et de contes°, mais il est connu surtout pour ses fables, considérées comme des chefs-d'œuvre° de la littérature française. Au total, La Fontaine a publié 12 livres de fables dans lesquels il a créé des histoires autour de concepts fondamentaux de la morale qu'il a empruntés principalement aux fables d'Ésope. Les fables de La Fontaine, avec leurs animaux et leurs histoires assez simples, étaient, pour lui, une manière° subtile de critiquer la société contemporaine et la nature humaine. Deux de ses fables les plus connues sont *La Cigale et la Fourmi* et *Le Corbeau et le Renard*.

nouvelles en vers *short stories in verse* **contes** *tales* **chefs-d'œuvre** *masterpieces* **manière** *way*

La Cigale et

1   La Cigale°, ayant° chanté
     Tout l'été,
     Se trouva fort dépourvue°
     Quand la bise fut venue°:
5   Pas un seul petit morceau
     De mouche° ou de vermisseau°.
     Elle alla crier° famine
     Chez la Fourmi° sa voisine,
     La priant° de lui prêter
10   Quelque grain pour subsister°
     Jusqu'à la saison nouvelle.
     «Je vous paierai, lui dit-elle,
     Avant l'Oût°, foi d'animal°,
     Intérêt et principal.»
15   La Fourmi n'est pas prêteuse°;
     C'est là son moindre défaut°.
     «Que faisiez-vous au temps chaud?
     Dit-elle à cette emprunteuse°.
     —Nuit et jour à tout venant°
20   Je chantais, ne vous déplaise°.
     —Vous chantiez? j'en suis fort aise°.
     Eh bien! dansez maintenant.»

la Fourmi

de Jean
de La Fontaine

Cigale *Cicada* **ayant** *having* **Se trouva fort dépourvue** *Found itself left without a thing* **la bise**
fut venue *the cold winds of winter arrived* **mouche** *fly* **vermisseau** *small worm* **alla crier** *went
crying* **Fourmi** *Ant* **La priant** *Begging her* **subsister** *survive* **Oût** *August* **foi d'animal** *on my word
as an animal* **n'est pas prêteuse** *doesn't like lending things* **moindre défaut** *the least of
her shortcomings* **emprunteuse** *borrower* **à tout venant** *all the time* **ne vous déplaise** *whether you
like it or not* **fort aise** *overjoyed*

Après la lecture

Répondez Répondez aux questions par des phrases complètes.

1. Qu'est-ce que la Cigale a fait tout l'été?
   _____
2. Quel personnage de la fable a beaucoup travaillé pendant l'été?
   _____
3. Pourquoi la Cigale n'a-t-elle rien à manger quand l'hiver arrive?
   _____
4. Que fait la Cigale quand elle a faim?
   _____
5. Que fera la Cigale si la Fourmi lui donne à manger?
6. Qu'est-ce que la Fourmi demande à la Cigale?
7. Quel est le moindre défaut de la Fourmi?
   _____
8. La Fourmi va-t-elle donner quelque chose à manger à la Cigale? Expliquez.
   _____

Un résumé Écrivez un résumé (*summary*) de la fable de La Fontaine. Regardez le texte et prenez des notes sur ce qui se passe aux différents moments de l'histoire. Faites aussi une liste des mots importants que vous ne connaissez pas et trouvez-leur des synonymes que vous pourrez utiliser dans votre résumé. Par exemple, vous connaissez déjà le mot «vent», synonyme de «bise».

La morale de la fable Comme les fables en général, *La Cigale et la Fourmi* a une morale, mais La Fontaine ne la donne pas explicitement. À votre avis, quelle est la morale de cette fable? Êtes-vous d'accord avec cette morale? Discutez ces questions en petits groupes.

Les fables Connaissiez-vous déjà l'histoire de cette fable? Connaissez-vous d'autres fables? Que pensez-vous des fables en général? Aimez-vous les lire? À quoi servent-elles? Quels thèmes trouve-t-on souvent dans les fables? Quels animaux sont souvent utilisés? Discutez ces questions en petits groupes.

Écriture

STRATÉGIE

Using note cards

Note cards serve as valuable study aids in many different contexts. When you write, note cards can help you organize and sequence the information you wish to present.

If you were going to write a personal narrative about a summer job you had, you would jot down notes about each aspect of the experience on a different note card. Then you could easily arrange them in chronological order or use a different organization, such as the best parts and the worst parts, before, during, and after, advantages and disadvantages, etc.

Here are some helpful techniques:

- Label the top of each card with a general subject, such as **recherche** and **responsabilités**.

- Number the cards in each subject category in the upper right corner to help you organize them.

- Use only the front side of each note card so that you can easily flip through them to find information.

Study this example of a note card used to prepare a composition.

Recherche

- trouver trois annonces sur Internet
- envoyer mon CV et une lettre de motivation
- passer des entretiens
- le troisième entretien s'est bien passé
- accepter le deuxième poste offert; les gens étaient sympas et le poste intéressant

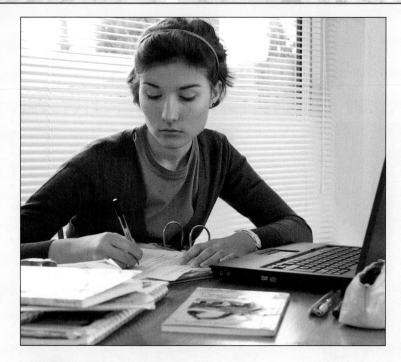

Thème

Écrire une rédaction

Avant l'écriture

1. Vous allez écrire une rédaction (*composition*) dans laquelle vous expliquez vos projets d'avenir en ce qui concerne (*concerning*) votre carrière professionnelle.

2. D'abord, préparez des petites fiches (*cards*) avec des notes pour les trois catégories suivantes:

   - profession

   - recherche d'un emploi

   - évolution de carrière

3. Pour chaque catégorie, écrivez vos idées sur des fiches. Utilisez une fiche pour chaque idée. Basez-vous sur ces questions pour trouver des idées.

TYPES DE PROFESSIONS

- Quel domaine professionnel ou quelle profession vous intéresse? Pourquoi?

- Connaissez-vous déjà des compagnies, des organisations gouvernementales (*government*) ou non-gouvernementales ou des institutions pour lesquelles vous avez envie de travailler? Lesquelles? Pourquoi?

RECHERCHE D'UN EMPLOI

- Resterez-vous dans la région où vous habitez maintenant? Voulez-vous travailler dans une autre région ou à l'étranger?

- Comment chercherez-vous du travail? Chercherez-vous sur Internet? Assisterez-vous aux salons de l'emploi?

- Chercherez-vous un emploi à temps partiel ou à plein temps? Quel salaire voudriez-vous?

ÉVOLUTION DE CARRIÈRE

- Travaillerez-vous pour la même entreprise toute votre carrière ou changerez-vous d'emploi?

- Votre emploi évoluera-t-il beaucoup (promotions, salaire et autres avantages...), à votre avis?

- Finirez-vous par créer votre propre entreprise?

- À quel âge prendrez-vous votre retraite?

4. Regardez cet exemple pour la catégorie numéro 1.

> *Types de professions*
>
> *Je travaillerai dans le domaine de la science. Je deviendrai astronome et j'étudierai l'univers. J'ai toujours voulu savoir s'il y avait de la vie sur d'autres planètes.*

5. Avant de noter vos idées sur les fiches, organisez-les selon (*according to*) les trois catégories. Vous aurez ainsi toutes vos idées prêtes pour l'écriture de votre rédaction.

Écriture

1. Servez-vous des fiches pour écrire votre rédaction. Écrivez trois paragraphes en utilisant (*by using*) les catégories comme thèmes de chaque paragraphe.

2. Employez les points de grammaire de cette unité dans votre rédaction.

Après l'écriture

1. Échangez votre rédaction avec celle (*the one*) d'un(e) partenaire. Répondez à ces questions pour commenter son travail.

- Votre partenaire a-t-il/elle écrit trois paragraphes qui correspondent aux trois catégories d'information?

- A-t-il/elle répondu à toutes les questions de la liste qui apparaît dans **Avant l'écriture**?

- A-t-il/elle bien utilisé les points de grammaire de l'unité?

- Quels détails ajouteriez-vous? Quels détails supprimeriez-vous? Quels autres commentaires avez-vous pour votre partenaire?

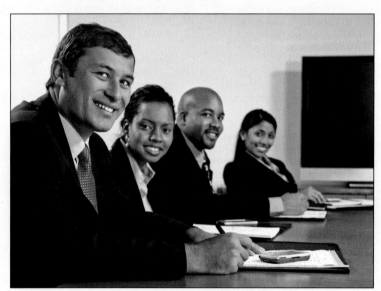

2. Corrigez votre rédaction d'après (*according to*) les commentaires de votre partenaire. Relisez votre travail pour éliminer ces problèmes:

- des fautes (*errors*) d'orthographe

- des fautes de ponctuation

- des fautes de conjugaison

- un mauvais emploi des temps

- un mauvais emploi de la grammaire de l'unité

- des fautes d'accord (*agreement*) des adjectifs

Leçon 5A

La recherche de l'emploi

chercher un/ du travail	to look for work/ a job
embaucher	to hire
faire des projets	to make plans
lire les annonces (f.)	to read the want ads
obtenir	to get, to obtain
passer un entretien	to have an interview
postuler	to apply
prendre (un) rendez-vous	to make an appointment
trouver un/du travail	to find work/a job
un(e) candidat(e)	candidate, applicant
un chef du personnel	human resources director
une compagnie	company
un conseil	advice
un curriculum vitæ (un CV)	résumé
un(e) employé(e)	employee
une entreprise	firm, business
une lettre de motivation	letter of application
un métier	profession
un(e) patron(ne)	manager; boss
un poste	position
un(e) responsable	manager, supervisor
un salaire (élevé, modeste)	(high, low) salary

Qualifications

un domaine	field
une expérience professionnelle	professional experience
une formation	education; training
une lettre de recommandation	letter of reference/ recommendation
une mention	distinction
une référence	reference
un(e) spécialiste	specialist
un stage	internship; professional training

Au téléphone

appeler	to call
décrocher	to pick up
laisser un message	to leave a message
patienter un congé	to wait (on the phone), to be on hold
raccrocher	to hang up
l'appareil (m.)	telephone
le combiné	receiver
la messagerie	voicemail
un numéro de téléphone	phone number
Allô!	Hello! (on the phone)
Qui est à l'appareil?	Who's calling please?
C'est de la part de qui?	On behalf of whom?
C'est M./Mme/ Mlle... (à l'appareil.)	It's Mr./Mrs./Miss... (on the phone.)
Ne quittez pas.	Please hold.

Expressions utiles

See p. 253.

Conjonctions

dès que	as soon as
quand	when

Pronoms intérrogatifs

lequel	which one (m. sing.)
lesquels	which ones (m. pl.)
laquelle	which one (f. sing.)
lesquelles	which ones (f. pl.)

Leçon 5B

Le travail

démissionner	to resign
diriger	to manage
être au chômage	to be unemployed
être bien/mal payé(e)	to be well/badly paid
gagner	to earn; to win
prendre un congé	to take time off
renvoyer	to dismiss, to let go
une carrière	career
un chômeur/une chômeuse	unemployed person
un emploi à mi-temps/à temps partiel	part-time job
un emploi à plein temps	full-time job
un niveau	level
une profession (exigeante)	(demanding) profession
un(e) retraité(e)	retired person
une réunion	meeting
une réussite	success
un syndicat	union
une assurance (maladie, vie)	(health, life) insurance
une augmentation (de salaire)	raise (in salary)
une promotion	promotion

Les métiers

un agent immobilier	real estate agent
un agriculteur/ une agricultrice	farmer
un banquier/ une banquière	banker
un cadre/ une femme cadre	executive
un chauffeur de taxi/de camion	taxi/truck driver
un(e) chef	chef
un chef d'entreprise	head of a company
un chercheur/ une chercheuse	researcher
un(e) comptable	accountant
un conseiller/ une conseillère	consultant; advisor
un cuisinier/ une cuisinière	cook, chef
un(e) électricien(ne)	electrician
une femme au foyer	housewife
un(e) gérant(e)	manager
un homme/une femme politique	politician
un ouvrier/ une ouvrière	worker, laborer
un plombier	plumber
un pompier/une femme pompier	firefighter
un(e) psychologue	psychologist
un(e) vétérinaire	veterinarian

Expressions utiles

See p. 271.

Pronoms relatifs

dont	of which, of whom
où	where
que	that, which
qui	who, that, which

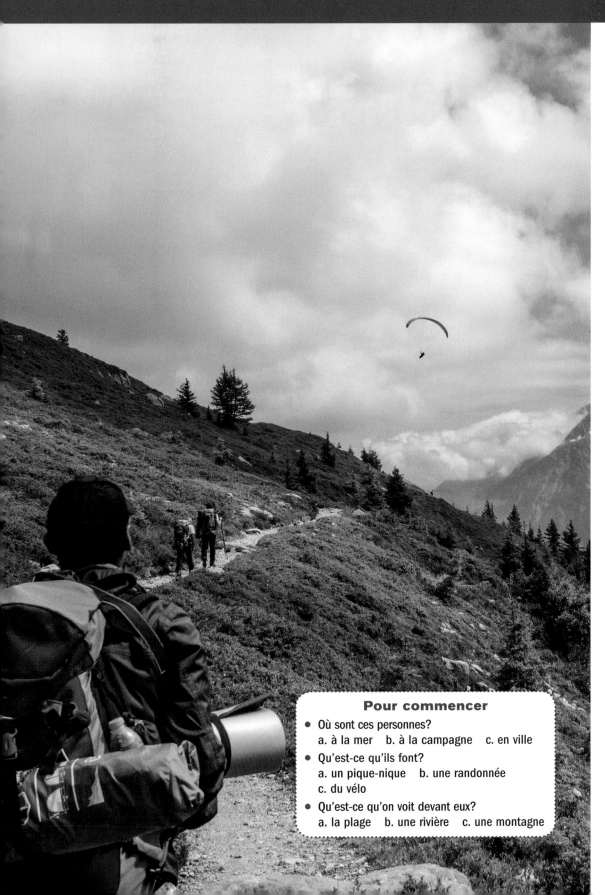

L'espace vert

Leçon 6A

CONTEXTES . . . pages 292–295
- Environmental concerns
- French and English spelling

ROMAN-PHOTO . pages 296–297
- **Une idée de génie**

CULTURE . . . . . . pages 298–299
- The ecological movement in France

STRUCTURES. . pages 300–307
- Demonstrative pronouns
- The subjunctive (Part 1)

SYNTHÈSE . . . . pages 308–309
- **Révision**
- **Le Zapping**

Leçon 6B

CONTEXTES . . . pages 310–313
- Nature
- Homophones

ROMAN-PHOTO . pages 314–315
- **La randonnée**

CULTURE . . . . . . pages 316–317
- National parks
- **Flash culture**

STRUCTURES. . pages 318–325
- The subjunctive (Part 2)
- Comparatives and superlatives of nouns

SYNTHÈSE . . . . pages 326–327
- **Révision**
- **À l'écoute**

Savoir-faire . pages 328–333

- **Panorama: Le Grand Est** and **les Hauts-de-France**
- **Lecture:** Read an excerpt from a book.
- **Écriture:** Write a letter or an article about an ecological concern.

Pour commencer

- Où sont ces personnes?
  a. à la mer   b. à la campagne   c. en ville
- Qu'est-ce qu'ils font?
  a. un pique-nique   b. une randonnée
  c. du vélo
- Qu'est-ce qu'on voit devant eux?
  a. la plage   b. une rivière   c. une montagne

◁)) **vhl**central

Sauvons la planète!

un nuage de pollution

la pluie acide

l'énergie nucléaire (f.)

l'énergie solaire (f.)

une centrale nucléaire

USINE AUTOMOBILE

la pollution

le covoiturage

Vocabulaire

abolir	to abolish
améliorer	to improve
développer	to develop
gaspiller	to waste
préserver	to preserve
prévenir l'incendie	to prevent a fire
proposer une solution	to propose a solution
sauver la planète	to save the planet
une catastrophe	catastrophe
un danger	danger, threat
des déchets toxiques (m.)	toxic waste
l'effet de serre (m.)	greenhouse effect
le gaspillage	waste
un glissement de terrain	landslide
une population croissante	growing population
le réchauffement climatique	global warming
la surpopulation	overpopulation
le trou dans la couche d'ozone	hole in the ozone layer
une usine	factory
l'écologie (f.)	ecology
un emballage en plastique	plastic wrapping/packaging
l'environnement (m.)	environment
un espace	space, area
un produit	product
la protection	protection
écologique	ecological
en plein air	outdoor, open-air
pur(e)	pure
un gouvernement	government
une loi	law

Mise en pratique

1 Écoutez Écoutez l'annonce radio suivante. Ensuite, complétez les phrases avec la réponse qui convient le mieux.

1. C'est l'annonce radio _____
   a. d'un groupe de lycéens.
   b. d'une entreprise commerciale.
   c. d'une agence écologiste.
2. La protection de l'environnement, c'est l'affaire _____
   a. de tous.
   b. du gouvernement.
   c. des centres de recyclage.
3. L'annonce dit qu'on peut recycler _____
   a. les emballages en plastique et en papier.
   b. les boîtes de conserve.
   c. les bouteilles en plastique.
4. Pour les déchets toxiques, il y a _____
   a. le ramassage des ordures.
   b. le centre de recyclage.
   c. l'agence nationale pour la protection de l'environnement.
5. Pour ne pas gaspiller l'eau, _____
   a. il faut faire moins de lessives.
   b. on ne doit jamais laver sa voiture.
   c. on peut prendre des douches plus courtes.

2 Complétez Complétez ces phrases avec le mot ou l'expression qui convient le mieux pour parler de l'environnement. N'oubliez pas les accords.

1. Nous avons trois poubelles différentes pour pouvoir _____.
2. _____ contribue au réchauffement de la Terre.
3. _____ produisent la majorité de l'énergie en France.
4. Les pluies ont provoqué _____. À présent, la route est fermée.
5. Chez moi, _____ des ordures se fait tous les lundis.
6. L'accident à l'usine chimique a provoqué un _____.

3 Composez Utilisez les éléments de chaque colonne pour former six phrases logiques au sujet de l'environnement. Vous pouvez composer des phrases affirmatives ou négatives.

Les gens	Les actions	Les éléments
vous	développer	l'eau
on	gaspiller	le covoiturage
les gens	polluer	l'énergie solaire
les politiciens	préserver	l'environnement
les entreprises	proposer	la planète
les centrales nucléaires	sauver	la Terre

le ramassage des ordures (f.)

Elle recycle. (recycler)

le recyclage

interdire

Ils ont pollué. (polluer)

Communication

4 Décrivez Avec un(e) partenaire, décrivez ces photos et donnez autant de détails et d'informations que possible. Soyez prêt(e)s à présenter vos descriptions à la classe.

1.

3.

2.

4.

5 À vous de jouer Par petits groupes, préparez une conversation au sujet d'une de ces situations. Ensuite jouez la scène devant la classe.

- Un(e) employé(e) du centre de recyclage local vient dans votre lycée pour expliquer aux élèves un nouveau système de recyclage. De nombreux élèves posent des questions.
- Un groupe d'écologistes rencontre le patron d'une entreprise accusée de polluer la rivière (*river*) locale.
- Le ministre de l'environnement donne une conférence de presse au sujet d'une nouvelle loi sur la protection de l'environnement.
- Vos parents oublient systématiquement de recycler les emballages. Vous avez une conversation animée avec eux.

6 L'article Vous êtes journaliste et vous devez écrire un article pour le journal local au sujet de la pollution. Vous en expliquez les causes et les conséquences sur l'environnement. Vous suggérez aussi des solutions pour améliorer la situation.

MODÈLE

Les dangers de la pollution chimique

Les usines chimiques de notre région polluent! C'est une catastrophe pour notre environnement. Il faut leur interdire de fonctionner jusqu'à ce qu'elles améliorent leurs systèmes de recyclage…

Les sons et les lettres 🔊 vhlcentral

French and English spelling

You have seen that many French words only differ slightly from their English counterparts. Many differ in predictable ways. English words that end in -y often end in **-ie** in French.

| biolog**ie** | psycholog**ie** | énerg**ie** | écolog**ie** |

English words that end in -ity often end in **-ité** in French.

| qual**ité** | univers**ité** | c**ité** | national**ité** |

French equivalents of English words that end in -ist often end in **-iste**.

| art**iste** | optim**iste** | pessim**iste** | dent**iste** |

French equivalents of English words that end in -or and -er often end in **-eur**. This tendency is especially common for words that refer to people.

| doct**eur** | act**eur** | employ**eur** | agricult**eur** |

Other English words that end in -er end in **-re** in French.

| cent**re** | memb**re** | lit**re** | théât**re** |

Other French words vary in ways that are less predictable, but they are still easy to recognize.

| prob**lème** | orchestre | carotte | calculatrice |

Prononcez Répétez les mots suivants à voix haute.

1. tigre
2. bleu
3. lettre
4. salade
5. poème
6. banane
7. tourisme
8. moniteur
9. pharmacie
10. écologiste
11. conducteur
12. anthropologie

Articulez Répétez les phrases suivantes à voix haute.

1. Ma cousine est vétérinaire.
2. Le moteur ne fonctionne pas.
3. À la banque, Carole paie par chèque.
4. Mon oncle écrit l'adresse sur l'enveloppe.
5. À la station-service, le mécanicien a réparé le moteur.

Dictons Répétez les dictons à voix haute.

On ne fait pas d'omelette sans casser des œufs.[2]

On reconnaît l'arbre à son fruit.[1]

[2] You can't make an omelet without breaking some eggs.

[1] You can recognize a tree by its fruit.

Une idée de génie vhlcentral

Au P'tit Bistrot...
VALÉRIE Stéphane, mon chéri, tu peux porter ces bouteilles en verre à recycler, s'il te plaît?
STÉPHANE Oui, bien sûr, maman.
VALÉRIE Oh, et puis, ces emballages en plastique aussi.
STÉPHANE Oui, je m'en occupe tout de suite.

RACHID ET AMINA Bonjour, Madame Forestier!
VALÉRIE Bonjour à vous deux.
AMINA Où est Michèle?
VALÉRIE Je n'en sais rien.
RACHID Mais elle ne travaille pas aujourd'hui?
VALÉRIE Non, elle ne vient ni aujourd'hui, ni demain, ni la semaine prochaine.

AMINA Elle est en vacances?
VALÉRIE Elle a démissionné.
RACHID Mais pourquoi?
AMINA Ça ne nous regarde pas!
VALÉRIE Oh, ça va, je peux vous le dire. Michèle voulait un autre travail.
RACHID Quelle sorte de travail?
VALÉRIE Plus celui-ci... Elle voulait une augmentation, ce n'était pas possible.

DAVID Madame Forestier, vous avez entendu la nouvelle? Je rentre aux États-Unis.
VALÉRIE Tu repars aux États-Unis?
DAVID Dans trois semaines.
VALÉRIE Il te reste très peu de temps à Aix, alors!
SANDRINE Oui. On sait.
DAVID Il faut que nous passions le reste de mon séjour de bonne humeur, hein?

RACHID Ah, mais vraiment, tout le monde a l'air triste aujourd'hui!
AMINA Oui. Pensons à quelque chose pour améliorer la situation. Tu as une idée?
RACHID Oui, peut-être.
AMINA Dis-moi! (*Il lui parle à l'oreille.*) Excellente idée!
RACHID Tu crois? Tu es sûre? Bon... Écoutez, j'ai une idée.

DAVID C'est quoi, ton idée?
RACHID Tout le monde a l'air triste aujourd'hui. Si on allait au mont Sainte-Victoire ce week-end. Ça vous dit?
DAVID Oui! J'aimerais bien y aller. J'adore dessiner en plein air.

ACTIVITÉS

1 Les événements Remettez ces événements dans l'ordre chronologique.

____ a. David dit qu'il part dans trois semaines.

____ b. Valérie explique que Michèle ne travaille plus au P'tit Bistrot.

____ c. Amina dit qu'elle veut aller à la montagne Sainte-Victoire ce week-end.

____ d. Stéphane va porter les bouteilles et les emballages à recycler.

____ e. Amina veut savoir où est Michèle.

____ f. David dit au groupe ce qu'il a lu dans le journal.

____ g. Sandrine semble (*seems*) avoir le trac.

____ h. Ils décident de passer le week-end tous ensemble.

____ i. Rachid essaie de remonter le moral à ses amis.

____ j. David console Sandrine.

Rachid propose une excursion en montagne.

DAVID Bonjour, tout le monde. Vous avez lu le journal ce matin? Il faut que je vous parle de cet article sur la pollution. J'ai appris beaucoup de choses au sujet des pluies acides, du trou dans la couche d'ozone, de l'effet de serre...

AMINA Oh, David, la barbe.

RACHID Allez, assieds-toi et déjeune avec nous.

Un peu plus tard...

RACHID Ton concert est dans une semaine, n'est-ce pas Sandrine?

SANDRINE Oui.

RACHID Qu'est-ce que tu vas chanter?

SANDRINE Écoute, Rachid, je n'ai pas vraiment envie de parler de ça.

SANDRINE Oui, peut-être...

AMINA Allez! Ça nous fera du bien! Adieu pollution de la ville. À nous, l'air pur de la campagne! Qu'en penses-tu, Sandrine?

SANDRINE Bon, d'accord.

AMINA Super! Et vous, Madame Forestier? Vous et Stéphane avez besoin de vous reposer aussi, vous devez absolument venir avec nous!

VALÉRIE En effet, je crois que c'est une excellente idée!

Expressions utiles

Talking about necessities

- **Il faut que je vous parle de cet article sur la pollution.**
  I have to tell you about this article on pollution.

- **Il faut que nous passions le reste de mon séjour de bonne humeur.**
  We have to spend the rest of my stay in a good mood.

Getting someone's opinion

- **Qu'en penses-tu?**
  What do you think (about that)?

- **Je pense que...**
  I think that...

Expressing denial

- **Je n'en sais rien.**
  I have no idea.

- **Ça ne nous regarde pas.**
  That is none of our business.

- **Quelle sorte de travail? Plus celui-ci.**
  What kind of job? Not this one anymore.

Additional vocabulary

- **au sujet de**
  about

- **Adieu!**
  Farewell!

- **Il te reste très peu de temps.**
  You don't have much time left.

- **en effet**
  indeed/in fact

- **je crois**
  I think/believe

- **Ça te/vous dit?**
  Does that appeal to you?

---

2 **Répondez** Répondez à ces questions par des phrases complètes.

1. Que se passe-t-il avec Sandrine?
2. Qu'est-ce qu'Amina croit (*believe*) qu'il se passe avec Michèle?
3. Pourquoi Rachid veut-il aller à la montagne Sainte-Victoire?
4. À votre avis, qu'est-ce que David a appris après avoir lu le journal?

3 **Écrivez** Imaginez comment se passera le week-end du groupe d'amis à la montagne Sainte-Victoire. Composez un paragraphe qui explique comment ils vont y aller, ce qu'ils y feront, s'ils s'amuseront...

A C T I V I T É S

vhlcentral

CULTURE À LA LOUPE

L'écologie

une manifestation° des Verts

Le mouvement écologique a commencé en France dans les années 1970, mais ne s'est réellement développé que dans les années 1980. Ce sont surtout les crises majeures comme le nuage de Tchernobyl en 1986,

la destruction de la couche d'ozone, l'effet de serre et les marées noires° qui ont réveillé la conscience écologique des Français. Le désir de préserver la qualité de la vie et les espaces naturels s'est développé en même temps.

Aujourd'hui, l'environnement n'est pas le seul sujet d'inquiétude° des Français. La sécurité, l'emploi, la baisse des revenus°, l'avenir des retraites et les menaces alimentaires les préoccupent° plus. Pourtant, le score aux élections du parti écologique des Verts est en hausse° depuis 1999 et c'est un parti de gauche important.

De manière générale, les problèmes liés à° l'environnement qui retiennent° le plus l'attention des Français sont la pollution atmosphérique des villes, la pollution de l'eau, le réchauffement climatique et la disparition d'espèces animales. Pour l'opinion publique, le plus urgent à régler° est l'émission des gaz à effet de serre. La plupart des° Français souhaite que la France tienne aux° engagements pris dans le cadre° de la COP21, une conférence internationale sur le climat qui a eu lieu à Paris en 2015 et qui a pour but° cet objectif. Ils souhaitent aussi une transition vers des énergies plus propres et ont une opinion favorable à la loi sur la transition énergétique votée en 2015. Cette loi, entre autres, favorise le développement des énergies renouvelables et la réduction de la part du nucléaire dans la production d'énergie.

Les inquiétudes principales des Français sur l'environnement
1ère Le réchauffement de la planète (et l'effet de serre)
2e La pollution de l'air
3e Les catastrophes naturelles (inondations, tempêtes, séismes, feux de forêts…)
4e La pollution de l'eau, des rivières et des lacs
5e L'augmentation des déchets des ménages
6e La disparition de certaines espèces végétales ou animales
Source: INSEE

marées noires *oil spills* **inquiétude** *concern* **baisse des revenus** *lowering of incomes* **préoccupent** *worry* **en hausse** *on the rise* **liés à** *linked to* **retiennent** *hold* **régler** *solve* **tienne aux** *keep* **cadre** *framework* **but** *end*

ACTIVITÉS

1 Complétez Complétez les phrases.

1. Le mouvement écologique s'est développé _____.

2. Les crises majeures comme _____ ont réveillé la conscience écologique des Français.

3. _____ n'est pas la seule préoccupation des Français.

4. _____ préoccupent aussi les Français.

5. Le score du parti écologique des Verts est _____.

6. Le problème écologique le plus urgent à régler est _____.

7. La plupart des Français pensent qu'il est important de tenir aux engagements pris à la _____.

8. La France a voté une loi en 2015 sur _____.

9. La pollution de _____ inquiètent beaucoup de Français.

10. _____ des déchets des ménages est aussi une inquiétude.

LE FRANÇAIS QUOTIDIEN

L'écologie

agriculture (f.) bio	organic farming
bac (m.) de recyclage	recycling bin
écologiste (m., f.)	ecologist
énergie (f.) éolienne	wind power
énergie (f.) renouvelable	renewable energy
panneau (m.) solaire	solar panel
produit (m.) bio	organic product
seuil (m.) de tolérance	threshold

LE MONDE FRANCOPHONE

Des réponses

Voici deux exemples de réponses aux inquiétudes sur l'environnement.

En Suisse

Le tunnel ferroviaire° du Gothard, au cœur des Alpes suisses, est le plus long tunnel du monde (57 kilomètres). Il est opérationnel depuis 2016 et permet l'augmentation du trafic ferroviaire pour décongestionner° le trafic routier°. L'objectif est de réduire la pollution.

Dans l'Océan Indien

Les espèces° exotiques envahissantes° causent des dégâts° écologiques importants qui ont un impact sur la biodiversité et sur la santé humaine. Des experts se sont réunis à Mayotte pour réfléchir à ce problème. Ils venaient de toutes les îles francophones environnantes° de l'Océan Indien.

ferroviaire *railroad* **décongestionner** *relieve* **routier** *highway* **espèces** *species* **envahissantes** *invasive* **dégâts** *damages* **environnantes** *surrounding*

PORTRAIT

L'énergie nucléaire

En France, le nucléaire produit 75 à 80% de l'électricité. C'est EDF (Électricité de France) qui a construit les premières centrales° du pays. Aujourd'hui, le pays possède 58 réacteurs et une usine de traitement°, Areva NC. Les déchets radioactifs de France, d'Europe et d'Asie y sont traités°. La France est un exemple de réussite de l'énergie nucléaire, mais sa population est inquiète. L'explosion de Tchernobyl en 1986 et l'accident de Fukushima de 2011 ont démontré les risques d'accidents des centrales. Dix pour cent des déchets, dits «à vie longue», ne sont pas traitables° et deviennent un problème de santé publique. Le rôle des énergies renouvelables ne peut donc qu'augmenter° à l'avenir.

centrales *power plants* **usine de traitement** *reprocessing plant* **traités** *reprocessed* **ne sont pas traitables** *cannot be reprocessed* **augmenter** *become larger*

Sur Internet

Quand la dernière marée noire a-t-elle eu lieu en France?

Go to **vhlcentral.com** to find more information related to this **Culture** section.

---

2 **Répondez** Répondez aux questions d'après les textes.

1. En France, quelle quantité d'électricité le nucléaire produit-il?
2. Qui a construit les premières centrales françaises?
3. Quel type de déchets l'entreprise Areva NC traite-t-elle?
4. Les Français sont-ils contents du nucléaire?
5. Qu'est-ce qui crée des dégâts écologiques dans les îles de l'Océan Indien?

3 **Nucléaire et environnement** Vous travaillez pour Areva NC et votre partenaire est un(e) militant(e) écologiste. Imaginez ensemble un dialogue où vous parlez de vos opinions pour et contre l'usage (*use*) de l'énergie nucléaire en France. Soyez prêt(e)s à jouer votre dialogue devant la classe.

A C T I V I T É S

6A.1   Demonstrative pronouns vhlcentral

Point de départ In **D'accord!** Level 1, you learned how to use demonstrative adjectives. Demonstrative *pronouns* refer to a person or thing that has already been mentioned. Examples of English demonstrative pronouns include *this one* and *those*.

L'énergie qui coûte moins cher est plus dangereuse.
The energy that costs less is more dangerous.

Celle qui coûte moins cher est plus dangereuse.
The one that costs less is more dangerous.

Les produits que tu développes sont très importants.
The products that you're developing are very important.

Ceux que tu développes sont très importants.
The ones that you're developing are very important.

- Demonstrative pronouns agree in number and gender with the noun they replace.

Demonstrative pronouns				
		singular		plural
masculine	celui	*this one; that one; the one*	ceux	*these; those; the ones*
feminine	celle	*this one; that one; the one*	celles	*these; those; the ones*

À noter

You learned about relative clauses in **Structures 5B.2**.

- Demonstrative pronouns must be followed by one of three constructions: **-ci** or **-là**, a relative clause, or a prepositional phrase.

-ci; -là	**Quels emballages? Ceux-ci?** *Which packages? These here?*	**Quelle bouteille? Celle-là en verre?** *Which bottle? The glass one there?*
relative clause	**Quelle femme? Celle qui parle?** *Which woman? The one who is talking?*	**C'est celui qu'on a entendu à la radio.** *He is the one we heard on the radio.*
prepositional phrase	**Quel problème? Celui de l'effet de serre?** *What problem? The one about the greenhouse effect?*	**Ces sacs coûtent plus cher que ceux en papier.** *Those bags cost more than the paper ones.*

Essayez!   **Choisissez le pronom démonstratif correct.**

1. Le recyclage du plastique coûte plus cher que (celle / (celui)) du verre.
2. La protection des arbres est aussi importante que (celle / celui) des animaux.
3. Les espaces verts sont (ceux / celles) dont on a le plus besoin en ville.
4. Les ordures les plus sales sont (ceux / celles) des industries.
5. De tous les problèmes écologiques, l'effet de serre est (celui / ceux) dont on parle le plus.
6. Quels sacs préfères-tu: (ceux / celui)-ci?
7. Les bouteilles en verre sont-elles plus écologiques que (ceux / celles) en plastique?
8. Le gaspillage de l'eau n'est pas plus excusable que (celui / celle) de l'électricité.

Le français vivant

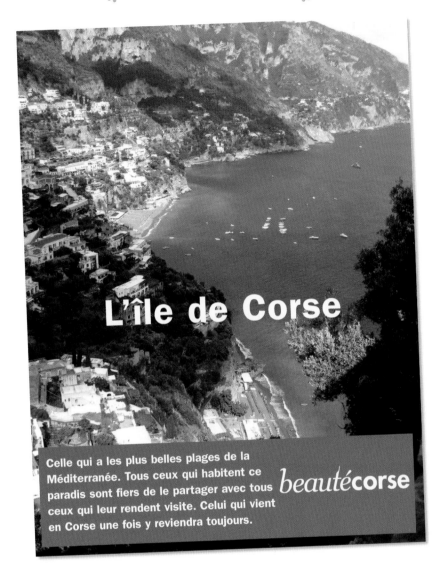

L'île de Corse

Celle qui a les plus belles plages de la Méditerranée. Tous ceux qui habitent ce paradis sont fiers de le partager avec tous ceux qui leur rendent visite. Celui qui vient en Corse une fois y reviendra toujours.

*beauté*corse

Identifiez Quels pronoms démonstratifs trouvez-vous dans la publicité (*ad*)?

Questions À tour de rôle, avec un(e) partenaire, posez-vous ces questions. Employez des pronoms démonstratifs dans vos réponses, si possible.

1. D'après (*According to*) la pub, quelles sont les plus belles plages de la Méditerranée?
2. Qui est fier de partager la Corse?
3. Que veut celui qui vient une fois en Corse?
4. Y a-t-il un endroit dans le monde qui a eu cet effet sur toi? Lequel?
5. Voudrais-tu visiter la Corse un jour? Pourquoi?

Mise en pratique

1 **Le marché aux puces** Vous êtes au marché aux puces (*flea market*) pour trouver des cadeaux. Complétez les phrases avec des pronoms démonstratifs.

1. Ce magnifique vase bleu, je pense que c'est _____ que maman voulait.
2. Ces deux jolis sacs: _____ est pour Sylvie et _____ est pour Soraya.
3. Cette casquette rouge est pour moi. Elle ressemble à _____ de Françoise.
4. Il y avait des boîtes pleines de livres anciens. _____ que j'ai achetés étaient les plus beaux.
5. J'adore ces deux affiches. _____ est pour Julien et _____ est pour André.
6. Nous allons acheter un nouveau vélo. _____ de Julien est trop vieux.
7. Tu aimes ces bottes-ci ou préfères-tu _____?
8. Ces pulls coûtent trop cher! _____ que Théo a choisis sont mieux.

2 **Entretien** Camille doit passer un entretien et elle parle à sa copine Alice. Ajoutez des pronoms démonstratifs avec **-ci** et **-là**.

CAMILLE Qu'est-ce que je peux mettre pour cet entretien? J'ai plusieurs tailleurs sympas.

ALICE Ces deux tailleurs gris font sérieux. Tu devrais plutôt mettre (1) _____. Il est élégant et classique.

CAMILLE Et comme chemisier, qu'est-ce que je mets?

ALICE (2) _____ est joli, mais (3) _____ ira mieux avec le style de ton tailleur.

CAMILLE Tu penses que je devrais mettre ces chaussures-ci ou (4) _____?

ALICE (5) _____ sont très à la mode mais (6) _____ sont plus classiques.

3 **Cadeau d'anniversaire** C'est bientôt l'anniversaire d'Houda et vous discutez avec un(e) partenaire des cadeaux que vous pourriez lui offrir. Refaites leur conversation.

MODÈLE des tee-shirts / plus joli

Élève 1: *Tu aimes ce tee-shirt?*
Élève 2: *Non, pas trop.*
Élève 1: *Alors, lequel préfères-tu?*
Élève 2: *Je préfère celui-ci. Il est plus joli.*

- des robes / élégant
- des lunettes de soleil / trop cher
- des jeux / plus amusant
- des livres / très intéressant
- des montres / plus classique
- des fleurs / très jolie
- des t-shirt / moins cher
- des bonbons / trop sucré

Communication

4 **La pollution** Que pensent vos camarades de la pollution? Posez ces questions à un(e) partenaire. Ensuite, présentez les réponses à la classe. Utilisez **celui**, **celle**, **ceux** ou **celles**.

1. Quelles voitures polluent le moins: les voitures hybrides ou les voitures de sport? Lesquelles préfères-tu?

2. Si tu devais choisir entre ces deux voitures, laquelle prendrais-tu: celle qui est la plus rapide ou celle qui pollue le moins? Pourquoi?

3. Connais-tu quelqu'un qui fait régulièrement du covoiturage? Qui? Pourquoi le fait-il/elle?

4. Les emballages en plastique polluent-ils plus que ceux en papier? Pourquoi?

5. Est-ce que ceux qui recyclent leurs déchets aident à préserver la nature? Pourquoi?

6. Parmi (*Among*) les pays industrialisés, lesquels polluent le plus? Lesquels polluent le moins?

7. À votre avis, le gouvernement doit-il passer des lois pour arrêter le gaspillage? Quelles sortes de lois?

8. Quelles solutions proposez-vous pour sauver la planète?

5 **Définitions** Votre petit frère vous demande de lui expliquer ces expressions. Avec un(e) partenaire, alternez les rôles pour donner leurs définitions. Utilisez **celui qui**, **celle qui**, **ceux qui** ou **celles qui**.

MODÈLE

un pollueur
Élève 1: *Qu'est-ce que c'est, un pollueur?*
Élève 2: *C'est celui qui laisse des papiers sales dans la rue.*

- les déchets toxiques
- un(e) écologiste
- un écoproduit
- l'énergie solaire
- une loi
- la pluie acide
- une usine
- les voitures hybrides

6 **D'accord, pas d'accord** Par groupes de quatre, faites ce sondage (*survey*). Qui est d'accord ou qui n'est pas d'accord avec ces phrases? Justifiez vos réponses. Ensuite, comparez-les avec celles d'un autre groupe.

	D'accord	Pas d'accord
1. Les déchets toxiques d'une centrale nucléaire sont plus dangereux que ceux d'une centrale électrique.	——	——
2. Les sacs en plastique sont aussi facilement recyclables que ceux en papier.	——	——
3. En ce qui concerne la voiture du futur, la voiture hybride est celle dont on parle le plus.	——	——
4. Les déchets qui polluent le plus sont ceux des centrales nucléaires.	——	——

6A.2

The subjunctive (Part 1) vhlcentral

Introduction and forming the subjunctive

Boîte à outils

English also uses the subjunctive. It used to be very common, but now survives mostly in expressions such as *if I were you* and *be that as it may*.

Point de départ With the exception of commands and the conditional, the verb forms you have learned have been in the indicative mood. The indicative is used to state facts and to express actions or states that the speaker considers real and definite. Now you will learn the subjunctive mood, which expresses the speaker's subjective attitudes toward events and actions or states the speaker's views as uncertain or hypothetical.

Present subjunctive of regular verbs			
	parler	**finir**	**attendre**
que je/j'	parle	finisse	attende
que tu	parles	finisses	attendes
qu'il/elle/on	parle	finisse	attende
que nous	parlions	finissions	attendions
que vous	parliez	finissiez	attendiez
qu'ils/elles	parlent	finissent	attendent

- To form the subjunctive for the **je**, **tu**, **il/elle/on**, and **ils/elles** forms of regular verbs, use the stem of the **ils/elles** form of the present indicative and add the subjunctive endings.

INFINITIVE		PRESENT INDICATIVE OF ILS/ELLES		PRESENT SUBJUNCTIVE
parler	▶	parlent	▶	que je parle
finir		finissent		que je finisse
attendre		attendent		que j'attende

Il est nécessaire qu'on **évite** le gaspillage.
It is necessary that we avoid waste.

Il est important que tu **réfléchisses** aux dangers.
It is important that you think about the dangers.

- The **nous** and **vous** forms of the present subjunctive are the same as those of the **imparfait**.

Il faut que nous **commencions**.
It is necessary that we start.

Il est bon que vous **réfléchissiez**.
It is good that you're thinking.

- The same rule applies for stem-changing verbs and verbs with spelling changes: use the present-tense stem of the **ils/elles** form and add the subjunctive endings for all forms except **nous** and **vous**, which use the same forms as the **imparfait**.

Present subjunctive of stem- and spelling-change verbs				
	acheter	**venir**	**prendre**	**boire**
que je/j'	achète	vienne	prenne	boive
que tu	achètes	viennes	prennes	boives
qu'il/elle/on	achète	vienne	prenne	boive
que nous	achetions	venions	prenions	buvions
que vous	achetiez	veniez	preniez	buviez
qu'ils/elles	achètent	viennent	prennent	boivent

The subjunctive with impersonal expressions

- The subjunctive is generally used in sentences that consist of a main clause and a subordinate clause. The main clause contains a verb or expression that triggers the subjunctive. The word **que** connects the two clauses.

  Il faut **que** nous préservions l'environnement.
  It is necessary that we preserve the environment.

- These impersonal expressions of opinion are followed by clauses in the subjunctive when the verb in those subordinate clauses has a specific subject.

<table>
<tr><th colspan="4">Impersonal expressions of opinion</th></tr>
<tr><td>Il est bon que…</td><td>It is good that…</td><td>Il est indispensable que…</td><td>It is essential that…</td></tr>
<tr><td>Il est dommage que…</td><td>It is a shame that…</td><td>Il est nécessaire que…</td><td>It is necessary that…</td></tr>
<tr><td>Il est essentiel que…</td><td>It is essential that…</td><td>Il est possible que…</td><td>It is possible that…</td></tr>
<tr><td>Il est important que…</td><td>It is important that…</td><td>Il faut que…</td><td>One must… / It is necessary that…</td></tr>
<tr><td></td><td></td><td>Il vaut mieux que…</td><td>It is better that…</td></tr>
</table>

 Vérifiez

Il est important qu'on réduise le gaspillage.
It is important that we reduce waste.

Il est bon que tu recycles.
It is good that you recycle.

Il est essentiel que nous travaillions ensemble.
It is essential that we work together.

Il faut que vous trouviez une solution.
It is necessary that you find a solution.

- When making a statement for people in general, and there is no specific subject in the second clause, an infinitive follows the impersonal expression. If the expression contains the verb **être**, add **de** before the infinitive.

Il faut trouver une solution.
It is necessary to find a solution.

Il est important de réduire le gaspillage.
It is important to reduce waste.

Now, compare the two types of sentences. In the first example, note the two clauses separated by **que** and the specific subject in the second clause. In the second example, there is no specific subject.

Il vaut mieux que tu achètes des produits locaux.
It is better that you buy local products.

Il vaut mieux acheter des produits locaux.
Il vaut mieux acheter des produits locaux.

Vérifiez

Essayez!   **Indiquez la forme correcte du présent du subjonctif de ces verbes.**

1. (améliorer, choisir, vendre) que je/j' _____*améliore, choisisse, vende*_____
2. (mettre, renvoyer, maigrir) que tu _____
3. (dire, partir, devenir) qu'elle _____
4. (appeler, enlever, revenir) que nous _____
5. (démissionner, obtenir, apprendre) que vous _____
6. (payer, répéter, lire) qu'ils _____

Mise en pratique

1 **Prévenir et améliorer** Complétez ces phrases avec la forme correcte des verbes au présent du subjonctif.

1. Il est essentiel que je _____ (recycler).

2. Il est important que nous _____ (réduire) la pollution.

3. Il faut que le gouvernement _____ (interdire) les voitures polluantes (*polluting*).

4. Il vaut mieux que vous _____ (améliorer) les transports en commun (*public transportation*).

5. Il est possible que les pays _____ (prendre) des mesures pour réduire les déchets toxiques.

6. Il est indispensable que tu _____ (boire) de l'eau pure.

7. Il est bon que vous _____ (proposer) des solutions pour préserver la nature.

8. Il est dommage qu'on _____ (gaspiller) de l'eau.

2 **Au lycée** Quelles règles les lycéens doivent-ils suivre pour réussir? Transformez ces phrases avec **il faut** et le présent du subjonctif.

> **MODÈLE**
> Vous devez vous coucher avant minuit.
> *Il faut que vous vous couchiez avant minuit.*

1. Le matin, vous devez vous lever à sept heures.

2. Ils doivent prendre un bon petit-déjeuner le matin.

3. Tu dois prendre le bus au coin de la rue.

4. Je dois déjeuner à la cantine à midi.

5. Nous devons rentrer tôt pendant la semaine.

6. Elle doit étudier tous les soirs.

7. Nous devons étudier plus souvent à la bibliothèque.

8. On doit s'aider avec les devoirs.

3 **Éviter une catastrophe** Que devons-nous faire pour préserver notre planète? Avec un(e) partenaire, faites des phrases avec des expressions impersonnelles.

> **MODÈLE**
> *Il est essentiel que tu évites le gaspillage.*

A	B	C
je/j'	améliorer	les écoproduits
tu	développer	les emballages
on	éviter	le gaspillage
nous	préserver	les glissements de terrain
vous	prévenir	les industries propres
le président	recycler	la nature
les pays	sauver	la pollution
?	trouver	le ramassage des ordures

Communication

4 **Oui ou non?** Vous discutez avec un(e) partenaire des problèmes d'environnement. À tour de rôle, parfois, vous confirmez ce qu'il/elle dit, mais parfois, vous n'êtes pas d'accord.

> **MODÈLE**
>
> **Élève 1:** *Il faut que les pays industrialisés réduisent les émissions à effet de serre.*
> **Élève 2:** *C'est vrai, il faut qu'ils réduisent les émissions à effet de serre.*

1. Il est nécessaire que tu recycles les bouteilles.
2. Il est dommage que les élèves prennent le bus pour aller au lycée.
3. Il est bon qu'on développe des énergies propres.
4. Il est essentiel qu'on signe le protocole de COP21.
5. Il est indispensable que nous évitions le gaspillage.
6. Il faut que les pays développent de nouvelles technologies pour réduire les émissions toxiques.

5 **Les opinions** Vous discutez avec un(e) partenaire des problèmes de pollution. À tour de rôle, répondez à ces questions. Justifiez vos réponses.

> **MODÈLE**
>
> **Élève 1:** *Faut-il que nous préservions l'environnement?*
> **Élève 2:** *Oui, il faut que nous préservions l'environnement pour éviter le réchauffement de la Terre.*

1. Est-il important qu'on s'intéresse à l'écologie?
2. Faut-il qu'on évite de gaspiller?
3. Est-il essentiel que nous construisions des centrales nucléaires?
4. Vaut-il mieux que j'utilise des bacs (*bins*) à recyclage pour le ramassage des ordures?
5. Est-il indispensable qu'on prévienne les incendies?
6. Est-il possible qu'on développe l'énergie solaire?

6 **L'écologie** Par groupes de quatre, regardez les deux photos et parlez des problèmes écologiques qu'elles évoquent. Ensuite, préparez par écrit une liste des solutions. Comparez votre liste avec celles de la classe.

> **MODÈLE**
>
> **Élève 1:** *Aujourd'hui, il y a trop d'ordures.*
> **Élève 2:** *Il faut qu'on développe le recyclage.*

Révision

1 Des solutions Avec un(e) partenaire, décrivez ces problèmes et donnez des solutions. Utilisez le présent du subjonctif et un pronom démonstratif pour chaque photo. Présentez vos solutions à la classe.

MODÈLE

Élève 1: *Cette eau est sale.*
Élève 2: *Il faut que celui qui a pollué cette eau paie une grosse amende.*

1.

3.

2.

4.

2 Une lettre Vous habitez dans un village où les autorités veulent construire un grand aéroport. Avec un(e) partenaire, écrivez une lettre aux responsables dans laquelle vous expliquez vos inquiétudes (*worries*). Utilisez des expressions impersonnelles, puis lisez la lettre à la classe.

3 Des conseils En petits groupes, à tour de rôle, décrivez un problème que vous avez avec une des personnes suivantes. Vos camarades vont vous donnez des conseils.

MODÈLE

Élève 1: *Un employé à la banque a refusé de me donner de la monnaie.*
Élève 2: *Il faut que tu parles avec son responsable.*
Élève 3: *Il est important que tu écrives une lettre au gérant.*

- vos parents
- votre professeur
- votre sœur/frère
- un(e) serveur/serveuse
- un(e) patron(ne)
- un médecin

4 Si... Avec un(e) partenaire, observez ces scènes et lisez les phrases. Pour chaque scène, faites trois phrases au présent du subjonctif, puis présentez-les à la classe.

MODÈLE

Élève 1: *Si l'eau est sale, il ne faut pas que les gens mangent les poissons.*
Élève 2: *Oui, il faut qu'ils les achètent à la poissonnerie.*

1. Si l'eau est sale, ...

3. S'il tombe une pluie acide, ...

2. S'il y a un nuage de pollution, ...

4. S'il y a un glissement de terrain, ...

5 Des propositions Que peut-on faire pour préserver l'environnement? Avec un(e) partenaire, utilisez le présent du subjonctif et, si possible, des pronoms démonstratifs pour faire des propositions.

MODÈLE

Élève 1: *Celui qui change l'huile de sa voiture? Il est essentiel qu'il recycle l'huile et qu'il l'apporte à un garagiste.*
Élève 2: *Il ne faut pas qu'il change l'huile trop souvent ou qu'il utilise de l'huile de mauvaise qualité.*

6 Non, Solange! Votre professeur va vous donner, à vous et à votre partenaire, deux feuilles d'activités différentes sur les mauvaises habitudes de Solange. Faites des commentaires. Attention! Ne regardez pas la feuille de votre partenaire.

MODÈLE

Élève 1: *Il est dommage que Solange conduise une voiture qui pollue.*
Élève 2: *Il faut qu'elle conduise une voiture plus écologique.*

Le Zapping

vhlcentral

Publicité de la BMCE

—Comme tu es belle, petite fleur! Seras-tu encore belle demain?

Préparation Répondez aux questions.

1. Qu'est-ce que vous et vos amis faites pour protéger la planète?
2. Quelles sont les responsabilités des entreprises pour protéger l'environnement?
3. Comment est-ce que l'éducation peut être une solution à la situation écologique dans le monde?

La BMCE

La Banque Marocaine du Commerce Extérieur est la deuxième plus grande banque du Maroc. Elle a non seulement des agences en Europe et en Asie, mais elle vise° aussi constamment à étendre° les liens° entre le Maroc et le reste du monde. À travers la Fondation BMCE Éducation et Environnement, la banque se soucie° également° de la protection de l'environnement et du développement de la société marocaine. En 2000, elle a lancé le projet Medersat.com, dont un des objectifs les plus importants est la scolarisation des enfants dans les villages marocains, et elle poursuit° ses efforts jusqu'à aujourd'hui.

vise *aims* **étendre** *to extend* **liens** *ties* **se soucie** *cares* **également** *also* **poursuit** *pursues*

Vocabulaire utile

prendre soin de	*to take care of*
l'étoile (f.)	*star*
la colombe	*dove*
l'arbre (m.)	*tree*
les racines (f.)	*roots*
la sagesse	*wisdom*

Compréhension Répondez aux questions.

1. Sur quoi le garçon est-il debout (*standing*) dans la première scène?
2. D'après (*According to*) la colombe, par quoi passe le chemin de la Liberté?
3. Où vont le garçon et sa sœur à la fin?

Conversation Par petits groupes, discutez de ces questions.

1. Pourquoi le garçon pose-t-il des questions? Pourquoi à une fleur, aux étoiles (*stars*), à une colombe et à un arbre (*tree*)? Quels sont leurs attributs?
2. Quels messages concernant les missions de la BMCE la publicité (*commercial*) nous transmet-elle?

Application En petits groupes, faites des recherches sur un projet de préservation et/ou de protection de l'environnement d'un pays ou d'une région francophone. Préparez une présentation dans laquelle vous identifiez:

- le nom de l'organisation ou agence
- leur(s) objectif(s)
- les gens qui bénéficient de leurs actions

Commentez aussi la possibilité d'étendre ce projet au-delà des frontières du pays d'origine.

◁)) **vhl**central

You will learn how to...

- discuss nature and the environment
- make comparisons

En pleine nature

Vocabulaire

chasser	*to hunt*
jeter	*to throw away*
un animal	*animal*
un bois	*woods*
un champ	*field*
une côte	*coast*
un désert	*desert*
un fleuve	*river*
une forêt (tropicale)	*(tropical) forest*
la jungle	*jungle*
la nature	*nature*
une région	*region*
une rivière	*river*
un sentier	*path*
un volcan	*volcano*
la chasse	*hunt*
le déboisement	*deforestation*
l'écotourisme (*m.*)	*ecotourism*
une espèce (menacée)	*(endangered) species*
l'extinction (*f.*)	*extinction*
la préservation	*protection*
une ressource naturelle	*natural resource*
le sauvetage des habitats naturels	*natural habitat preservation*

le ciel

un arbre

une plante

Ils font un pique-nique. (*pl.* des pique-niques)

un écureuil

une vache

l'herbe (*f.*)

la Lune

une étoile

une vallée

une île

un lac

une falaise

un serpent

une pierre

un lapin

Mise en pratique

1 Par catégorie Faites correspondre les éléments de la colonne de gauche avec l'élément des colonnes de droite qui correspond.

____ 1. la Seine

____ 2. la Martinique   **a.** un volcan   **f.** une forêt

____ 3. une vache   **b.** une jungle   **g.** un désert

____ 4. l'Etna   **c.** un lac   **h.** un animal

____ 5. le pétrole   **d.** un fleuve   **i.** une ressource naturelle

____ 6. le Sahara   **e.** une plante   **j.** une île

____ 7. un arbre

____ 8. Érié

2 La nature Choisissez le mot ou l'expression qui correspond à chaque définition.

le déboisement	une falaise	la préservation
l'écotourisme	une jungle	le sauvetage des habitats naturels
l'environnement	une pierre	un sentier
l'extinction	un pique-nique	une vache

1. Là où l'homme vit: _____
2. Sauver et protéger: _____
3. Lieu très chaud, très humide: _____
4. Chemin très étroit (*narrow*): _____
5. Quand une espèce n'existe plus: _____
6. Conséquence de la destruction des arbres: _____
7. Action de sauver le lieu où vivent des animaux: _____
8. Vacances qui favorisent la protection de l'environnement: _____
9. Un animal de taille importante qui mange de l'herbe: _____
10. Quand on mange dans la nature: _____
11. Élément minéral solide, parfois gris: _____
12. Sur le dessin de gauche, c'est la formation rocheuse (*rocky*) à droite: _____

3 Écoutez Écoutez Armand parler de quelques-unes de ses expériences avec la nature. Après une deuxième écoute, écrivez les mots qu'il a utilisés qui se réfèrent au ciel, à la terre et aux plantes.

Terre	Ciel	Plantes
____	____	____
____	____	____
____	____	____
____	____	____
____	____	____
____	____	____

Communication

4 **Conversez** Interviewez un(e) camarade de classe.

1. As-tu déjà fait de l'écotourisme? Où? Sinon, où as-tu envie d'en faire?
2. Aimes-tu les pique-niques? Quand en as-tu fait un pour la dernière fois? Avec qui?
3. Quelles activités aimes-tu pratiquer dans la nature?
4. As-tu déjà visité une forêt? Laquelle?
5. Connais-tu un lac? Quand y es-tu allé(e)? Quelles activités y as-tu pratiquées?
6. Es-tu déjà allé(e) dans un désert? Lequel?
7. Es-tu déjà allé(e) sur une île? Laquelle? Comment as-tu passé le temps?
8. Quelles sont les régions du monde que tu veux visiter? Pour quelle(s) raison(s)?
9. Si tu étais un animal, lequel serais-tu? Pourquoi?
10. Quand tu regardes le ciel, que trouves-tu de beau? Pourquoi?

5 **La nature et moi** Écrivez un paragraphe dans lequel vous racontez votre expérience avec la nature. Ensuite, à tour de rôle, lisez votre description à votre partenaire et comparez vos paragraphes.

- Choisissez au minimum deux lieux naturels différents.
- Utilisez un minimum de huit mots de vocabulaire de **CONTEXTES**.
- Faites votre description avec le plus de détails possible.
- Expliquez ce que vous aimez ou ce que vous n'aimez pas à propos de chaque lieu.

6 **Les écologistes** Vous faites partie d'un club d'écologistes au lycée. Avec deux camarades de classe et les informations suivantes, préparez une brochure pour informer les élèves d'un grave problème écologique. Présentez ensuite votre brochure au reste de la classe. Quel groupe a présenté le problème le plus sérieux? Quel groupe a proposé les solutions les plus originales?

- le nom de votre club
- la situation géographique du problème écologique
- la description du problème
- les causes du problème
- les conséquences du problème
- les solutions possibles au problème

7 **À la radio** Vous travaillez pour le ministère du Tourisme d'un pays francophone et vous devez préparer un texte qui sera lu à la radio. L'objectif de ce message est de faire la promotion de ce pays pour son écotourisme. Décrivez la nature et les activités offertes. Utilisez les mots que vous avez appris dans **CONTEXTES**.

MODÈLE

Venez découvrir la beauté de l'île de Madagascar. Chaque région vous offre des sentiers qui permettent d'admirer des plantes rares et des arbres magnifiques et de rencontrer des animaux extraordinaires... À Madagascar, la nature est unique, préservée. Le charme et l'exotisme sont ici!

Les sons et les lettres 🔊 vhlcentral

Homophones

Many French words sound alike, but are spelled differently. As you have already learned, sometimes the only difference between two words is a diacritical mark. Other words that sound alike have more obvious differences in spelling.

| a / à | ou / où | sont / son | en / an |

Several forms of a single verb may sound alike. To tell which form is being used, listen for the subject or words that indicate tense.

| **je** parle | **tu** parles | **ils** parlent |
| **vous** parlez | **j'ai** parlé | **je vais** parler |

Many words that sound alike are different parts of speech. Use context to tell them apart.

VERB	POSSESSIVE ADJECTIVE	PREPOSITION	NOUN
Ils sont belges.	**C'est son** mari.	**Tu vas en** France?	**Il a un an.**

You may encounter multiple spellings of words that sound alike. Again, context is the key to understanding which word is being used.

je peux *I can*	**elle peut** *she can*	**peu** *a little, few*
le foie *liver*	**la foi** *faith*	**une fois** *one time*
haut *high*	**l'eau** *water*	**au** *at, to, in the*

Prononcez Répétez les paires de mots suivants à voix haute.

1. ce	se	4. foi	fois	7. au	eau	10. lis	lit
2. leur	leurs	5. ces	ses	8. peut	peu	11. quelle	qu'elle
3. né	nez	6. vert	verre	9. où	ou	12. c'est	s'est

Choisissez Choisissez le mot qui convient à chaque phrase.

1. Je (lis / lit) le journal tous les jours.
2. Son chien est sous le (lis / lit).
3. Corinne est (née / nez) à Paris.
4. Elle a mal au (née / nez).

Jeux de mots Répétez les jeux de mots à voix haute.

> *Mon père est maire, mon frère est masseur.*[2]

> *Le ver vert va vers le verre.*[1]

[1] The green worm is going toward the glass
[2] My father is a mayor, my brother is a masseur.

La randonnée vhlcentral

Amina

David

Guide

Rachid

Sandrine

Stéphane

Valérie

À la montagne...
DAVID Que c'est beau!
VALÉRIE C'est la première fois que tu viens à la montagne Sainte-Victoire?
DAVID Non, en fait, je viens assez souvent pour dessiner, mais malheureusement c'est peut-être la dernière fois. C'est dommage que j'aie si peu de temps.

SANDRINE Je préférerais qu'on parle d'autre chose.
AMINA Elle a raison, nous sommes venus ici pour passer un bon moment.
STÉPHANE Tiens, et si on essayait de trouver des serpents?
AMINA Des serpents ici?
RACHID Ne t'inquiète pas, ma chérie. Par précaution, je suggère que tu restes près de moi.

RACHID Mais il ne faut pas que tu sois aussi anxieuse.
SANDRINE C'est romantique ici, n'est-ce pas?
DAVID Comment? Euh, oui, enfin...
VALÉRIE Avant de commencer notre randonnée, je propose qu'on visite la Maison Sainte-Victoire.
AMINA Bonne idée. Allons-y!

Après le pique-nique...
DAVID Mais tu avais faim, Sandrine!
SANDRINE Oui. Pourquoi?
DAVID Parce que tu as mangé autant que Stéphane!
SANDRINE C'est normal, on a beaucoup marché, ça ouvre l'appétit. En plus, ce fromage est délicieux!
DAVID Mais, tu peux manger autant de fromage que tu veux, ma chérie.

Stéphane laisse tomber une serviette...
VALÉRIE Stéphane! Mais qu'est-ce que tu jettes par terre? Il est essentiel qu'on laisse cet endroit propre!
STÉPHANE Oh, ne t'inquiète pas, maman. J'allais mettre ça à la poubelle plus tard.

SANDRINE David, j'aimerais que tu fasses un portrait de moi, ici, à la montagne. Ça te dit?
DAVID Peut-être un peu plus tard... Cette montagne est tellement belle!
VALÉRIE David, tu es comme Cézanne. Il venait ici tous les jours pour dessiner. La montagne Sainte-Victoire était un de ses sujets favoris.

A C T I V I T É S

1 **Vrai ou faux?** Indiquez si ces affirmations sont **vraies** ou **fausses**. Corrigez les phrases fausses.

1. David est un peu triste de devoir bientôt retourner aux États-Unis.
2. C'est la première fois que Stéphane visite la Maison Sainte-Victoire.
3. Le guide confirme qu'il y a des serpents sur la montagne Sainte-Victoire.
4. Sandrine mange beaucoup au pique-nique.

5. Valérie traite la nature avec respect.
6. David fait un portrait de Sandrine sur-le-champ *(on the spot)*.
7. David et Sandrine passent un après-midi très romantique.
8. Valérie pense que David ressemble à Cézanne.
9. Rachid est très romantique.
10. Stéphane laisse Rachid et Amina tranquilles.

Les amis se promènent à la montagne Sainte-Victoire.

À la Maison Sainte-Victoire

GUIDE Mesdames, Messieurs, bonjour et bienvenue. C'est votre première visite de la Maison Sainte-Victoire?

STÉPHANE Pour moi, oui.

GUIDE La Maison Sainte-Victoire a été construite après l'incendie de 1989.

DAVID Un incendie?

GUIDE Oui, celui qui a détruit une très grande partie de la forêt.

GUIDE Maintenant, la montagne est un espace protégé.

DAVID Protégé? Comment?

GUIDE Eh bien, nous nous occupons de la gestion de la montagne et de la forêt. Notre mission est la préservation de la nature, le sauvetage des habitats naturels et la prévention des incendies. Je vous fais visiter le musée?

VALÉRIE Oui, volontiers!

RACHID Tiens, chérie.

AMINA Merci, elle est très belle cette fleur.

RACHID Oui, mais toi, tu es encore plus belle. Tu es plus belle que toutes les fleurs de la nature réunies!

AMINA Rachid...

RACHID Chut! Ne dis rien... Stéphane! Laisse-nous tranquilles.

Expressions utiles

Expressing regrets and preferences

- **C'est dommage que j'aie si peu de temps.**
  It's a shame that I have so little time.
- **Je préférerais qu'on parle d'autre chose.**
  I would prefer to talk about something else.
- **J'aimerais que tu fasses un portrait de moi.**
  I would like you to do a portrait of me.

Making suggestions

- **Par précaution, je suggère que tu restes près de moi.**
  As a precaution, I suggest that you stay close to me.
- **Il ne faut pas que tu sois si anxieuse.**
  There's no need to be so anxious.
- **Je propose qu'on visite...**
  I propose we visit...

Making comparisons

- **Tu as mangé autant que Stéphane!**
  You ate as much as Stéphane!
- **Tu peux manger autant de fromage que tu veux.**
  You can eat as much cheese as you want.

2 **À vous!** Imaginez que vous êtes allé(e) à la montagne Sainte-Victoire avec des amis. À l'entrée du parc, il y a une liste de règles (*rules*) à suivre pour protéger la nature. Avec un(e) camarade de classe, imaginez quelles sont ces règles et écrivez une liste. Qu'est-ce qu'il faut faire si vous faites un pique-nique? Une randonnée? Quelles sont les activités interdites? Présentez votre liste à la classe.

3 **Écrivez** Il y a deux couples dans notre histoire, Sandrine et David, Amina et Rachid. Composez un paragraphe dans lequel vous expliquez quel couple va rester ensemble et quel couple va se séparer. Pourquoi? Attention! Le départ de David n'entre pas en jeu (*doesn't come into play*).

A C T I V I T É S

vhl central | *Flash culture*

Les parcs nationaux

le parc de la Vanoise

Le gouvernement français protège et gère° dix parcs nationaux. Tous offrent des sentiers de randonnée et la possibilité de découvrir la nature pendant des activités d'écotourisme guidées. Ce sont aussi des endroits où les visiteurs peuvent pratiquer différentes activités sportives. Par exemple, ils peuvent pratiquer des sports d'hiver dans cinq des sept parcs montagneux, qui ont de nombreux sommets° et glaciers.

Les Cévennes, dans le sud de la France, est le plus grand parc forestier, avec 3.200 km² de forêts, mais on y trouve aussi des montagnes et des plateaux. La Vanoise, un parc de haute montagne dans les Alpes, a été le premier parc créé° en France, en 1963. Avec ses 107 lacs et sa vingtaine° de glaciers, c'est une réserve naturelle où le bouquetin° est protégé. Deux autres parcs, les Écrins et le Mercantour, sont aussi situés dans la région des Alpes. Toujours dans les parcs montagneux, le parc national des Pyrénées est composé de six vallées principales, riches en forêts, cascades° et autres formations naturelles. C'est aussi un refuge pour de nombreuses espèces menacées, comme l'ours° et l'aigle royal°. Quand il fait beau l'été, le parc marin de Port-Cros, composé d'îles méditerranéennes, est idéal pour des activités aquatiques. Aux Antilles°, il fait chaud et humide toute l'année dans le parc national de la Guadeloupe. Les paysages° de ce parc sont très variés: forêt tropicale, volcan et paysages côtiers° ou maritimes. Ouvert depuis 2012 seulement, le parc national le plus récent est le Parc national des Calanques, dans le sud de la France.

Les records naturels de la France en Europe de l'Ouest

- Le Mont-Blanc, dans les Alpes, est la plus haute montagne d'Europe de l'Ouest. Il mesure 4.811 mètres.
- La forêt de pins des Landes, en Nouvelle-Aquitaine, est le plus grand massif forestier d'Europe. Il fait plus d'un million d'hectares.
- La dune du Pilat, en Aquitaine, est la plus haute dune de sable° d'Europe. Elle mesure 117 mètres.
- Le cirque° de Gavarnie, dans les Pyrénées, a la plus grande cascade d'Europe. Elle mesure 422 mètres.

gère *manages* **sommets** *summits* **créé** *created* **vingtaine** *about twenty* **bouquetin** *ibex, a type of wild goat* **cascades** *waterfalls* **ours** *bear* **aigle royal** *golden eagle* **Antilles** *the French West Indies* **paysages** *landscapes* **côtiers** *coastal* **sable** *sand* **cirque** *steep-walled, mountainous basin*

ACTIVITÉS

1   **Répondez** Répondez aux questions par des phrases complètes.

1. Combien de parcs nationaux français y a-t-il?
2. Quel type de parc est le parc des Cévennes?
3. Quel parc est situé sur des îles méditerranéennes?
4. Quels sont deux animaux qu'on peut trouver dans les Pyrénées?
5. Qu'est-ce qu'on peut trouver comme paysage dans le parc national de la Guadeloupe?
6. Comment s'appellent deux des parcs nationaux français et où se trouvent-ils (à la montagne, etc.)?
7. Quelle est la plus haute montagne d'Europe?
8. Où se trouve le plus grand massif forestier d'Europe?
9. Combien mesure la dune du Pilat?
10. Combien mesure la cascade du cirque de Gavarnie?

La protection de la nature

essence (f.) sans plomb	*unleaded gas*
protection du littoral	*shoreline restoration*
mesures (f.) antipollution	*pollution control*
reboisement (m.)	*reforestation*
valorisation (f.) des terres	*land improvement*

Grands sites naturels

Voici deux exemples d'espaces naturels remarquables du monde francophone.

Au Sénégal Le parc national du Niokolo Koba est l'une des réserves naturelles les plus vastes d'Afrique de l'Ouest. Situé le long° des rives° de la Gambie, forêts et savanes abritent° une faune d'une grande richesse: des lions, des chimpanzés, des éléphants et de très nombreux° oiseaux et reptiles. Cet écosystème est classé au Patrimoine° mondial de l'UNESCO.

Aux Seychelles L'atoll Aldabra abrite la plus grande population de tortues° géantes du monde (152.000). Elles sont encore plus grosses que les tortues des Galapagos: elles peuvent atteindre° 1,2 mètre et 300 kilogrammes. L'atoll, qui comprend° quatre grandes îles de corail, est un autre site du Patrimoine mondial depuis 1982.

le long *along* **rives** *riverbanks* **abritent** *shelter* **nombreux** *numerous* **Patrimoine** *Heritage* **tortues** *tortoises* **atteindre** *reach* **comprend** *encompasses*

Madagascar

Madagascar, ancienne colonie française, est la quatrième plus grande île du monde, et, avec plus de 20 parcs nationaux et réserves naturelles, elle est un paradis pour l'écotourisme. Madagascar (plus de 24 millions d'habitants) est située à 400 km à l'est du Mozambique, dans l'océan Indien. Sa faune et sa flore sont exceptionnelles avec 250.000 espèces différentes, dont 1.000 orchidées. 90% de ces espèces sont uniques au monde. Ses mangroves, rivières, lacs et récifs coralliens° offrent des milieux écologiques variés et ses forêts abritent° 90% des lémuriens° du monde. Caméléons, tortues terrestres°, tortues de mer° et baleines à bosse° sont aussi typiques de l'île.

récifs coralliens *coral reefs* **abritent** *provide a habitat for* **lémuriens** *lemurs* **tortues terrestres** *tortoises* **tortues de mer** *sea turtles* **baleines à bosse** *humpback whales*

Sur Internet

Quel est le sujet de l'émission *Thalassa*?

Go to **vhlcentral.com** to find more information related to this **Culture** section and to watch the corresponding **Flash culture** video.

---

2 **Complétez** Complétez les phrases.

1. Madagascar est une grande _____ près du Mozambique.
2. Madagascar est une bonne destination pour _____.
3. À Madagascar, la majorité des espèces sont _____.
4. _____ sont des espèces typiques de l'île.
5. L'une des réserves naturelles les plus vastes d'Afrique de l'Ouest se trouve _____.

3 **À la découverte** Vous et deux partenaires voulez visiter ensemble plusieurs pays francophones et découvrir la nature. Quelles destinations choisissez-vous? Comparez les activités qui vous intéressent et les endroits que vous voulez visiter. Soyez prêt(e)s à présenter votre itinéraire à la classe.

ACTIVITÉS

6B.1

The subjunctive (Part 2) vhlcentral

Will and emotion

- Use the subjunctive after clauses with verbs and expressions of will and emotion. Verbs and expressions of will are often used when someone wants to influence the actions of other people. Verbs and expressions of emotion express someone's feelings or attitude.

Je suggère que tu restes près de moi.

J'ai peur que nous soyons perdus!

- When the main clause contains an expression of will or emotion and the subordinate clause has a different subject, the subjunctive is required.

MAIN CLAUSE	CONNECTOR	SUBORDINATE CLAUSE
VERB OF WILL		SUBJUNCTIVE
Mes parents exigent	**que**	**je dorme** huit heures.
My parents demand	*that*	*I sleep eight hours.*

MAIN CLAUSE	CONNECTOR	SUBORDINATE CLAUSE
EXPRESSION OF EMOTION		SUBJUNCTIVE
Tu es triste	**que**	**Sophie ne vienne pas** avec nous.
You are sad	*that*	*Sophie isn't coming with us.*

MAIN CLAUSE	CONNECTOR	SUBORDINATE CLAUSE
VERB OF WILL		SUBJUNCTIVE
Je préfère	**que**	**tu travailles** ce soir.
I prefer	*that*	*you work tonight.*

MAIN CLAUSE	CONNECTOR	SUBORDINATE CLAUSE
EXPRESSION OF EMOTION		SUBJUNCTIVE
Elle est heureuse	**que**	**tu finisses** tes études.
She is happy	*that*	*you're finishing your studies.*

- Here are some verbs and expressions of will commonly followed by the subjunctive.

Verbs of will			
demander que...	*to ask that...*	recommander que...	*to recommend that...*
désirer que...	*to want/ desire that...*	souhaiter que...	*to wish that...*
exiger que...	*to demand that...*	suggérer que...	*to suggest that...*
préférer que...	*to prefer that...*		
proposer que...	*to propose that...*	vouloir que...	*to want that...*

Mon père **recommande que** nous **dînions** au restaurant français.

My father recommends that we have dinner at the French restaurant.

Le gouvernement **exige qu'**on **recycle** les produits en plastique.

The government demands that we recycle plastic products.

- These are some verbs and expressions of emotion followed by the subjunctive.

Verbs and expressions of emotion			
aimer que...	to like that...	être heureux / heureuse que...	to be happy that...
avoir peur que...	to be afraid that...		
être content(e) que...	to be glad that...	être surpris(e) que...	to be surprised that...
être désolé(e) que...	to be sorry that...	être triste que...	to be sad that...
être furieux / furieuse que...	to be furious that...	regretter que...	to regret that...

Marc **est surpris que** Loïc **vienne**.
Marc is surprised that Loïc is coming.

Je **suis furieux qu'**on **gaspille** de l'énergie.
I am furious that people waste energy.

- In English, the word *that* introducing the subordinate clause may be omitted. In French, never omit **que** between the two clauses.

Ils sont heureux **que** j'arrive.
They're happy (that) I'm arriving.

Elle préfère **que** tu partes.
She prefers (that) you leave.

- If the subject doesn't change, use the infinitive with expressions of will and emotion. In the case of **avoir peur**, **regretter**, and expressions with **être**, add **de** before the infinitive.

Tu **souhaites faire** un pique-nique?
Do you wish to have a picnic?

Nous **sommes tristes d'entendre** la mauvaise nouvelle.
We're sad to hear the bad news.

Irregular verbs in the subjunctive

- Here are three verbs that have irregular forms in the subjunctive.

Present subjunctive of *avoir, être, faire*			
	avoir	**être**	**faire**
que je/j'	aie	sois	fasse
que tu	aies	sois	fasses
qu'il/elle/on	ait	soit	fasse
que nous	ayons	soyons	fassions
que vous	ayez	soyez	fassiez
qu'ils/elles	aient	soient	fassent

Elle veut que je **fasse** le lit.
She wants me to make the bed.

Tu es désolé qu'elle **soit** loin.
You are sorry that she is far away.

Boîte à outils

There is no future form of the subjunctive, so use the present subjunctive even when expressing an action that is going to take place in the future. The context will clarify the meaning.

Elle est contente que tu prennes des cours de musique l'année prochaine.

She's glad that you're taking music classes next year.

Vérifiez

Vérifiez

Essayez!	Indiquez les formes correctes du présent du subjonctif des verbes.

1. que je <u>finisse</u> (finir)
2. qu'il _____ (faire)
3. que vous _____ (être)
4. que leur enfant _____ (avoir)

5. que nous _____ (prendre)
6. que nous _____ (faire)
7. qu'ils _____ (avoir)
8. que tu _____ (attendre)

Mise en pratique

1 **Des opinions** Que devraient faire les personnages sur les illustrations? Employez ces expressions pour donner vos opinions.

vous (proposer que)

▶ **MODÈLE**

Je propose que vous mangiez quelque chose.

acheter une décapotable (*convertible*)	garder le secret
	manger quelque chose
boire de l'eau	me donner de l'argent
faire la fête	trouver des amis

1. tu (suggérer que)

_____

2. mes voisins (vouloir que)

_____

3. vous (exiger que)

_____

4. Yves (souhaiter que)

_____

5. elle (recommander que)

_____

6. tu (désirer que)

_____

2 **Des opinions** Complétez ces phrases avec le présent du subjonctif. Ensuite, comparez vos réponses avec celles d'un(e) partenaire.

1. Nous sommes furieux que les examens...

2. Notre prof exige que...

3. Nous aimons que le prof...

4. Je propose que... le vendredi.

5. Les élèves veulent que les cours...

6. Je recommande que... tous les jours.

7. C'est triste que ce lycée...

8. Nous préférons que la cantine...

9. Mes ami(e)s suggèrent que...

10. Je souhaite que...

Communication

3 **Enquête** Comparez vos idées sur la nature et l'environnement avec celles d'un(e) partenaire. Posez-vous ces questions.

1. Que suggères-tu qu'on fasse pour protéger les forêts tropicales?
2. Vaut-il mieux qu'on ne chasse plus? Pourquoi?
3. Que recommandes-tu qu'on fasse pour arrêter la pollution?
4. Comment souhaites-tu que nous préservions nos ressources naturelles?
5. Quels produits recommandes-tu qu'on développe?
6. Quel problème écologique veux-tu qu'on traite tout de suite?
7. Que proposes-tu qu'on fasse pour sauver les espèces menacées?
8. Est-il important qu'on arrête le déboisement? Pourquoi?

4 **Mme Quefège...** Mme Quefège donne des conseils à la radio. Pensez à une difficulté que vous avez et préparez par écrit un paragraphe que vous lui lirez. Elle va vous faire des recommandations. Avec un(e) partenaire, alternez les rôles pour jouer les scènes.

> **MODÈLE**
>
> **Elève 1:** *Ma petite amie fait constamment ses devoirs et elle ne veut plus sortir.*
> **Elève 2:** *Je suis désolée qu'elle n'arrête pas de travailler. Si elle ne veut toujours pas sortir ce week-end, je suggère que vous en parliez à ses parents.*

5 **Il faut que...** À tour de rôle, donnez des conseils à votre partenaire pour chacune (*each one*) de ces situations. Utilisez des expressions de volonté et d'opinion avec le subjonctif.

- Il/Elle voyage en Europe pour la première fois.
- Il/Elle a un gros rhume.
- Il/Elle veut rester en forme.
- Il/Elle ne respecte pas la nature.

6 **Les habitats naturels** Par groupes de trois, préparez le texte pour cette affiche où vous expliquez ce qu'on doit faire pour sauver les habitats naturels. Utilisez des verbes au présent du subjonctif.

6B.2

Comparatives and superlatives of nouns

vhlcentral

Point de départ In **D'accord!** Level 1, you learned how to compare nouns and verbs by using comparative and superlative forms of adjectives and adverbs. You will now learn how to compare nouns when talking about quantities.

> Tu peux manger autant de fromage que tu veux.

> Nous nous occupons de la forêt pour avoir moins d'incendies.

- To compare the amount of something, use these expressions:

plus de	+	[noun]	+	**que**	*more... than*
moins de	+	[noun]	+	**que**	*less; fewer... than*
autant de	+	[noun]	+	**que**	*as much; as many... as*

Elle fait **plus d'heures que** sa sœur.
She works more hours than her sister (does).

Il y a **moins d'arbres** dans le jardin **que** dans la forêt.
There are fewer trees in the garden than in the forest.

Vous recevez **autant de** courrier **que** vos amis.
You receive as much mail as your friends (do).

Il n'y a pas **autant d'**animaux dans la ville **que** dans la jungle.
There aren't as many animals in the city as (there are) in the jungle.

- To express the superlative quantity of a noun (*the most, the least/fewest*), use: **le plus de** or **le moins de**.

Ce sont les forêts tropicales qui ont **le plus de plantes**.
Tropical rainforests have the most plants.

Ce sont les pays pauvres qui ont **le moins d'argent**.
Poor countries have the least money.

Qui a vu **le plus de** lapins?
Who saw the most rabbits?

Quel véhicule doit-on utiliser pour produire **le moins de** pollution?
Which vehicle should we use to produce the least pollution?

Essayez! Complétez les phrases avec les comparatifs ou les superlatifs corrects.

1. Mon ami n'a pas *autant de* (*as much*) travail que moi.
2. Qui a _____ (*the fewest*) cousins?
3. La Corse a-t-elle _____ (*as many*) falaises que la Sicile?
4. Il y a _____ (*fewer*) déserts en Amérique du Nord qu'en Afrique.
5. Quel pays a _____ (*the most*) rivières polluées?
6. Malheureusement, on a _____ (*more*) problèmes que de solutions.

Le français vivant

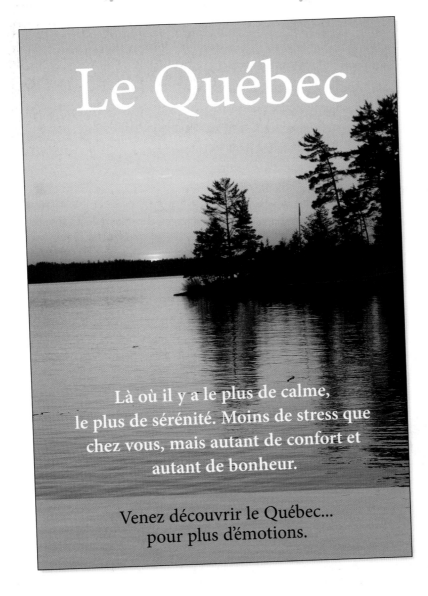

Le Québec

Là où il y a le plus de calme, le plus de sérénité. Moins de stress que chez vous, mais autant de confort et autant de bonheur.

Venez découvrir le Québec... pour plus d'émotions.

Identifiez Quels comparatifs et superlatifs trouvez-vous dans cette publicité (*ad*)?

Questions Posez ces questions à un(e) partenaire et répondez à tour de rôle. Employez des comparatifs et des superlatifs dans vos réponses, si possible.

1. D'après (*According to*) cette pub, que cherche le touriste qui voudrait passer des vacances au Québec?
2. Quelle comparaison la pub fait-elle entre le Québec et l'endroit où habite le lecteur/la lectrice (*reader*)?
3. As-tu déjà passé des vacances au Québec? Voudrais-tu y aller un jour?
4. Si tu vas ou retournes au Québec un jour, voudras-tu y faire un séjour comme celui que la pub décrit? Pourquoi?

Mise en pratique

1 **Avec qui sortir?** Amaia compare deux garçons. Écrivez des phrases avec les éléments donnés et faites les changements nécessaires.

> **MODÈLE** Kadir / avoir / plus / énergie / Jacques
>
> *Kadir a plus d'énergie que Jacques.*

1. Kadir / avoir / moins / problèmes / Jacques
2. Jacques / avoir / plus / humour / Kadir
3. Kadir / donner / plus / cadeaux / Jacques
4. Jacques / avoir / autant / amis / Kadir
5. Kadir / avoir / moins / patience / Jacques
6. Jacques / avoir / plus / ambition / Kadir

2 **À la campagne** Lise parle de son séjour à la campagne et compare le nombre de choses qu'elle a observées dans la nature. Que dit-elle?

> ▶ **MODÈLE**
>
> *J'ai observé autant de nuages blancs que de nuages gris.*

1.   2.   3.   4.

3 **Des opinions!** Qui en (*of it*) a le plus ou le moins? Écrivez des phrases avec les éléments donnés pour exprimer votre opinion.

> **MODÈLE** du charme: les villages ou les villes?
>
> *Les villages ont le plus de charme.*
> *Les villes ont moins de charme.*

1. argent: Oprah Winfrey ou Mark Zuckerberg?
2. musées: Paris ou New York?
3. usines: la campagne ou la ville?
4. déchets: les villes ou les villages?

4 **Combien de calories?** Vous et votre partenaire êtes au régime. Faites au moins quatre comparaisons entre ces aliments. Dites à la classe quel aliment contient le plus de calories et lequel en contient le moins.

> **MODÈLE**
>
> Il y a autant de calories dans un café que dans un thé.

banane	carotte	glace	poulet
biscuits	frites	pain	saucisses
bonbons	gâteau	porc	thon

Communication

5 **Eh bien, moi...** Posez ces questions à un(e) partenaire, puis faites une comparaison.

> **MODÈLE**
>
> **Élève 1:** *Combien de films regardes-tu par mois?*
> **Élève 2:** *Je regarde quatre ou cinq films par mois.*
> **Élève 1:** *Je regarde plus de films que toi. Je regarde huit films par mois.*

1. Combien de frères (sœurs, cousins) as-tu?
2. Combien d'heures par jour étudies-tu?
3. Combien de SMS reçois-tu par jour?
4. Combien d'heures dors-tu chaque nuit?
5. Combien de cours as-tu ce semestre?
6. Combien de cafés prends-tu par jour?
7. Combien de personnes connais-tu qui parlent une langue étrangère?
8. Combien d'examens as-tu cette semaine-ci?

6 **Où habiter?** Avec un(e) partenaire, comparez la vie dans une maison à la vie dans un appartement. Décidez où vous préféreriez habiter si vous aviez le choix. Utilisez le vocabulaire de la liste.

> **MODÈLE**
>
> **Élève 1:** *Dans une maison, nous pouvons mettre plus d'affiches sur les murs.*
> **Élève 2:** *Oui, et dans un appartement, il y a moins d'espace.*

affiches	armoire	meuble	supervision
amis	espace	protection	télé
argent	fêtes	repas	?

7 **Un dialogue** Vous voulez voyager dans un pays francophone et vous discutez de vos recherches sur Internet. Par groupes de trois, préparez un dialogue où vous utilisez **autant de**, **moins de** et **plus de** et alternez les rôles.

> **MODÈLE**
>
> **Élève 1:** *Où y a-t-il moins de pollution, au Québec ou en France?*
> **Élève 2:** *Il y a de la pollution aux deux endroits. Mais il y a plus d'espaces verts au Québec.*
> **Élève 3:** *Où y a-t-il plus de sentiers? On voudrait faire des randonnées.*

8 **Les comparaisons** Vous habitez dans une grande ville et votre cousin(e) habite à la campagne. Avec un(e) partenaire, préparez une conversation où vous discutez des différences entre les deux environnements. Utilisez des comparatifs et des superlatifs dans votre conversation.

> **MODÈLE**
>
> **Élève 1:** *Il y a beaucoup de bâtiments en ville.*
> **Élève 2:** *À la campagne, il y a moins de bâtiments, mais il y a plus d'arbres.*

Révision

1 **Des changements** Avec un(e) partenaire, observez ces endroits et dites, à tour de rôle, si vous aimeriez qu'il y ait **plus de** ou **moins de** certaines choses.

MODÈLE

Élève 1: *Je préférerais qu'il y ait plus d'eau dans cette rivière.*
Élève 2: *J'aimerais mieux qu'il y ait plus d'herbe.*

1.

3.

2.

4.

2 **Visite de votre région** Interviewez vos camarades. Que recommandent-ils à des visiteurs qui ne connaissent pas votre région? Écrivez leurs réponses. Utilisez les expressions de la liste suivante.

MODÈLE

Élève 1: *Que devraient faire les visiteurs de cette région?*
Élève 2: *Je recommande qu'ils visitent les musées du centre-ville. Il serait bon qu'ils assistent aussi à un match de baseball.*

il est bon que	proposer que
il est indispensable que	recommander que
il faut que	suggérer que
?	?

3 **Plus d'arbres** Avec un(e) partenaire, pensez à votre environnement et dites si vous voulez qu'il y ait **plus de**, **moins de** ou **autant de** choses ou d'animaux. Quand vous n'êtes pas d'accord, justifiez vos réponses.

MODÈLE

Élève 1: *Je souhaite qu'il y ait plus d'arbres.*
Élève 2: *Oui, il faut plus d'arbres autour du lycée et en ville.*

4 **Voyage en Afrique centrale** Avec un(e) partenaire, vous voulez visiter ces endroits en Afrique centrale. Préparez un dialogue avec des verbes au présent du subjonctif et des comparatifs ou des superlatifs. Ensuite, alternez les rôles.

MODÈLE

Élève 1: *J'aimerais qu'on visite Kribi, au Cameroun. Il y a plus de plages.*
Élève 2: *Il vaut mieux que nous visitions le marché, au Gabon.*

la forêt de Dzanga-Sangha (République centrafricaine)
le lac Kivu (Rwanda)
les marchés (Gabon)
le parc national de Lobéké (Cameroun)
le parc national de l'Ivindo (Congo)
les plages de Kribi (Cameroun)

5 **Échange d'opinions** Avec un(e) partenaire, imaginez une conversation entre un chasseur (*hunter*) et un défenseur de la nature. Préparez un dialogue où les deux se font des suggestions. Ensuite, jouez votre dialogue pour la classe.

MODÈLE

Élève 1: *Il est dommage que vous disiez que les chasseurs n'aiment pas la nature.*
Élève 2: *Je souhaite que vous respectiez plus les animaux.*

6 **La maman de Carine** Votre professeur va vous donner, à vous et à votre partenaire, deux feuilles d'activités différentes sur Carine et sa mère. Attention! Ne regardez pas la feuille de votre partenaire.

MODÈLE

Élève 1: *Si Carine prend l'avion,...*
Élève 2: *...sa mère veut qu'elle l'appelle de l'aéroport.*

À l'écoute vhlcentral

Listening for the gist/ Listening for cognates

Combining these two strategies is an easy way to get a good sense of what you hear. When you listen for the gist, you get the general idea of what you're hearing, which allows you to interpret cognates and other words in a meaningful context. Similarly, the cognates give you information about the details of the story that you might not have understood when listening for the gist.

 To practice these strategies, you will listen to a short paragraph. Write down the gist of what you hear and jot down a few cognates. What conclusions can you draw about what you heard?

Préparation

Regardez la photo. Que se passe-t-il à votre avis? Combien de personnes y a-t-il? Pour quelle cause ces personnes manifestent-elles (*demonstrate*)? De quoi vont-elles parler?

À vous d'écouter

Écoutez la personne qui a organisé la manifestation (*demonstration*) et indiquez les sujets mentionnés.

la chasse	les lois sur la protection de l'environnement
les déchets toxiques	
l'effet de serre	la pluie acide
l'énergie nucléaire	la pollution
l'extinction de certaines espèces	la pollution des rivières
	le ramassage des ordures
le gaspillage	la surpopulation

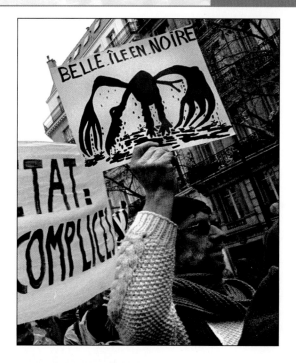

Compréhension

Complétez Choisissez la bonne réponse pour terminer chaque phrase, d'après ce que vous venez d'entendre.

1. Il faut trouver des solutions pour _____.
   a. moins polluer   b. sauver des espèces en danger
   c. prévenir des incendies

2. Il est essentiel de prendre l'habitude de/d' _____.
   a. ramasser les ordures
   b. utiliser moins d'eau   c. trier (*sort*) les déchets.

3. Il faut _____ le gaspillage.
   a. recycler   b. éviter   c. améliorer

4. Le gouvernement doit _____.
   a. passer des lois plus strictes
   b. éviter l'effet de serre   c. créer un ministère de l'environnement

5. Il faut prendre _____ au sérieux.
   a. la polution de l'eau   b. les ressources naturelles
   c. les déchets toxiques

6. Trop _____ sont en train de disparaître.
   a. de forêts   b. d'espèces   c. de ressources naturelles

 Les lois Un(e) représentant(e) du Congrès vient visiter votre lycée pour discuter de l'environnement. Par petits groupes, choisissez un problème écologique qui est très important pour vous. Préparez des arguments à lui présenter. Vous voulez lui faire comprendre que le gouvernement doit faire plus dans le domaine que vous avez choisi. Soyez prêt(e)s à bien expliquer la situation actuelle (*current*) et les changements nécessaires pour l'améliorer. Pensez aussi à quelques nouvelles lois sur la protection de l'environnement que vous pourrez suggérer à votre représentant(e) du Congrès.

Panorama

vhlcentral

Le Grand Est

La région en chiffres   Grand Est
ALSACE-CHAMPAGNE-ARDENNE-LORRAINE

▶ **Superficie:** *57.433 km²*

▶ **Population:** *5.554.645*

▶ **Industries principales:** *chimie-matériaux, bois-forêt, machines-équipements, métallurgie, technologies de santé, énergie, industrie agroalimentaire°, automobile*

▶ **Villes principales:** *Strasbourg, Reims, Metz, Nancy*

Personnes célèbres

▶ **Patricia Kaas,** *chanteuse (1966–)* ·····

▶ **Albert Uderzo,** *dessinateur et scénariste de BD°, co-créateur de la série Astérix (1927–)*

▶ **Albert Schweitzer,** *médecin, prix Nobel de la paix en 1952 (1875–1965)*

Les Hauts-de-France

La région en chiffres
Région Hauts-de-France

▶ **Superficie:** *31.813 km²*

▶ **Population:** *6.006.156*

▶ **Industries principales:** *agroalimentaire, chimie, énergie, imprimerie°, mécanique, sidérurgie-métallurgie°, papier carton°*

▶ **Villes principales:** *Lille, Arras, Amiens*

Personnes célèbres

▶ **Jules Verne,** *écrivain (1828–1905)*

▶ **Camille Claudel,** *sculptrice (1864–1943)*

▶ ·····**Dany Boon,** *acteur (1966–)*

agroalimentaire *food-processing* **dessinateur et scénariste de BD** *cartoonist* **imprimerie** *printing* **sidérurgie-métallurgie** *steel and metal industry* **papier carton** *cardboard* **paysage champenois** *Champagne landscape* **chef d'œuvre** *masterpiece* **rois** *kings* **sacrés** *crowned*

le Vieux Lille

LES PAYS-BAS

LA MER DU NORD

L'ALLEMAGNE

LA BELGIQUE

le Rhin

la Meuse

Dunkerque
Calais
Boulogne-sur-Mer
Lille
Valenciennes

HAUTS-DE-FRANCE

LE LUXEMBOURG

la Somme
Amiens
Saint-Quentin

Sedan

Beauvais
Compiègne
l'Oise
Soissons
Reims

la Meuse

Verdun
Metz

Châlons-en-Champagne
Bar-le-Duc
Nancy
Strasbourg

GRAND EST

LA FRANCE

la Seine
Troyes
Épinal
Chaumont
Colmar

la Moselle
le Rhin

Langres
Mulhouse

0   80 miles
0   80 kilomètres

le paysage champenois° près de Reims

dans les Vosges

Incroyable mais vrai!

La région Hauts-de-France est la terre des cathédrales. La cathédrale d'Amiens, considérée un chef d'œuvre° du style gothique, est la plus vaste de France. Elle est assez grande pour contenir deux fois Notre Dame de Paris! Dans le Grand Est, la cathédrale la plus célèbre est celle de Reims, où 25 rois° de France ont été sacrés° entre 1223–1825.

Les traditions

Les géants° du Nord

D'origine médiévale, les géants sont des mannequins° gigantesques portés° par une ou plusieurs personnes pendant les fêtes et les célébrations locales du Nord de la France. Fortement liés° à l'identité d'une ville, d'un quartier ou d'une association, ils représentent des héros historiques ou légendaires, des personnages locaux, des métiers ou des animaux. Chaque° géant a sa vie: il naît, il se marie, il a des enfants. Et cette vie de citoyen° modèle sert d'exemple à sa communauté.

L'histoire

Jeanne d'Arc

Jeanne d'Arc est née en 1412, en Lorraine dans le Grand Est, dans une famille de paysans°. En 1429, quand la France est en guerre contre l'Angleterre, Jeanne d'Arc décide de partir au combat pour libérer son pays. Elle prend la tête° d'une armée et libère la ville d'Orléans des Anglais. Cette victoire permet de sacrer° Charles VII roi de France. Plus tard, Jeanne d'Arc perd ses alliés° pour des raisons politiques. Vendue aux Anglais, elle est condamnée pour hérésie. Elle est exécutée à Rouen, en 1431. En 1920, l'Église catholique la canonise.

Les destinations

Strasbourg

Strasbourg, chef-lieu° du Grand Est, est le siège° du Conseil de l'Europe depuis 1949 et du Parlement européen depuis 1979. Le Conseil de l'Europe est responsable de la promotion des valeurs démocratiques et des droits de l'homme°, de l'identité culturelle européenne et de la recherche de solutions° aux problèmes de société. Les membres du Parlement sont élus° dans chaque pays de l'Union européenne. Le Parlement contribue à l'élaboration de la législation européenne et à la gestion de l'Europe.

La société

Un mélange de cultures

L'Alsace dans Le Grand Est, a été enrichie° par de multiples courants° historiques et culturels grâce à sa position entre la France et l'Allemagne et le fait qu'elle a fait partie de chaque pays à différentes périodes de l'histoire. La langue alsacienne vient d'un dialecte germanique et l'allemand est maintenant enseigné dans les écoles primaires. Les Alsaciens bénéficient aussi des lois° sociales allemandes. Le mélange° des cultures est visible à Noël avec des traditions allemandes et françaises (le sapin de Noël, la Saint Nicolas, les marchés).

Qu'est-ce que vous avez appris? Répondez aux questions par des phrases complètes.

1. Quelle est la cathédrale la plus vaste de France?
2. Dans quelle cathédrale les rois de France ont-ils été sacrés?
3. Qu'est-ce que les géants représentent?
4. De quoi servent les géants dans la communauté?
5. Pourquoi Strasbourg est-elle importante?
6. Quel est un des rôles du Conseil de l'Europe?
7. Contre qui Jeanne d'Arc a-t-elle défendu la France?
8. Comment est-elle morte?
9. Quelle langue étrangère enseigne-t-on aux petits Alsaciens?
10. À quel moment de l'année le mélange des cultures est-il particulièrement visible en Alsace?

Sur Internet

1. Quelle est la différence entre le Conseil européen et le Conseil de l'Europe?
2. Trouvez d'autres informations sur Jeanne d'Arc.
3. Quelles charactéristiques architecturales les cathédrales des Hauts-de-France ont-elles en commun?

géants *giants* **mannequins** *models* **portés** *carried*
liés *linked* **Chaque** *Each* **citoyen** *citizen* **paysans** *peasants*
prend la tête *takes the lead* **sacrer** *crown* **alliés** *allies*
chef-lieu *regional seat of government* **siège** *headquarters*
droits de l'homme *human rights* **recherche de solutions**
finding solutions **élus** *elected* **enrichie** *enriched*
courants *trends, movements* **lois** *laws* **mélange** *mix*

Lecture vhlcentral

Avant la lecture

STRATÉGIE

Recognizing chronological order

Recognizing the chronological order of events in a narrative is key to understanding the cause and effect relationship between them. When you are able to establish the chronological chain of events, you will easily be able to follow the plot. In order to be more aware of the order of events in a narrative, you may find it helpful to prepare a numbered list of the events as you read.

Examinez le texte

Dans l'extrait (*excerpt*) du *Petit Prince* que vous allez lire, le petit prince rencontre un géographe. Que fait un géographe? En quoi consiste son travail exactement? Est-ce un travail facile ou difficile, à votre avis? Regardez les illustrations et décrivez le géographe et le petit prince.

À propos de l'auteur
Antoine de Saint-Exupéry

Antoine de Saint-Exupéry est né à Lyon, en France, en 1900. C'est un écrivain français très apprécié dans le monde entier qui a aussi eu une carrière d'aviateur. En 1921, il entre dans l'armée, où il est formé comme pilote. Plus tard, en 1926, il devient pilote pour la compagnie Aéropostale et voyage entre la France, l'Afrique du Nord et l'Amérique du Sud. À cette époque, il écrit ses deux premiers romans°, *Courrier Sud* et *Vol de nuit*. De nouveau dans l'armée française, Saint-Exupéry écrit, en 1943, alors qu'il est en Afrique du Nord, son œuvre la plus célèbre, *Le Petit Prince*. Elle sera traduite en plus de 150 langues. Saint-Exupéry disparaît° en 1944 lors d'°une mission en avion.

Le Petit Prince raconte l'histoire d'un jeune garçon qui a quitté sa planète pour visiter d'autres planètes. Pendant son voyage, il rencontre des personnages et des animaux différents. Dans cet extrait, le petit prince arrive sur la sixième planète, où habite un vieux monsieur qui est géographe.

romans *novels* disparaît *disappears* lors d' *during*

Le Petit Prince

[...]

La sixième planète était une planète dix fois plus vaste. Elle était habitée par un vieux Monsieur qui écrivait d'énormes livres.

—Tiens! voilà un explorateur! s'écria-t-il°, quand il aperçut° le petit prince.

Le petit prince s'assit° sur la table et souffla° un peu. Il avait déjà tant° voyagé!

—D'où viens-tu? lui dit le vieux Monsieur.

—Quel est ce gros livre? dit le petit prince. Que faites-vous ici?

—Je suis géographe, dit le vieux Monsieur.

—Qu'est-ce qu'un géographe?

—C'est un savant° qui connaît où se trouvent les mers, les fleuves, les villes, les montagnes et les déserts.

—Ça, c'est intéressant, dit le petit prince. Ça, c'est enfin un véritable métier! Et il jeta un coup d'œil autour° de lui sur la planète du géographe. Il n'avait jamais vu encore une planète aussi majestueuse.

—Elle est bien belle, votre planète. Est-ce qu'il y a des océans?

—Je ne puis° pas le savoir, dit le géographe.

—Ah! (Le petit prince était déçu°.) Et des montagnes?

—Je ne puis pas le savoir, dit le géographe.

—Et des villes et des fleuves et des déserts?

—Je ne puis pas le savoir non plus, dit le géographe.

—Mais vous êtes géographe!

—C'est exact, dit le géographe, mais je ne suis pas explorateur. Je manque° absolument d'explorateurs. Ce n'est pas le géographe qui va faire le compte° des villes, des fleuves, des montagnes, des mers et des océans. Le géographe est trop important pour flâner°. Il ne quitte pas son bureau. Mais il reçoit les explorateurs. Il les interroge, et il prend note de leurs souvenirs°. Et si les souvenirs de l'un d'entre eux lui paraissent° intéressants, le géographe fait une enquête° sur la moralité de l'explorateur.

—Pourquoi ça?

—Parce qu'un explorateur qui mentirait° entraînerait° des catastrophes dans les livres de géographie. Et aussi un explorateur qui boirait° trop.

—Pourquoi ça? fit° le petit prince.

—Parce que les ivrognes° voient double. Alors le géographe noterait deux montagnes, là où il n'y en a qu'une seule.

—Je connais quelqu'un, dit le petit prince, qui serait mauvais explorateur.

—C'est possible. Donc, quand la moralité de l'explorateur paraît° bonne, on fait une enquête sur sa découverte°.

—On va voir?

—Non. C'est trop compliqué. Mais on exige qu'il en rapporte° de grosses pierres.

Le géographe soudain s'émut°.

—Mais toi, tu viens de loin! Tu es explorateur! Tu vas me décrire ta planète!

Et le géographe, ayant ouvert son registre°, tailla° son crayon. On note d'abord au crayon les récits des explorateurs. On attend, pour noter à l'encre°, que l'explorateur ait fourni des preuves°.

—Alors? interrogea le géographe.

—Oh! chez moi, dit le petit prince, ce n'est pas très intéressant, c'est tout petit. J'ai trois volcans. Deux volcans en activité, et un volcan éteint. [...]

s'écria-t-il *he exclaimed* aperçut *noticed* s'assit *sat down* souffla *breathed* tant *so much* savant *scholar* jeta un coup d'œil autour *glanced around* puis *can* déçu *disappointed* manque *lack* faire le compte *count* flâner *stroll* souvenirs *memories* paraissent *seem* enquête *investigation* mentirait *would lie* entraînerait *would cause* boirait *would drink* fit *said* ivrognes *drunks* paraît *seems* découverte *discovery* rapporte *brings back* s'émut *became emotional* ayant ouvert son registre *having opened his book* tailla *sharpened* encre *ink* ait fourni des preuves *has provided proof*

Après la lecture

Le travail d'un géographe Cherchez, dans le texte, les différentes étapes du travail du géographe et mettez-les dans l'ordre chronologique.

_____ 1. Le géographe écrit la version du récit des explorateurs à l'encre.

_____ 2. Le géographe demande aux explorateurs de raconter leurs récits.

_____ 3. Le géographe note les découvertes des explorateurs au crayon.

_____ 4. Le géographe reçoit des explorateurs.

_____ 5. Les explorateurs donnent des preuves au géographe.

_____ 6. Le géographe fait une enquête sur les découvertes des explorateurs.

_____ 7. Le géographe fait une enquête sur la moralité des explorateurs.

_____ 8. Le géographe demande aux explorateurs de lui rapporter (*bring back*) des pierres.

Répondez Répondez aux questions par des phrases complètes.

1. Où habite le géographe?

2. Que faisait le géographe quand le petit prince est arrivé sur sa planète?

3. Pourquoi est-ce que le petit prince est fatigué quand il arrive chez le géographe?

4. D'après le géographe, quel est le métier du petit prince?

5. Pourquoi est-ce qu'un géographe n'explore jamais les endroits qu'il veut connaître?

6. Si un explorateur ment, quelles peuvent être les conséquences, d'après le géographe?

7. Qu'est-ce que le géographe demande au petit prince à la fin de l'extrait?

8. Comment est la planète du petit prince?

Dans le futur Nous sommes en 2650 et on peut voyager dans l'espace. Avez-vous envie de visiter les autres planètes, comme le petit prince? Expliquez. Comment sont les autres planètes, à votre avis? Sont-elles comme la Terre ou pas?

Une lettre au géographe Vous êtes un(e) des explorateurs/exploratrices qui travaillent pour le géographe. Aidez-le à mieux connaître la Terre. Écrivez-lui une lettre dans laquelle vous lui expliquez comment est votre région, votre pays ou un autre endroit dans le monde, si vous préférez.

Écriture

STRATÉGIE

Considering audience and purpose

Writing always has a purpose. During the planning stages, you must determine to whom you are addressing the piece, and what you want your reader to "take away." Once you have defined both your audience and your purpose, you will be able to decide which genre, vocabulary, and grammatical structures will best serve your composition.

Let's say you want to share your thoughts on local traffic problems. Your audience can be either the local government or the community. You could choose to write a newspaper article, a letter to the editor, or a letter to the city's governing board. You should first ask yourself these questions:

1. Are you going to comment on traffic problems in general, or are you going to point out several specific problems?

2. Are you intending to register a complaint?

3. Are you simply intending to inform others and increase public awareness of the problems?

4. Are you hoping to persuade others to adopt your point of view?

5. Are you hoping to inspire others to take concrete actions?

The answers to these questions will help you establish the purpose of your writing and determine your audience. Of course, your writing can have more than one purpose. For example, you may intend for your writing to both inform others of a problem and inspire them to take action.

Thème

Écrire une lettre ou un article

Avant l'écriture

1. Vous allez écrire au sujet d'un (*about a*) problème lié (*linked*) à l'environnement qui vous tient à cœur. Choisissez d'abord le problème dont vous voulez parler. Vous pouvez choisir un problème local ou bien un problème mondial. Voici quelques possibilités:

   - les catastrophes naturelles

   - le déboisement

   - les déchets ménagers, nucléaires ou toxiques

   - les espèces en danger

   - le gaspillage (de l'eau, de l'énergie, de la nourriture, du papier, des ressources naturelles, etc.)

   - la pollution

   - le réchauffement climatique

   - le ramassage des ordures

2. Répondez à ces questions pour déterminer le problème et ses solutions: Comment décririez-vous le problème? Quels en sont les causes? Quelles en sont les conséquences? Comment réagissent les gens et le gouvernement, face à ce problème? Quelles sont les solutions? Que faut-il faire?

3. Décidez qui sera votre public: Voulez-vous écrire une lettre à un membre du gouvernement, à une association d'élèves, etc.? Préférez-vous écrire un article pour un journal, un magazine? Complétez ce tableau (*chart*).

Audience: Cochez (Select) les options qui décrivent votre audience.

_____ *un(e) ami(e) (lequel/laquelle?)*

_____ *une association d'élèves (laquelle?)*

_____ *un membre du/d'un gouvernement (lequel?)*

_____ *les lecteurs (readers) d'un journal/magazine (lequel?)*

_____ *les lecteurs d'un magazine (lequel?)*

Décrivez votre audience ici.

Mots et expressions pour atteindre (reach) ces lecteurs:

4. Identifiez le but de votre lettre ou article: Voulez-vous simplement informer le public ou allez-vous aussi donner votre opinion personnelle? Complétez ce tableau.

But: Cochez toutes les options qui décrivent votre but.

_____ *informer les lecteurs*   _____ *se plaindre (to complain)*

_____ *exprimer vos sentiments (feelings)*   _____ *examiner différents problèmes et situations*

_____ *persuader les lecteurs*   _____ *examiner un seul problème ou une seule situation*

_____ *inspirer les lecteurs*

Décrivez votre but ici.

Détails qui soutiennent (support) votre but:

5. Après avoir complété les deux tableaux, décidez quel type de rédaction vous allez écrire.

Écriture

1. Préparez une courte introduction, puis présentez le problème que vous avez choisi.

2. N'oubliez pas de répondre à toutes les questions posées pour définir le problème et ses solutions.

3. Utilisez le subjonctif pour exprimer la volonté et l'émotion, des comparatifs et des superlatifs, et des pronoms démonstratifs dans votre rédaction.

4. Si vous avez choisi d'exprimer votre opinion personnelle, justifiez-la pour essayer de persuader votre/vos lecteur(s).

5. Préparez la conclusion de votre lettre ou article.

Après l'écriture

1. Échangez votre lettre/article avec celle/celui d'un(e) partenaire. Répondez à ces questions pour commenter son travail.

■ Votre partenaire a-t-il/elle identifié un but et une audience spécifiques?

■ Sa lettre/Son article montre-t-elle/il clairement le but?

■ Sa lettre/Son article est-elle/il réellement destiné(e) (*aimed*) à un type de lecteur spécifique?

■ Votre partenaire a-t-il/elle répondu à toutes les questions posées pour définir le problème et ses solutions?

■ A-t-il/elle utilisé les points de grammaire de l'unité?

■ Quel(s) détail(s) ajouteriez-vous? Quel(s) détail(s) enlèveriez-vous (*would you delete*)? Quel(s) autre(s) commentaire(s) avez-vous pour votre partenaire?

2. Corrigez votre lettre/article d'après (*according to*) les commentaires de votre partenaire. Relisez votre travail pour éliminer ces problèmes:

■ des fautes (*errors*) d'orthographe, de ponctuation et de conjugaison

■ un mauvais emploi des temps et de la grammaire de l'unité

■ des fautes d'accord (*agreement*) des adjectifs

Leçon 6A

La nature

un espace	space, area
en plein air	outdoor, open-air
pur(e)	pure

L'écologie

améliorer	to improve
développer	to develop
gaspiller	to waste
polluer	to pollute
préserver	to preserve
prévenir l'incendie	to prevent fires
proposer une solution	to propose a solution
recycler	to recycle
sauver la planète	to save the planet
une catastrophe	catastrophe
une centrale nucléaire	nuclear power plant
le covoiturage	carpooling
un danger	danger, threat
des déchets toxiques (m.)	toxic waste
l'écologie (f.)	ecology
l'effet de serre (m.)	greenhouse effect
un emballage en plastique	plastic wrapping/packaging
l'énergie nucléaire (f.)	nuclear energy
l'énergie solaire (f.)	solar energy
l'environnement (m.)	environment
le gaspillage	waste
un glissement de terrain	landslide
un nuage de pollution	pollution cloud
la pluie acide	acid rain
la pollution	pollution
une population croissante	growing population
un produit	product
la protection	protection
le ramassage des ordures	garbage collection
le réchauffement de la Terre	global warming
le recyclage	recycling
la surpopulation	overpopulation
le trou dans la couche d'ozone	hole in the ozone layer
une usine	factory
écologique	ecological

Les lois et les règlements

abolir	to abolish
interdire	to forbid, to prohibit
un gouvernement	government
une loi	law

Expressions utiles

See p. 297.

Pronoms démonstratifs

celui	this one; that one; the one (m. sing.)
ceux	these; those; the ones (m. pl.)
celle	this one; that one; the one (f. sing.)
celles	these; those; the ones (f. pl.)

Expressions impersonnelles

Il est bon que...	It is good that...
Il est dommage que...	It is a shame that...
Il est essentiel que...	It is essential that...
Il est important que...	It is important that...
Il est indispensable que...	It is essential that...
Il est nécessaire que...	It is necessary that...
Il est possible que...	It is possible that...
Il faut que...	One must... / It is necessary that...
Il vaut mieux que...	It is better that...

Leçon 6B

La nature

une espèce (menacée)	(endangered) species
la nature	nature
un pique-nique	picnic
une région	region
une ressource naturelle	natural resource
un arbre	tree
un bois	woods
un champ	field
le ciel	sky
une côte	coast
un désert	desert
une étoile	star
une falaise	cliff
un fleuve	river
une forêt (tropicale)	(tropical) forest
l'herbe (f.)	grass
une île	island
la jungle	jungle
un lac	lake
la Lune	moon
une pierre	stone
une plante	plant
une rivière	river
un sentier	path
une vallée	valley
un volcan	volcano

L'écologie

chasser	to hunt
jeter	to throw away
la chasse	hunt
le déboisement	deforestation
l'écotourisme (m.)	ecotourism
l'extinction (f.)	extinction
la préservation	protection
le sauvetage des habitats	habitat preservation

Les animaux

un animal	animal
un écureuil	squirrel
un lapin	rabbit
un serpent	snake
une vache	cow

Expressions utiles

See p. 315.

Verbes de volonté

demander que...	to ask that...
désirer que...	to want/desire that...
exiger que...	to demand that...
préférer que...	to prefer that...
proposer que...	to propose that...
recommander que...	to recommend that...
souhaiter que...	to wish that...
suggérer que...	to suggest that...
vouloir que...	to want that...

Verbes et expressions d'émotion

aimer que...	to like that...
avoir peur que...	to be afraid that...
être content(e) que...	to be glad that...
être désolé(e) que...	to be sorry that...
être furieux / furieuse que...	to be furious that...
être heureux / heureuse que...	to be happy that...
être surpris(e) que...	to be surprised that...
être triste que...	to be sad that...
regretter que...	to regret that...

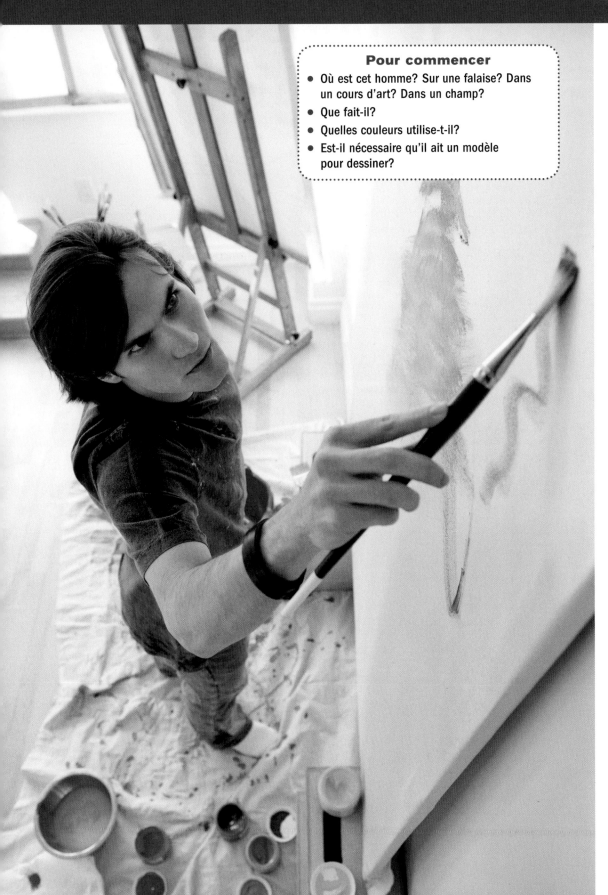

Les arts

Unité 7

Pour commencer
- Où est cet homme? Sur une falaise? Dans un cours d'art? Dans un champ?
- Que fait-il?
- Quelles couleurs utilise-t-il?
- Est-il nécessaire qu'il ait un modèle pour dessiner?

Leçon 7A

CONTEXTES . . . pages 336–339
- Performance arts
- **Les liaisons obligatoires et les liaisons interdites**

ROMAN-PHOTO . pages 340–341
- **Après le concert**

CULTURE . . . . . . pages 342–343
- Theater in France
- **Flash culture**

STRUCTURES . . pages 344–351
- The subjunctive (Part 3)
- Possessive pronouns

SYNTHÈSE . . . . pages 352–355
- **Révision**
- **Le Zapping**

Leçon 7B

CONTEXTES . . . pages 356–359
- Literary arts
- TV and movies
- **Les abréviations et les sigles**

ROMAN-PHOTO . pages 360–361
- **Au revoir, David!**

CULTURE . . . . . . pages 362–363
- Haitian painting

STRUCTURES . . pages 364–371
- The subjunctive (Part 4)
- Review of the subjunctive

SYNTHÈSE . . . . pages 372–373
- **Révision**
- **À l'écoute**

Savoir-faire . pages 374–379
- **Panorama: La France d'outre mer**
- **Lecture:** Read part of an essay.
- **Écriture:** Write a critique.

🔊 **vhl**central

Que le spectacle commence!

Vocabulaire

jouer un rôle	to play a role
présenter	to present
profiter de quelque chose	to take advantage of/ to enjoy something
un applaudissement	applause
une chanson	song
un chœur	choir, chorus
une comédie (musicale)	comedy (musical)
un compositeur	composer
un concert	concert
une danse	dance
un dramaturge	playwright
un entracte	intermission
un membre	member
un metteur en scène	director (of a play, a show)
un personnage (principal)	(main) character
une pièce de théâtre	play
un réalisateur/ une réalisatrice	director (of a movie)
une séance	show; screening
une troupe	company, troop
le début	beginning; debut
la fin	end
un genre	genre
une sorte	sort, kind
célèbre	famous

une danseuse

une spectatrice

un danseur

Elle applaudit. (applaudir)

un piano

La danse

une guitare

un orchestre

la batterie

Ils font de la musique.

YVETTE LEBLANC & CO.

Mise en pratique

une comédie

une tragédie

Le théâtre

un spectateur

CARMEN de Bizet

Il joue du violon.

un opéra

une place

1 **Choisissez** Choisissez la réponse qui complète le mieux chaque (*each*) phrase. Notez que toutes les réponses ne sont pas utilisées.

_____ 1. Pour entrer dans une salle de spectacle,...
_____ 2. Georges Bizet a écrit *Carmen* en 1875;...
_____ 3. Au milieu d'une pièce de théâtre...
_____ 4. Un metteur en scène est chargé de...
_____ 5. La tragédie *Hamlet* est une...
_____ 6. Une comédie musicale est...

a. il faut un billet.

b. un spectacle de musique et de danse.

c. un membre de la troupe.

d. guider les comédiens dans leur travail.

e. il y a souvent un entracte.

f. il faut danser à l'entracte.

g. c'est un des opéras français les plus célèbres.

h. des pièces de théâtre les plus connues de Shakespeare.

2 **Associez** Complétez les analogies suivantes par le mot ou l'expression de **CONTEXTES** qui convient le mieux.

1. chanter ⟷ chanson / applaudir ⟷ _____
2. heureux ⟷ comédie / triste ⟷ _____
3. théâtre ⟷ pièce / cinéma ⟷ _____
4. concert ⟷ orchestre / chanson ⟷ _____
5. film ⟷ acteur / ballet ⟷ _____
6. opéra ⟷ chanter / concert ⟷ _____
7. livre ⟷ écrivain / musique ⟷ _____
8. classe ⟷ élève / troupe ⟷ _____
9. film ⟷ réalisateur / pièce de théâtre ⟷ _____
10. danse ⟷ danseur / chanson ⟷ _____

3 **Écoutez** Écoutez la conversation entre Hakim et Nadja pendant le spectacle de *Notre-Dame de Paris*, ensuite indiquez la bonne réponse.

1. Hakim et Nadja donnent leurs...
   a. places.
   b. billets.
   c. détails.

2. Leurs places sont situées...
   a. très loin de l'orchestre.
   b. au balcon.
   c. près de l'orchestre.

3. Le spectacle est...
   a. une comédie musicale.
   b. un concert.
   c. une tragédie.

4. Gilles Maheu est...
   a. un dramaturge.
   b. un metteur en scène.
   c. un personnage.

5. Hakim...
   a. n'a pas applaudi.
   b. a très peu applaudi.
   c. a beaucoup applaudi.

6. Nadja pense qu'Hakim...
   a. va devenir célèbre.
   b. n'est pas un bon danseur.
   c. est un bon compositeur.

Communication

4 **Le mot juste** Avec un(e) partenaire, remplissez les espaces par le mot qui est illustré. Faites les accords nécessaires.

1. Ma petite sœur apprend à _____ . Ça fait beaucoup de bruit (*noise*) dans la maison. Elle prépare

   son premier _____ qui sera en décembre.

2. Je dois me dépêcher de trouver une _____ parce que la _____

   va bientôt commencer.

3. Marie-Claude Pietragalla a été _____ étoile de l'Opéra de Paris. Je l'ai beaucoup aimée dans le

   _____ de Giselle.

4. Je sais _____ et je voudrais apprendre à _____ , mais je n'ai

   pas beaucoup de temps.

5 **Répondez** Avec un(e) partenaire, posez-vous les questions suivantes et répondez-y à tour de rôle.

1. Quelle sorte de chanson préfères-tu? Pour quelle(s) raison(s)?
2. Quel est le dernier concert auquel tu as assisté? Comment était-ce?
3. Quel est ton genre de spectacle favori? Pourquoi?
4. Quel réalisateur admires-tu le plus? Décris un de ses films.
5. Est-ce que tu fais de la musique? De quel genre?
6. Es-tu un(e) bon(ne) danseur/danseuse? Pour quelle(s) raison(s)?
7. Si tu pouvais jouer un rôle, lequel choisirais-tu? Pourquoi?
8. Est-ce que les arts sont importants pour toi? Lesquels? Pourquoi?

6 **Les sorties** Votre professeur va vous donner, à vous et à votre partenaire, une feuille d'activités. Suivez les indications. Attention! Ne regardez pas la feuille de votre partenaire.

MODÈLE

Élève 1: *Bonjour.*
Élève 2: *Bonjour. J'aimerais voir quelques spectacles ce week-end. Pourriez-vous me dire quels sont les spectacles proposés?*
Élève 1: *Bien sûr! Eh bien, vendredi soir...*

7 **Le blog virtuel** Formez un petit groupe. Chaque membre du groupe choisit un film ou un spectacle différent.

- Écrivez une critique de ce film/spectacle.
- Passez-la à votre partenaire de gauche.
- Il/Elle écrit ensuite ses réactions.
- Continuez le processus pour faire un tour complet.
- Ensuite, discutez de tous vos commentaires.

Les sons et les lettres 🔊 vhlcentral

Les liaisons obligatoires et les liaisons interdites

Rules for making liaisons are complex and have many exceptions. Generally, a liaison is made between pronouns, and between a pronoun and a verb that begins with a vowel or vowel sound.

vous en avez　　**nous habitons**　　**ils aiment**　　**elles arrivent**

Make liaisons between articles, numbers, or the verb **est** and a noun or adjective that begins with a vowel or a vowel sound.

un éléphant　　**les amis**　　**dix hommes** (z)　　**Roger est enchanté.**

There is a liaison after many single-syllable adverbs, conjunctions, and prepositions.

très intéressant　　**chez eux**　　**quand elle** (t)　　**quand on décidera** (t)

Many expressions have obligatory liaisons that may or may not follow these rules.

C'est-à-dire...　　**Comment allez-vous?**　　**plus ou moins**　　**avant-hier**

Never make a liaison before or after the conjunction **et** or between a noun and a verb that follows it. Likewise, do not make a liaison between a singular noun and an adjective that follows it.

un garçon et une fille　　**Gilbert adore le football.**　　**un cours intéressant**

There is no liaison before **h aspiré** or before the word **oui** and before numbers.

un hamburger　　**les héros**　　**un oui et un non**　　**mes onze animaux**

Prononcez Répétez les mots suivants à voix haute.

1. les héros　　2. mon petit ami　　3. un pays africain　　4. les onze étages

Articulez Répétez les phrases suivantes à voix haute.

1. Ils en veulent onze.
2. Vous vous êtes bien amusés hier soir?
3. Christelle et Albert habitent en Angleterre.
4. Quand est-ce que Charles a acheté ces objets?

Dictons Répétez les dictons à voix haute.

Les murs ont des oreilles.[2]

Deux avis valent mieux qu'un.[1]

[2] The walls have ears.
[1] Two heads are better than one. (lit. Two opinions are better than one.)

Après le concert vhlcentral

Amina

David

Rachid

Sandrine

Valérie

Après le concert...

RACHID Bon... que pensez-vous du spectacle?

AMINA Euh... c'est ma comédie musicale préférée... Les danseurs étaient excellents.

DAVID Oui, et l'orchestre aussi!

RACHID Et les costumes, comment tu les as trouvés, Amina?

AMINA Très beaux!

RACHID Moi, je trouve que la robe que tu as faite pour Sandrine était le plus beau des costumes.

AMINA Vraiment?

DAVID Eh, voilà Sandrine.

SANDRINE Vous avez entendu ces applaudissements? Je n'arrive pas à croire que c'était pour moi... et toute la troupe, bien sûr!

DAVID Oui c'est vraiment incroyable!

SANDRINE Alors, vous avez aimé notre spectacle?

RACHID Oui! Amina vient de nous dire que c'était sa comédie musicale préférée.

VALÉRIE Et Sandrine?

DAVID Euh, comme ci, comme ça... À vrai dire, ce n'était pas terrible... C'est le moins que l'on puisse dire.

VALÉRIE Ah bon?

DAVID Comme actrice elle n'est pas mal. Elle a bien joué son rôle, mais il est évident qu'elle ne sait pas chanter.

VALÉRIE Tu ne lui as pas dit ça, j'espère!

DAVID Ben, non, mais... Je doute qu'elle devienne une chanteuse célèbre! C'est ça, son rêve. Croyez-vous que ce soit mieux qu'elle le sache?

SANDRINE Tu en as suffisamment dit...

DAVID Sandrine! Je ne savais pas que tu étais là.

SANDRINE De toute évidence! Il vaut mieux que je m'en aille.

À la terrasse...

DAVID Sandrine! Attends!

SANDRINE Pour quoi faire?

DAVID Je voudrais m'expliquer... Il est clair que...

SANDRINE Écoute, ce qui est clair, c'est que tu n'y connais rien en musique et que tu ne sais rien de moi!

A C T I V I T É S

1 **Vrai ou faux?** Indiquez si ces affirmations sont **vraies** ou **fausses**. Corrigez les phrases fausses.

1. Le spectacle est la comédie musicale préférée de Rachid.

2. Amina a beaucoup aimé les costumes.

3. David a apporté des fleurs à Sandrine.

4. David n'aime pas vraiment la robe de Sandrine.

5. Les danseurs et l'orchestre n'étaient pas terribles.

6. Valérie est surprise d'apprendre que Sandrine n'est pas une très bonne chanteuse.

7. Sandrine est furieuse quand elle découvre la véritable opinion de David.

8. David voulait être méchant avec Sandrine.

9. Sandrine rompt (*breaks up*) avec David.

10. David veut rompre avec Sandrine.

Les amis échangent leurs opinions.

SANDRINE C'est vrai? C'est la mienne aussi. (*Elle chante.*) J'adore cette chanson!

DAVID Euh... Sandrine, que tu es ravissante dans cette robe!

SANDRINE Merci, David. Elle me va super bien, non? Et toi, Amina, merci mille fois!

Au P'tit Bistrot...

VALÉRIE Alors c'était comment, la pièce de théâtre?

DAVID C'était une comédie musicale.

VALÉRIE Oh! Alors, c'était comment?

DAVID Pas mal. Les danseurs et l'orchestre étaient formidables.

VALÉRIE Et les chanteurs?

DAVID Mmmm... pas mal.

DAVID Sandrine, je suis désolé de t'avoir blessée, mais il faut bien que quelqu'un soit honnête avec toi.

SANDRINE À quel sujet?

DAVID Eh bien..., la chanson... je doute que ce soit ta vocation.

SANDRINE Tu doutes? Eh bien, moi, je suis certaine... certaine de ne plus jamais vouloir te revoir. C'est fini, David.

DAVID Mais, Sandrine, écoute-moi! C'est pour ton bien que je dis...

SANDRINE Oh ça suffit. Toi, tu m'écoutes... Je suis vraiment heureuse que tu repartes bientôt aux États-Unis. Dommage que ce ne soit pas demain!

Expressions utiles

Talking about a performance

- **Je n'arrive pas à croire que ces applaudissements étaient pour moi!**
  I can't believe all that applause was for me!
- **À vrai dire, ce n'était pas terrible... C'est le moins que l'on puisse dire.**
  To tell the truth, it wasn't great... That's the least that you can say.

Expressing doubts

- **Je doute qu'elle devienne une chanteuse célèbre!**
  I doubt that she will become a famous singer!
- **Croyez-vous que ce soit mieux qu'elle le sache?**
  Do you think it would be better if she knew it?
- **Je doute que ce soit ta vocation.**
  I doubt that it's your vocation/ professional calling.

Expressing certainties

- **Il est évident qu'elle ne sait pas chanter.**
  It's obvious that she does not know how to sing.
- **Ce qui est clair, c'est que tu n'y connais rien en musique.**
  What's clear is that you don't know anything about music.
- **Il est clair que tu ne sais rien de moi.**
  It's clear that you know nothing about me.
- **Je suis certaine de ne plus jamais vouloir te revoir.**
  I'm certain that I never want to see you again.

Talking about necessities and desires

- **Il vaut mieux que je m'en aille.**
  It's better that I go.
- **Il faut bien que quelqu'un soit honnête avec toi.**
  It's really necessary that someone be honest with you.

2 **À vous!** David rentre chez lui et explique à Rachid qu'il s'est disputé avec Sandrine. Avec un(e) camarade de classe, préparez une conversation dans laquelle David dit ce qu'il a fait et explique la réaction de Sandrine. Rachid doit lui donner des conseils.

3 **Écrivez** Pauvre Sandrine! C'est vrai qu'elle ne chante pas bien, mais que son petit ami le dise, c'est blessant (*hurtful*). À votre avis, David a-t-il bien fait d'en parler? Pourquoi? Pour Sandrine, est-ce mieux de savoir ce que pense réellement David? Composez un paragraphe dans lequel vous expliquez votre point de vue.

A C T I V I T É S

vhlcentral | *Flash culture*

CULTURE À LA LOUPE

Le théâtre, un art vivant et populaire

Les Français sont très nombreux à fréquenter les théâtres: un Français sur trois voit° au moins une pièce par an. Ce public fréquente les théâtres privés, les théâtres municipaux et les cinq théâtres nationaux, dont le plus ancien est la Comédie-Française. Les spectacles d'amateurs sont aussi très appréciés. Les comédiens° de théâtre ont beaucoup de prestige et reçoivent des récompenses° professionnelles spéciales, les Molière. Le théâtre joue aussi un rôle social important, en particulier pour les jeunes.

Le théâtre français est né au XVIIᵉ siècle. Le roi Louis XIV était un grand amateur° de spectacles et la cour° de Versailles offrait les divertissements° les plus extravagants°. Les œuvres° d'auteurs célèbres, comme Molière ou les tragédiens Pierre Corneille et Jean Racine, datent de cette époque. En 1680, Louis XIV crée l'institution théâtrale la plus prestigieuse de France, la Comédie-Française.

Aujourd'hui, elle s'appelle aussi «Maison de Molière» ou «Théâtre-Français» et elle est toujours le symbole de la tradition théâtrale française. Elle compte parfois jusqu'à 70 comédiens et elle est subventionnée° par l'État. Elle a plus de 3.000 pièces à son répertoire et ses comédiens jouent dans près de 900 représentations° par an. Ils partent aussi en tournée° en province et à l'étranger et participent à des enregistrements° pour la radio et pour la télévision.

Pour assister à un de ces spectacles, il faut faire une réservation et retirer des billets avant le début de la représentation. Au théâtre Richelieu, on peut admirer le fauteuil dans lequel Molière a joué° il y a plus de 300 ans!

Coup de main

Les trois coups du lever de rideau°

A French tradition is to signal the beginning of a theater performance with three knocks. At the **Comédie-Française**, a six-knock signal is used instead.

Les chiffres clés du théâtre français sur trois saisons

- 2.638 textes différents ont été joués
- 7.044 mises en scène° ont été programmées
- 31.884 représentations ont été données
- il y a eu entre 1 et 323 représentations par pièce

voit *sees* **comédiens** *actors* **récompenses** *awards* **amateur** *lover* **cour** *royal court* **divertissements** *entertainment* **les plus extravagants** *wildest* **œuvres** *works* **subventionnée** *subsidized* **représentations** *performances* **en tournée** *on tour* **enregistrements** *recordings* **a joué** *acted* **lever de rideau** *rise of the curtain* **mises en scène** *productions*

ACTIVITÉS

1 Complétez Complétez les phrases.

1. _____ voit au moins une pièce par an.
2. Les comédiens de théâtre reçoivent _____.
3. _____ est né au XVIIᵉ siècle.
4. Trois auteurs qui datent de cette époque sont _____.
5. _____ a été créée par Louis XIV en 1680.
6. _____ sont deux autres noms pour la Comédie-Française.
7. La Comédie-Française a un répertoire de plus de _____.
8. Ses comédiens partent aussi _____.
9. Au théâtre Richelieu se trouve _____.
10. _____ ont été joués en France sur trois saisons.

LE FRANÇAIS QUOTIDIEN

Les spectacles

billetterie (*f.*)	*box office*
jour (*m.*) **de relâche**	*day with no performances*
orchestre (*m.*)	*orchestra seats*
poulailler (*m.*)	*gallery*
rentrée (*f.*) **théâtrale**	*start of theatrical season*
reprise (*f.*)	*revival; rerun*
à l'affiche	*now playing*
incontournable	*must-see*

LE MONDE FRANCOPHONE

Des musiciens

Voici quelques musiciens francophones célèbres.

En Algérie Cheb Bilal, chanteur de raï, un mélange° de chanson arabe et d'influences occidentales
Aux Antilles Patrick Andrey, compositeur, arrangeur, interprète de la musique zouk
Au Cameroun Manu Dibango, célèbre joueur de saxophone
Au Mali Amadou et Mariam, couple de chanteurs aveugles°
À La Réunion Danyèl Waro, la voix° du maloya, musique typique de l'île
À Saint-Pierre-et-Miquelon Henri Lafitte, auteur, compositeur et interprète° de plus de 500 chansons
Au Sénégal Viviane Chidid, chanteuse de musique mbalax, un mélange de musique traditionnelle d'Afrique de l'Ouest et de musique occidentale

mélange *mix* **aveugles** *blind* **voix** *voice* **interprète** *performer*

PORTRAIT

Molière (1622–1673)

LE THÉATRE A TRAVERS LES AGES
Molière et sa troupe.

Molière, dont le vrai nom est Jean-Baptiste Poquelin, est le génie de la Comédie-Française. D'origine bourgeoise, il choisit la vie difficile du théâtre. En 1665, il obtient le soutien° de Louis XIV et devient le premier acteur comique, auteur et metteur en scène de France. Molière est un innovateur: il écrit des satires et des farces quand la mode est aux tragédies néoclassiques. Avec le compositeur Lully, il invente la comédie-ballet. Après une vie riche en aventures, il meurt après une représentation° du *Malade imaginaire*, dans laquelle il tenait° le rôle principal.

Aujourd'hui, ses pièces sont toujours d'actualité° et Molière reste l'auteur le plus joué en France.

soutien *support* **représentation** *performance* **tenait** *played* **d'actualité** *current*

Sur Internet

Qu'est-ce que le festival d'Avignon?

Go to **vhlcentral.com** to find more information related to this **Culture** section and to watch the corresponding **Flash culture** video.

---

2 **Répondez** Répondez aux questions par des phrases complètes.

1. Molière était-il d'origine noble?
2. Que s'est-il passé dans la vie de Molière en 1665?
3. Pourquoi Molière est-il un innovateur?
4. Quand Molière est-il mort?
5. Qu'est-ce que le raï?
6. De quel instrument joue Manu Dibango?

3 **Un festival** Vous et un(e) partenaire allez organiser un festival de culture francophone. Faites des recherches sur des artistes francophones et choisissez qui vous allez inviter. Où vont-ils jouer? Indiquez les genres d'œuvres. Comparez ensuite votre programme avec celui d'un autre groupe.

A C T I V I T É S

7A.1

The subjunctive (Part 3) **vhl**central

Verbs of doubt, disbelief, and uncertainty

Point de départ The subjunctive is used in a subordinate clause when there is a change of subject and the main clause implies doubt, disbelief, or uncertainty.

MAIN CLAUSE	CONNECTOR	SUBORDINATE CLAUSE
Je doute	**que**	le concert **soit** bon.
I doubt	*that*	*the concert is good.*

Je doute qu'elle devienne une chanteuse célèbre!

Je suis certaine que je ne veux plus jamais te revoir!

Expressions of doubt, disbelief, and uncertainty

douter que...	to doubt that...	Il est impossible que...	It is impossible that...
ne pas croire que...	not to believe that...	Il n'est pas certain que...	It is uncertain that...
ne pas penser que...	not to think that...	Il n'est pas sûr que...	It is not sure that...
Il est douteux que...	It is doubtful that...	Il n'est pas vrai que...	It is untrue that...

Il n'est pas sûr qu'il y **ait** un entracte.
It's not sure that there is an intermission.

Il n'est pas vrai que Julie **danse** si mal.
It's not true that Julie dances so badly.

Je ne crois pas qu'on **vende** les billets ici.
I don't believe that they sell the tickets here.

Vous ne pensez pas qu'il y **ait** une séance du film ce soir?
Don't you think there's a screening of the film tonight?

- The indicative is used in a subordinate clause when the main clause expresses certainty.

Expressions of certainty

croire que...	to believe that...	Il est clair que...	It is clear that...
penser que...	to think that...	Il est évident que...	It is obvious that...
savoir que...	to know that...	Il est sûr que...	It is sure that...
Il est certain que...	It is certain that...	Il est vrai que...	It is true that...

On **sait que** l'histoire **finit** mal.
We know the story ends badly.

Je **pense qu'**il **est** chanteur.
I think he is a singer.

Il est certain qu'elle **comprend**.
It is certain that she understands.

Il est évident qu'ils **aiment** la pièce.
It is obvious that they like the play.

🏃 Boîte à outils

The verb **croire** is conjugated in the present tense like the verb **voir**.

je crois	nous croyons
tu crois	vous croyez
il/elle/ on croit	ils/elles croient

The past participle of **croire** is **cru**. It takes **avoir** in the **passé composé**.

Nous avons cru son histoire.
We believed his story.

🔗 Vérifiez

- Sometimes a speaker may opt to use the subjunctive in a question to indicate that he or she feels doubtful or uncertain of an affirmative response.

Crois-tu que cet acteur **fasse** un bon Charles de Gaulle?
Do you believe that actor makes a good Charles de Gaulle?

Est-il vrai que vous **partiez** déjà en vacances?
Is it true that you're already leaving on vacation?

Croyez-vous que ce soit mieux qu'elle le sache?

Il vaut mieux que je m'en aille.

More irregular verbs in the subjunctive

Present subjunctive of *aller, pouvoir, savoir, vouloir*				
	aller	**pouvoir**	**savoir**	**vouloir**
que je/j'	aille	puisse	sache	veuille
que tu	ailles	puisses	saches	veuilles
qu'il/elle/on	aille	puisse	sache	veuille
que nous	allions	puissions	sachions	voulions
que vous	alliez	puissiez	sachiez	vouliez
qu'ils/elles	aillent	puissent	sachent	veuillent

Il faut qu'on **aille** au théâtre ce soir.
We have to go to the theater tonight.

Il vaut mieux que tu **saches** la nouvelle.
It's better that you know the news.

Je doute que la pièce **puisse** causer un effet comme celui-là.
I doubt that the play could cause an effect like that.

Est-il possible qu'il **veuille** apprendre à jouer du violon?
Is it possible that he wants to learn to play the violin?

Vérifiez

Essayez! **Choisissez la forme correcte du verbe.**

1. Il est douteux que le metteur en scène (sait / sache) où est l'acteur.
2. Je sais que Mila Kunis et Ashton Kutcher (sont / soient) mariés.
3. Il est impossible qu'il (est / soit) amoureux d'elle.
4. Ne crois-tu pas que l'histoire du Titanic (finit / finisse) bien?
5. Est-il vrai que les Français (font / fassent) uniquement des films intellectuels?
6. Je ne crois pas qu'il (peut / puisse) jouer le rôle du jeune prisonnier.
7. Tout le monde sait que le ballet (est / soit) d'origine française.
8. Il n'est pas certain qu'ils (peuvent / puissent) terminer le spectacle.

Mise en pratique

1 **Fort-de-France** Vous discutez de vos projets avec votre ami(e) martiniquais(e). Complétez les phrases avec les formes correctes du présent de l'indicatif ou du subjonctif.

1. Je crois que Fort-de-France _____ (être) plus loin de Paris que de New York.
2. Il n'est pas certain que je _____ (venir) à Fort-de-France cet été.
3. Il n'est pas sûr que nous _____ (partir) en croisière (*cruise*) ensemble.
4. Il est clair que nous _____ (ne pas partir) sans toi.
5. Nous savons que ce voyage _____ (aller) te plaire.
6. Il est douteux que le ski alpin _____ (être) un sport populaire ici.

2 **Un camarade pénible** Valentine fait des commentaires, mais Laurent ne la croit pas. Utilisez les expressions entre parenthèses pour écrire les commentaires de Laurent.

> **MODÈLE**
>
> **Valentine:** *Le nouveau film de Tim Burton est populaire. (douter que)*
> **Laurent:** *Je doute qu'il soit populaire.*

1. Il y a un concert de Jean-Jacques Goldman à la télé ce soir. (ne pas croire)
2. Les Enfoirés vont à la Maison de la Radio pour faire une émission. (il n'est pas vrai)
3. Zazie sort un nouvel album. (il n'est pas certain)
4. Tout le monde veut acheter cet album. (ne pas penser)
5. Moi aussi, je fais de la musique. (ne pas croire)
6. Je sais jouer du piano et de la guitare. (il est impossible)
7. Toi et moi, nous pouvons jouer ensemble un jour. (ne pas penser)
8. On deviendra célèbre! (il est douteux)

3 **Devenir danseur** Maxime veut devenir danseur avec la troupe nationale de danse contemporaine. Employez des expressions de doute et de certitude pour lui dire ce que vous pensez de ses habitudes.

> **MODÈLE**
>
> *Je ne crois pas que tu puisses dormir jusqu'à midi!*

1.

2.

3.

Communication

4 **Assemblez** Vous avez l'occasion de faire un séjour à Avignon. À tour de rôle avec un(e) partenaire, assemblez les éléments de chaque colonne pour parler de ces vacances.

MODÈLE

Il n'est pas certain que nous fassions de la musique.

A	B	C
Il est certain que	je/j'	être content(e)(s)
Il n'est pas certain que	tu	assister aux spectacles
Il est évident que	mon copain	faire beau temps
Il est impossible que	ma sœur	profiter de la ville
Il est vrai que	mon frère	aller voir un opéra
Il n'est pas sûr que	nous	pouvoir rencontrer des personnes célèbres
Je doute que	les touristes	faire de la musique
Je pense que	mes parents	?
Je sais que	?	
?		

5 **Comédie musicale** Votre classe prépare une comédie musicale et vous organisez le spectacle. Votre partenaire voudrait y participer et il/elle postule pour un rôle. Alternez les rôles, puis présentez vos dialogues à la classe.

MODÈLE

Élève 1: *Est-il possible que je chante dans la chorale?*
Élève 2: *Je doute qu'il soit possible que tu y chantes. Il n'y a plus de place, mais je crois que...*

- acteur/actrice
- compositeur
- metteur en scène
- animateur/animatrice (*emcee*)

- chorale
- danseurs
- musiciens
- ouvreur/ouvreuse (*usher*)

6 **L'avenir** Vous et votre partenaire parlez de vos doutes et de vos certitudes à propos de l'avenir. À tour de rôle, complétez ces phrases pour décrire comment vous envisagez (*envision*) l'avenir.

1. Je doute que...
2. Il est sûr que...
3. Il n'est pas certain que...

4. Il est impossible que...
5. Je ne crois pas que...
6. Je sais que...

7 **Je doute** Votre partenaire veut mieux vous connaître. Écrivez cinq phrases qui vous décrivent: quatre fausses et une vraie. Votre partenaire doit deviner laquelle est vraie et justifier sa réponse. Ensuite, alternez les rôles.

MODÈLE

Élève 1: *Je finis toujours mes devoirs avant de me coucher.*
Élève 2: *Je doute que tu finisses tes devoirs avant de te coucher, parce que tu as toujours beaucoup de devoirs.*

7A.2 Possessive pronouns and vhlcentral être à (*quelqu'un*)

Point de départ In **D'accord!** Level 1, you learned how possessive adjectives function in French. You will now learn about possessive pronouns and how they are different in French and English.

- Possessive pronouns are the words which replace nouns modified by possessive adjectives. In French, the possessive pronouns have different forms depending on whether the noun is masculine or feminine, singular or plural. These are the forms of the French possessive pronouns.

Singular possessive pronouns

masculine	feminine	
le mien	la mienne	*mine*
le tien	la tienne	*yours* (fam./sing.)
le sien	la sienne	*his/hers/its*
le nôtre	la nôtre	*ours*
le vôtre	la vôtre	*yours* (form./pl.)
le leur	la leur	*theirs*

Plural possessive pronouns

masculine	feminine	
les miens	les miennes	*mine*
les tiens	les tiennes	*yours* (fam./sing.)
les siens	les siennes	*his/hers/its*
	les nôtres	*ours*
	les vôtres	*yours* (form./pl.)
	les leurs	*theirs*

- Possessive pronouns, like possessive adjectives, reflect the object or person possessed, *not* the possessor.

sa voiture → *his car*	**la sienne** (*referring to the car*) → *his*
sa voiture → *her car*	**la sienne** (*referring to the car*) → *hers*

- French and English possessive pronouns are very similar in usage. They can refer to an object or a person. However, the French possessive pronouns consist of two parts: the definite article and the possessive word. Both parts must agree in number and gender with the noun to which they refer.

Ils aiment mes pièces, mais ils préfèrent **les tiennes**. (**tes pièces**)
They like my plays, but they prefer yours.

Je connais ton frère, mais je ne connais pas **le sien**. (**son frère**)
I know your brother, but I don't know his/hers.

Je vois **ma voiture**, mais je ne vois pas **la vôtre**. (**votre voiture**)
I see my car, but I don't see yours.

⟲ Vérifiez

- With the indefinite pronoun **on**, always use the masculine possessive pronoun **le sien/les siens**.

  On aime **les siens**.
  One likes one's own (people).

- The articles **le** and **les** of the possessive pronouns contract with **à**.

à + le mien	**au mien**
à + la mienne	**à la mienne**
à + les miens	**aux miens**
à + les miennes	**aux miennes**

  Tu vas téléphoner **à mes amis** ou   Avez-vous récemment parlé **à leurs parents** ou
  aux tiens?   **aux vôtres**?
  Are you going to call my friends or yours?   *Did you speak recently to their parents or yours?*

- The articles **le** and **les** of the possessive pronouns contract also with **de**.

de + le mien	**du mien**
de + la mienne	**de la mienne**
de + les miens	**des miens**
de + les miennes	**des miennes**

  Pourquoi t'occupes-tu **de ses problèmes**   Les critiques parlent **de votre tragédie**, pas **de**
  au lieu **des tiens**?   **la nôtre**.
  Why are you concerned with his/her   *The critics are talking about your tragedy,*
  problems instead of yours?   *not ours.*

  ⟜◯ **Vérifiez**

- You can use the possessive pronouns after the expressions **C'est** and **Ce sont** to indicate ownership.

  C'est **la nôtre**.   Ce sont **les miennes**.
  It's ours.   *These are mine.*

  Ces robes **sont à Charlotte et Anne.**   Ces robes **sont à elles.**
  Those dresses belong to Charlotte and Anne.   *Those dresses are theirs.*

- However, to say that a specific object belongs to someone, use the expression **être à** + [*noun/disjunctive pronoun*].

  Ce pull **est à** Nathan.   Ce pull **est à** lui.
  This sweater belongs to Nathan.   *This sweater is his.*

  ⟜◯ **Vérifiez**

Essayez!   **Écrivez le pronom possessif qui correspond.**

1. Où est ma feuille d'examen? *Où est la mienne?*
2. Ce sont tes sœurs qui reviennent de Grèce? _____
3. J'ai revu mon amie d'enfance hier soir! _____
4. C'est votre lampe qui ne marche plus! _____
5. Ils viennent d'acheter leur piano. _____
6. Ce sont nos chansons qui passent à la radio! _____
7. Ses fauteuils sont toujours en bon état (*condition*). _____
8. Quand ton concert a-t-il lieu (*takes place*)? _____

Mise en pratique

1 Pas de répétitions! Remplacez les mots indiqués par les bons pronoms possessifs.

MODÈLE

Je vois <u>mon frère</u>, mais je ne vois pas <u>ton frère</u>.
Je vois le mien, mais je ne vois pas le tien.

1. Tu préfères <u>mes chansons</u> ou <u>leurs chansons</u>?
2. <u>Mes danseurs</u> sont arrivés, mais <u>vos danseurs</u> pas encore.
3. <u>Ta comédie</u> est amusante, mais <u>sa comédie</u> est ennuyeuse.
4. <u>Mon petit ami</u> et <u>ton petit ami</u> sont allés au match ensemble.
5. <u>Ma grand-mère</u> habite à Bruxelles. Et <u>leur grand-mère</u>?
6. <u>Nos chansons</u> sont meilleures que <u>vos chansons</u>.
7. <u>Sa maison</u> est près de la banque. Où est <u>votre maison</u>?
8. <u>Leurs séances</u> sont moins longues que <u>tes séances</u>.

2 Quel chaos! Madame Mercier emmène ses enfants et leurs copains à la plage, mais tout le monde a oublié d'apporter quelque chose. Faites des phrases complètes pour dire qui a oublié quoi.

MODÈLE

je / serviette / David
J'ai ma serviette, mais David a oublié la sienne.

1. tu / lunettes de soleil / Marie et Claire
2. nous / chaussures / Christophe
3. Tristan et Benjamin / casquettes / Élisa et toi
4. vous / maillot de bain / nous
5. Thomas / crème solaire (*sunscreen*) / vous
6. je / ma tablette / tu
7. Magalie / magazine / nous
8. tu / bouteille d'eau / il

3 Les mêmes choses Votre cousin va faire exactement les mêmes choses que vous, aujourd'hui. Écrivez ses réponses avec des pronoms possessifs.

MODÈLE

Tu vas écrire une carte postale à tes grands-parents?
Alors, je vais aussi écrire une carte postale aux miens.

1. Tu vas jouer avec ton petit frère?
2. Tu vas téléphoner à tes amies?
3. Tu vas donner à manger à tes chats?
4. Tu vas dire bonjour à ton prof?
5. Tu vas prendre une photo de ta maison?
6. Tu vas t'occuper de tes affaires?
7. Tu vas acheter un cadeau à ta mère?
8. Tu vas aller au cinéma avec tes amis?

Communication

4 **C'est à qui?** Vous êtes responsable du bureau des objets trouvés dans votre lycée. Avec un(e) partenaire, créez un dialogue et jouez la scène devant la classe.

▶ **MODÈLE**

Élève 1: *Ces cahiers sont à toi?*
Élève 2: *Non, ce ne sont pas les miens.*
Élève 1: *Tu es sûr(e)?*
Élève 2: *Oui, les miens sont plus grands.*

1.   2.   3.

4.   5.   6.

5 **Au spectacle** Catherine est au théâtre avec son ami Rémi. Elle est metteur en scène et compare la pièce qu'elle voit avec la sienne. Avec un(e) partenaire, jouez la conversation. Utilisez autant de pronoms possessifs possibles.

MODÈLE

Élève 1: *Le début de ma pièce est plus intéressant que le sien.*
Élève 2: *Je ne suis pas d'accord. Le sien est aussi intéressant que le tien.*

6 **Questions personnelles** Vous voulez mieux connaître votre partenaire. Posez-vous ces questions à tour de rôle. Utilisez des pronoms possessifs.

1. Est-ce que tes idées (*ideas*) sont vraiment différentes de celles de tes parents?
2. Est-ce que ton style de vêtements est le même que celui de ton frère ou de ta sœur?
3. D'habitude, est-ce que tu t'occupes de tes affaires ou de celles de tes amis?
4. Tu t'entends mieux avec tes parents ou avec ceux de ton/ta meilleur(e) ami(e)?
5. Tu aimes ton quartier ou celui de tes amis?
6. Tu préfères la voiture de tes parents ou celle des parents d'un de tes amis?
7. Est-ce que tes goûts (*tastes*) en musique sont différents de ceux de tes grands-parents?

7 **La réunion** Vous allez à une fête et vous retrouvez un(e) ami(e) d'enfance. Parlez de vos vies et utilisez des pronoms possessifs dans votre conversation.

MODÈLE

Élève 1: *Mes parents vont très bien. Et les tiens?*
Élève 2: *Les miens vont bien aussi.*

adresse e-mail	numéro de téléphone	voisins
frère/sœur	passe-temps	travail
lycée	petit(e) ami(e)	voiture

Révision

1 **Il est clair que…** Imaginez les activités artistiques préférées de ces personnes. Avec un(e) partenaire, utilisez des expressions de doute et de certitude pour répondre aux questions.

chanteur de chorale ou de comédie musicale?

danseur ou acteur?

chef d'orchestre ou metteur en scène?

compositeur d'opéra ou dramaturge?

2 **Je ne pense pas** Par petits groupes, discutez de ces affirmations. Qui est d'accord et qui n'est pas d'accord? Utilisez des expressions de doute et de certitude. Ensuite, présentez vos arguments à la classe.

> **MODÈLE** La télévision fait du mal au cinéma.
>
> **Élève 1:** *Penses-tu que la télévision fasse du mal au cinéma?*
> **Élève 2:** *Non, je ne crois pas que ce soit vrai. Chaque média a sa place et ses spectateurs.*

- Jimi Hendrix est le meilleur joueur de guitare.
- Mozart est le meilleur compositeur de musique classique.
- Personne n'aime les comédies musicales aujourd'hui.
- Un danseur est autant un sportif qu'un artiste.
- L'opéra est un genre trop ésotérique et ennuyeux.

3 **Les arts** Votre professeur va vous donner, à vous et à votre partenaire, deux feuilles d'activités différentes sur les arts. Attention! Ne regardez pas la feuille de votre partenaire.

4 **C'est tout moi!** Avec un(e) partenaire, vous voyez ces annonces dans le journal. Vous pensez qu'un de ces rôles est pour vous. Un(e) ami(e) n'est pas du tout d'accord, mais vous insistez. Utilisez des expressions de doute et de certitude dans votre dialogue.

> **Cherchons jeune homme** de 27-30 ans, sportif et musclé, avec permis moto et avion, pour rôle principal. Doit être un acteur expérimenté qui sache jouer du piano comme un professionnel et qui puisse monter à cheval. Doit avoir les yeux noirs, beaucoup de charme, de la présence et un look aventurier.

> **Cherchons jeune femme** de 18-20 ans avec beaucoup de personnalité et qui ait une formation de chanteuse classique, pour rôle dans une comédie musicale en espagnol. Doit pouvoir danser le tango, la salsa et la rumba.
>
> Venez rencontrer le compositeur et le metteur en scène, jeudi à 20 heures, au Théâtre du Boulevard.

5 **Le meilleur** Avec un(e) partenaire, trouvez un exemple pour chaque catégorie de la liste. Ensuite, comparez votre liste avec celle d'un autre groupe et parlez de vos opinions. Utilisez des expressions de doute et de certitude.

le/la meilleur(e)… en ce moment

- film
- chanson à la radio
- danseur/danseuse
- chanteur/chanteuse
- acteur/actrice

6 **Mal organisé** Vous étiez très pressé(e) ce matin et vous avez oublié de mettre beaucoup de choses dans votre sac à dos. Demandez à votre partenaire si vous pouvez lui emprunter cinq choses dont vous avez besoin pour le lycée. Votre partenaire va vous donner des excuses pour ne pas vous les prêter. Utilisez des pronoms possessifs. Jouez votre dialogue devant la classe.

> **MODÈLE**
>
> **Élève 1:** *Je peux emprunter ta calculatrice?*
> **Élève 2:** *Désolé(e). J'ai besoin de la mienne pour faire ce devoir.*

Le Zapping

vhlcentral

La tartine

Dans ce film d'animation musical de Guillaume Colomb et Olivier Derivière, les objets et les aliments qu'on associe à un petit-déjeuner français typique prennent vie° pour transformer ce moment simple de la journée en une compétition pleine d'humour entre un pot de miel et un pot de confiture qui convoitent° tous les deux une belle tartine. Lequel d'entre eux sera le vainqueur°? Découvrez-le!

Court métrage *Short film* **départager** *to decide between* **prennent vie** *come to life* **convoitent** *covet* **vainqueur** *winner*

Vocabulaire du court métrage

bâiller	*to yawn*
se bouger (*fam.*)	*to get moving*
un conte de fée	*fairy tale*
coquin(e)s	*rascals*
corsé	*strong*
croustillant	*crusty*
fatidique	*fateful*
(mettre) en sourdine	*(to play) quietly, softly*
les marioles (*m.*)	*jokers*
un pétale	*flake*
râler	*to complain*
tartiner	*to spread*

Expressions utiles

Arrête de faire l'andouille! (*fam.*)	*Stop goofing around!*
Bon sang! (*fam.*)	*Darn it!*
Grouille-toi! (*fam.*)	*Hurry up!*
J'en ai soupé. (*fam.*)	*I've had enough.*
Si vous n'y mettez pas du vôtre...	*If you don't make an effort...*
avoir du bol (*fam.*)	*to have good luck*

Préparation

Décrivez Répondez aux questions.

1. En quoi consiste un petit-déjeuner typique aux États-Unis?
2. En quoi consiste un petit-déjeuner typique en France?

À compléter Complétez ce dialogue à l'aide du vocabulaire et des expressions.

—Je n'arrête pas de (1) _____. J'ai mal dormi.

—Qu'est-ce que tu veux ce matin pour le petit-déjeuner?

—Du pain bien (2) _____ avec du beurre et de la confiture.

—Tu veux du café?

—Oui, mais fais-le bien (3) _____, pas comme hier matin, alors, parce qu'il n'était vraiment pas bon!

—Oh, écoute, arrête de (4) _____! Tu n'es jamais content! Tiens, voilà le jus d'orange...

—(5) _____, fais attention! Tu en as renversé (*spilled*) partout!

—Dis donc, il est déjà huit heures. (6) _____! Les cours commencent dans une demie-heure!

Scènes

L'OUVRE-BOÎTE° Le réveil a sonné. Le petit-déjeuner va bientôt commencer. Tous nos amis sont-ils prêts? Où sont ces petits coquins? Ah tiens! En voilà un!

LE BOL Si vous voulez du bol, me voilà, les petits marioles!

LE CAFÉ Et moi, je suis corsé, tout aromatisé°. Et nous formons une équipe idyllique.

LA CONFITURE Et moi, la confiture, je suis prête pour l'aventure.

LE MIEL Et moi?! Il n'y a pas que toi!

L'OUVRE-BOÎTE Ah, décidément, ce miel... toujours en train de râler!

L'OUVRE-BOÎTE Elle en a de la chance, cette petite tranche! Car c'est aujourd'hui le jour de sa vie.

LA TARTINE Alors, c'est aujourd'hui? C'est vraiment le jour de ma vie?

LA TARTINE Quelle belle journée pour déjeuner! J'en ai rêvé.

LA CONFITURE Tu es si belle!

LE MIEL Elle sera mienne.

LA CONFITURE Viens avec moi!

LA TARTINE Un conte de fée est arrivé.

LE MIEL Ne l'écoute pas!

LE MIEL Moi, j'en ai marre! J'en ai soupé! Toujours pareil! Il y en a que pour lui, ce pot de confiture!

L'HOMME Nous allons vous départager°. Devant vous, deux bols, un chacun. Derrière, des sucres. Vous allez lancer° un maximum de sucres dans votre bol. Quand la tartine sera prête, celui qui aura le plus de sucres dans son bol aura le droit° de se faire tartiner.

L'HOMME Un, deux, trois, quatre, cinq... Un, deux, trois, quatre, cinq, six, sept, huit. Ce sera donc une tartine de...

L'OUVRE-BOÎTE Elle en a eu de la chance, cette petite tranche. Ce fut° aujourd'hui le jour de sa vie.

ouvre-boîte *can opener* **aromatisé** *flavored* **départager** *to decide between*
lancer *to throw* **le droit** *the right* **fut** *was*

Analyse

Compréhension Faites correspondre les images aux phrases.

_____ 1. La tartine est prête à être tartinée.

_____ 2. L'homme décide de départager le miel et la confiture.

_____ 3. L'ouvre-boîte réveille tout le monde pour le petit-déjeuner.

_____ 4. Le miel tombe de la table.

_____ 5. C'est la compétition entre la confiture et le miel.

_____ 6. L'homme mange finalement.

a.

b.

c.

d.

e.

f.

Conversation Avec un(e) partenaire, discutez de ces questions.

1. De quelle manière la vie quotidienne peut-elle ressembler à un tableau, une danse, une pièce de théâtre, un concert ou une autre forme d'art?

2. Quelle partie de votre vie ressemble à un spectacle? Pourquoi?

3. Dans le spectacle de votre vie, qui est le metteur en scène et qui sont les membres de la troupe?

Application Comme vous le savez, les opéras sont connus pour leurs fins tragiques, comme nous le voyons avec **La tartine**. Tous les genres artistiques ont des composantes qui forment leur identité. Pour la peinture, ce sont la perspective, la couleur et les lignes; pour la danse, le mouvement; dans une pièce de théâtre, l'introduction, le conflit et le dénouement, etc. Par petits groupes, choisissez un moment de la journée et transformez-le en œuvre d'art. Ensuite, présentez-la à la classe.

You will learn how to...
- discuss films and television
- discuss books

◁)) **vhl**central

Au festival d'art

Vocabulaire

faire les musées	to go to museums
publier	to publish
les beaux-arts (*m.*)	fine arts
un chef-d'œuvre	masterpiece
un conte	tale
une critique	review; criticism
un dessin animé	cartoon
un documentaire	documentary
un drame psychologique	psychological drama
une émission (de télévision)	(television) program
un festival (festivals *pl.*)	festival
un feuilleton	soap opera
un film	(adventure, crime)
(d'aventures, policier)	film
une histoire	story
les informations (infos) (*f.*)	news
un jeu télévisé	game show
la météo	weather
les nouvelles (*f.*)	news
une œuvre	artwork, piece of art
un programme	program
une publicité (pub)	advertisement
les variétés (*f.*)	popular music
ancien(ne)	ancient; old; former
doué(e)	talented, gifted
gratuit(e)	free
littéraire	literary
récent(e)	recent
à la radio	on the radio
à la télé(vision)	on television

un film de
science-fiction

un sculpteur
(une sculptrice *f.*)

une femme auteur/
une écrivaine

une sculpture

un auteur/
écrivain

un roman

M. Pierre LeGrand,
auteur de
La plume enchantée

Mise en pratique

un film d'horreur

une poétesse (poète *m.*)

un poème

un magazine

un tableau

une peinture

une femme peintre (peintre *m.*)

Elle fait de la peinture.

une exposition

1 **Vous les connaissez?** Faites correspondre les œuvres, personnages et programmes télévisés avec le mot ou l'expression qui convient.

_____ 1. *La Belle et la Bête*   a. une sculpture
_____ 2. *La Joconde (Mona Lisa)*   b. un auteur
_____ 3. Le *David*   c. un film de science-fiction
_____ 4. *Jeopardy*   d. une peinture
_____ 5. Claude Monet   e. un conte
_____ 6. *Les Trois Mousquetaires*   f. un feuilleton
_____ 7. Victor Hugo   g. un roman
_____ 8. *All My Children*   h. un jeu télévisé
_____ 9. *Vogue*   i. un magazine
_____ 10. *La Guerre des étoiles*   j. une exposition
    k. un film d'horreur
    l. un peintre

2 **Complétez** Complétez ces phrases avec le mot de vocabulaire qui convient.

1. La peinture et la sculpture font partie des _____.
2. Une _____ est une femme qui écrit des poèmes.
3. Un _____ est quelqu'un qui est à l'origine d'une œuvre.
4. Art de juger (*to judge*) les créations littéraires ou artistiques: _____.
5. Un _____ est un film basé sur la réalité.
6. Une _____ est une activité commerciale pour vendre un produit.
7. *Bugs Bunny* et *Mickey Mouse* sont des exemples de _____.
8. *Indiana Jones* est un exemple de film _____.
9. Si on n'a pas besoin de payer pour entrer dans un musée, c'est _____.
10. On peut écouter les informations _____.

3 **Écoutez** Écoutez la conversation entre Nora et Jeanne et indiquez si Nora (N), Armand (A), Jeanne (J) ou Charles (C) ont fait les choses suivantes.

_____ 1. s'est bien amusée au Festival des beaux-arts.
_____ 2. ont vu une exposition d'art contemporain.
_____ 3. ont vu un film d'aventures.
_____ 4. ont assisté à une critique littéraire sur Maïssa Bey.
_____ 5. sont restés chez eux.
_____ 6. sont allés à la librairie pour acheter un roman.
_____ 7. a promis de faire les musées le week-end prochain.
_____ 8. a fait de la peinture.

Communication

4 **Conversez** Interviewez un(e) camarade de classe au sujet de l'art et des médias.

1. Quels genres de film préfères-tu? Pourquoi?
2. Quel film récent as-tu vu? Quelle en est l'histoire?
3. As-tu un auteur favori? Lequel?
4. Quels genres d'œuvres littéraires aimes-tu?
5. Qu'est-ce que tu écoutes à la radio? Quand?
6. As-tu été au musée récemment? Quelle(s) exposition(s) as-tu vue(s)?
7. Quel(s) chef(s)-d'œuvre admires-tu?
8. Qui considères-tu être un peintre doué? Pour quelle(s) raison(s)?
9. Es-tu un(e) artiste? Dans quel domaine?
10. Lis-tu des magazines? Lesquels?

5 **À la télévision et à la radio** Votre professeur va vous donner, à vous et à votre partenaire, une feuille d'activités. Remplissez d'abord la première colonne avec vos préférences pour chaque catégorie. Ensuite, comparez vos réponses avec celles d'un(e) camarade de classe.

MODÈLE

un dessin animé
Élève 1: *Quel est ton dessin animé préféré?*
Élève 2: *J'adore regarder les Simpsons.*

Programmes	Moi	Noms
1. un dessin animé	_____	_____
2. une émission	_____	_____
3. un feuilleton	_____	_____

6 **L'art et vous** Écrivez un paragraphe d'après (*according to*) ces instructions. Ensuite, à tour de rôle, discutez-en avec un(e) camarade de classe.

- Décrivez l'importance que vous donnez à l'art dans votre vie.
- Parlez de l'influence positive et/ou négative de l'art sur le monde.
- Parlez de comment vous aimeriez contribuer à cette influence.

7 **Regardons la télé** Par groupes de quatre, créez une présentation qui propose une émission pour une chaîne de télévision. Suivez les indications suivantes.

- Choisissez une catégorie de programme télévisé. Chaque groupe doit choisir un genre différent, par exemple un jeu, un feuilleton, les informations, la météo, un documentaire, etc.
- Donnez un nom à votre programme et aux personnages de l'émission.
- Annoncez le contenu de votre programme.

Les sons et les lettres vhlcentral

Les abréviations

French speakers use many acronyms. This is especially true in newspapers, televised news programs, and in political discussions. Many stand for official organizations or large companies.

EDF = Électricité de France   **ONU** = Organisation des Nations Unies

People often use acronyms when referring to geographical place names and transportation.

É-U = États-Unis   **RF** = République Française
RN = Route Nationale   **TGV** = Train à Grande Vitesse

Many are simply shortened versions of common expressions or compound words.

SVP = S'il Vous Plaît   **RV** = Rendez-Vous   **RDC** = Rez-De-Chaussée

When speaking, some acronyms are spelled out, while others are pronounced like any other word.

Cedex = Courrier d'Entreprise à Distribution Exceptionnelle *(an overnight delivery service)*

Prononcez Répétez les abréviations suivantes à voix haute.

1. W-C = *Water-Closet*
2. HS = Hors Service *(out of order)*
3. VF = Version Française
4. CV = Curriculum Vitæ
5. TVA = Taxe à la Valeur Ajoutée *(added)*

6. DELF = Diplôme d'Études en Langue Française
7. RATP = Régie Autonome *(independent administration)* des Transports Parisiens
8. SMIC = Salaire Minimum Interprofessionnel de Croissance *(growth)*

Assortissez-les Répétez les abréviations à voix haute. Que représentent-elles?

____ 1. ECP   a. objet volant non identifié
____ 2. GDF   b. toutes taxes comprises
____ 3. BD   c. président-directeur général
____ 4. TTC   d. École centrale de Paris
____ 5. PDG   e. Gaz de France
____ 6. OVNI   f. bande dessinée

Expressions Répétez les expressions à voix haute.

RSVP (Répondez, S'il Vous Plaît).[1]

Elle est BCBG (Bon Chic, Bon Genre).[2]

[1] Please reply.
[2] She is preppy. (in a conservatively classic fashion)

Au revoir, David! vhlcentral

Amina

Astrid

David

Rachid

Sandrine

Stéphane

Valérie

Chez Sandrine...
AMINA Qu'est-ce qui sent si bon?
SANDRINE C'est un gâteau pour David. Il repart demain aux États-Unis tu sais.
AMINA David et toi, vous avez décidé de ne plus vous disputer?
SANDRINE C'est de l'histoire ancienne.
AMINA C'est comme dans un feuilleton. Vous vous disputez, vous vous détestez. Vous vous réconciliez.

SANDRINE J'étais tellement en colère contre lui ce jour-là, mais depuis, j'ai beaucoup réfléchi à ce qu'il m'a dit.
AMINA Et alors...?
SANDRINE En fait, David m'a aidée.
AMINA Comment ça?
SANDRINE Ma vraie passion, ce n'est pas la musique.
AMINA Non? Mais alors, c'est quoi, ta vraie passion?

SANDRINE J'ai décidé de devenir chef de cuisine!
AMINA Ça, c'est une excellente idée.
SANDRINE N'est-ce pas? Et j'ai aussi décidé de préparer ce gâteau pour la fête de ce soir.
AMINA Et moi qui pensais que tu ne voudrais pas y aller...
SANDRINE Mais... David ne peut pas partir sans que je lui dise au revoir!

À la fête de David...
ASTRID Elle est jolie, ta jupe. C'est une de tes créations, n'est-ce pas?
SANDRINE Cet été, Amina participe à un défilé de mode à Paris.
AMINA N'exagérons rien... C'est une petite présentation des collections de plusieurs jeunes stylistes.
SANDRINE Tu vas montrer ce chef-d'œuvre?

AMINA Oui, cette jupe-ci, la robe que j'ai faite pour toi et d'autres modèles.
RACHID Elle n'est pas géniale, ma chérie? Belle, intelligente, douée...
AMINA Toi aussi, tu as de bonnes nouvelles, n'est-ce pas?
SANDRINE Ah bon?
RACHID Oh, ce n'est pas grand-chose.

AMINA Au contraire, c'est très important!
SANDRINE Vas-y, dis-nous tout, avant que je ne perde patience!
RACHID Eh bien, ça y est, j'ai mon diplôme!
AMINA Ah, mais ce n'est pas tout! Il a eu mention très bien!
SANDRINE Bravo, Rachid!
ASTRID Oui, félicitations!

A C T I V I T É S

1 **Les événements** Remettez les événements suivants dans l'ordre chronologique.

____ **a.** Rachid annonce une bonne nouvelle.

____ **b.** Stéphane veut absolument réussir son bac.

____ **c.** David promet qu'il va revenir à Aix.

____ **d.** Sandrine dit qu'elle n'est plus fâchée avec David.

____ **e.** Amina explique qu'elle va à Paris cet été.

____ **f.** Amina arrive chez Sandrine.

____ **g.** Valérie prend une photo du groupe.

____ **h.** Valérie attire *(gets)* l'attention du groupe.

____ **i.** David fait un petit discours *(speech)*.

____ **j.** Sandrine annonce qu'elle souhaite devenir chef de cuisine.

Les amis organisent une fête pour David.

Au P'tit Bistrot...

SANDRINE Stéphane, tu ne veux pas nous aider à préparer la fête?

STÉPHANE Une minute s'il te plaît.

SANDRINE Mais, qu'est-ce que tu lis de si intéressant? Oh là là, *L'Histoire des Républiques françaises.* Ah, oui je vois... j'ai entendu dire que tu devais repasser une partie du bac.

STÉPHANE Oui, je dois absolument réussir cette fois-ci, mais une fois l'examen passé, je retourne à mes passions—le foot, les jeux vidéo...

SANDRINE Chut... ta mère va t'entendre.

STÉPHANE *(parlant plus fort et de manière sérieuse)* Oui, je t'assure, les documentaires et les infos sont mes nouvelles passions.

VALÉRIE S'il vous plaît. Nous sommes ici ce soir pour dire au revoir et bon voyage à David, qui repart demain aux États-Unis. Alors, David, comment s'est passée ton année à Aix?

DAVID Oh ça a été fantastique! Je ne connaissais personne à mon arrivée, mais j'ai rapidement trouvé un coloc super! J'ai fait la connaissance de quelques femmes formidables.

DAVID Mais surtout, je me suis fait des amis pour la vie...

ASTRID Quand est-ce que tu vas revenir nous voir, David?

DAVID Eh bien, j'ai l'intention de revenir l'année prochaine pour organiser une exposition de tous mes tableaux au P'tit Bistrot, à condition, bien sûr, que Madame Forestier accepte!

VALÉRIE Allez, une photo. Souriez!

Expressions utiles

Relating conditions and possible actions

- **David ne peut pas partir sans que je lui dise au revoir!**
  David can't leave without my saying good-bye to him!

- **Dis-nous tout, avant que je (ne) perde patience!**
  Tell us everything, before I lose patience!

- **J'ai l'intention de revenir à condition que Madame Forestier accepte.**
  I intend to return on the condition that Madame Forestier accepts.

Additional vocabulary

- **repartir**
  to go back

- **repasser**
  to take again

- **chut**
  shh/hush

- **au contraire**
  on the contrary

- **félicitations**
  congratulations

- **se réconcilier**
  to make up

---

2 **À vous!** Sandrine est bien plus calme maintenant. Elle a même dit qu'elle voulait dire au revoir à David à la fête. Avec un(e) camarade de classe, préparez une conversation entre David et Sandrine à cette occasion. Comment finit leur histoire?

3 **Écrivez** Pendant la fête de David, certains ont parlé de leurs projets d'avenir. À votre avis, qu'est-ce qui va arriver l'année prochaine? Écrivez vos prédictions pour chacun d'entre eux, au niveau professionnel et au niveau personnel.

ACTIVITÉS

CULTURE À LA LOUPE

La peinture haïtienne

L'art haïtien est surtout connu grâce à° sa peinture.
Cette tradition artistique est très ancienne sur l'île, mais ses débuts officiels datent de 1804, quand le roi Christophe crée la première Académie de peinture. Les thèmes les plus fréquents à cette époque sont les thèmes historiques de l'émancipation° et les thèmes religieux du vaudou°.

La peinture haïtienne ne devient célèbre dans le monde qu'à partir de 1943. Cette année-là, Dewitt Peters, un professeur américain du lycée de Port-au-Prince, capitale d'Haïti, rencontre plusieurs jeunes peintres haïtiens. Il aime leurs toiles° et fonde avec eux un centre d'art et de peinture. Ce centre va donner à la majorité des peintres haïtiens les ressources nécessaires pour accéder au° succès. Aujourd'hui, on en est à la quatrième génération d'artistes. Ces peintres appartiennent à° diverses écoles d'art et leurs styles sont très variés, du plus naïf au plus sophistiqué. Ils peuvent être surréalistes, impressionnistes ou même primitifs modernes.

La peinture haïtienne est souvent très colorée et d'une grande vitalité. Quand elle n'est pas abstraite, elle illustre des scènes de la vie quotidienne°, des cérémonies religieuses et des paysages°. En Haïti, la peinture est partout. Elle décore les rues, les murs et les bus. On la trouve aussi bien sur les marchés que dans les galeries d'art. Grâce à des expositions dans le monde entier, les peintres haïtiens séduisent un public de plus en plus large.

grâce à *thanks to* **émancipation** *liberation* **vaudou** *voodoo* **toiles** *paintings*
accéder au *achieve* **appartiennent à** *belong to* **quotidienne** *everyday* **paysages** *landscapes*

A C T I V I T É S

1   **Répondez** Répondez aux questions par des phrases complètes.

1. Quel est l'art le plus connu à Haïti?
2. Pourquoi ses débuts officiels datent-ils de 1804?
3. Quels sont les thèmes les plus fréquents à cette époque?
4. À partir de quand la peinture haïtienne est-elle devenue célèbre dans le monde?
5. Quel était le métier de Dewitt Peters?
6. Qu'a-t-il créé?
7. À quelles écoles d'art les peintres haïtiens appartiennent-ils et comment est leur style?
8. Comment est la peinture haïtienne?
9. Quels sont les sujets les plus souvent peints?
10. Où peut-on voir de la peinture à Haïti?

Les livres

bouquin (*m.*)	book
dico (*m.*)	dictionary
lecture (*f.*)	reading
manuel (*m.*)	textbook
nouvelle (*f.*)	short story
recueil (*m.*)	collection
bouquiner	to read
feuilleter	to leaf through
parcourir	to skim

Des arts traditionnels

Voici quelques exemples d'art traditionnel du monde francophone.

Aux Antilles la fabrication de poupées° en costumes de madras° traditionnels

Au Burkina-Faso les poteries en terre cuite° décorées à la teinture° végétale et la fabrication de masques traditionnels

Au Cambodge le théâtre d'ombres°, avec ses marionnettes en cuir°

Au Maroc l'art de la tapisserie° et du métal

En Polynésie française la sculpture et l'art du tatouage corporel

En Tunisie les arts céramiques et l'art de la calligraphie

Au Viêt-nam la peinture à la laque° et la peinture sur soie°

poupées *dolls* **madras** *brightly-colored cotton or silk fabric* **terre cuite** *terra-cotta* **teinture** *dye* **ombres** *shadows* **marionnettes en cuir** *leather puppets* **tapisserie** *tapestry* **laque** *lacquer* **soie** *silk*

Le Cirque du Soleil

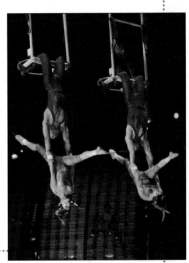

En 1982, des saltimbanques° et des cracheurs de feu° sur échasses° se rencontrent et montent un spectacle à Baie-Saint-Paul, au Québec. En 1984, le gouvernement les embauche pour célébrer le 450ᵉ anniversaire de l'arrivée de l'explorateur Jacques Cartier. Ainsi° est né le Cirque du Soleil. Depuis, il a connu un succès international sous la direction de son fondateur principal, Guy Laliberté. Ses spectacles pleins de féerie° et de poésie ravissent° tous les publics et, à la différence de ceux du cirque traditionnel, ils n'ont aucun animal. Ils intègrent plutôt les numéros° acrobatiques de contorsionnistes, trapézistes, équilibristes° et jongleurs à ceux de danseurs et de clowns. Leur univers magique a apporté à la troupe une popularité incroyable et a transformé le monde du cirque.

saltimbanques *acrobats, performers* **cracheurs de feu** *fire-eaters* **échasses** *stilts* **Ainsi** *In this way* **féerie** *enchantment* **ravissent** *delight* **numéros** *acts* **équilibristes** *tightrope walkers*

Sur Internet

Qu'est-ce que Jean-Pierre Jeunet et Gaston Kaboré ont en commun?

Go to **vhlcentral.com** to find more information related to this **Culture** section.

---

2 **Complétez** Complétez les phrases.

1. Le Cirque du Soleil est né en _____.
2. Son fondateur principal _____ est le directeur.
3. Ses spectacles sont pleins de _____.
4. Ils intègrent les numéros acrobatiques de _____.
5. La fabrication de poupées en costumes de madras traditionnels est un art traditionnel _____.
6. En Polynésie française, _____ est un art.

3 **Au cirque** Interviewez votre partenaire. Est-il/elle déjà allé(e) au cirque? Au Cirque du Soleil? Combien de fois? Quels numéros a-t-il/elle préférés? En a-t-il/elle un souvenir particulier? A-t-il/elle envie d'y retourner? Soyez prêt(e)s à présenter vos résultats à la classe.

A C T I V I T É S

7B.1

The subjunctive (Part 4) vhlcentral

The subjunctive with conjunctions

Point de départ Conjunctions are words or phrases that connect other words and clauses in sentences. Some conjunctions introduce adverbial clauses that describe *how, why, when,* and *where* an action takes place.

- Conjunctions that express a condition upon which an action is dependent are followed by a clause with a verb in the subjunctive.

Conjunctions that require the subjunctive			
à condition que...	on the condition that..., provided that...	jusqu'à ce que...	until...
à moins que...	unless...	pour que...	so that...
avant que...	before...	sans que...	without...

main clause	conjunction	subordinate clause
Je vous laisse la clé	**à condition que**	vous me la **rendiez**.
I'll leave you the key	*provided that*	*you return it to me.*
Nous n'irons pas au cinéma	**à moins que**	tu **viennes** avec nous.
We won't go to the cinema	*unless*	*you come with us.*
Elle me montre les photos	**pour que**	je **connaisse** sa famille.
She shows me the pictures	*so that*	*I get to know her family.*
Je resterai ici	**jusqu'à ce que**	vous **rentriez**.
I will stay	*until*	*you return.*

- When the subject of the main clause is the same as the subject of the subordinate clause, use the infinitive after these conjunctions. Note the change in their forms.

avant que	**avant de**	sans que	**sans**	pour que	**pour**

Je lis **avant de m'endormir**.
I read before falling asleep.

Nous regardons beaucoup de films **sans sortir** de chez nous.
We watch a lot of movies without leaving home.

Elle travaille **pour gagner** de l'argent.
She works in order to earn some money.

Ils font toujours leurs devoirs **avant de regarder** la télé.
They always do their homework before watching TV.

Essayez! **Indiquez les formes correctes du présent du subjonctif des verbes.**

1. jusqu'à ce que nous <u>partions</u> (partir)
2. pour que je ne _____ (se mettre) pas en colère
3. à condition que nous _____ (être) prudents
4. à moins que tu _____ (dire) oui
5. sans que les spectateurs les _____ (applaudir)
6. à moins qu'il _____ (faire) beau
7. avant que tu _____ (savoir) conduire
8. pour que vous _____ (apprendre) des choses

Le français vivant

MAURICE QUENTIN DE LA TOUR

Magnifique exposition sur ce grand peintre. Venez au château de Versailles du 2 au 29 septembre avant que ces peintures retournent dans leurs musées d'origine. Nous avons beaucoup travaillé pour que vous ayez l'occasion de voir ces superbes portraits. Venez contempler ces magnifiques tableaux qui vous feront voyager dans une autre époque... à moins que vous restiez indifférent à la beauté éternelle.

Identifiez Quelles conjonctions trouvez-vous avec le présent du subjonctif dans la publicité?

Questions Posez ces questions à un(e) partenaire et répondez à tour de rôle.

1. Qui était Maurice Quentin de La Tour?
2. Pourquoi faut-il voir l'exposition avant le 29 septembre?
3. Pourquoi a-t-on beaucoup travaillé au château de Versailles?
4. Quel effet ont les magnifiques tableaux sur les visiteurs?
5. D'après (*According to*) la pub, quelle sorte de personne ne voudrait pas visiter l'exposition?
6. Aimes-tu visiter les musées? Pourquoi? Quels musées as-tu visités?

Mise en pratique

1 **Je veux bien y aller si...** Richard veut que Louise aille avec lui au cinéma ce week-end, mais elle y met plusieurs conditions. Complétez les phrases avec la forme correcte du verbe.

1. Je veux bien aller avec toi au cinéma à moins qu'il _____ (faire) beau.
2. S'il fait beau, je préfère aller à la plage pour _____ (bronzer).
3. Regarde la météo pour que nous _____ (savoir) le temps qu'il fera.
4. S'il ne fait pas beau, j'irai avec toi à condition que ce _____ (ne pas être) un film d'horreur.
5. J'aime bien les films policiers à moins qu'il y _____ (avoir) trop de violence.
6. Nous pouvons voir un documentaire à condition qu'il ne _____ (être) pas sur les animaux.
7. Souviens-toi que je ne vois pas de film sans _____ (manger) de pop-corn.
8. Si j'ai sommeil, je veux rentrer chez moi avant que le film _____ (finir).

2 **Au musée des Beaux-Arts** Myriam et Delphine passent la journée au musée. Faites les changements nécessaires pour créer leur conversation.

MYRIAM   (1) je / pouvoir / regarder / ce / chef-d'œuvre / jusqu'à ce que / le musée / fermer

DELPHINE   (2) le peintre / avoir fait / ce / tableau / avant / avoir / douze ans

MYRIAM   (3) certain / enfants / être / vraiment doué / sans que / les parents / le / savoir

DELPHINE   (4) je / vouloir bien / voir / sculptures de Rodin / avant que / nous / partir

MYRIAM   (5) pouvoir / nous / voir / documentaire sur Rodin / avant / partir / ?

DELPHINE   (6) d'accord / je / aller / le voir / à condition que / il / ne pas être / ennuyeux

3 **Opinions** Complétez ces phrases de manière originale. Ensuite, comparez vos réponses avec celles d'un(e) partenaire.

1. J'aime les films d'horreur à moins que...
2. Les gens regardent les feuilletons pour...
3. Je ferai les musées de Paris jusqu'à ce que...
4. On fait des publicités pour que les gens...
5. Je lis des romans à condition que...
6. Je regarde la météo avant de...

4 **Votre vie** Vous êtes acteur/actrice ou écrivain(e). Décrivez votre vie quotidienne (*daily life*). Utilisez les conjonctions suivantes dans votre description. Écrivez au moins six phrases.

MODÈLE

Nous jouons la scène jusqu'à ce que le metteur en scène soit heureux.

à condition que	jusqu'à ce que
à moins que	pour que/pour
avant que/avant de	sans que/sans

Communication

5 **Questions** Avec un(e) partenaire, répondez à ces questions. Ensuite, présentez vos réponses à la classe.

1. Que fais-tu tous les soirs avant de te coucher?
2. Que font tes parents pour que tu puisses aller à l'université plus tard?
3. Que peux-tu faire pour améliorer ton français?
4. Que veux-tu faire demain à moins qu'il fasse mauvais?
5. Que fais-tu pendant les cours sans que les profs le sachent?
6. Que fais-tu seulement à condition qu'un(e) ami(e) t'accompagne?
7. Quelles stratégies utilises-tu pour avoir de bonnes notes?
8. Quelle activité pratiques-tu sans t'arrêter jusqu'à ce que tu la finisses?
9. Qu'est-ce que tes parents te permettent de faire à condition que tu aies de bonnes notes?
10. Que fais-tu pendant des heures sans t'ennuyer?

6 **Le week-end** Avec un(e) partenaire, parlez de vos projets pour ce week-end. Utilisez les conjonctions suivantes.

MODÈLE

Samedi, je vais aller à la piscine à moins que mes amis veuillent aller à la plage.

à condition que	jusqu'à ce que
à moins que	pour (que)
avant de/que	sans (que)

7 **Tic-Tac-Toe** Formez deux équipes. Une personne commence une phrase et une autre de son équipe la finit avec les mots de la grille. La première équipe à créer trois phrases d'affilée (*in a row*) gagne.

MODÈLE

Élève 1: *J'aime bien admirer un chef-d'œuvre...*
Élève 2: *...à moins que ce soit une sculpture.*

pour que	sans que	avant que
à condition que	jusqu'à ce que	pour
à moins que	sans	avant de

7B.2

Review of the subjunctive vhlcentral

Point de départ Since **Leçon 6A**, you have been learning about the subjunctive mood and its verb forms. Because there is no exact English equivalent of the subjunctive in French, you cannot rely on translation. Instead, you must learn to recognize the contexts and cues that trigger the subjunctive. The charts on this and the following page will help you review and synthesize what you have already learned about the subjunctive.

D'accord, je vous dis tout avant que vous perdiez patience.

Je pense qu'il a raison. Ma vraie passion, ce n'est pas la musique.

🏃 Boîte à outils

Remember that spelling-change verbs follow the same rules as regular verbs in the subjunctive.

Il faut que j'achète des crayons.

Il faut que nous achetions des crayons.

Summary of subjunctive forms

regular verbs

	parler	finir	attendre	partir
que je/j'	parle	finisse	attende	parte
que tu	parles	finisses	attendes	partes
qu'il/elle/on	parle	finisse	attende	parte
que nous	parlions	finissions	attendions	partions
que vous	parliez	finissiez	attendiez	partiez
qu'ils/elles	parlent	finissent	attendent	partent

stem-change verbs / irregular verbs

	prendre	aller	avoir	être
que je/j'	prenne	aille	aie	sois
que tu	prennes	ailles	aies	sois
qu'il/elle/on	prenne	aille	ait	soit
que nous	prenions	allions	ayons	soyons
que vous	preniez	alliez	ayez	soyez
qu'ils/elles	prennent	aillent	aient	soient

irregular verbs

	faire	pouvoir	savoir	vouloir
que je	fasse	puisse	sache	veuille
que tu	fasses	puisses	saches	veuilles
qu'il/elle/on	fasse	puisse	sache	veuille
que nous	fassions	puissions	sachions	voulions
que vous	fassiez	puissiez	sachiez	vouliez
qu'ils/elles	fassent	puissent	sachent	veuillent

🔗 Vérifiez

- Certain expressions trigger the subjunctive in the subordinate clause when the subject is different from the one in the main clause.

Summary of subjunctive uses

Subjunctive trigger in main clause	Subjunctive in subordinate clause
Verb or expression of opinion	**Il est bon que** Djamel **conduise.** *It is good (that) Djamel drives.*
Verb or expression of necessity or obligation	**Il est essentiel que** les élèves **fassent** leurs devoirs. *It's essential that students do their homework.*
Verb or expression of will or emotion	Nous **avons peur que** vous **ayez** trop de travail. *We're afraid (that) you have too much work.*
Verb or expression of doubt, disbelief, or uncertainty	Tu **ne crois pas que** nous **soyons** américaines. *You don't believe (that) we're American.*
Conjunction	Il chantera **à condition que** tu **saches** jouer du piano. *He'll sing provided that you know how to play the piano.*

- Use the indicative in the subordinate clause when there is an expression of belief, certainty, or truth in the main clause.

Je crois que nous **sommes** à l'heure.   *but*   **Je doute que** nous **soyons** en retard.
I believe (that) we're on time.   *I doubt (that) we're late.*

- Use the infinitive when the subject of the main clause is the same as that of the subordinate clause.

Préfères-tu jouer de la guitare?   Nous sommes ici **pour voir** l'auteur.
Do you prefer to play the guitar?   *We're here to see the author.*

Essayez!   **Choisissez les formes correctes des verbes.**

1. Veut-il qu'elle (vient /(vienne) avec nous?
2. Montre-moi tes photos pour que je (vois / voie) les belles plages.
3. Il faut que tu (as / aies) de la patience.
4. Elle ne doute pas que cette pièce (finit / finisse) tard.
5. Il est vrai que Dahlia (est / soit) malade.
6. Nous sommes contents que vous (allez / alliez) au musée du Louvre.
7. Il est dommage que nous ne (voyons / voyions) pas de peintures.
8. J'espère rentrer avant que mes parents (font / fassent) la cuisine.

Mise en pratique

1 **Oui, maman...** La mère de Tarik et d'Aïcha veut que ses enfants soient très instruits (*educated*) sur l'art et la musique. Mettez les verbes à l'infinitif, à l'indicatif ou au subjonctif pour compléter ses phrases.

1. Il est nécessaire de _____ (lire) tous les jours.
2. Il ne faut pas que nous _____ (regarder) trop la télévision.
3. Je pense que Tarik _____ (ne pas aller) assez souvent au musée.
4. Je ne pense pas que vous _____ (faire) assez de peinture.
5. Il faut que vous _____ (étudier) la peinture et la musique.
6. Il est impossible que vous _____ (pouvoir) tout comprendre, bien sûr.
7. Je veux que votre père vous _____ (apprendre) à reconnaître les chefs-d'œuvre de Van Gogh.
8. Il croit que Van Gogh _____ (être) le plus grand peintre du dix-neuvième siècle (*century*).

2 **Parle-moi de ta famille...** Marc, le petit ami de Marion, veut tout savoir sur sa famille. Que lui dit-elle? Complétez les phrases.

1. Il est clair que mes parents...
2. Je ne pense pas que mon frère...
3. Je crois que ma grand-mère...
4. Il est possible que je...
5. Je sais que mon frère et moi, nous...
6. Il est évident que ma famille...
7. Je ne suis pas sûre que...
8. Nous avons peur que...

3 **Et nous?** Marc veut aller au bal de promotion (*prom*) avec sa copine Shaynez, mais elle n'est pas sûre. Comment répond-elle à ses questions?

1. De quoi as-tu peur, Shaynez?
2. N'est-il pas clair que nous nous amusons bien ensemble?
3. Est-il possible que tu sois malheureuse avec moi?
4. Que faut-il que je fasse pour te persuader?
5. De quoi n'es-tu pas sûre?
6. De quoi doutes-tu?
7. Que pensent tes amis?
8. Et tes parents, que veulent-ils que tu fasses?

4 **Des conseils** Viviane, une élève très douée, souhaite devenir écrivaine, mais elle a des doutes. Son professeur de littérature veut l'encourager. Écrivez cinq conseils qu'il pourrait lui donner. Utilisez chaque expression de la liste.

Je ne crois pas que...	Il est évident que...
Je recommande que...	Il faut que...
Il est douteux que...	

Communication

5   **Mon émission préférée** Avec un(e) partenaire, parlez de vos émissions de télévision préférées. Utilisez ces phrases dans votre conversation.

1. Je la regarde à condition que...
2. Je suis furieux/furieuse que...
3. Tu devrais la regarder pour que...
4. Je ne suis pas sûr(e) que...
5. Il est important que...
6. Je ne pense pas que...
7. Je crois que...
8. Je souhaite que...

6   **Une pub** Par groupes de trois, inventez un produit et faites sa publicité. Utilisez autant de ces expressions que possible. Ensuite, présentez vos produits et vos pubs à la classe, qui votera pour les meilleurs.

MODÈLE

Voulez-vous que votre maison soit propre? Il faut que vous achetiez «Nettoitou»! Il est formidable! Utilisez-le pour que toute votre maison soit belle!

avant que	il est évident	ne pas penser que
croire que	il est impossible que	pour que
il est douteux que	il faut que	sans que
il est essentiel que	jusqu'à ce que	vouloir que

7   **Vos opinions** Avec un(e) partenaire, écrivez un paragraphe pour donner votre opinion sur un de ces thèmes. Ensuite, échangez vos feuilles avec un groupe qui a choisi un thème différent et discutez de toutes les opinions.

MODÈLE

Il est important que les profs écoutent les problèmes de leurs élèves.

- Le coût (*cost*) élevé des études universitaires
- Les relations entre les États-Unis et les autres pays du monde
- Le rôle du gouvernement dans la vie privée
- La nécessité des armes et de la guerre
- La séparation de l'Église et de l'État (*State*)
- L'importance des beaux-arts dans la société
- Les conséquences du réchauffement climatique
- Les avantages et les inconvénients (*disadvantages*) des réseaux sociaux

Révision

1 **Un film d'horreur** Que doit-on faire pour qu'un film d'horreur soit une réussite? Avec un(e) partenaire, faites par écrit une liste de huit phrases pour expliquer les critères. Utilisez tout ce vocabulaire.

MODÈLE

Le film peut être une réussite à condition que les acteurs soient des célébrités.

à condition que	jusqu'à ce que
à moins que	pour que
avant que	sans que

2 **Quels artistes?** Par groupes de trois, interviewez vos camarades pour leur demander quels artistes et quelles œuvres ils vous recommandent de découvrir la prochaine fois que vous visiterez un musée. Écrivez leurs réponses, puis présentez leurs recommandations à la classe. Utilisez ces expressions avec le présent du subjonctif.

MODÈLE

Je suggère que tu ailles voir les tableaux de Monet. Tu aimeras les couleurs et la représentation des personnages.

il est important que	proposer que
il est indispensable que	recommander que
(ne pas) penser que	suggérer que
?	?

3 **Mes enfants** Avec un(e) partenaire, préparez un dialogue où ces parents se disent ce qu'ils veulent que leurs enfants fassent plus tard. Utilisez au moins huit verbes au présent du subjonctif. Ensuite, jouez votre scène devant la classe.

4 **Un bon écrivain** Que faut-il pour devenir un bon écrivain? Trouvez huit qualités qu'il faut avoir et utilisez l'infinitif pour faire une liste de conseils. À tour de rôle, utilisez votre liste pour donner des conseils à votre partenaire au présent du subjonctif.

MODÈLE

Élève 1: *Conseil numéro 1: Pour être un bon écrivain, il faut avoir beaucoup d'imagination.*
Élève 2: *Si tu veux être un bon écrivain, il est essentiel que tu développes ton imagination.*

5 **Au Louvre** Votre professeur va vous donner, à vous et à votre partenaire, deux feuilles d'activités différentes. Attention! Ne regardez pas la feuille de votre partenaire.

À l'écoute vhlcentral

Listening for key words/Using the context

The comprehension of key words is vital to understanding spoken French. You can use your background knowledge of the subject to help you anticipate some key words. When you hear unfamiliar words, remember that you can use context to figure out their meaning.

 To practice these strategies, you will listen to a short radio announcement for an upcoming concert. Jot down key words, as well as any other words whose meaning you figured out from context clues.

Préparation

Regardez et décrivez la photo. Où sont ces personnes? Que font-elles? Que vont-elles aller voir, à votre avis?

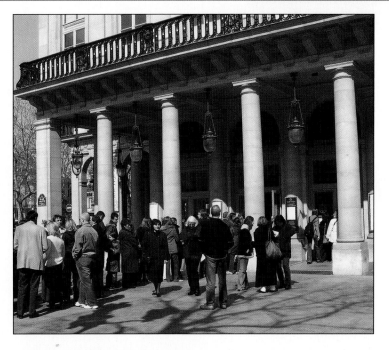 À vous d'écouter

Vous êtes en France et vous voulez inviter un(e) ami(e) à sortir ce week-end. Vous écoutez la radio et vous entendez une annonce pour un spectacle qui plaira peut-être à votre ami(e). Notez les informations principales pour pouvoir ensuite décrire ce spectacle à votre ami(e) et pour lui dire quand vous pourrez aller le voir.

_____

_____

_____

_____

_____

_____

_____

Compréhension

Complétez Complétez les phrases.

1. Le spectacle est _____.
   a. une pièce de théâtre   b. un opéra   c. un concert

2. Le nom du spectacle est _____.
   a. *Molière*   b. *Monfort*   c. *L'Avare*

3. Le spectacle est _____.
   a. une tragédie   b. une comédie   c. un drame psychologique

4. Yves Lemoîne est _____ du spectacle.
   a. l'auteur   b. le personnage principal
   c. le metteur en scène

5. Le public et les critiques _____ la première représentation du spectacle.
   a. ont adoré   b. ont détesté   c. ont peu apprécié

6. Les billets sont en vente tous les jours _____.
   a. à partir de 14h   b. de 10h à 18h   c. de 19h à 21h

Invitez votre ami(e)! Vous avez maintenant toutes les informations importantes nécessaires pour inviter votre ami(e) (un[e] camarade) à aller voir le spectacle ce week-end.

- Invitez-le/la au spectacle et dites-lui quand vous pourrez y aller.

- Il/Elle va vous poser quelques questions pour obtenir plus de détails sur le spectacle (histoire, personnages, acteurs, etc.).

- Ensuite, comme il/elle n'a pas très envie d'aller voir le spectacle, il/elle va faire plusieurs suggestions d'autres activités artistiques (films, concerts, expositions, etc.).

- Discutez de ces possibilités et choisissez-en une ensemble.

Panorama

La France d'outre-mer

GUADELOUPE
0 10 miles
0 10 kilomètres
L'OCÉAN ATLANTIQUE
Pointe-à-Pitre
Basse-Terre
LA MER DES CARAÏBES

MARTINIQUE
0 10 miles
0 10 kilomètres
Montagne Pelée
Fort-de-France
LA MER DES CARAÏBES

Les DROM° en chiffres

Guadeloupe: *(1.703 km²)*
▶ **Population:** *400.186*
▶ **Industries principales:** *agriculture, pêche*
▶ **Villes principales:** *Basse-Terre, Pointe-à-Pitre*

Guyane: *(83.534 km²)*
▶ **Population:** *252.338*
▶ **Industries principales:** *industrie spatiale, extraction aurifère°*
▶ **Ville principale:** *Cayenne*

Martinique: *(1.080 km²)*
▶ **Population:** *383.911*
▶ **Industries principales:** *raffinage pétrolier, agriculture/agroalimentaire°*
▶ **Villes principales:** *Fort-de-France, Les Trois-Îlets*

Mayotte: *(376 km²)*
▶ **Population:** *235.132*
▶ **Industrie principale:** *éco-tourisme*
▶ **Villes principales:** *Mamoudzou, Dzaoudzi*

La Réunion: *(2.512 km²)*
▶ **Population:** *842.767*
▶ **Industries principales:** *agriculture, tourisme*
▶ **Ville principale:** *Saint-Denis*

L'AMÉRIQUE DU NORD
LA FRANCE
L'EUROPE
L'ASIE
L'OCÉAN ATLANTIQUE
L'AFRIQUE
L'OCÉAN PACIFIQUE
L'AMÉRIQUE DU SUD
L'OCÉAN PACIFIQUE
L'OCÉAN INDIEN
L'AUSTRALIE

GUYANE
0 40 miles
0 40 kilomètres
L'OCÉAN ATLANTIQUE
Cayenne
LE SURINAM
LE BRÉSIL

MAYOTTE
0 5 miles
0 5 kilomètres
L'OCÉAN INDIEN
Mamoudzou
Dzaoudzi

LA RÉUNION
0 10 miles
0 10 kilomètres
Saint-Denis
L'OCÉAN INDIEN

Personnes célèbres

▶ **Aimé Césaire,** *Martinique, poète (1913–2008)*

▶ **Patrick Saint-Éloi,** *Guadeloupe, chanteur (1958–2010)*

▶ **Christiane Taubira,** *Guyane, femme politique (1952–)*

▶ **Joseph Hubert,** *La Réunion, scientifique et botaniste (1747–1825)*

Incroyable mais vrai!

Jusqu'au vingtième siècle, Saint-Pierre était le port le plus actif des Antilles et la capitale de la Martinique. Mais en 1902, un volcan, la montagne Pelée, entre en éruption. Il y a deux survivants°, dont un qui a été protégé par les murs de la prison où il était enfermé°. Certains historiens doutent de l'authenticité de l'histoire de cet homme.

DROM (Départements et régions d'outre-mer) *Overseas departments and regions* **extraction aurifère** *gold mining* **agroalimentaire** *food processing* **survivants** *survivors* **enfermés** *detained*

Les arts

Le maloya

Le maloya fait partie du patrimoine vivant° de l'île de la Réunion. Créé par des esclaves° afro-malgaches° dans les plantations sucrières d'autrefois, il est à la fois° une forme de musique, un chant et une danse. Initialement, il consistait en un dialogue entre un soliste et un chœur accompagné d'instruments à percussions, mais aujourd'hui il se marie à d'autres genres tels que° le reggae, le jazz ou le rock. Des artistes professionnels et des amateurs le chantent et le dansent pendant les manifestations culturelles, sociales et politiques de l'île.

Les destinations

Le lagon de Mayotte

Avec sa double barrière de corail°, le lagon de Mayotte est d'une richesse exceptionnelle. On peut y observer des tortues géantes, des baleines° avec leurs petits, des dauphins° et bien sûr de magnifiques poissons bariolés°. Mais ces écosystèmes tant appréciés des plongeurs° et des touristes sont fragiles. Il faut les préserver tout en encourageant le développement durable°. C'est pour cette raison que le Parc naturel marin de Mayotte a été créé en 2010. Cette réserve couvre une superficie d'environ 68.000 km² et englobe toutes les eaux françaises alentours°. Une bonne initiative pour protéger la Planète!

Les sciences

La recherche scientifique

Grâce à° sa situation géographique, la Guyane est devenue un pôle d'exploration et de recherches scientifiques. À Paracou, on étudie l'effet du changement climatique sur le fonctionnement de l'écosystème forestier amazonien. Près de Kourou se trouve le Centre Spatial Guyanais. C'est la base de lancement des fusées° Ariane ainsi que° du télescope spatial *Herschel*, qui nous a permis de découvrir de nouvelles galaxies! Non moins important est l'Institut Pasteur de Guyane, à Cayenne. Cette institution se spécialise tout particulièrement dans la recherche sur les maladies endémiques dans les régions tropicales.

Les gens

Maryse Condé

Née en Guadeloupe, puis étudiante à la Sorbonne, à Paris, Maryse Condé a vécu° huit ans en Afrique (Ghana, Sénégal, Guinée, etc.). En 1973, elle enseigne dans les universités françaises et commence sa carrière d'écrivain. Elle sera ensuite professeur en Californie et à l'Université de Columbia. Ses nombreux romans, y compris° *Moi, Tituba Sorcière*, ont reçu de multiples récompenses°. Ses romans mêlent° souvent fiction et événements historiques pour montrer la complexité de la culture antillaise, culture liée° à celle de l'Europe et à celle de l'Afrique.

Qu'est-ce que vous avez appris? Répondez aux questions.

1. Que se passe-t-il (*happens*) en Martinique au début du vingtième siècle?
2. Combien d'habitants de Saint-Pierre survivent à l'éruption?
3. Qu'est-ce que le maloya?
4. Quand peut-on voir des artistes de maloya?
5. Pourquoi la Guyane est-elle un pôle d'exploration et de recherches scientifiques?

6. Qu'est-ce qu'on étudie à Paracou?
7. Pourquoi a-t-on créé le Parc naturel marin de Mayotte?
8. Qu'est-ce qu'on peut observer dans le lagon de Mayotte?
9. D'où vient Maryse Condé? Où a-t-elle étudié (*did she study*)?
10. Qu'est-ce que les romans de Maryse Condé mêlent?

Sur Internet

1. Cherchez des informations sur des musiciens réunionnais. Lesquels utilisent le maloya?
2. Trouvez des informations sur la ville de Saint-Pierre. Comment est-elle aujourd'hui?
3. Cherchez des informations sur le centre de recherche à Paracou. Qu'est-ce qu'on a découvert sur le fonctionnement de l'écosystème forestier amazonien?

patrimoine vivant *living heritage* **esclaves** *slaves* **afro-malgaches** *Afro-Malagasy* **à la fois** *at the same time* **tels que** *such as* **corail** *coral* **baleines** *whales* **dauphins** *dolphins* **bariolés** *colorful* **plongeurs** *divers* **durable** *sustainable* **alentours** *surrounding* **Grâce à** *Because of* **fusées** *rockets* **ainsi que** *as well as* **vécu** *lived* **y compris** *including* **récompenses** *awards* **mêlent** *mix* **liée** *linked*

Lecture vhlcentral

Avant la lecture

STRATÉGIE

Point of View

Authors use a narrator with a unique perspective to tell their stories. This "point of view" filters what you see, hear, and feel in the narration. Identifying point of view helps you understand the emotions, opinions, and purpose the author wishes to convey. In some stories, the narrator is a character in the narrative and has a first person point of view. Everything you read is from this character's perspective. Other stories have a third person omniscient point of view. An omniscient narrator is an outsider who reports the thoughts and actions of all the characters.

Examinez le texte

Lisez les deux premières phrases du texte. À quelle personne le récit est-il écrit? À la première ou à la troisième personne? Le narrateur est-il un homme ou une femme? Comment le savez-vous? Les opinions et les émotions exprimées sont-elles celles du narrateur ou de quelqu'un d'autre? Quel ton ce point de vue donne-t-il au texte? Qu'est-ce que l'auteur veut communiquer?

À propos de l'auteur
Maïssa Bey

Maïssa Bey, nom de plume° de Samina Benameur, est née dans un petit village en Algérie en 1950. Après ses études, elle devient professeur de français, puis conseillère pédagogique. Avide lectrice° depuis un très jeune âge, elle passe petit à petit à l'écriture. Elle écrit des romans, des nouvelles, des pièces de théâtre, des poèmes et des essais. Le texte «Je suis lectrice» est un extrait de l'essai «L'une et l'autre», un texte autobiographique sorti en 2009. Aujourd'hui Bey continue à publier des œuvres et animer Paroles° et Écriture, une association dont l'objectif est d'ouvrir des espaces d'expression culturelle.

nom de plume *pen name* **lectrice** *reader* **Paroles** *Words*

Je suis lectrice

extrait de *L'une et l'autre* (2009)

Je suis lectrice°. Passionnément. Déraisonnablement donc. Au point de ne pas supporter° d'être séparée des objets de mes désirs, de mes plaisirs: les livres. Je me suis
5 nourrie°, parfois gavée° de mots. J'ai d'abord été une dévoreuse d'histoires. J'ai voulu tout lire. Tout et sans doute n'importe quoi. J'ai subi tous les charmes°, me suis laissée prendre au piège° de tous les filets tendus°. Des romans d'amour
10 les plus mièvres° aux récits d'aventures les plus insensées°. J'ai été rebelle sans jamais savoir ni pouvoir dire non. J'ai parcouru le monde, sillonné° les mers, visité tous les continents et même au-delà, sans jamais dépasser les limites de mon
15 quartier, ou plus rarement celles de mon village. J'ai découvert les mots d'amour les plus fous sans jamais avoir le droit° d'en prononcer un seul à voix haute°. J'ai ri, j'ai souffert et pleuré, j'ai porté le deuil° de mes héros avant même d'être confrontée
20 à la mort, la vraie. J'ai ardemment souhaité des défaites° et des victoires alors même qu'autour de moi des bourreaux° affûtaient° déjà leurs armes. Très jeune, sans jamais avoir de véritables amies, j'ai eu pour compagnons des adultes, personnages
25 de papier plus proches° de moi que mes proches, des femmes et des hommes qui m'ont confié les plus intimes de leurs pensées, qui ont, dans une communauté fraternelle, partagé avec moi le pain et le sel, je veux dire les mots et la vérité de leur être.

Après la lecture

Complétez Répondez aux questions par des phrases complètes.

1. De quelle façon est-ce que l'auteur lit?
   _____

2. De quoi les livres sont-ils l'objet?
   _____

3. L'auteur parle de trois types de livres qu'elle a lus. Lesquels?
   _____

4. Qu'est-ce que l'auteur a pu faire sans quitter son quartier grâce aux (*thanks to*) livres?
   _____

5. Qu'est-ce qu'elle a découvert qu'elle n'a jamais pu prononcer?
   _____

6. Quelles réactions les histoires ont-elles provoquées chez l'auteur?
   _____

7. Qui étaient les compagnons de l'auteur pendant sa jeunesse?
   _____

8. Qu'est-ce que les personnages des livres ont partagé avec l'auteur?
   _____

Point de vue Discutez de ces questions par petits groupes: Quel est le point de vue du texte? Qui est le narrateur? Soyez spécifique. Pourquoi croyez-vous que l'auteur a choisi ce point de vue? Si le texte était écrit d'un point de vue omniscient, serait-il différent? De quelle manière?

Ensemble À votre avis, pourquoi est-ce que l'auteur dit « J'ai ri, j'ai souffert et pleuré... » pour décrire son expérience de lectrice? Croyez-vous que c'est possible de ressentir les mêmes sentiments que les personnages? Avez-vous lu quelque chose qui vous a inspiré(e) de la même façon que les livres ont inspiré l'auteur? Écrivez un paragraphe pour présenter vos idées.

lectrice *reader* **ne pas supporter** *not to bear* **me suis nourrie** *nourished myself* **gavée** *gorged* **subi... charmes** *fell under all the spells* **me suis laissée... piège** *became trapped* **filets tendus** *nets cast* **mièvres** *sentimental* **insensées** *absurd* **sillonné** *plowed* **le droit** *right* **à voix haute** *aloud* **j'ai porté le deuil** *mourned* **défaites** *defeats* **bourreaux** *executioners* **affûtaient** *sharpened* **plus proches** *closer*

Écriture

Writing strong introductions and conclusions

Introductions and conclusions serve a similar purpose: both are intended to focus the reader's attention on the topic being covered. The introduction presents a brief preview of the topic. In addition, it informs your reader of the important points that will be covered in the body of your writing. The conclusion reaffirms those points and concisely sums up the information that has been provided. A compelling fact or statistic, a humorous anecdote, or a question directed to the reader are all interesting ways to begin or end your writing.

For example, if you were writing a biographical report on Antoine de Saint-Exupéry, whom you learned about in **Unité 6 Lecture**, you might start by noting that Saint-Exupéry's *Le Petit Prince* is considered to be one of the most widely read books ever. The rest of your introductory paragraph would outline the areas you would cover in the body of your paper, such as the author's life, his works, and the impact that *Le Petit Prince* has had on adult and children's literature. In your conclusion, you might sum up the most important information in the report and tie this information together in a way that would make your reader want to learn even more about the topic. You could write, for example, "Antoine de Saint-Exupéry, with his imagination and unique view on the world, has created one of the most well-known and enduring characters in world literature."

Thème

Écrire la critique d'une œuvre artistique

Avant l'écriture

1. Vous allez écrire la critique d'un film, d'une pièce de théâtre ou d'un spectacle de votre choix. Votre critique doit avoir trois parties: l'introduction, le développement et la conclusion. Dans l'introduction, vous allez rapidement présenter l'œuvre. Ensuite, dans le développement, vous allez la décrire en détail. Enfin, dans la conclusion, vous allez donner votre opinion et expliquer pourquoi vous recommandez ce spectacle ou non. Utilisez ce plan pour la recherche des idées et pour leur organisation.

Introduction

■ Le titre de l'œuvre et le nom de son créateur

■ Description du sujet et/ou du genre de l'œuvre

■ Quand et où vous l'avez vue

Développement

■ Un petit résumé de l'histoire

■ Les noms des personnages ou des artistes

■ Description des personnages, du/des décor(s) et des costumes

Conclusion

- Votre opinion sur l'œuvre

- Expliquez les raisons pour lesquelles vous la recommandez ou pas.

Écriture

1. Pour vous assurer (*ensure*) que vous allez écrire une introduction et une conclusion bien développées, remplissez (*fill in*) ce diagramme. Ces deux sections doivent contenir la même information sur les idées principales de votre critique, mais doivent aussi avoir au moins (*at least*) une idée différente. Référez-vous à la stratégie, si nécessaire.

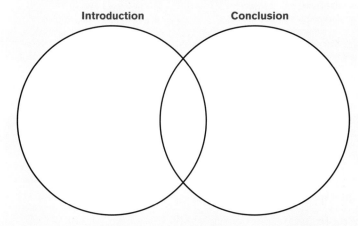

Introduction   Conclusion

2. Ensuite, utilisez vos idées de la section précédente et du diagramme pour écrire votre critique.

3. Utilisez aussi des formes du subjonctif et, si possible, des pronoms possessifs dans votre critique.

Critique d'une pièce de théâtre

Le malade imaginaire de Molière est une comédie théâtrale que j'ai eu la chance de voir hier soir au Théâtre des Capucins.

L'histoire, qui se passe au XVIIe siècle, est celle d'un vieux bourgeois, Argan, qui se croit constamment malade, alors qu'il ne l'est pas. Béline, sa femme, …

Cette pièce, qui est un des nombreux chefs-d'œuvre de Molière, m'a donné l'occasion de passer un très bon moment…

Après l'écriture

1. Échangez votre critique avec celle d'un(e) partenaire. Répondez à ces questions pour commenter son travail.

- Votre partenaire a-t-il/elle inclu une introduction développée?

- A-t-il/elle écrit une partie centrale détaillée?

- A-t-il/elle écrit une conclusion bien développée et en relation avec l'introduction, mais contenant (*containing*) aussi au moins une nouvelle idée?

- A-t-il/elle présenté toutes les informations de la section **Avant l'écriture**?

- A-t-il/elle utilisé des formes du subjonctif?

- Quel(s) détail(s) ajouteriez-vous? Quel(s) détail(s) enlèveriez-vous (*would you delete*)? Quel(s) autre(s) commentaire(s) avez-vous pour votre partenaire?

2. Corrigez votre critique d'après (*according to*) les commentaires de votre partenaire. Relisez votre travail pour éliminer ces problèmes:

- des fautes (*errors*) d'orthographe

- des fautes de ponctuation

- des fautes de conjugaison

- un mauvais emploi de la grammaire de l'unité

- des fautes d'accord (*agreement*) des adjectifs

Leçon 7A

Aller au spectacle

applaudir	to applaud
présenter	to present
profiter de quelque chose	to take advantage of/to enjoy something
un applaudissement	applause
une chanson	song
un chœur	choir, chorus
une comédie (musicale)	comedy (musical)
un concert	concert
une danse	dance
le début	beginning; debut
un entracte	intermission
la fin	end
un genre	genre
un opéra	opera
une pièce de théâtre	play
une place	seat
une séance	show; screening
une sorte	sort, kind
un spectateur/une spectatrice	spectator
une tragédie	tragedy

Les artistes

faire de la musique	to play music
jouer un rôle	to play a role
jouer de la batterie/ de la guitare/du piano/du violon	to play the drums/ the guitar/the piano/the violin
un compositeur	composer
un danseur/une danseuse	dancer
un dramaturge	playwright
un membre	member
un metteur en scène	director (of a play, a show)
un orchestre	orchestra
un personnage (principal)	(main) character
un réalisateur/une réalisatrice	director (of a movie)
une troupe	company, troop
célèbre	famous

Expressions utiles

See p. 341.

Expressions de doute et de certitude

douter que...	to doubt that...
ne pas croire que...	not to believe that...
ne pas penser que...	not to think that...
Il est douteux que...	It is doubtful that...
Il est impossible que...	It is impossible that...
Il n'est pas certain que...	It is uncertain that...
Il n'est pas sûr que...	It is not sure that...
Il n'est pas vrai que...	It is untrue that...
croire que...	to believe that...
penser que...	to think that...
savoir que...	to know that...
Il est certain que...	It is certain that...
Il est clair que...	It is clear that...
Il est évident que...	It is obvious that...
Il est sûr que...	It is sure that...
Il est vrai que...	It is true that...

Pronoms possessifs

le mien (m. sing.)	mine
la mienne (f. sing.)	mine
les miens (m. pl.)	mine
les miennes (f. pl.)	mine
le tien (m. sing.)	yours
la tienne (f. sing.)	yours
les tiens (m. pl.)	yours
les tiennes (f. pl.)	yours
le sien (m. sing.)	his/hers/its
la mienne (f. sing.)	his/hers/its
les siens (m. pl.)	his/hers/its
les siennes (f. pl.)	his/hers/its
le/la nôtre (m./f. sing.)	ours
les nôtres (m./f. pl.)	ours
le/la vôtre (m./f. sing.)	yours (form./pl.)
les vôtres (m./f. pl.)	yours (form./pl.)
le/la leur (m./f. sing.)	theirs
les leurs (m./f. pl.)	theirs

Leçon 7B

Les artistes

un auteur/une femme auteur	author
un écrivain/une écrivaine	writer
un peintre/une femme peintre	painter
un poète/une poétesse	poet
un sculpteur/une sculptrice	sculptor
doué(e)	talented; gifted

Le cinéma et la télévision

un dessin animé	cartoon
un documentaire	documentary
un drame psychologique	psychological drama
une émission (de télévision)	(television) program
un feuilleton	soap opera
un film (d'aventures, d'horreur, policier, de science-fiction)	(adventure, horror, crime, science fiction) film
une histoire	story
les informations (infos) (f.)	news
un jeu télévisé	game show
la météo	weather
les nouvelles (f.)	news
un programme	program
une publicité (pub)	advertisement
les variétés (f.)	popular music
à la radio	on the radio
à la télé(vision)	on television

Les arts

faire les musées	to go to museums
publier	to publish
les beaux-arts (m.)	fine arts
un chef-d'œuvre (chefs-d'oeuvre pl.)	masterpiece
un conte	tale
une critique	review; criticism
une exposition	exhibit
un festival (festivals pl.)	festival
un magazine	magazine
une oeuvre	artwork, piece of art
une peinture	painting
un poème	poem
un roman	novel
une sculpture	sculpture
un tableau	painting
ancien(ne)	ancient; old; former
gratuit(e)	free
littéraire	literary
récent(e)	recent

Expressions utiles

See p. 361.

Conjonctions suivies du subjonctif

à condition que...	on the condition that..., provided that...
à moins que...	unless...
avant que...	before...
jusqu'à ce que...	until...
pour que...	so that...
sans que...	without...

Appendices

Appendix A

The *impératif*   A-2
Glossary of Grammatical Terms   A-2

Appendix B

Verb Conjugation Tables   A-6

Vocabulary

French–English   A-17
English–French   A-38
Supplementary Vocabulary   A-56

Indices

Index of AP® Themes & Contexts   A-59
Grammar Index   A-61

Credits   A-63

The *impératif*

Point de départ The **impératif** is the form of a verb that is used to give commands or to offer directions, hints, and suggestions. With command forms, you do not use subject pronouns.

- Form the **tu** command of **-er** verbs by dropping the **-s** from the present tense form. Note that **aller** also follows this pattern.

Réserve deux chambres.	**Ne travaille pas.**	**Va** au marché.
Reserve two rooms.	*Don't work.*	*Go to the market.*

- The **nous** and **vous** command forms of **-er** verbs are the same as the present tense forms.

Nettoyez votre chambre.	**Mangeons** au restaurant ce soir.
Clean your room.	*Let's eat at the restaurant tonight.*

- For **-ir** verbs, **-re** verbs, and most irregular verbs, the command forms are identical to the present tense forms.

Finis la salade.	**Attendez** dix minutes.	**Faisons** du yoga.
Finish the salad.	*Wait ten minutes.*	*Let's do some yoga.*

The *impératif* of *avoir* and *être*

	avoir	être
(tu)	aie	sois
(nous)	ayons	soyons
(vous)	ayez	soyez

- The forms of **avoir** and **être** in the **impératif** are irregular.

Aie confiance.	Ne **soyons** pas en retard.
Have confidence.	*Let's not be late.*

- An object pronoun can be added to the end of an affirmative command. Use a hyphen to separate them. Use **moi** and **toi** for the first- and second-person object pronouns.

Permettez-moi de vous aider.	Achète le dictionnaire et **utilise-le.**
Allow me to help you.	*Buy the dictionary and use it.*

- In negative commands, place object pronouns between **ne** and the verb. Use **me** and **te** for the first- and second-person object pronouns.

Ne **me montre** pas les réponses, **s'il te plaît.**	Cette photo est fragile. Ne **la touchez** pas.
Please don't show me the answers.	*That picture is fragile. Don't touch it.*

Glossary of Grammatical Terms

ADJECTIVE A word that modifies, or describes, a noun or pronoun.

des livres **amusants**	une **jolie** fleur
*some **funny** books*	*a **pretty** flower*

Demonstrative adjective An adjective that specifies which noun a speaker is referring to.

cette chemise	**ce** placard
***this** shirt*	***this** closet*
cet hôtel	**ces** boîtes
***this** hotel*	***these** boxes.*

Possessive adjective An adjective that indicates ownership or possession.

ma belle montre	C'est **son** cousin.
***my** beautiful watch*	*This is **his/her** cousin.*
tes crayons	Ce sont **leurs** tantes.
***your** pencils*	*Those are **their** aunts.*

ADVERB A word that modifies, or describes, a verb, adjective, or other adverb.

Michael parle **couramment** français.
*Michael speaks French **fluently**.*

Elle lui parle **très** franchement.
*She speaks to him **very** honestly.*

ARTICLE A word that points out a noun in either a specific or a non-specific way.

Definite article An article that points out a noun in a specific way.

le marché	**la** valise
***the** market*	***the** suitcase*
les dictionnaires	**les** mots
***the** dictionaries*	***the** words*

Indefinite article An article that points out a noun in a general, non-specific way.

un vélo	**une** fille
***a** bike*	***a** girl*
des oiseaux	**des** affiches
***some** birds*	***some** posters*

CLAUSE A group of words that contains both a conjugated verb and a subject, either expressed or implied.

Main (or Independent) clause A clause that can stand alone as a complete sentence.

J'ai un manteau vert.
I have a green coat.

Glossary of Grammatical Terms

Subordinate (or Dependent) clause A clause that does not express a complete thought and therefore cannot stand alone as a sentence.

Je travaille dans un restaurant **parce que j'ai besoin d'argent**.
*I work in a restaurant **because I need money**.*

COMPARATIVE A construction used with an adjective or adverb to express a comparison between two people, places, or things.

Thomas est **plus petit** qu'Adrien.
*Thomas is **shorter than** Adrien.*

En Corse, il pleut **moins souvent qu'**en Alsace.
*In Corsica, it rains **less often than** in Alsace.*

Cette maison n'a pas **autant de fenêtres** que l'autre.
*This house does not have **as many windows as** the other one.*

CONJUGATION A set of the forms of a verb for a specific tense or mood, or the process by which these verb forms are presented.

Imparfait conjugation of **chanter**:

je chant**ais**	nous chant**ions**
tu chant**ais**	vous chant**iez**
il/elle chant**ait**	ils/elles chant**aient**

CONJUNCTION A word used to connect words, clauses, or phrases.

Suzanne **et** Pierre habitent en Suisse.
*Suzanne **and** Pierre live in Switzerland.*

Je ne dessine pas très bien, **mais** j'aime les cours de dessin.
*I don't draw very well, **but** I like art classes.*

CONTRACTION The joining of two words into one. In French, the contractions are **au, aux, du,** and **des**.

Ma sœur est allée **au** concert hier soir.
*My sister went **to a** concert last night.*

Il a parlé **aux** voisins cet après-midi.
*He talked **to the** neighbors this afternoon.*

Je retire de l'argent **du** distributeur automatique.
*I withdraw money **from the** ATM machine.*

Nous avons campé près **du** village.
*We camped **near the** village.*

DIRECT OBJECT A noun or pronoun that directly receives the action of the verb.

Thomas lit **un livre**.   Je **l'**ai vu hier.
*Thomas reads **a book**.   I saw **him** yesterday.*

GENDER The grammatical categorizing of certain kinds of words, such as nouns and pronouns, as masculine, feminine, or neuter.

Masculine
articles **le, un**
pronouns **il, lui, le, celui-ci, celui-là, lequel**
adjective **élégant**

Feminine
articles **la, une**
pronouns **elle, la, celle-ci, celle-là, laquelle**
adjective **élégante**

IMPERSONAL EXPRESSION A third-person expression with no expressed or specific subject.

Il pleut.   **C'est** très important.
It's raining.   *It's very important.*

INDIRECT OBJECT A noun or pronoun that receives the action of the verb indirectly; the object, often a living being, to or for whom an action is performed.

Éric donne un livre **à Linda**.
*Éric gave a book **to Linda**.*

Le professeur **m'**a donné une bonne note.
*The teacher gave **me** a good mark.*

INFINITIVE The basic form of a verb. Infinitives in French end in **-er, -ir, -oir,** or **-re**.

parler	**finir**	**savoir**	**prendre**
to speak	*to finish*	*to know*	*to take*

INTERROGATIVE An adjective or pronoun used to ask a question.

Qui parle?
***Who** is speaking?*

Combien de biscuits as-tu achetés?
***How many** cookies did you buy?*

Que penses-tu faire aujourd'hui?
***What** do you plan to do today?*

INVERSION Changing the word order of a sentence, often to form a question.

Statement: Elle a vendu sa voiture.

Inversion: A-t-elle vendu sa voiture?

MOOD A grammatical distinction of verbs that indicates whether the verb is intended to make a statement or command or to express a doubt, emotion, or condition contrary to fact.

Glossary of Grammatical Terms

Conditional mood Verb forms used to express what would be done or what would happen under certain circumstances, or to make a polite request, soften a demand, express what someone could or should do, or to state a contrary-to-fact situation.

Il irait se promener s'il avait le temps.
He would go for a walk if he had the time.

Pourrais-tu éteindre la lumière, s'il te plaît?
Would you turn off the light, please?

Je devrais lui parler gentiment.
I should talk to her nicely.

Imperative mood Verb forms used to make commands or suggestions.

Parle lentement.   **Venez** avec moi.
Speak slowly.   *Come with me.*

Indicative mood Verb forms used to state facts, actions, and states considered to be real.

Je sais qu'**il a** un chat.
I know that he has a cat.

Subjunctive mood Verb forms used principally in subordinate (dependent) clauses to express wishes, desires, emotions, doubts, and certain conditions, such as contrary-to-fact situations.

Il est important que **tu finisses** tes devoirs.
*It's important that **you finish** your homework.*

Je doute que **Louis ait** assez d'argent.
*I doubt that **Louis has** enough money.*

NOUN A word that identifies people, animals, places, things, and ideas.

homme	**chat**	**Belgique**
man	*cat*	*Belgium*
maison	**livre**	**amitié**
house	*book*	*friendship*

NUMBER A grammatical term that refers to singular or plural. Nouns in French and English have number. Other parts of a sentence, such as adjectives, articles, and verbs, can also have number.

Singular	**Plural**
une chose	**des** choses
a thing	*some things*
le professeur	**les** professeurs
the professor	*the professors*

NUMBERS Words that represent amounts.

Cardinal numbers Words that show specific amounts.

cinq minutes	l'année **deux mille six**
five minutes	*the year 2006*

Ordinal numbers Words that indicate the order of a noun in a series.

le **quatrième** joueur	la **dixième** fois
the fourth player	*the tenth time*

PAST PARTICIPLE A past form of the verb used in compound tenses. The past participle may also be used as an adjective, but it must then agree in number and gender with the word it modifies.

Ils ont beaucoup **marché**.
*They have **walked** a lot.*

Je n'ai pas **préparé** mon examen.
*I haven't **prepared** for my exam.*

Il y a une fenêtre **ouverte** dans le salon.
*There is an **open** window in the living room.*

PERSON The form of the verb or pronoun that indicates the speaker, the one spoken to, or the one spoken about. In French, as in English, there are three persons: first, second, and third.

Person	Singular		Plural	
1st	**je**	*I*	**nous**	*we*
2nd	**tu**	*you*	**vous**	*you*
3rd	**il/elle**	*he/she/it*	**ils/elles**	*they*
	on	*one*		

PREPOSITION A word or words that describe(s) the relationship, most often in time or space, between two other words.

Annie habite **loin de** Paris.
*Annie lives **far from** Paris.*

Le blouson est **dans** la voiture.
*The jacket is **in** the car.*

Martine s'est coiffée **avant de** sortir.
*Martine combed her hair **before** going out.*

PRONOUN A word that takes the place of a noun or nouns.

Demonstrative pronoun A pronoun that takes the place of a specific noun.

Je veux **celui-ci**.
*I want **this one**.*

Marc préférait **ceux-là**.
*Marc preferred **those**.*

Object pronoun A pronoun that functions as a direct or indirect object of the verb.

Elle **lui** donne un cadeau.
*She gives **him** a present.*

Frédéric **me l'**a apporté.
*Frédéric brought **it** to **me**.*

Reflexive pronoun A pronoun that indicates that the action of a verb is performed by the subject on itself. These pronouns are often expressed in English with -*self*: *myself, yourself,* etc.

Je **me lave** avant de sortir.
*I **wash (myself)** before going out.*

Marie **s'est couchée** à onze heures et demie.
*Marie **went to bed** at eleven-thirty.*

Relative pronoun A pronoun that connects a subordinate clause to a main clause.

Le garçon **qui** nous a écrit vient nous voir demain.
*The boy **who** wrote us is coming to visit tomorrow.*

Je sais **que** nous avons beaucoup de choses à faire.
*I know **that** we have a lot of things to do.*

Subject pronoun A pronoun that replaces the name or title of a person or thing, and acts as the subject of a verb.

Tu vas partir.
***You** are going to leave.*

Il arrive demain.
***He** arrives tomorrow.*

SUBJECT A noun or pronoun that performs the action of a verb and is often implied by the verb.

Marine va au supermarché.
***Marine** goes to the supermarket.*

Ils travaillent beaucoup.
***They** work a lot.*

Ces livres sont très chers.
***Those books** are very expensive.*

SUPERLATIVE A word or construction used with an adjective, adverb or a noun to express the highest or lowest degree of a specific quality among three or more people, places, or things.

Le cours de français est **le plus intéressant**.
*The French class is **the most interesting**.*

Romain court **le moins rapidement**.
*Romain runs **the least fast**.*

C'est son jardin qui a **le plus d'arbres**.
*It is her garden that has **the most trees**.*

TENSE A set of verb forms that indicates the time of an action or state: past, present, or future

Compound tense A two-word tense made up of an auxiliary verb and a present or past participle. In French, there are two auxiliary verbs: **être** and **avoir**.

Le colis n'**est** pas encore **arrivé**.
*The package **has** not **arrived** yet.*

Elle **a réussi** son examen.
*She **has passed** her exam.*

Simple tense A tense expressed by a single verb form.

Timothée **jouait** au volley-ball pendant les vacances.
*Timothée **played** volleyball during his vacation.*

Joëlle **parlera** à sa mère demain.
*Joëlle **will speak** with her mom tomorrow.*

VERB A word that expresses actions or states-of-being.

Auxiliary verb A verb used with a present or past participle to form a compound tense. **Avoir** is the most commonly used auxiliary verb in French.

Ils **ont** vu les éléphants.
*They **have** seen the elephants.*

J'espère que tu **as** mangé.
*I hope you **have** eaten.*

Reflexive verb A verb that describes an action performed by the subject on itself and is always used with a reflexive pronoun.

Je **me suis acheté** une voiture neuve.
*I **bought myself** a new car.*

Pierre et Adeline **se lèvent** très tôt.
*Pierre and Adeline **get (themselves) up** very early.*

Spelling-change verb A verb that undergoes a predictable change in spelling in the various conjugations.

acheter	e → è	nous achetons	j'ach**è**te
espérer	é → è	nous espérons	j'esp**è**re
appeler	l → ll	nous appelons	j'appe**ll**e
envoyer	y → i	nous envoyons	j'envoie
essayer	y → i	nous essayons	j'essaie/ j'essaye

Verb Conjugation Tables

Each verb in this list is followed by a model verb conjugated according to the same pattern. The number in parentheses indicates where in the verb tables you can find the conjugated forms of the model verb. Reminder: All reflexive (pronominal) verbs use **être** as their auxiliary verb in the **passé composé**. The infinitives of reflexive verbs begin with **se (s')**.

* = This verb, unlike its model, takes **être** in the **passé composé**.
† = This verb, unlike its model, takes **avoir** in the **passé composé**.
In the tables you will find the infinitive, past participles, and all the forms of each model verb you have learned.

abolir like finir (2)
aborder like parler (1)
abriter like parler (1)
accepter like parler (1)
accompagner like parler (1)
accueillir like ouvrir (31)
acheter (7)
adorer like parler (1)
afficher like parler (1)
aider like parler (1)
aimer like parler (1)
aller (13) **p.c.** with **être**
allumer like parler (1)
améliorer like parler (1)
amener like acheter (7)
animer like parler (1)
apercevoir like recevoir (36)
appeler (8)
applaudir like finir (2)
apporter like parler (1)
apprendre like prendre (35)
arrêter like parler (1)
arriver* like parler (1)
assister like parler (1)
attacher like parler (1)
attendre like vendre (3)
attirer like parler (1)
avoir (4)
balayer like essayer (10)
bavarder like parler (1)
boire (15)
bricoler like parler (1)
bronzer like parler (1)
célébrer like préférer (12)
chanter like parler (1)
chasser like parler (1)

chercher like parler (1)
choisir like finir (2)
classer like parler (1)
commander like parler (1)
commencer (9)
composer like parler (1)
comprendre like prendre (35)
compter like parler (1)
conduire (16)
connaître (17)
consacrer like parler (1)
considérer like préférer (12)
construire like conduire (16)
continuer like parler (1)
courir (18)
coûter like parler (1)
couvrir like ouvrir (31)
croire (19)
cuisiner like parler (1)
danser like parler (1)
débarrasser like parler (1)
décider like parler (1)
découvrir like ouvrir (31)
décrire like écrire (22)
décrocher like parler (1)
déjeuner like parler (1)
demander like parler (1)
démarrer like parler (1)
déménager like manger (11)
démissionner like parler (1)
dépasser like parler (1)
dépendre like vendre (3)
dépenser like parler (1)
déposer like parler (1)
descendre* like vendre (3)
désirer like parler (1)

dessiner like parler (1)
détester like parler (1)
détruire like conduire (16)
développer like parler (1)
devenir like venir (41)
devoir (20)
dîner like parler (1)
dire (21)
diriger like parler (1)
discuter like parler (1)
divorcer like commencer (9)
donner like parler (1)
douter like parler (1)
durer like parler (1)
échapper like parler (1)
échouer like parler (1)
écouter like parler (1)
écrire (22)
effacer like commencer (9)
embaucher like parler (1)
emménager like manger (11)
emmener like acheter (7)
employer like essayer (10)
emprunter like parler (1)
enfermer like parler (1)
enlever like acheter (7)
enregistrer like parler (1)
enseigner like parler (1)
entendre like vendre (3)
entourer like parler (1)
entrer* like parler (1)
entretenir like tenir (40)
envahir like finir (2)
envoyer like essayer (10)
épouser like parler (1)

espérer like préférer (12)
essayer (10)
essuyer like essayer (10)
éteindre (24)
éternuer like parler (1)
étrangler like parler (1)
être (5)
étudier like parler (1)
éviter like parler (1)
exiger like manger (11)
expliquer like parler (1)
explorer like parler (1)
faire (25)
falloir (26)
fermer like parler (1)
fêter like parler (1)
finir (2)
fonctionner like parler (1)
fonder like parler (1)
freiner like parler (1)
fréquenter like parler (1)
fumer like parler (1)
gagner like parler (1)
garder like parler (1)
garer like parler (1)
gaspiller like parler (1)
enfler like parler (1)
goûter like parler (1)
graver like parler (1)
grossir like finir (2)
guérir like finir (2)
habiter like parler (1)
imprimer like parler (1)
indiquer like parler (1)
interdire like dire (21)
inviter like parler (1)

Verb Conjugation Tables

jeter like appeler (8)

jouer like parler (1)

laisser like parler (1)

laver like parler (1)

lire (27)

loger like manger (11)

louer like parler (1)

lutter like parler (1)

maigrir like finir (2)

maintenir like tenir (40)

manger (11)

marcher like parler (1)

mêler like préférer (12)

mener like parler (1)

mettre (28)

monter* like parler (1)

montrer like parler (1)

mourir (29); p.c. with être

nager like manger (11)

naître (30); p.c. with être

nettoyer like essayer (10)

noter like parler (1)

obtenir like tenir (40)

offrir like ouvrir (31)

organiser like parler (1)

oublier like parler (1)

ouvrir (31)

parler (1)

partager like manger (11)

partir (32); p.c. with être

passer like parler (1)

patienter like parler (1)

patiner like parler (1)

payer like essayer (10)

penser like parler (1)

perdre like vendre (3)

permettre like mettre (28)

pleuvoir (33)

plonger like manger (11)

polluer like parler (1)

porter like parler (1)

poser like parler (1)

posséder like préférer (12)

poster like parler (1)

pouvoir (34)

pratiquer like parler (1)

préférer (12)

prélever like parler (1)

prendre (35)

préparer like parler (1)

présenter like parler (1)

préserver like parler (1)

prêter like parler (1)

prévenir like tenir (40)

produire like conduire (16)

profiter like parler (1)

promettre like mettre (28)

proposer like parler (1)

protéger like préférer (12)

provenir like venir (41)

publier like parler (1)

quitter like parler (1)

raccrocher like parler (1)

ranger like manger (11)

réaliser like parler (1)

recevoir (36)

recommander like parler (1)

reconnaître like connaître (17)

recycler like parler (1)

réduire like conduire (16)

réfléchir like finir (2)

regarder like parler (1)

régner like préférer (12)

remplacer like parler (1)

remplir like finir (2)

rencontrer like parler (1)

rendre like vendre (3)

rentrer* like parler (1)

renvoyer like essayer (10)

réparer like parler (1)

repasser like parler (1)

répéter like préférer (12)

repeupler like parler (1)

répondre like vendre (3)

réserver like parler (1)

rester* like parler (1)

retenir like tenir (40)

retirer like parler (1)

retourner* like parler (1)

retrouver like parler (1)

réussir like finir (2)

revenir like venir (41)

revoir like voir (42)

rire (37)

rouler like parler (1)

salir like finir (2)

s'amuser like se laver (6)

s'asseoir (14)

sauvegarder like parler (1)

sauver like parler (1)

savoir (38)

se brosser like se laver (6)

se coiffer like se laver (6)

se composer like se laver (6)

se connecter like se laver (6)

se coucher like se laver (6)

se croiser like se laver (6)

se dépêcher like se laver (6)

se déplacer* like commencer (9)

se déshabiller like se laver (6)

se détendre* like vendre (3)

se disputer like se laver (6)

s'embrasser like se laver (6)

s'endormir like partir (32)

s'énerver like se laver (6)

s'ennuyer* like essayer (10)

s'excuser like se laver (6)

se fouler like se laver (6)

s'installer like se laver (6)

se laver (6)

se lever* like acheter (7)

se maquiller like se laver (6)

se marier like se laver (6)

se promener* like acheter (7)

se rappeler* like appeler (8)

se raser like se laver (6)

se rebeller like se laver (6)

se réconcilier like se laver (6)

se relever* like acheter (7)

se reposer like se laver (6)

se réveiller like se laver (6)

servir† like partir (32)

se sécher* like préférer (12)

se souvenir like venir (41)

se tromper like se laver (6)

s'habiller like se laver (6)

sentir† like partir (32)

signer like parler (1)

s'inquiéter* like préférer (12)

s'intéresser like se laver (6)

skier like parler (1)

s'occuper like se laver (6)

sonner like parler (1)

s'orienter like se laver (6)

sortir like partir (32)

sourire like rire (37)

souffrir like ouvrir (31)

souhaiter like parler (1)

subvenir† like venir (41)

suffire like lire (27)

suggérer like préférer (12)

suivre (39)

surfer like parler (1)

surprendre like prendre (35)

télécharger like parler (1)

téléphoner like parler (1)

tenir (40)

tomber* like parler (1)

tourner like parler (1)

tousser like parler (1)

traduire like conduire (16)

travailler like parler (1)

traverser like parler (1)

trouver like parler (1)

tuer like parler (1)

utiliser like parler (1)

valoir like falloir (26)

vendre (3)

venir (41); p.c. with être

vérifier like parler (1)

visiter like parler (1)

vivre like suivre (39)

voir (42)

vouloir (43)

voyager like manger (11)

Verb Conjugation Tables

Regular verbs

Infinitive Past participle		INDICATIVE				CONDITIONAL	SUBJUNCTIVE	IMPERATIVE
	Subject Pronouns	Present	Passé composé	Imperfect	Future	Present	Present	
1 parler *(to speak)* parlé	je (j')	parle	ai parlé	parlais	parlerai	parlerais	parle	
	tu	parles	as parlé	parlais	parleras	parlerais	parles	parle
	il/elle/on	parle	a parlé	parlait	parlera	parlerait	parle	
	nous	parlons	avons parlé	parlions	parlerons	parlerions	parlions	parlons
	vous	parlez	avez parlé	parliez	parlerez	parleriez	parliez	parlez
	ils/elles	parlent	ont parlé	parlaient	parleront	parleraient	parlent	
2 finir *(to finish)* fini	je (j')	finis	ai fini	finissais	finirai	finirais	finisse	
	tu	finis	as fini	finissais	finiras	finirais	finisses	finis
	il/elle/on	finit	a fini	finissait	finira	finirait	finisse	
	nous	finissons	avons fini	finissions	finirons	finirions	finissions	finissons
	vous	finissez	avez fini	finissiez	finirez	finiriez	finissiez	finissez
	ils/elles	finissent	ont fini	finissaient	finiront	finiraient	finissent	
3 vendre *(to sell)* vendu	je (j')	vends	ai vendu	vendais	vendrai	vendrais	vende	
	tu	vends	as vendu	vendais	vendras	vendrais	vendes	vends
	il/elle/on	vend	a vendu	vendait	vendra	vendrait	vende	
	nous	vendons	avons vendu	vendions	vendrons	vendrions	vendions	vendons
	vous	vendez	avez vendu	vendiez	vendrez	vendriez	vendiez	vendez
	ils/elles	vendent	ont vendu	vendaient	vendront	vendraient	vendent	

Auxiliary verbs: *avoir* and *être*

Infinitive / Past participle	Subject Pronouns	Present	Passé composé	Imperfect	Future	Present (Conditional)	Present (Subjunctive)	Imperative
4 avoir *(to have)*	j'	ai	ai eu	avais	aurai	aurais	aie	
	tu	as	as eu	avais	auras	aurais	aies	aie
	il/elle/on	a	a eu	avait	aura	aurait	ait	
eu	nous	avons	avons eu	avions	aurons	aurions	ayons	ayons
	vous	avez	avez eu	aviez	aurez	auriez	ayez	ayez
	ils/elles	ont	ont eu	avaient	auront	auraient	aient	
5 être *(to be)*	je (j')	suis	ai été	étais	serai	serais	sois	
	tu	es	as été	étais	seras	serais	sois	sois
	il/elle/on	est	a été	était	sera	serait	soit	
été	nous	sommes	avons été	étions	serons	serions	soyons	soyons
	vous	êtes	avez été	étiez	serez	seriez	soyez	soyez
	ils/elles	sont	ont été	étaient	seront	seraient	soient	

Reflexive (Pronominal)

Infinitive / Past participle	Subject Pronouns	Present	Passé composé	Imperfect	Future	Present (Conditional)	Present (Subjunctive)	Imperative
6 se laver *(to wash oneself)*	je	me lave	me suis lavé(e)	me lavais	me laverai	me laverais	me lave	
	tu	te laves	t'es lavé(e)	te lavais	te laveras	te laverais	te laves	lave-toi
	il/elle/on	se lave	s'est lavé(e)	se lavait	se lavera	se laverait	se lave	
lavé	nous	nous lavons	nous sommes lavé(e)s	nous lavions	nous laverons	nous laverions	nous lavions	lavons-nous
	vous	vous lavez	vous êtes lavé(e)s	vous laviez	vous laverez	vous laveriez	vous laviez	lavez-vous
	ils/elles	se lavent	se sont lavé(e)s	se lavaient	se laveront	se laveraient	se lavent	

Verbs with spelling changes

Infinitive	Subject Pronouns	INDICATIVE Present	INDICATIVE Passé composé	INDICATIVE Imperfect	INDICATIVE Future	CONDITIONAL Present	SUBJUNCTIVE Present	IMPERATIVE
7 acheter (to buy)	j'	achète	ai acheté	achetais	achèterai	achèterais	achète	
	tu	achètes	as acheté	achetais	achèteras	achèterais	achètes	achète
	il/elle/on	achète	a acheté	achetait	achètera	achèterait	achète	
acheté	nous	achetons	avons acheté	achetions	achèterons	achèterions	achetions	achetons
	vous	achetez	avez acheté	achetiez	achèterez	achèteriez	achetiez	achetez
	ils/elles	achètent	ont acheté	achetaient	achèteront	achèteraient	achètent	
8 appeler (to call)	j'	appelle	ai appelé	appelais	appellerai	appellerais	appelle	
	tu	appelles	as appelé	appelais	appelleras	appellerais	appelles	appelle
	il/elle/on	appelle	a appelé	appelait	appellera	appellerait	appelle	
appelé	nous	appelons	avons appelé	appelions	appellerons	appellerions	appelions	appelons
	vous	appelez	avez appelé	appeliez	appellerez	appelleriez	appeliez	appelez
	ils/elles	appellent	ont appelé	appelaient	appelleront	appelleraient	appellent	
9 commencer (to begin)	je (j')	commence	ai commencé	commençais	commencerai	commencerais	commence	
	tu	commences	as commencé	commençais	commenceras	commencerais	commences	commence
	il/elle/on	commence	a commencé	commençait	commencera	commencerait	commence	
commencé	nous	commençons	avons commencé	commencions	commencerons	commencerions	commencions	commençons
	vous	commencez	avez commencé	commenciez	commencerez	commenceriez	commenciez	commencez
	ils/elles	commencent	ont commencé	commençaient	commenceront	commenceraient	commencent	
10 essayer (to try)	j'	essaie	ai essayé	essayais	essaierai	essaierais	essaie	
	tu	essaies	as essayé	essayais	essaieras	essaierais	essaies	essaie
	il/elle/on	essaie	a essayé	essayait	essaiera	essaierait	essaie	
essayé	nous	essayons	avons essayé	essayions	essaierons	essaierions	essayions	essayons
	vous	essayez	avez essayé	essayiez	essaierez	essaieriez	essayiez	essayez
	ils/elles	essayent	ont essayé	essayaient	essaieront	essaieraient	essaient	
11 manger (to eat)	je (j')	mange	ai mangé	mangeais	mangerai	mangerais	mange	
	tu	manges	as mangé	mangeais	mangeras	mangerais	manges	mange
	il/elle/on	mange	a mangé	mangeait	mangera	mangerait	mange	
mangé	nous	mangeons	avons mangé	mangions	mangerons	mangerions	mangions	mangeons
	vous	mangez	avez mangé	mangiez	mangerez	mangeriez	mangiez	mangez
	ils/elles	mangent	ont mangé	mangeaient	mangeront	mangeraient	mangent	
12 préférer (to prefer)	je (j')	préfère	ai préféré	préférais	préférerai	préférerais	préfère	
	tu	préfères	as préféré	préférais	préféreras	préférerais	préfères	préfère
	il/elle/on	préfère	a préféré	préférait	préférera	préférerait	préfère	
préféré	nous	préférons	avons préféré	préférions	préférerons	préférerions	préférions	préférons
	vous	préférez	avez préféré	préfériez	préférerez	préféreriez	préfériez	préférez
	ils/elles	préfèrent	ont préféré	préféraient	préféreront	préféreraient	préfèrent	

Irregular verbs

Infinitive Past participle	Subject Pronouns	INDICATIVE Present	Passé composé	Imperfect	Future	CONDITIONAL Present	SUBJUNCTIVE Present	IMPERATIVE
13 aller	je (j')	vais	suis allé(e)	allais	irai	irais	aille	
(to go)	tu	vas	es allé(e)	allais	iras	irais	ailles	va
	il/elle/on	va	est allé(e)	allait	ira	irait	aille	
allé	nous	allons	sommes allé(e)s	allions	irons	irions	allions	allons
	vous	allez	êtes allé(e)s	alliez	irez	iriez	alliez	allez
	ils/elles	vont	sont allé(e)s	allaient	iront	iraient	aillent	
14 s'asseoir	je	m'assieds	me suis assis(e)	m'asseyais	m'assiérai	m'assiérais	m'asseye	
(to sit down,	tu	t'assieds	t'es assis(e)	t'asseyais	t'assiéras	t'assiérais	t'asseyes	assieds-toi
to be seated)	il/elle/on	s'assied	s'est assis(e)	s'asseyait	s'assiéra	s'assiérait	s'asseye	
	nous	nous asseyons	nous sommes assis(e)s	nous asseyions	nous assiérons	nous assiérions	nous asseyions	asseyons-nous
assis	vous	vous asseyez	vous êtes assis(e)s	vous asseyiez	vous assiérez	vous assiériez	vous asseyiez	asseyez-vous
	ils/elles	s'asseyent	se sont assis(e)s	s'asseyaient	s'assiéront	s'assiéraient	s'asseyent	
15 boire	je (j')	bois	ai bu	buvais	boirai	boirais	boive	
(to drink)	tu	bois	as bu	buvais	boiras	boirais	boives	bois
	il/elle/on	boit	a bu	buvait	boira	boirait	boive	
bu	nous	buvons	avons bu	buvions	boirons	boirions	buvions	buvons
	vous	buvez	avez bu	buviez	boirez	boiriez	buviez	buvez
	ils/elles	boivent	ont bu	buvaient	boiront	boiraient	boivent	
16 conduire	je (j')	conduis	ai conduit	conduisais	conduirai	conduirais	conduise	
(to drive; to lead)	tu	conduis	as conduit	conduisais	conduiras	conduirais	conduises	conduis
	il/elle/on	conduit	a conduit	conduisait	conduira	conduirait	conduise	
conduit	nous	conduisons	avons conduit	conduisions	conduirons	conduirions	conduisions	conduisons
	vous	conduisez	avez conduit	conduisiez	conduirez	conduiriez	conduisiez	conduisez
	ils/elles	conduisent	ont conduit	conduisaient	conduiront	conduiraient	conduisent	
17 connaître	je (j')	connais	ai connu	connaissais	connaîtrai	connaîtrais	connaisse	
(to know, to be	tu	connais	as connu	connaissais	connaîtras	connaîtrais	connaisses	connais
acquainted with)	il/elle/on	connaît	a connu	connaissait	connaîtra	connaîtrait	connaisse	
	nous	connaissons	avons connu	connaissions	connaîtrons	connaîtrions	connaissions	connaissons
connu	vous	connaissez	avez connu	connaissiez	connaîtrez	connaîtriez	connaissiez	connaissez
	ils/elles	connaissent	ont connu	connaissaient	connaîtront	connaîtraient	connaissent	
18 courir	je (j')	cours	ai couru	courais	courrai	courrais	coure	
(to run)	tu	cours	as couru	courais	courras	courrais	coures	cours
	il/elle/on	court	a couru	courait	courra	courrait	coure	
couru	nous	courons	avons couru	courions	courrons	courrions	courions	courons
	vous	courez	avez couru	couriez	courrez	courriez	couriez	courez
	ils/elles	courent	ont couru	couraient	courront	courraient	courent	
19 croire	je (j')	crois	ai cru	croyais	croirai	croirais	croie	
(to believe)	tu	crois	as cru	croyais	croiras	croirais	croies	crois
	il/elle/on	croit	a cru	croyait	croira	croirait	croie	
cru	nous	croyons	avons cru	croyions	croirons	croirions	croyions	croyons
	vous	croyez	avez cru	croyiez	croirez	croiriez	croyiez	croyez
	ils/elles	croient	ont cru	croyaient	croiront	croiraient	croient	

Verb Conjugation Tables

Irregular verbs (continued)

Infinitive / Past participle	Subject Pronouns	Present	Passé composé	Imperfect	Future	CONDITIONAL Present	SUBJUNCTIVE Present	IMPERATIVE
20 devoir *(to have to; to owe)*	je (j')	dois	ai dû	devais	devrai	devrais	doive	
	tu	dois	as dû	devais	devras	devrais	doives	dois
	il/elle/on	doit	a dû	devait	devra	devrait	doive	
dû	nous	devons	avons dû	devions	devrons	devrions	devions	devons
	vous	devez	avez dû	deviez	devrez	devriez	deviez	devez
	ils/elles	doivent	ont dû	devaient	devront	devraient	doivent	
21 dire *(to say, to tell)*	je (j')	dis	ai dit	disais	dirai	dirais	dise	
	tu	dis	as dit	disais	diras	dirais	dises	dis
	il/elle/on	dit	a dit	disait	dira	dirait	dise	
dit	nous	disons	avons dit	disions	dirons	dirions	disions	disons
	vous	dites	avez dit	disiez	direz	diriez	disiez	dites
	ils/elles	disent	ont dit	disaient	diront	diraient	disent	
22 écrire *(to write)*	j'	écris	ai écrit	écrivais	écrirai	écrirais	écrive	
	tu	écris	as écrit	écrivais	écriras	écrirais	écrives	écris
	il/elle/on	écrit	a écrit	écrivait	écrira	écrirait	écrive	
écrit	nous	écrivons	avons écrit	écrivions	écrirons	écririons	écrivions	écrivons
	vous	écrivez	avez écrit	écriviez	écrirez	écririez	écriviez	écrivez
	ils/elles	écrivent	ont écrit	écrivaient	écriront	écriraient	écrivent	
23 envoyer *(to send)*	j'	envoie	ai envoyé	envoyais	enverrai	enverrais	envoie	
	tu	envoies	as envoyé	envoyais	enverras	enverrais	envoies	envoie
	il/elle/on	envoie	a envoyé	envoyait	enverra	enverrait	envoie	
envoyé	nous	envoyons	avons envoyé	envoyions	enverrons	enverrions	envoyions	envoyons
	vous	envoyez	avez envoyé	envoyiez	enverrez	enverriez	envoyiez	envoyez
	ils/elles	envoient	ont envoyé	envoyaient	enverront	enverraient	envoient	
24 éteindre *(to turn off)*	j'	éteins	ai éteint	éteignais	éteindrai	éteindrais	éteigne	
	tu	éteins	as éteint	éteignais	éteindras	éteindrais	éteignes	éteins
	il/elle/on	éteint	a éteint	éteignait	éteindra	éteindrait	éteigne	
éteint	nous	éteignons	avons éteint	éteignions	éteindrons	éteindrions	éteignions	éteignons
	vous	éteignez	avez éteint	éteigniez	éteindrez	éteindriez	éteigniez	éteignez
	ils/elles	éteignent	ont éteint	éteignaient	éteindront	éteindraient	éteignent	
25 faire *(to do; to make)*	je (j')	fais	ai fait	faisais	ferai	ferais	fasse	
	tu	fais	as fait	faisais	feras	ferais	fasses	fais
	il/elle/on	fait	a fait	faisait	fera	ferait	fasse	
fait	nous	faisons	avons fait	faisions	ferons	ferions	fassions	faisons
	vous	faites	avez fait	faisiez	ferez	feriez	fassiez	faites
	ils/elles	font	ont fait	faisaient	feront	feraient	fassent	
26 falloir *(to be necessary)* / fallu	il	faut	a fallu	fallait	faudra	faudrait	faille	

Infinitive		INDICATIVE				CONDITIONAL	SUBJUNCTIVE	IMPERATIVE
Past participle	Subject Pronouns	Present	Passé composé	Imperfect	Future	Present	Present	
27 lire	je (j')	lis	ai lu	lisais	lirai	lirais	lise	
(to read)	tu	lis	as lu	lisais	liras	lirais	lises	lis
	il/elle/on	lit	a lu	lisait	lira	lirait	lise	
lu	nous	lisons	avons lu	lisions	lirons	lirions	lisions	lisons
	vous	lisez	avez lu	lisiez	lirez	liriez	lisiez	lisez
	ils/elles	lisent	ont lu	lisaient	liront	liraient	lisent	
28 mettre	je (j')	mets	ai mis	mettais	mettrai	mettrais	mette	
(to put)	tu	mets	as mis	mettais	mettras	mettrais	mettes	mets
	il/elle/on	met	a mis	mettait	mettra	mettrait	mette	
mis	nous	mettons	avons mis	mettions	mettrons	mettrions	mettions	mettons
	vous	mettez	avez mis	mettiez	mettrez	mettriez	mettiez	mettez
	ils/elles	mettent	ont mis	mettaient	mettront	mettraient	mettent	
29 mourir	je	meurs	suis mort(e)	mourais	mourrai	mourrais	meure	
(to die)	tu	meurs	es mort(e)	mourais	mourras	mourrais	meures	meurs
	il/elle/on	meurt	est mort(e)	mourait	mourra	mourrait	meure	
mort	nous	mourons	sommes mort(e)s	mourions	mourrons	mourrions	mourions	mourons
	vous	mourez	êtes mort(e)s	mouriez	mourrez	mourriez	mouriez	mourez
	ils/elles	meurent	sont mort(e)s	mouraient	mourront	mourraient	meurent	
30 naître	je	nais	suis né(e)	naissais	naîtrai	naîtrais	naisse	
(to be born)	tu	nais	es né(e)	naissais	naîtras	naîtrais	naisses	nais
	il/elle/on	naît	est né(e)	naissait	naîtra	naîtrait	naisse	
né	nous	naissons	sommes né(e)s	naissions	naîtrons	naîtrions	naissions	naissons
	vous	naissez	êtes né(e)s	naissiez	naîtrez	naîtriez	naissiez	naissez
	ils/elles	naissent	sont né(e)s	naissaient	naîtront	naîtraient	naissent	
31 ouvrir	j'	ouvre	ai ouvert	ouvrais	ouvrirai	ouvrirais	ouvre	
(to open)	tu	ouvres	as ouvert	ouvrais	ouvriras	ouvrirais	ouvres	ouvre
	il/elle/on	ouvre	a ouvert	ouvrait	ouvrira	ouvrirait	ouvre	
ouvert	nous	ouvrons	avons ouvert	ouvrions	ouvrirons	ouvririons	ouvrions	ouvrons
	vous	ouvrez	avez ouvert	ouvriez	ouvrirez	ouvririez	ouvriez	ouvrez
	ils/elles	ouvrent	ont ouvert	ouvraient	ouvriront	ouvriraient	ouvrent	
32 partir	je	pars	suis parti(e)	partais	partirai	partirais	parte	
(to leave)	tu	pars	es parti(e)	partais	partiras	partirais	partes	pars
	il/elle/on	part	est parti(e)	partait	partira	partirait	parte	
parti	nous	partons	sommes parti(e)s	partions	partirons	partirions	partions	partons
	vous	partez	êtes parti(e)(s)	partiez	partirez	partiriez	partiez	partez
	ils/elles	partent	sont parti(e)s	partaient	partiront	partiraient	partent	
33 pleuvoir	il	pleut	a plu	pleuvait	pleuvra	pleuvrait	pleuve	
(to rain)								
plu								

Verb Conjugation Tables

Irregular verbs (continued)

Infinitive / Past participle	Subject Pronouns	INDICATIVE Present	INDICATIVE Passé composé	INDICATIVE Imperfect	INDICATIVE Future	CONDITIONAL Present	SUBJUNCTIVE Present	IMPERATIVE
34 pouvoir (to be able)	je (j')	peux	ai pu	pouvais	pourrai	pourrais	puisse	
	tu	peux	as pu	pouvais	pourras	pourrais	puisses	
	il/elle/on	peut	a pu	pouvait	pourra	pourrait	puisse	
pu	nous	pouvons	avons pu	pouvions	pourrons	pourrions	puissions	
	vous	pouvez	avez pu	pouviez	pourrez	pourriez	puissiez	
	ils/elles	peuvent	ont pu	pouvaient	pourront	pourraient	puissent	
35 prendre (to take)	je (j')	prends	ai pris	prenais	prendrai	prendrais	prenne	
	tu	prends	as pris	prenais	prendras	prendrais	prennes	prends
	il/elle/on	prend	a pris	prenait	prendra	prendrait	prenne	
pris	nous	prenons	avons pris	prenions	prendrons	prendrions	prenions	prenons
	vous	prenez	avez pris	preniez	prendrez	prendriez	preniez	prenez
	ils/elles	prennent	ont pris	prenaient	prendront	prendraient	prennent	
36 recevoir (to receive)	je (j')	reçois	ai reçu	recevais	recevrai	recevrais	reçoive	
	tu	reçois	as reçu	recevais	recevras	recevrais	reçoives	reçois
	il/elle/on	reçoit	a reçu	recevait	recevra	recevrait	reçoive	
reçu	nous	recevons	avons reçu	recevions	recevrons	recevrions	recevions	recevons
	vous	recevez	avez reçu	receviez	recevrez	recevriez	receviez	recevez
	ils/elles	reçoivent	ont reçu	recevaient	recevront	recevraient	reçoivent	
37 rire (to laugh)	je (j')	ris	ai ri	riais	rirai	rirais	rie	
	tu	ris	as ri	riais	riras	rirais	ries	ris
	il/elle/on	rit	a ri	riait	rira	rirait	rie	
ri	nous	rions	avons ri	riions	rirons	ririons	riions	rions
	vous	riez	avez ri	riiez	rirez	ririez	riiez	riez
	ils/elles	rient	ont ri	riaient	riront	riraient	rient	
38 savoir (to know)	je (j')	sais	ai su	savais	saurai	saurais	sache	
	tu	sais	as su	savais	sauras	saurais	saches	sache
	il/elle/on	sait	a su	savait	saura	saurait	sache	
su	nous	savons	avons su	savions	saurons	saurions	sachions	sachons
	vous	savez	avez su	saviez	saurez	sauriez	sachiez	sachez
	ils/elles	savent	ont su	savaient	sauront	sauraient	sachent	
39 suivre (to follow)	je (j')	suis	ai suivi	suivais	suivrai	suivrais	suive	
	tu	suis	as suivi	suivais	suivras	suivrais	suives	suis
	il/elle/on	suit	a suivi	suivait	suivra	suivrait	suive	
suivi	nous	suivons	avons suivi	suivions	suivrons	suivrions	suivions	suivons
	vous	suivez	avez suivi	suiviez	suivrez	suivriez	suiviez	suivez
	ils/elles	suivent	ont suivi	suivaient	suivront	suivraient	suivent	
40 tenir (to hold)	je (j')	tiens	ai tenu	tenais	tiendrai	tiendrais	tienne	
	tu	tiens	as tenu	tenais	tiendras	tiendrais	tiennes	tiens
	il/elle/on	tient	a tenu	tenait	tiendra	tiendrait	tienne	
tenu	nous	tenons	avons tenu	tenions	tiendrons	tiendrions	tenions	tenons
	vous	tenez	avez tenu	teniez	tiendrez	tiendriez	teniez	tenez
	ils/elles	tiennent	ont tenu	tenaient	tiendront	tiendraient	tiennent	

Infinitive		INDICATIVE				CONDITIONAL	SUBJUNCTIVE	IMPERATIVE
Past participle	Subject Pronouns	Present	Passé composé	Imperfect	Future	Present	Present	
41 venir *(to come)* venu	je	viens	suis venu(e)	venais	viendrai	viendrais	vienne	
	tu	viens	es venu(e)	venais	viendras	viendrais	viennes	viens
	il/elle/on	vient	est venu(e)	venait	viendra	viendrait	vienne	
	nous	venons	sommes venu(e)s	venions	viendrons	viendrions	venions	venons
	vous	venez	êtes venu(e)(s)	veniez	viendrez	viendriez	veniez	venez
	ils/elles	viennent	sont venu(e)s	venaient	viendront	viendraient	viennent	
42 voir *(to see)* vu	je (j')	vois	ai vu	voyais	verrai	verrais	voie	
	tu	vois	as vu	voyais	verras	verrais	voies	vois
	il/elle/on	voit	a vu	voyait	verra	verrait	voie	
	nous	voyons	avons vu	voyions	verrons	verrions	voyions	voyons
	vous	voyez	avez vu	voyiez	verrez	verriez	voyiez	voyez
	ils/elles	voient	ont vu	voyaient	verront	verraient	voient	
43 vouloir *(to want, to wish)* voulu	je (j')	veux	ai voulu	voulais	voudrai	voudrais	veuille	
	tu	veux	as voulu	voulais	voudras	voudrais	veuilles	veuille
	il/elle/on	veut	a voulu	voulait	voudra	voudrait	veuille	
	nous	voulons	avons voulu	voulions	voudrons	voudrions	voulions	veuillons
	vous	voulez	avez voulu	vouliez	voudrez	voudriez	vouliez	veuillez
	ils/elles	veulent	ont voulu	voulaient	voudront	voudraient	veuillent	

Guide to Vocabulary

This glossary contains the words and expressions listed on the **Vocabulaire** page found at the end of each unit in **D'accord!** Levels 1 & 2. The numbers following an entry indicate the **D'accord!** level and unit where the term was introduced. For example, the first entry in the glossary, **à**, was introduced in **D'accord!** Level 1, Unit 4. Note that **II–P** refers to the **Unité Préliminaire** in **D'accord!** Level 2.

Abbreviations used in this glossary

adj.	adjective	*f.*	feminine	*i.o.*	indirect object	*prep.*	preposition
adv.	adverb	*fam.*	familiar	*m.*	masculine	*pron.*	pronoun
art.	article	*form.*	formal	*n.*	noun	*refl.*	reflexive
comp.	comparative	*imp.*	imperative	*obj.*	object	*rel.*	relative
conj.	conjunction	*indef.*	indefinite	*part.*	partitive	*sing.*	singular
def.	definite	*interj.*	interjection	*p.p.*	past participle	*sub.*	subject
dem.	demonstrative	*interr.*	interrogative	*pl.*	plural	*super.*	superlative
disj.	disjunctive	*inv.*	invariable	*poss.*	possessive	*v.*	verb
d.o.	direct object						

French-English

A

à *prep.* at; in; to I-4
  À bientôt. See you soon. I-1
  à condition que on the condition that, provided that II-7
  à côté de *prep.* next to I-3
  À demain. See you tomorrow. I-1
  à droite (de) *prep.* to the right (of) I-3
  à gauche (de) *prep.* to the left (of) I-3
  à ... heure(s) at ... (o'clock) I-4
  à la radio on the radio II-7
  à la télé(vision) on television II-7
  à l'étranger abroad, overseas I-7
  à mi-temps half-time (*job*) II-5
  à moins que unless II-7
  à plein temps full-time (*job*) II-5
  À plus tard. See you later. I-1
  À quelle heure? What time?; When? I-2
  À qui? To whom? I-4
  À table! Let's eat! Food is on! II-1
  à temps partiel part-time (*job*) II-5
  À tout à l'heure. See you later. I-1
  au bout (de) *prep.* at the end (of) II-4

au contraire on the contrary II-7
au fait by the way I-3
au printemps in the spring I-5
Au revoir. Good-bye. I-1
au secours help II-3
au sujet de on the subject of, about II-6
abolir *v.* to abolish II-6
absolument *adv.* absolutely I-7
accident *m.* accident II-3
  avoir un accident to have/to be in an accident II-3
accompagner *v.* to accompany II-4
acheter *v.* to buy I-5
acteur *m.* actor I-1
actif/active *adj.* active I-3
activement *adv.* actively I-8, II-P
actrice *f.* actress I-1
addition *f.* check, bill I-4
adieu farewell II-6
adolescence *f.* adolescence I-6
adorer *v.* to love I-2
  J'adore... I love... I-2
adresse *f.* address II-4
aérobic *m.* aerobics I-5
  faire de l'aérobic *v.* to do aerobics I-5
aéroport *m.* airport I-7
affaires *f., pl.* business I-3
affiche *f.* poster I-8, II-P
afficher *v.* to post II-5
âge *m.* age I-6
  âge adulte *m.* adulthood I-6
agence de voyages *f.* travel agency I-7
agent *m.* officer; agent II-3
  agent de police *m.* police officer II-3

agent de voyages *m.* travel agent I-7
agent immobilier *m.* real estate agent II-5
agréable *adj.* pleasant I-1
agriculteur/agricultrice *m., f.* farmer II-5
aider (à) *v.* to help (*to do something*) I-5
aie (avoir) *imp. v.* have I-7
ail *m.* garlic II-1
aimer *v.* to like I-2
  aimer mieux to prefer I-2
  aimer que... to like that... II-6
  J'aime bien... I really like... I-2
  Je n'aime pas tellement... I don't like ... very much. I-2
aîné(e) *adj.* elder I-3
algérien(ne) *adj.* Algerian I-1
aliment *m.* food item; a food II-1
Allemagne *f.* Germany I-7
allemand(e) *adj.* German I-1
aller *v.* to go I-4
  aller à la pêche to go fishing I-5
  aller aux urgences to go to the emergency room II-2
  aller avec to go with I-6
  aller-retour *adj.* round-trip I-7
  billet aller-retour *m.* round-trip ticket I-7
  Allons-y! Let's go! I-2
  Ça va? What's up?; How are things? I-1
  Comment allez-vous? *form.* How are you? I-1
  Comment vas-tu? *fam.* How are you? I-1

Vocabulary

Je m'en vais. I'm leaving. I-8, II-P
Je vais bien/mal. I am doing well/badly. I-1
J'y vais. I'm going/coming. I-8, II-P
Nous y allons. We're going/coming. II-1
allergie *f.* allergy II-2
Allez. Come on. I-5
allô *(on the phone)* hello I-1
allumer *v.* to turn on II-3
alors *adv.* so, then; at that moment I-2
améliorer *v.* to improve II-5
amende *f.* fine II-3
amener *v.* to bring *(someone)* I-5
américain(e) *adj.* American I-1
  football américain *m.* football I-5
ami(e) *m., f.* friend I-1
  petit(e) ami(e) *m., f.* boyfriend/girlfriend I-1
amitié *f.* friendship I-6
amour *m.* love I-6
amoureux/amoureuse *adj.* in love I-6
  tomber amoureux/amoureuse *v.* to fall in love I-6
amusant(e) *adj.* fun I-1
an *m.* year I-2
ancien(ne) *adj.* ancient, old; former II-7
ange *m.* angel I-1
anglais(e) *adj.* English I-1
angle *m.* corner II-4
Angleterre *f.* England I-7
animal *m.* animal II-6
année *f.* year I-2
  cette année this year I-2
anniversaire *m.* birthday I-5
  C'est quand l'anniversaire de … ? When is …'s birthday? I-5
  C'est quand ton/votre anniversaire? When is your birthday? I-5
annuler (une réservation) *v.* to cancel (a reservation) I-7
anorak *m.* ski jacket, parka I-6
antipathique *adj.* unpleasant I-3
août *m.* August I-5
apercevoir *v.* to see, to catch sight of II-4
aperçu (apercevoir) *p.p.* seen, caught sight of II-4
appareil *m.* (on the phone) telephone II-5
  appareil (électrique/ménager) *m.* (electrical/household) appliance I-8, II-P

appareil photo (numérique) *m.* (digital) camera II-3
  C'est M./Mme/Mlle … à l'appareil. It's Mr./Mrs./Miss … on the phone. II-5
  Qui est à l'appareil? Who's calling, please? II-5
appartement *m.* apartment II-7
appeler *v.* to call I-7
applaudir *v.* to applaud II-7
applaudissement *m.* applause II-7
apporter *v.* to bring, to carry *(something)* I-4
apprendre (à) *v.* to teach; to learn *(to do something)* I-4
appris (apprendre) *p.p., adj.* learned I-6
après (que) *adv.* after I-2
après-demain *adv.* day after tomorrow I-2
après-midi *m.* afternoon I-2
  cet après-midi this afternoon I-2
  de l'après-midi in the afternoon I-2
  demain après-midi *adv.* tomorrow afternoon I-2
  hier après-midi *adv.* yesterday afternoon I-7
arbre *m.* tree II-6
architecte *m., f.* architect I-3
argent *m.* money II-4
  dépenser de l'argent *v.* to spend money I-4
  déposer de l'argent *v.* to deposit money II-4
  retirer de l'argent *v.* to withdraw money II-4
armoire *f.* armoire, wardrobe I-8, II-P
arrêt d'autobus (de bus) *m.* bus stop I-7
arrêter (de faire quelque chose) *v.* to stop (doing something) II-3
arrivée *f.* arrival I-7
arriver (à) *v.* to arrive; to manage *(to do something)* I-2
art *m.* art I-2
  beaux-arts *m., pl.* fine arts II-7
artiste *m., f.* artist I-3
ascenseur *m.* elevator I-7
aspirateur *m.* vacuum cleaner I-8, II-P
  passer l'aspirateur to vacuum I-8, II-P
aspirine *f.* aspirin II-2
Asseyez-vous! (s'asseoir) *imp. v.* Have a seat! II-2
assez *adv. (before adjective or adverb)* pretty; quite I-8, II-P

assez (de) *(before noun)* enough (of) I-4
  pas assez (de) not enough (of) I-4
assiette *f.* plate II-1
assis (s'asseoir) *p.p., adj. (used as past participle)* sat down; *(used as adjective)* sitting, seated II-2
assister *v.* to attend I-2
assurance (maladie/vie) *f.* (health/life) insurance II-5
athlète *m., f.* athlete I-3
attacher *v.* to attach II-3
  attacher sa ceinture de sécurité to buckle one's seatbelt II-3
attendre *v.* to wait I-6
attention *f.* attention I-5
  faire attention (à) *v.* to pay attention (to) I-5
au (à + le) *prep.* to/at the I-4
auberge de jeunesse *f.* youth hostel I-7
aucun(e) *adj.* no; *pron.* none II-2
  ne… aucun(e) none, not any II-4
augmentation (de salaire) *f.* raise (in salary) II-5
aujourd'hui *adv.* today I-2
auquel (à + lequel) *pron., m., sing.* which one II-5
aussi *adv.* too, as well; as I-1
  Moi aussi. Me too. I-1
  aussi … que *(used with an adjective)* as … as II-1
autant de … que *adv. (used with noun to express quantity)* as much/as many … as II-6
auteur/femme auteur *m., f.* author II-7
autobus *m.* bus I-7
  arrêt d'autobus (de bus) *m.* bus stop I-7
  prendre un autobus to take a bus I-7
automne *m.* fall I-5
  à l'automne in the fall I-5
autoroute *f.* highway II-3
autour (de) *prep.* around II-4
autrefois *adv.* in the past I-8, II-P
aux (à + les) to/at the I-4
auxquelles (à + lesquelles) *pron., f., pl.* which ones II-5
auxquels (à + lesquels) *pron., m., pl.* which ones II-5
avance *f.* advance I-2
  en avance *adv.* early I-2
avant (de/que) *adv.* before I-7
avant-hier *adv.* day before yesterday I-7

avec *prep.* with I-1
  Avec qui? With whom? I-4
aventure *f.* adventure II-7
  film d'aventures *m.* adventure film II-7
avenue *f.* avenue II-4
avion *m.* airplane I-7
  prendre un avion *v.* to take a plane I-7
avocat(e) *m., f.* lawyer I-3
avoir *v.* to have I-2
  aie *imp. v.* have I-2
  avoir besoin (de) to need (*something*) I-2
  avoir chaud to be hot I-2
  avoir de la chance to be lucky I-2
  avoir envie (de) to feel like (*doing something*) I-2
  avoir faim to be hungry I-4
  avoir froid to be cold I-2
  avoir honte (de) to be ashamed (of) I-2
  avoir mal to have an ache II-2
  avoir mal au cœur to feel nauseated II-2
  avoir peur (de/que) to be afraid (of/that) I-2
  avoir raison to be right I-2
  avoir soif to be thirsty I-4
  avoir sommeil to be sleepy I-2
  avoir tort to be wrong I-2
  avoir un accident to have/to be in an accident II-3
  avoir un compte bancaire to have a bank account II-4
  en avoir marre to be fed up I-3
avril *m.* April I-5
ayez (avoir) *imp. v.* have I-7
ayons (avoir) *imp. v.* let's have I-7

B

bac(calauréat) *m.* an important exam taken by high-school students in France I-2
baguette *f.* baguette I-4
baignoire *f.* bathtub I-8, II-P
bain *m.* bath I-6
  salle de bains *f.* bathroom I-8, II-P
balai *m.* broom I-8, II-P
balayer *v.* to sweep I-8, II-P
balcon *m.* balcony I-8, II-P
banane *f.* banana II-1
banc *m.* bench II-4
bancaire *adj.* banking II-4
  avoir un compte bancaire *v.* to have a bank account II-4
bande dessinée (B.D.) *f.* comic strip I-5
banlieue *f.* suburbs I-4

banque *f.* bank II-4
banquier/banquière *m., f.* banker II-5
barbant *adj.,* **barbe** *f.* drag I-3
baseball *m.* baseball I-5
basket(-ball) *m.* basketball I-5
baskets *f., pl.* tennis shoes I-6
bateau *m.* boat I-7
  prendre un bateau *v.* to take a boat I-7
bateau-mouche *m.* riverboat I-7
bâtiment *m.* building II-4
batterie *f.* drums II-7
bavarder *v.* to chat I-4
beau (belle) *adj.* handsome; beautiful I-3
  faire quelque chose de beau *v.* to be up to something interesting II-4
  Il fait beau. The weather is nice. I-5
beaucoup (de) *adv.* a lot (of) 4
  Merci (beaucoup). Thank you (very much). I-1
beau-frère *m.* brother-in-law I-3
beau-père *m.* father-in-law; stepfather I-3
beaux-arts *m., pl.* fine arts II-7
belge *adj.* Belgian I-7
Belgique *f.* Belgium I-7
belle *adj., f. (feminine form of beau)* beautiful I-3
belle-mère *f.* mother-in-law; stepmother I-3
belle-sœur *f.* sister-in-law I-3
besoin *m.* need I-2
  avoir besoin (de) to need (*something*) I-2
beurre *m.* butter 4
bibliothèque *f.* library I-1
bien *adv.* well I-7
  bien sûr *adv.* of course I-2
  Je vais bien. I am doing well. I-1
  Très bien. Very well. I-1
bientôt *adv.* soon I-1
  À bientôt. See you soon. I-1
bienvenu(e) *adj.* welcome I-1
bijouterie *f.* jewelry store II-4
billet *m. (travel)* ticket I-7; *(money)* bills, notes II-4
  billet aller-retour *m.* round-trip ticket I-7
biologie *f.* biology I-2
biscuit *m.* cookie I-6
blague *f.* joke I-2
blanc(he) *adj.* white I-6
blessure *f.* injury, wound II-2
bleu(e) *adj.* blue I-3
blond(e) *adj.* blonde I-3
blouson *m.* jacket I-6
bœuf *m.* beef II-1

boire *v.* to drink I-4
bois *m.* wood II-6
boisson (gazeuse) *f.* (carbonated) drink/beverage I-4
boîte *f.* box; can II-1
  boîte aux lettres *f.* mailbox II-4
  boîte de conserve *f.* can (of food) II-1
bol *m.* bowl II-1
bon(ne) *adj.* kind; good I-3
  bon marché *adj.* inexpensive I-6
  Il fait bon. The weather is good/warm. I-5
bonbon *m.* candy I-6
bonheur *m.* happiness I-6
Bonjour. Good morning.; Hello. I-1
Bonsoir. Good evening.; Hello. I-1
bouche *f.* mouth II-2
boucherie *f.* butcher's shop II-1
boulangerie *f.* bread shop, bakery II-1
boulevard *m.* boulevard II-4
  suivre un boulevard *v.* to follow a boulevard II-4
bourse *f.* scholarship, grant I-2
bout *m.* end II-4
  au bout (de) *prep.* at the end (of) II-4
bouteille (de) *f.* bottle (of) I-4
boutique *f.* boutique, store II-4
brancher *v.* to plug in, to connect II-3
bras *m.* arm II-2
brasserie *f.* restaurant II-4
Brésil *m.* Brazil II-2
brésilien(ne) *adj.* Brazilian I-7
bricoler *v.* to tinker; to do odd jobs I-5
brillant(e) *adj.* bright I-1
bronzer *v.* to tan I-6
brosse (à cheveux/à dents) *f.* (hair/tooth)brush II-2
brun(e) *adj. (hair)* dark I-3
bu (boire) *p.p.* drunk I-6
bureau *m.* desk; office I-1
  bureau de poste *m.* post office II-4
bus *m.* bus I-7
  arrêt d'autobus (de bus) *m.* bus stop I-7
  prendre un bus *v.* to take a bus I-7

Vocabulary

C

ça *pron.* that; this; it I-1
  Ça dépend. It depends. I-4
  Ça ne nous regarde pas. That has nothing to do with us.; That is none of our business. II-6
  Ça suffit. That's enough. I-5
  Ça te dit? Does that appeal to you? II-6
  Ça va? What's up?; How are things? I-1
  ça veut dire that is to say II-2
  Comme ci, comme ça. So-so. I-1
cadeau *m.* gift I-6
  paquet cadeau wrapped gift I-6
cadet(te) *adj.* younger I-3
cadre/femme cadre *m., f.* executive II-5
café *m.* café; coffee I-1
  terrasse de café *f.* café terrace I-4
  cuillére à café *f.* teaspoon II-1
cafetière *f.* coffeemaker I-8, II-P
cahier *m.* notebook I-1
calculatrice *f.* calculator I-1
calme *adj.* calm I-1; *m.* calm I-1
camarade de classe *m., f.* classmate I-1
caméra vidéo *f.* camcorder II-3
caméscope *m.* camcorder II-3
campagne *f.* country(side) I-7
  pain de campagne *m.* country-style bread I-4
  pâté (de campagne) *m.* pâté, meat spread II-1
camping *m.* camping I-5
  faire du camping *v.* to go camping I-5
Canada *m.* Canada I-7
canadien(ne) *adj.* Canadian I-1
canapé *m.* couch I-8, II-P
candidat(e) *m., f.* candidate; applicant II-5
cantine *f.* (school) cafeteria I-2
capitale *f.* capital I-7
capot *m.* hood II-3
carafe (d'eau) *f.* pitcher (of water) II-1
carotte *f.* carrot II-1
carrefour *m.* intersection II-4
carrière *f.* career II-5
carte *f.* map I-1; menu II-1; card II-4
  payer par carte (bancaire/ de crédit) to pay with a (debit/credit) card II-4

carte postale *f.* post-card II-4
  cartes *f. pl.* (*playing*) cards I-5
casque *f.* **à écouteurs** *m., pl.* headphones II-3
casquette *f.* (baseball) cap I-6
cassette vidéo *f.* video-tape II-3
catastrophe *f.* catastrophe II-6
cave *f.* basement, cellar I-8, II-P
ce *dem. adj., m., sing.* this; that I-6
  ce matin this morning I-2
  ce mois-ci this month I-2
  Ce n'est pas grave. It's no big deal. I-6
  ce soir this evening I-2
  ce sont... those are... I-1
  ce week-end this weekend I-2
ceinture *f.* belt I-6
  attacher sa ceinture de sécurité *v.* to buckle one's seatbelt II-3
célèbre *adj.* famous II-7
célébrer *v.* to celebrate I-5
célibataire *adj.* single I-3
celle *pron., f., sing.* this one; that one; the one I-6
celles *pron., f., pl.* these; those; the ones II-6
celui *pron., m., sing.* this one; that one; the one II-6
cent *m.* one hundred I-3
  cent mille *m.* one hundred thousand I-5
  cent un *m.* one hundred one I-5
  cinq cents *m.* five hundred I-5
centième *adj.* hundredth I-7
centrale nucléaire *f.* nuclear plant II-6
centre commercial *m.* shopping center, mall I-4
centre-ville *m.* city/town center, downtown I-4
certain(e) *adj.* certain II-1
  Il est certain que... It is certain that... II-7
  Il n'est pas certain que... It is uncertain that... II-7
ces *dem. adj., m., f., pl.* these; those I-6
c'est... it/that is... I-1
  C'est de la part de qui? On behalf of whom? II-5
  C'est le 1ᵉʳ (premier) octobre. It is October first. I-5
  C'est M./Mme/Mlle ... (à l'appareil). It's Mr./Mrs./Miss ... (on the phone). II-5
  C'est quand l'anniversaire de... ? When is ...'s birthday? I-5

C'est quand ton/votre anniversaire? When is your birthday? I-5
  Qu'est-ce que c'est? What is it? I-1
cet *dem. adj., m., sing.* this; that I-6
  cet après-midi this afternoon I-2
cette *dem. adj., f., sing.* this; that I-6
  cette année this year I-2
  cette semaine this week I-2
ceux *pron., m., pl.* these; those; the ones II-6
chaîne (de télévision) *f.* (television) channel II-3
chaise *f.* chair I-1
chambre *f.* bedroom I-8, II-P
  chambre (individuelle) *f.* (single) room I-7
champ *m.* field II-6
champignon *m.* mushroom II-1
chance *f.* luck I-2
  avoir de la chance *v.* to be lucky I-2
chanson *f.* song II-7
chanter *v.* to sing I-5
chanteur/chanteuse *m., f.* singer I-1
chapeau *m.* hat I-6
chaque *adj.* each I-6
charcuterie *f.* delicatessen II-1
charmant(e) *adj.* charming I-1
chasse *f.* hunt II-6
chasser *v.* to hunt II-6
chat *m.* cat I-3
châtain *adj.* (*hair*) brown I-3
chaud *m.* heat I-2
  avoir chaud *v.* to be hot I-2
  Il fait chaud. (*weather*) It is hot. I-5
chauffeur de taxi/de camion *m.* taxi/truck driver II-5
chaussette *f.* sock I-6
chaussure *f.* shoe I-6
chef d'entreprise *m.* head of a company II-5
chef-d'œuvre *m.* masterpiece II-7
chemin *m.* path; way II-4
  suivre un chemin *v.* to follow a path II-4
chemise (à manches courtes/ longues) *f.* (short-/long-sleeved) shirt I-6
chemisier *m.* blouse I-6
chèque *m.* check II-4
  compte-chèques *m.* checking account II-4
  payer par chèque *v.* to pay by check II-4

cher/chère *adj.* expensive I-6
chercher *v.* to look for I-2
  chercher un/du travail to look for a job/work II-4
chercheur/chercheuse *m., f.* researcher II-5
chéri(e) *adj.* dear, beloved, darling I-2
cheval *m.* horse I-5
  faire du cheval *v.* to go horseback riding I-5
cheveux *m., pl.* hair II-1
  brosse à cheveux *f.* hairbrush II-2
  cheveux blonds blond hair I-3
  cheveux châtains brown hair I-3
  se brosser les cheveux *v.* to brush one's hair II-1
cheville *f.* ankle II-2
  se fouler la cheville *v.* to twist/sprain one's ankle II-2
chez *prep.* at (*someone's*) house I-3, at (*a place*) I-3
  passer chez quelqu'un *v.* to stop by someone's house I-4
chic *adj.* chic I-4
chien *m.* dog I-3
chimie *f.* chemistry I-2
Chine *f.* China I-7
chinois(e) *adj.* Chinese 7
chocolat (chaud) *m.* (hot) chocolate I-4
chœur *m.* choir, chorus II-7
choisir *v.* to choose I-4
chômage *m.* unemployment II-5
  être au chômage *v.* to be unemployed II-5
chômeur/chômeuse *m., f.* unemployed person II-5
chose *f.* thing I-1
  quelque chose *m.* something; anything I-4
chrysanthèmes *m., pl.* chrysanthemums II-1
chut shh II-7
-ci (*used with demonstrative adjective* ce *and noun or with demonstrative pronoun* celui) here I-6
  ce mois-ci this month I-2
ciel *m.* sky II-6
cinéma (ciné) *m.* movie theater, movies I-4
cinq *m.* five I-1
cinquante *m.* fifty I-1
cinquième *adj.* fifth 7
circulation *f.* traffic II-3
clair(e) *adj.* clear II-7
  Il est clair que... It is clear that... II-7
classe *f.* (*group of students*) class I-1

camarade de classe *m., f.* classmate I-1
  salle de classe *f.* classroom I-1
clavier *m.* keyboard II-3
clé *f.* key I-7
  clé USB *f.* USB drive II-3
client(e) *m., f.* client; guest I-7
cœur *m.* heart II-2
  avoir mal au cœur to feel nauseated II-2
coffre *m.* trunk II-3
coiffeur/coiffeuse *m., f.* hairdresser I-3
coin *m.* corner II-4
colis *m.* package II-4
colocataire *m., f.* roommate (*in an apartment*) I-1
Combien (de)... ? *adv.* How much/many... ? I-1
  Combien coûte... ? How much is... ? I-4
combiné *m.* receiver II-5
comédie (musicale) *f.* comedy (musical) II-7
commander *v.* to order II-1
comme *adv.* how; like, as I-2
  Comme ci, comme ça. So-so. I-1
commencer (à) *v.* to begin (*to do something*) I-2
comment *adv.* how I-4
  Comment? *adv.* What? I-4
  Comment allez-vous?, *form.* How are you? I-1
  Comment t'appelles-tu? *fam.* What is your name? I-1
  Comment vas-tu? *fam.* How are you? I-1
  Comment vous appelez-vous? *form.* What is your name? I-1
commerçant(e) *m., f.* shopkeeper II-1
commissariat de police *m.* police station II-4
commode *f.* dresser, chest of drawers I-8, II-P
complet (complète) *adj.* full (no vacancies) I-7
composer (un numéro) *v.* to dial (a number) II-3
compositeur *m.* composer II-7
comprendre *v.* to understand I-4
compris (comprendre) *p.p., adj.* understood; included I-6
comptable *m., f.* accountant II-5
compte *m.* account (*at a bank*) II-4
  avoir un compte bancaire *v.* to have a bank account II-4
  compte de chèques *m.* checking account II-4

compte d'épargne *m.* savings account II-4
  se rendre compte *v.* to realize II-2
compter sur quelqu'un *v.* to count on someone I-8, II-P
concert *m.* concert II-7
condition *f.* condition II-7
  à condition que on the condition that..., provided that... II-7
conduire *v.* to drive I-6
conduit (conduire) *p.p., adj.* driven I-6
confiture *f.* jam II-1
congé *m.* time off, leave I-7
  jour de congé *m.* day off I-7
  prendre un congé *v.* to take time off II-5
congélateur *m.* freezer I-8, II-P
connaissance *f.* acquaintance I-5
  faire la connaissance de *v.* to meet (*someone*) I-5
connaître *v.* to know, to be familiar with I-8, II-P
connecté(e) *adj.* connected II-3
  être connecté(e) avec quelqu'un *v.* to be online with someone I-7, II-3
connu (connaître) *p.p., adj.* known; famous I-8, II-P
conseil *m.* advice II-5
conseiller/conseillère *m., f.* consultant; advisor II-5
considérer *v.* to consider I-5
constamment *adv.* constantly I-7
construire *v.* to build, to construct I-6
conte *m.* tale II-7
content(e) *adj.* happy II-5
  être content(e) que... *v.* to be happy that... II-6
continuer (à) *v.* to continue (*doing something*) II-4
contraire *adj.* contrary II-7
  au contraire on the contrary II-7
copain/copine *m., f.* friend I-1
corbeille (à papier) *f.* wastebasket I-1
corps *m.* body II-2
costume *m.* (*man's*) suit I-6
côte *f.* coast II-6
coton *m.* cotton II-4
cou *m.* neck II-2
couche d'ozone *f.* ozone layer II-6
  trou dans la couche d'ozone *m.* hole in the ozone layer II-6
couleur *f.* color 6
  De quelle couleur... ? What color... ? I-6

couloir *m.* hallway I-8, II-P
couple *m.* couple I-6
courage *m.* courage II-5
courageux/courageuse *adj.* courageous, brave I-3
couramment *adv.* fluently I-7
courir *v.* to run I-5
courrier *m.* mail II-4
cours *m.* class, course I-2
course *f.* errand II-1
  faire les courses *v.* to go (grocery) shopping II-1
court(e) *adj.* short I-3
  chemise à manches courtes *f.* short-sleeved shirt I-6
couru (courir) *p.p.* run I-6
cousin(e) *m., f.* cousin I-3
couteau *m.* knife II-1
coûter *v.* to cost I-4
  Combien coûte... ? How much is... ? I-4
couvert (couvrir) *p.p.* covered II-3
couverture *f.* blanket I-8, II-P
couvrir *v.* to cover II-3
covoiturage *m.* carpooling II-6
cravate *f.* tie I-6
crayon *m.* pencil I-1
crème *f.* cream II-1
  crème à raser *f.* shaving cream II-2
crêpe *f.* crêpe I-5
crevé(e) *adj.* deflated; blown up II-3
  pneu crevé *m.* flat tire II-3
critique *f.* review; criticism II-7
croire (que) *v.* to believe (that) II-7
  ne pas croire que... to not believe that... II-7
croissant *m.* croissant I-4
croissant(e) *adj.* growing II-6
  population croissante *f.* growing population II-6
cru (croire) *p.p.* believed II-7
cruel/cruelle *adj.* cruel I-3
cuillère (à soupe/à café) *f.* (soup/tea)spoon II-1
cuir *m.* leather II-4
cuisine *f.* cooking; kitchen 5
  faire la cuisine *v.* to cook 5
cuisiner *v.* to cook II-1
cuisinier/cuisinière *m., f.* cook II-5
cuisinière *f.* stove I-8, II-P
curieux/curieuse *adj.* curious I-3
curriculum vitæ (C.V.) *m.* résumé II-5

D

d'abord *adv.* first I-7
d'accord *(tag question)* all right? I-2; *(in statement)* okay I-2
  être d'accord to be in agreement I-2
d'autres *m., f.* others I-4
d'habitude *adv.* usually I-8, II-P
danger *m.* danger, threat II-6
dangereux/dangereuse *adj.* dangerous II-3
dans *prep.* in I-3
danse *f.* dance II-7
danser *v.* to dance I-4
danseur/danseuse *m., f.* dancer II-7
date *f.* date I-5
  Quelle est la date? What is the date? I-5
de/d' *prep.* of I-3; from I-1
  de l'après-midi in the afternoon I-2
  de laquelle *pron., f., sing.* which one II-5
  De quelle couleur... ? What color... ? I-6
  De rien. You're welcome. I-1
  de taille moyenne of medium height I-3
  de temps en temps *adv.* from time to time I-7
débarrasser la table *v.* to clear the table I-8, II-P
déboisement *m.* deforestation II-6
début *m.* beginning; debut II-7
décembre *m.* December I-5
déchets toxiques *m., pl.* toxic waste II-6
décider (de) *v.* to decide (*to do something*) II-3
découvert (découvrir) *p.p.* discovered II-3
découvrir *v.* to discover II-3
décrire *v.* to describe I-7
décrocher *v.* to pick up II-5
décrit (décrire) *p.p., adj.* described I-7
degrés *m., pl.* (*temperature*) degrees I-5
  Il fait ... degrés. (*to describe weather*) It is ... degrees. I-5
déjà *adv.* already I-5
déjeuner *m.* lunch II-1; *v.* to eat lunch I-4
de l' *part. art., m., f., sing.* some I-4
de la *part. art., f., sing.* some I-4
délicieux/délicieuse delicious I-8, II-P
demain *adv.* tomorrow I-2

À demain. See you tomorrow. I-1
après-demain *adv.* day after tomorrow I-2
demain matin/après-midi/ soir *adv.* tomorrow morning/ afternoon/evening I-2
demander (à) *v.* to ask (*someone*), to make a request (*of someone*) I-6
  demander que... *v.* to ask that... II-6
démarrer *v.* to start up II-3
déménager *v.* to move out I-8, II-P
demie half I-2
  et demie half past ... (o'clock) I-2
demi-frère *m.* half-brother, stepbrother I-3
demi-sœur *f.* half-sister, stepsister I-3
démissionner *v.* to resign II-5
dent *f.* tooth II-1
  brosse à dents *f.* tooth brush II-2
  se brosser les dents *v.* to brush one's teeth II-1
dentifrice *m.* toothpaste II-2
dentiste *m., f.* dentist I-3
départ *m.* departure I-7
dépasser *v.* to go over; to pass II-3
dépense *f.* expenditure, expense II-4
dépenser *v.* to spend I-4
  dépenser de l'argent *v.* to spend money I-4
déposer de l'argent *v.* to deposit money II-4
déprimé(e) *adj.* depressed II-2
depuis *adv.* since; for II-1
dernier/dernière *adj.* last I-2
dernièrement *adv.* lastly, finally I-7
derrière *prep.* behind I-3
des *part. art., m., f., pl.* some I-4
des (de + les) *m., f., pl.* of the I-3
dès que *adv.* as soon as II-5
désagréable *adj.* unpleasant I-1
descendre (de) *v.* to go downstairs; to get off; to take down I-6
désert *m.* desert II-6
désirer (que) *v.* to want (that) I-5
désolé(e) *adj.* sorry I-6
  être désolé(e) que... to be sorry that... II-6
desquelles (de + lesquelles) *pron., f., pl.* which ones II-5
desquels (de + lesquels) *pron., m., pl.* which ones II-5

dessert *m.* dessert I-6
dessin animé *m.* cartoon II-7
dessiner *v.* to draw I-2
détester *v.* to hate I-2
  Je déteste... I hate... I-2
détruire *v.* to destroy I-6
détruit (détruire) *p.p., adj.* destroyed I-6
deux *m.* two I-1
deuxième *adj.* second I-7
devant *prep.* in front of I-3
développer *v.* to develop II-6
devenir *v.* to become II-1
devoir *m.* homework I-2; *v.* to have to, must II-1
dictionnaire *m.* dictionary I-1
différemment *adv.* differently I-8, II-P
différence *f.* difference I-1
différent(e) *adj.* different I-1
difficile *adj.* difficult I-1
dimanche *m.* Sunday I-2
dîner *m.* dinner II-1; *v.* to have dinner I-2
diplôme *m.* diploma, degree I-2
dire *v.* to say I-7
  Ça te dit? Does that appeal to you? II-6
  ça veut dire that is to say II-2
  veut dire *v.* means, signifies II-1
diriger *v.* to manage II-5
discret/discrète *adj.* discreet; unassuming I-3
discuter *v.* discuss I-6
disque dur *m.* hard drive II-3
dissertation *f.* essay II-3
distributeur automatique/de billets *m.* ATM II-4
dit (dire) *p.p., adj.* said I-7
divorce *m.* divorce I-6
divorcé(e) *adj.* divorced I-3
divorcer *v.* to divorce I-3
dix *m.* ten I-1
dix-huit *m.* eighteen I-1
dixième *adj.* tenth I-7
dix-neuf *m.* nineteen I-1
dix-sept *m.* seventeen I-1
documentaire *m.* documentary II-7
doigt *m.* finger II-2
doigt de pied *m.* toe II-2
domaine *m.* field II-5
dommage *m.* harm II-6
  Il est dommage que... It's a shame that... II-6
donc *conj.* therefore I-7
donner (à) *v.* to give (*to someone*) I-2
dont *rel. pron.* of which; of whom; that II-3
dormir *v.* to sleep I-5

dos *m.* back II-2
  sac à dos *m.* backpack I-1
douane *f.* customs I-7
douche *f.* shower I-8, II-P
  prendre une douche *v.* to take a shower II-2
doué(e) *adj.* talented, gifted II-7
douleur *f.* pain II-2
douter (que) *v.* to doubt (that) II-7
douteux/douteuse *adj.* doubtful II-7
  Il est douteux que... It is doubtful that... II-7
doux/douce *adj.* sweet; soft I-3
douze *m.* twelve I-1
dramaturge *m.* playwright II-7
drame (psychologique) *m.* (psychological) drama II-7
draps *m., pl.* sheets I-8, II-P
droite *f.* the right (side) I-3
  à droite de *prep.* to the right of I-3
drôle *adj.* funny I-3
du *part. art., m., sing.* some I-4
du (de + le) *m., sing.* of the I-3
dû (devoir) *p.p., adj. (used with infinitive)* had to; *(used with noun)* due, owed II-1
duquel (de + lequel) *pron., m., sing.* which one II-5

E

eau (minérale) *f.* (mineral) water I-4
  carafe d'eau *f.* pitcher of water II-1
écharpe *f.* scarf I-6
échecs *m., pl.* chess I-5
échouer *v.* to fail I-2
éclair *m.* éclair I-4
école *f.* school I-2
écologie *f.* ecology II-6
écologique *adj.* ecological II-6
économie *f.* economics I-2
écotourisme *m.* ecotourism II-6
écouter *v.* to listen (to) I-2
écran *m.* screen 11
écrire *v.* to write I-7
écrivain(e) *m., f.* writer II-7
écrit (écrire) *p.p., adj.* written I-7
écureuil *m.* squirrel II-6
éducation physique *f.* physical education I-2
effacer *v.* to erase II-3
effet de serre *m.* greenhouse effect II-6
égaler *v.* to equal I-3
église *f.* church I-4

égoïste *adj.* selfish I-1
Eh! *interj.* Hey! I-2
électrique *adj.* electric I-8, II-P
  appareil électrique/ménager *m.* electrical/household appliance I-8, II-P
électricien/électricienne *m., f.* electrician II-5
élégant(e) *adj.* elegant 1
élevé *adj.* high II-5
élève *m., f.* pupil, student I-1
elle *pron., f.* she; it I-1; her I-3
  elle est... she/it is... I-1
elles *pron., f.* they I-1; them I-3
  elles sont... they are... I-1
e-mail *m.* e-mail II-3
emballage (en plastique) *m.* (plastic) wrapping/ packaging II-6
embaucher *v.* to hire II-5
embrayage *m.* (*automobile*) clutch II-3
émission (de télévision) *f.* (television) program II-7
emménager *v.* to move in I-8, II-P
emmener *v.* to take (*someone*) I-5
emploi *m.* job II-5
  emploi à mi-temps/à temps partiel *m.* part-time job II-5
  emploi à plein temps *m.* full-time job II-5
employé(e) *m., f.* employee II-5
employer *v.* to use, to employ I-5
emprunter *v.* to borrow II-4
en *prep.* in I-3
  en automne in the fall I-5
  en avance early I-2
  en avoir marre to be fed up I-6
  en effet indeed; in fact II-6
  en été in the summer I-5
  en face (de) *prep.* facing, across (from) I-3
  en fait in fact I-7
  en général *adv.* in general I-7
  en hiver in the winter I-5
  en plein air in fresh air II-6
  en retard late I-2
  en tout cas in any case 6
  en vacances on vacation 7
  être en ligne to be online II-3
en *pron.* some of it/them; about it/them; of it/them; from it/ them II-2
  Je vous en prie. *form.* Please.; You're welcome. I-1
  Qu'en penses-tu? What do you think about that? II-6
enceinte *adj.* pregnant II-2
Enchanté(e). Delighted. I-1
encore *adv.* again; still I-3
endroit *m.* place I-4

énergie (nucléaire/solaire) *f.* (nuclear/solar) energy II-6

enfance *f.* childhood I-6

enfant *m., f.* child I-3

enfin *adv.* finally, at last I-7

enlever la poussière *v.* to dust I-8, II-P

ennuyeux/ennuyeuse *adj.* boring I-3

énorme *adj.* enormous, huge I-2

enregistrer *v.* to record II-3

enregistreur DVR *m.* DVR II-3

enseigner *v.* to teach I-2

ensemble *adv.* together I-6

ensuite *adv.* then, next I-7

entendre *v.* to hear I-6

entracte *m.* intermission II-7

entre *prep.* between I-3

entrée *f.* appetizer, starter II-1

entreprise *f.* firm, business II-5

entrer *v.* to enter I-7

entretien: passer un entretien *to have an interview* II-5

enveloppe *f.* envelope II-4

envie *f.* desire, envy I-2
avoir envie (de) to feel like (*doing something*) I-2

environnement *m.* environment II-6

envoyer (à) *v.* to send (*to someone*) I-5

épargne *f.* savings II-4
compte d'épargne *m.* savings account II-4

épicerie *f.* grocery store I-4

épouser *v.* to marry I-3

épouvantable *adj.* dreadful 5
Il fait un temps épouvantable. The weather is dreadful. I-5

époux/épouse *m., f.* husband/wife I-3

équipe *f.* team I-5

escalier *m.* staircase I-8, II-P

escargot *m.* escargot, snail II-1

espace *m.* space II-6

Espagne *f.* Spain 7

espagnol(e) *adj.* Spanish I-1

espèce (menacée) *f.* (endangered) species II-6

espèces *m.* cash II-4

espérer *v.* to hope I-5

essayer *v.* to try I-5

essence *f.* gas II-3
réservoir d'essence *m.* gas tank II-3
voyant d'essence *m.* gas warning light II-3

essentiel(le) *adj.* essential II-6
Il est essentiel que... It is essential that... II-6

essuie-glace *m.* (**essuie-glaces** *pl.*) windshield wiper(s) II-3

essuyer (la vaiselle/la table) *v.* to wipe (the dishes/the table) I-8, II-P

est *m.* east II-4

Est-ce que... ? (*used in forming questions*) I-2

et *conj.* and I-1
Et toi? *fam.* And you? I-1
Et vous? *form.* And you? I-1

étage *m.* floor I-7

étagère *f.* shelf I-8, II-P

étape *f.* stage I-6

États-Unis *m., pl.* United States I-7

été *m.* summer I-5
en été in the summer I-5

été (être) *p.p.* been I-6

éteindre *v.* to turn off II-3

éternuer *v.* to sneeze II-2

étoile *f.* star II-6

étranger/étrangère *adj.* foreign I-2
langues étrangères *f., pl.* foreign languages I-2

étranger *m.* (*places that are*) abroad, overseas I-7
à l'étranger abroad, overseas I-7

étrangler *v.* to strangle II-5

être *v.* to be I-1
être bien/mal payé(e) to be well/badly paid II-5
être connecté(e) avec quelqu'un to be online with someone I-7, II-3
être en ligne avec to be online with II-3
être en pleine forme to be in good shape II-2

études (supérieures) *f., pl.* studies; (higher) education I-2

étudiant(e) *m., f.* student I-1

étudier *v.* to study I-2

eu (avoir) *p.p.* had I-6

eux *disj. pron., m., pl.* they, them I-3

évidemment *adv.* obviously, evidently; of course I-7

évident(e) *adj.* evident, obvious II-7
Il est évident que... It is evident that... II-7

évier *m.* sink I-8, II-P

éviter (de) *v.* to avoid (*doing something*) II-2

exactement *adv.* exactly II-1

examen *m.* exam; test I-1
être reçu(e) à un examen *v.* to pass an exam I-2

passer un examen *v.* to take an exam I-2

Excuse-moi. *fam.* Excuse me. I-1

Excusez-moi. *form.* Excuse me. I-1

exercice *m.* exercise II-2
faire de l'exercice *v.* to exercise II-2

exigeant(e) *adj.* demanding II-5
profession (exigeante) *f.* a (demanding) profession II-5

exiger (que) *v.* to demand (that) II-6

expérience (professionnelle) *f.* (professional) experience II-5

expliquer *v.* to explain I-2

explorer *v.* to explore I-4

exposition *f.* exhibit II-7

extinction *f.* extinction II-6

F

facile *adj.* easy I-2

facilement *adv.* easily I-8, II-P

facteur *m.* mailman II-4

faible *adj.* weak I-3

faim *f.* hunger I-4
avoir faim *v.* to be hungry I-4

faire *v.* to do; to make I-5
faire attention (à) *v.* to pay attention (to) I-5
faire quelque chose de beau *v.* to be up to something interesting II-4
faire de l'aérobic *v.* to do aerobics I-5
faire de la gym *v.* to work out I-5
faire de la musique *v.* to play music II-5
faire de la peinture *v.* to paint II-7
faire de la planche à voile *v.* to go windsurfing I-5
faire de l'exercice *v.* to exercise II-2
faire des projets *v.* to make plans II-5
faire du camping *v.* to go camping I-5
faire du cheval *v.* to go horseback riding I-5
faire du jogging *v.* to go jogging I-5
faire du shopping *v.* to go shopping I-7
faire du ski *v.* to go skiing I-5
faire du sport *v.* to do sports I-5
faire du vélo *v.* to go bike riding I-5

faire la connaissance de *v.* to meet (*someone*) I-5

faire la cuisine *v.* to cook I-5

faire la fête *v.* to celebrate I-6

faire la lessive *v.* to do the laundry I-8, II-P

faire la poussière *v.* to dust I-8, II-P

faire la queue *v.* to wait in line II-4

faire la vaisselle *v.* to do the dishes I-8, II-P

faire le lit *v.* to make the bed I-8, II-P

faire le ménage *v.* to do the housework I-8, II-P

faire le plein *v.* to fill the tank II-3

faire les courses *v.* to run errands II-1

faire les musées *v.* to go to museums II-7

faire les valises *v.* to pack one's bags I-7

faire mal *v.* to hurt II-2

faire plaisir à quelqu'un *v.* to please someone II-5

faire sa toilette *v.* to wash up II-2

faire une piqûre *v.* to give a shot 10

faire une promenade *v.* to go for a walk I-5

faire une randonnée *v.* to go for a hike I-5

faire un séjour *v.* to spend time (*somewhere*) I-7

faire un tour (en voiture) *v.* to go for a walk (drive) I-5

faire visiter *v.* to give a tour I-8, II-P

fait (faire) *p.p., adj.* done; made I-6

falaise *f.* cliff II-6

faut (falloir) *v.* (*used with infinitive*) is necessary to… I-5

Il a fallu… It was necessary to… I-6

Il fallait… One had to… I-8, II-P

Il faut que… One must…/It is necessary that… II-6

fallu (falloir) *p.p.* (*used with infinitive*) had to… I-6

Il a fallu… It was necessary to… I-6

famille *f.* family I-3

fatigué(e) *adj.* tired I-3

fauteuil *m.* armchair I-8, II-P

favori/favorite *adj.* favorite I-3

fax *m.* fax (machine) II-3

félicitations congratulations II-7

femme *f.* woman; wife I-1

femme d'affaires businesswoman I-3

femme au foyer housewife II-5

femme auteur author II-7

femme cadre executive II-5

femme peintre painter II-7

femme politique politician II-5

femme pompier firefighter II-5

fenêtre *f.* window I-1

fer à repasser *m.* iron I-8, II-P

férié(e) *adj.* holiday I-6

jour férié *m.* holiday I-6

fermé(e) *adj.* closed II-4

fermer *v.* to close; to shut off II-3

festival (festivals *pl.*) *m.* festival II-7

fête *f.* party; celebration I-6

faire la fête *v.* to celebrate I-6

fêter *v.* to celebrate I-6

feu de signalisation *m.* traffic light II-4

feuille de papier *f.* sheet of paper I-1

feuilleton *m.* soap opera II-7

février *m.* February I-5

fiancé(e) *adj.* engaged I-3

fiancé(e) *m., f.* fiancé I-6

fichier *m.* file II-3

fier/fière *adj.* proud I-3

fièvre *f.* fever II-2

avoir de la fièvre *v.* to have a fever II-2

fille *f.* girl; daughter I-1

film (d'aventures, d'horreur, de science-fiction, policier) *m.* (adventure, horror, science-fiction, crime) film II-7

fils *m.* son I-3

fin *f.* end II-7

finalement *adv.* finally I-7

fini (finir) *p.p., adj.* finished, done, over I-4

finir (de) *v.* to finish (*doing something*) I-4

fleur *f.* flower I-8, II-P

fleuve *m.* river II-6

fois *f.* time I-8, II-P

une fois *adv.* once I-8, II-P

deux fois *adv.* twice I-8, II-P

fonctionner *v.* to work, to function II-3

fontaine *f.* fountain II-4

foot(ball) *m.* soccer I-5

football américain *m.* football I-5

forêt (tropicale) *f.* (tropical) forest II-6

formation *f.* education; training II-5

forme *f.* shape; form II-2

être en pleine forme *v.* to be in good shape II-2

formidable *adj.* great I-7

formulaire *m.* form II-4

remplir un formulaire to fill out a form II-4

fort(e) *adj.* strong I-3

fou/folle *adj.* crazy I-3

four (à micro-ondes) *m.* (microwave) oven I-8, II-P

fourchette *f.* fork II-1

frais/fraîche *adj.* fresh; cool I-5

Il fait frais. (*weather*) It is cool. I-5

fraise *f.* strawberry II-1

français(e) *adj.* French I-1

France *f.* France I-7

franchement *adv.* frankly, honestly I-7

freiner *v.* to brake II-3

freins *m., pl.* brakes II-3

fréquenter *v.* to frequent; to visit I-4

frère *m.* brother I-3

beau-frère *m.* brother-in-law I-3

demi-frère *m.* half-brother, stepbrother I-3

frigo *m.* refrigerator I-8, II-P

frisé(e) *adj.* curly I-3

frites *f., pl.* French fries I-4

froid *m.* cold I-2

avoir froid to be cold I-2

Il fait froid. (*weather*) It is cold. I-5

fromage *m.* cheese I-4

fruit *m.* fruit II-1

fruits de mer *m., pl.* seafood II-1

funérailles *f., pl.* funeral II-1

furieux/furieuse *adj.* furious II-6

être furieux/furieuse que… *v.* to be furious that… II-6

G

gagner *v.* to win I-5; to earn II-5

gant *m.* glove I-6

garage *m.* garage I-8, II-P

garanti(e) *adj.* guaranteed 5

garçon *m.* boy I-1

garder la ligne *v.* to stay slim II-2

gare (routière) *f.* train station (bus station) I-7

gaspillage *m.* waste II-6

gaspiller *v.* to waste II-6

gâteau *m.* cake I-6

gauche *f.* the left (side) I-3

à gauche (de) *prep.* to the left (of) I-3

gazeux/gazeuse *adj.* carbonated, fizzy 4
  boisson gazeuse *f.* carbonated drink/beverage I-4
généreux/généreuse *adj.* generous I-3
génial(e) *adj.* great I-3
genou *m.* knee II-2
genre *m.* genre II-7
gens *m., pl.* people I-7
gentil/gentille *adj.* nice I-3
gentiment *adv.* nicely I-8, II-P
géographie *f.* geography I-2
gérant(e) *m., f.* manager II-5
gestion *f.* business administration I-2
glace *f.* ice cream I-6
glaçon *m.* ice cube I-6
glissement de terrain *m.* landslide II-6
golf *m.* golf I-5
enfler *v.* to swell II-2
gorge *f.* throat II-2
goûter *m.* afternoon snack II-1; *v.* to taste II-1
gouvernement *m.* government II-6
grand(e) *adj.* big I-3
  grand magasin *m.* department store I-4
grand-mère *f.* grandmother I-3
grand-père *m.* grandfather I-3
grands-parents *m., pl.* grandparents I-3
gratin *m.* gratin II-1
gratuit(e) *adj.* free II-7
grave *adj.* serious II-2
  Ce n'est pas grave. It's okay.; No problem. I-6
grille-pain *m.* toaster I-8, II-P
grippe *f.* flu II-2
gris(e) *adj.* gray I-6
gros(se) *adj.* fat I-3
grossir *v.* to gain weight I-4
guérir *v.* to get better II-2
guitare *f.* guitar II-7
gym *f.* exercise I-5
  faire de la gym *v.* to work out I-5
gymnase *m.* gym I-4

H

habitat *m.* habitat II-6
  sauvetage des habitats *m.* habitat preservation II-6
habiter (à) *v.* to live (in/at) I-2
haricots verts *m., pl.* green beans II-1
Hein? *interj.* Huh?; Right? I-3
herbe *f.* grass II-6
hésiter (à) *v.* to hesitate (*to do something*) II-3

heure(s) *f.* hour, o'clock; time I-2
  à ... heure(s) at ... (o'clock) I-4
  À quelle heure? What time?; When? I-2
  À tout à l'heure. See you later. I-1
  Quelle heure avez-vous? *form.* What time do you have? I-2
  Quelle heure est-il? What time is it? I-2
heureusement *adv.* fortunately I-8, II-P
heureux/heureuse *adj.* happy I-3
  être heureux/heureuse que... to be happy that... II-6
hier (matin/après-midi/soir) *adv.* yesterday (morning/afternoon/evening) I-7
  avant-hier *adv.* day before yesterday I-7
histoire *f.* history; story I-2
hiver *m.* winter I-5
  en hiver in the winter I-5
homme *m.* man I-1
  homme d'affaires *m.* businessman I-3
  homme politique *m.* politician II-5
honnête *adj.* honest II-7
honte *f.* shame I-2
  avoir honte (de) *v.* to be ashamed (of) I-2
hôpital *m.* hospital I-4
horloge *f.* clock I-1
hors-d'œuvre *m.* hors d'œuvre, appetizer II-1
hôte/hôtesse *m., f.* host I-6
hôtel *m.* hotel I-7
hôtelier/hôtelière *m., f.* hotel keeper I-7
huile *f.* oil II-1
  huile *f.* (automobile) oil II-3
  huile d'olive *f.* olive oil II-1
  vérifier l'huile to check the oil II-3
  voyant d'huile *m.* oil warning light II-3
huit *m.* eight I-1
huitième *adj.* eighth I-7
humeur *f.* mood I-8, II-P
  être de bonne/mauvaise humeur *v.* to be in a good/bad mood I-8, II-P

I

ici *adv.* here I-1
idée *f.* idea I-3
il *sub. pron.* he; it I-1
  il est... he/it is... I-1

Il n'y a pas de quoi. It's nothing.; You're welcome. I-1
Il vaut mieux que... It is better that... II-6
Il faut (falloir) *v. (used with infinitive)* It is necessary to... I-6
  Il a fallu... It was necessary to... I-6
  Il fallait... One had to... I-8, II-P
  Il faut (que)... One must.../ It is necessary that... II-6
il y a there is/are I-1
  il y a eu there was/were 6
  il y avait there was/were I-8, II-P
  Qu'est-ce qu'il y a? What is it?; What's wrong? I-1
  Y a-t-il... ? Is/Are there... ? I-2
il y a... *(used with an expression of time)* ... ago II-1
île *f.* island II-6
ils *sub. pron., m., pl.* they I-1
  ils sont... they are... I-1
immeuble *m.* building I-8, II-P
impatient(e) *adj.* impatient I-1
imperméable *m.* rain jacket I-5
important(e) *adj.* important I-1
  Il est important que... It is important that... II-6
impossible *adj.* impossible II-7
  Il est impossible que... It is impossible that... II-7
imprimante *f.* printer II-3
imprimer *v.* to print II-3
incendie *m.* fire II-6
  prévenir l'incendie to prevent a fire II-6
incroyable *adj.* incredible II-3
indépendamment *adv.* independently I-8, II-P
indépendant(e) *adj.* independent I-1
indications *f.* directions II-4
indiquer *v.* to indicate I-5
indispensable *adj.* essential, indispensable II-6
  Il est indispensable que... It is essential that... II-6
individuel(le) *adj.* single, individual I-7
  chambre individuelle *f.* single (hotel) room I-7
infirmier/infirmière *m., f.* nurse II-2
informations (infos) *f., pl.* news II-7
informatique *f.* computer science I-2
ingénieur *m.* engineer I-3
inquiet/inquiète *adj.* worried I-3

instrument *m.* instrument I-1
intellectuel(le) *adj.* intellectual I-3
intelligent(e) *adj.* intelligent I-1
interdire *v.* to forbid, to prohibit II-6
intéressant(e) *adj.* interesting I-1
inutile *adj.* useless I-2
invité(e) *m., f.* guest I-6
inviter *v.* to invite I-4
irlandais(e) *adj.* Irish I-7
Irlande *f.* Ireland I-7
Italie *f.* Italy I-7
italien(ne) *adj.* Italian I-1

J

jaloux/jalouse *adj.* jealous I-3
jamais *adv.* never I-5
  ne... jamais never, not ever II-4
jambe *f.* leg II-2
jambon *m.* ham I-4
janvier *m.* January I-5
Japon *m.* Japan I-7
japonais(e) *adj.* Japanese I-1
jardin *m.* garden; yard I-8, II-P
jaune *adj.* yellow I-6
je/j' *sub. pron.* I I-1
  Je vous en prie. *form.* Please.; You're welcome. I-1
jean *m., sing.* jeans I-6
jeter *v.* to throw away II-6
jeu *m.* game I-5
  jeu télévisé *m.* game show II-7
  jeu vidéo (des jeux vidéo) *m.* video game(s) II-3
jeudi *m.* Thursday I-2
jeune *adj.* young I-3
  jeunes mariés *m., pl.* newly-weds I-6
jeunesse *f.* youth I-6
  auberge de jeunesse *f.* youth hostel I-7
jogging *m.* jogging I-5
  faire du jogging *v.* to go jogging I-5
joli(e) *adj.* handsome; beautiful I-3
joue *f.* cheek II-2
jouer (à/de) *v.* to play (a sport/a musical instrument) I-5
  jouer un rôle *v.* to play a role II-7
joueur/joueuse *m., f.* player I-5
jour *m.* day I-2
  jour de congé *m.* day off I-7
  jour férié *m.* holiday I-6
  Quel jour sommes-nous? *What day is it?* I-2
journal *m.* newspaper; journal I-7

journaliste *m., f.* journalist I-3
journée *f.* day I-2
juillet *m.* July I-5
juin *m.* June I-5
jungle *f.* jungle II-6
jupe *f.* skirt I-6
jus (d'orange/de pomme) *m.* (orange/apple) juice I-4
jusqu'à (ce que) *prep.* until II-4
juste *adv.* just; right I-3
  juste à côté right next door I-3

K

kilo(gramme) *m.* kilo(gram) II-1
kiosque *m.* kiosk I-4

L

l' *def. art., m., f. sing.* the I-1; *d.o. pron., m., f.* him; her; it I-7
la *def. art., f. sing.* the I-1; *d.o. pron., f.* her; it I-7
là(-bas) (over) there I-1
-là (*used with demonstrative adjective* **ce** *and noun or with demonstrative pronoun* **celui**) there I-6
lac *m.* lake II-6
laid(e) *adj.* ugly I-3
laine *f.* wool II-4
laisser *v.* to let, to allow II-3
  laisser tranquille *v.* to leave alone II-2
  laisser un message *v.* to leave a message II-5
  laisser un pourboire *v.* to leave a tip I-4
lait *m.* milk I-4
laitue *f.* lettuce II-1
lampe *f.* lamp I-8, II-P
langues (étrangères) *f., pl.* (foreign) languages I-2
lapin *m.* rabbit II-6
laquelle *pron., f., sing.* which one II-5
  à laquelle *pron., f., sing.* which one II-5
  de laquelle *pron., f., sing.* which one II-5
large *adj.* loose; big I-6
lavabo *m.* bathroom sink I-8, II-P
lave-linge *m.* washing machine I-8, II-P
laver *v.* to wash I-8, II-P
laverie *f.* laundromat II-4
lave-vaisselle *m.* dishwasher I-8, II-P
le *def. art., m. sing.* the I-1; *d.o. pron.* him; it I-7
légume *m.* vegetable II-1
lent(e) *adj.* slow I-3

lentement *adv.* slowly I-7
lequel *pron., m., sing.* which one II-5
  auquel (à + lequel) *pron., m., sing.* which one II-5
  duquel (de + lequel) *pron., m., sing.* which one II-5
les *def. art., m., f., pl.* the I-1; *d.o. pron., m., f., pl.* them I-7
lesquelles *pron., f., pl.* which ones II-5
  auxquelles (à + lesquelles) *pron., f., pl.* which ones II-5
  desquelles (de + lesquelles) *pron., f., pl.* which ones II-5
lesquels *pron., m., pl.* which ones II-5
  auxquels (à + lesquels) *pron., m., pl.* which ones II-5
  desquels (de + lesquels) *pron., m., pl.* which ones II-5
lessive *f.* laundry I-8, II-P
  faire la lessive *v.* to do the laundry I-8, II-P
lettre *f.* letter II-4
  boîte aux lettres *f.* mailbox II-4
  lettre de motivation *f.* letter of application II-5
  lettre de recommandation *f.* letter of recommendation, reference letter II-5
lettres *f., pl.* humanities I-2
leur *i.o. pron., m., f., pl.* them I-6
leur(s) *poss. adj., m., f.* their I-3
librairie *f.* bookstore I-1
libre *adj.* available I-7
lien *m.* link II-3
lieu *m.* place I-4
ligne *f.* figure, shape II-2
  garder la ligne *v.* to stay slim II-2
limitation de vitesse *f.* speed limit II-3
limonade *f.* lemon soda I-4
linge *m.* laundry I-8, II-P
  lave-linge *m.* washing machine I-8, II-P
  sèche-linge *m.* clothes dryer I-8, II-P
lire *v.* to read I-7
lit *m.* bed I-7
  faire le lit *v.* to make the bed I-8, II-P
littéraire *adj.* literary II-7
littérature *f.* literature I-1
livre *m.* book I-1
logement *m.* housing I-8, II-P
logiciel *m.* software, program II-3
loi *f.* law II-6
loin de *prep.* far from I-3
loisir *m.* leisure activity I-5
long(ue) *adj.* long I-3

Vocabulary

chemise à manches longues *f.* long-sleeved shirt I-6
longtemps *adv.* a long time I-5
louer *v.* to rent I-8, II-P
loyer *m.* rent I-8, II-P
lu (lire) *p.p.* read I-7
lui *pron., sing.* he I-1; him I-3; *i.o. pron. (attached to imperative)* to him/her II-1
l'un(e) à l'autre to one another II-3
l'un(e) l'autre one another II-3
lundi *m.* Monday I-2
Lune *f.* moon II-6
lunettes (de soleil) *f., pl.* (sun)glasses I-6
lycée *m.* high school I-1
lycéen(ne) *m., f.* high school student I-2

M

ma *poss. adj., f., sing.* my I-3
Madame *f.* Ma'am; Mrs. I-1
Mademoiselle *f.* Miss I-1
magasin *m.* store I-4
grand magasin *m.* department store I-4
magazine *m.* magazine II-7
magnétophone *m.* tape recorder II-3
magnétoscope *m.* videocassette recorder (VCR) II-3
mai *m.* May I-5
maigrir *v.* to lose weight I-4
maillot de bain *m.* swimsuit, bathing suit I-6
main *f.* hand I-5
sac à main *m.* purse, handbag I-6
maintenant *adv.* now I-5
maintenir *v.* to maintain II-1
mairie *f.* town/city hall; mayor's office II-4
mais *conj.* but I-1
mais non (but) of course not; no I-2
maison *f.* house I-4
rentrer à la maison *v.* to return home I-2
mal *adv.* badly I-7
Je vais mal. I am doing badly. I-1
le plus mal *super. adv.* the worst II-1
se porter mal *v.* to be doing badly II-2
mal *m.* illness; ache, pain II-2
avoir mal *v.* to have an ache II-2
avoir mal au cœur *v.* to feel nauseated II-2
faire mal *v.* to hurt II-2
malade *adj.* sick, ill II-2

tomber malade *v.* to get sick II-2
maladie *f.* illness II-5
assurance maladie *f.* health insurance II-5
malheureusement *adv.* unfortunately I-7
malheureux/malheureuse *adj.* unhappy I-3
manche *f.* sleeve I-6
chemise à manches courtes/ longues *f.* short-/long-sleeved shirt I-6
manger *v.* to eat I-2
salle à manger *f.* dining room I-8, II-P
manteau *m.* coat I-6
maquillage *m.* makeup II-2
marchand de journaux *m.* newsstand II-4
marché *m.* market I-4
bon marché *adj.* inexpensive I-6
marcher *v.* to walk (*person*) I-5; to work (*thing*) II-3
mardi *m.* Tuesday I-2
mari *m.* husband I-3
mariage *m.* marriage; wedding (*ceremony*) I-6
marié(e) *adj.* married I-3
mariés *m., pl.* married couple I-6
jeunes mariés *m., pl.* newlyweds I-6
marocain(e) *adj.* Moroccan I-1
marron *adj., inv.* (not for hair) brown I-3
mars *m.* March I-5
martiniquais(e) *adj.* from Martinique I-1
match *m.* game I-5
mathématiques (maths) *f., pl.* mathematics I-2
matin *m.* morning I-2
ce matin *adv.* this morning I-2
demain matin *adv.* tomorrow morning I-2
hier matin *adv.* yesterday morning I-7
matinée *f.* morning I-2
mauvais(e) *adj.* bad I-3
Il fait mauvais. The weather is bad. I-5
le/la plus mauvais(e) *super. adj.* the worst II-1
mayonnaise *f.* mayonnaise II-1
me/m' *pron., sing.* me; myself I-6
mec *m.* guy II-2
mécanicien *m.* mechanic II-3
mécanicienne *f.* mechanic II-3
méchant(e) *adj.* mean I-3
médecin *m.* doctor I-3
médicament (contre/pour) *m.* medication (against/for) II-2
meilleur(e) *comp. adj.* better II-1

le/la meilleur(e) *super. adj.* the best II-1
membre *m.* member II-7
même *adj.* even I-5; same
-même(s) *pron.* -self/-selves I-6
menacé(e) *adj.* endangered II-6
espèce menacée *f.* endangered species II-6
ménage *m.* housework I-8, II-P
faire le ménage *v.* to do housework I-8, II-P
ménager/ménagère *adj.* household I-8, II-P
appareil ménager *m.* household appliance I-8, II-P
tâche ménagère *f.* household chore I-8, II-P
mention *f.* distinction II-5
menu *m.* menu II-1
mer *f.* sea I-7
Merci (beaucoup). Thank you (very much). I-1
mercredi *m.* Wednesday I-2
mère *f.* mother I-3
belle-mère *f.* mother-in-law; stepmother I-3
mes *poss. adj., m., f., pl.* my I-3
message *m.* message II-5
laisser un message *v.* to leave a message II-5
messagerie *f.* voicemail II-5
météo *f.* weather II-7
métier *m.* profession II-5
métro *m.* subway I-7
station de métro *f.* subway station I-7
metteur en scène *m.* director (*of a play*) II-7
mettre *v.* to put, to place 6
mettre la table to set the table I-8, II-P
meuble *m.* piece of furniture I-8, II-P
mexicain(e) *adj.* Mexican I-1
Mexique *m.* Mexico I-7
Miam! *interj.* Yum! I-5
micro-onde *m.* microwave oven I-8, II-P
four à micro-ondes *m.* microwave oven I-8, II-P
midi *m.* noon I-2
après-midi *m.* afternoon I-2
mieux *comp. adv.* better II-1
aimer mieux *v.* to prefer I-2
le mieux *super. adv.* the best II-1
se porter mieux *v.* to be doing better II-2
mille *m.* one thousand I-5
cent mille *m.* one hundred thousand I-5
million, un *m.* one million I-5
deux millions *m.* two million I-5

minuit *m.* midnight I-2
miroir *m.* mirror I-8, II-P
mis (mettre) *p.p.* put, placed I-6
mode *f.* fashion I-2
modeste *adj.* modest II-5
moi *disj. pron., sing.* I, me I-3; *pron. (attached to an imperative)* to me, to myself II-1
  Moi aussi. Me too. I-1
  Moi non plus. Me neither. I-2
moins *adv.* before … (o'clock) I-2
moins (de) *adv.* less (of); fewer I-4
  le/la moins *super. adv. (used with verb or adverb)* the least II-1
  le moins de... *(used with noun to express quantity)* the least… II-6
  moins de... que... *(used with noun to express quantity)* less… than… II-6
mois *m.* month I-2
  ce mois-ci this month I-2
moment *m.* moment I-1
mon *poss. adj., m., sing.* my I-3
monde *m.* world I-7
monnaie *f.* change, coins; money II-4
Monsieur *m.* Sir; Mr. I-1
montagne *f.* mountain I-4
monter *v.* to go up, to come up; to get in/on I-7
montre *f.* watch I-1
montrer (à) *v.* to show (*to someone*) I-6
morceau (de) *m.* piece, bit (of) I-4
mort *f.* death I-6
mort (mourir) *p.p., adj. (as past participle)* died; (*as adjective*) dead I-7
mot de passe *m.* password II-3
moteur *m.* engine II-3
mourir *v.* to die I-7
moutarde *f.* mustard II-1
moyen(ne) *adj.* medium I-3
  de taille moyenne of medium height I-3
MP3 *m.* MP3 II-3
mur *m.* wall I-8, II-P
musée *m.* museum I-4
  faire les musées *v.* to go to museums II-7
musical(e) *adj.* musical II-7
  comédie musicale *f.* musical II-7
musicien(ne) *m., f.* musician I-3
musique: faire de la musique *v.* to play music II-7

N

nager *v.* to swim I-4
naïf/naïve *adj.* naïve I-3
naissance *f.* birth I-6
naître *v.* to be born I-7
nappe *f.* tablecloth II-1
nationalité *f.* nationality I-1
  Je suis de nationalité... I am of … nationality. I-1
  Quelle est ta nationalité? *fam.* What is your nationality? I-1
  Quelle est votre nationalité? *fam., pl., form.* What is your nationality? I-1
nature *f.* nature II-6
naturel(le) *adj.* natural II-6
  ressource naturelle *f.* natural resource II-6
né (naître) *p.p., adj.* born I-7
ne/n' no, not I-1
  ne... aucun(e) none, not any II-4
  ne... jamais never, not ever II-4
  ne... ni... ni... neither… nor… II-4
  ne... pas no, not I-2
  ne... personne nobody, no one II-4
  ne... plus no more, not anymore II-4
  ne... que only II-4
  ne... rien nothing, not anything II-4
  N'est-ce pas? *(tag question)* Isn't it? I-2
nécessaire *adj.* necessary II-6
  Il est nécessaire que... It is necessary that… II-6
neiger *v.* to snow I-5
  Il neige. It is snowing. I-5
nerveusement *adv.* nervously I-8, II-P
nerveux/nerveuse *adj.* nervous I-3
nettoyer *v.* to clean I-5
neuf *m.* nine I-1
neuvième *adj.* ninth I-7
neveu *m.* nephew I-3
nez *m.* nose II-2
ni nor II-4
  ne... ni... ni... neither… nor II-4
nièce *f.* niece I-3
niveau *m.* level II-5
noir(e) *adj.* black I-3
non no I-2
  mais non (but) of course not; no I-2
nord *m.* north II-4

nos *poss. adj., m., f., pl.* our I-3
note *f. (academics)* grade I-2
notre *poss. adj., m., f., sing.* our I-3
nourriture *f.* food, sustenance II-1
nous *pron.* we I-1; us I-3; ourselves II-2
nouveau/nouvelle *adj.* new I-3
nouvelles *f., pl.* news II-7
novembre *m.* November I-5
nuage de pollution *m.* pollution cloud II-6
nuageux/nuageuse *adj.* cloudy I-5
  Le temps est nuageux. It is cloudy. I-5
nucléaire *adj.* nuclear II-6
  centrale nucléaire *f.* nuclear plant II-6
  énergie nucléaire *f.* nuclear energy II-6
nuit *f.* night I-2
  boîte de nuit *f.* nightclub I-4
nul(le) *adj.* useless I-2
numéro *m.* (telephone) number II-3
  composer un numéro *v.* to dial a number II-3
  recomposer un numéro *v.* to redial a number II-3

O

objet *m.* object I-1
obtenir *v.* to get, to obtain II-5
occupé(e) *adj.* busy I-1
octobre *m.* October I-5
œil (les yeux) *m.* eye (eyes) II-2
œuf *m.* egg II-1
œuvre *f.* artwork, piece of art II-7
  chef-d'œuvre *m.* masterpiece II-7
  hors-d'œuvre *m.* hors d'œuvre, starter II-1
offert (offrir) *p.p.* offered II-3
office du tourisme *m.* tourist office II-4
offrir *v.* to offer II-3
oignon *m.* onion II-1
oiseau *m.* bird I-3
olive *f.* olive II-1
  huile d'olive *f.* olive oil II-1
omelette *f.* omelette I-5
on *sub. pron., sing.* one (we) I-1
  on y va let's go II-2
oncle *m.* uncle I-3
onze *m.* eleven I-1
onzième *adj.* eleventh I-7
opéra *m.* opera II-7
optimiste *adj.* optimistic I-1
orageux/orageuse *adj.* stormy I-5
  Le temps est orageux. It is stormy. I-5

Vocabulary

orange *adj. inv.* orange I-6; *f.* orange II-1
orchestre *m.* orchestra II-7
ordinateur *m.* computer I-1
ordonnance *f.* prescription II-2
ordures *f., pl.* trash II-6
   ramassage des ordures *m.* garbage collection II-6
oreille *f.* ear II-2
oreiller *m.* pillow I-8, II-P
organiser (une fête) *v.* to organize/to plan (a party) I-6
origine *f.* heritage I-1
   Je suis d'origine... I am of... heritage. I-1
orteil *m.* toe II-2
ou or I-3
où *adv., rel. pron.* where 4
ouais *adv.* yeah I-2
oublier (de) *v.* to forget (*to do something*) I-2
ouest *m.* west II-4
oui *adv.* yes I-2
ouvert (ouvrir) *p.p., adj. (as past participle)* opened; *(as adjective)* open II-3
ouvrier/ouvrière *m., f.* worker, laborer II-5
ouvrir *v.* to open II-3
ozone *m.* ozone II-6
   trou dans la couche d'ozone *m.* hole in the ozone layer II-6

P

page d'accueil *f.* home page II-3
pain (de campagne) *m.* (country-style) bread I-4
panne *f.* breakdown, malfunction II-3
   tomber en panne *v.* to break down II-3
pantalon *m., sing.* pants I-6
pantoufle *f.* slipper II-2
papeterie *f.* stationery store II-4
papier *m.* paper I-1
   corbeille à papier *f.* wastebasket I-1
   feuille de papier *f.* sheet of paper I-1
paquet cadeau *m.* wrapped gift I-6
par *prep.* by I-3
   par jour/semaine/mois/an per day/week/month/year I-5
parapluie *m.* umbrella I-5
parc *m.* park I-4
parce que *conj.* because I-2
Pardon. Pardon (me). I-1
Pardon? What? I-4
pare-brise *m.* windshield II-3
pare-chocs *m.* bumper II-3

parents *m., pl.* parents I-3
paresseux/paresseuse *adj.* lazy I-3
parfait(e) *adj.* perfect I-4
parfois *adv.* sometimes I-5
parking *m.* parking lot II-3
parler (à) *v.* to speak (to) I-6
   parler (au téléphone) *v.* to speak (on the phone) I-2
partager *v.* to share I-2
partir *v.* to leave I-5
   partir en vacances *v.* to go on vacation I-7
pas (de) *adv.* no, none II-4
   ne... pas no, not I-2
   pas de problème no problem II-4
   pas du tout not at all I-2
   pas encore not yet I-8, II-P
   Pas mal. Not badly. I-1
passager/passagère *m., f.* passenger I-7
passeport *m.* passport I-7
passer *v.* to pass by; to spend time I-7
   passer chez quelqu'un *v.* to stop by someone's house I-4
   passer l'aspirateur *v.* to vacuum I-8, II-P
   passer un examen *v.* to take an exam I-2
passe-temps *m.* pastime, hobby I-5
pâté (de campagne) *m.* pâté, meat spread II-1
pâtes *f., pl.* pasta II-1
patiemment *adv.* patiently I-8, II-P
patient(e) *m., f.* patient II-2; *adj.* patient I-1
patienter *v.* to wait (on the phone), to be on hold II-5
patiner *v.* to skate I-4
pâtisserie *f.* pastry shop, bakery, pastry II-1
patron(ne) *m., f.* boss II-5
pauvre *adj.* poor I-3
payé (payer) *p.p., adj.* paid II-5
   être bien/mal payé(e) *v.* to be well/badly paid II-5
payer *v.* to pay I-5
   payer par carte (bancaire/ de crédit) *v.* to pay with a (debit/credit) card II-4
   payer en espèces *v.* to pay in cash II-4
   payer par chèque *v.* to pay by check II-4
pays *m.* country I-7
peau *f.* skin II-2
pêche *f.* fishing I-5; peach II-1
   aller à la pêche *v.* to go fishing I-5

peigne *m.* comb II-2
peintre/femme peintre *m., f.* painter II-7
peinture *f.* painting II-7
pendant (que) *prep.* during, while I-7
   pendant *(with time expression) prep.* for II-1
pénible *adj.* tiresome I-3
penser (que) *v.* to think (that) I-2
   ne pas penser que... to not think that... II-7
   Qu'en penses-tu? What do you think about that? II-6
perdre *v.* to lose I-6
   perdre son temps *v.* to waste time I-6
perdu *p.p., adj.* lost II-4
   être perdu(e) to be lost II-4
père *m.* father I-3
   beau-père *m.* father-in-law; stepfather I-3
permettre (de) *v.* to allow (*to do something*) I-6
permis *m.* permit; license II-3
   permis de conduire *m.* driver's license II-3
permis (permettre) *p.p., adj.* permitted, allowed I-6
personnage (principal) *m.* (main) character II-7
personne *f.* person I-1; *pron.* no one II-4
   ne... personne nobody, no one II-4
pessimiste *adj.* pessimistic I-1
petit(e) *adj.* small I-3; short (*stature*) I-3
   petit(e) ami(e) *m., f.* boyfriend/girlfriend I-1
petit-déjeuner *m.* breakfast II-1
petite-fille *f.* granddaughter I-3
petit-fils *m.* grandson I-3
petits-enfants *m., pl.* grandchildren I-3
petits pois *m., pl.* peas II-1
peu (de) *adv.* little; not much (of) I-2
peur *f.* fear I-2
   avoir peur (de/que) *v.* to be afraid (of/that) I-2
peut-être *adv.* maybe, perhaps I-2
phares *m., pl.* headlights II-3
pharmacie *f.* pharmacy II-2
pharmacien(ne) *m., f.* pharmacist II-2
philosophie *f.* philosophy I-2
photo(graphie) *f.* photo (graph) I-3
physique *f.* physics I-2
piano *m.* piano II-7
pièce *f.* room I-8, II-P
pièce de théâtre *f.* play II-7

pièces de monnaie *f., pl.* change II-4
pied *m.* foot II-2
pierre *f.* stone II-6
pilule *f.* pill II-2
pique-nique *m.* picnic II-6
piqûre *f.* shot, injection II-2
  faire une piqûre *v.* to give a shot II-2
pire *comp. adj.* worse II-1
  le/la pire *super. adj.* the worst II-1
piscine *f.* pool I-4
placard *m.* closet; cupboard I-8, II-P
place *f.* square; place I-4; *f.* seat II-7
plage *f.* beach I-7
plaisir *m.* pleasure, enjoyment II-5
  faire plaisir à quelqu'un *v.* to please someone II-5
plan *m.* map I-7
  utiliser un plan *v.* to use a map I-7
planche à voile *f.* windsurfing I-5
  faire de la planche à voile *v.* to go windsurfing I-5
planète *f.* planet II-6
  sauver la planète *v.* to save the planet II-6
plante *f.* plant II-6
plastique *m.* plastic II-6
  emballage en plastique *m.* plastic wrapping/packaging II-6
plat (principal) *m.* (main) dish II-1
plein air *m.* outdoor, open-air II-6
pleine forme *f.* good shape, good state of health II-2
  être en pleine forme *v.* to be in good shape II-2
pleurer *v.* to cry
pleuvoir *v.* to rain I-5
  Il pleut. It is raining. I-5
plombier *m.* plumber II-5
plu (pleuvoir) *p.p.* rained I-6
pluie acide *f.* acid rain II-6
plus *adv.* (used in comparatives, superlatives, and expressions of quantity) more I-4
  le/la plus ... *super. adv.* (used with adjective) the most II-1
  le/la plus mauvais(e) *super. adj.* the worst II-1
  le plus *super. adv.* (used with verb or adverb) the most II-1
  le plus de... (used with noun to express quantity) the most... II-6
  le plus mal *super. adv.* the worst II-1
  plus... que (used with adjective) more... than II-1

plus de more of I-4
plus de... que (used with noun to express quantity) more... than II-6
plus mal *comp. adv.* worse II-1
plus mauvais(e) *comp. adj.* worse II-1
plus *adv.* no more, not any-more II-4
  ne... plus no more, not any-more II-4
plusieurs *adj.* several I-4
plutôt *adv.* rather I-2
pneu (crevé) *m.* (flat) tire II-3
  vérifier la pression des pneus *v.* to check the tire pressure II-3
poème *m.* poem II-7
poète/poétesse *m., f.* poet II-7
point *m.* (punctuation mark) period II-3
poire *f.* pear II-1
poisson *m.* fish I-3
poissonnerie *f.* fish shop II-1
poitrine *f.* chest II-2
poivre *m.* (spice) pepper II-1
poivron *m.* (vegetable) pepper II-1
poli(e) *adj.* polite I-1
police *f.* police II-3
  agent de police *m.* police officer II-3
  commissariat de police *m.* police station II-4
policier *m.* police officer II-3
  film policier *m.* detective film II-7
policière *f.* police officer II-3
poliment *adv.* politely I-8, II-P
politique *adj.* political I-2
  femme politique *f.* politician II-5
  homme politique *m.* politician II-5
  sciences politiques (sciences po) *f., pl.* political science I-2
polluer *v.* to pollute II-6
pollution *f.* pollution II-6
  nuage de pollution *m.* pollution cloud II-6
pomme *f.* apple II-1
pomme de terre *f.* potato II-1
pompier/femme pompier *m., f.* firefighter II-5
pont *m.* bridge II-4
population croissante *f.* growing population II-6
porc *m.* pork II-1
portable *m.* cell phone II-3
porte *f.* door I-1
porter *v.* to wear I-6
portière *f.* car door II-3
portrait *m.* portrait I-5
poser une question (à) *v.* to ask (someone) a question I-6

posséder *v.* to possess, to own I-5
possible *adj.* possible II-7
  Il est possible que... It is possible that... II-6
poste *f.* postal service; post office II-4
  bureau de poste *m.* post office II-4
poste *m.* position II-5
poster une lettre *v.* to mail a letter II-4
postuler *v.* to apply II-5
poulet *m.* chicken II-1
pour *prep.* for I-5
  pour qui? for whom? I-4
  pour rien for no reason I-4
  pour que so that II-7
pourboire *m.* tip I-4
  laisser un pourboire *v.* to leave a tip I-4
pourquoi? *adv.* why? I-2
poussière *f.* dust I-8, II-P
  enlever/faire la poussière *v.* to dust I-8, II-P
pouvoir *v.* to be able to; can II-1
pratiquer *v.* to play regularly, to practice I-5
préféré(e) *adj.* favorite, preferred I-2
préférer (que) *v.* to prefer (that) I-5
premier *m.* the first (day of the month) I-5
  C'est le 1er (premier) octobre. It is October first. I-5
premier/première *adj.* first I-2
prendre *v.* to take I-4; to have I-4
  prendre sa retraite *v.* to retire I-6
  prendre un train/avion/taxi/autobus/bateau *v.* to take a train/plane/taxi/bus/boat I-7
  prendre un congé *v.* to take time off II-5
  prendre une douche *v.* to take a shower II-2
  prendre (un) rendez-vous *v.* to make an appointment II-5
  prendre une photo(graphe) *v.* to take a photo(graph) II-3
préparer *v.* to prepare (for) I-2
près (de) *prep.* close (to), near I-3
  tout près (de) very close (to) II-4
présenter *v.* to present, to introduce II-7
  Je te présente... *fam.* I would like to introduce... to you. I-1
  Je vous présente... *fam., form.* I would like to introduce... to you. I-1

préservation *f.* protection II-6
préserver *v.* to preserve II-6
presque *adv.* almost I-2
pressé(e) *adj.* hurried II-1
pression *f.* pressure II-3
  vérifier la pression des pneus to check the tire pressure II-3
prêt(e) *adj.* ready I-3
prêter (à) *v.* to lend (*to someone*) I-6
prévenir l'incendie *v.* to prevent a fire II-6
principal(e) *adj.* main, principal II-1
  personnage principal *m.* main character II-7
  plat principal *m.* main dish II-1
printemps *m.* spring I-5
  au printemps in the spring I-5
pris (prendre) *p.p., adj.* taken I-6
prix *m.* price I-4
problème *m.* problem I-1
prochain(e) *adj.* next I-2
produire *v.* to produce I-6
produit *m.* product II-6
produit (produire) *p.p., adj.* produced I-6
professeur *m.* teacher, professor I-1
profession (exigeante) *f.* (demanding) profession II-5
professionnel(le) *adj.* professional II-5
  expérience professionnelle *f.* professional experience II-5
profiter (de) *v.* to take advantage (of); to enjoy II-7
programme *m.* program II-7
projet *m.* project II-5
  faire des projets *v.* to make plans II-5
promenade *f.* walk, stroll I-5
  faire une promenade *v.* to go for a walk I-5
promettre *v.* to promise I-6
promis (promettre) *p.p., adj.* promised I-6
promotion *f.* promotion II-5
proposer (que) *v.* to propose (that) II-6
  proposer une solution *v.* to propose a solution II-6
propre *adj.* clean I-8, II-P
propriétaire *m., f.* owner I-8, II-P
protection *f.* protection II-6
protéger *v.* to protect 5
psychologie *f.* psychology I-2
psychologique *adj.* psychological II-7
psychologue *m., f.* psychologist II-5
pu (pouvoir) *p.p.* (*used with infinitive*) was able to 9

publicité (pub) *f.* advertisement II-7
publier *v.* to publish II-7
puis *adv.* then I-7
pull *m.* sweater I-6
pur(e) *adj.* pure II-6

Q

quand *adv.* when I-4
  C'est quand l'anniversaire de … ? When is …'s birthday? I-5
  C'est quand ton/votre anniversaire? When is your birthday? I-5
quarante *m.* forty I-1
quart *m.* quarter I-2
  et quart a quarter after… (o'clock) I-2
quartier *m.* area, neighborhood I-8, II-P
quatorze *m.* fourteen I-1
quatre *m.* four I-1
quatre-vingts *m.* eighty I-3
quatre-vingt-dix *m.* ninety I-3
quatrième *adj.* fourth I-7
que/qu' *rel. pron.* that; which II-3; *conj.* than II-1, II-6
  plus/moins … que (*used with adjective*) more/less … than II-1
  plus/moins de … que (*used with noun to express quantity*) more/less … than II-6
que/qu'…? *interr. pron.* what? I-4
  Qu'en penses-tu? What do you think about that? II-6
  Qu'est-ce que c'est? What is it? I-1
  Qu'est-ce qu'il y a? What is it?; What's wrong? I-1
que *adv.* only II-4
  ne… que only II-4
québécois(e) *adj.* from Quebec I-1
quel(le)(s)? *interr. adj.* which? I-4; what? I-4
  À quelle heure? What time?; When? I-2
  Quel jour sommes-nous? What day is it? I-2
  Quelle est la date? What is the date? I-5
  Quelle est ta nationalité? *fam.* What is your nationality? I-1
  Quelle est votre nationalité? *form.* What is your nationality? I-1
  Quelle heure avez-vous? *form.* What time do you have? I-2
  Quelle heure est-il? What time is it? I-2
  Quelle température fait-il? (*weather*) What is the temperature? I-5

Quel temps fait-il? What is the weather like? I-5
quelqu'un *pron.* someone II-4
quelque chose *m.* something; anything I-4
  Quelque chose ne va pas. Something's not right. I-5
quelquefois *adv.* sometimes I-7
quelques *adj.* some I-4
question *f.* question I-6
  poser une question (à) to ask (*someone*) a question I-6
queue *f.* line II-4
  faire la queue *v.* to wait in line II-4
qui? *interr. pron.* who? I-4; whom? I-4; *rel. pron.* who, that II-3
  à qui? to whom? I-4
  avec qui? with whom? I-4
  C'est de la part de qui? On behalf of whom? II-5
  Qui est à l'appareil? Who's calling, please? II-5
  Qui est-ce? Who is it? I-1
quinze *m.* fifteen I-1
quitter (la maison) *v.* to leave (the house) I-4
  Ne quittez pas. Please hold. II-5
quoi? *interr. pron.* what? I-1
  Il n'y a pas de quoi. It's nothing.; You're welcome. I-1
  quoi que ce soit whatever it may be II-5

R

raccrocher *v.* to hang up II-5
radio *f.* radio II-7
  à la radio on the radio II-7
raide *adj.* straight I-3
raison *f.* reason; right I-2
  avoir raison *v.* to be right I-2
ramassage des ordures *m.* garbage collection II-6
randonnée *f.* hike I-5
  faire une randonnée *v.* to go for a hike I-5
ranger *v.* to tidy up, to put away I-8, II-P
rapide *adj.* fast I-3
rapidement *adv.* quickly I-7
rarement *adv.* rarely I-5
rasoir *m.* razor II-2
ravissant(e) *adj.* beautiful; delightful II-5
réalisateur/réalisatrice *m., f.* director (*of a movie*) II-7
récent(e) *adj.* recent II-7
réception *f.* reception desk I-7
recevoir *v.* to receive II-4

réchauffement de la Terre *m.* global warming II-6

recharger *v.* to charge (battery) II-3

rechercher *v.* to search for, to look for II-5

recommandation *f.* recommendation II-5

recommander (que) *v.* to recommend (that) II-6

recomposer (un numéro) *v.* to redial (a number) II-3

reconnaître *v.* to recognize I-8, II-P

reconnu (reconnaître) *p.p., adj.* recognized I-8, II-P

reçu *m.* receipt II-4

reçu (recevoir) *p.p., adj.* received I-7

  être reçu(e) à un examen to pass an exam I-2

recyclage *m.* recycling II-6

recycler *v.* to recycle II-6

redémarrer *v.* to restart, to start again II-3

réduire *v.* to reduce I-6

réduit (réduire) *p.p., adj.* reduced I-6

référence *f.* reference II-5

réfléchir (à) *v.* to think (about), to reflect (on) I-4

refuser (de) *v.* to refuse (*to do something*) II-3

regarder *v.* to watch I-2

  Ça ne nous regarde pas. That has nothing to do with us.; That is none of our business. II-6

régime *m.* diet II-2

  être au régime *v.* to be on a diet II-1

région *f.* region II-6

regretter (que) *v.* to regret (that) II-6

remplir (un formulaire) *v.* to fill out (a form) II-4

rencontrer *v.* to meet I-2

rendez-vous *m.* date; appointment I-6

  prendre (un) rendez-vous *v.* to make an appointment II-5

rendre (à) *v.* to give back, to return (to) I-6

  rendre visite (à) *v.* to visit I-6

rentrer (à la maison) *v.* to return (home) I-2

  rentrer (dans) *v.* to hit II-3

renvoyer *v.* to dismiss, to let go II-5

réparer *v.* to repair II-3

repartir *v.* to go back II-7

repas *m.* meal II-1

repasser *v.* to take again II-7

  repasser (le linge) *v.* to iron (the laundry) I-8, II-P

  fer à repasser *m.* iron I-8, II-P

répéter *v.* to repeat; to rehearse I-5

répondeur (téléphonique) *m.* answering machine II-3

répondre (à) *v.* to respond, to answer (to) I-6

réseau (social) *m.* (social) network II-3

réservation *f.* reservation I-7

  annuler une réservation *v.* to cancel a reservation I-7

réservé(e) *adj.* reserved I-1

réserver *v.* to reserve I-7

réservoir d'essence *m.* gas tank II-3

responsable *m., f.* manager, supervisor II-5

ressource naturelle *f.* natural resource II-6

restaurant *m.* restaurant I-4

rester *v.* to stay I-7

résultat *m.* result I-2

retenir *v.* to keep, to retain II-1

retirer (de l'argent) *v.* to withdraw (money) II-4

retourner *v.* to return I-7

retraite *f.* retirement I-6

  prendre sa retraite *v.* to retire I-6

retraité(e) *m., f.* retired person II-5

retrouver *v.* to find (again); to meet up with I-2

rétroviseur *m.* rear-view mirror II-3

réunion *f.* meeting II-5

réussir (à) *v.* to succeed (*in doing something*) I-4

réussite *f.* success II-5

réveil *m.* alarm clock II-2

revenir *v.* to come back II-1

rêver (de) *v.* to dream about II-3

revoir *v.* to see again II-7

  Au revoir. Good-bye. I-1

revu (revoir) *p.p.* seen again II-7

rez-de-chaussée *m.* ground floor I-7

rhume *m.* cold II-2

ri (rire) *p.p.* laughed I-6

rideau *m.* curtain I-8, II-P

rien *m.* nothing II-4

  De rien. You're welcome. I-1

  ne... rien nothing, not anything II-4

  ne servir à rien *v.* to be good for nothing II-1

rire *v.* to laugh I-6

rivière *f.* river II-6

riz *m.* rice II-1

robe *f.* dress I-6

rôle *m.* role II-6

  jouer un rôle *v.* to play a role II-7

roman *m.* novel II-7

rose *adj.* pink I-6

roue (de secours) *f.* (emergency) tire II-3

rouge *adj.* red I-6

rouler en voiture *v.* to ride in a car I-7

rue *f.* street II-3

  suivre une rue *v.* to follow a street II-4

S

s'adorer *v.* to adore one another II-3

s'aider *v.* to help one another II-3

s'aimer (bien) *v.* to love (like) one another II-3

s'allumer *v.* to light up II-3

s'amuser *v.* to play; to have fun II-2

  s'amuser à *v.* to pass time by II-3

s'apercevoir *v.* to notice; to realize II-4

s'appeler *v.* to be named, to be called II-2

  Comment t'appelles-tu? *fam.* What is your name? I-1

  Comment vous appelez-vous? *form.* What is your name? I-1

  Je m'appelle... My name is... I-1

s'arrêter *v.* to stop II-2

s'asseoir *v.* to sit down II-2

sa *poss. adj., f., sing.* his; her; its I-3

sac *m.* bag I-1

  sac à dos *m.* backpack I-1

  sac à main *m.* purse, handbag I-6

sain(e) *adj.* healthy II-2

saison *f.* season I-5

salade *f.* salad II-1

salaire (élevé/modeste) *m.* (high/low) salary II-5

  augmentation de salaire *f.* raise in salary II-5

sale *adj.* dirty I-8, II-P

salir *v.* to soil, to make dirty I-8, II-P

salle *f.* room I-8, II-P

  salle à manger *f.* dining room I-8, II-P

  salle de bains *f.* bathroom I-8, II-P

  salle de classe *f.* classroom I-1

salle de séjour *f.* living/family room I-8, II-P

salon *m.* formal living room, sitting room I-8, II-P
  salon de beauté *m.* beauty salon II-4

Salut! Hi!; Bye! I-1

samedi *m.* Saturday I-2

sandwich *m.* sandwich I-4

sans *prep.* without I-8, II-P
  sans que *conj.* without II-7

santé *f.* health II-2
  être en bonne/mauvaise santé *v.* to be in good/bad health II-2

saucisse *f.* sausage II-1

sauvegarder *v.* to save II-3

sauver (la planète) *v.* to save (the planet) II-6

sauvetage des habitats *m.* habitat preservation II-6

savoir *v.* to know (*facts*), to know how to do something I-8, II-P
  savoir (que) *v.* to know (that) II-7
  Je n'en sais rien. I don't know anything about it. II-6

savon *m.* soap II-2

sciences *f., pl.* science I-2
  sciences politiques (sciences po) *f., pl.* political science I-2

sculpture *f.* sculpture II-7

sculpteur/sculptrice *m., f.* sculptor II-7

se/s' *pron., sing., pl. (used with reflexive verb)* himself; herself; itself; 10 *(used with reciprocal verb)* each other II-3

séance *f.* show; screening II-7

se blesser *v.* to hurt oneself II-2

se brosser (les cheveux/les dents) *v.* to brush one's (hair/ teeth) II-1

se casser *v.* to break II-2

sèche-linge *m.* clothes dryer I-8, II-P

se coiffer *v.* to do one's hair II-2

se connaître *v.* to know one another II-3

se coucher *v.* to go to bed II-2

secours *m.* help II-3
  Au secours! Help! II-3

s'écrire *v.* to write one another II-3

sécurité *f.* security; safety
  attacher sa ceinture de sécurité *v.* to buckle one's seatbelt II-3

se dépêcher *v.* to hurry II-2

se déplacer *v.* to move, to change location II-4

se déshabiller *v.* to undress II-2

se détendre *v.* to relax II-2

se dire *v.* to tell one another II-3

se disputer (avec) *v.* to argue (with) II-2

se donner *v.* to give one another II-3

se fouler (la cheville) *v.* to twist/to sprain one's (ankle) II-2

se garer *v.* to park II-3

seize *m.* sixteen I-1

séjour *m.* stay I-7
  faire un séjour *v.* to spend time (*somewhere*) I-7
  salle de séjour *f.* living room I-8, II-P

sel *m.* salt II-1

se laver (les mains) *v.* to wash oneself (one's hands) II-2

se lever *v.* to get up, to get out of bed II-2

semaine *f.* week I-2
  cette semaine this week I-2

s'embrasser *v.* to kiss one another II-3

se maquiller *v.* to put on makeup II-2

se mettre *v.* to put (*something*) on (yourself) II-2
  se mettre à *v.* to begin to II-2
  se mettre en colère *v.* to become angry II-2

s'endormir *v.* to fall asleep, to go to sleep II-2

s'énerver *v.* to get worked up, to become upset II-2

sénégalais(e) *adj.* Senegalese I-1

s'ennuyer *v.* to get bored II-2

s'entendre bien (avec) *v.* to get along well (with one another) II-2

sentier *m.* path II-6

sentir *v.* to feel; to smell; to sense I-5

séparé(e) *adj.* separated I-3

se parler *v.* to speak to one another II-3

se porter mal/mieux *v.* to be ill/better II-2

se préparer (à) *v.* to get ready; to prepare (*to do something*) II-2

se promener *v.* to take a walk II-2

sept *m.* seven I-1

septembre *m.* September I-5

septième *adj.* seventh I-7

se quitter *v.* to leave one another II-3

se raser *v.* to shave oneself II-2

se réconcilier *v.* to make up II-7

se regarder *v.* to look at oneself; to look at each other II-2

se relever *v.* to get up again II-2

se rencontrer *v.* to meet one another, to make each other's acquaintance II-3

se rendre compte *v.* to realize II-2

se reposer *v.* to rest II-2

se retrouver *v.* to meet another (*as planned*) II-3

se réveiller *v.* to wake up II-2

se sécher *v.* to dry oneself II-2

se sentir *v.* to feel II-2

sérieux/sérieuse *adj.* serious I-3

serpent *m.* snake II-6

serre *f.* greenhouse II-6
  effet de serre *m.* greenhouse effect II-6

serré(e) *adj.* tight I-6

serveur/serveuse *m., f.* server I-4

serviette *f.* napkin II-1
  serviette (de bain) *f.* (bath) towel II-2

servir *v.* to serve I-5

ses *poss. adj., m., f., pl.* his; her; its I-3

se souvenir (de) *v.* to remember II-2

se téléphoner *v.* to phone one another II-3

se tourner *v.* to turn (oneself) around II-2

se tromper (de) *v.* to be mistaken (about) II-2

se trouver *v.* to be located II-2

seulement *adv.* only I-8, II-P

s'habiller *v.* to dress II-2

shampooing *m.* shampoo II-2

shopping *m.* shopping I-7
  faire du shopping *v.* to go shopping I-7

short *m., sing.* shorts I-6

si *conj.* if II-5

si *adv. (when contradicting a negative statement or question)* yes I-2

signer *v.* to sign II-4

S'il te plaît. *fam.* Please. I-1

S'il vous plaît. *form.* Please. I-1

sincère *adj.* sincere I-1

s'inquiéter *v.* to worry II-2

s'intéresser (à) *v.* to be interested (in) II-2

site Internet/web *m.* web site II-3

six *m.* six I-1

sixième *adj.* sixth I-7

ski *m.* skiing I-5
  faire du ski *v.* to go skiing I-5
  station de ski *f.* ski resort I-7

skier *v.* to ski I-5

smartphone *m.* smartphone II-3

SMS *m.* text message II-3

s'occuper (de) *v.* to take care (*of something*), to see to II-2

sociable *adj.* sociable I-1

sociologie *f.* sociology I-1

sœur *f.* sister I-3
  belle-sœur *f.* sister-in-law I-3

demi-sœur *f.* half-sister, stepsister I-3
soie *f.* silk II-4
soif *f.* thirst I-4
  avoir soif *v.* to be thirsty I-4
soir *m.* evening I-2
  ce soir *adv.* this evening I-2
  demain soir *adv.* tomorrow evening I-2
  du soir *adv.* in the evening I-2
  hier soir *adv.* yesterday evening I-7
soirée *f.* evening I-2
sois (être) *imp. v.* be I-2
soixante *m.* sixty I-1
soixante-dix *m.* seventy I-3
solaire *adj.* solar II-6
  énergie solaire *f.* solar energy II-6
soldes *f., pl.* sales I-6
soleil *m.* sun I-5
  Il fait (du) soleil. It is sunny. I-5
solution *f.* solution II-6
  proposer une solution *v.* to propose a solution II-6
sommeil *m.* sleep I-2
  avoir sommeil *v.* to be sleepy I-2
son *poss. adj., m., sing.* his; her; its I-3
sonner *v.* to ring II-3
s'orienter *v.* to get one's bearings II-4
sorte *f.* sort, kind II-7
sortie *f.* exit I-7
sortir *v.* to go out, to leave I-5; to take out I-8, II-P
  sortir la/les poubelle(s) *v.* to take out the trash I-8, II-P
soudain *adv.* suddenly I-8, II-P
souffrir *v.* to suffer II-3
souffert (souffrir) *p.p.* suffered II-3
souhaiter (que) *v.* to wish (that) II-6
soupe *f.* soup I-4
  cuillère à soupe *f.* soupspoon II-1
sourire *v.* to smile I-6; *m.* smile II-4
souris *f.* mouse II-3
sous *prep.* under I-3
sous-sol *m.* basement I-8, II-P
sous-vêtement *m.* underwear I-6
souvent *adv.* often I-5
soyez (être) *imp. v.* be I-7
soyons (être) *imp. v.* let's be I-7
spécialiste *m., f.* specialist II-5
spectacle *m.* show I-5
spectateur/spectatrice *m., f.* spectator II-7
sport *m.* sport(s) I-5

faire du sport *v.* to do sports I-5
sportif/sportive *adj.* athletic I-3
stade *m.* stadium I-5
stage *m.* internship; professional training II-5
station (de métro) *f.* (subway) station I-7
station de ski *f.* ski resort I-7
station-service *f.* service station II-3
statue *f.* statue II-4
steak *m.* steak II-1
studio *m.* studio (*apartment*) I-8, II-P
stylo *m.* pen I-1
su (savoir) *p.p.* known I-8, II-P
sucre *m.* sugar I-4
sud *m.* south II-4
suggérer (que) *v.* to suggest (that) II-6
sujet *m.* subject II-6
  au sujet de on the subject of; about II-6
suisse *adj.* Swiss I-1
Suisse *f.* Switzerland I-7
suivre (un chemin/une rue/ un boulevard) *v.* to follow (a path/a street/a boulevard) II-4
supermarché *m.* supermarket II-1
sur *prep.* on I-3
sûr(e) *adj.* sure, certain II-1
  bien sûr of course I-2
  Il est sûr que... It is sure that... I-7
  Il n'est pas sûr que... It is not sure that... II-7
surpopulation *f.* overpopulation II-6
surpris (surprendre) *p.p., adj.* surprised I-6
  être surpris(e) que... *v.* to be surprised that... II-6
  faire une surprise à quelqu'un *v.* to surprise someone I-6
surtout *adv.* especially; above all I-2
sympa(thique) *adj.* nice I-1
symptôme *m.* symptom II-2
syndicat *m.* (*trade*) union II-5

T

ta *poss. adj., f., sing.* your I-3
table *f.* table I-1
  À table! Let's eat! Food is ready! II-1
  débarrasser la table *v.* to clear the table I-8, II-P
  mettre la table *v.* to set the table I-8, II-P

tableau *m.* blackboard; picture I-1; *m.* painting II-7
tablette (tactile) *f.* tablet II-3
tâche ménagère *f.* household chore I-8, II-P
taille *f.* size; waist I-6
  de taille moyenne of medium height I-3
tailleur *m.* (*woman's*) suit; tailor I-6
tante *f.* aunt I-3
tapis *m.* rug I-8, II-P
tard *adv.* late I-2
  À plus tard. See you later. I-1
tarte *f.* pie; tart I-8, II-P
tasse (de) *f.* cup (of) I-4
taxi *m.* taxi I-7
  prendre un taxi *v.* to take a taxi I-7
te/t' *pron., sing., fam.* you I-7; yourself II-2
tee-shirt *m.* tee shirt I-6
télécharger *v.* to download II-3
télécommande *f.* remote control II-3
téléphone *m.* telephone I-2
  parler au téléphone *v.* to speak on the phone I-2
téléphoner (à) *v.* to telephone (*someone*) I-2
télévision *f.* television I-1
  à la télé(vision) on television II-7
  chaîne (de télévision) *f.* television channel II-3
tellement *adv.* so much I-2
  Je n'aime pas tellement... I don't like... very much. I-2
température *f.* temperature I-5
  Quelle température fait-il? What is the temperature? I-5
temps *m., sing.* weather I-5
  Il fait un temps épouvantable. The weather is dreadful. I-5
  Le temps est nuageux. It is cloudy. I-5
  Le temps est orageux. It is stormy. I-5
  Quel temps fait-il? What is the weather like? I-5
temps *m., sing.* time I-5
  de temps en temps *adv.* from time to time I-7
  emploi à mi-temps/à temps partiel *m.* part-time job II-5
  emploi à plein temps *m.* full-time job II-5
  temps libre *m.* free time I-5
Tenez! (tenir) *imp. v.* Here! II-1
tenir *v.* to hold II-1
tennis *m.* tennis I-5
terrasse (de café) *f.* (café) terrace I-4

Terre *f.* Earth II-6
  réchauffement de la Terre *m.* global warming II-6
tes *poss. adj., m., f., pl.* your I-3
tête *f.* head II-2
texto *m.* text message II-3
thé *m.* tea I-4
théâtre *m.* theater II-7
thon *m.* tuna II-1
ticket de bus/métro *m.* bus/subway ticket I-7
Tiens! (tenir) *imp. v.* Here! II-1
timbre *m.* stamp II-4
timide *adj.* shy I-1
tiret *m. (punctuation mark)* dash; hyphen II-3
tiroir *m.* drawer I-8, II-P
toi *disj. pron., sing., fam.* you I-3; *refl. pron., sing., fam. (attached to imperative)* yourself II-2
  toi non plus you neither I-2
toilette *f.* washing up, grooming II-2
  faire sa toilette to wash up II-2
toilettes *f., pl.* restroom(s) I-8, II-P
tomate *f.* tomato II-1
tomber *v.* to fall I-7
  tomber amoureux/amoureuse *v.* to fall in love I-6
  tomber en panne *v.* to break down II-3
  tomber/être malade *v.* to get/be sick II-2
  tomber sur quelqu'un *v.* to run into someone I-7
ton *poss. adj., m., sing.* your I-3
tort *m.* wrong; harm I-2
  avoir tort *v.* to be wrong I-2
tôt *adv.* early I-2
toujours *adv.* always I-8, II-P
tour *m.* tour I-5
  faire un tour (en voiture) *v.* to go for a walk (drive) I-5
tourisme *m.* tourism II-4
  office du tourisme *m.* tourist office II-4
tourner *v.* to turn II-4
tousser *v.* to cough II-2
tout *m., sing.* all I-4
  tous les *(used before noun)* all the… I-4
  tous les jours *adv.* every day I-8, II-P
  toute la *f., sing. (used before noun)* all the… I-4
  toutes les *f., pl. (used before noun)* all the… I-4
  tout le *m., sing. (used before noun)* all the… I-4
  tout le monde everyone II-1

tout(e) *adv. (before adjective or adverb)* very, really I-3
  À tout à l'heure. See you later. I-1
  tout à coup suddenly I-7
  tout à fait absolutely; completely II-4
  tout de suite right away I-7
  tout droit straight ahead II-4
  tout d'un coup *adv.* all of a sudden I-8, II-P
  tout près (de) really close by, really close (to) I-3
toxique *adj.* toxic II-6
  déchets toxiques *m., pl.* toxic waste II-6
trac *m.* stage fright II-5
traduire *v.* to translate I-6
traduit (traduire) *p.p., adj.* translated I-6
tragédie *f.* tragedy II-7
train *m.* train I-7
tranche *f.* slice II-1
tranquille *adj.* calm, serene II-2
  laisser tranquille *v.* to leave alone II-2
travail *m.* work II-4
  chercher un/du travail *v.* to look for a job/work II-4
  trouver un/du travail *v.* to find a job/work II-5
travailler *v.* to work I-2
travailleur/travailleuse *adj.* hard-working I-3
traverser *v.* to cross II-4
treize *m.* thirteen I-1
trente *m.* thirty I-1
très *adv. (before adjective or adverb)* very, really I-8, II-P
  Très bien. Very well. I-1
triste *adj.* sad I-3
  être triste que… *v.* to be sad that… II-6
trois *m.* three I-1
troisième *adj.* third 7
trop (de) *adv.* too many/much (of) I-4
tropical(e) *adj.* tropical II-6
  forêt tropicale *f.* tropical forest II-6
trou (dans la couche d'ozone) *m.* hole (in the ozone layer) II-6
troupe *f.* company, troupe II-7
trouver *v.* to find; to think I-2
  trouver un/du travail *v.* to find a job/work II-5
truc *m.* thing I-7
tu *sub. pron., sing., fam.* you I-1

U

un *m. (number)* one I-1
un(e) *indef. art.* a; an I-1
urgences *f., pl.* emergency room II-2
  aller aux urgences *v.* to go to the emergency room II-2
usine *f.* factory II-6
utile *adj.* useful I-2
utiliser (un plan) *v.* to use (a map) I-7

V

vacances *f., pl.* vacation I-7
  partir en vacances *v.* to go on vacation I-7
vache *f.* cow II-6
vaisselle *f.* dishes I-8, II-P
  faire la vaisselle *v.* to do the dishes I-8, II-P
  lave-vaisselle *m.* dishwasher I-8, II-P
valise *f.* suitcase I-7
  faire les valises *v.* to pack one's bags I-7
vallée *f.* valley II-6
variétés *f., pl.* popular music II-7
vaut (valloir) *v.*
  Il vaut mieux que It is better that II-6
vélo *m.* bicycle I-5
  faire du vélo *v.* to go bike riding I-5
velours *m.* velvet II-4
vendeur/vendeuse *m., f.* seller I-6
vendre *v.* to sell I-6
vendredi *m.* Friday I-2
venir *v.* to come II-1
  venir de *v. (used with an infinitive)* to have just II-1
vent *m.* wind I-5
  Il fait du vent. It is windy. I-5
ventre *m.* stomach II-2

vérifier (l'huile/la pression des pneus) *v.* to check (the oil/the tire pressure) II-3
véritable *adj.* true, real II-4
verre (de) *m.* glass (of) I-4
vers *adv.* about I-2
vert(e) *adj.* green I-3
  haricots verts *m., pl.* green beans II-1
vêtements *m., pl.* clothing I-6
  sous-vêtement *m.* underwear I-6
vétérinaire *m., f.* veterinarian II-5
veuf/veuve *adj.* widowed I-3

veut dire (vouloir dire) *v.* means, signifies II-1
viande *f.* meat II-1
vie *f.* life I-6
  assurance vie *f.* life insurance II-5
vieille *adj., f. (feminine form of* **vieux***)* old I-3
vieillesse *f.* old age I-6
vietnamien(ne) *adj.* Vietnamese I-1
vieux/vieille *adj.* old I-3
ville *f.* city; town I-4
vingt *m.* twenty I-1
vingtième *adj.* twentieth I-7
violet(te) *adj.* purple; violet I-6
violon *m.* violin II-7
visage *m.* face II-2
visite *f.* visit I-6
  rendre visite (à) *v.* to visit (*a person or people*) I-6
visiter *v.* to visit (*a place*) I-2
  faire visiter *v.* to give a tour I-8, II-P
vite *adv.* fast I-7
vitesse *f.* speed II-3
vivre *v.* to live I-8, II-P
voici here is/are I-1
voilà there is/are I-1
voir *v.* to see II-7
voisin(e) *m., f.* neighbor I-3
voiture *f.* car II-3
  faire un tour en voiture *v.* to go for a drive I-5
  rouler en voiture *v.* to ride in a car I-7
vol *m.* flight I-7
volant *m.* steering wheel II-3
volcan *m.* volcano II-6
volley(-ball) *m.* volleyball I-5
volontiers *adv.* willingly II-2
vos *poss. adj., m., f., pl.* your I-3
votre *poss. adj., m., f., sing.* your I-3
vouloir *v.* to want; to mean (*with* **dire**) II-1
  ça veut dire that is to say II-2
  veut dire *v.* means, signifies II-1
  vouloir (que) *v.* to want (that) II-6
voulu (vouloir) *p.p., adj. (used with infinitive)* wanted to… ; (*used with noun*) planned to/ for II-1
vous *pron., sing., pl., fam., form.* you I-1; *d.o. pron.* you I-7; yourself, yourselves II-2
voyage *m.* trip I-7
  agence de voyages *f.* travel agency I-7
  agent de voyages *m.* travel agent I-7
voyager *v.* to travel I-2

voyant (d'essence/d'huile) *m.* (gas/oil) warning light 11
vrai(e) *adj.* true; real I-3
  Il est vrai que… It is true that… II-7
  Il n'est pas vrai que… It is untrue that… II-7
vraiment *adv.* really I-7
vu (voir) *p.p.* seen II-7

W

W.-C. *m., pl.* restroom(s) I-8, II-P
week-end *m.* weekend I-2
  ce week-end this weekend I-2

Y

y *pron.* there; at (*a place*) II-2
  j'y vais I'm going/coming I-8, II-P
  nous y allons we're going/ coming II-1
  on y va let's go II-2
  Y a-t-il… ? Is/Are there… ? I-2
yaourt *m.* yogurt II-1
yeux (œil) *m., pl.* eyes I-3

Z

zéro *m.* zero I-1
zut *interj.* darn I-6

Vocabulary

English-French

A

a **un(e)** *indef. art.* I-1
able: to be able to **pouvoir** *v.* II-1
abolish **abolir** *v.* II-6
about **vers** *adv.* I-2
abroad **à l'étranger** I-7
absolutely **absolument**
   adv. I-7;
   tout à fait *adv.* I-6
accident **accident** *m.* II-2
   to have/to be in an accident
   avoir un accident *v.* II-3
accompany **accompagner** *v.* II-4
account *(at a bank)* **compte**
   m. II-4
   checking account **compte** *m.*
   de chèques II-4
   to have a bank account **avoir**
   un compte bancaire *v.* II-4
accountant **comptable** *m., f.* II-5
acid rain **pluie acide** *f.* II-6
across from **en face de** *prep.* I-3
acquaintance **connaissance** *f.* I-5
active **actif/active** *adj.* I-3
actively **activement** *adv.* I-8, II-P
actor **acteur/actrice** *m., f.* I-1
address **adresse** *f.* II-4
administration: business
   administration **gestion** *f.* I-2
adolescence **adolescence** *f.* I-6
adore **adorer** I-2
   I love… **J'adore…** I-2
   to adore one another
   s'adorer *v.* II-3
adulthood **âge adulte** *m.* I-6
adventure **aventure** *f.* II-7
   adventure film **film** *m.*
   d'aventures II-7
advertisement **publicité (pub)**
   f. II-7
advice **conseil** *m.* II-5
advisor **conseiller/conseillère**
   m., f. II-5
aerobics **aérobic** *m.* I-5
   to do aerobics **faire de**
   l'aérobic *v.* I-5
afraid: to be afraid of/that **avoir**
   peur de/que *v.* II-6
after **après (que)** *adv.* I-7
afternoon **après-midi** *m.* I-2
   … (o'clock) in the afternoon
   … heure(s) de l'après-midi I-2
afternoon snack **goûter** *m.* II-1
again **encore** *adv.* I-3
age **âge** *m.* I-6

agent: travel agent **agent de**
   voyages *m.* I-7
   real estate agent **agent**
   immobilier *m.* II-5
ago *(with an expression of time)*
   il y a… II-1
agree: to agree (with) **être**
   d'accord (avec) *v.* I-2
airport **aéroport** *m.* I-7
alarm clock **réveil** *m.* II-2
Algerian **algérien(ne)** *adj.* I-1
all **tout** *m., sing.* I-4
   all of a sudden **soudain** *adv.*
   I-8, II-P; **tout à coup** *adv.;* **tout**
   d'un coup *adv.* I-7
all right? *(tag question)*
   d'accord? I-2
allergy **allergie** *f.* II-2
allow *(to do something)* **laisser** *v.*
   II-3; **permettre (de)** *v.* I-6
allowed **permis (permettre)**
   p.p., adj. I-6
all the… *(agrees with noun that*
   follows) **tout le…** *m., sing;*
   toute la… *f., sing;* **tous les…**
   m., pl.; **toutes les…** *f., pl.* I-4
almost **presque** *adv.* I-5
a lot (of) **beaucoup (de)** *adv.* I-4
alone: to leave alone **laisser**
   tranquille *v.* II-2
already **déjà** *adv.* I-3
always **toujours** *adv.* I-8, II-P
American **américain(e)** *adj.* I-1
an **un(e)** *indef. art.* I-1
ancient *(placed after noun)*
   ancien(ne) *adj.* II-7
and **et** *conj.* I-1
   And you? **Et toi?,** *fam.;* **Et**
   vous? *form.* I-1
angel **ange** *m.* I-1
angry: to become angry
   s'énerver *v.* II-2; **se mettre**
   en colère *v.* II-2
animal **animal** *m.* II-6
ankle **cheville** *f.* II-2
answering machine **répondeur**
   téléphonique *m.* II-3
apartment **appartement** *m.* I-7
appetizer **entrée** *f.* II-1;
   hors-d'œuvre *m.* II-1
applaud **applaudir** *v.* II-7
applause **applaudissement**
   m. II-7
apple **pomme** *f.* II-1
appliance **appareil** *m.* I-8, II-P
   electrical/household appliance
   appareil *m.* **électrique/**
   ménager I-8, II-P
applicant **candidat(e)** *m., f.* II-5
apply **postuler** *v.* II-5

appointment **rendez-vous** *m.* II-5
   to make an appointment
   prendre (un) rendez-vous
   v. II-5
April **avril** *m.* I-5
architect **architecte** *m., f.* I-3
Are there… ? **Y a-t-il… ?** I-2
area **quartier** *m.* I-8, II-P
argue (with) **se disputer**
   (avec) *v.* II-2
arm **bras** *m.* II-2
armchair **fauteuil** *m.* I-8, II-P
armoire **armoire** *f.* I-8, II-P
around **autour (de)** *prep.* II-4
arrival **arrivée** *f.* I-7
arrive **arriver (à)** *v.* I-2
art **art** *m.* I-2
   artwork, piece of art **œuvre**
   f. II-7
   fine arts **beaux-arts** *m., pl.* II-7
artist **artiste** *m., f.* I-3
as *(like)* **comme** *adv.* I-6
   as … as *(used with adjective to*
   compare) **aussi … que** II-1
   as much … as *(used with*
   noun to express comparative
   quality) **autant de … que** II-6
   as soon as **dès que** *adv.* II-5
ashamed: to be ashamed of
   avoir honte de *v.* I-2
ask **demander** *v.* I-2
   to ask *(someone)* **demander**
   (à) *v.* I-6
   to ask *(someone)* a question
   poser une question (à) *v.* I-6
   to ask that… **demander**
   que… II-6
aspirin **aspirine** *f.* II-2
at **à** *prep.* I-4
   at … (o'clock) **à … heure(s)** I-4
   at the doctor's office **chez le**
   médecin *prep.* I-2
   at (someone's) house **chez…**
   prep. I-2
   at the end (of) **au bout (de)**
   prep. II-4
   at last **enfin** *adv.* II-3
athlete **athlète** *m., f.* I-3
ATM **distributeur** *m.* **automa-**
   tique/de billets *m.* II-4
attend **assister** *v.* I-2
August **août** *m.* I-5
aunt **tante** *f.* I-3
author **auteur/femme auteur**
   m., f. II-7
autumn **automne** *m.* I-5
   in autumn **en automne** I-5
available *(free)* **libre** *adj.* I-7
avenue **avenue** *f.* II-4
avoid **éviter de** *v.* II-2

B

back **dos** *m.* II-2
backpack **sac à dos** *m.* I-1
bad **mauvais(e)** *adj.* I-3
  to be in a bad mood **être de mauvaise humeur** I-8, II-P
  to be in bad health **être en mauvaise santé** II-2
badly **mal** *adv.* I-7
  I am doing badly. **Je vais mal.** I-1
  to be doing badly **se porter mal** *v.* II-2
baguette **baguette** *f.* I-4
bakery **boulangerie** *f.* II-1
balcony **balcon** *m.* I-8, II-P
banana **banane** *f.* II-1
bank **banque** *f.* II-4
  to have a bank account **avoir un compte bancaire** *v.* II-4
banker **banquier/banquière** *m., f.* II-5
banking **bancaire** *adj.* II-4
baseball **baseball** *m.* I-5
baseball cap **casquette** *f.* I-6
basement **sous-sol** *m.*; **cave** *f.* I-8, II-P
basketball **basket(-ball)** *m.* I-5
bath **bain** *m.* I-6
bathing suit **maillot de bain** *m.* I-6
bathroom **salle de bains** *f.* I-8, II-P
bathtub **baignoire** *f.* I-8, II-P
be **être** *v.* I-1
  sois (être) *imp. v.* I-7;
  soyez (être) *imp. v.* I-7
beach **plage** *f.* I-7
beans **haricots** *m., pl.* II-1
  green beans **haricots verts** *m., pl.* II-1
bearings: to get one's bearings **s'orienter** *v.* II-4
beautiful **beau (belle)** *adj.* I-3
beauty salon **salon** *m.* **de beauté** II-4
because **parce que** *conj.* I-2
become **devenir** *v.* II-1
bed **lit** *m.* I-7
  to go to bed **se coucher** *v.* II-2
bedroom **chambre** *f.* I-8, II-P
beef **bœuf** *m.* II-1
been **été (être)** *p.p.* I-6
before **avant (de/que)** *adv.* I-7
  before (o'clock) **moins** *adv.* I-2
begin (to do something) **commencer (à)** *v.* I-2; **se mettre à** *v.* II-2
beginning **début** *m.* II-7
behind **derrière** *prep.* I-3
Belgian **belge** *adj.* I-7

Belgium **Belgique** *f.* I-7
believe (that) **croire (que)** *v.* II-7
believed **cru (croire)** *p.p.* II-7
belt **ceinture** *f.* I-6
  to buckle one's seatbelt **attacher sa ceinture de sécurité** *v.* II-3
bench **banc** *m.* II-4
best: the best **le mieux** *super. adv.* II-1; **le/la meilleur(e)** *super. adj.* II-1
better **meilleur(e)** *comp. adj.*; **mieux** *comp. adv.* II-1
  It is better that… **Il vaut mieux que/qu'…** II-6
  to be doing better **se porter mieux** *v.* II-2
  to get better (from illness) **guérir** *v.* II-2
between **entre** *prep.* I-3
beverage (carbonated) **boisson** *f.* **(gazeuse)** I-4
bicycle **vélo** *m.* I-5
  to go bike riding **faire du vélo** *v.* I-5
big **grand(e)** *adj.* I-3; (clothing) **large** *adj.* I-6
bill (in a restaurant) **addition** *f.* I-4
bills (money) **billets** *m., pl.* II-4
biology **biologie** *f.* I-2
bird **oiseau** *m.* I-3
birth **naissance** *f.* I-6
birthday **anniversaire** *m.* I-5
bit (of) **morceau (de)** *m.* I-4
black **noir(e)** *adj.* I-3
blackboard **tableau** *m.* I-1
blanket **couverture** *f.* I-8, II-P
blonde **blond(e)** *adj.* I-3
blouse **chemisier** *m.* I-6
blue **bleu(e)** *adj.* I-3
boat **bateau** *m.* I-7
body **corps** *m.* II-2
book **livre** *m.* I-1
bookstore **librairie** *f.* I-1
bored: to get bored **s'ennuyer** *v.* II-2
boring **ennuyeux/ennuyeuse** *adj.* I-3
born: to be born **naître** *v.* I-7; **né (naître)** *p.p., adj.* I-7
borrow **emprunter** *v.* II-4
bottle (of) **bouteille (de)** *f.* I-4
boulevard **boulevard** *m.* II-4
boutique **boutique** *f.* II-4
bowl **bol** *m.* II-1
box **boîte** *f.* II-1
boy **garçon** *m.* I-1
boyfriend **petit ami** *m.* I-1
brake **freiner** *v.* II-3
brakes **freins** *m., pl.* II-3
brave **courageux/courageuse** *adj.* I-3

Brazil **Brésil** *m.* I-7
Brazilian **brésilien(ne)** *adj.* I-7
bread **pain** *m.* I-4
  country-style bread **pain** *m.* **de campagne** I-4
bread shop **boulangerie** *f.* II-1
break **se casser** *v.* II-2
breakdown **panne** *f.* II-3
break down **tomber en panne** *v.* II-3
break up (to leave one another) **se quitter** *v.* II-3
breakfast **petit-déjeuner** *m.* II-1
bridge **pont** *m.* II-4
bright **brillant(e)** *adj.* I-1
bring (a person) **amener** *v.* I-5; (a thing) **apporter** *v.* I-4
broom **balai** *m.* I-8, II-P
brother **frère** *m.* I-3
brother-in-law **beau-frère** *m.* I-3
brown **marron** *adj., inv.* I-3
  brown (hair) **châtain** *adj.* I-3
brush (hair/tooth) **brosse** *f.* **(à cheveux/à dents)** II-2
  to brush one's hair/teeth **se brosser les cheveux/ les dents** *v.* II-1
buckle: to buckle one's seatbelt **attacher sa ceinture de sécurité** *v.* II-3
build **construire** *v.* I-6
building **bâtiment** *m.* II-4; **immeuble** *m.* I-8, II-P
bumper **pare-chocs** *m.* II-3
bus **autobus** *m.* I-7
bus stop **arrêt d'autobus (de bus)** *m.* I-7
bus terminal **gare** *f.* **routière** I-7
business (profession) **affaires** *f., pl.* I-3; (company) **entreprise** *f.* II-5
business administration **gestion** *f.* I-2
businessman **homme d'affaires** *m.* I-3
businesswoman **femme d'affaires** *f.* I-3
busy **occupé(e)** *adj.* I-1
but **mais** *conj.* I-1
butcher's shop **boucherie** *f.* II-1
butter **beurre** *m.* I-4
buy **acheter** *v.* I-5
by **par** *prep.* I-3
Bye! **Salut!** *fam.* I-1

C

cabinet **placard** *m.* I-8, II-P
café **café** *m.* I-1
  café terrace **terrasse** *f.* **de café** I-4
cafeteria (school) **cantine** *f.* I-2

Vocabulary

cake **gâteau** *m.* I-6
calculator **calculatrice** *f.* I-1
call **appeler** *v.* II-5
calm **calme** *adj.* I-1; **calme** *m.* I-1
camcorder **caméra vidéo** *f.* II-3; **caméscope** *m.* II-3
camera **appareil photo** *m.* II-3
   digital camera **appareil photo** *m.* **numérique** II-3
camping **camping** *m.* I-5
   to go camping **faire du camping** *v.* I-5
can (of food) **boîte (de conserve)** *f.* II-1
Canada **Canada** *m.* I-7
Canadian **canadien(ne)** *adj.* I-1
cancel (a reservation) **annuler (une réservation)** *v.* I-7
candidate **candidat(e)** *m., f.* II-5
candy **bonbon** *m.* I-6
cap: baseball cap **casquette** *f.* I-6
capital **capitale** *f.* I-7
car **voiture** *f.* II-3
   to ride in a car **rouler en voiture** *v.* I-7
card (letter) **carte postale** *f.* II-4; credit card **carte** *f.* **de crédit** II-4
   to pay with a (debit/credit) card **payer par carte (bancaire/de crédit)** *v.* II-4
   cards (playing) **cartes** *f.* I-5
carbonated drink/beverage **boisson** *f.* **gazeuse** I-4
career **carrière** *f.* II-5
carpooling **covoiturage** *m.* II-6
carrot **carotte** *f.* II-1
carry **apporter** *v.* I-4
cartoon **dessin animé** *m.* II-7
case: in any case **en tout cas** I-6
cash **espèces** *m.* II-4
   to pay in cash **payer en espèces** *v.* II-4
cat **chat** *m.* I-3
catastrophe **catastrophe** *f.* II-6
catch sight of **apercevoir** *v.* II-4
celebrate **célébrer** *v.* I-5; **fêter** *v.* I-6; **faire la fête** *v.* I-6
celebration **fête** *f.* I-6
cellar **cave** *f.* I-8, II-P
cell(ular) phone **portable** *m.* II-3
center: city/town center **centre-ville** *m.* I-4
certain **certain(e)** *adj.* II-1; **sûr(e)** *adj.* II-7
   It is certain that... **Il est certain que...** II-7
   It is uncertain that... **Il n'est pas certain que...** II-7
chair **chaise** *f.* I-1
change (coins) **(pièces** *f. pl.* **de) monnaie** II-4

channel (television) **chaîne** *f.* **(de télévision)** II-3
character **personnage** *m.* II-7
   main character **personnage principal** *m.* II-7
charge (battery) **recharger** *v.* II-3
charming **charmant(e)** *adj.* I-1
chat **bavarder** *v.* I-4
check **chèque** *m.* II-4; (bill) **addition** *f.* I-4
   to pay by check **payer par chèque** *v.* II-4;
   to check (the oil/the air pressure) **vérifier (l'huile/la pression des pneus)** *v.* II-3
checking account **compte** *m.* **de chèques** II-4
cheek **joue** *f.* II-2
cheese **fromage** *m.* I-4
chemistry **chimie** *f.* I-2
chess **échecs** *m., pl.* I-5
chest **poitrine** *f.* II-2
   chest of drawers **commode** *f.* I-8, II-P
chic **chic** *adj.* I-4
chicken **poulet** *m.* II-1
child **enfant** *m., f.* I-3
childhood **enfance** *f.* I-6
China **Chine** *f.* I-7
Chinese **chinois(e)** *adj.* I-7
choir **chœur** *m.* II-7
choose **choisir** *v.* I-4
chorus **chœur** *m.* II-7
chrysanthemums **chrysanthèmes** *m., pl.* II-1
church **église** *f.* I-4
city **ville** *f.* I-4
city hall **mairie** *f.* II-4
city/town center **centre-ville** *m.* I-4
class (group of students) **classe** *f.* I-1; (course) **cours** *m.* I-2
classmate **camarade de classe** *m., f.* I-1
classroom **salle** *f.* **de classe** I-1
clean **nettoyer** *v.* I-5; **propre** *adj.* I-8, II-P
clear **clair(e)** *adj.* II-7
   It is clear that... **Il est clair que...** II-7
   to clear the table **débarrasser la table** I-8, II-P
client **client(e)** *m., f.* I-7
cliff **falaise** *f.* II-6
clock **horloge** *f.* I-1
   alarm clock **réveil** *m.* II-2
close (to) **près (de)** *prep.* I-3
   very close (to) **tout près (de)** II-4
close **fermer** *v.* II-3
closed **fermé(e)** *adj.* II-4
closet **placard** *m.* I-8, II-P

clothes dryer **sèche-linge** *m.* I-8, II-P
clothing **vêtements** *m., pl.* I-6
cloudy **nuageux/nuageuse** *adj.* I-5
   It is cloudy. **Le temps est nuageux.** I-5
clutch **embrayage** *m.* II-3
coast **côte** *f.* II-6
coat **manteau** *m.* I-6
coffee **café** *m.* I-1
coffeemaker **cafetière** *f.* I-8, II-P
coins **pièces** *f. pl.* **de monnaie** II-4
cold **froid** *m.* I-2
   to be cold **avoir froid** *v.* I-2
   (weather) It is cold. **Il fait froid.** I-5
cold **rhume** *m.* II-2
color **couleur** *f.* I-6
   What color is... ? **De quelle couleur est... ?** I-6
comb **peigne** *m.* II-2
come **venir** *v.* I-7
come back **revenir** *v.* II-1
Come on. **Allez.** I-2
comedy **comédie** *f.* II-7
comic strip **bande dessinée (B.D.)** *f.* I-5
company (troop) **troupe** *f.* II-7
completely **tout à fait** *adv.* I-6
composer **compositeur** *m.* II-7
computer **ordinateur** *m.* I-1
computer science **informatique** *f.* I-2
concert **concert** *m.* II-7
congratulations **félicitations** II-7
connect **brancher** *v.* II-3
consider **considérer** *v.* I-5
constantly **constamment** *adv.* I-7
construct **construire** *v.* I-6
consultant **conseiller/conseillère** *m., f.* II-5
continue (doing something) **continuer (à)** *v.* II-4
cook **cuisiner** *v.* II-1; **faire la cuisine** *v.* I-5; **cuisinier/cuisinière** *m., f.* I-5
cookie **biscuit** *m.* I-6
cooking **cuisine** *f.* I-5
cool: (weather) It is cool. **Il fait frais.** I-5
corner **angle** *m.* II-4; **coin** *m.* II-4
cost **coûter** *v.* I-4
cotton **coton** *m.* I-6
couch **canapé** *m.* I-8, II-P
cough **tousser** *v.* II-2
count (on someone) **compter (sur quelqu'un)** *v.* I-8, II-P
country **pays** *m.* I-7
   country(side) **campagne** *f.* I-7

country-style **de campagne** *adj.* I-4
couple **couple** *m.* I-6
courage **courage** *m.* II-5
courageous **courageux/ courageuse** *adj.* I-3
course **cours** *m.* I-2
cousin **cousin(e)** *m., f.* I-3
cover **couvrir** *v.* II-3
covered **couvert (couvrir)** *p.p.* II-3
cow **vache** *f.* II-6
crazy **fou/folle** *adj.* I-3
cream **crème** *f.* II-1
credit card **carte** *f.* **de crédit** II-4
   to pay with a debit/credit card **payer par carte bancaire/de crédit** *v.* II-4
crêpe **crêpe** *f.* I-5
crime film **film policier** *m.* II-7
croissant **croissant** *m.* I-4
cross **traverser** *v.* II-4
cruel **cruel/cruelle** *adj.* I-3
cry **pleurer** *v.*
cup (of) **tasse (de)** *f.* I-4
cupboard **placard** *m.* I-8, II-P
curious **curieux/ curieuse** *adj.* I-3
curly **frisé(e)** *adj.* I-3
currency **monnaie** *f.* II-4
curtain **rideau** *m.* I-8, II-P
customs **douane** *f.* I-7

D

dance **danse** *f.* II-7
   to dance **danser** *v.* I-4
danger **danger** *m.* II-6
dangerous **dangereux/ dangereuse** *adj.* II-3
dark (*hair*) **brun(e)** *adj.* I-3
darling **chéri(e)** *adj.* I-2
darn **zut** II-3
dash (*punctuation mark*) **tiret** *m.* II-3
date (*day, month, year*) **date** *f.* I-5; (*meeting*) **rendez-vous** *m.* I-6
   to make a date **prendre (un) rendez-vous** *v.* II-5
daughter **fille** *f.* I-1
day **jour** *m.* I-2; **journée** *f.* I-2
   day after tomorrow **après-demain** *adv.* I-2
   day before yesterday **avant-hier** *adv.* I-7
   day off **congé** *m.*, **jour de congé** I-7
dear **cher/chère** *adj.* I-2
death **mort** *f.* I-6
December **décembre** *m.* I-5
decide (*to do something*) **décider (de)** *v.* II-3

deforestation **déboisement** *m.* II-6
degree **diplôme** *m.* I-2
degrees (*temperature*) **degrés** *m., pl.* I-5
   It is... degrees. **Il fait... degrés.** I-5
delicatessen **charcuterie** *f.* II-1
delicious **délicieux/délicieuse** *adj.* I-4
Delighted. **Enchanté(e).** *p.p., adj.* I-1
demand (that) **exiger (que)** *v.* II-6
demanding **exigeant(e)** *adj.*
   demanding profession **profession** *f.* **exigeante** II-5
dentist **dentiste** *m., f.* I-3
department store **grand magasin** *m.* I-4
departure **départ** *m.* I-7
deposit: to deposit money **déposer de l'argent** *v.* II-4
depressed **déprimé(e)** *adj.* II-2
describe **décrire** *v.* I-7
described **décrit (décrire)** *p.p., adj.* I-7
desert **désert** *m.* II-6
desire **envie** *f.* I-2
desk **bureau** *m.* I-1
dessert **dessert** *m.* I-6
destroy **détruire** *v.* I-6
destroyed **détruit (détruire)** *p.p., adj.* I-6
detective film **film policier** *m.* II-7
detest **détester** *v.* I-2
   I hate... **Je déteste...** I-2
develop **développer** *v.* II-6
dial (a number) **composer (un numéro)** *v.* II-3
dictionary **dictionnaire** *m.* I-1
die **mourir** *v.* I-7
died **mort (mourir)** *p.p., adj.* I-7
diet **régime** *m.* II-2
   to be on a diet **être au régime** II-1
difference **différence** *f.* I-1
different **différent(e)** *adj.* I-1
differently **différemment** *adv.* I-8, II-P
difficult **difficile** *adj.* I-1
digital camera **appareil photo** *m.* **numérique** II-3
dining room **salle à manger** *f.* I-8, II-P
dinner **dîner** *m.* II-1
   to have dinner **dîner** *v.* I-2
diploma **diplôme** *m.* I-2
directions **indications** *f.* II-4
director (*movie*) **réalisateur/ réalisatrice** *m., f.;* (*play/show*) **metteur en scène** *m.* II-7
dirty **sale** *adj.* I-8, II-P

discover **découvrir** *v.* II-3
discovered **découvert (découvrir)** *p.p.* II-3
discreet **discret/discrète** *adj.* I-3
discuss **discuter** *v.* II-3
dish (*food*) **plat** *m.* II-1
   to do the dishes **faire la vaisselle** *v.* I-8, II-P
dishwasher **lave-vaisselle** *m.* I-8, II-P
dismiss **renvoyer** *v.* II-5
distinction **mention** *f.* II-5
divorce **divorce** *m.* I-6
   to divorce **divorcer** *v.* I-3
divorced **divorcé(e)** *p.p., adj.* I-3
do (*make*) **faire** *v.* I-5
   to do odd jobs **bricoler** *v.* I-5
doctor **médecin** *m.* I-3
documentary **documentaire** *m.* II-7
dog **chien** *m.* I-3
done **fait (faire)** *p.p., adj.* I-6
door (*building*) **porte** *f.* I-1; (*automobile*) **portière** *f.* II-3
doubt (that)... **douter (que)...** *v.* II-7
doubtful **douteux/douteuse** *adj.* II-7
   It is doubtful that... **Il est douteux que...** II-7
download **télécharger** *v.* II-3
downtown **centre-ville** *m.* I-4
drag **barbant** *adj.* I-3; **barbe** *f.* I-3
drape **rideau** *m.* I-8, II-P
draw **dessiner** *v.* I-2
drawer **tiroir** *m.* I-8, II-P
dreadful **épouvantable** *adj.* I-5
dream (about) **rêver (de)** *v.* II-3
dress **robe** *f.* I-6
   to dress **s'habiller** *v.* II-2
dresser **commode** *f.* I-8, II-P
drink (carbonated) **boisson** *f.* **(gazeuse)** I-4
   to drink **boire** *v.* I-4
drive **conduire** *v.* I-6
   to go for a drive **faire un tour en voiture** I-5
driven **conduit (conduire)** *p.p.* I-6
driver (taxi/truck) **chauffeur (de taxi/de camion)** *m.* II-5
driver's license **permis** *m.* **de conduire** II-3
drums **batterie** *f.* II-7
drunk **bu (boire)** *p.p.* I-6
dryer (*clothes*) **sèche-linge** *m.* I-8, II-P
dry oneself **se sécher** *v.* II-2
due **dû(e) (devoir)** *adj.* II-1
during **pendant** *prep.* I-7
dust **enlever/faire la poussière** *v.* I-8, II-P
DVR **enregistreur DVR** *m.* II 3

Vocabulary

E

each **chaque** *adj.* I-6
ear **oreille** *f.* II-2
early **en avance** *adv.* I-2; **tôt** *adv.* I-2
earn **gagner** *v.* II-5
Earth **Terre** *f.* II-6
easily **facilement** *adv.* I-8, II-P
east **est** *m.* II-4
easy **facile** *adj.* I-2
eat **manger** *v.* I-2
   to eat lunch **déjeuner** *v.* I-4
éclair **éclair** *m.* I-4
ecological **écologique** *adj.* II-6
ecology **écologie** *f.* II-6
economics **économie** *f.* I-2
ecotourism **écotourisme** *m.* II-6
education **formation** *f.* II-5
effect: in effect **en effet** II-6
egg **œuf** *m.* II-1
eight **huit** *m.* I-1
eighteen **dix-huit** *m.* I-1
eighth **huitième** *adj.* I-7
eighty **quatre-vingts** *m.* I-3
eighty-one **quatre-vingt-un** *m.* I-3
elder **aîné(e)** *adj.* I-3
electric **électrique** *adj.* I-8, II-P
   electrical appliance **appareil** *m.* **électrique** I-8, II-P
electrician **électricien/ électricienne** *m., f.* II-5
elegant **élégant(e)** *adj.* I-1
elevator **ascenseur** *m.* I-7
eleven **onze** *m.* I-1
eleventh **onzième** *adj.* I-7
e-mail **e-mail** *m.* II-3
emergency room **urgences** *f., pl.* II-2
   to go to the emergency room **aller aux urgences** *v.* II-2
employ **employer** *v.* I-5
end **fin** *f.* II-7
endangered **menacé(e)** *adj.* II-6
   endangered species **espèce** *f.* **menacée** II-6
engaged **fiancé(e)** *adj.* I-3
engine **moteur** *m.* II-3
engineer **ingénieur** *m.* I-3
England **Angleterre** *f.* I-7
English **anglais(e)** *adj.* I-1
enormous **énorme** *adj.* I-2
enough (of) **assez (de)** *adv.* I-4
   not enough (of) **pas assez (de)** I-4
enter **entrer** *v.* I-7
envelope **enveloppe** *f.* II-4
environment **environnement** *m.* II-6
equal **égaler** *v.* I-3
erase **effacer** *v.* II-3
errand **course** *f.* II-1

escargot **escargot** *m.* II-1
especially **surtout** *adv.* I-2
essay **dissertation** *f.* II-3
essential **essentiel(le)** *adj.* II-6
   It is essential that… **Il est essentiel/indispensable que…** II-6
even **même** *adv.* I-5
evening **soir** *m.;* **soirée** *f.* I-2
   … (o'clock) in the evening … **heures du soir** I-2
every day **tous les jours** *adv.* I-8, II-P
everyone **tout le monde** *m.* II-1
evident **évident(e)** *adj.* II-7
   It is evident that… **Il est évident que…** II-7
evidently **évidemment** *adv.* I-7
exactly **exactement** *adv.* II-1
exam **examen** *m.* I-1
Excuse me. **Excuse-moi.** *fam.* I-1; **Excusez-moi.** *form.* I-1
executive **cadre/femme cadre** *m., f.* II-5
exercise **exercice** *m.* II-2
   to exercise **faire de l'exercice** *v.* II-2
exhibit **exposition** *f.* II-7
exit **sortie** *f.* I-7
expenditure **dépense** *f.* II-4
expensive **cher/chère** *adj.* I-6
explain **expliquer** *v.* I-2
explore **explorer** *v.* I-4
extinction **extinction** *f.* II-6
eye (eyes) **œil (yeux)** *m.* II-2

F

face **visage** *m.* II-2
facing **en face (de)** *prep.* I-3
fact: in fact **en fait** I-7
factory **usine** *f.* II-6
fail **échouer** *v.* I-2
fall **automne** *m.* I-5
   in the fall **en automne** I-5
   to fall **tomber** *v.* I-7
   to fall in love **tomber amoureux/amoureuse** *v.* I-6
   to fall asleep **s'endormir** *v.* II-2
family **famille** *f.* I-3
famous **célèbre** *adj.* II-7; **connu (connaître)** *p.p., adj.* I-8, II-P
far (from) **loin (de)** *prep.* I-3
farewell **adieu** *m.* II-6
farmer **agriculteur/ agricultrice** *m., f.* II-5
fashion **mode** *f.* I-2
   fashion design **stylisme de mode** *m.* I-2
fast **rapide** *adj.* I-3; **vite** *adv.* I-7

fat **gros(se)** *adj.* I-3
father **père** *m.* I-3
father-in-law **beau-père** *m.* I-3
favorite **favori/favorite** *adj.* I-3; **préféré(e)** *adj.* I-2
fax machine **fax** *m.* II-3
fear **peur** *f.* I-2
   to fear that **avoir peur que** *v.* II-6
February **février** *m.* I-5
fed up: to be fed up **en avoir marre** *v.* I-3
feel *(to sense)* **sentir** *v.* I-5; *(state of being)* **se sentir** *v.* II-2
   to feel like *(doing something)* **avoir envie (de)** I-2
   to feel nauseated **avoir mal au cœur** II-2
festival (festivals) **festival (festivals)** *m.* II-7
fever **fièvre** *f.* II-2
   to have fever **avoir de la fièvre** *v.* II-2
fiancé **fiancé(e)** *m., f.* I-6
field *(terrain)* **champ** *m.* II-6; *(of study)* **domaine** *m.* II-5
fifteen **quinze** *m.* I-1
fifth **cinquième** *adj.* I-7
fifty **cinquante** *m.* I-1
figure *(physique)* **ligne** *f.* II-2
file **fichier** *m.* II-3
fill: to fill out a form **remplir un formulaire** *v.* II-4
   to fill the tank **faire le plein** *v.* II-3
film **film** *m.* II-7
   adventure/crime film **film** *m.* **d'aventures/policier** II-7
finally **enfin** *adv.* I-7; **finalement** *adv.* I-7; **dernièrement** *adv.* I-7
find (a job/work) **trouver (un/ du travail)** *v.* II-5
   to find again **retrouver** *v.* I-2
fine **amende** *f.* II-3
fine arts **beaux-arts** *m., pl.* II-7
finger **doigt** *m.* II-2
finish *(doing something)* **finir (de)** *v.* I-4, II-3
fire **incendie** *m.* II-6
firefighter **pompier/femme pompier** *m., f.* II-5
firm *(business)* **entreprise** *f.* II-5;
first **d'abord** *adv.* I-7; **premier/ première** *adj.* I-2; **premier** *m.* I-5
   It is October first. **C'est le 1ᵉʳ (premier) octobre.** I-5
fish **poisson** *m.* I-3
fishing **pêche** *f.* I-5
   to go fishing **aller à la pêche** *v.* I-5

fish shop **poissonnerie** *f.* II-1
five **cinq** *m.* I-1
flat tire **pneu** *m.* **crevé** II-3
flight *(air travel)* **vol** *m.* I-7
floor **étage** *m.* I-7
flower **fleur** *f.* I-8, II-P
flu **grippe** *f.* II-2
fluently **couramment** *adv.* I-7
follow *(a path/a street/a boulevard)* **suivre (un chemin/une rue/ un boulevard)** *v.* II-4
food item **aliment** *m.* II-1; **nourriture** *f.* II-1
foot **pied** *m.* II-2
football **football américain** *m.* I-5
for **pour** *prep.* I-5; **pendant** *prep.* II-1
    For whom? **Pour qui?** I-4
forbid **interdire** *v.* II-6
foreign **étranger/étrangère** *adj.* I-2
    foreign languages **langues** *f., pl.* **étrangères** I-2
forest **forêt** *f.* II-6
    tropical forest **forêt tropicale** *f.* II-6
forget *(to do something)* **oublier (de)** *v.* I-2
fork **fourchette** *f.* II-1
form **formulaire** *m.* II-4
former *(placed before noun)* **ancien(ne)** *adj.* II-7
fortunately **heureusement** *adv.* I-7
forty **quarante** *m.* I-1
fountain **fontaine** *f.* II-4
four **quatre** *m.* I-1
fourteen **quatorze** *m.* I-1
fourth **quatrième** *adj.* I-7
France **France** *f.* I-7
frankly **franchement** *adv.* I-7
free *(at no cost)* **gratuit(e)** *adj.* II-7
    free time **temps libre** *m.* I-5
freezer **congélateur** *m.* I-8, II-P
French **français(e)** *adj.* I-1
French fries **frites** *f., pl.* I-4
frequent *(to visit regularly)* **fréquenter** *v.* I-4
fresh **frais/fraîche** *adj.* I-5
Friday **vendredi** *m.* I-2
friend **ami(e)** *m., f.* I-1; **copain/ copine** *m., f.* I-1
friendship **amitié** *f.* I-6
from **de/d'** *prep.* I-1
    from time to time **de temps en temps** *adv.* I-7
front: in front of **devant** *prep.* I-3
fruit **fruit** *m.* II-1
full *(no vacancies)* **complet (complète)** *adj.* I-7
full-time job **emploi** *m.* **à plein temps** II-5
fun **amusant(e)** *adj.* I-1

to have fun *(doing something)* **s'amuser (à)** *v.* II-3
funeral **funérailles** *f., pl.* II-1
funny **drôle** *adj.* I-3
furious **furieux/furieuse** *adj.* II-6
    to be furious that… **être furieux/furieuse que…** *v.* II-6

G

gain: gain weight **grossir** *v.* I-4
game *(amusement)* **jeu** *m.* I-5; *(sports)* **match** *m.* I-5
game show **jeu télévisé** *m.* II-7
garage **garage** *m.* I-8, II-P
garbage **ordures** *f., pl.* II-6
garbage collection **ramassage** *m.* **des ordures** II-6
garden **jardin** *m.* I-8, II-P
garlic **ail** *m.* II-1
gas **essence** *f.* II-3
gas tank **réservoir d'essence** *m.* II-3
gas warning light **voyant** *m.* **d'essence** II-3
generally **en général** *adv.* I-7
generous **généreux/généreuse** *adj.* I-3
genre **genre** *m.* II-7
gentle **doux/douce** *adj.* I-3
geography **géographie** *f.* I-2
German **allemand(e)** *adj.* I-1
Germany **Allemagne** *f.* I-7
get *(to obtain)* **obtenir** *v.* II-5
get along well (with) **s'entendre bien (avec)** *v.* II-2
get off **descendre (de)** *v.* I-6
get up **se lever** *v.* II-2
    get up again **se relever** *v.* II-2
gift **cadeau** *m.* I-6
    wrapped gift **paquet cadeau** *m.* I-6
gifted **doué(e)** *adj.* II-7
girl **fille** *f.* I-1
girlfriend **petite amie** *f.* I-1
give *(to someone)* **donner (à)** *v.* I-2
    to give a shot **faire une piqûre** *v.* II-2
    to give a tour **faire visiter** *v.* I-8, II-P
    to give back **rendre (à)** *v.* I-6
    to give one another **se donner** *v.* II-3
glass (of) **verre (de)** *m.* I-4
glasses **lunettes** *f., pl.* I-6
    sunglasses **lunettes de soleil** *f., pl.* I-6
global warming **réchauffement** *m.* **de la Terre** II-6
glove **gant** *m.* I-6
go **aller** *v.* I-4
    Let's go! **Allons-y!** I-4; **On y va!** II-2

I'm going. **J'y vais.** I-8, II-P
to go back **repartir** *v.* II-7
to go downstairs **descendre (de)** *v.* I-6
to go out **sortir** *v.* I-7
to go over **dépasser** *v.* II-3
to go up **monter** *v.* I-7
to go with **aller avec** *v.* I-6
golf **golf** *m.* I-5
good **bon(ne)** *adj.* I-3
    Good evening. **Bonsoir.** I-1
    Good morning. **Bonjour.** I-1
    to be good for nothing **ne servir à rien** *v.* II-1
    to be in a good mood **être de bonne humeur** *v.* I-8, II-P
    to be in good health **être en bonne santé** *v.* II-2
    to be in good shape **être en pleine forme** *v.* II-2
    to be up to something interesting **faire quelque chose de beau** *v.* II-4
Good-bye. **Au revoir.** I-1
government **gouvernement** *m.* II-6
grade *(academics)* **note** *f.* I-2
grandchildren **petits-enfants** *m., pl.* I-3
granddaughter **petite-fille** *f.* I-3
grandfather **grand-père** *m.* I-3
grandmother **grand-mère** *f.* I-3
grandparents **grands-parents** *m., pl.* I-3
grandson **petit-fils** *m.* I-3
grant **bourse** *f.* I-2
grass **herbe** *f.* II-6
gratin **gratin** *m.* II-1
gray **gris(e)** *adj.* I-6
great **formidable** *adj.* I-7; **génial(e)** *adj.* I-3
green **vert(e)** *adj.* I-3
green beans **haricots verts** *m., pl.* II-1
greenhouse **serre** *f.* II-6
    greenhouse effect **effet de serre** *m.* II-6
grocery store **épicerie** *f.* I-4
groom: to groom oneself *(in the morning)* **faire sa toilette** *v.* II-2
ground floor **rez-de-chaussée** *m.* I-7
growing population **population** *f.* **croissante** II-6
guaranteed **garanti(e)** *p.p., adj.* I-5
guest **invité(e)** *m., f.* I-6; **client(e)** *m., f.* I-7
guitar **guitare** *f.* II-7
guy **mec** *m.* II-2
gym **gymnase** *m.* I-4

H

habitat **habitat** *m.* II-6
  habitat preservation **sauvetage des habitats** *m.* II-6
had **eu (avoir)** *p.p.* I-6
  had to **dû (devoir)** *p.p.* II-1
hair **cheveux** *m., pl.* II-1
  to brush one's hair **se brosser les cheveux** *v.* II-1
  to do one's hair **se coiffer** *v.* II-2
hairbrush **brosse** *f.* **à cheveux** II-2
hairdresser **coiffeur/coiffeuse** *m., f.* I-3
half **demie** *f.* I-2
  half past … (o'clock) **… et demie** I-2
half-brother **demi-frère** *m.* I-3
half-sister **demi-sœur** *f.* I-3
half-time job **emploi** *m.* **à mi-temps** II-5
hallway **couloir** *m.* I-8, II-P
ham **jambon** *m.* I-4
hand **main** *f.* I-5
handbag **sac à main** *m.* I-6
handsome **beau** *adj.* I-3
hang up **raccrocher** *v.* II-5
happiness **bonheur** *m.* I-6
happy **heureux/heureuse** *adj.;* **content(e)** II-5
  to be happy that… **être content(e) que…** *v.* II-6; **être heureux/heureuse que…** *v.* II-6
hard drive **disque (dur)** *m.* II-3
hard-working **travailleur/travailleuse** *adj.* I-3
hat **chapeau** *m.* I-6
hate **détester** *v.* I-2
  I hate… **Je déteste…** I-2
have **avoir** *v.* I-2; **aie (avoir)** *imp., v.* I-7; **ayez (avoir)** *imp. v.* I-7; **prendre** *v.* I-4
  to have an ache **avoir mal** *v.* II-2
to have to (must) **devoir** *v.* II-1
he **il** *sub. pron.* I-1
head (body part) **tête** *f.* II-2; (of a company) **chef** *m.* **d'entreprise** II-5
headache: to have a headache **avoir mal à la tête** *v.* II-2
headlights **phares** *m., pl.* II-3
headphones **casque** *f.* **à écouteurs** *m., pl.* II-3
health **santé** *f.* II-2
  to be in good health **être en bonne santé** *v.* II-2
health insurance **assurance** *f.* **maladie** II-5
healthy **sain(e)** *adj.* II-2

hear **entendre** *v.* I-6
heart **cœur** *m.* II-2
heat **chaud** *m.* 2
hello (on the phone) **allô** I-1; (in the evening) **Bonsoir.** I-1; (in the morning or afternoon) **Bonjour.** I-1
help **au secours** II-3
  to help (to do something) **aider (à)** *v.* I-5
  to help one another **s'aider** *v.* II-3
her **la/l'** *d.o. pron.* I-7; **lui** *i.o. pron.* I-6; (attached to an imperative) **-lui** *i.o. pron.* II-1
her **sa** *poss. adj., f., sing.* I-3; **ses** *poss. adj., m., f., pl.* I-3; **son** *poss. adj., m., sing.* I-3
Here! **Tenez!** *form., imp. v.* II-1; **Tiens!** *fam., imp., v.* II-1
here **ici** *adv.* I-1; (used with demonstrative adjective **ce** and noun or with demonstrative pronoun **celui**); **-ci** I-6; Here is…. **Voici…** I-1
heritage: I am of… heritage. **Je suis d'origine…** I-1
herself (used with reflexive verb) **se/s'** *pron.* II-2
hesitate (to do something) **hésiter (à)** *v.* II-3
Hey! **Eh!** *interj.* 2
Hi! **Salut!** *fam.* I-1
high **élevé(e)** *adj.* II-5
high school **lycée** *m.* I-1
  high school student **lycéen(ne)** *m., f.* 2
higher education **études supérieures** *f., pl.* 2
highway **autoroute** *f.* II-3
hike **randonnée** *f.* I-5
  to go for a hike **faire une randonnée** *v.* I-5
him **lui** *i.o. pron.* I-6; **le/l'** *d.o. pron.* I-7; (attached to imperative) **-lui** *i.o. pron.* II-1
himself (used with reflexive verb) **se/s'** *pron.* II-2
hire **embaucher** *v.* II-5
his **sa** *poss. adj., f., sing.* I-3; **ses** *poss. adj., m., f., pl.* I-3; **son** *poss. adj., m., sing.* I-3
history **histoire** *f.* I-2
hit **rentrer (dans)** *v.* II-3
hold **tenir** *v.* II-1
  to be on hold **patienter** *v.* II-5
hole in the ozone layer **trou dans la couche d'ozone** *m.* II-6
holiday **jour férié** *m.* I-6; **férié(e)** *adj.* I-6
home (house) **maison** *f.* I-4
  at (someone's) home **chez…** *prep.* 4

home page **page d'accueil** *f.* II-3
homework **devoir** *m.* I-2
honest **honnête** *adj.* II-7
honestly **franchement** *adv.* I-7
hood **capot** *m.* II-3
hope **espérer** *v.* I-5
hors d'œuvre **hors-d'œuvre** *m.* II-1
horse **cheval** *m.* I-5
  to go horseback riding **faire du cheval** *v.* I-5
hospital **hôpital** *m.* I-4
host **hôte/hôtesse** *m., f.* I-6
hot **chaud** *m.* I-2
  It is hot (weather). **Il fait chaud.** I-5
  to be hot **avoir chaud** *v.* I-2
hot chocolate **chocolat chaud** *m.* I-4
hotel **hôtel** *m.* I-7
  (single) hotel room **chambre** *f.* **(individuelle)** I-7
hotel keeper **hôtelier/hôtelière** *m., f.* I-7
hour **heure** *f.* I-2
house **maison** *f.* I-4
  at (someone's) house **chez…** *prep.* I-2
  to leave the house **quitter la maison** *v.* I-4
  to stop by someone's house **passer chez quelqu'un** *v.* I-4
household **ménager/ménagère** *adj.* I-8, II-P
household appliance **appareil** *m.* **ménager** I-8, II-P
household chore **tâche ménagère** *f.* I-8, II-P
housewife **femme au foyer** *f.* II-5
housework: to do the housework **faire le ménage** *v.* I-8, II-P
housing **logement** *m.* I-8, II-P
how **comme** *adv.* I-2; **comment?** *interr. adv.* I-4
  How are you? **Comment allez-vous?** *form.* I-1; **Comment vas-tu?** *fam.* I-1
  How many/How much (of)? **Combien (de)?** I-1
How much is… ? **Combien coûte… ?** I-4
huge **énorme** *adj.* I-2
Huh? **Hein?** *interj.* I-3
humanities **lettres** *f., pl.* I-2
hundred: one hundred **cent** *m.* I-5
  five hundred **cinq cents** *m.* I-5
  one hundred one **cent un** *m.* I-5
  one hundred thousand **cent mille** *m.* I-5
hundredth **centième** *adj.* I-7
hunger **faim** *f.* I-4

hungry: to be hungry **avoir faim** *v.* I-4
hunt **chasse** *f.* II-6
  to hunt **chasser** *v.* II-6
hurried **pressé(e)** *adj.* II-1
hurry **se dépêcher** *v.* II-2
hurt **faire mal** *v.* II-2
  to hurt oneself **se blesser** *v.* II-2
husband **mari** *m.;* **époux** *m.* I-3
hyphen *(punctuation mark)* **tiret** *m.* II-3

I

I **je** *sub. pron.* I-1; **moi** *disj. pron., sing.* I-3
ice cream **glace** *f.* I-6
ice cube **glaçon** *m.* I-6
idea **idée** *f.* I-3
if **si** *conj.* II-5
ill: to become ill **tomber malade** *v.* II-2
illness **maladie** *f.* II-5
immediately **tout de suite** *adv.* I-4
impatient **impatient(e)** *adj.* I-1
important **important(e)** *adj.* I-1
  It is important that… **Il est important que…** II-6
impossible **impossible** *adj.* II-7
  It is impossible that… **Il est impossible que…** II-7
improve **améliorer** *v.* II-5
in **dans** *prep.* I-3; **en** *prep.* I-3; **à** *prep.* I-4
included **compris (comprendre)** *p.p., adj.* I-6
incredible **incroyable** *adj.* II-3
independent **indépendant(e)** *adj.* I-1
independently **indépendamment** *adv.* I-8, II-P
indicate **indiquer** *v.* 5
indispensable **indispensable** *adj.* II-6
inexpensive **bon marché** *adj.* I-6
injection **piqûre** *f.* II-2
  to give an injection **faire une piqûre** *v.* II-2
injury **blessure** *f.* II-2
instrument **instrument** *m.* I-1
insurance (health/life) **assurance** *f.* **(maladie/vie)** II-5
intellectual **intellectuel(le)** *adj.* I-3
intelligent **intelligent(e)** *adj.* I-1
interested: to be interested (in) **s'intéresser (à)** *v.* II-2
interesting **intéressant(e)** *adj.* I-1
intermission **entracte** *m.* II-7
internship **stage** *m.* II-5

intersection **carrefour** *m.* II-4
interview: to have an interview **passer un entretien** II-5
introduce **présenter** *v.* I-1
  I would like to introduce (*name*) to you. **Je te présente…** , *fam.* I-1
  I would like to introduce (*name*) to you. **Je vous présente…** , *form.* I-1
invite **inviter** *v.* I-4
Ireland **Irlande** *f.* I-7
Irish **irlandais(e)** *adj.* I-7
iron **fer à repasser** *m.* I-8, II-P
  to iron (the laundry) **repasser (le linge)** *v.* I-8, II-P
isn't it? *(tag question)* **n'est-ce pas?** I-2
island **île** *f.* II-6
Italian **italien(ne)** *adj.* I-1
Italy **Italie** *f.* I-7
it: It depends. **Ça dépend.** I-4
  It is… **C'est…** I-1
itself *(used with reflexive verb)* **se/s'** *pron.* II-2

J

jacket **blouson** *m.* I-6
jam **confiture** *f.* II-1
January **janvier** *m.* I-5
Japan **Japon** *m.* I-7
Japanese **japonais(e)** *adj.* I-1
jealous **jaloux/jalouse** *adj.* I-3
jeans **jean** *m. sing.* I-6
jewelry store **bijouterie** *f.* II-4
jogging **jogging** *m.* I-5
  to go jogging **faire du jogging** *v.* I-5
joke **blague** *f.* I-2
journalist **journaliste** *m., f.* I-3
juice (orange/apple) **jus** *m.* **(d'orange/de pomme)** I-4
July **juillet** *m.* I-5
June **juin** *m.* I-5
jungle **jungle** *f.* II-6
just *(barely)* **juste** *adv.* I-3

K

keep **retenir** *v.* II-1
key **clé** *f.* I-7
keyboard **clavier** *m.* II-3
kilo(gram) **kilo(gramme)** *m.* II-1
kind **bon(ne)** *adj.* I-3
kiosk **kiosque** *m.* I-4
kiss one another **s'embrasser** *v.* I-3
kitchen **cuisine** *f.* I-8, II-P
knee **genou** *m.* II-2
knife **couteau** *m.* II-1

know (*as a fact*) **savoir** *v.* I-8, II-P; *(to be familiar with)* **connaître** *v.* I-8, II-P
  to know one another **se connaître** *v.* II-3
  I don't know anything about it. **Je n'en sais rien.** II-6
  to know that… **savoir que…** II-7
known *(as a fact)* **su (savoir)** *p.p.* I-8, II-P; *(famous)* **connu (connaître)** *p.p., adj.* I-8, II-P

L

laborer **ouvrier/ouvrière** *m., f.* II-5
lake **lac** *m.* II-6
lamp **lampe** *f.* I-8, II-P
landslide **glissement de terrain** *m.* II-6
language **langue** *f.* I-2
  foreign languages **langues** *f., pl.* **étrangères** I-2
last **dernier/dernière** *adj.* I-2
lastly **dernièrement** *adv.* I-7
late *(when something happens late)* **en retard** *adv.* I-2; *(in the evening, etc.)* **tard** *adv.* I-2
laugh **rire** *v.* I-6
laughed **ri (rire)** *p.p.* I-6
laundromat **laverie** *f.* II-4
laundry: to do the laundry **faire la lessive** *v.* I-8, II-P
law **loi** *f.* II-6
lawyer **avocat(e)** *m., f.* I-3
lay off (*let go*) **renvoyer** *v.* II-5
lazy **paresseux/paresseuse** *adj.* I-3
learned **appris (apprendre)** *p.p.* I-6
least **moins** II-1
  the least… *(used with adjective)* **le/la moins…** *super. adv.* II-1
  the least… , *(used with noun to express quantity)* **le moins de…** II-6
  the least… *(used with verb or adverb)* **le moins…** *super. adv.* II-1
leather **cuir** *m.* I-6
leave **partir** *v.* I-5; **quitter** *v.* I-4
  to leave alone **laisser tranquille** *v.* II-2
  to leave one another **se quitter** *v.* II-3
  I'm leaving. **Je m'en vais.** I-8, II-P
left: to the left (of) **à gauche (de)** *prep.* I-3
leg **jambe** *f.* II-2
leisure activity **loisir** *m.* I-5
lemon soda **limonade** *f.* I-4

lend (to someone) **prêter
(à)** v. I-6
less **moins** adv. I-4
  less of... (used with noun
  to express quantity) **moins
  de...** I-4
  less ... than (used with noun
  to compare quantities) **moins
  de... que** II-6
  less... than (used with adjective
  to compare qualities) **moins...
  que** II-1
let **laisser** v. II-3
  to let go (to fire or lay off)
  renvoyer v. II-5
  Let's go! **Allons-y!** I-4; **On y
  va!** II-2
letter **lettre** f. II-4
  letter of application **lettre** f.
  de motivation II-5
  letter of recommendation/
  reference **lettre** f. **de
  recommandation** II-5
lettuce **laitue** f. II-1
level **niveau** m. II-5
library **bibliothèque** f. I-1
license: driver's license **permis** m.
  de conduire II-3
life **vie** f. I-6
life insurance **assurance** f.
  vie II-5
light: warning light (automobile)
  voyant m. II-3
  oil/gas warning light **voyant**
  m. **d'huile/d'essence** II-3
  to light up **s'allumer** v. II-3
like (as) **comme** adv. I-6; to like
  aimer v. I-2
  I don't like ... very much. **Je
  n'aime pas tellement...** I-2
  I really like... **J'aime bien...** I-2
  to like one another **s'aimer
  bien** v. II-3
  to like that... **aimer que...**
  v. II-6
line **queue** f. II-4
  to wait in line **faire la queue**
  v. II-4
link **lien** m. II-3
listen (to) **écouter** v. I-2
literary **littéraire** adj. II-7
literature **littérature** f. I-1
little (not much) (of) **peu (de)**
  adv. I-4
live **vivre** v. I-8, II-P
  live (in) **habiter (à)** v. I-2
living room (informal room)
  salle de séjour f. I-8, II-P;
  (formal room) **salon** m. I-8, II-P
located: to be located **se trouver**
  v. II-2
long **long(ue)** adj. I-3
  a long time **longtemps** adv. I-5

look (at one another) **se
  regarder** v. II-3; (at oneself)
  se regarder v. II-2
look for **chercher** v. I-2
  to look for work/a job
  chercher du/un travail II-4
loose (clothing) **large** adj. I-6
lose: to lose **perdre** v. I-6
  to lose weight **maigrir** v. I-4
lost: to be lost **être perdu(e)** v. II-4
lot: a lot of **beaucoup de** adv. I-4
love **amour** m. I-6
  to love **adorer** v. I-2
  I love... **J'adore...** I-2
  to love one another **s'aimer**
  v. II-3
  to be in love **être amoureux/
  amoureuse** v. I-6
luck **chance** f. I-2
  to be lucky **avoir de la chance**
  v. I-2
lunch **déjeuner** m. II-1
  to eat lunch **déjeuner** v. I-4

M

ma'am **Madame.** f. I-1
machine: answering machine
  répondeur m. II-3
mad: to get mad **s'énerver** v. II-2
made **fait (faire)** p.p., adj. I-6
magazine **magazine** m. II-7
mail **courrier** m. II-4
mailbox **boîte** f. **aux lettres** II-4
mailman **facteur** m. II-4
main character **personnage
  principal** m. II-7
main dish **plat (principal)** m. II-1
maintain **maintenir** v. II-1
make **faire** v. I-5
makeup **maquillage** m. II-2
  to put on makeup **se
  maquiller** v. II-2
make up **se réconcilier** v. II-7
malfunction **panne** f. II-3
man **homme** m. I-1
manage (in business) **diriger** v.
  II-5; (to do something) **arriver
  à** v. I-2
manager **gérant(e)** m., f. II-5,
  responsable m., f. II-5
many (of) **beaucoup (de)** adv. I-4
  How many (of)? **Combien
  (de)?** I-1
map (of a city) **plan** m. I-7;
  (of the world) **carte** f. I-1
March **mars** m. I-5
market **marché** m. I-4
marriage **mariage** m. I-6
married **marié(e)** adj. I-3
  married couple **mariés** m.,
  pl. I-6
marry **épouser** v. I-3

Martinique: from Martinique
  martiniquais(e) adj. I-1
masterpiece **chef-d'œuvre** m. II-7
mathematics **mathématiques
  (maths)** f., pl. I-2
May **mai** m. I-5
maybe **peut-être** adv. I-2
mayonnaise **mayonnaise** f. II-1
mayor's office **mairie** f. II-4
me **moi** disj. pron., sing. I-3;
  (attached to imperative) **-moi**
  pron. II-1; **me/m'** i.o. pron.
  I-6; **me/m'** d.o. pron. I-7
  Me too. **Moi aussi.** I-1
  Me neither. **Moi non plus.** I-2
meal **repas** m. II-1
mean **méchant(e)** adj. I-3
  to mean (with dire) **vouloir**
  v. II-1
means: that means **ça veut
  dire** v. II-1
meat **viande** f. II-1
mechanic **mécanicien/
  mécanicienne** m., f. II-3
medication (against/
  for) **médicament (contre/
  pour)** m., f. II-2
meet (to encounter, to run into)
  rencontrer v. I-2; (to make the
  acquaintance of) **faire la
  connaissance de** v. I-5, **se
  rencontrer** v. II-3; (planned
  encounter) **se retrouver** v. II-3
meeting **réunion** f. II-5;
  rendez-vous m. I-6
member **membre** m. II-7
menu **menu** m. II-1; **carte** f. II-1
message **message** m. II-5
  to leave a message **laisser
  un message** v. II-5
Mexican **mexicain(e)** adj. I-1
Mexico **Mexique** m. I-7
microwave oven **four à micro-
  ondes** m. I-8, II-P
midnight **minuit** m. I-2
milk **lait** m. I-4
mineral water **eau** f. **minérale** I-4
mirror **miroir** m. I-8, II-P
Miss **Mademoiselle** f. I-1
mistaken: to be mistaken (about
  something) **se tromper (de)**
  v. II-2
modest **modeste** adj. II-5
moment **moment** m. I-1
Monday **lundi** m. I-2
money **argent** m. II-4; (currency)
  monnaie f. II-4
  to deposit money **déposer de
  l'argent** v. II-4
month **mois** m. I-2
  this month **ce mois-ci** I-2
moon **Lune** f. II-6
more **plus** adv. I-4

more of **plus de** I-4
more … than (used with noun to compare quantities) **plus de… que** II-6
more … than (used with adjective to compare qualities) **plus… que** II-1
morning **matin** m. I-2; **matinée** f. I-2
this morning **ce matin** I-2
Moroccan **marocain(e)** adj. I-1
most **plus** II-1
the most… (used with adjective) **le/la plus…** super. adv. II-1
the most… (used with noun to express quantity) **le plus de…** II-6
the most… (used with verb or adverb) **le plus…** super. adv. II-1
mother **mère** f. I-3
mother-in-law **belle-mère** f. I-3
mountain **montagne** f. I-4
mouse **souris** f. II-3
mouth **bouche** f. II-2
move (to get around) **se déplacer** v. II-4
to move in **emménager** v. I-8, II-P
to move out **déménager** v. I-8, II-P
movie **film** m. II-7
adventure/horror/science-fiction/crime movie **film m. d'aventures/d'horreur/de science-fiction/policier** II-7
movie theater **cinéma (ciné)** m. I-4
MP3 **MP3** m. II-3
much (as much … as) (used with noun to express quantity) **autant de … que** adv. II-6
How much (of something)? **Combien (de)?** I-1
How much is… ? **Combien coûte… ?** I-4
museum **musée** m. I-4
to go to museums **faire les musées** v. II-7
mushroom **champignon** m. II-1
music: to play music **faire de la musique** II-7
musical **comédie** f. **musicale** II-7; **musical(e)** adj. II-7
musician **musicien(ne)** m., f. I-3
must (to have to) **devoir** v. II-1
One must **Il faut…** I-5
mustard **moutarde** f. II-1
my **ma** poss. adj., f., sing. I-3; **mes** poss. adj., m., f., pl. I-3; **mon** poss. adj., m., sing. I-3
myself **me/m'** pron., sing. II-2; (attached to an imperative) **-moi** pron. II-1

N

naïve **naïf (naïve)** adj. I-3
name: My name is… **Je m'appelle…** I-1
named: to be named **s'appeler** v. II-2
napkin **serviette** f. II-1
nationality **nationalité** f.
I am of … nationality. **Je suis de nationalité…** I-1
natural **naturel(le)** adj. II-6
natural resource **ressource naturelle** f. II-6
nature **nature** f. II-6
nauseated: to feel nauseated **avoir mal au cœur** v. II-2
near (to) **près (de)** prep. I-3
very near (to) **tout près (de)** II-4
necessary **nécessaire** adj. II-6
It was necessary… (followed by infinitive or subjunctive) **Il a fallu…** I-6
It is necessary…. (followed by infinitive or subjunctive) **Il faut que…** I-5
It is necessary that… (followed by subjunctive) **Il est nécessaire que/qu'…** II-6
neck **cou** m. II-2
need **besoin** m. I-2
to need **avoir besoin (de)** v. I-2
neighbor **voisin(e)** m., f. I-3
neighborhood **quartier** m. I-8, II-P
neither… nor **ne… ni… ni…** conj. II-4
nephew **neveu** m. I-3
nervous **nerveux/nerveuse** adj. I-3
nervously **nerveusement** adv. I-8, II-P
network (social) **réseau (social)** m. II-3
never **jamais** adv. I-5; **ne… jamais** adv. II-4
new **nouveau/nouvelle** adj. I-3
newlyweds **jeunes mariés** m., pl. I-6
news **informations (infos)** f., pl. II-7; **nouvelles** f., pl. II-7
newspaper **journal** m. I-7
newsstand **marchand de journaux** m. II-4
next **ensuite** adv. I-7; **prochain(e)** adj. I-2
next to **à côté de** prep. I-3
nice **gentil/gentille** adj. I-3; **sympa(thique)** adj. I-1
nicely **gentiment** adv. I-7
niece **nièce** f. I-3
night **nuit** f. I-2

nine **neuf** m. I-1
nine hundred **neuf cents** m. I-5
nineteen **dix-neuf** m. I-1
ninety **quatre-vingt-dix** m. I-3
ninth **neuvième** adj. I-7
no (at beginning of statement to indicate disagreement) **(mais) non** I-2; **aucun(e)** adj. II-2
no more **ne… plus** II-4
no problem **pas de problème** II-4
no reason **pour rien** I-4
no, none **pas (de)** II-4
nobody **ne… personne** II-4
none (not any) **ne… aucun(e)** II-4
noon **midi** m. I-2
no one **personne** pron. II-4
north **nord** m. II-4
nose **nez** m. II-2
not **ne… pas** I-2
not at all **pas du tout** adv. I-2
Not badly. **Pas mal.** I-1
to not believe that **ne pas croire que** v. II-7
to not think that **ne pas penser que** v. II-7
not yet **pas encore** adv. I-8, II-P
notebook **cahier** m. I-1
notes **billets** m., pl. II-3
nothing **rien** indef. pron. II-4
It's nothing. **Il n'y a pas de quoi.** I-1
notice **s'apercevoir** v. II-4
novel **roman** m. II-7
November **novembre** m. I-5
now **maintenant** adv. I-5
nuclear **nucléaire** adj. II-6
nuclear energy **énergie nucléaire** f. II-6
nuclear plant **centrale nucléaire** f. II-6
nurse **infirmier/infirmière** m., f. II-2

O

object **objet** m. I-1
obtain **obtenir** v. II-5
obvious **évident(e)** adj. II-7
It is obvious that… **Il est évident que…** II-7
obviously **évidemment** adv. I-7
o'clock: It's… (o'clock). **Il est… heure(s).** I-2
at … (o'clock) **à … heure(s)** I-4
October **octobre** m. I-5
of **de/d'** prep. I-3
of medium height **de taille moyenne** adj. I-3

of the **des (de + les)** I-3
of the **du (de + le)** I-3
of which, of whom **dont**
rel. pron. II-3
of course **bien sûr** *adv.* I-2;
évidemment *adv.* I-7
of course not *(at beginning
of statement to indicate
disagreement)* **(mais) non** I-2
offer **offrir** *v.* II-3
offered **offert (offrir)** *p.p.* II-3
office **bureau** *m.* I-4
at the doctor's office **chez le
médecin** *prep.* I-2
often **souvent** *adv.* I-5
oil **huile** *f.* II-1
automobile oil **huile** *f.* II-3
oil warning light **voyant** *m.*
d'huile II-3
olive oil **huile** *f.* **d'olive** II-1
to check the oil **vérifier
l'huile** *v.* II-3
okay **d'accord** I-2
old **vieux/vieille** *adj.; (placed
after noun)* **ancien(ne)** *adj.* I-3
old age **vieillesse** *f.* I-6
olive **olive** *f.* II-1
olive oil **huile** *f.* **d'olive** II-1
omelette **omelette** *f.* I-5
on **sur** *prep.* I-3
On behalf of whom? **C'est de
la part de qui?** II-5
on the condition that… **à
condition que** II-7
on television **à la
télé(vision)** II-7
on the contrary
au contraire II-7
on the radio **à la radio** II-7
on the subject of **au sujet
de** II-6
on vacation **en vacances** I-7
once **une fois** *adv.* I-8, II-P
one **un** *m.* I-1
one **on** *sub. pron., sing.* I-1
one another **l'un(e) à
l'autre** II-3
one another **l'un(e) l'autre** II-3
one had to… **il fallait…**
I-8, II-P
One must… **Il faut que/
qu'…** II-6
One must… **Il faut…** *(followed
by infinitive or subjunctive)* I-5
one million **un million** *m.* I-5
one million *(things)* **un
million de…** I-5
onion **oignon** *m.* II-1
online **en ligne** II-3
to be online **être en ligne** *v.* II-3
to be online *(with someone)*
**être connecté(e) (avec
quelqu'un)** *v.* I-7, II-3

only **ne… que** II-4; **seulement**
adv. I-8, II-P
open **ouvrir** *v.* II-3; **ouvert(e)**
adj. II-3
opened **ouvert (ouvrir)** *p.p.* II-3
opera **opéra** *m.* II-7
optimistic **optimiste** *adj.* I-1
or **ou** I-3
orange **orange** *f.* II-1; **orange**
inv.adj. I-6
orchestra **orchestre** *m.* II-7
order **commander** *v.* II-1
organize (a party) **organiser (une
fête)** *v.* I-6
orient oneself **s'orienter** *v.* II-4
others **d'autres** I-4
our **nos** *poss. adj., m., f., pl.* I-3;
notre *poss. adj., m., f., sing.* I-3
outdoor *(open-air)* **plein
air** II-6
over **fini** *adj., p.p.* I-7
overpopulation **surpopulation**
f. II-6
overseas **à l'étranger** *adv.* I-7
over there **là-bas** *adv.* I-1
owed **dû (devoir)** *p.p., adj.* II-1
own **posséder** *v.* I-5
owner **propriétaire** *m., f.* I-8, II-P
ozone **ozone** *m.* II-6
hole in the ozone layer
**trou dans la couche
d'ozone** *m.* II-6

P

pack: to pack one's bags **faire les
valises** I-7
package **colis** *m.* II-4
paid **payé (payer)** *p.p., adj.* II-5
to be well/badly paid **être bien/
mal payé(e)** II-5
pain **douleur** *f.* II-2
paint **faire de la peinture** *v.* II-7
painter **peintre/femme peintre**
m., f. II-7
painting **peinture** *f.* II-7;
tableau *m.* II-7
pants **pantalon** *m., sing.* I-6
paper **papier** *m.* I-1
Pardon (me). **Pardon.** I-1
parents **parents** *m., pl.* I-3
park **parc** *m.* I-4
to park **se garer** *v.* II-3
parka **anorak** *m.* I-6
parking lot **parking** *m.* II-3
part-time job **emploi** *m.* **à
mi-temps/à temps partiel**
m. II-5
party **fête** *f.* I-6
pass **dépasser** *v.* II-3; **passer**
v. I-7
to pass an exam **être reçu(e)
à un examen** *v.* I-2

passenger **passager/passagère**
m., f. I-7
passport **passeport** *m.* I-7
password **mot de passe** *m.* II-3
past: in the past **autrefois**
adv. I-8, II-P
pasta **pâtes** *f., pl.* II-1
pastime **passe-temps** *m.* I-5
pastry **pâtisserie** *f.* II-1
pastry shop **pâtisserie** *f.* II-1
pâté **pâté (de campagne)** *m.* II-1
path **sentier** *m.* II-6; **chemin**
m. II-4
patient **patient(e)** *adj.* I-1
patiently **patiemment**
adv. I-8, II-P
pay **payer** *v.* I-5
to pay by check **payer par
chèque** *v.* II-4
to pay in cash **payer en
espèces** *v.* II-4
to pay with a debit/credit
card **payer par carte
bancaire/de crédit** *v.* II-4
to pay attention (to) **faire
attention (à)** *v.* I-5
peach **pêche** *f.* II-1
pear **poire** *f.* II-1
peas **petits pois** *m., pl.* II-1
pen **stylo** *m.* I-1
pencil **crayon** *m.* I-1
people **gens** *m., pl.* I-7
pepper *(spice)* **poivre** *m.* II-1;
(vegetable) **poivron** *m.* II-1
per day/week/month/year
**par jour/semaine/mois/
an** I-5
perfect **parfait(e)** *adj.* I-2
perhaps **peut-être** *adv.* I-2
period *(punctuation mark)* **point**
m. II-3
permit **permis** *m.* II-3
permitted **permis (permettre)**
p.p., adj. I-6
person **personne** *f.* I-1
pessimistic **pessimiste** *adj.* I-1
pharmacist **pharmacien(ne)**
m., f. II-2
pharmacy **pharmacie** *f.* II-2
philosophy **philosophie** *f.* I-2
phone one another **se téléphoner**
v. II-3
photo(graph) **photo(graphie)**
f. I-3
physical education **éducation
physique** *f.* I-2
physics **physique** *f.* I-2
piano **piano** *m.* II-7
pick up **décrocher** *v.* II-5
picnic **pique-nique** *m.* II-6
picture **tableau** *m.* I-1
pie **tarte** *f.* II-1
piece (of) **morceau (de)** *m.* I-4

piece of furniture **meuble** *m.* I-8, II-P
pill **pilule** *f.* II-2
pillow **oreiller** *m.* I-8, II-P
pink **rose** *adj.* I-6
pitcher (*of water*) **carafe (d'eau)** *f.* II-1
place **endroit** *m.* I-4; **lieu** *m.* I-4
planet **planète** *f.* II-6
plans: to make plans **faire des projets** *v.* II-5
plant **plante** *f.* II-6
plastic **plastique** *m.* II-6
plastic wrapping **emballage en plastique** *m.* II-6
plate **assiette** *f.* II-1
play **pièce de théâtre** *f.* II-7
play **s'amuser** *v.* II-2; (*a sport/a musical instrument*) **jouer (à/de)** *v.* I-5
to play regularly **pratiquer** *v.* I-5
to play sports **faire du sport** *v.* I-5
to play a role **jouer un rôle** *v.* II-7
player **joueur/joueuse** *m., f.* I-5
playwright **dramaturge** *m.* II-7
pleasant **agréable** *adj.* I-1
please: to please someone **faire plaisir à quelqu'un** *v.* II-5
Please. **S'il te plaît.** *fam.* I-1
Please. **S'il vous plaît.** *form.* I-1
Please. **Je vous en prie.** *form.* I-1
Please hold. **Ne quittez pas.** II-5
plug in **brancher** *v.* II-3
plumber **plombier** *m.* II-5
poem **poème** *m.* II-7
poet **poète/poétesse** *m., f.* II-7
police **police** *f.* II-3; **policier** *adj.* II-7
police officer **agent de police** *m.* II-3; **policier** *m.* II-3; **policière** *f.* II-3
police station **commissariat de police** *m.* II-4
polite **poli(e)** *adj.* I-1
politely **poliment** *adv.* I-8, II-P
political science **sciences politiques (sciences po)** *f., pl.* I-2
politician **homme/femme politique** *m., f.* II-5
pollute **polluer** *v.* II-6
pollution **pollution** *f.* II-6
pollution cloud **nuage de pollution** *m.* II-6
pool **piscine** *f.* I-4
poor **pauvre** *adj.* I-3
popular music **variétés** *f., pl.* II-7
population **population** *f.* II-6
growing population **population** *f.* **croissante** II-6

pork **porc** *m.* II-1
portrait **portrait** *m.* I-5
position (*job*) **poste** *m.* II-5
possess (*to own*) **posséder** *v.* I-5
possible **possible** *adj.* II-7
It is possible that… **Il est possible que…** II-6
post **afficher** *v.* II-5
post office **bureau de poste** *m.* II-4
postal service **poste** *f.* II-4
postcard **carte postale** *f.* II-4
poster **affiche** *f.* I-8, II-P
potato **pomme de terre** *f.* II-1
practice **pratiquer** *v.* I-5
prefer **aimer mieux** *v.* I-2; **préférer (que)** *v.* I-5
pregnant **enceinte** *adj.* II-2
prepare (for) **préparer** *v.* I-2
to prepare (*to do something*) **se préparer (à)** *v.* II-2
prescription **ordonnance** *f.* II-2
present **présenter** *v.* II-7
preservation: habitat preservation **sauvetage des habitats** *m.* II-6
preserve **préserver** *v.* II-6
pressure **pression** *f.* II-3
to check the tire pressure **vérifier la pression des pneus** *v.* II-3
pretty **joli(e)** *adj.* I-3; (*before an adjective or adverb*) **assez** *adv.* I-8, II-P
prevent: to prevent a fire **prévenir l'incendie** *v.* II-6
price **prix** *m.* I-4
principal **principal(e)** *adj.* II-4
print **imprimer** *v.* II-3
printer **imprimante** *f.* II-3
problem **problème** *m.* I-1
produce **produire** *v.* I-6
produced **produit (produire)** *p.p., adj.* I-6
product **produit** *m.* II-6
profession **métier** *m.* II-5; **profession** *f.* II-5
demanding profession **profession** *f.* **exigeante** II-5
professional **professionnel(le)** *adj.* II-5
professional experience **expérience professionnelle** *f.* II-5
program **programme** *m.* II-7; (*software*) **logiciel** *m.* II-3; (*television*) **émission** *f.* **de télévision** II-7
prohibit **interdire** *v.* II-6
project **projet** *m.* II-5
promise **promettre** *v.* I-6
promised **promis (promettre)** *p.p., adj.* I-6

promotion **promotion** *f.* II-5
propose that… **proposer que…** *v.* II-6
to propose a solution **proposer une solution** *v.* II-6
protect **protéger** *v.* I-5
protection **préservation** *f.* II-6; **protection** *f.* II-6
proud **fier/fière** *adj.* I-3
psychological **psychologique** *adj.* II-7
psychological drama **drame psychologique** *m.* II-7
psychology **psychologie** *f.* I-2
psychologist **psychologue** *m., f.* II-5
publish **publier** *v.* II-7
pure **pur(e)** *adj.* II-6
purple **violet(te)** *adj.* I-6
purse **sac à main** *m.* I-6
put **mettre** *v.* I-6
to put (on) (yourself) **se mettre** *v.* II-2
to put away **ranger** *v.* I-8, II-P
to put on makeup **se maquiller** *v.* II-2
put **mis (mettre)** *p.p.* I-6

Q

quarter **quart** *m.* I-2
a quarter after … (o'clock) **… et quart** I-2
Quebec: from Quebec **québécois(e)** *adj.* I-1
question **question** *f.* I-6
to ask (*someone*) a question **poser une question (à)** *v.* I-6
quickly **vite** *adv.* I-7; **rapidement** *adv.* I-7
quite (*before an adjective or adverb*) **assez** *adv.* I-8, II-P

R

rabbit **lapin** *m.* II-6
rain **pleuvoir** *v.* I-5
acid rain **pluie** *f.* **acide** II-6
It is raining. **Il pleut.** I-5
It was raining. **Il pleuvait.** I-8, II-P
rain forest **forêt tropicale** *f.* II-6
rain jacket **imperméable** *m.* I-5
rained **plu (pleuvoir)** *p.p.* I-6
raise (in salary) **augmentation (de salaire)** *f.* II-5
rarely **rarement** *adv.* I-5
rather **plutôt** *adv.* I-1
ravishing **ravissant(e)** *adj.* II-5
razor **rasoir** *m.* II-2
read **lire** *v.* I-7
read **lu (lire)** *p.p., adj.* I-7
ready **prêt(e)** *adj.* I-3

real (*true*) **vrai(e)** *adj.*; **véritable** *adj.* I-3
real estate agent **agent immobilier** *m., f.* II-5
realize **se rendre compte** *v.* II-2
really **vraiment** *adv.* I-7; (*before adjective or adverb*) **tout(e)** *adv.* I-3; really close by **tout près** I-3
rear-view mirror **rétroviseur** *m.* II-3
reason **raison** *f.* I-2
receive **recevoir** *v.* II-4
received **reçu (recevoir)** *p.p., adj.* II-4
receiver **combiné** *m.* II-5
recent **récent(e)** *adj.* II-7
reception desk **réception** *f.* I-7
recognize **reconnaître** *v.* I-8, II-P
recognized **reconnu (reconnaître)** *p.p., adj.* I-8, II-P
recommend that… **recommander que…** *v.* II-6
recommendation **recommandation** *f.* II-5
record **enregistrer** *v.* II-3
recycle **recycler** *v.* II-6
recycling **recyclage** *m.* II-6
red **rouge** *adj.* I-6
redial **recomposer (un numéro)** *v.* II-3
reduce **réduire** *v.* I-6
reduced **réduit (réduire)** *p.p., adj.* I-6
reference **référence** *f.* II-5
reflect (on) **réfléchir (à)** *v.* I-4
refrigerator **frigo** *m.* I-8, II-P
refuse (*to do something*) **refuser (de)** *v.* II-3
region **région** *f.* II-6
regret that… **regretter que…** II-6
relax **se détendre** *v.* II-2
remember **se souvenir (de)** *v.* II-2
remote control **télécommande** *f.* II-3
rent **loyer** *m.* I-8, II-P
to rent **louer** *v.* I-8, II-P
repair **réparer** *v.* II-3
repeat **répéter** *v.* I-5
research **rechercher** *v.* II-5
researcher **chercheur/ chercheuse** *m., f.* II-5
reservation **réservation** *f.* I-7
to cancel a reservation **annuler une réservation** I-7
reserve **réserver** *v.* I-7
reserved **réservé(e)** *adj.* I-1
resign **démissionner** *v.* II-5
resort (ski) **station** *f.* **(de ski)** I-7
respond **répondre (à)** *v.* I-6
rest **se reposer** *v.* II-2
restart **redémarrer** *v.* II-3

restaurant **restaurant** *m.* I-4
restroom(s) **toilettes** *f., pl.* I-8, II-P; **W.-C.** *m., pl.*
result **résultat** *m.* I-2
résumé **curriculum vitæ (C.V.)** *m.* II-5
retake **repasser** *v.* II-7
retire **prendre sa retraite** *v.* I-6
retired person **retraité(e)** *m., f.* II-5
retirement **retraite** *f.* I-6
return **retourner** *v.* I-7
to return (home) **rentrer (à la maison)** *v.* I-2
review (*criticism*) **critique** *f.* II-7
rice **riz** *m.* II-1
ride: to go horseback riding **faire du cheval** *v.* I-5
to ride in a car **rouler en voiture** *v.* I-7
right **juste** *adv.* I-3
to the right (of) **à droite (de)** *prep.* I-3
to be right **avoir raison** I-2
right away **tout de suite** I-7
right next door **juste à côté** I-3
ring **sonner** *v.* II-3
river **fleuve** *m.* II-6; **rivière** *f.* II-6
riverboat **bateau-mouche** *m.* I-7
role **rôle** *m.* II-6
room **pièce** *f.* I-8, II-P; **salle** *f.* I-8, II-P
bedroom **chambre** *f.* I-7
classroom **salle** *f.* **de classe** I-1
dining room **salle** *f.* **à manger** I-8, II-P
single hotel room **chambre** *f.* **individuelle** I-7
round-trip **aller-retour** *adj.* I-7
round-trip ticket **billet** *m.* **aller-retour** I-7
rug **tapis** *m.* I-8, II-P
run **courir** *v.* I-5; **couru (courir)** *p.p., adj.* I-6
to run into someone **tomber sur quelqu'un** *v.* I-7

S

sad **triste** *adj.* I-3
to be sad that… **être triste que…** *v.* II-6
safety **sécurité** *f.* II-3
said **dit (dire)** *p.p., adj.* I-7
salad **salade** *f.* II-1
salary (a high, low) **salaire (élevé, modeste)** *m.* II-5
sales **soldes** *f., pl.* I-6
salon: beauty salon **salon** *m.* **de beauté** II-4

salt **sel** *m.* II-1
sandwich **sandwich** *m.* I-4
sat (down) **assis (s'asseoir)** *p.p.* II-2
Saturday **samedi** *m.* I-2
sausage **saucisse** *f.* II-1
save **sauvegarder** *v.* II-3
save the planet **sauver la planète** *v.* II-6
savings **épargne** *f.* II-4
savings account **compte d'épargne** *m.* II-4
say **dire** *v.* I-7
scarf **écharpe** *f.* I-6
scholarship **bourse** *f.* I-2
school **école** *f.* I-2
science **sciences** *f., pl.* I-2
political science **sciences politiques (sciences po)** *f., pl.* I-2
screen **écran** *m.* II-3
screening **séance** *f.* II-7
sculpture **sculpture** *f.* II-7
sculptor **sculpteur/sculptrice** *m., f.* II-7
sea **mer** *f.* I-7
seafood **fruits de mer** *m., pl.* II-1
search for **chercher** *v.* I-2
to search for work/a job **chercher du/un travail** *v.* II-4
season **saison** *f.* I-5
seat **place** *f.* II-7
seatbelt **ceinture de sécurité** *f.* II-3
to buckle one's seatbelt **attacher sa ceinture de sécurité** *v.* II-3
seated **assis(e)** *p.p., adj.* II-2
second **deuxième** *adj.* I-7
security **sécurité** *f.* II-3
see **voir** *v.* II-7; (*catch sight of*) **apercevoir** *v.* II-4
to see again **revoir** *v.* II-7
See you later. **À plus tard.** I-1
See you later. **À tout à l'heure.** I-1
See you soon. **À bientôt.** I-1
See you tomorrow. **À demain.** I-1
seen **aperçu (apercevoir)** *p.p.* II-4; **vu (voir)** *p.p.* II-7
seen again **revu (revoir)** *p.p.* II-7
self/-selves **même(s)** *pron.* I-6
selfish **égoïste** *adj.* I-1
sell **vendre** *v.* I-6
seller **vendeur/vendeuse** *m., f.* I-6
send **envoyer** *v.* I-5
to send (*to someone*) **envoyer (à)** *v.* I-6
to send a letter **poster une lettre** II-4
Senegalese **sénégalais(e)** *adj.* I-1

sense **sentir** *v.* I-5
separated **séparé(e)** *adj.* I-3
September **septembre** *m.* I-5
serious **grave** *adj.* II-2;
sérieux/sérieuse *adj.* I-3
serve **servir** *v.* I-5
server **serveur/serveuse**
m., f. I-4
service station **station-service**
f. II-3
set the table **mettre la table**
v. I-8, II-P
seven **sept** *m.* I-1
seven hundred **sept cents** *m.* I-5
seventeen **dix-sept** *m.* I-1
seventh **septième** *adj.* I-7
seventy **soixante-dix** *m.* I-3
several **plusieurs** *adj.* I-4
shame **honte** *f.* I-2
It's a shame that... **Il est
dommage que...** II-6
shampoo **shampooing** *m.* II-2
shape (*state of health*) **forme** *f.* II-2
share **partager** *v.* I-2
shave (*oneself*) **se raser** *v.* II-2
shaving cream **crème à raser**
f. II-2
she **elle** *pron.* I-1
sheet of paper **feuille de papier**
f. I-1
sheets **draps** *m., pl.* I-8, II-P
shelf **étagère** *f.* I-8, II-P
shh **chut** II-7
shirt (short-/long-sleeved)
**chemise (à manches
courtes/longues)** *f.* I-6
shoe **chaussure** *f.* I-6
shopkeeper **commerçant(e)**
m., f. II-1
shopping **shopping** *m.* I-7
to go shopping **faire du
shopping** *v.* I-7
to go (grocery) shopping **faire
les courses** *v.* II-1
shopping center **centre
commercial** *m.* I-4
short **court(e)** *adj.* I-3;
(*stature*) **petit(e)** I-3
shorts **short** *m.* I-6
shot (*injection*) **piqûre** *f.* II-2
to give a shot **faire une piqûre**
v. II-2
show **spectacle** *m.* I-5; (*movie
or theater*) **séance** *f.* II-7
to show (*to someone*) **montrer
(à)** *v.* I-6
shower **douche** *f.* I-8, II-P
shut off **fermer** *v.* II-3
shy **timide** *adj.* I-1
sick: to get/be sick **tomber/être
malade** *v.* II-2
sign **signer** *v.* II-4
silk **soie** *f.* I-6

since **depuis** *adv.* II-1
sincere **sincère** *adj.* I-1
sing **chanter** *v.* I-5
singer **chanteur/chanteuse**
m., f. I-1
single (*marital status*) **célibataire**
adj. I-3
single hotel room **chambre** *f.*
individuelle I-7
sink **évier** *m.* I-8, II-P;
(*bathroom*) **lavabo** *m.* I-8, II-P
sir **Monsieur** *m.* I-1
sister **sœur** *f.* I-3
sister-in-law **belle-sœur** *f.* I-3
sit down **s'asseoir** *v.* II-2
sitting **assis(e)** *adj.* II-2
six **six** *m.* I-1
six hundred **six cents** *m.* I-5
sixteen **seize** *m.* I-1
sixth **sixième** *adj.* I-7
sixty **soixante** *m.* I-1
size **taille** *f.* I-6
skate **patiner** *v.* I-4
ski **skier** *v.* I-5; **faire du ski** I-5
skiing **ski** *m.* I-5
ski jacket **anorak** *m.* I-6
ski resort **station** *f.* **de ski** I-7
skin **peau** *f.* II-2
skirt **jupe** *f.* I-6
sky **ciel** *m.* II-6
sleep **sommeil** *m.* I-2
to sleep **dormir** *v.* I-5
to be sleepy **avoir sommeil**
v. I-2
sleeve **manche** *f.* I-6
slice **tranche** *f.* II-1
slipper **pantoufle** *f.* II-2
slow **lent(e)** *adj.* I-3
slowly **lentement** *adv.* I-7
small **petit(e)** *adj.* I-3
smartphone **smartphone** *m.* II-3
smell **sentir** *v.* I-5
smile **sourire** *m.* I-6
to smile **sourire** *v.* I-6
snack (afternoon) **goûter** *m.* II-1
snake **serpent** *m.* II-6
sneeze **éternuer** *v.* II-2
snow **neiger** *v.* I-5
It is snowing. **Il neige.** I-5
It was snowing... **Il
neigeait...** I-8, II-P
so **si** II-3; **alors** *adv.* I-1
so that **pour que** II-7
soap **savon** *m.* II-2
soap opera **feuilleton** *m.* II-7
soccer **foot(ball)** *m.* I-5
sociable **sociable** *adj.* I-1
sociology **sociologie** *f.* I-1
sock **chaussette** *f.* I-6
software **logiciel** *m.* II-3
soil (*to make dirty*) **salir** *v.* I-8, II-P
solar **solaire** *adj.* II-6

solar energy **énergie solaire** *f.* II-6
solution **solution** *f.* II-6
some **de l'** *part. art., m., f., sing.* I-4
some **de la** *part. art., f., sing.* I-4
some **des** *part. art., m., f., pl.* I-4
some **du** *part. art., m., sing.* I-4
some **quelques** *adj.* I-4
some (of it/them) **en** *pron.* II-2
someone **quelqu'un** *pron.* II-4
something **quelque chose** *m.* I-4
Something's not right.
Quelque chose ne va pas. I-5
sometimes **parfois** *adv.* I-5;
quelquefois *adv.* I-7
son **fils** *m.* I-3
song **chanson** *f.* II-7
sorry **désolé(e)** II-3
to be sorry that... **être
désolé(e) que...** *v.* II-6
sort **sorte** *f.* II-7
So-so. **Comme ci, comme
ça.** I-1
soup **soupe** *f.* I-4
soupspoon **cuillère à soupe**
f. II-1
south **sud** *m.* II-4
space **espace** *m.* II-6
Spain **Espagne** *f.* I-7
Spanish **espagnol(e)** *adj.* I-1
speak (on the phone) **parler
(au téléphone)** *v.* I-2
to speak (to) **parler (à)** *v.* I-6
to speak to one another **se
parler** *v.* II-3
specialist **spécialiste** *m., f.* II-5
species **espèce** *f.* II-6
endangered species **espèce** *f.*
menacée II-6
spectator **spectateur/
spectatrice** *m., f.* II-7
speed **vitesse** *f.* II-3
speed limit **limitation de vitesse**
f. II-3
spend **dépenser** *v.* I-4
to spend money **dépenser de
l'argent** I-4
to spend time **passer** *v.* I-7
to spend time (*somewhere*)
faire un séjour I-7
spoon **cuillère** *f.* II-1
sport(s) **sport** *m.* I-5
to play sports **faire du sport**
v. I-5
sporty **sportif/sportive** *adj.* I-3
sprain one's ankle **se fouler la
cheville** II-2
spring **printemps** *m.* I-5
in the spring **au printemps** I-5
square (*place*) **place** *f.* I-4
squirrel **écureuil** *m.* II-6
stadium **stade** *m.* I-5
stage (*phase*) **étape** *f.* I-6
stage fright **trac** II-5

Vocabulary

staircase **escalier** *m.* I-8, II-P
stamp **timbre** *m.* II-4
star **étoile** *f.* II-6
starter **entrée** *f.* II-1
start up **démarrer** *v.* II-3
station **station** *f.* I-7
   subway station **station** *f.* **de métro** I-7
   train station **gare** *f.* I-7
stationery store **papeterie** *f.* II-4
statue **statue** *f.* II-4
stay **séjour** *m.* I-7; **rester** *v.* I-7
   to stay slim **garder la ligne** *v.* II-2
steak **steak** *m.* II-1
steering wheel **volant** *m.* II-3
stepbrother **demi-frère** *m.* I-3
stepfather **beau-père** *m.* I-3
stepmother **belle-mère** *f.* I-3
stepsister **demi-sœur** *f.* I-3
still **encore** *adv.* I-3
stomach **ventre** *m.* II-2
   to have a stomach ache **avoir mal au ventre** *v.* II-2
stone **pierre** *f.* II-6
stop (doing something) **arrêter (de faire quelque chose)** *v.*; (*to stop oneself*) **s'arrêter** *v.* II-2
   to stop by someone's house **passer chez quelqu'un** *v.* I-4
   bus stop **arrêt d'autobus (de bus)** *m.* I-7
store **magasin** *m.;* **boutique** *f.* II-4
   grocery store **épicerie** *f.* I-4
stormy **orageux/orageuse** *adj.* I-5
   It is stormy. **Le temps est orageux.** I-5
story **histoire** *f.* I-2
stove **cuisinière** *f.* I-8, II-P
straight **raide** *adj.* I-3
   straight ahead **tout droit** *adv.* II-4
strangle **étrangler** *v.* II-5
strawberry **fraise** *f.* II-1
street **rue** *f.* II-3
   to follow a street **suivre une rue** *v.* II-4
strong **fort(e)** *adj.* I-3
student **étudiant(e)** *m., f.* 1; **élève** *m., f.* I-1
   high school student **lycéen(ne)** *m., f.* I-2
studies **études** *f.* I-2
studio (*apartment*) **studio** *m.* I-8, II-P
study **étudier** *v.* I-2
suburbs **banlieue** *f.* I-4
subway **métro** *m.* I-7
subway station **station** *f.* **de métro** I-7
succeed (*in doing something*) **réussir (à)** *v.* I-4

success **réussite** *f.* II-5
suddenly **soudain** *adv.* I-8, II-P; **tout à coup** *adv.* I-7.; **tout d'un coup** *adv.* I-8, II-P
suffer **souffrir** *v.* II-3
suffered **souffert (souffrir)** *p.p.* II-3
sugar **sucre** *m.* I-4
suggest (that) **suggérer (que)** *v.* II-6
suit (*man's*) **costume** *m.* I-6; (*woman's*) **tailleur** *m.* I-6
suitcase **valise** *f.* I-7
summer **été** *m.* I-5
   in the summer **en été** I-5
sun **soleil** *m.* I-5
   It is sunny. **Il fait (du) soleil.** I-5
Sunday **dimanche** *m.* I-2
sunglasses **lunettes de soleil** *f., pl.* I-6
supermarket **supermarché** *m.* II-1
supervisor **responsable** *m., f.* II-5
sure **sûr(e)** II-1
   It is sure that… **Il est sûr que…** II-7
   It is unsure that… **Il n'est pas sûr que…** II-7
surprise (*someone*) **faire une surprise (à quelqu'un)** *v.* I-6
surprised **surpris (surprendre)** *p.p., adj.* I-6
   to be surprised that… **être surpris(e) que…** *v.* II-6
sweater **pull** *m.* I-6
sweep **balayer** *v.* I-8, II-P
swell **enfler** *v.* II-2
swim **nager** *v.* I-4
swimsuit **maillot de bain** *m.* I-6
Swiss **suisse** *adj.* I-1
Switzerland **Suisse** *f.* I-7
symptom **symptôme** *m.* II-2

T

table **table** *f.* I-1
   to clear the table **débarrasser la table** *v.* I-8, II-P
tablecloth **nappe** *f.* II-1
tablet **tablette (tactile)** *f.* II-3
take **prendre** *v.* I-4
   to take a photo(graph) **prendre une photo(graphe)** *v.* II-3
   to take a shower **prendre une douche** II-2
   to take a train (plane, taxi, bus, boat) **prendre un train (un avion, un taxi, un autobus, un bateau)** *v.* I-7
   to take a walk **se promener** *v.* II-2
   to take advantage of **profiter de** *v.* II-7

to take an exam **passer un examen** *v.* I-2
to take care (of something) **s'occuper (de)** *v.* II-2
to take out the trash **sortir la/ les poubelle(s)** *v.* I-8, II-P
to take time off **prendre un congé** *v.* II-5
to take (*someone*) **emmener** *v.* I-5
taken **pris (prendre)** *p.p., adj.* I-6
tale **conte** *m.* II-7
talented (*gifted*) **doué(e)** *adj.* II-7
tan **bronzer** *v.* I-6
tape recorder **magnétophone** *m.* II-3
tart **tarte** *f.* II-1
taste **goûter** *v.* II-1
taxi **taxi** *m.* I-7
tea **thé** *m.* I-4
teach **enseigner** *v.* I-2
   to teach (*to do something*) **apprendre (à)** *v.* I-4
teacher **professeur** *m.* I-1
team **équipe** *f.* I-5
teaspoon **cuillère à café** *f.* II-1
tee shirt **tee-shirt** *m.* I-6
teeth **dents** *f., pl.* II-1
   to brush one's teeth **se brosser les dents** *v.* II-1
telephone (*receiver*) **appareil** *m.* II-5
   to telephone (*someone*) **téléphoner (à)** *v.* I-2
   It's Mr./Mrs./Miss … (on the phone.) **C'est M./Mme/ Mlle … (à l'appareil.)** II-5
television **télévision** *f.* I-1
   television channel **chaîne** *f.* **(de télévision)** II-3
   television program **émission** *f.* **de télévision** II-7
tell one another **se dire** *v.* II-3
temperature **température** *f.* I-5
ten **dix** *m.* I-1
tennis **tennis** *m.* I-5
tennis shoes **baskets** *f., pl.* I-6
tenth **dixième** *adj.* I-7
terminal (bus) **gare** *f.* **routière** I-7
terrace (café) **terrasse** *f.* **de café** I-4
test **examen** *m.* I-1
text message **texto, SMS** *m.* II-3
than **que/qu'** *conj.* II-1, II-6
thank: Thank you (very much). **Merci (beaucoup).** I-1
that **ce/c', ça** I-1; **que** *rel. pron.* II-3
   Is that… ? **Est-ce… ?** I-2
   That's enough. **Ça suffit.** I-5

That has nothing to do with us.
That is none of our business. **Ça
ne nous regarde pas.** II-6
that is... **c'est...** I-1
that is to say **ça veut dire** II-2
theater **théâtre** *m.* II-7
their **leur(s)** *poss. adj., m., f.* I-3
them **les** *d.o. pron.* I-7, **leur**
i.o. pron., m., f., pl. I-6
then **ensuite** *adv.* I-7, **puis** *adv.*
I-7, **puis** I-4; **alors** *adv.* I-7
there **là** I-1; **y** *pron.* II-2
Is there... ? **Y a-t-il... ?** I-2
over there **là-bas** *adv.* I-1
(over) there *(used with
demonstrative adjective* ce *and
noun or with demonstrative
pronoun* celui*)* **-là** I-6
There is/There are... **Il y a...** I-1
There is/There are.... **Voilà...** I-1
There was... **Il y a eu...** I-6;
Il y avait... I-8, II-P
therefore **donc** *conj.* I-7
these/those **ces** *dem. adj., m., f.,
pl.* I-6
these/those **celles** *pron., f.,
pl.* II-6
these/those **ceux** *pron., m.,
pl.* II-6
they **ils** *sub. pron., m.* I-1;
elles *sub. and disj. pron., f.* I-1;
eux *disj. pron., pl.* I-3
thing **chose** *f.* I-1, **truc** *m.* I-7
think (about) **réfléchir (à)** *v.* I-4
to think (that) **penser
(que)** *v.* I-2
third **troisième** *adj.* I-7
thirst **soif** *f.* I-4
to be thirsty **avoir soif** *v.* I-4
thirteen **treize** *m.* I-1
thirty **trente** *m.* I-1
thirty-first **trente et unième**
adj. I-7
this/that **ce** *dem. adj., m.,
sing.* I-6; **cet** *dem. adj., m.,
sing.* I-6; **cette** *dem. adj., f.,
sing.* I-6
this afternoon **cet après-midi**
I-2
this evening **ce soir** I-2
this one/that one
celle *pron., f., sing.* II-6;
celui *pron., m., sing.* II-6
this week **cette semaine** I-2
this weekend **ce week-end** I-2
this year **cette année** I-2
those are... **ce sont...** I-1
thousand: one thousand **mille**
m. I-5
one hundred thousand
cent mille *m.* I-5
threat **danger** *m.* II-6
three **trois** *m.* I-1

three hundred **trois cents** *m.* I-5
throat **gorge** *f.* II-2
throw away **jeter** *v.* II-6
Thursday **jeudi** *m.* I-2
ticket **billet** *m.* I-7
round-trip ticket **billet** *m.*
aller-retour I-7 bus/subway
ticket **ticket de bus/de
métro** *m.* I-7
tie **cravate** *f.* I-6
tight **serré(e)** *adj.* I-6
time *(occurence)* **fois** *f.* I-8, II-P;
(general sense) **temps** *m.,
sing.* I-5
a long time **longtemps** *adv.* I-5
free time **temps libre** *m.* I-5
from time to time **de temps
en temps** *adv.* I-7
to waste time **perdre son
temps** *v.* I-6
tinker **bricoler** *v.* I-5
tip **pourboire** *m.* I-4
to leave a tip **laisser un
pourboire** *v.* I-4
tire **pneu** *m.* II-3
flat tire **pneu** *m.* **crevé** II-3
(emergency) tire **roue (de
secours)** *f.* II-3
to check the tire pressure
**vérifier la pression des
pneus** *v.* II-3
tired **fatigué(e)** *adj.* I-3
tiresome **pénible** *adj.* I-3
to **à** *prep.* I-4; **au (à + le)** I-4;
aux (à + les) I-4
toaster **grille-pain** *m.* I-8, II-P
today **aujourd'hui** *adv.* I-2
toe **orteil** *m.* II-2; **doigt de
pied** *m.* II-2
together **ensemble** *adv.* I-6
tomato **tomate** *f.* II-1
tomorrow (morning, afternoon,
evening) **demain (matin,
après-midi, soir)** *adv.* I-2
day after tomorrow
après-demain *adv.* I-2
too **aussi** *adv.* I-1
too many/much (of) **trop
(de)** I-4
tooth **dent** *f.* II-1
to brush one's teeth **se brosser
les dents** *v.* II-1
toothbrush **brosse** *f.* **à dents** II-2
toothpaste **dentifrice** *m.* II-2
tour **tour** *m.* I-5
tourism **tourisme** *m.* II-4
tourist office **office du tourisme**
m. II-4
towel (bath) **serviette (de
bain)** *f.* II-2
town **ville** *f.* I-4
town hall **mairie** *f.* II-4
toxic **toxique** *adj.* II-6

toxic waste **déchets toxiques**
m., pl. II-6
traffic **circulation** *f.* II-3
traffic light **feu de signalisation**
m. II-4
tragedy **tragédie** *f.* II-7
train **train** *m.* I-7
train station **gare** *f.* I-7; **station**
f. **de train** I-7
training **formation** *f.* II-5
translate **traduire** *v.* I-6
translated **traduit (traduire)**
p.p., adj. I-6
trash **ordures** *f., pl.* II-6
travel **voyager** *v.* I-2
travel agency **agence de voyages**
f. I-7
travel agent **agent de voyages**
m. I-7
tree **arbre** *m.* II-6
trip **voyage** *m.* I-7
troop *(company)* **troupe** *f.* II-7
tropical **tropical(e)** *adj.* II-6
tropical forest **forêt tropicale**
f. II-6
true **vrai(e)** *adj.* I-3; **véritable**
adj. I-6
It is true that... **Il est vrai
que...** II-7
It is untrue that... **Il n'est pas
vrai que...** II-7
trunk **coffre** *m.* II-3
try **essayer** *v.* I-5
Tuesday **mardi** *m.* I-2
tuna **thon** *m.* II-1
turn **tourner** *v.* II-4
to turn off **éteindre** *v.* II-3
to turn on **allumer** *v.* II-3
to turn (oneself) around **se
tourner** *v.* II-2
twelve **douze** *m.* I-1
twentieth **vingtième** *adj.* I-7
twenty **vingt** *m.* I-1
twenty-first **vingt et unième**
adj. I-7
twenty-second **vingt-deuxième**
adj. I-7
twice **deux fois** *adv.* I-8, II-P
twist one's ankle **se fouler la
cheville** *v.* II-2
two **deux** *m.* I-1
two hundred **deux cents**
m. I-5
two million **deux millions**
m. I-5
type **genre** *m.* II-7

U

ugly **laid(e)** *adj.* I-3
umbrella **parapluie** *m.* I-5
uncle **oncle** *m.* I-3
under **sous** *prep.* I-3

understand **comprendre** *v.* I-4
understood **compris (comprendre)** *p.p., adj.* I-6
underwear **sous-vêtement** *m.* I-6
undress **se déshabiller** *v.* II-2
unemployed person **chômeur/ chômeuse** *m., f.* II-5
to be unemployed **être au chômage** *v.* II-5
unemployment **chômage** *m.* II-5
unfortunately **malheureusement** *adv.* I-7
unhappy **malheureux/ malheureuse** *adj.* I-3
union **syndicat** *m.* II-5
United States **États-Unis** *m., pl.* I-7
unless **à moins que** *conj.* II-7
unpleasant **antipathique** *adj.* I-3; **désagréable** *adj.* I-1
until **jusqu'à** *prep.* II-4; **jusqu'à ce que** *conj.* II-7
upset: to become upset **s'énerver** *v.* II-2
us **nous** *i.o. pron.* I-6; **nous** *d.o. pron.* I-7
USB drive **clé USB** *f.* II-3
use **employer** *v.* I-5
to use a map **utiliser un plan** *v.* I-7
useful **utile** *adj.* I-2
useless **inutile** *adj.* I-2; **nul(le)** *adj.* I-2
usually **d'habitude** *adv.* I-8, II-P

V

vacation **vacances** *f., pl.* I-7
vacation day **jour de congé** *m.* I-7
vacuum **aspirateur** *m.* I-8, II-P
to vacuum **passer l'aspirateur** *v.* I-8, II-P
valley **vallée** *f.* II-6
vegetable **légume** *m.* II-1
velvet **velours** *m.* I-6
very *(before adjective)* **tout(e)** *adv.* I-3
Very well. **Très bien.** I-1
veterinarian **vétérinaire** *m., f.* II-5
videocassette recorder (VCR) **magnétoscope** *m.* II-3
video game(s) **jeu vidéo (des jeux vidéo)** *m.* II-3
videotape **cassette vidéo** *f.* II-3
Vietnamese **vietnamien(ne)** *adj.* I-1
violet **violet(te)** *adj.* I-6
violin **violon** *m.* II-7
visit **visite** *f.* I-6

to visit *(a place)* **visiter** *v.* I-2; *(a person or people)* **rendre visite (à)** *v.* I-6; *(to visit regularly)* **fréquenter** *v.* I-4
voicemail **messagerie** *f.* II-5
volcano **volcan** *m.* II-6
volleyball **volley(-ball)** *m.* I-5

W

waist **taille** *f.* I-6
wait **attendre** *v.* I-6
to wait *(on the phone)* **patienter** *v.* II-5
to wait in line **faire la queue** *v.* II-4
wake up **se réveiller** *v.* II-2
walk **promenade** *f.* I-5; **marcher** *v.* I-5
to go for a walk **faire une promenade** I-5; **faire un tour** I-5
wall **mur** *m.* I-8, II-P
want **désirer** *v.* I-5; **vouloir** *v.* II-1
wardrobe **armoire** *f.* I-8, II-P
warming: global warming **réchauffement de la Terre** *m.* II-6
warning light (gas/oil) **voyant** *m.* **(d'essence/d'huile)** II-3
wash **laver** *v.* I-8, II-P
to wash oneself (one's hands) **se laver (les mains)** *v.* II-2
to wash up (in the morning) **faire sa toilette** *v.* II-2
washing machine **lave-linge** *m.* I-8, II-P
waste **gaspillage** *m.* II-6; **gaspiller** *v.* II-6
wastebasket **corbeille (à papier)** *f.* I-1
waste time **perdre son temps** *v.* I-6
watch **montre** *f.* I-1; **regarder** *v.* I-2
water **eau** *f.* I-4
mineral water **eau** *f.* **minérale** I-4
way *(by the way)* **au fait** *I-3*; *(path)* **chemin** *m.* II-4
we **nous** *pron.* I-1
weak **faible** *adj.* I-3
wear **porter** *v.* I-6
weather **temps** *m., sing.* I-5; **météo** *f.* II-7
The weather is bad. **Il fait mauvais.** I-5
The weather is dreadful. **Il fait un temps épouvantable.** I-5
The weather is good/warm. **Il fait bon.** I-5
The weather is nice. **Il fait beau.** I-5

web site **site Internet/web** *m.* II-3
wedding **mariage** *m.* I-6
Wednesday **mercredi** *m.* I-2
weekend **week-end** *m.* I-2
this weekend **ce week-end** *m.* I-2
welcome **bienvenu(e)** *adj.* I-1
You're welcome. **Il n'y a pas de quoi.** I-1
well **bien** *adv.* I-7
I am doing well/badly. **Je vais bien/mal.** I-1
west **ouest** *m.* II-4
What? **Comment?** *adv.* I-4; **Pardon?** I-4; **Quoi?** I-1 *interr. pron.* I-4
What day is it? **Quel jour sommes-nous?** I-2
What is it? **Qu'est-ce que c'est?** *prep.* I-1
What is the date? **Quelle est la date?** I-5
What is the temperature? **Quelle température fait-il?** I-5
What is the weather like? **Quel temps fait-il?** I-5
What is your name? **Comment t'appelles-tu?** *fam.* I-1
What is your name? **Comment vous appelez-vous?** *form.* I-1
What is your nationality? **Quelle est ta nationalité?** *sing., fam.* I-1
What is your nationality? **Quelle est votre nationalité?** *sing., pl., fam., form.* I-1
What time do you have? **Quelle heure avez-vous?** *form.* I-2
What time is it? **Quelle heure est-il?** I-2
What time? **À quelle heure?** I-2
What do you think about that? **Qu'en penses-tu?** II-6
What's up? **Ça va?** I-1
whatever it may be **quoi que ce soit** II-5
What's wrong? **Qu'est-ce qu'il y a?** I-1
when **quand** *adv.* I-4
When is …'s birthday? **C'est quand l'anniversaire de …?** I-5
When is your birthday? **C'est quand ton/votre anniversaire?** I-5
where **où** *adv., rel. pron.* I-4
which? **quel(le)(s)?** *adj.* I-4
which one **à laquelle** *pron., f., sing.* II-5

which one **auquel (à + lequel)** *pron., m., sing.* II-5
which one **de laquelle** *pron., f., sing.* II-5
which one **duquel (de + lequel)** *pron., m., sing.* II-5
which one **laquelle** *pron., f., sing.* II-5
which one **lequel** *pron., m., sing.* II-5
which ones **auxquelles (à + lesquelles)** *pron., f., pl.* II-5
which ones **auxquels (à + lesquels)** *pron., m., pl.* II-5
which ones **desquelles (de + lesquelles)** *pron., f., pl.* II-5
which ones **desquels (de + lesquels)** *pron., m., pl.* II-5
which ones **lesquelles** *pron., f., pl.* II-5
which ones **lesquels** *pron., m., pl.* II-5
while **pendant que** *prep.* I-7
white **blanc(he)** *adj.* I-6
who? **qui?** *interr. pron.* I-4; **qui** *rel. pron.* II-3
  Who is it? **Qui est-ce?** I-1
  Who's calling, please? **Qui est à l'appareil?** II-5
whom? **qui?** *interr.* I-4
  For whom? **Pour qui?** I-4
  To whom? **À qui?** I-4
why? **pourquoi?** *adv.* I-2, I-4
widowed **veuf/veuve** *adj.* I-3
wife **femme** *f.* I-1; **épouse** *f.* I-3
willingly **volontiers** *adv.* II-2
win **gagner** *v.* I-5
wind **vent** *m.* I-5
  It is windy. **Il fait du vent.** I-5
window **fenêtre** *f.* I-1
windshield **pare-brise** *m.* II-3
windshield wiper(s) **essuie-glace (essuie-glaces** *pl.***)** *m.* II-3
windsurfing **planche à voile** *v.* I-5
  to go windsurfing **faire de la planche à voile** *v.* I-5
winter **hiver** *m.* I-5
  in the winter **en hiver** I-5
wipe (the dishes/the table) **essuyer (la vaisselle/la table)** *v.* I-8, II-P
wish that... **souhaiter que...** *v.* II-6
with **avec** *prep.* I-1
  with whom? **avec qui?** I-4
withdraw money **retirer de l'argent** *v.* II-4
without **sans** *prep.* I-8, II-P; **sans que** *conj.* I-5
woman **femme** *f.* I-1

wood **bois** *m.* II-6
wool **laine** *f.* I-6
work **travail** *m.* II-4
  to work **travailler** *v.* I-2; **marcher** *v.* II-3; **fonctionner** *v.* II-3
work out **faire de la gym** *v.* I-5
worker **ouvrier/ouvrière** *m., f.* II-5
world **monde** *m.* I-7
worried **inquiet/inquiète** *adj.* I-3
worry **s'inquiéter** *v.* II-2
worse **pire** *comp. adj.* II-1; **plus mal** *comp. adv.* II-1; **plus mauvais(e)** *comp. adj.* II-1
worst: the worst **le plus mal** *super. adv.* II-1; **le/la pire** *super. adj.* II-1; **le/la plus mauvais(e)** *super. adj.* II-1
wound **blessure** *f.* II-2
wounded: to get wounded **se blesser** *v.* II-2
write **écrire** *v.* I-7
  to write one another **s'écrire** *v.* II-3
writer **écrivain(e)** *m., f.* II-7
written **écrit (écrire)** *p.p., adj.* I-7
wrong **tort** *m.* I-2
  to be wrong **avoir tort** *v.* I-2

Y

yeah **ouais** I-2
year **an** *m.* I-2; **année** *f.* I-2
yellow **jaune** *adj.* I-6
yes **oui** I-2; *(when making a contradiction)* **si** I-2
yesterday (morning/afternoon evening) **hier (matin/après-midi/soir)** *adv.* I-7
  day before yesterday **avant-hier** *adv.* I-7
yogurt **yaourt** *m.* II-1
you **toi** *disj. pron., sing., fam.* I-3; **tu** *sub. pron., sing., fam.* I-1; **vous** *pron., sing., pl., fam., form.* I-1
  you neither **toi non plus** I-2
  You're welcome. **De rien.** I-1
young **jeune** *adj.* I-3
younger **cadet(te)** *adj.* I-3
your **ta** *poss. adj., f., sing.* I-3; **tes** *poss. adj., m., f., pl.* I-3; **ton** *poss. adj., m., sing.* I-3; **vos** *poss. adj., m., f., pl.* I-3; **votre** *poss. adj., m., f., sing.* I-3;
yourself **te/t'** *refl. pron., sing., fam.* II-2; **toi** *refl. pron., sing., fam.* II-2; **vous** *refl. pron., form.* II-2

youth **jeunesse** *f.* I-6
youth hostel **auberge de jeunesse** *f.* I-7
Yum! **Miam!** *interj.* I-5

Z

zero **zéro** *m.* I-1

Supplementary Vocabulary

Dans la maison

allumer la lumière *to turn on the light*
du bois *wood*
le chauffage central *central heating*
la cheminé *chimney; fireplace*
la climatisation *air-conditioning*
la décoration intérieure *interior design*
en bas *downstairs*
en haut *upstairs*
éteindre la lumière *to turn off the light*
le fioul *heating oil*
le gaz *natural gas*
le grenier *attic*
la lumière *light*
une penderie *walk-in closet*
un plafond *ceiling*
le sol *floor*
le toit *roof*

Des tâches ménagères

aérer une pièce *to air a room*
arroser les plantes *to water the plants*
étendre le linge *to hang out/ hang up washing*
laver les vitres *to clean the windows*
une vitre *windowpane*

Des meubles et des objets de la maison

une ampoule *light bulb*
une bougie *candle*
un buffet *sideboard*
une corde à linge *clothesline*
une couette *comforter*
le linge de maison *linen*
une persienne *shutter*
une pince à linge *clothes pin*
un portemanteau *coat rack*
un radiateur *radiator*
un robot ménager *food processor*
un store *blind*
un volet *shutter*

Des fruits

un abricot *apricot*
un ananas *pineapple*
une cerise *cherry*
un citron *lemon*
une citrouille *pumpkin*
une fraise *strawberry*
une framboise *raspberry*
une mandarine *tangerine*
une mangue *mango*
un melon *cantaloupe*
un pamplemousse *grapefruit*
une pastèque *watermelon*
une papaye *papaya*
un potiron *pumpkin*
du raisin *grapes*

Des légumes

un artichaut *artichoke*
une asperge *asparagus*
une aubergine *eggplant*
un avocat *avocado*
une betterave *beet*
un brocoli *broccoli*
du céleri *celery*
un chou *cabbage*
un concombre *cucumber*
des épinards *spinach*
un radis *radish*

Des poissons et des fruits de mer

du cabillaud *cod*
un calmar *squid*
une coquille Saint-Jacques *scallop*
un crabe *crab*
une crevette *prawn; shrimp*
une palourde *clam*
une sole *sole; flounder*
une moule *mussel*
une huître *oyster*
une sardine *sardine*
du saumon *salmon*
une truite *trout*

De la viande

de l'agneau (m.) *lamb*
un canard *duck*
une caille *quail*
un filet (de) *fillet*
du foie *liver*
du lard fumé *smoked bacon*
un rôti *roast*
du veau *veal*

Quelques magasins

une crémerie *cheese and dairy product store*
un fleuriste *flower shop*
un hypermarché *large supermarket*
une supérette *mini-market*

La routine quotidienne

un après-shampooing *conditioner*
un chausson *slipper*
un gant de toilette *washcloth*
un peignoir *bathrobe*
une pendulette *small clock*
une pince à épiler *tweezers*
une savonnette *bar soap*
se démaquiller *to remove make-up*

Des parties du corps

la barbe *beard*
le cerveau *brain*
un cil *eyelash*
une côte *rib*
un coude *elbow*
le crâne *skull*
une cuisse *thigh*
une épaule *shoulder*
les fesses (f.) *buttocks*
le front *forehead*
une hanche *hip*
la langue *tongue*
les lèvres (f.) *lips*
une mâchoire *jaw*
le menton *chin*
un mollet *calf*
la moustache *mustache*
le nombril *navel; bellybutton*
un ongle *fingernail*
une paupière *eyelid*
un poignet *wrist*
le pouce *thumb*
un poumon *lung*
le sang *blood*
un sourcil *eyebrow*
un talon *heel*
le torse *torso; trunk*

Quelques professions de la santé

un docteur/une doctoresse *doctor*
un(e) kinésithérapeute *physical therapist*
un(e) oculiste *oculist*

La santé

un(e) auxiliaire médical *paramedic*
des béquilles (f.) *crutches*
une brûlure *burn*
le cancer *cancer*
un comprimé *tablet*
une crise cardiaque *heart attack*
une éruption *rash*
un fauteuil roulant *wheelchair*
des insomnies (f.) *insomnia*
une maladie *disease; sickness*
un pansement *bandage*
les premiers soins (m.) *first aid*
une pneumonie *pneumonia*
une salle d'opération *operating room*
un sirop *(cough) syrup*
un thermomètre *thermometer*
une transfusion *transfusion*
une vaccination *vaccination*
un virus *virus*

Quelques expressions liées à la santé

aller mieux *to get better*
avoir la jambe dans le plâtre *to have one's leg in a cast*
se brûler *to burn (oneself)*
se couper *to cut (oneself)*
entrer à l'hôpital (m.) *to check into the hospital*
s'évanouir *to faint*
faire un pansement à quelqu'un *to put a dressing on someone's wound*
garder la chambre/le lit *to stay in bed*
opérer *to operate*
porter des lunettes *to wear glasses*
prendre la tension de quelqu'un *to take someone's blood pressure*
prendre le pouls de quelqu'un *to take someone's pulse*
respirer (profondément) *to breathe (deeply)*
saigner *to bleed*

D'autres mots pour la technologie

une base de données *database*
la biotechnologie *biotechnology*
un bouton *button; knob*
un câble *cable*
le courant *current*
l'électricité (f.) *electricity*
une fusée *rocket*
un laboratoire spatial *space laboratory*
un moteur de recherche *search engine*
programmer *to program*
un satellite *satellite*
une touche *key*

D'autres mots pour la voiture

l'accélérateur *accelerator*
baisser la vitre *to roll down the window*
la batterie *battery*
la boîte de vitesses (automatique/manuelle) *(automatic/manual) transmission*
le carburateur *carburetor*
la carrosserie *bodywork*
les codes (m.) *low beams*
un concessionnaire *car dealer*
la consommation (d'essence) *mileage*
descendre la vitre *to roll down the window*
pleins phares (m.) *high beams*
remonter la vitre *to roll up the window*
la suspension *suspension*
les vitres (f.) *windows*

Quelques édifices

un aquarium *aquarium*
la caserne des pompiers *fire station*
un gratte-ciel *skyscraper*
un hôtel particulier *mansion*
l'hôtel de ville *town hall*
le palais de justice *law courts*
un pâté de maisons *block*

L'infrastructure

une ambulance *ambulance*
un camion de pompiers *fire engine*
la chaussée *street*
un panneau *street sign*
un réverbère *street light*
une route à trois voies *three-lane road*
un trottoir *sidewalk*
un tunnel *tunnel*

Quelques magasins

une boutique de mode *fashion store*
un cordonnier *shoe repair shop*
une galerie marchande *shopping mall*
un magasin de chaussures *shoe store*
un magasin de sport *sports store*
une parfumerie *perfumery shop*
un salon de coiffure *hairdressing salon*

D'autres occupations

un(e) acheteur/euse *buyer*
un agent d'assurances
  insurance agent
un artisan *craftsman*
un(e) bibliothécaire *librarian*
un(e) chirurgien/ne *surgeon*
un(e) diététicien/ne *dietician*
un(e) diplomate *diplomat*
un éboueur/une
  éboueuse *garbage collector*
un garagiste *car mechanic*
une hôtesse de l'air/un
  steward *flight attendant*
un(e) interprète *interpreter*
un(e) juge *judge*
un marin *sailor*
un rédacteur/une rédactrice
  editor

Quelques expressions

choisir une branche *to choose
  a field*
être en congé de maladie
  to be on sick leave
être en congé de maternité
  to be on maternity leave
être en/à la retraite *to
  be retired*
partir en retraite *to retire*
le secteur privé *private sector*
le secteur public *public sector*

L'environnement et la nature

l'atmosphère (f.) *atmosphere*
une colline *hill*
un écosystème *ecosystem*
le sable *sand*
le système solaire *solar system*

Des problèmes écologiques et des solutions

un dépôt d'ordures *garbage dump*
déboiser *to deforest*
le dioxyde de carbone *carbon
  dioxide*
une éolienne *windmill*
une inondation *flood*
une marée noire *oil spill*
des panneaux solaires (m.)
  solar panels
un pesticide *pesticide*
le reboisement *reforestation*
reboiser *to reforest*
la sécheresse *drought*

D'autres animaux

une abeille *bee*
un âne *donkey*
un alligator *alligator*
une araignée *spider*
une baleine *whale*
un canard *duck*
un chameau *camel*
un cerf/un daim *deer*
un coq *rooster*
un coyote *coyote*
un éléphant *elephant*
une fourmi *ant*
une girafe *giraffe*
un gorille *gorilla*
une grenouille *frog*
un hippopotame *hippopotamus*
un insecte *insect*
un lézard *lizard*
un lion *lion*
un loup *wolf*
une mouche *fly*
un moustique *mosquito*
un mouton *sheep*
un orignal *moose*
un papillon *butterfly*
un perroquet *parrot*
un phoque *seal*
une poule *chicken; hen*
un ours *bear*
un renard *fox*
un renne *reindeer*
un requin *shark*
un rhinocéros *rhinoceros*
une sauterelle *grasshopper*
un singe *monkey*
un tigre *tiger*
un zèbre *zebra*

Les arts du spectacle

un(e) acteur/actrice
  comique/un(e)
  comique *comedian*
un autographe *autograph*
un bis *encore*
bisser *to ask for an encore;
  to do an encore*
une cantatrice *opera singer*
une chorale *choir*
un(e) comédien(ne)
  actor, actress
les coulisses (f.) *backstage*
émouvant *moving*
un fauteuil (d'orchestre)
  (orchestra) seat
la générale *dress rehearsal*
huer *to boo*
la première *première*
une matinée *matinée*
le méchant *villain*
une opérette *operetta*
un(e) ouvreur/euse
  usher/usherette
pleurer *to cry*
un(e) soliste *soloist*

Les beaux-arts

un atelier *studio*
un cadre *frame*
un chevalet *easel*
encadrer *to frame*
une fresque *fresco*
une galerie d'art *art gallery*
une palette *palette*
une peinture murale *mural*
un vernissage *private view
  (exhibition)*

L'artisanat

l'argent (m.) *silver*
une brodeuse *embroiderer*
la céramique *ceramics*
un charpentier *carpenter*
une couturière *dressmaker*
le cuivre *copper*
une dentellière *lace maker*
un facteur de pianos
  piano maker
l'or (m.) *gold*
un orfèvre *goldsmith*
un potier *potter*
un souffleur de verre
  glassblower

AP® French Themes & Contexts

This index aligns the cultural content in **D'accord! 2** with the AP® French Language and Culture themes and recommended contexts to help you build the broad cultural understanding you need to succeed in class, on the AP® Exam, and beyond.

The numbers following each entry can be understood as follows:

(1) 9 = **(Unit)** page
As shown, the entry above would be found in Unit 1, page 9.

*Entries marked with an asterisk offer cultural information that supports the AP® theme and context but may not fully align with it.

Beauty & Aesthetics

Architecture
André Le Nôtre **(P)** 65
L'architecture **(P)** 33
Architecture moderne et ancienne **(P)** 51
Le baron Haussmann **(4)** 229
Le château de Versailles **(P)** 66
Le centre des villes **(4)** 229
Le métro **(P)** 63
Les toits de Bourgogne **(5)** 285
La tour Eiffel **(P)** 63
La vallée des rois **(4)** 241
Le Vieux Carré **(P)** 51

Contributions to World Artistic Heritage
Le château de Versailles **(P)** 66
*Les crêpes bretonnes et le camembert normand **(1)** 109
*Le far Breton **(1)** 89
Giverny et les impressionnistes **(1)** 109
*Les menhirs et les dolmens **(1)** 109
Le Petit Prince **(6)** 330

Ideals of Beauty
*Grasse, France **(3)** 197
*L'Occitane en Provence **(2)** 123

Literature
Maryse Condé **(7)** 375
Molière **(7)** 343

Music
Le maloya **(7)** 375
Des musiciens **(7)** 343
Le Printemps de Bourges **(4)** 241

Performing Arts
Le Cirque du Soleil **(7)** 363
Au festival d'art **(7)** 356
Le festival de Cannes **(3)** 197
Molière **(7)** 343
Que le spectacle commence! **(7)** 336
Le théâtre, un art vivant et populaire **(7)** 342

Visual Arts
Créatrice de meubles en carton **(P)** 43
Des arts traditionnels **(7)** 363
Le musée du Louvre **(P)** 63
La peinture haïtienne **(7)** 362

Contemporary Life

Education
Des stages pour tous **(R)** 13
Les vacances scolaires **(R)** 12

Housing and Shelter
À l'écoute **(P)** 61
L'intérieur des logements français **(P)** 50
Le logement en France **(P)** 32
La maison **(P)** 26
La visite surprise **(P)** 30–31

Leisure and Sports
Les 24 heures du Mans **(4)** 241
Les arènes de Nîmes **(2)** 153
*La couscousmania des Français **(1)** 97
Des stages pour tous **(R)** 13
Deauville: station balnéaire de réputation internationale **(1)** 109
En forêt de Fontainebleau **(P)** 65
Le lac Saint-Jean **(R)** 13
Paris-Plages **(P)** 63
La pelote basque **(2)** 153
Le «Spiderman» français **(4)** 211

Professions
Au bureau **(5)** 248
Les artisans **(5)** 255
*Le bac **(5)** 252–253
Comment gagner sa vie **(5)** 255
La durée des vacances et les jours fériés **(5)** 273
Les fonctionnaires **(5)** 273
Les professions **(5)** 266
Syndicats et grèves en France **(5)** 272

Travel
Le château Frontenac **(P)** 33
Disneyland Paris **(P)** 65
*Rennes: capitale bretonne **(4)** 221
Les Machines de l'Île **(4)** 241

Families & Communities

Customs and Ceremonies
Le dîner **(1)** 94–95
Où faire des courses? **(4)** 211
*Les géants du Nord **(6)** 329
Provins **(P)** 65
Les repas en France **(1)** 96
Si on est invité… **(1)** 97

Friendship and Love
*La vie sans Pascal **(P)** 48–49

Global Challenges

Economic Issues

Les voitures en France **(3)** 184

Les petits commerces **(4)** 210

Environmental Issues

La BMCE **(6)** 309

L'écologie **(6)** 298

L'énergie nucléaire **(6)** 299

Grands sites naturels **(6)** 317

Le lagon de Mayotte **(7)** 375

*Madagascar **(6)** 317

Les parcs nationaux **(6)** 316

La protection de la nature **(6)** 317

*La randonnée **(6)** 314–315

Réserve naturelle de Scandola **(3)** 197

Sauvons la planète! **(6)** 292

Health Issues

*L'accident **(2)** 138–139

Les Français et la santé **(2)** 122

Des réponses **(6)** 299

La Sécurité sociale **(2)** 140

Human Rights

*Napoléon Bonaparte **(3)** 197

*Strasbourg **(6)** 329

Science and Technology

Current Research Topics

Grenoble **(5)** 285

La recherche scientifique **(7)** 375

Social Impact of Technology

Le téléphone en France **(5)** 254

Discoveries and Inventions

Le constructeur automobile Citroën **(3)** 185

La fusée Ariane **(3)** 167

Louis Pasteur **(5)** 285

Marie Curie **(2)** 141

*Des pionniers de la médecine **(2)** 141

La technologie et les Français **(3)** 166

The New Media

*Quelques stations de radio
    francophones **(3)** 167

La technologie et les Français **(3)** 166

Personal & Public Identities

Language and Identity

*Des expressions idiomatiques **(2)** 123

La langue d'Oc **(2)** 153

Multiculturalism

*Un mélange de cultures **(6)** 329

You can find a comprehensive index of AP® Themes & Contexts for all levels of **D'accord!** on the Supersite.

Grammar Index

A

adjectives
comparative forms of (1) **98, 99**
superlative forms of (1) **98, 99**
adverbs
comparisons (1) **98, 99**
superlatives (1) **98, 99**
affirmative expressions (4) **216, 217**
aller
conditional (3) **190**
future (4) **186**
subjunctive (7) **280**
apercevoir (4) **212**
appeler
verbs like (2) **128**
avoir
conditional (3) **190**
future (4) **234**
subjunctive (6) **318**

C

celui, celle, etc. (6) **300, 334**
comparatives
irregular (1) **99**
of adjectives (1) **98, 99**
of adverbs (1) **98, 99**
of nouns (6) **322**
conditional
irregular (3) **190**
regular (3) **190**
spelling change (3) **190**
uses of (3) **191**
conjunctions (7) **364, 368, 380**
connaître (P) **43, 52**
vs. **savoir** (P) **43, 52**
contractions
croire (4) **212, 246**

D

de
used after a negative (4) **217**
venir (1) **80**
demonstrative pronouns (6) **300, 334**
depuis (1) **81, 114**
with time expressions (1) **81**
describing routines (2) **116, 158**
devoir (1) **84, 114**
directions, getting and giving (4) **222, 246**
dont (5) **278**
double object pronouns (1) **102, 103**
affirmative commands (1) **103**
infinitive (1) **103**
negative commands (1) **103**
passé composé (1) **103**

E

en
as a pronoun (2) **146**
used with **y** (2) **147**
ennuyer
verbs like (2) **128**
-er verbs
conditional (3) **190**
future (4) **230**
passé composé (P), (2) **40, 142**
subjunctive (6) **304**
être
à (7) **349**
with **venir** (1) **80**
conditional (3) **190**
future (4) **234**
subjunctive (6) **318, 319**
with adjectives (1) **98**
exiger (6) **318**
expressions
affirmative (4) **216, 217**
negative (4) **216, 27**
with **avoir** (2) **134, 135, 158**
with **faire** (P), (7) **32, 52, 356, 357, 380**

F

faire
conditional (3) **190**
expressions with (P), (7) **32, 52, 356, 357, 380**
falloir
il faut (6) **304, 334**
future
irregular stems (4) **234**
regular (4) **230**
simple (4) **230**
with **quand** and **dès que** (5) **256**

I

idiomatic reflexive verbs (2) **128, 129**
if clauses (5) **274**
il faut (6) **304, 334**
il y a
with time expressions (1) **81, 114**
imparfait
reflexive verbs (2) **142**
imperative
reflexive verbs (2) **125**
infinitive
reflexive verbs (2) **125**
with prepositions (3) **168**
interrogative words (5) **260, 290**
irregular
reflexive verbs (2) **128**

J

jouer (7) **336, 380**

L

lequel (5) **260, 290**

N

negative expressions (4) **216, 217**

O

object pronouns
double (1) **102, 103**
with **en** (2) **147**
with **y** (2) **147**
offrir (3) **186, 202**
où (5) **278, 290**
ouvrir (3) **186, 202**

P

passé composé
reflexive verbs (2) **142**
vs. **imparfait** (P) **26, 28, 40**
passé récent (venir de + *infinitive*) (1) **80**
pendant
with time expressions (1) **81, 114**
possessive pronouns (7) **348**
pouvoir (1), (7) **85, 114, 344**
préférer
verbs like (6) **318, 334**
prendre
conditional (3) **190**
future (4) **230**
subjunctive (6) **304**
prepositions
depuis (1) **81, 114**
pendant (1) **81, 114**
with infinitives (3) **168**
pronouns
demonstrative (6) **300, 334**
double object (1) **102, 103**
en (2) **146**
possessive (7) **348**
reflexive (2) **124**
relative (5) **278, 290**
y (2) **146**

Q

dès que
with future (5) **256**
quand
with future (5) **256**
que (5) **278**
qui (5) **278**

Grammar Index

R

recevoir (4) 212
  reflexive verbs commands (2) 125
  conditional (3) 190
  future (4) 230
  idiomatic meanings (2) 128, 158
  passé composé (2) 142
  present (2) 124, 158
reciprocals (3) 172, 202
reciprocal verbs (3) 172
  past participle (3) 172
reflexive verbs (2) 124, 128
  imparfait (2) 142
  imperative (2) 125
  infinitive (2) 125
  irregular (2) 128, 129
  passé composé (2) 142
  spelling change (2) 128, 129
relative pronouns (5) 278, 290
  dont (5) 278, 290
  où (5) 278, 290
  que (5) 278, 290
  qui (5) 278, 290

S

savoir (P) 43, 52
  vs. **connaître** (P) 43, 52
se (2) 124
si clauses (5) 274
spelling change verbs
  reflexive (2) 128
subjunctive
  with impersonal expressions
    (6) 305
  irregular forms (6), (7) 318,
    319, 345
  present (6) 304
  regular forms (6) 304
  review of (7) 364
  will and emotion (6) 318
  with conjunctions (7) 364, 380
  with verbs of doubt, disbelief, and
    uncertainty (7) 344, 345, 380
  with expressions of emotion
    (6) 318
  with expressions of will and
    influence (6) 319, 334
  with impersonal expressions (6)
    304, 334
superlatives
  irregular (1) 99
  of adjectives (1) 98, 99
  of adverbs (1) 98, 99
  of nouns (6) 322

T

tenir
  verbs like (1) 80, 114
tu commands
  with **en** (2) 147
  with **y** (2) 147

V

venir
  present tense (1) 80
  past tense (1) 80
  verbs like (1) 80, 114
  with **de** (recent past) (1) 80
verbs
  devoir (1) 84, 114
  être à (7) 348
  offrir (3) 186, 202
  ouvrir (3) 186, 202
  pouvoir (1) 85, 114
  reflexive (2) 124, 128
  reciprocal (3) 172
  vouloir (1) 85, 114
verbs followed by
  à + infinitive (3) 168
  an infinitive (3) 168
  de + infinitive (3) 168
vivre (P) 29
voir (4) 212, 246
vouloir (1) 85, 114

Y

y (2) 146
  used with **en** (2) 147

Credits

Every effort has been made to trace the copyright holders of the works published herein. If proper copyright acknowledgment has not been made, please contact the publisher and we will correct the information in future printings.

Photography and Art Credits

Cover: Philippe Lejeanvre.

Front Matter (TE): T36: SimmiSimons/iStockphoto; **T38:** Monkeybusinessimages/Bigstock.

Front Matter (SE): xix: (all) North Wind Picture Archives/Alamy; **xx:** (l) Courtesy of the Library of Congress; (r) Design Pics Inc/Alamy; **xxi:** Masterpics/Alamy; **xxii:** (tl) Moodboard/Fotolia; (bl) Moshimochi/Shutterstock; (br) Wavebreakmedia Ltd/Shutterstock; **xxiii:** JTB Photo Communications, Inc/Alamy; **xxiv:** (l) Gawrav/iStockphoto; (r) Yuri/iStockphoto; **xxv:** FMB/Isabel Schiffler/Future Image/WENN/Newscom; **xxvi:** (t) Monkey Business Images/Fotolia; (b) Yuri Arcurs/Fotolia; **xxvii:** (t) Monkeybusinessimages/iStockphoto; (b) Masterfile Royalty-Free; **xxviii:** David Schaffer/Media Bakery.

Reprise: 1: Solstock/Getty Images; **4:** (l) Oneclearvision/iStockphoto; (ml) Aleksander Mijatovic/Fotolia; (mr) Milhailomilovanovic/iStockphoto; (r) Sebra/Fotolia; **5:** (t) Martín Bernetti; (bl) Martín Bernetti; (bml) Photofriday/Shutterstock; (mr) VHL; (r) Martín Bernetti; **9:** Rossy Llano; **11:** (all) Anne Loubet; **12:** Cindy Miller Hopkins/DanitaDelimont; **13:** (all) Alt-6/Alamy; **19:** (t) Anne Loubet; (ml) Hemera Technologies/Photos.com; (mr) Vstock, LLC/Photolibrary; (bl) Anne Loubet; (br) Martín Bernetti; **23:** Anne Loubet; **24:** Donald Nausbaum/Getty Images.

Unite Preliminaire: 25: Helen & Bodil Sturesson/Johner Images; **32:** Anne Loubet; **33:** Maridav/Shutterstock; **45:** Giantstep Inc/Getty Images; **46:** Thinkstock/Corbis; **50:** Anne Loubet; **51:** David Redfern/Getty Images; **57:** 290712/Fotolia; **58:** (t) Stockshot/Alamy; (bl) Ben Blankenburg/Corbis; (bml) Martín Bernetti; (bmr) Martín Bernetti; (br) Martín Bernetti; **59:** Sigrid Olsson/AGE Fotostock; **60:** (l) Anne Loubet; (tr) Martín Bernetti; (br) Anne Loubet; **61:** (l) Anne Loubet; (tr) Anne Loubet; (mr) Anne Loubet; (br) Anne Loubet; **62:** (left col: t) Historical Picture Archive/Getty Images; (left col: m) Keystone Pictures/AGE Fotostock; (left col: b) Kurt Krieger/Getty Images; (t) Jeremy Reddington/Shutterstock; (ml) Abadesign/Shutterstock; (mr) Anne Loubet; (b) Benjamin Herzog/Fotolia; **63:** (tl) Tom Delano; (tr) Anne Loubet; (bl) Janet Dracksdorf; (br) Anne Loubet; **64:** (left col, t) Aksaran/Gamma-Rapho/Getty Images; (left col: m) Stills Press/Alamy; (left col, b) AF Archive/Alamy; (t) Structurae / Nicolas Janberg; (ml) Paanna/Depositphotos; (mr) Sigurcamp/Shutterstock; (b) Jean Dubuffet. Closerie Falbala (1971-1973). Painted epoxy resin and sprayed concrete. Surface area: 1.610 m2. Fondation Dubuffet, Perigny-sur-Marne (France). Copyright Fondation Dubuffet / ARS 2017; **65:** (tl) Kalpana Kartik/Alamy; (tr) Josse Christophel/Alamy; (bl) Tony C. French/Getty Images; (br) Bukki88/Depositphotos; **66–67:** Jessica Beets; **66:** (b) Jessica Beets; **67:** (inset) Jessica Beets; **68:** Anne Loubet; **69:** Terry J Alcorn/iStockphoto.

Unit 1: 71: Easy Production/Media Bakery; **73:** Martín Bernetti; **78:** (l) Franck Dubray/PhotoPQR/Ouest France/Newscom; (m) Gilles ROLLE/REA/Redux; (r) Kachelhoffer Clement/Corbis Historical/Getty Images; **79:** VHL; **81:** (l) Michael Weber/Image Broker/AGE Fotostock; (r) Jeffrey M. Frank/Shutterstock; **92:** Rich Legg/iStockphoto; **96:** Anne Loubet; **97:** (l) Sergio Pitamitz/Getty Images; (r) FoodCollection/Photolibrary; **98:** Anne Loubet; **101:** (t) Photolibrary; (bl) FogStock LLC/Photolibrary; (bml) Anne Loubet; (bmr) Design Pics/Alamy; (br) MediaPictures.pl/Shutterstock; **103:** (t) Comstock/Jupiterimages; (b) Martín Bernetti; **105:** (tl) Anne Loubet; (tr) Bold Stock/Fotosearch; (bl) Photolibrary; (br) Anne Loubet; **107:** Andersen Ross/Blend Images/Corbis; **108:** (left col: t) Chris Hellier/Corbis Historical/Getty Images; (left col: b) Hulton-Deutsch Collection/Corbis/Getty Images; (t) Christophe Boisvieux/Getty Images; (ml) David Osborne/Alamy; (mr) Dan Moore/iStockphoto; (b) Daniel Brechwoldt/iStockphoto; **109:** (tl) Janet Dracksdorf; (tr) Leslie Garland Picture Library/Alamy; (bl) Pecold/Fotolia; (br) Walid Nohra/Shutterstock; **112:** Pascal Pernix; **113:** José Blanco.

Unit 2: 115: Allison Shelley/Getty Images for the International Committee of the Red Cross; **122:** Pascal Pernix; **123:** (l) Janet Dracksdorf; (r) Rachel Distler; **140:** Chassenet/AGE Fotostock; **141:** Hulton-Deutsch Collection/Corbis/Getty Images; **143:** (l) Diane39/ iStockphoto; (r) Kalle Singer/Beyond/Corbis; **145:** Martín Bernetti; **151:** Anne Loubet; **152:** (left col: t) Bettmann/Getty Images; (left col: m) Album/Oronoz/Newscom; (left col: b) Bettmann/Getty Images; (t) Gonzalo Azumendi/AGE Fotostock; (ml) Kumar Sriskandan/Alamy; (mr) Mikhail Lavrenov/123RF; (b) Bettmann/Getty Images; **153:** (tl) Foodfolio/Alamy; (tr) Philip Lange/iStockphoto; (bl) Owen Franken/Corbis Documentary/Getty Images; (br) Troubadour Plays Six Musical Instruments. Handcoloured engraving from Pierre de la Mesangere's Le Bon Genre, Paris, 1817. Florilegius/SSPL/Getty Images; **154:** (t) Tonodiaz/Depositphotos; (b) Anne Loubet; **155:** Moodboard/Corbis; **156:** Radius Images/Alamy; **157:** Mediaphotos/iStockphoto.

Unit 3: 159: Pete Saloutos/Getty Images; **162:** Anne Loubet; **166:** Pascal Pernix; **167:** Alain Nogues/Getty Images; **169:** (foreground) DomenicoGelermo/iStockphoto; (background) Nadla/iStockphoto; **173:** Linzyslusher/iStockphoto; **180:** Anne Loubet; **184:** B Christopher/Alamy; **185:** (t) Bettmann/Getty Images; (b) The Penguin/Shutterstock; **187:** (l) Corbis; (r) Rick Gomez/Corbis; **194:** John DeCarli; **195:** Anne Loubet; **196:** (left col: t) Stephane Cardinale/Corbis Entertainment/Getty Images; (left col: m) Peace PhotoHunter/Shutterstock; (left col: bl) Abaca Press/Khayat Nicolas/Sipa USA/Newscom; (left col: br) De Agostini/Getty Images; (t) Elena Elisseeva/123RF; (ml) Miloski50/Shutterstock; (mr) Pawel Kazmierczak/Shutterstock; (b) Tom Brakefield/Corbis Documentary/Getty Images; **197:** (tl) John Schults/Reuters/Alamy; (tr) KCS Presse/Splash News/Newscom; (bl) Everett-Art/Shutterstock; (br) Andreas Karelias/iStockphoto; **200:** MBI/Alamy; **201:** Anne Loubet.

Unit 4: 203: Janet Dracksdorf; **206:** (tl) Gavin Rodgers/Alamy; tm) Pascal Pernix; (tr) Anne Loubet; (bl) Paris Metro/Alamy; (bm) Anne Loubet; (br) Anne Loubet; **210:** (l) Carole Castelli/Shutterstock; (r) Trevor Hyde/Alamy; **211:** Matt Dunham/Reuters; **224:** VHL; **228:** (t) Franck Boston/Big Stock; (b) Pascal Pernix; **229:** (l) Degas Jean-Pierre/Getty Images; (r) Tom Delano; **231:** Corbis RF; (inset) Richard T. Nowitz/Getty Images; **233:** (t) Corel/Corbis; (tm) Ablestock.com/Getty Images; (bm) Elpis Ioannidis/Shutterstock; (b) Ingram Publishing/Photolibrary; **235:** Michał Krakowiak/iStockphoto; **236:** (t) Anne Loubet; (ml) Anne Loubet; (mm) Pascal Pernix; (mr) Anne Loubet; (bl) Anne Loubet; (bm) Ana Cabezas Martín; (br) VHL; **238:** Andre Nantel/iStockphoto; **239:** Rossy Llano; **240:** (left col: t) Bettmann/Getty Images; (left col: b) Hulton-Deutsch Collection/Getty Images; (t) Dean Conger/Getty Images; (ml) Daniel Joubert/Reuters; (mr) Dianne Maire/iStockphoto; (b) Edyta Pawlowska/Shutterstock; **241:** (tl) Demid Borodin/iStockphoto; (tr) Alain Jocard/AFP/Getty Images; (bl) Daniel Joubert/Reuters; (br) Loic Venance/AFP/Getty Images; **242:** Courtesy of Simonne Charpentreau and Valérie M.C. Bajou; **244:** Chris Schmidt/iStockphoto; **245:** Chris Schmidt/iStockphoto.

Unit 5: 247: Monkey Business/Fotolia; **250:** Martín Bernetti; **254:** Elvira Ortiz; **255:** Anna Clopet/Getty Images; **257:** Image100/Alamy; **259:** (tl) Sportstock/iStockphoto; (tml) BeautifulLotus/iStockphoto; (tmr) Martín Bernetti; (tr) Anne Loubet; (bl) Martín Bernetti; (bm) Martín Bernetti; (br) Janet Dracksdorf; **261:** Andresr/Shutterstock; **264:** (all) Bill Lai/Index Stock Imagery/Photolibrary/Getty Images; **267:** (all) Anne Loubet; **268:** (all) Anne Loubet; **272:** Owen Franken/Getty Images; **273:** Anne Loubet; **275:** (t) Birgit Reitz-hofmann/iStockphoto; (b) Se1ect/Shutterstock; **277:** Anne Loubet; **278:** Frank Siteman/Doctor Stock/Science Faction/Getty Images; **283:** Anne Loubet; **284:** (left col: t) Bettmann/Getty Images; (left col: m) Science and Society/SuperStock; (left col: b) Bettmann/Getty Images; (t) Media Bakery; (ml) Beyond Fotomedia GmbH/Alamy; (mr) AnkNet/iStockphoto; (b) Fotosearch; **285:** (tl) Patrick Frauchiger/Flickr Open/Getty Images; (tr) Peter Ginter/Superstock/Alamy; (bl) ImagesEurope/Alamy; (br) Everett Art/Shutterstock; **286:** Universal Images Group/Superstock; **288:** David J. Green/People/Alamy; **289:** Iofoto/Fotolia.

Unit 6: 291: Lorenzo Mattei/Media Bakery; **294:** (tl) Tomas Sereda/Shutterstock; (tr) Bosca78/iStockphoto; (bl) Grafissimo/iStockphoto; (br) Anne Loubet; **298:** Directphoto Collection/Alamy; **299:** (t) Nobor/Fotolia; (b) Bernard Bisson/Sygma/Getty Images; **301:** Nancy Camley; **307:** (l) Mark Karrass/Corbis; (r) Goodshot/Alamy; **308:** (left col: tl) Index Open/Photolibrary; (left col: tr) FogStock LLC/Photolibrary; (left col: bl) Pidjoe/iStockphoto; (left col: br) Hemera Technologies/Getty Images; (right col: tl) Index Open/Photolibrary; (right col: tr) Ablestock.com/Getty Images; (right col: bl) Image Source Limited/Index Stock Imagery; (right col: br) Index Open/Photolibrary; **311:** Paul A. Souders/Getty Images; **312:** (l) Jonathan Heger/iStockphoto; (r) William Wang/iStockphoto; **316:** Vincent Lowe/Alamy; **317:** (t) Gail A. Johnson/iStockphoto; (b) Thomas Pozzo Di Borgo/123RF; **321:** Jupiterimages/Getty Images; **323:** Index Open/Photolibrary; **326:** (left col: tl) Index Open/Photolibrary; (left col: tr) Anastasiya Maksimenko/123RF; (left col: bl) Juuce/iStockphoto; (left col: br) Keith Levit Photography/Photolibrary; (right col) Nick Greaves/Alamy; **327:** Jean-Michel Turpin/Gamma-Rapho/Getty Images; **328:** (left col: t) Courtesy of Grand Est Region; (left col: tm) Stephane Cardinale/Corbis/Getty Images; (left col: bm) Courtesy of Region Hauts-de-France; (left col: b) Sonia Recchia/Getty Images; (t) Hemis/Alamy; (ml) Stuart Black/Media Bakery; (mr) Katarzyna Mazurowska/iStockphoto; (b) Tashka/iStockphoto; **329:** (tl) Hemis/Alamy; (tr) Gianni Dagli Orti/Art Resource; (bl) Thierry Tronnel/Sygma/Getty Images; (br) Hemis/Alamy; **330:** Bettmann/Getty Images; **332:** Kevin Fleming/Getty Images; **333:** Anne Loubet.

Unit 7: 335: Tetra Images/Corbis; **342:** Marmaduke St. John/Alamy; **343:** Lebrecht Music and Arts Photo Library/Alamy; **351:** (t) Martín Bernetti; (ml) Thapom942/Fotolia; (mm) Martín Bernetti; (mr) Anne Loubet; (bl) Anne Loubet; (bm) Annie Pickert Fuller; (br) Dmitry Rukhlenko/Shutterstock; **352:** (tl) Image Source; (tr) Index Open/Photolibrary; (bl) Index Open/Photolibrary; (br) Dov Makabaw/Alamy; **357:** Bonne Pioche/Rezo Prod/TF1/UGC/M6 Films/Umedia/Ufund/OCS/Album/Newscom; **358:** (l) Jessica Beets; (r) Kevin Kozicki/Media Bakery; **362:** DanitaDelimont.com/Alamy; **363:** (l) Robbie Jack/Getty Images; (r) Rune Hellestad/Getty Images; **365:** The Gallery Collection/Bridgeman Images; **372:** (t) Cultura Creative/Alamy; (b) Jessica Beets; **373:** Images-of-France/Alamy; **374:** (left col: t) Sergio Gaudenti/Getty Images; (left col: b) Thierry Le Fouille/Newscom; (b) David Sanger/Getty Images; **375:** (tl) Christopher Salerno/Alamy; (tr) Gabriel Barathieu/Alamy; (bl) Roger Ressmeyer/Corbis/VCG/Getty Images; (br) Philippe Giraud/Sygma/Getty Images; **376:** Simon Isabelle/Sipa/Newscom; **376-377:** Joel Robison/Arcangel; (inset woman) Heiko119/iStockphoto; **378:** Pascal Pernix; **379:** Andrew Paradise.

Back Cover: Demaerre/iStockphoto.

Text Credits

242 © Jacques Charpentreau, Mots et Merveilles. Éditions Saint-Germain-des-Prés, 1981.

330 Audio rights LE PETIT PRINCE by Antoine de Saint-Exupery © Editions Gallimard, 1946. Excerpt and illustrations from LE PETIT PRINCE by Antoine de Saint-Exupery. Copyright 1943 by Houghton Mifflin Harcourt Publishing Company. Copyright © renewed by Consuelo de Saint-Exupery. Reprinted by permission of Houghton Mifflin Harcourt Publishing Company. All rights reserved.

376 Courtesy of Éditions de l'Aube.

Film Credits

353 By permission of Guillaume Colomb and Olivier Deriviere.

Television Credits

43 Courtesy of France TV.

89 Courtesy of the Office du Tourisme de Rennes.

133 Courtesy of KRYS Group.

177 By permission of France 24.

221 Courtesy of the Office du Tourisme de Rennes.

265 Courtesy of Eric Kayser and Hyperion Music Services.

309 © BMCE Bank – Morocco.

Comic Credits

198 © Renée Lévy.